교육복지의 이해

본 저서는 2021년 대한민국 교육부와 한국연구재단의 지원을 받아 수행된 연구임.
(NRF-2021S1A5C2A03088191)

—

This work was supported by the Ministry of Education of the Republic of Korea and the National Research Foundation of Korea.
(NRF-2021S1A5C2A03088191)

교육복지우선지원사업, 교육복지안전망사업의 이론과 실제

교육복지의 이해

한양대학교
한국교육문제연구소
지음

한양대학교 출판부

여는 글

한양대학교 한국교육문제연구소는 2021년까지 9년간 정책중점연구소 사업을 통해 교육복지에 대한 전문성을 기반으로 '학교중심 교육복지 실행방안 연구'를 수행했습니다. 또한 2017년부터 2021년까지 중앙교육복지연구지원센터를 운영하여 교육부와 지역교육청 연계 활동을 지원하고, 현장 중심의 실천적 지원, 지역단위 연계 및 교류 활성화 지원 등 교육복지 사업이 현장에서 효율적이고 체계적으로 운영할 수 있도록 협력하였습니다.

교육복지 정책은 '교육복지우선지원사업'에서 시작하여 '교육복지안전망사업'을 거쳐 현재는 '학생맞춤통합지원'을 지향하며 발전하고 있습니다. 이 책은 이러한 교육복지 정책의 흐름을 담아내고 있으며, 그간 본 연구소에서 축적해 온 연구 역량을 집대성하여 교육복지에 대한 이론과 실제를 체계적으로 정리하였습니다.

제1장에서는 '교육복지의 기초'로 교육복지 개념, 대상, 영역에 대한 이론적 논의를 다루고, 제2장에서는 '교육복지의 추진 체계'로써 교육복지의 법적 근거, 추진 주체 및 역할과 관련된 연구내용을 담았습니다. 다음으로 제3장 '교육복지의 실천 및 현황'에서는 교육복지 우선지원사업과 관련 교육복지 정책의 내용을 다루고, 교육복지우선지원사업의 현황을 포함하였습니다. 마지막 제4장에서는 교육복지의 성과 및 발전방안으로 종단연구, 성과평가를 비롯한 우리나라 교육복지 사업의 평가내용을 담았습니다. 이를 통해 우리나라 교육복

지는 '학생맞춤통합지원'을 지향하며 발전하고 있습니다. 본 연구총서가 우리나라 교육복지의 발전과 학생맞춤통합지원을 위한 탄탄한 이론적 토대를 제공할 것으로 기대합니다.

한국교육문제연구소는 본서에서 다루는 교육복지 정책연구를 수행함으로써 국내 교육복지 연구의 학술적 기반을 조성하였을 뿐만 아니라, 국가 차원에서 교육 기회의 불평등, 교육격차 해소와 교육복지 서비스 수준의 편차 최소화를 위한 방안을 제시하였습니다. 특히 지역과 학교 특성을 반영한 교육복지 서비스 정책수립 등 교육문제 해소에 기여하며 교육복지의 실제적 효과성을 높였습니다. 또한 취약계층에 대한 체계적이고 안정적인 교육 지원 정책수립을 통해 교육복지의 실제적 활용을 도모하고 현장에 적용하기 위해 노력하였습니다.

지금까지 교육은 국가와 경제 발전의 원동력이자 사회계층 이동의 주요한 통로로써 역할했습니다. 그러나 4차 산업혁명 및 인공지능(AI) 시대라고 일컬어지는 미래사회에서는 기술을 선점한 승자의 독식 구조가 강화되고 양극화가 더욱 심화될 것으로 우려되고 있습니다. 그뿐 아니라 코로나19와 같은 위기나 재난상황은 취약계층에게 더 큰 타격을 가하여, 계층 간의 격차는 더욱 커질 것으로 예상됩니다.

이에 따라 한국교육문제연구소는 인문사회연구소지원사업을 통해 2021년부터 2027년까지 7년에 걸쳐진 '양극화 등 사회구조변화 대응을 위한 사회정책 연구'를 이어나가고 있습니다. 앞으로도 한국교육문제연구소는 교육 및 사회 전반에 걸쳐진 문제를 해결하고, 교육복지, 사회양극화를 비롯한 복합적 사회난제에 대응방안을 모색하기 위해 전력을 다하겠습니다.

2024년 6월 20일

한양대학교 한국교육문제연구소장 송지훈

차례

I

교육복지의 기초

교육복지 개념

—

교육복지 대상

—

교육복지 영역

1

교육복지 개념

가. 교육복지의 개요

보고서명	[RR 2021-2] 위드코로나19에 대응하는 교육복지 요구분석 연구
주제어	교육복지, 개념, 대상, 기준, 범위, 전달체계

1) 교육복지 개념, 대상, 지원방식

- 교육복지의 개념은 정의하는 학자 및 접근 방법에 따라 매우 다양하게 정의되어 왔다(이선호 외, 2018).
  - 이념적이고 개념적 차원, 교육기본권 측면에서 교육복지 논의가 이루어졌다(김인희, 2010; 노기호, 2012; 윤정일, 1990). 교육격차, 교육소외, 교육 불평등과 교육복지 간의 개념 구분을 시도하였으며, 보편복지와 선별복지 논쟁, 정의론과 교육복지론의 관계(강영혜, 2010), 헌법에 보장된 교육기본권 보장 차원에서 교육복지 논의가 진행되고 있다(노기호, 2012; 정필운, 2015).
- 교육복지란 "적어도 한 사회에서 설정하고 있는 교육에서의 최소 기준에 모든 국민이 도달할 수 있고, 나아가 모든 국민이 처한 위치에도 불구하고 각자 필요한 교육을 받아 그 잠재력을 최대한 발휘할 수 있는 상태(state) 혹은 이를 보장하기 위한 공적 지원(public service)"에 해당한다(김정원 외, 2008).
  - 교육복지의 개념을 교육격차의 개념을 활용하여 정의하는 경우도 있다. 교육복지는 아동 및 학생의 학습에 영향을 미치는 가시적 요인에 의해 발생하는 교육격차와 보다 적극적으로 아동 및 학생의 성장 및 발달에 영향을 미치는 비가시적 요인의 작용으로 인해 야기된 교육격차를 완화하기 위해 정부 또는 민간에 의해 공적인 교육서비스와 교육여건 지원을 의미한다(박주호, 김태완, 2015).
  - 교육복지의 개념을 보편성에 기반하여 교육받을 기회에 대한 접근성의 격차를 보완해주는 서비스로 이론적으로 정의하고 있는 것이 주된 흐름이다. 하지만, 교육복지 종사자에 대한 설문조사를 통해 해당 종사자들이 스스로 정의하는 교육복지에 대한 내용을 정리하고 있는 연구도 존재한다(김정덕, 장연진, 2015). 교육복지 종사자들은 선별적 교육복지의 개념에 대한 동의 정도가 보편적 교육복

지 개념보다 높았으며 주로 교육복지를 기회 불균등의 해소에 초점을 두고 있는 것으로 해석하고 있었다.

- 종합하면, 교육복지 정책 대상자로 저소득층 자녀(빈곤청소년), 학교 부적응자, 탈북학생, 다문화가정 학생, 장애학생, 학교 중도탈락자 등이 중요하다고 할 수 있으며, 사회경제적 여건뿐만 아니라 학교생활을 기본적으로 영위하지 못하는 학교 부적응자나 중도 탈락자에 대한 중요도 역시 높다는 점에서 교육복지 대상의 범위를 학교생활 관련 등으로 다양하게 확대해야 한다.
- 이데올로기 및 정책 환경, 정책문제, 정책대안, 정치흐름 및 제도화 과정을 중심으로 교육복지 정책을 정권교체와의 관련성 속에서 분석한 경우도 존재한다(김민희, 2018). 우리나라 교육복지 정책은 복지이념을 중심으로 사회적 지배 이데올로기가 변화되면서 교육복지 정책도 적극적으로 확대되고 보편복지적 성격의 정책변동으로 이어지는 현상이 나타났음을 밝히고 있다. 교육복지에 대한 개념적·이론적 논의와는 별개로, '정책'으로서의 교육복지는 지원 대상과 범위, 내용이 명확해야 한다고 밝히며 미래적 관점에서 교육복지의 방향은 보편적 복지와 통합을 지향하지만, 실제 정책을 추진할 때는 범위를 제한하여 지원의 효율성을 높이는 노력과 더불어, 교육복지의 재개념화가 필요하다고 보았다. 향후 교육복지 '정책'의 내용은 보편복지가 아닌 선별복지적 관점, 즉 외부적 여건의 영향으로 교육기회를 얻지 못하는 경제적 취약집단을 기준으로 설계되어야 한다는 입장을 강조하고 있다.

• 최근에는 사회적 취약성과 교육적 취약성을 모두 고려한 교육복지 대상의 차원에서 교육복지의 개념도 활발하게 논의되고 있다. 즉 사회적 취약계층뿐만 아니라 교육 취약성을 지닌 집단 또한 교육복지의 대상으로 포괄하는 것이다.

- 사회적 취약성(a)과 교육적 취약성(b)이 중첩되는 대상(c)만을 고려하는 것은 좁은 의미의 교육복지이며, 사회적 취약성과 교육적 취약성의 교집합을 포함한 전체(a+b+c)를 넓은 의미의 교육복지가 필요하다(김성식 외, 2020).
- 교육복지정책은 교육 취약집단을 포함한 모든 국민을 대상으로 하여, 학습자의 적극적인 학습참여와 유의미한 학습경험을 위한 생활여건 및 맞춤형 교육지원을 통해 교육기회 및 과정, 결과에서의 평등을 보장하는 다양한 정책으로 정의할 수 있다(이희현 외, 2019). 특히, 교육복지정책 추진과제 중 중요도와 실행도가

높은 집중영역은 기초학력 보장 지원, 학업중단(위기)학생 지원, 도시저소득지역 교육여건 개선, 농어촌지역 교육여건이 있다. 이는 교육복지의 대상 및 개념에서 학습부진 및 학업부적응을 강조하고 학교 및 지역여건 격차 해소를 강조한 것이다.

- '교육복지'를 넘어서 '학습복지'로의 전환, 기존의 결핍모델에서 성장모델로의 전환이 필요하다(이희현 외, 2020). 공교육의 보완 과정에서 공교육 제도 안에서 미처 시행되지 않았던 정책들이 교육복지라는 보완적 개념을 통해서 만들어져 교육제도 안에 편입되면 일정 기간을 거쳐 공교육 제도 안에 안정적으로 정착되었다. 이후에는 공교육 제도의 일환으로 자리잡은 것이기에 더 이상 교육복지라는 용어를 통해서 관련 정책들을 구분하지 않아도 되는 상황이라고 볼 수 있다. 다음으로 '교육복지'를 넘어서 '학습복지' 차원으로 확장할 필요성에 대해서 고민이 필요하며, 제도로서 교육의 범위를 넘어서는 무형식적 교육과 일상적 학습활동이 실제 사람의 성장에서 차지하는 비중에 대한 인식이 확대되면서 제도 교육의 틀 안에서의 보장을 넘어선 범위를 고려하여 제시되는 용어로 '학습복지'를 고려해볼 수 있다.
- 교육부(2017)에서는 장애, 다문화·탈북학생, 학업중단(부적응) 등 특수한 상황에 처해 있는 교육 취약계층 학생 지원과 함께 사회 변화에 따른 교육복지 수요와 대상을 다양화할 필요가 있으며 보편적 지원과 선별적 지원, 학습지원과 생활지원의 조화가 이루어지는 것을 교육복지 정책방향으로 제시한 바 있다.
- 이에 기존에 교육복지의 대상이었던 취약계층뿐만 아니라 새로운 교육복지 지원 대상자를 발굴하여 지원할 필요가 있으며, 한편으로는 여전히 학생의 교육적 취약성에 영향을 미치는 학교 및 지역여건 등의 격차를 해소하기 위한 제도적 지원이 필요한 것을 알 수 있다.

• 교육복지 개념 및 대상과 관련된 선행연구를 종합해 볼 때, 교육복지지원 대상은 개념적으로 보편적, 선별적 기준 등이 혼재되어 있다. 보편복지 차원에서는 교육과 복지의 경계가 구분되지 않으며 학습복지까지 그 개념이 확장되고 있다. 선별복지는 공교육 제도가 완성되어 가는 과정에서의 보완적 단계를 거치는 것으로 볼 수 있다.
  - 보편적 복지의 관점으로 보면, 교육과 복지의 경계가 명확하지 않으며 교육은

곧 복지라는 동어반복의 오류를 범하게 된다. 그러나 복지국가로의 이동 과정에서 보편적 복지를 확대하려는 사회적 환경과 정치이념 변화는 교육복지에도 영향을 미치게 되며 보편복지를 확대해가려는 경향을 보인다. 따라서 일반적인 교육활동과 차별적으로 정책으로서의 교육복지를 추진하기 위해서는 지원항목 및 재정 등의 지원활동이 정해지기 위한 명확한 대상 구분이 필요하다.

- 실제 중앙정부 및 교육청 차원에서는 보편복지 및 선별복지가 혼재되어 지원되고 있다. 즉 이론적으로 교육복지 지원의 개념과 대상을 정의한다고 하더라도 실천적으로 교육복지 지원 대상의 결정은 정책적 여력에 따라 결정된다.
- 보편적 지원을 위해서는 기존의 소득기준뿐 아니라 교육적 취약성을 중심으로 한 기준을 개발해야 한다. 선별적 지원을 위해서는 지원 대상적 접근이 아닌 기존의 소득기준으로 접근하되, 지원 사각지대를 해소하기 위한 새로운 지원 기준 산정이 필요하다.

2) 교육복지 지원 기준

- 개념적으로 교육복지 지원 대상에 대한 논의가 진행되고 있으며, 실제 교육복지지원 대상에 대한 기준을 개선해야 한다는 대안이 제시되기도 하였다.
  - 현재 교육복지 지원대상은 가장 일반적으로 '기초생활수급자, 차상위계층 등'이다. 교육급여의 경우 중위소득 50%를 대상으로 하며, 일부 교육청의 경우 교육비지원은 중위소득 75%까지 지원하기도 한다.
- 현재의 교육급여 기준인 중위소득 50%를 60~70%까지 상향해야 한다고 제안하는 주장도 존재한다(보건복지부, 한국보건사회연구원, 2020). 또한 교육급여와 교육비 지원기준이 달라 지원 대상 측면에서 사각지대가 발생할 수 있으므로 지원 기준을 통일해야 한다는 논의도 있다.
  - 기초생활보장 실태조사에서는 교육욕구에 대한 자료 분석을 통해 중위소득 75%까지 교육급여 확대를 제안하였다. 국민생활실태조사에서는 자녀가 있는 가구에 대해 고등교육, 학원·과외수강, 참고서·도서구입, 고교졸업까지의 자녀양육의 총4가지로 교육욕구를 구분하고, 필요한 재화나 서비스를 구입하기 어려운 정도, 즉 상대적인 결핍 정도를 조사하고 있다. 각 항목에 대해 꼭 필요하

지만 실제로는 못하고 있다는 정도, 즉 결핍정도를 분석한 결과 소득 인정액 60~75% 이하에서 결핍이 큰 것으로 나타났다.

- 이 연구에서는 현재 학생들에게 지원되는 교육급여액 지원 기준을 상향함과 동시에, 지원항목 및 지원방식도 재설계될 필요가 있다고 제안하였다. 이러한 연구 결과 등을 반영하여 제2차 국민기초생활보장 기본계획에서는 교육급여 지원방식이 기존의 항목중심에서 성장중심, 활동중심으로 개선되어 통합 지원되었으며 지원액도 상향 조정되었다(교육부, 2020).
- 교육급여와 교육비지원 시스템을 일원화하고 교육급여 및 교육비를 통합하는 방안을 제안하는 경우도 있다(송지훈 외, 2020). 이 경우 교육급여 수급기준은 기존의 중위소득 50% 이하에서 중위소득 60% 이하(최대 75% 이하까지도 고려 가능)로 확대할 수 있을 것으로 보았다. 다만, 교육급여와 교육비 지원시스템을 일원화하는 것은 법률 개정 등의 과정을 거쳐야 하므로 단기적으로 달성하기는 어려울 것이다. 따라서 단기적으로는 교육급여 수급기준을 중위소득 60% 이하로 확대하여 수급대상을 확대하고, 중장기적으로 교육급여 및 교육비 지원시스템 일원화를 추진하는 것이 효과적이라고 제언하고 있다.

표 Ⅰ-1-1 시도교육청별 교육비 지원 현황(2019)

지역	고교 학비 (무상교육 제외)	학교급식비 (무상급식 지역 등 제외)	방과후 학교 자유수강권	교육정보화	
				컴퓨터	인터넷
서울	60%	60%	60%	–	교육, 한부모
부산	60%	90%	60%	의료	교육, 한부모 법정차상위
대구	60%	고 104%	60%	의료	의료
인천	60%	(무상)	60%	교육	교육, 한부모 법정차상위, 난민
광주	60%	(무상)	60%	의료	교육, 한부모 법정차상위
대전	60%	(무상)	60%	의료, 한부모 법정 차상위, 난민	교육, 한부모 법정차상위, 난민
울산	60%	(무상)	60%	의료	의료, 한부모 법정차상위
세종	66%	(무상)	66%	교육	교육, 한부모 법정차상위

지역	고교 학비 (무상교육 제외)	학교급식비 (무상급식 지역 등 제외)	방과후 학교 자유수강권	교육정보화	
				컴퓨터	인터넷
경기	60%	60%	60%	의료, 난민	교육, 한부모, 난민
강원	80%	(무상)	80%	의료, 한부모	교육, 한부모 법정차상위, 난민
충북	64%	(무상)	64%	교육	교육, 한부모 법정차상위
충남	70%	60%	60%	의료	교육, 한부모 법정차상위, 난민
전북	68%	(무상)	70%	교육, 한부모	교육, 한부모 법정차상위, 난민
전남	60%	(무상)	60%	의료, 한부모	의료, 한부모
경북	68%	60%	60%	–	의료, 한부모
경남	66%	(무상)	70%	–	교육, 한부모 법정차상위
제주	(무상)	(무상)	60%	의료	교육, 한부모

* 출처 : 교육부내부자료(2020 교육급여 및 교육비지원 관련 통계)

3) 교육복지 지원 범위 및 항목

- 교육복지 지원 항목은 현금, 현물, 바우처, 사업(프로그램) 등으로 매우 다양하다. 지원 범위에 대한 기준은 교육급여 및 교육비지원, 교육복지우선지원사업 등에 제시되고 있다. 교육복지 지원범위 및 항목과 관련한 연구는 교육급여 개편 방안 및 꿈사다리 장학생 성장기록 분석, 취약계층 학생지원 관련 연구 등에서 일부 수행되었다.
- 이선호 외(2018)와 송지훈 외(2020)의 연구에서는 교육급여 체계 개편을 위해 기존의 교육복지 지원 범위 및 항목이 실제 교육복지 지원 대상 학생들의 필요와 요구를 반영하지 못하고 있다는 한계를 지적하면서 향후 교육비 지원항목 및 범위를 다음과 같이 재설계하였다. 교육급여 지원 범위는 학교교육과정 참여비용, 학교교육활동 참여비용, 학교 밖 교육 부가비용의 3가지로 구분하고, 각 범위 내에 지원항목을 제시하고 있다. 지원항목은 학교급별 성격에 따라 달리 나타날 수 있다.

표 Ⅰ-1-2 교육비 지원항목 및 범위(2020)

범위		지원내용(항목)	초	중	고
학교교육 과정 참여비용	필수	학비(입학금 및 수업료)	–	–	⊙
		학비(학교운영지원비)	–	–	⊙
		수익자부담경비	–	–	–
		체험학습(현장학습)	⊙	⊙	⊙
		수학여행	⊙	⊙	⊙
		교과서비	–	–	⊙
		온라인학습지원비*	⊙	⊙	⊙
	부가	해당없음	–	–	–
학교교육 활동 참여비용	필수	통학비	※	▲	⊙
		급식비(중식)	⊙	⊙	⊙
		급식비(석식)	–	–	⊙
		교복·체육복 구입비	–	⊙	⊙
		기숙사비	–	▲	⊙
		학용품비	⊙	⊙	⊙
		학교동아리 참여 준비물비	⊙	⊙	⊙
	부가	방과후교육활동 참가비	⊙	⊙	⊙
		부교재비	⊙	⊙	⊙
학교밖 교육 부가 비용	필수	휴일중식비	⊙	⊙	⊙
		정보·통신비	⊙	⊙	⊙
		진로교육비(진로와 관련된 자격증 시험 응시료 및 학원비, 대입지원료 등)	–	▲	⊙
	부가	문화활동비(교우관계유지활동비)	⊙	⊙	⊙
		학원비 등	⊙	⊙	⊙

※ 초등학교의 경우 근거리 배치*의 원칙으로 교통비 지원이 필요하지 않으며, 통폐합학교의 경우 통학버스 지원 등을 하고 있음

* 「도시·군계획시설의 결정·구조 및 설치기준에 관한 규칙」 제89조(학교의 결정기준) 제1항 11. 초등학교는 학생들이 안전하고 편리하게 통학할 수 있도록 다른 공공시설의 이용관계를 고려하여야 하며, 통학거리는 1천 5백미터 이내로 할 것. 다만, 도시지역외의 지역에 설치하는 초등학교 중 학생 수의 확보가 어려운 경우에는 학생 수가 학년당 1개 학급 이상을 유지할 수 있는 범위까지 통학거리를 확대할 수 있으나, 통학을 위한 교통수단의 이용가능성을 고려할 것

** 출처 : 송지훈 외(2020); 이선호 외(2018)의 자료를 수정함. 기존의 스마트폰(통신비)은 온라인수업지원(기기 및 통신비)으로 수정함

- '취약계층 우수인재 육성사업(꿈사다리 장학제도) 장학생 성장기록 분석 연구'에서는 장학생들의 장학금 활용처 분석을 통해 지원 항목을 발굴하고자 하였다(김민희, 2020). 송지훈 외(2020)의 연구에서 제시한 교육비용 분류표를 활용하여, 꿈장학생들의 장학금 지출내역을 분석하였다. 꿈장학생들은 월별로 지급받는 장학금을 매우 다양한 곳에 지출하고 있었다. 지출 비중으로 보면, 학교 밖 부가비용에 가장 많이 지출하고 있었고, 학교교육 활동 참여비용, 학교교육과정 참여비용 등의 순으로 나타났다. 학교교육과정 참여비용은 학비, 교과서비 등 이미 지원이 되고 있는 부분이다.
  - 장학금 지출 순위가 높은 지출내역은 학원(29.49%) 〉 부교재비(18.72%) 〉 저축(16.27%)의 순으로 나타났다. 이 외에 학용품(5.33%), 통학비(3.74%), 휴일중식비(2.42%), 의류구입(1.85%), 체험학습(1.60%) 등에 대한 지출도 나타났다.
  - 장학금 지출빈도가 높다는 것은 지출 항목에 대한 지원이 더 많아져야 함을 의미한다. 장학금 지출이 많은 항목 중 특히 체험학습 및 통학비, 휴일중식비는 학교교육과정 및 학교교육활동에 참여하기 위한 필수 비용이라는 점에서 지원 범위 확대 필요성을 제기하고 있다.

표 Ⅰ-1-3 꿈장학생 장학금 지출 빈도 분석

구분		지원내용	지출 내역	출현 횟수(건)	%
학교 교육과정 참여비용	필수	학비(입학금 및 수업료)	–	–	–
		학비(학교운영지원비)	–	–	–
		수익자부담경비	–	–	–
		체험학습(현장학습)	체험학습(현장학습)	187	1.60
		수학여행	수학여행	6	0.05
		교과서비	–	–	–
		스마트폰 → 온라인학습지원비[1]	온라인학습지원비	25	0.21
	부가	(해당없음)	–	–	–

1 지출내역이 유목화 되기 어려운 개인정보가 담긴 답변은 분석에서 제외함(미기입 포함)

구분		지원내용	지출 내역	출현 횟수(건)	%
학교 교육활동 참여비용	필수	통학비	통학비	436	3.74
		급식비(중식)	–	–	–
		급식비(석식)	급식비(석식)	2	0.02
		교복·체육복 구입비	교복·체육복 구입비	20	0.17
		기숙사비	기숙사비	24	0.20
		학용품비	학용품비	621	5.33
		학교동아리 참여 준비물비	학교동아리 참여 준비물비	28	0.24
	부가	방과후교육활동 참가비	방과후교육활동 참가비	14	0.12
		부교재비	부교재비	2,181	18.72
학교밖 교육 부가 비용	필수	휴일중식비	휴일중식비	282	2.42
		정보·통신비	정보·통신비	54	0.46
		진로교육비(진로와 관련된 자격증 시험 응시료 및 학원비, 대입지원료 등)	진로교육비	134	1.15
	부가	문화활동비(교우관계유지활동비)	문화활동비(영화, 도서 등)	221	1.79
		학원비 등	학원비	3,435	29.49
저축				1,896	16.27
용돈				73	0.63
의류구입				216	1.85
기타				543	4.66

* 출처 : 김민희(2020). 취약계층 우수인재 육성사업(꿈사다리 장학제도) 장학생 성장 기록 분석 연구. 교육부.

- 지원대상은 지역 특성, 사업 특성, 지원예산, 지원시기 등에 따라 매우 다르게 나타났다. 지역의 학생(기관) 중 어려움을 겪고 있는 대상을 선별하여 지원 효과를 높이고자 했던 노력을 엿볼 수 있다. 취약계층 학생 지원항목은 다음 〈표 I-1-4〉와 같이 8개로 유형화하여 조사하였다.

표 Ⅰ-1-4 취약계층 학생 지원항목

유형	지원항목 예시	관련 자료명
(통합)	-	노원구 취약가구 돌봄 사업 등 위기가구 발굴 및 긴급 신고 체계
식사/식품	식료품, 농산물, 간식, 다과	「학교급식 경남 농산물 꾸러미」 지원사업 「학생 가정 농산물 꾸러미」지원계획 학생 가정 (친환경)농산물 꾸러미 공급 계획 경기도 급식꾸러미 지원 계획 청주시 결식우려 가정 대체급식 지원
방역/건강	마스크, 손세정제	코로나 19 감염 대응 드림스타트『방역꾸러미 지원』계획 슬기로운 언택트(Untact) 생활 프로그램 추진계획 코로나19 확산 방지를 위한 마스크 추가지원 계획(안)
현물/현금	학생재난지원금	인천시 학생교육재난지원금 지급 계획
학습	학습기기	성동구 교육취약학생 온라인학습기기 지원 분담계획
생활/여가	의복, 신발, 생활용품	추석맞이 「다문화 아동 꼬까옷 선물」 추진 계획 드림스타트와 함께하는 가족생활
돌봄	긴급 돌봄	전주시 공동육아나눔터 긴급 돌봄 서비스 제공 계획 포항시 지역아동센터 긴급 돌봄 지원
기타	OO	OO

- 지원현황을 보면, 광역자치단체의 지원은 식사/식품(60.0%), 현금/현물(30.0%), 돌봄(10.0%)의 순으로 나타났고, 지원형태에 따라 연합(친환경 농산물 가정 배송, 학교급식용 친환경농산물 구매), 단독(전남 지역대학 졸업반학생 장학금지원, 전남 소재 고등학생 비대면 학습지원금 지원, 인천시 강화군 20개교 온라인 수업 필요 스마트기기 등 지원, 학기 중 미급식일 조·중·석식 지원) 등으로 나타났다.
- 기초자치단체의 지원은 돌봄(28.2%), 식사/식품(24.4%), 현금/현물(19.2%), 방역/건강(15.4%), 학습(9.0%), 생활/여가(2.6%), 상담(1.3%)의 순으로 매우 다양한 형태의 지원이 이루어진 것으로 나타났다. 특히 부산, 인천, 경북, 경남지역 내 기초지자체에서는 돌봄, 식사/식품 등 대부분의 영역에서 다양하게 지원하고 있음을 알 수 있다. 전체적으로 생필품, 가정 내에서의 활동(놀이, 건강 등) 중심 꾸러미 등을 매우 많이 지원하였다.

- 교육청의 지원은 현금/현물(32.8%), 학습(25.6%), 돌봄(13.6%), 식사/식품(12.8%), 방역/건강(8.8%), 상담(5.6%), 생활/여가(0.8%)의 순으로 다양한 형태의 지원이 이루어진 것으로 나타났다. 구체적으로 긴급 돌봄, 원격학습, 스마트기기, 상담, 맞춤형지원, 학비감면, 통학, 체험활동비 등으로 나타났다.

4) 교육복지 전달체계

- 교육복지 전달체계와 관련한 연구는 많이 수행되지 않았다. 교육급여 체계 개편 연구에서 송지훈 외(2020)는 현재 교육급여 전달체계를 다음과 같이 개편하는 방안을 제안하였다.
  - 현재 교육급여 전달체계는 학기별 1회(1년 2회) 학부모 계좌로 입금하는 단일 방식을 택하고 있다.[2] 그러나 교육급여 항목 및 지원방식이 변경될 경우 학부모 계좌로 입금한 후 다시 학부모가 부담하는 과정은 비효율적이며 정확한 지원금액을 산정하는데도 한계가 있다.
  - 송지훈 외(2020)의 연구에서 실시한 설문조사 결과에서도 교육급여의 전달체계는 항목의 성격에 따라 학부모 계좌입금, 학생복지카드, 학교 예산집행으로 다양화되어야 한다는 의견이 제시되었다. 따라서 새롭게 추가된 교육급여 항목별로 지원의 효율성 및 효과성을 제고하기 위하여 현재 학부모 계좌입금 방식, 학교회계를 통한 예산 집행 방식으로 다양화 할 것을 제안하였다.

    * (현재 유지 : 학부모 계좌 입금 방식) 학용품, 부교재비, 통신비 등

    * (학교 집행 : 학교회계 직접 집행 방식) : 체험학습비(수학여행비), 대입전형료 등
- 교복우 사업 전달체계와 관련하여 주요 쟁점과 이를 반영한 새로운 개선안을 제시한 연구도 존재한다(김선숙 외, 2020). 주요 쟁점은 담당자들 간의 교복우 사업에 대한 상이한 이해, 교복우 사업의 정책적 방향성 부재, 전달체계 각 구성요소의 역할 정립 필요 등으로 나타났다.
  - 이러한 쟁점을 해결하고 교복우사업의 취지를 살리면서 효과적인 사업 운영이

---

2 교육청에서 지급하여 면제되던 학비 지원이 있었으나 고교무상교육 실시로 이러한 방식은 향후 변경되며 학부모 계좌 지급의 단일 방식만 잔존하게 됨

될 수 있는 교육복지 전달체계 구성(안)을 다음 [그림 I-1-1]과 같이 제시하였다. 핵심적인 내용은 교육부가 각 광역교육청 담당자로 구성된 교복우사업 시도협의회를 설치하여 국가 단위에서의 교복우사업 방향과 기준을 설정하는 역할을 수행하는 것이다. 교육청은 교복우사업의 방향과 기준에 따라 시도단위의 정책결정과 정책 수행에 대한 점검 등 컨트롤타워 역할을 담당한다. 교육부와 교육청의 역할을 지원하기 위하여 중앙교육복지연구지원센터가 교복우사업과 관련한 각종 데이터와 사례 등을 수집하고 정책결정에 필요한 자료를 제공할 수 있도록 하였다.

그림 I-1-1 교육복지우선지원사업 전달체계 개선(안)

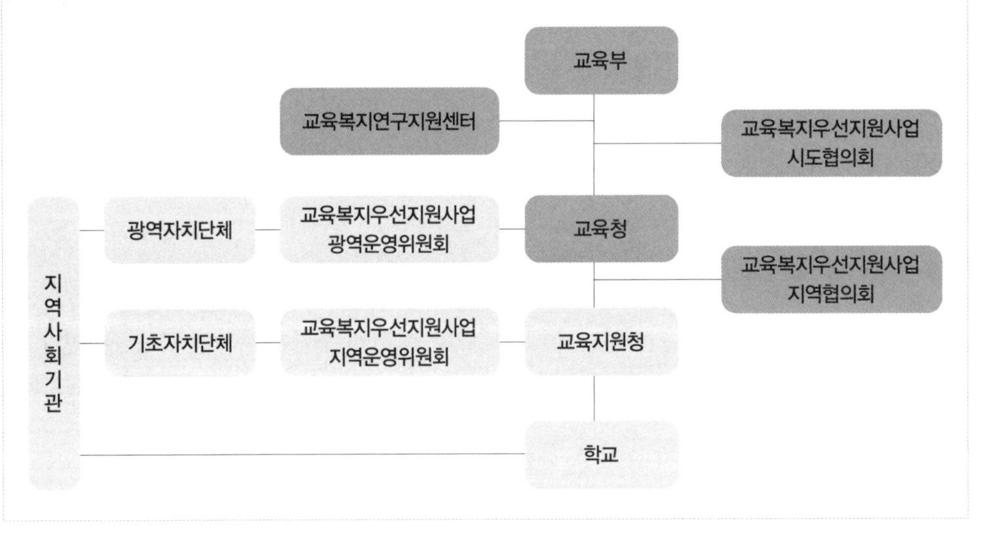

2

교육복지 대상

가. 교육격차 현황

보고서명	[CR 2018-6] 교육격차 실태에 관한 실증적 자료조사
주제어	교육격차 실태, 교육기회/환경, 교육비

1) 교육격차 실태 – 학업성취도

가) 한국교육개발원의 학교교육 수준 및 실태조사 자료

- 산출 혹은 결과의 교육격차는 진학률, 취업률 등의 자료와 더불어 학업성취도 자료가 많이 인용되며 분석된다. 학업성취도 격차 현황에 대해서는 무엇보다도 한국교육개발원에서 지난 2003년도 이후부터 2012년도까지 실시된 학교교육수준 및 실태분석 보고서가 중요한 정보를 제공해준다. 해당 내용에서는 다중회귀분석의 일종인 위계선형모형을 이용하여 학교급별로 사회경제적 지위(SES), 성별(여학생이면 1, 남학생이면 0), 사교육참여여부, 지역규모(서울, 광역시, 중소도시, 읍면)별로 학업성취도 격차에 대한 정보를 일정정도 제공해주고 있다. 부수적으로는 교사의 열의, 교장의 지도성 같은 교육과정, 혹은 교육활동 관련 지표들도 제공하고 있다. 학교교육실태에 대한 대규모 설문조사 자료인 한국교육개발원 보고서에서 분석된 학업성취도를 중심으로 한 교육격차 현황을 살펴보았다.[1]
- 먼저 다음 표 세 개는 초, 중, 고등학교의 학업성취도 격차이다. 무엇보다도 먼저 *표 표시가 된 값들은 통계적으로 유의미한 차이가 있는 것을 의미한다. *표 표시가 없는 경우 해당 과목에서 교육격차가 존재하지 않는 것으로 해석하면 된다. 먼저 SES(사회경제적 지위)에 의한 교육격차의 경우 제시된 값은 사회경제적 지위 점수가 1점이 올라가면 발생하는 격차점수로 이해하면 된다.
- 먼저 초등학교 성취도 격차를 보여주는 다음 〈표 I-2-1〉에 근거하여 초등학교를 대상으로 한 조사인 조사결과만 일단 해석을 하면 2005년도에는 읽기, 수학, 과학에서 모두 *표가 표시되어 있다. 즉, 사회경제적 배경에 의한 교육격차가 존재함을

---

1 일부 내용은 교육부 교육복지정책포럼에서 발표된 내용임.

의미한다. 읽기, 과학, 수학 순서대로 사회경제적 배경 격차의 크기가 큼을 의미한다. 2008년도에는 사회경제적 지위 점수에 의한 교육격차가 존재하지는 않는 것으로 나타났으나 2011년도에는 다시 그 격차가 존재하며 계수 값이 커진 것으로 나타났다. 즉, 계수 값이 크다는 것은 사회경제적 지위 점수에 의한 교육격차가 더 커졌음을 의미한다.

표 Ⅰ-2-1 초등학교 학업성취도 격차 (제반 변수들을 통제한 후의 격차)

구분	과목	참여정부 (2005년)	참여정부/이명박정부초기 (2008년)	이명박정부 (2011년)	계수크기 변화율 (2005→2011)
SES	읽기	0.039*	0.022	0.053*	1.36
	수학	0.028*	0.021	0.049*	1.75
	과학	0.036*	0.007	0.051*	1.42
성별(여)	읽기	4.837*	5.714*	5.586*	1.15
	수학	0.144	−0.603	−0.586*	
	과학	1.847*	2.973	1.882*	1.02
사교육 참여	읽기	0.005	−0.788	−0.944*	
	수학	1.000*	1.503*	1.023*	1.02
	과학	0.425	1.492*	0.629*	1.48
지역규모 (서울/광역시/중소도시/BASE는 읍면)	읽기	−1.948/−1.193/−0.227	1.311/2.504*/1.169	0.789/0.062/−0.254	
	수학	−0.366/−1.001/0.129	2.456/2.353*/1.523	1.252/−0.645/−0.096	
	과학	−3.723*/−0.419/0.140	1.096/1.126/2.084	−1.532/−0.853/−0.590	

* 출처 : 한국교육개발원 각 해당 연도별 학교 수준 및 실태 분석연구 보고서. 계수크기 변화율은 (2011년값/2005년 값)이며 음의 값으로 변화된 경우와 통계적으로 유의하지 않게 나온 경우(지역규모)는 제외함.

- 성별의 경우 여학생이면 1, 남학생이면 0을 의미한다. 즉 이 값이 양의 값을 가지면 여학생의 성취도가 더 높음을 의미한다. 2005년도에 읽기, 과학에서만 여학생이 통계적으로 유의하게 남학생보다 읽기에서 4.8점, 과학에서 1.8점이 높게 나타

났다. 2008년도에는 수학과 과학에서 *표 표시가 없기 때문에 여학생과 남학생의 성별 점수 차이는 존재하지 않는다. 다만 읽기 점수에서 여학생이 남학생보다 5.7점이 더 높은 것으로 나타난다. 2011년도에는 읽기와 수학, 과학 모두 성별 차이가 통계적으로 유의하게 나타났다. 여학생이 읽기는 5.586점, 과학은 1.882점이 더 높으며 수학은 남학생이 여학생보다 0.586점이 더 높은 것으로 나타났다.

- 사교육참여의 경우 사교육을 받은 학생과 받지 않은 학생 간의 점수 차이를 의미한다. 2005년도에는 *표가 표시된 수학 과목에서만 사교육을 받은 학생이 받지 않은 학생보다 1점이 더 높은 것으로 나타났다. 즉, 사교육에 의한 교육격차가 수학에서만 나타났다.
- 지역규모의 경우는 초등학교 단계에서는 통계적으로 의미 있는 차이가 거의 나타나지 않는다. 제시된 값들은 맨 왼편부터, 서울, 광역시, 중소도시의 계수를 의미하며 기본 비교집단은 읍면지역이다. 즉 이 값들이 양이면 읍면지역에 비해서 해당 지역의 점수가 더 높음을 의미하며 음이면 더 낮음을 의미한다. 2005년도의 경우 과학에서만 서울이 *표가 되어 있다. 즉 서울지역 학생들의 과학점수가 읍면지역 학생들보다 3.723점이 낮은 것으로 나타났다. 2008년도에는 읽기와 수학에서 광역시 학생들이 읍면지역 학생보다 2.504점, 2.353점이 더 높은 것으로 나타났다. 초등학교 단계에서는 상대적으로 지역규모에 따른 성취도 격차가 별로 발생하지 않고 있음을 보여준다. 이는 초등학교 단계에서는 지역규모 요인보다는 사회경제적 지위나 성별, 사교육참여여부에 의한 교육격차에 더 정책적 대비가 필요함을 의미한다.
- 〈표 I-2-2〉에서 제시된 값을 통해 중학교 단계에서의 성취도 격차를 살펴보면 다음과 같다. SES의 경우 계수 값이 2004년도에 비해서 2007년도와 2010년도에 국어를 제외하고는 수학과 영어는 계속 커지고 있는 것을 알 수 있다. 수학은 0.069 → 0.110 → 0.118로 SES의 계수 값이 커지고 있는데 이는 SES가 1단위(혹은 1점)가 높아지면 그에 따른 성취도 격차가 2004년도에는 0.069점이었으나 2010년도에는 0.118로 높아졌다는 것을 의미한다. 영어의 경우 2010년도에는 3.768로 SES에 의한 영어성취도 격차가 2004년도의 0.086점에 비하면 매우 크게 증가한 것을 알 수 있다. 즉, 중학교 단계에서는 사회경제적 지위에 의한 국어, 수학, 영어 성취도 격차 발생에 대한 대응책을 마련하되 특히 영어 성취도 격차에 대비한 방안 마련

이 더욱 고민될 필요가 있음을 보여준다. 성별의 경우 수학에서만 여학생이 2007년도와 2010년도에 통계적으로 유의하게 1.768점, 2.705점이 낮으며 그 격차가 1.762점에서 2.705점으로 더 커지는 것으로 나타난다. 그러나 성별 격차는 국어와 영어의 경우 남학생이 여학생보다 더 뒤처지는 것으로 나타났다. 2010년도에는 영어성취도 격차가 2004년과 2007년도의 4점대에서 0.151점으로 작아지고 있으나 국어는 3.986점에서 4.66점, 그리고 4.189점으로 4점 전후로 지속적으로 유지되고 있다. 중학교 단계에서 남학생들의 국어성취도를 높이기 위한 방안, 여학생들은 수학성취도를 높이기 위한 고민이 필요함을 보여준다.

- 사교육참여 여부의 경우 수학이 가장 점수가 크게 벌어지고 있다. 2004년도에는 수학 사교육을 받은 학생이 받지 않은 학생보다 8.339점이 높았으나 이 격차는 2007년도에는 11.464점, 2010년도에는 13.503점으로 크게 벌어진다. 국어는 2004년도에는 2.237점, 2007년도에는 3.528점, 2010년도에는 2.963점으로 3점 전후로 지속되고 있다. 영어의 경우 2004년도에 6.699점에서 2010년도에는 9.962점으로 사교육참여여부에 의한 영어성취도 격차가 커지고 있다. 중학교 단계에서는 학교설립유형에 따른 교육격차는 거의 존재하지 않는 것으로 볼 수 있다.
- 지역규모는 2004년과 2007년도에는 통계적으로 유의미한 차이가 없는 것으로 나타났으나 2010년도에는 흥미롭게도 읍면지역의 학생들이 국어의 경우, 서울, 광역시, 중소도시 학생들보다 더 높은 것으로 나타났다. 수학에서도 읍면지역의 학생들이 서울과 광역시의 학생들보다 더 높은 것으로 나타났다. 영어는 중소도시의 학생들보다 읍면지역의 학생들이 점수가 더 높게 나타났다. 고등학교에서는 읍면지역 학생들의 점수가 더 낮게 나타난 결과와는 중학교 단계에서는 다소간 상반된 결과가 나타났다(〈표 I-2-2〉). 이는 교육개발원 중학교 조사의 표집의 문제인지 좀 더 면밀한 분석이 필요할 것으로 보인다.
- 일반계 고등학교의 학업성취도 격차는 다음과 같다. 사회경제적 지위 점수에 의한 격차는 2003년도에는 읽기, 수학, 과학에서 모두 나타났다. 그러나 2006년도에는 격차가 사라지다가 2009년도에는 수리과목에서만 격차가 존재하는 것으로 나타났다. 성별의 경우 수학 과목에 여학생이 남학생보다 2003년도와 2009년도에 점수가 2.924점, 4.581점이 더 낮은 것으로 나타난다. 과학은 2006년도에 여학생이 남학생보다 0.794점이 더 낮은 것으로 나타났다. 읽기는 2003년도와 2006년도

표 Ⅰ-2-2 중학교 학업성취도 격차 (제반 변수들을 통제한 후의 격차)

구분	과목	참여정부 (2004)	참여정부 (2007)	이명박정부 (2010)	계수크기 변화율 (2004→2010)
SES	국어	0.066*	0.051*	0.065*	0.98
	수학	0.069*	0.110*	0.118*	1.71
	영어	0.086*	0.095*	3.768*	43.81
성별(여)	국어	3.986*	4.660*	4.189*	1.05
	수학	0.902	−1.768*	−2.705*	−3.00
	영어	4.427*	4.706*	0.151*	0.03
사교육 참여	국어	2.237*	3.528*	2.963*	1.32
	수학	8.339*	11.464	13.503*	1.62
	영어	6.699*	6.873*	9.962*	1.49
학교설립유형 (사립)	국어	2.221*	−0.014	−0.476	
	수학	0.982	0.702	−0.092	
	영어	1.305	0.889	−0.584	
지역규모 (서울/광역시/중소도시/BASE는 읍면)	국어	−2.691/−2.528/0.578	−1.744/−1.430/−0.144	−4.154*/−2.152*/−1.555*	
	수학	−1.345/−0.952/1.548	0.707/−0.091/2.246	−3.719*/−2.503*/−2.137	
	영어	−1.482/−0.24/1.269	−1.672/−2.050/0.494	−2.119/−1.567/−2.478*	

* 출처 : 한국교육개발원 각 해당 연도별 학교 수준 및 실태 분석연구 보고서. 계수크기 변화율은 (2010년값/2004년 값)이며 음의 값으로 변화된 경우와 통계적으로 유의하지 않게 나온 경우(설립유형, 지역규모)는 제외함. 지역규모는 2004년 값이 대부분 통계적으로 유의하게 나오지 않기 때문에 제외함.

에는 성별 차이는 존재하지 않으나 2009년도에 여학생의 점수가 1.863점이 더 높은 것으로 나타났다(〈표 Ⅰ-2-3〉 참고).

- 사교육참여여부의 경우 2003년도에는 세 과목 모두 통계적으로 유의하게 사교육을 받은 학생들의 점수가 높게 나타났다. 그러나 2009년도에는 읽기점수는 사교육참여여부에 의한 격차가 나타나지 않았다. 또한, 수학과 과학에서 모두 다소간

표 Ⅰ-2-3 일반계 고등학교 학업성취도 격차 (제반 변수들을 통제한 후의 격차)

구분	과목	참여정부 (2003)	참여정부 (2006)	이명박정부 (2009)	계수크기 변화율 (2004→2010)
SES	읽기	0.056*	0.012	-0.001	
	수리	0.075*	0.005	0.053*	0.71
	과학	0.076*	-0.005	0.009	
성별(여)	읽기	2.337	-0.207	1.863*	
	수리	-2.924*	-0.382	-4.581*	-1.57
	과학	1.032	-0.794*	-1.107	
사교육 참여	읽기	5.297*		-0.121	
	수리	1.594*		3.061*	1.92
	과학	2.526*		3.375*	1.34
학교설립유형 (사립)	읽기	-0.078	-0.067	0.376	
	수리	-0.003	2.097	-0.859	
	과학	-0.549	0.582	-1.453	
지역규모 (서울/광역시/중소도시/BASE는 읍면)	읽기	-1.473/3.205/5.378*	3.404/7.973*/6.426*	-1.446/0.431/-0.588	
	수리	-4.027/-1.064/-0.235	4.090/5.532*/5.324*	4.725*/2.826*/0.113	
	과학	-2.23/1.634/2.416	-0.8/4.452*/5.103*	-2.835/-0.347/0.135	

* 출처 : 한국교육개발원 각 해당 연도별 학교 수준 및 실태 분석연구 보고서.

** 주 : 2003년도의 경우 과학대신 외국어임. 2006년도 보고서에는 분석모형에서 사교육참여가 변인으로 포함되지 않음. 계수크기 변화율은 (2009년값 /2003년 값)이며 통계적으로 유의하지 않게 나온 경우(설립유형, 지역규모)는 제외함.

점수 차이가 증가하여 3.061점, 3.375점의 격차가 발생하고 있다. 학교설립유형은 중학교와 마찬가지로 학업성취도 격차가 나타나지 않았다.

- 지역규모의 경우 2009년도를 기준으로 수리 점수에서 서울과 광역시 지역의 학생들이 읍면지역 학생들보다 4.725점, 2.826점이 각각 더 높았다.
- 한국교육개발원 보고서는 고등학교의 경우 일반계를 중심으로 분석하고 있다. 그

표 Ⅰ-2-4 소득수준별 수학 학업성취도

학교급	소득수준/조사연도	2005년	2008년	2011년	2014년
초등학교	200만 원 미만	47.00	47.10	47.09	46.21
	400만 원 미만	50.70	49.63	49.49	48.72
	600만 원 미만	52.37	52.54	51.46	50.75
	600만 원 이상	52.05	53.00	52.47	52.81
	차이(600만 원 이상-200만 원 미만)	5.1	5.9	5.4	6.6
	배율(600만 원 이상/200만 원 미만)	1.11	1.13	1.11	1.14
학교급	소득수준/조사연도	2004년	2007년	2010년	2013년
중학교	200만 원 미만	46.52	46.20	45.76	46.04
	400만 원 미만	51.26	50.49	49.99	49.33
	600만 원 미만	54.28	53.47	53.25	52.01
	600만 원 이상	53.15	53.68	49.72	53.62
	차이(600만 원 이상-200만 원 미만)	6.6	7.5	4.0	7.6
	배율(600만 원 이상/200만 원 미만)	1.14	1.16	1.09	1.16
학교급	소득수준/조사연도	2003년	2006년	2009년	2012년
고등학교	200만 원 미만	–	46.53	46.78	46.79
	400만 원 미만	–	49.38	49.23	48.90
	600만 원 미만	–	51.99	50.88	51.07
	600만 원 이상	–	52.98	51.84	52.54
	차이(600만 원 이상-200만 원 미만)	–	6.5	5.1	5.8
	배율(600만 원 이상/200만 원 미만)	–	1.14	1.11	1.12

* 출처 : 박경호 외(2017). 교육격차 실태 종합분석. 한국교육개발원. 차이와 배율은 별도로 분석하여 포함시킴. 원자료는 각 해당연도 학교교육 수준 및 실태분석 보고서.

러나 특목고 등과의 비교도 향후 필요하며 이는 원자료를 이용하여 별도의 분석이 필요할 것으로 보인다.

- 한편 최근 박경호 외(2017)의 연구에서는 소득수준에 따른 한국교육개발원의 학교교육수준 및 실태 분석연구 보고서에서 소득수준에 따른 수학성취도 격차에 대해서 비교분석을 제공한 바가 있다. 초등학교의 경우 소득수준에 따른 수학성취도 차이가 5.1점에서 6.6점으로 증가하고 있는 것을 알 수 있다. 배율 값 역시 1.11에서 1.14로 증가하는 추세를 보여준다. 중학교도 소득수준에 따른 수학성취도 차이가 6.6점에서 7.6점으로 증가한 것으로 나타나며 배율 값은 1.14에서 1.16으로 증가하였다. 고등학교 단계에서는 6.5점에서 5.8점으로 다소간 점수 차이가 감소하였으나 여전히 절댓값은 큰 편으로 나타났다(〈표 Ⅰ-2-4〉 참고).

나) 한국교육과정평가원의 국가수준학업성취도 평가, 수능평가점수

- 최근의 성취도격차와 관련하여 한국교육과정평가원에서 발표한 학업성취도 자료를 살펴볼 수가 있다. 교육격차를 보기 위해서는 그룹별(지역규모별, 성별 등) 비교자료가 필요한데, 교육과정평가원에서는 성별과 지역규모별로 격차 자료를 제공해주고 있다(〈표 Ⅰ-2-5〉 참고).

표 Ⅰ-2-5 성별 과목별 기초학력 미달 비율(%) 추이

구분 / 연도	중3						고2					
	국어		수학		영어		국어		수학		영어	
	남	여	남	여	남	여	남	여	남	여	남	여
'15	4.1	1.0	5.7	3.3	4.9	1.7	4.0	1.1	6.7	4.3	6.4	2.4
'16	3.0	0.9	5.9	3.8	5.8	2.0	4.8	1.5	5.9	4.6	7.3	2.9
'17	3.8 (0.23)	1.0 (0.13)	8.0 (0.39)	5.8 (0.36)	4.2 (0.25)	1.8 (0.19)	6.7 (0.54)	2.4 (0.24)	10.8 (0.80)	7.5 (0.48)	5.2 (0.44)	2.3 (0.21)

* 출처: 교육부, 한국교육과정평가원 2017년 11월 30일 보도자료

- 전반적으로 여학생들의 기초미달 학생 비율이 남학생보다 적은 것을 알 수 있다. 학력격차 추이는 위와 같은 %p의 차이로도 제공될 수가 있다. 물론 평균점수의 차이로도 제공될 수 있다. 국가수준학업성취도평가 시행의 취지는 기초학력미달

학생을 감소시키기 위한 것이기 때문에 평가점수의 평균을 제공하지 않고 비율값들을 제공한다.[2] 지역규모별로 보면 대도시지역이 읍면지역보다 기초학력미달 비율이 적은 것을 알 수 있다. 중3의 경우 국어는 격차가 발생하고 있으며, 수학과 영어 역시 격차가 다소간 벌어지는 것으로 나타난다. 고2의 경우도 17년도에는 표본조사이긴 하지만 전년도 대비 격차가 다소간 커지고 있는 것으로 나타난다(〈표 I-2-6〉 참고).

표 I-2-6 지역규모별 과목별 기초학력 미달 비율(%) 추이

구분	중3						고2					
	국어		수학		영어		국어		수학		영어	
연도	대도시	읍면	대도시	읍면	대도시	읍면	대도시	읍면	대도시	읍면	대도시	읍면
'15	2.7	2.7	4.2	5.5	3.1	3.7	2.9	2.5	5.3	5.7	4.2	4.7
'16	2.0	2.3	4.2	6.3	3.6	4.7	3.5	3.2	4.7	5.8	4.7	5.7
'17	2.7 (0.26)	3.1 (0.42)	6.4 (0.40)	7.6 (0.73)	2.9 (0.25)	3.6 (0.55)	4.7 (0.55)	6.4 (1.16)	8.5 (0.75)	12.1 (1.86)	3.5 (0.49)	5.9 (1.00)

* 출처 : 교육부, 한국교육과정평가원 2017년 11월 30일 보도자료

- 다음은 시도별 대학수학능력시험 성적의 시도별 분석결과이다. 각 시도별로 응시자 중에서 해당 등급의 학생 비율이다. 먼저 국어 과목의 경우 서울, 대구, 충남, 광주, 경기, 제주가 다른 시도에 비해서 1등급을 받은 학생 비율이 높은 것을 알 수가 있다. 그리고 서울, 경기, 대구, 제주, 세종이 다른 시도에 비해서 2등급을 받은 학생 비율이 높은 것을 알 수 있다. 서울과 경기, 세종, 대구, 제주의 경우 다른 시도보다 응시 학생 중에서 1, 2등급을 받은 경우가 더 많은 것으로 나타났다. 도지역은 제주도를 제외하고는 광역시들과 비교하면 수능 응시자 중에서 1, 2등급을 받는 학생의 비율이 상대적으로 낮음을 알 수 있다(〈표 I-2-7〉 참고).

---

2 정책적으로 교육격차 점검을 위한 지표개발이 필요할 경우 평균점수 등을 국가수준학업성취도 평가 원자료를 이용한 다양한 지표산출이 가능할 것으로 보인다.

표 Ⅰ-2-7 시도별 등급 비율(국어, 단위 : %)

시도	1등급	2등급	3등급	4등급	5등급	6등급	7등급	8등급	9등급
서울*	4.8	7.5	12.2	16.6	19.7	17.1	11.0	7.1	4.0
부산	2.8	5.6	10.8	16.5	21.6	20.3	11.8	6.9	3.7
대구*	3.4	6.7	12.5	18.3	22.4	18.9	10.6	5.1	2.2
인천	2.1	5.0	9.1	15.3	21.3	20.3	13.7	8.8	4.3
광주*	3.6	6.4	11.9	17.7	22.4	19.3	10.4	5.6	2.9
대전	3.0	6.0	10.9	16.6	20.5	19.3	12.8	7.6	3.3
울산	2.9	5.4	9.6	15.0	21.7	21.1	13.1	7.8	3.5
경기*	3.4	6.1	10.5	15.5	19.6	18.5	12.9	8.7	4.9
강원	2.1	4.2	8.5	14.0	20.8	22.1	15.2	8.8	4.2
충북	2.4	5.7	10.2	16.7	22.1	20.2	12.6	6.8	3.2
충남	3.6	5.5	9.9	15.1	19.8	18.5	13.4	9.3	4.9
전북	3.4	5.7	10.9	17.2	21.5	19.1	11.2	7.0	4.1
전남	2.2	4.5	9.1	14.9	21.0	20.6	13.7	9.4	4.6
경북	2.9	5.4	10.9	16.3	20.4	18.6	12.6	8.1	4.8
경남	2.0	4.9	9.5	15.6	20.8	19.4	13.5	9.3	5.1
제주*	3.7	7.9	13.9	20.6	21.8	15.2	8.1	5.2	3.7
세종*	3.1	6.2	7.5	13.8	18.1	19.9	14.8	10.8	5.8
전체(기준)	3.3	6.0	10.7	16.1	20.6	18.9	12.3	7.8	4.2

*1등급과 2등급 비율의 합이 기준(9.3) 이상인 지역을 의미함. 출처 : 한국교육과정평가원

- 수학가 과목에서도 국어와 유사한 결과가 나타났다. 서울이 타 시도에 비해서 1, 2등급을 받은 학생 비율이 8.2%와 8.8%로 매우 높게 나타났다. 울산, 경기, 충남, 제주도가 전체 기준보다 1등급을 받은 학생 비율이 높게 나타났으며 2등급의 경우 대구, 광주, 울산, 경기, 제주가 타 시도에 비해서 수학가의 비율이 높게 나타났

다. 서울과 경기도, 제주도의 경우 타지역보다 수학가 과목에서 1, 2등급을 받는 학생의 비율이 높은 것을 알 수 있다(〈표 I-2-8〉 참고).

표 I-2-8 시도별 등급 비율(수학가, 단위 : %)

시도	1등급	2등급	3등급	4등급	5등급	6등급	7등급	8등급	9등급
서울*	8.2	8.8	10.7	19.3	18.1	17.2	10.7	5.3	1.8
부산	3.6	6.6	9.2	19.4	20.4	18.6	13.4	6.5	2.3
대구	4.9	7.1	9.9	21.0	19.8	19.3	11.6	5.0	1.4
인천	3.4	6.1	7.9	18.7	19.6	21.4	13.1	7.6	2.3
광주*	5.0	7.7	10.7	22.8	20.4	18.6	8.1	5.0	1.5
대전	4.0	5.6	9.4	19.4	19.5	21.1	12.5	6.5	2.0
울산*	5.8	8.0	10.6	20.7	20.1	16.9	10.5	5.6	1.9
경기*	5.8	7.6	9.5	18.0	18.5	17.4	13.0	7.7	2.4
강원	2.4	5.4	5.4	15.5	18.8	21.9	14.9	11.7	3.9
충북	3.0	4.3	7.2	17.0	19.5	20.2	16.3	9.2	3.3
충남	5.5	5.9	7.8	13.1	14.8	16.7	18.3	13.4	4.6
전북	3.8	5.2	5.9	13.4	17.2	21.5	18.0	11.1	3.9
전남	2.8	4.3	6.1	13.3	15.3	21.6	19.6	12.6	4.4
경북	3.0	5.6	8.0	16.5	16.7	18.6	16.6	11.0	4.0
경남	2.5	4.9	7.1	15.7	18.2	18.8	16.6	12.1	4.2
제주*	7.0	8.0	14.3	25.2	20.2	14.2	7.0	3.3	.9
세종	1.7	4.0	4.3	8.6	14.9	23.5	20.1	17.2	5.7
전체(기준)	5.2	6.9	9.0	18.0	18.5	18.6	13.4	7.9	2.6

*1등급과 2등급 비율의 합이 기준(12.1) 이상인 지역을 의미함. 출처 : 한국교육과정평가원

- 다음은 수학나 과목이다. 1, 2등급에서 각각 전체 기준보다 높은 비율이 나오는 시도는 서울, 대구, 광주, 제주이다. 1등급의 경우 서울, 대구, 광주, 제주, 세종이 응

시자 중에서 전체 기준보다 비율이 높게 나오고 있으며 2등급은 서울, 대구, 광주, 제주가 응시자 중에서 비율이 높게 나타났다. 수학나에서도 서울과 대구, 광주 등 광역시와 제주도가 타 시도 지역보다 상위권 학생의 비율이 높게 나오고 있다(〈표 Ⅰ-2-9〉 참고).

표 Ⅰ-2-9 시도별 등급 비율(수학나, 단위 : %)

시도	1등급	2등급	3등급	4등급	5등급	6등급	7등급	8등급	9등급
서울*	5.1	11.4	10.3	14.7	18.4	15.4	11.8	8.3	4.7
부산	3.2	8.9	9.8	15.5	22.8	19.0	11.3	6.2	3.3
대구*	4.1	10.0	10.6	18.2	24.1	16.4	9.3	5.0	2.4
인천	2.5	8.0	9.5	16.0	22.8	19.2	11.6	6.9	3.4
광주*	3.9	11.0	11.1	18.3	23.0	16.0	9.1	5.1	2.5
대전	2.9	8.6	9.5	16.1	22.0	18.3	11.6	7.2	3.8
울산	3.0	8.8	10.6	16.8	25.6	18.6	9.7	4.4	2.4
경기	3.4	8.7	9.3	14.4	20.4	18.2	12.8	8.4	4.5
강원	2.2	5.7	8.5	14.9	24.3	21.4	12.0	7.4	3.5
충북	2.6	8.5	10.3	18.1	24.1	18.8	9.8	5.1	2.8
충남	3.1	8.1	9.2	15.5	23.7	20.5	10.8	6.0	3.1
전북	3.2	8.7	9.3	16.2	22.7	18.4	10.7	7.3	3.4
전남	2.5	7.8	8.0	14.6	24.7	20.4	11.3	6.8	3.9
경북	2.9	8.8	9.3	15.7	24.2	19.0	10.4	5.9	3.7
경남	2.7	7.7	9.3	16.0	23.5	19.6	11.2	6.6	3.4
제주*	5.4	13.6	12.2	18.1	21.3	13.7	8.1	4.6	3.0
세종*	4.0	9.0	6.8	11.1	23.2	21.3	12.7	8.1	3.7
전체(기준)	3.5	9.1	9.7	15.5	21.8	18.0	11.4	7.1	3.8

*1등급과 2등급 비율의 합이 기준(12.6) 이상인 지역을 의미함. 출처 : 한국교육과정평가원

- 영어 과목의 경우, 서울, 대구, 광주, 경기가 응시자 중에서 각각 1, 2등급을 받은 학생 비율이 전체보다 높은 것으로 나타났다. 1등급의 경우, 서울, 대구, 광주, 대전, 경기, 세종시가 응시자 중에서 1등급을 받은 학생 비율이 전체 기준보다 높게 나타났다. 2등급의 경우, 서울, 대구, 광주, 경기, 제주가 타 지역보다 응시자 중에서 2등급을 받은 학생 비율이 높게 나타났다(〈표 I-2-10〉 참고).
- 서울의 경우 모든 과목에서 1, 2등급 학생 비율이 응시자 중에서 상대적으로 높게 나타났으며 경기도 역시 대부분의 과목에서 1, 2등급 학생 비율이 응시자 중에서 타 지역에 비해서 상대적으로 높게 나타났다. 그러나 도지역의 경우 세종시와 충남을 제외하고는 대부분이 모든 과목에서 응시자 중에서 1, 2등급 비율, 즉 1, 2등급을 받을 확률이 낮게 나타났음을 알 수 있다. 도지역과 시지역 간의 차이가 상당히 존재하며, 서울과 경기가 타 지역보다 응시자 중에서 수능에서 1, 2등급의 높은 성취도를 보여줄 가능성 혹은 확률이 높음을 의미한다. 이는 서울과 경기도가 경제적 여건(혹은 소득수준)이 좋기 때문일 수가 있으며 사회·문화자본이 집중되어 있기 때문으로도 해석할 수 있다. 한편 제주의 경우 1, 2등급 학생 비율이 높게 나타난 것은 제주 지역의 교육열과 가정에서의 제반 지원 등이 높기 때문일 수 있다. 이에 대한 분석은 별도로 이루어질 필요가 있다.

표 I-2-10 시도별 등급 비율(영어, 단위: %)

시도	1등급	2등급	3등급	4등급	5등급	6등급	7등급	8등급	9등급
서울*	5.9	7.7	12.7	18.2	18.5	16.0	10.6	6.3	4.1
부산	3.0	5.3	11.1	18.1	20.1	19.3	13.0	6.1	4.1
대구*	4.0	6.3	12.8	20.0	20.9	18.1	10.6	4.7	2.5
인천	2.0	3.9	8.5	16.2	19.7	20.4	15.9	8.4	4.9
광주*	3.6	5.8	12.4	19.9	20.2	18.1	11.6	5.5	3.0
대전	3.5	5.4	11.8	18.6	19.6	18.0	13.0	6.8	3.2
울산	2.7	4.2	9.8	17.4	20.7	20.5	13.8	7.2	3.7
경기*	3.5	5.6	10.8	17.0	18.5	17.6	13.4	8.3	5.3

시도	1등급	2등급	3등급	4등급	5등급	6등급	7등급	8등급	9등급
강원	2.0	3.0	7.5	14.3	19.5	22.0	17.7	9.0	4.9
충북	1.7	4.2	9.8	18.5	21.8	20.7	13.7	6.5	3.0
충남	3.3	4.7	9.3	15.9	18.7	20.6	14.9	8.0	4.6
전북	2.7	4.7	9.8	16.7	19.6	20.2	14.6	7.3	4.4
전남	2.2	3.6	8.2	15.2	19.6	20.9	16.2	8.4	5.6
경북	2.3	4.7	10.2	16.8	20.0	18.6	14.3	8.0	5.1
경남	1.6	3.8	8.7	17.1	19.4	19.8	15.5	8.8	5.3
제주*	3.0	6.5	12.9	22.6	22.2	15.6	8.4	4.8	3.9
세종	4.2	4.7	8.1	14.9	15.7	18.1	16.4	10.5	7.4
전체(기준)	3.5	5.5	10.8	17.5	19.3	18.4	13.2	7.3	4.5

*1등급과 2등급 비율의 합이 기준(9.0) 이상인 지역을 의미함. 출처 : 한국교육과정평가원

- 향후 수능 1, 2등급 비율의 시도별 현황에 대한 지속적 관찰이 필요할 것으로 보인다. 시도별 비율 차이가 증가하는지, 서울과 경기도 등의 수도권에 1, 2등급 학생 비율이 더 높아지는지 등에 대한 추세 분석이 필요할 것으로 보인다.

마) 기타 성취도 격차 자료

- 학술지에서 제공된 교육격차의 변화를 보여주는 주요 논문 중 하나인 성기선(2010)의 논문은 중3 자료로써 1988년도와 2007년도의 교육격차 실태의 변화를 보여주고 있다. 다음 표는 관련 논문에서 일부 주요 변수만을 정리하였다. 표를 보면 성별 격차는 1988년도에 남학생이 여학생보다 3.229점이 더 높게 나타났으나 2007년도에는 성별 격차가 사라진 것으로 조사되고 있다(〈표 I-2-11〉 참고).
- 부의 학력수준에 따른 성취도 격차는 0.92점에서 2007년도에 2.131점으로 커졌음을 알 수 있다. 사회경제적 지위와 관련된 한 변수인 부모의 직업지위변수의 경우 1988년도에는 통계적으로 유의하지 않게 나오나 2007년도에는 부모의 직업지위가 통계적으로 유의하게 나타났다. 부모의 직업지위점수가 한 단계(혹은 1점) 높아

지면 성취도가 2.409점이 높아지는 것으로 나타났다. 사교육의 경우도 1988년도에는 사교육을 받은 학생이 성취도가 낮으나 2007년도에는 참여한 학생이 성취도가 더 높게 나타났다.

표 Ⅰ-2-11 성별, 부학력, 사교육여부에 따른 교육격차의 20년간의 변화

종속변수 : 중 3 성취도	1988년			2007년		
	계수	표준화된 회귀계수	p값	계수	표준화된 회귀계수	p값
성별(남)	3.229*	0.057	0.03	−1.601	−0.027	0.448
부학력	0.920**	0.103	0.007	2.131**	0.175	0.001
부모직업	0.653	0.023	0.466	2.409*	0.081	0.047
가구소득	−0.268	−0.010	0.743	1.249	0.042	0.278
문화자본	0.546	0.035	0.251	1.193	0.063	0.109
사교육	−4.149**	−0.072	0.005	9.154***	0.138	0.000
교육포부	5.341***	0.465	0.000	3.110***	0.214	0.000

* 출처 : 성기선(2010) 중학생들의 학업성취도에 미치는 가정배경의 영향력 변화에 관한 연구. 교육사회학연구.

- 2014년도에 발간된 OECD 교육지표에서는 과거 PISA 자료를 이용하여 몇몇 교육격차의 변화 현황을 보여주고 있다. 다음 <표 Ⅰ-2-12>는 2014년 OECD 교육지표에서 제공하는 수학성취도 격차 정보이다. PISA 자료는 2003년도부터 2015년까지 3년 주기로 시행되고 있으며 성취도 격차 지표를 설정하여 산출하면 3년 단위의 격차의 변화 양상을 보여줄 수 있는 중요한 정보이다. 표를 보면 한국의 고등학교 단계에서 학교설립유형별 격차가 커지고 있음을 알 수 있으며 사립학교의 성취도가 더 높게 나타난다. 이는 앞에서 살펴본 한국교육개발원의 일반계 고등학교 실태조사와는 다소간 차이가 있는 결과이다. 그 이유로는 교육개발원의 경우 일반계 공사립만 분석대상으로 한 것이나 PISA의 경우 일반계 공사립 고교뿐만 아니라 사립 특목고 등이 포함되었기 때문으로 볼 수가 있다.
- 사회경제적 배경에 의한 교육격차의 경우 증가한 것으로 나타났는데 한국은 37에

서 42로 지난 2003년에서 2012년 사이에 5점이 증가하고 있다. 핀란드의 경우도 5점이 증가하고 있어서 전반적으로 사회경제적 배경에 의한 성취도 격차의 증가는 한국과 더불어 핀란드도 마찬가지의 상황으로 보인다. 다만 절댓값이 아직 핀란드는 한국의 2003년도 값보다도 작게 나타났다는 점은 교육격차가 핀란드는 한국의 10년 전 수준임을 의미하며 한국은 사회경제적 배경에 의한 교육격차를 줄이기 위한 노력이 더 필요함을 보여준다.

표 Ⅰ-2-12 학교설립유형별, 사회경제적배경변수가 성취도에 미치는 영향력(PISA)

구분	학교설립유형별 격차		사회경제적배경변수가 수학성취도에 미치는 영향력 계수	
	수학성취도격차 (국공립-사립)	수학성취도격차 (국공립-사립)- 사회경제적배경통제 후	한국	핀란드(참조)
2003년	-28	-14(8.2)	37	28
2012년	-17	-15(8.4)	42(3.3)	33(1.8)

* 출처 : 2014년 OECD 교육지표.

바) 취업률

- 취업률의 경우 취업의 질이 중요한 문제이다. 취업 현황 자료를 확보하는 것이 중요하다. 일단 특수학생의 경우 시도별 일반 취업 현황 자료를 살펴보면 다음과 같다. 시도별로 취업률의 격차가 일정 정도 존재하고 있다. 다만 이 취업률 산정 공식은 진학자 수를 제외한 후에 산출한 것이기 때문에 특수학생의 고교졸업 이후 전반적 상황을 파악하기 위해서는 진학률도 동시에 고려해야 한다. 일단 취업률만 놓고 보면 충남이 가장 높게 나타났으며 대구가 11.3%로 가장 낮은 것으로 나타났다(〈표 Ⅰ-2-13〉 참고).

표 Ⅰ-2-13 2017년도 2월 특수학생 고등학교과정 졸업자 시도별 취업 현황(명, %)

시도	일반학급 졸업자			일반학교 특수학급 졸업자			특수학교 고교졸업자			
	졸업자 수	진학자 수	취업자 수	졸업자 수	진학자 수	취업자 수	졸업자 수	진학자 수	취업자 수	취업률
서울	200	100	16	566	61	158	480	334	46	29.3
부산	100	56	6	217	86	34	146	61	10	19.2
대구	90	55	3	175	128	4	155	60	13	11.3
인천	67	34	4	213	105	34	152	40	16	21.3
광주	41	24	2	117	65	11	121	38	5	11.8
대전	47	26	5	127	73	22	104	66	7	30.1
울산	45	27	3	91	65	4	45	30	0	11.9
세종	2	1	0	17	6	4	5	3	0	28.6
경기	185	100	12	1,138	437	250	369	111	9	26.0
강원	27	10	2	109	56	13	115	75	5	18.2
충북	100	44	14	153	59	36	151	113	6	29.8
충남	20	12	2	216	96	54	99	71	1	36.5
전북	47	22	3	133	52	30	131	56	11	24.3
전남	22	10	1	178	64	26	91	40	10	20.9
경북	66	31	8	221	107	27	176	123	2	18.3
경남	117	68	11	260	99	74	154	121	3	36.2
제주	23	18	0	58	32	9	52	11	1	13.9
계	1,199	638	92	3,989	1,591	790	2,546	1,353	145	24.7

* 취업률 = {취업자 수 / (졸업자 수 - 진학자 수)} * 100.

** 출처 : 교육부(2017) 특수교육연차보고서를 이용하여 연구자가 계산함.

- 한편 직업계 고등학교의 경우 고교 졸업 이후 취업이 중요시되기 때문에 유형별 취업률을 진단하는 것이 필요하다. 최근 교육부 자료를 보면 2016년 기준 전체 직업계 고등학교 중에서 마이스터 고등학교의 경우 취업률이 90.3%로 90%가 넘는 것으로 나타났으나 특성화고 전체는 47%로 낮은 취업률을 보여주고 있다. 도제학교 도제반의 경우 79.8%로 마이스터 고등학교 다음으로 높은 취업률을 보여주고 있으며 일반고교 직업반은 23.6%로 낮은 취업률을 보여줬다(〈표 I-2-14〉 참고).

표 I-2-14 직업계고 취업현황(2016년)

직업계고 유형	마이스터고	도제학교 도제반	특성화고 전체	일반고교 직업반
취업률	90.3%	79.8%	47.0%	23.6%

* 출처 : 교육부 내부자료.

사) 대학입학

- 대학입학과 관련하여 가능하다면 주요 상위권 대학의 진학률을 주요 취약계층과 일반 학생과의 비교, 그리고 고교유형별로, 지역별(시도 혹은 수도권/비수도권), 계층별로 분석을 수행하여 진학에서의 교육격차가 발생하고 있는지를 살펴볼 필요가 있다. 일단 특수학생의 진학률을 보면 전체 학생의 진학률이 68.9%(2017년도 기준, 고등학교에서 고등교육기관 전체 진학률)임에 반해 특수학교 학생들의 진학률은 46.3%로 낮게 나타났다. 그리고 시도별 특수학생들의 진학률도 격차가 존재하는 것으로 나타났다. 일단 특수학생들의 장애 정도의 차이가 존재하는 점 등이 추후 더 고려되어야 할 것으로 보이지만, 일단 특수학생들의 진학률을 점검하고 고등교육기회가 제한되지 않게 하기 위한 정책이 필요할 것으로 보인다(〈표 I-2-15〉 참고).

표 Ⅰ-2-15 2017년도 특수학교 및 일반학교 고등학교 과정 졸업생 진학률(단위 : 명, %)

시도	졸업생 수				일반학교 특수학급 졸업자													취업률
					전공과			전문대학			대학교			계				
	특수학교	특수학급	일반학급	계	특수학교	특수학급	일반학급	특수학교	특수학급	일반학급	특수학교	특수학급	일반학급	특수학교	특수학급	일반학급	소계	
서울	480	566	200	1246	304	6	2	7	20	32	23	35	66	334	61	100	495	39.7
부산	146	217	100	463	57	44	–	1	31	17	3	11	39	61	86	56	203	43.8
대구	155	175	90	420	51	92	3	4	26	23	5	10	29	60	128	55	243	57.9
인천	152	213	67	432	38	85	1	1	10	13	1	10	20	40	105	34	179	41.4
광주	121	117	41	279	31	33	2	–	16	5	7	16	17	38	65	24	127	45.5
대전	104	127	47	278	62	64	4	1	3	8	3	6	14	66	73	26	165	59.4
울산	45	91	45	181	30	54	1	–	6	8	–	5	18	30	65	27	122	67.4
세종	5	17	2	24	3	6	–	–	–	–	–	–	1	3	6	1	10	41.7
경기	369	1138	185	1692	107	336	6	1	52	24	3	49	70	111	437	100	648	38.3
강원	115	109	27	251	73	36	1	1	13	6	1	7	3	75	56	10	141	56.2
충북	151	153	100	404	99	35	3	5	17	23	9	7	18	113	59	44	216	53.5
충남	99	216	20	335	71	80	4	–	8	3	–	8	5	71	96	12	179	53.4
전북	131	133	47	311	51	32	5	1	16	7	4	4	10	56	52	22	130	41.8
전남	91	178	22	291	39	33	5	–	12	2	1	19	3	40	64	10	114	39.2
경북	176	221	66	463	121	68	1	1	24	13	1	15	17	123	107	31	261	56.4
경남	154	260	117	531	121	59	1	–	27	32	–	13	35	121	99	68	288	54.2
제주	52	58	23	133	11	18	2	–	13	9	–	1	7	11	32	18	61	45.9
계	2546	3989	1199	7734	1269	1081	41	23	294	225	61	216	372	1353	1591	638	3582	46.3

* 출처 : 교육부(2017) 특수교육연차보고서

- 서울의 주요 8개 대학 재학생들의 소득분위에 따른 학생 비율을 살펴본 결과, 9-10분위의 상위계층 학생들의 추정 비율은 서울대가 2015년도 기준으로 77.9%로 제일 높게 나타났다. 서울대학교는 학생부종합전형을 통해서 70% 이상의 학생을 선발하고 있는데, 학생부종합전형을 통해서 학생의 잠재력을 보고 선발한다고는 하지만 결국 상위계층의 학생들을 주로 선발하고 있음을 알 수 있다. 기초생활수급자 특별입학전형이 존재하기 때문에 8개 대학에 일정 정도 기초생활수급자 학생이 재학 중이긴 하지만, 대부분 상위계층의 학생들이 70% 이상을 차지하고 있어서 가정의 사회경제적 배경이 높을수록 주요 대학의 입학확률이 높아지는 것으로 나타났다.

나. 교육소외계층

보고서명	[CR 2013-05] 교육복지 대상자로서의 교육소외계층 학생 특성 분석 연구
주제어	교육소외계층, 교육불평등, 교육격차

1) 개념

- 교육소외계층은 일반적으로 정책대상집단으로 분류되고 있는데 이 집단에는 저소득계층, 교육낙후지역, 초중등학력 미취득자, 외국인 근로자 자녀, 탈북자 자녀, 기초학력 미달 학생 및 학교 중퇴자 등이 포함된다(안우환, 2007). 교육인적자원부(2004)는 장애인, 저소득계층, 농어촌 지역학생, 외국인 근로자 자녀, 저학력 성인, 기초학력미달자, 북한이탈 청소년, 학업중단자, 귀국학생으로 구분한다.
- 교육소외의 개념은 사회, 문화, 경제적 맥락에 따라 다르게 정의될 수 있으나 "학습자가 교육여건의 부족, 학습의 결핍, 학습기회의 박탈, 교육자와의 상호작용의 부족 등으로 인해 교육으로부터 소외되는 현상"이라고 정의할 수 있다(김경식, 권민석, 2007).
- 교육소외계층이 겪는 교육소외는 교육기회여부, 교육의 불충분, 교육조건의 부적

응 등에 따라 여러 유형으로 나타난다. 이를 표로 정리하면 다음의 〈표 Ⅰ-2-16〉과 같다(김인희, 2010 재인용).

표 Ⅰ-2-16 교육소외의 유형

<table>
<tr><th colspan="3">교육소외 유형</th><th>현상</th></tr>
<tr><td colspan="3">교육기회의 접근 제한</td><td>교육기회에 접근하지 못하거나 접근의 정도가 충분하지 못함</td></tr>
<tr><td rowspan="4">교육 부적응</td><td colspan="2">교육내용 부적응</td><td>교육을 받고 있으나 교육내용과 학습자의 교육적 필요가 맞지 않음</td></tr>
<tr><td colspan="2">교육방법 부적응</td><td>교육을 받고 있으나 교육방법이 부적합하여 효과적 학습 저해</td></tr>
<tr><td rowspan="2">교육환경 부적응</td><td>물리적 환경</td><td>교육장소의 물리적 환경이 부적합하여 효과적 학습 저해</td></tr>
<tr><td>심리·문화적 환경</td><td>교육장소의 심리적, 문화적 환경이 부적합하여 효과적 학습 저해</td></tr>
<tr><td colspan="3">교육기회 불충분</td><td>교육의 질적 조건은 적합하나 교육자원 부족 등으로 학습자의 교육적 필요를 양적으로 충족시키지 못함</td></tr>
</table>

* 출처: 김인희(2010)

- 좀 더 구체적으로 소외계층 집단 및 교육소외 유형별 주요증상을 살펴보면 〈표 Ⅰ-2-17〉과 같다.

표 Ⅰ-2-17 교육소외의 유형

<table>
<tr><th rowspan="2">개념</th><th colspan="3">양상</th><th rowspan="2">원인</th><th rowspan="2">주요 집단</th></tr>
<tr><th>미증</th><th>경증</th><th>중증</th></tr>
<tr><td>학습 결핍</td><td>교과내용 이해부족</td><td>흥미상실
의욕상실
침묵
성적부진</td><td>일탈
저항
중도탈락
비행</td><td>• 개인적 특성
– 지능장애
– 성격장애
– 신체장애
• 학교의 영향
– 시설, 자원부족
– 교수법 부적합
• 환경의 영향
– 경제적 빈곤</td><td>저소득층 자녀
탈북자 자녀
외국인근로자 자녀
저학력 성인</td></tr>
</table>

개념	양상			원인	주요 집단
	미증	경증	중증		
교육 부적합	흥미상실 의욕부진	침묵 일탈 저항 대안모색	학습중단 대안학습 해외이민	• 학교의 영향 – 시설, 자원부족 – 교수법 부적합 • 환경의 영향 – 과도한 기대와 요구 – 사회적 분위기	장애아 저능아 저소득층 자녀 재능 보유 학생 중상류층 자녀
조건 결핍	박탈감 저항 중단	중도탈락 취업 비행	비진학 취업 범죄	• 학교의 영향 – 시설, 자원부족 – 교수법 부적합 • 환경의 영향 – 문화 차이 – 경제적 빈곤	저소득층 자녀 농어촌 자녀 탈북자 자녀 외국인근로자 자녀 귀국자 자녀

* 출처 : 이종재 외(2004)

2) 기타 유사 개념

- 교육소외와 유사한 개념으로 사용되는 용어로 교육불평등, 교육격차 등이 있다. 교육소외가 교육기회 여부에 의한 절대적인 개념이라고 한다면 교육불평등은 교육기회의 분배 및 교육의 운영과정에 적용되는 기준의 공정성에 의거한 상대적인 개념으로 볼 수 있다(김인희, 2010). 교육불평등은 교육소외와는 다른 개념이며 교육소외를 일으키는 원인 또는 교육소외가 일어나는 과정에서 발생되는 것이라고 할 수 있다.
- 교육불평등은 대체로 이념적, 사상적, 상징적인 의미를 많이 포함하고 있는 반면에 교육격차는 현상적이고 실제적인 성격을 띠고 있어, 교육기회의 격차, 교육활동에 있어서의 조건 및 과정에서의 격차, 교육의 결과에서의 격차를 포함하는 개념이라고 할 수 있다. 일반적으로 교육격차를 설명하는데 학업성취도의 격차에 대한 논의를 주로 하는데, 이는 교육격차를 설명할 수 있는 부분적 측면일 뿐이다. 교육격차란 크게 "개인 간, 집단 간, 학교 간, 계층 간, 지역 간에 나타나는 학업성취 등 교육결과 및 교육여건, 교육내용 등의 격차(이주호 외, 2005) 또는 교육여건의

차이로 인하여 발생하는 교육의 양적, 질적 차이(이인영 외, 2006)"를 의미하는 용어로 사용된다(김인희, 2010 재인용). 교육격차를 겪고 있는 집단을 교육소외계층 유형에 따라 나누어보면 다음 〈표 I-2-18〉과 같이 구분해 볼 수 있다.

표 I-2-18 교육소외 유형에 따른 교육격차 집단 용어

구분	용어
소득	저소득층, 소외계층, 교육소외계층, 빈곤층, 빈곤계층, 취약계층, 차상위계층, 기초생활수급계층, 하위층
다문화 관련	다문화가정, 탈북자가정, 외국인근로자 자녀, 이민자, 귀국학생, 중도탈락학생
지역	농산어촌, 농어촌 청소년, 교육낙후 지역
가족구성	모자가정, 부자가정, 조손가정, 한부모가정, 이혼가정, 결손가정, 소년소녀가장

* 출처 : 김경식, 권민석(2007); 민하영, 권기남(2004); 안우환(2007)

3) 교육소외계층 학생의 특성

- 교육소외계층 학생 특성에 대한 다양한 선행연구가 진행되었으며 연구 주제에 따라 구분해보면 학생의 인지적, 정의적, 행동적 특성에 초점을 맞춘 연구로 구분할 수 있다. 학생의 인지적 특성에 관한 연구는 대부분 학업성취도와 인지 및 초인지 전략을 포함한 학습전략에서 교육소외계층 학생들이 보이는 특성을 파악하였다. 학생의 정의적 특성에 관한 연구는 학습동기, 정서, 자아존중감 등 교육소외계층 학생들이 가지고 있는 신념, 태도 등과 관련하여 이루어졌다. 학생의 행동적 특성에 관한 연구는 교육소외계층 학생들의 비행, 학교 부적응, 주위의 인적, 물적 자원 활용 등과 관련하여 이루어졌다. 교육소외계층 학생의 인지적·정의적·행동적 특성은 〈표 I-2-19〉와 같이 제시될 수 있다.

표 Ⅰ-2-19 하위영역 및 변인 설명

영역	변인
인지적 특성	• 학업성취도(국어, 영어, 수학) • 시연, 정교화, 조직화, 초인지
정의적 특성	• 자기개념(사회, 가족, 신체, 학업) • 도구적 동기 • 내재적 동기(국어, 영어, 수학) • 통제기대 • 외적조절동기, 부과된조절동기, 확인된조절동기, 내재적조절동기, 무동기 • 숙달접근, 숙달회피, 수행접근, 수행회피 • 자기효능감(일반, 국어, 영어, 수학) • 고정관념, 성장신념
행동적 특성	• 노력과 끈기 • 시간관리, 공간관리, 도움(교사, 친구), 자원활용 • 교우관계 • 학습관련 비동조적 행위 • 결석, 지각, 조퇴, 결과

가) 인지적 특성

- 가장 대표적으로 교육소외계층 학생들의 인지적 특성을 살펴볼 수 있는 것이 학업성취도라고 할 수 있다. 교육소외계층 학생의 학업성취도는 일반 학생과 비교하여 떨어진다(김경식, 권민석, 2007). 교육소외계층 학생들의 낮은 학업성취도의 원인으로는 계층 및 부모의 사회경제적 지위가 직접적인 영향을 미치기도 하지만 다른 여러 경로를 통해 간접적인 영향을 미치기도 한다. 이는 계층 및 부모의 사회경제적 지위가 가정 내 언어 상호작용, 문화실조, 부모의 자녀교육에 대한 기대 수준과 지원정도 같은 가족 내 문화자본이나 가족 내 사회자본에 영향을 주어 학업성취에 영향을 미치는 경우이다.
- 낮은 학업성취를 보이는 원인의 특징으로는 학생이 주로 다세대 주택이 많은 주택 밀집 지역에 거주하고, 부모의 부재 및 저학력화에 많은 영향을 받고 있는 것으로 나타난다(김경식, 권민석, 2007). 또한 도시 저소득층 학생 이외에도 농어촌 지역에 거주하고 있는 학생들은 도시에 거주한는 학생에 비해 학업성취가 떨어지는 경향이 있다(이종재 외, 2004).

- 취약계층 아동의 인지 및 언어발달은 일반가정 아동에 비해 늦다. 이 중 기초수급 가정 아동의 경우 연령이 증가할수록 언어발달이 저하되는 것으로 나타난다(배옥현, 이영석, 2012). 인지영역의 발달은 초기 아동에 집중되어 나타나는데 이 시기에 빈곤이나 다른 문제로 인한 결손이 발생할 경우 적절한 발달이 이루어지지 못하거나 이후의 인지발달에 누적적 결손을 보일 가능성이 커진다는 연구결과가 있다(이혜연 외, 2012 재인용). 아동의 언어능력이 저하되는 원인은 대부분의 빈곤층 부모들이 불규칙한 직업이나 생활에 여유가 없어 자녀들과 많은 시간을 보내지 못하고, 충분한 대화를 갖지 못하는 것에서 비롯된다고 할 수 있다(구인회 외, 2009).

나) 정의적 특성

- 빈곤계층의 아동들은 일반적으로 학업에 대한 흥미가 낮고, 과제수행속도도 일반계층 아동들에 비해 떨어지는 학습동기 부족의 현상을 보인다(하정민, 2008 재인용). 특히 학습동기 유형 중에서도 빈곤아동들은 다른 사람의 도움 없이 스스로 학습하고자 하는 계속동기가 낮은 것으로 나타난다(하정민, 2008).
- 아동의 정서 및 행동은 가정의 사회·경제적 수준과 밀접한 관련이 있음은 많은 연구들에 의해 보고되고 있다. 특히 교육소외계층 아동은 일반계층 아동들보다 위험요인에 노출될 가능성이 더 높다고 할 수 있다(박랑규, 강우선, 2006). 일반적으로도 저소득층 아동의 학교 적응이 일반계층 아동보다 낮은 것으로 보고되고 있는데 이는 낮은 소득으로 인한 긴장된 부모의 정서상태나 양육태도 등으로 적절한 환경적 요인이 제공되지 못하기 때문인 것으로 보인다(민하영, 권기남, 2004 재구성)

다) 행동적 특성

- 사회정보처리이론에 따르면 아동의 비행은 문제 상황에 직면했을 때 적절한 해결책을 쉽게 찾지 못하는 인지능력의 결핍 때문에 발생한다(구인회 외, 2009 재인용). 김진이(2009)에 따르면 빈곤계층에서 느끼는 경제적 압박감은 부부갈등과 부정적 부모역할과 정적인 관계가 있었고, 아동의 학교적응과 문제행동에도 영향을 미친다.
- 취약계층 학생들의 한 학기 동안 평균 결석 일수는 2.81일로, 지역아동센터를 이용하는 아동, 가정 경제수준이 사각지대에 있는 아동의 결석 경험이 그렇지 않은 아동에 비해 높은 것으로 나타난다(이혜연 외, 2012).

다. 생활시설 이용 아동·청소년

보고서명	[CR 2021-03] 아동 · 청소년 생활 시설의 교육복지 개선방안 연구
주제어	아동 · 청소년 생활시설, 교육복지, 생활시설

1) 생활시설 이용 아동 · 청소년의 개념

- 아동·청소년 생활시설 입소 대상은 학교 재학생인 학생, 학교에 재학 중이지만 자타의적인 사안으로 학업을 유지하기 어려운 상황인 학생, 학교를 중퇴하였거나 상급학교에 진학하지 않은 학교 밖 청소년 및 미래 학교로 복귀하거나 상급학교에 진학할 수 있는 예비 복교대상 청소년으로 구분할 수 있다. 〈표 I-2-20〉은 학생과 청소년의 학습·비 학습 상태를 기준으로 다음과 같이 구분하였다(김경애 외, 2014).

표 Ⅰ-2-20 학생과 청소년의 학습·비학습 상태 구분

구분	재학	중퇴	비진학	미래 진학
학습	A: 현재 재학중이며 실질적으로 학습을 하는 학생	B: 학습을 중단하기 시작한 청소년	C: 학력 비인정 기관에서 학습하는 청소년	D: 현재는 학습하지 않지만 기회와 제도가 마련된다면 언제든지 학교교육을 받을 가능성이 있는 청소년
관련법	초중등교육법	초·중등교육법	대안교육기관에 관한 법률	평생교육법
비학습	E: 현재 재학 중이지만 재학중이지만 자타의적으로 언제라도 학습을 포기할 수 있는 학생	F: 학교를 중퇴하여 비학습 상태인 청소년(아르바이트, 가사, 투병, 일탈, 범죄, 무계획, 무의지)	G: 생계를 유지하기위해 생업중인 청소년	H: 방송통신학교 등 온라인 학습이 있다는 것을 알고 있지만 하지 않는 청소년
관련법	초중등교육법	학교 밖 청소년 지원에 관한 법	청소년기본법	청소년기본법

- 각 집단을 A~H로 구분할 경우, 교육복지 혜택이 시급한 집단은 비학습 상태의 E, F, G, H이지만, 학습 상태의 A, B, C, D군도 모두 포함해야 한다. 의지가 없는 학생과 청소년도 미래 학습의 가능성을 열어두되, 현재 학습을 하는 학생, 학습을 중단하기 시작한 청소년, 비인정기관에서도 학습하고 있는 청소년과 미래 학습 가능성이 있는 청소년을 포함하여 청소년이 원한다면 어떠한 제약이나 구분 없이 공평하고 균등한 교육복지 혜택을 받아야 한다. 〈표 I-2-21〉은 학생과 청소년의 여건과 상태에 따라 재구분한 것이다.

표 Ⅰ-2-21 학생과 청소년의 여건(상태)에 따른 구분

구분	학생	학교 밖 청소년
여건	• A : 재학 중인 학생 • B : 중퇴위기인 학생 • C : 비인정대안학교 재학 중인 청소년 • D : 미래 학습복귀가능성이 있는 청소년 • E : 현재 재학 중이나 자타의적으로 언제라도 학습을 포기할 수 있는 학생	• F : 학교를 중퇴하고 비학습인 청소년 • G : 생업 중인 청소년 • H : 학습과 취업 등을 하지 않는 청소년

그림 Ⅰ-2-1 생활시설 이용 아동·청소년의 스펙트럼

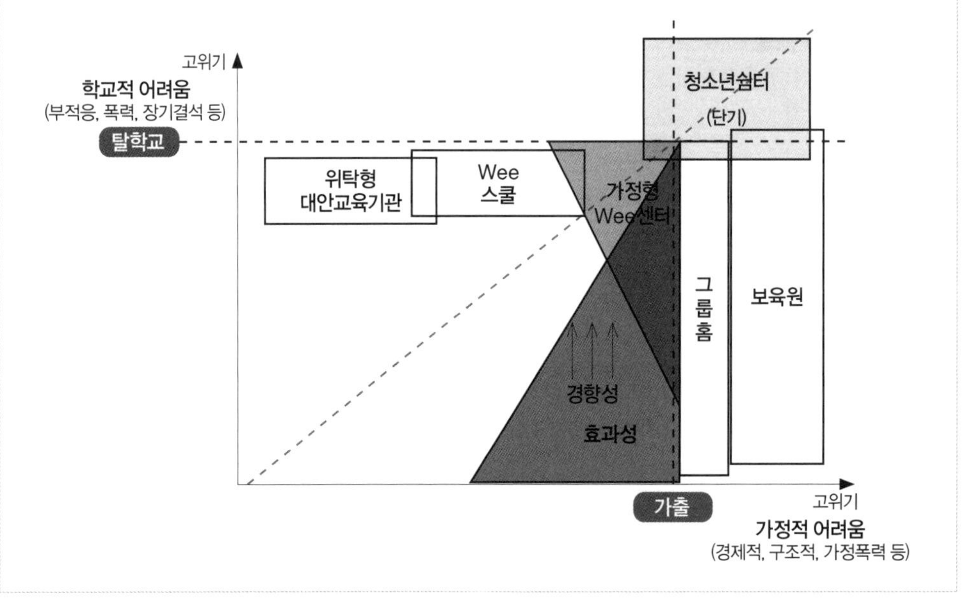

2) 부처별 아동·청소년의 생활시설

가) 교육부

- (위탁형) 대안 교육기관의 대부분은 미인가 대안학교로 설립, 운영하고 있다. 교육부가 2019년 조사한 미인가 대안 교육시설은 273개교이며, 실제로는 이보다 더 많은 미인가 대안학교가 존재하는 것으로 추정된다. 특정 종교계 대안학교 운영 현황을 5년마다 조사해보니 2006년에는 43개교, 2011년에는 121개교, 2016년에는 265개교로 조사되었으며, 265개교 중 86.8%에 해당하는 230개교가 미인가 대안학교로 운영되고 있다. 일반 미인가 대안학교는 종교계 학교의 비율이 낮은 편(18.6%)이기 때문에 종교계 대안학교를 포함한 전체 미인가 대안학교 수는 600여 개교로 추정된다. 교육부 인가 대안학교는 총 50개교로 공립 2개교, 사립 29개교이다(2021년 교육부, 대안학교 현황).
- Wee 스쿨은 심각한 위기 상황에 직면하여 장기적인 치유와 교육이 필요한 학생 중에서 학교나 Wee센터에서 의뢰한 학생 또는 학업 중단자를 대상으로 교육하는 3차 안전망이다. 즉 기존의 학교 시스템 안에서 심각한 부적응을 겪어 정상적인 교육활동이 불가능하다고 판단되는 학생들에게 학업 중단을 결정하기 전에 마지막으로 상담과 치유의 경험을 통해 재적응을 조력하는 기관이라고 볼 수 있다. Wee 스쿨 개수가 늘어나면서 운영 형태와 운영 방식에 차이가 발생하였다. 운영 형태에 따라 위탁형과 직속 기관 부설형, 직속 기관 독립형, 각종 학교형 등으로 나눌 수 있으며 운영방식에 있어서도 등하교형과 기숙형 등의 형태로 운영되고 있다.
- 가정형 위(Wee) 센터는 가정의 어려움으로 인해 정상적인 학교생활에 어려움을 느끼는 학생들을 위한 위탁 교육기관이며 현재 전국 21개가 운영 중이다. 가정형 위(Wee) 센터 입소 학생은 10~12명으로, 최대 1년간 입소할 수 있다.

나) 여성가족부

- 청소년쉼터는 '가정 밖 청소년에 대하여 가정·학교·사회로 복귀하여 생활할 수 있도록 일정 기간 보호하면서 상담·주거·학업·자립 등을 지원하는 시설'로 일시(7일 이내), 단기(3~9개월), 중장기(3~4년)로 운영되고 있다. 이는 「청소년복지지원법」

에 명시되어 있다(정문진, 김수정, 2016). 현재 가정 밖 청소년들에게 지원되는 정책은 미미하며 청소년쉼터에 국한되어 있다고 볼 수 있기에(김지연, 정소연, 2014), 쉼터의 중요성은 매우 크다고 할 수 있다. 쉼터의 기능은 가정, 학교, 사회로의 복귀인데 이 중 사회로의 복귀는 청소년기의 중요한 발달과업인 자립과 관련된다. 이를 위해 퇴소 후에도 추가적인 자립 지원이 필요한 청소년의 자립 여건 마련을 지원하는 청소년자립지원관은 전국단위 9곳이 운영되고 있다(여성가족부, 2021).

- 일시 쉼터는 고정형과 이동형으로 구분된다. 고정형은 보호 지원, 연계 활동, 위기 개입의 업무를 수행하며, 이동형은 현장 지원, 아웃리치, 연계 활동, 위기 개입의 업무를 수행한다.
- 단기 쉼터는 일상생활 지원, 안전한 공동체 생활 지원, 법률지원, 대안 생활 지원, 가족 복귀 지원 등의 업무를 수행한다. 단기 쉼터의 대상 청소년은 일반보호 청소년, 집중지원 청소년으로 구분하여 개입 단계 및 서비스 내용을 구분하여 지원받는다.
- 중장기 쉼터는 일상생활 지원, 안전한 공동체 생활 지원, 사회 적응지원, 독립생활 기술 지원 등의 업무를 수행한다.

다) 보건복지부

- 그룹홈은 아동과 청소년의 개별적인 특성에 맞추어 보호 및 양육 서비스를 제공하는 소규모 아동복지시설이다. 아동복지법 제14조에 따르면, 아동복지시설의 설치자나 그 운영자가 지역사회 내에 단독주택이나 아파트 등 일반 가정과 유사한 규모로 혈연과 무관한 아동들과 시설종사자와 함께 거주하며 가정적 분위기에서 보호, 양육, 교육, 자립 지원 서비스 등을 제공하는 것을 목적으로 하는 소규모시설을 의미한다(이슬기, 양성은, 2020). 일반적으로 가정과 같은 유사한 분위기에서 7명 내외의 아동 및 청소년이 종사자와 함께 생활하며(박윤희, 2014), 아동기 및 청소년기의 발달과정을 성공적으로 수행할 수 있도록 일종의 대체 가정 또는 유사 가족의 역할을 하는 곳이라고 정의된다. 특히 주거 형태가 일반 가정과 동일하게 구성되어 있고, 지역사회 내 위치하여 시설아동이라는 낙인을 예방할 수 있는 장점이 있다.
- 보육원은 부모가 없거나, 부모의 특수한 사정으로 인해 건전한 양육이 불가능한

처지에 놓인 아동들은 부모를 대신하여 보호하고 양육하는 사회복지시설이다. 보건복지부가 발표한 2020년 12월31일 현재 우리나라 공동생활가정 보호 아동(일반 그룹홈 및 학대 피해 아동 쉼터)은 총 595개이며, 수용인원은 3,126명이다(보건복지부, 2020). 최근에는 부모가 생존하고 있음에도 불구하고 가정으로부터 분리되는 청소년이 점차 증가하고 있다. 보육원에 맡겨진 청소년들은 부모의 사망, 별거, 유기, 이혼, 질병, 학대, 친권 포기 등의 이유로 인해 가장 친밀해야 하며 최소한의 보호를 마땅히 제공해야 하는 가정으로부터 이탈되었다는 점에서 '고립된 사회구성원'이라고 할 수 있다(김경은, 2013).

- 청소년기에 경험한 가정에서의 이탈은 아이들의 정서 발달에 부정적인 영향을 미친다. 신현정(2012)의 연구에서는 가족 해체를 경험하고 보육원에 입소한 청소년은 부모와 단절된 관계로 인해 정서적, 행동적으로 부적응 행동을 보일 가능성이 높다는 연구 결과가 보고되었다. 이러한 청소년들은 자신들이 부모로부터 버려졌다는 상실감으로 인해 마음에 깊은 상처가 생겨 어른에 대한 무차별적 거부감이나 공격적인 행동을 보이기도 한다. 또한 김동일, 이명경(2006)의 연구에서는 부부간의 지속적인 갈등이나 어머니와의 부정적인 상호작용은 자녀의 애착 형성과정을 방해하여 잠재적으로 주의력 결핍 과잉 행동(ADHD) 발생에 영향을 미칠 수 있음을 강조한다. 더욱 심각하게 바라보아야 할 것은 가정으로부터 버려진 아이들이 보육원에 입소하면서 사회로부터 보육원이라는 시설이 받는 부정적 낙인을 통해 여러 형태의 반사회적 행동들이 더욱 두드러지게 된다는 것이다.
- 자립 지원시설(자립지원관)은 쉼터 등 시설을 퇴소한 아동 중 취업 중이거나 취업 준비 중인 만 18세 이상, 만 24세 이하인 사람이 입소 가능하다. 자립 지원시설은 아동복지시설 등 보호 종료 아동에게 일정 기간 숙소를 제공하여 안정된 자립 기반 조성을 위해 상담, 자립, 정서, 생활 지원을 지원한다.

3) 생활시설 입소 아동 · 청소년의 특성

- 생활시설 입소 아동·청소년들은 생활시설에서 가족과의 분리로 인해 가정으로부터 제공받아야 하는 보호와 양육의 기회가 박탈되었을 가능성이 높다. 아동·청소년의 생활시설 입소 원인을 살펴보면 부모의 이혼 및 별거, 부모 가출, 부모사망(조규필, 2011)으로 조사되었으며, 아동·청소년이 입소하기 전 가장 빈번하게 경험한 사건은 부모의 이혼 및 별거, 부모 가출, 부모사망으로 조사되어(정선욱, 2002), 부모가 생존해 있지만, 이혼이나 가출로 인해 가족 해체를 경험하거나 경제적인 문제로 인해 생활시설이 있어야 하는 청소년이 증가하는 것을 알 수 있다. 이러한 경험들은 시설에 입소한 청소년들의 학교 적응 및 발달에 심각한 영향을 미칠 수 있으며, 노혜련 외(2016)에 따르면 생활시설에 입소한 청소년은 일반 가정에서 자란 청소년에 비해 심리적인 위축, 신체화 증상, 우울 및 불안, 사회적 미성숙, 주의집중, 비행, 공격성 등에서 더 많은 문제를 보이는 것으로 조사된다.
- 2020년 통계청 조사에 따르면 최근 1년 동안 가출 경험이 있다고 응답한 청소년은 전체 청소년의 2.5%였다. 학교급별로는 중학생의 가출 경험률은 2.7%로 가장 높았고, 고등학생 2.6%, 초등학생 2.1%로 나타났다. 전체 청소년을 대상으로 최근 1년간의 가출 횟수를 살펴보면, 1회 가정 밖 청소년이 1.6%, 2회가 0.4%, 3~4회가 0.3%, 5회 이상이 0.2%로 가출 횟수가 높아질수록 비율이 낮아졌다. 2016년 이후 청소년의 가출 경험은 점차 감소하는 추세이다('16년 2.7%, '18년 2.6%, '20년 2.5%). 학교급별로는 중학생은 2016년 이후 꾸준히 감소하는 추세이다. 그러나 2018년에 비해 중학생과 고등학생의 가출은 감소하지만, 초등학생의 가출은 증가하였다. 청소년들이 가출하는 주된 이유는 '가족 간의 갈등'이 가장 높게 나타났으며, '가족과의 갈등'으로 가출했다는 응답 비율은 고등학생이 77.6%로 가장 높게 나타났다. 초등학생은 '자유롭게 살고 싶어서', '사회 경험을 쌓고 싶어서' 가출했다는 응답이 다른 집단에 비해 높게 나타났다.
- 2016년도 이후 조사 결과와 비교하면 '가출에 대한 호기심', '사회 경험을 쌓고 싶어서' 가출했다는 응답은 점차 증가하는 반면, '학교 다니기 싫어서' 가출했다는 응답은 감소하고 있다. '16년도 이후 초등학생들은 '가족과의 갈등', '친구나 선후배의 권유'로 가출했다는 응답이 감소했다. 중학생은 '어려운 가정형편', '학교 다니기

싫어서', '자유롭게 살고 싶어서' 가출했다는 응답이 감소했다. 고등학생은 '어려운 가정형편', '학교 다니기 싫어서', '공부에 대한 부담감'으로 인해 가출했다는 응답은 점차 감소하는 반면, '가출에 대한 호기심'으로 가출했다는 응답은 증가했다. 이러한 이유로 탈 가정한 아동·청소년은 친구나 지인의 집, 아파트 계단, 모텔, 피시방, 고시원, 교회, 찜질방, 쉼터와 같은 임시거처를 옮겨 다니며 생활하고 있었다. 인간 욕구의 가장 기본이 되는 의식주 해결을 위해 잠시 머물 곳을 운이나 일시적인 호의에 의지할 수밖에 없으므로 인해 위험한 상황에 수시로 노출되고 불안정한 생활을 전전하게 된다.

- 가출 기간에 관해서는, 최근 1년간 가출해본 경험이 있는 청소년을 대상으로 가출 기간을 조사한 결과, '하루'가 63.3%로 가장 많았고, '2~5일' 20.4%, '한 달 이상' 8.0%로 조사되었다. 여자 청소년은 경우 '하루' 동안 가출했다는 응답이 66.6%, 남자 청소년 60%에 비해 6.1% 높게 나타났다. 또한 '한 달 이상' 가출한 경우는 남자 청소년이 10.1%에 비해 여자 청소년이 5.6%로 나타나 여자 청소년보다 남자 청소년이 장기간 가출 경험률이 높은 것으로 조사되었다. 학교급별로 '하루'동안 가출한 비율이 초등학생은 72.6%로 가장 많았고, 중학생 65.7%, 고등학생 54.2% 순으로 조사되었다. '한 달 이상' 가출한 비율 역시 초등학생이 10.7%로 가장 높고, 중학생 8.2%, 고등학생 6.2%로 교급이 높아질수록 '한 달 이상' 가출한 비율이 낮아짐을 알 수 있다. 남자 청소년의 경우 '6년 이후 '하루' 동안의 단기 가출 경험과 '한 달 이상'의 장기 가출 경험이 증가하는 것으로 나타났다.
- 가정 밖 청소년 지원기관인 청소년쉼터, 청소년 상담복지센터, 청소년 전화 1388 중 청소년 쉼터를 알고 있다고 응답한 비율은 39.8%였다. 청소년 쉼터를 알고 있다고 응답한 비율은 여자 청소년 45.2%, 남자 청소년 34.9%로 나타났다. 학교급이 높을수록 '청소년 쉼터'를 알고 있다고 응답한 비율이 높아졌다. '청소년 쉼터'를 알고 있는 응답자 중 이용한 적이 있는지 조사한 결과, 2.2%가 이용한 적이 있다고 응답하였다. 가출 경험이 있는 청소년 중 46.4%는 '청소년쉼터'를 알고 있다고 응답하였고, 가출 경험이 없는 청소년은 39.8%가 청소년쉼터를 알고 있다고 응답했다. 그러나 가출 경험이 있고, '청소년쉼터'를 알고 있는 청소년 중 청소년 쉼터를 이용한 경험이 있는 청소년은 9.3%로 가정 밖 청소년의 청소년 쉼터 이용률은 저조했다. 가정 밖 청소년이 지원기관에서 받은 서비스는 '상담 및 정보' 70.8%

와 '잠시 쉴 공간과 간식' 34.4%로 나타났다. '16년 이후 '상담과 정보'를 제공받았다고 응답한 비율이 가장 높았으며, 생필품, 의약품 등 '필요한 물품'을 제공받은 비율은 점차 증가하는 추세이다.

- 가정 밖 청소년이 지원기관에서 받은 서비스는 성별 관계없이 '상담과 정보'를 제공받은 경우가 가장 많았고, 그 사람 다음으로 '잠시 쉴 공간과 간식', '필요한 물품', '하루 이상의 의식주' 등의 순서로 도움을 받았다고 응답하였다.
- 가정 밖 청소년은 가정 내 갈등 등 다양한 이유로 지속적인 아동·청소년 쉼터 이용이 어려울 뿐만 아니라, 일정 기간 이용 후(9개월)에는 중장기쉼터 등 다른 곳으로 이동해야 하는 규정, 또는 아동·청소년이 생활하는 동안 발생할 수 있는 권력관계 등 한 쉼터에 머무를 수 없는 경우가 발생한다는 문제점이 있다. 아동·청소년 쉼터는 탈 가정 청소년이 자유롭게 시설로 들어올 수 있게 주민등록번호 등 개인정보도 정확하게 요구하지 않아서, 입소자가 언제, 얼마간 입소해 있었는지, 언제 퇴소했는지 등의 정보관리가 제대로 되지 않고 있다. 따라서, 이를 해결할 방안을 모색해야 할 것이다.

3

교육복지 영역

가. 교육복지 요구 영역

보고서명	[RR 2013-02] 중등단계 학생의 교육복지 요구 관련 지표 및 진단도구 개발
주제어	교육복지 요구, 기본심리욕구, 생활기술, 진단도구

- 중등단계 학생들의 여러 가지 교육복지 요구 중에서, 핵심적이고 우선적으로 충족되어야 할 교육복지 요구의 영역으로 심리적 역량과 생활기술 역량으로 상정할 수 있다. 심리적 역량은 청소년들이 갖고 있는 기본심리욕구로, 이는 학교생활에서의 현재 환경과 동기형성과 관련된 정보를 제공한다. 생활기술은 학생들이 학교생활에서 자신의 삶을 어떻게 관리하고 있는지를 의미한다. 기본심리욕구는 자율성, 유능성, 관계성, 생활기술은 자기관리와 사회적 상호작용으로 구성된다.

1) 기본심리욕구

가) 구성 요인

- 인간의 행동은 심리적 욕구와 관련이 있으며, 어떤 활동이 심리적 욕구를 만족시키면 인간은 기쁨과 행복을 느낀다. 수분과 음식 등의 생리적 욕구는 생물학적 결핍에서 비롯되지만, 심리적 욕구는 성장욕구와 관련이 있다. 이는 심리적 욕구가 환경을 추구하고 관여하려는 적극성을 촉진하기 때문이다.
- 교육복지 구인으로 기본심리욕구가 중요한 이유는 학습과 성장, 발달에 대한 동기와 관련되어 있기 때문이다. 청소년들이 학습, 성장 및 건강한 발달을 경험할지는 그들의 환경이 그들의 기본심리욕구들을 지지하느냐 아니면 좌절시키느냐에 달려 있다. 이러한 기본심리욕구의 만족이 모든 청소년들의 학습과 발달과 관련된 최소한의 교육복지 상태를 보여주는 지표가 된다.
- 심리적 욕구는 탐험과 도전하고자 하는 동기형성에 영향을 미치며, 이렇게 심리적 욕구와 동기형성이 연결되기 위해서는 환경 자원을 필요로 한다. 청소년의 기본심리욕구 만족 정도는 그들이 가진 환경에 대한 정보를 제공한다. 따라서 청소년들의 기본심리욕구에 대한 진단은 학습, 성장, 건강한 발달을 경험하고 있는가의 확

인뿐만 아니라, 부족한 환경의 지원체계를 확인할 수 있다는 점에서 중요하다. 다시 말해, 기본심리욕구는 교육복지 대상 청소년들의 특성을 예측하고 그들의 요구를 확인하는 기초를 제공한다.

- 이러한 인간의 기본심리 욕구는 자율성, 유능성, 관계성의 세 가지로 구분된다 (Deci & Ryan, 1991). 자율성은 사람들은 자신을 위해 무엇을 어떻게 언제 할지 혹은 할지 말지를 결정하면서 자신이 바라는 조건으로 세상을 실험하고자 하는 것이며, 유능성은 자기가 하던 것보다 무언가를 더 잘하고 싶어 하며 끝없이 노력하는 것이고, 관계성은 삶에서 중요한 사람의 영향을 받아 자신이 어떤 활동과 기술, 가치를 중요하게 여기게 되는 것을 의미한다.
  - 자율성을 가진 사람들은 행동의 근원이 자신에게 있다고 느끼기 원하고, 스스로 목표를 세우고 행동하는 조절자라고 여긴다. 사람들은 자기에게 중요하고 가치 있는 무엇인가를 결정할 수 있는 자유를 원한다. 자율성이라는 개념은 개인 내적인 것이고, 의지와 선택에 대한 현상학적 경험을 반영한다.
  - 자율성의 반대는 타인의 지원이나 안내에 대한 의존성이 아니라 통제당하고 있고 조종당하고 있다고 느끼는 타율성이다. 자율성이라는 개념과 독립성이라는 개념은 대부분 서로 상관이 없는 직교적인 것으로 본다. 다시 말해, 자율성이 항상 다른 사람에 의존하는 것을 부정하고 관계로부터의 분리를 요구하는 것은 아니라는 것이다. 즉, 다른 사람에게 의존할 것을 스스로 선택한다면 이는 자율적인 행동이라고 볼 수 있다. 개인은 자신의 흥미와 통합된 가치에 따라 행동하며, 자율성이 보장되어야 유능성이 발휘될 수 있다고 보기 때문에, 자율성 욕구를 세 가지욕구 중 가장 핵심적인 것으로 본다.
  - 유능성은 획득한 기술이나 역량 자체라기보다는 그러한 기술과 역량에 대하여 스스로 유능하다고 느끼는 지각에 더 가깝다. 이러한 이유 때문에 '유능성'은 맥락에 따라서 '유능감'이라고 말하는 것이 더 적절할 수도 있으며, 유능성은 사회적 환경과 지속적이고 효과적으로 상호작용할 기회가 주어질 때 충족된다.
  - 관계성은 타인과 관계를 맺고 있다는 느낌을 말한다. 사람들은 타인과 연결되어 있다고 느끼고, 타인에게 관심을 갖고 타인이 자신을 배려한다고 느끼며, 자신이 어떤 사회에 속해 있다고 느끼고 싶은 욕구를 가지고 있다. 관계성은 사람들이 자신이 속한 집단이나 지역사회에 소속되어 있다고 느끼기를 원하는 소속

감에 대한 욕구나 친애의 욕구와 유사한 개념이다.

- 관계성은 타인과 안정적인 교제나 조화를 이루고 있다는 심리적 지각에 관한 것이다. 관계성에 대한 욕구 충족은 자율성과 유능성에 대한 욕구와 같이 직접적으로 내재적 동기와 관련된 것은 아니지만, 내재적 동기를 유지하기 위해서는 자율성과 유능성과 함께 관계성에 대한 욕구의 충족이 필요하다.

나) 구성 지표

- 학생들의 학습, 성장, 발달에 대한 동기와 관련된 기본심리욕구의 만족 정도는 중등 단계 학생들의 학습 및 발달에 관한 최소한의 교육복지 상태를 나타낼 수 있다. 기본심리욕구에서 자율성은 자신이 결정하고자 하는 욕구이며, 유능성은 자신의 능력을 발휘하고자 하고 자신이 가진 능력을 개발하고자 하는 욕구이고, 관계성은 삶에서 관계를 맺고 영향을 받고자 하는 욕구이다. 심리적 역량을 측정할 수 있는 기본심리욕구의 구성 요인 및 지표는 다음 〈표 I-3-1〉과 같다.

표 I-3-1 기본심리욕구의 구성 요인과 지표

요인	문항(담임선생님 수업 시간에...)
자율성	• 나는 자유롭다고 느낀다. • 나는 심한 압박감과 부담감을 느낀다. (R) • 나는 있는 그대로의 내 모습이 편하다 • 주변 사람들이 내 일에 지나치게 간섭한다. (R) • 나는 흥미를 느끼는 일을 적극적으로 한다. • 나는 하기 싫은 일을 억지로 한다고 느낀다. (R)
유능성	• 나는 어려운 일이나 과제를 성공적으로 수행할 수 있다고 느낀다. • 나는 실수할 것이 두렵고 무능함을 느낀다. (R) • 나는 어려운 문제에 도전하는 것을 좋아한다. • 나는 능력이 부족하다고 느낀다. (R) • 나는 어려운 과제도 포기하지 않고 끝까지 잘 해낸다. • 나는 내게 맡겨진 일을 잘 해내는 것이 어려운 편이다.
관계성	• 나는 주변 사람들과 친밀한 관계를 맺고 있다고 느낀다. • 나는 외롭다고 느낀다. (R) • 나는 주변 사람들이 친근하게 느껴진다. • 내 주변 사람들이 나를 무시하는 것 같다. (R) • 나는 주변 사람들에게 강한 친밀감을 느낀다. • 나는 주변 사람들과 의견이 맞지 않아 자주 다투는 편이다. (R)

2) 생활기술

가) 구성 요인

- 생활기술 영역은 교육복지 대상 청소년이 처한 일상에서 적절하게 나타내야할 다양한 행동들에 초점을 맞춘다. 청소년의 삶이 다양한 장에서의 행동으로 구성된다는 점에서, 교육복지 서비스는 청소년들이 생활에서 필요한 능력을 갖추고 자신이 속한 한 사회의 일원으로 요구되는 행동양식을 갖출 수 있도록 하는 지원을 포함한다.
- 생활기술은 교육복지대상 청소년이 자신의 생활을 관리하고 자신이 속한 사회 속에서 적절한 상호작용을 위해 발휘하는 능력이라고 할 수 있다. 이는 교육복지 대상 청소년뿐만 아니라 일반적인 청소년에게도 개발이 필요한 영역이 되는 근거는 교육계의 화두가 된 21세기 핵심역량에 대한 논의에서 발견된다. 지식기반사회이자 글로벌 경제의 시대인 21세기를 살아가야 할 학생들에게 이전과는 다른 학습과 능력이 요구되고 있다.
  - Binkley 외(2012)가 제시한 4가지 영역에 걸친 총 10가지의 핵심역량이 있다. 세계적인 교육개혁의 방향에 영향을 미치고 있는 21세기를 위한 핵심역량에 지적인 영역뿐만 아니라 생활기술의 영역(일과 생활에 대한 준비, 의사소통, 경력관리, 책무성)이 포함된 것은 청소년들에게 필요한 생활기술의 중요성을 보여준다(〈표 I-3-2〉 참고).

표 I-3-2 21세기에 필요한 핵심역량

구분	핵심역량
생각의 방식 (Ways of Thinking)	• 창의성과 혁신 • 비판적 사고, 문제해결력, 의사결정능력 • 학습역량, 메타인지
일하는 방식 (Ways of Working)	• 의사소통능력 • 협업능력
일하는 도구 (Tools for Working)	• 정보문해력 • 정보통신기술
세상에서의 삶 (Living in the world)	• 시민의식 • 삶과 경력 관리 • 개인적, 사회적 책무성(문화적 인식과 역량 포함)

*박주호 외(2012) 재인용

- Trilling & Fadel(2009)은 학생들에게 요구되는 핵심기술로 함께 창조하여 배우는 학습 및 혁신 기술, 미디어와 정보통신기술을 활용할 수 있는 디지털 리터러시 기술, 일과 생활을 준비하는 직업 및 생활 기술을 주장하였다. 생활기술 영역은 생활에서 나타나는 능력이라는 점에서 윤명희 외(2007)가 제시한 생활역량 개념과도 연결된다. 그들은 청소년 생활역량의 개념을 제시하면서, 청소년을 하나의 생활인으로 전제하여 잠재적 생활역량 개발의 중요성을 강조하였다. 생활역량에 대한 선행연구들은 생활역량과 관련된 개념으로 생활능력, 생활기술, 사회적 기술 등을 제시하였다. 생활기술 영역과 관련된 선행연구에서 사용된 용어 및 정의는 〈표 Ⅰ-3-3〉과 같다.

표 Ⅰ-3-3 생활기술 영역 관련 용어 및 정의

용어	정의	선행 연구
생활 능력	환경에 부딪혀 살아가면서 어떠한 목적을 만족스럽게 성취하기 위하여 유효적절하게 여러 가지 행동을 취할 수 있는 행동	이병린 (1987)
	인간이 살아가는데 있어 인지적, 사회적, 정서적, 신체적, 예술적 등의 종합적인 부분을 원만하게 수행할 수 있게 하는 기본적인 개인 능력	이중강 (2004)
생활 역량	사람이 일상생활 혹은 주어진 환경에 적응하기 위해서, 실생활에서 발생하는 문제를 해결하고, 자신과 타인을 이해하여 상호호혜적 관계를 긍정적으로 유지할 수 있도록 개인의 감정과 사고, 행동을 변화시킬 수 있는 힘	윤명희 외(2007)
	어떤 개인의 업무를 수행하는 데 있어서 응용되는 가장 적절하고 책임있는 문제해결 행동	Himsel (1973)
사회적 기술	과업을 완벽하게 수행하기 위한 개인적인 특별한 행동 능력 사회적 맥락에서 상호작용을 일으킬 수 있는 친사회적 행동 능력	이인선 (2005)

- 21세기 핵심역량이나 생활역량에서 제시된 역량들은 생활의 다양한 영역을 포함하고 있다. 선행연구들 간의 공유되는 요인들을 추출해보면, 생활기술 영역을 사회적 상호작용과 자기관리로 구성할 수 있으며, 다시 사회적 상호작용은 하위요인으로 의사소통, 인간관계능력, 집단 활동을, 자기관리는 하위요인으로 성실, 책임, 진로준비를 포함한다.
  - 사회적 상호작용은 청소년들이 자신이 속한 사회 안에서 인간관계를 형성하고,

원만히 소통을 하며, 집단 활동에 참여하는 데 필요한 생활기술이다. 사회적 상호작용의 하위요인으로, 의사소통은 표현/경청을 기본으로 하여 자신의 감정과 의견을 효과적으로 전달하고 타인의 감정과 의사를 이해하는 정도를 나타낸다. 인간관계능력에는 인간관계 형성 능력과 함께 다양한 인간관계를 형성하기 위해 필요한 요소들이 포함된다. 집단 활동 요인은 집단에 적응하여 구성원들과 함께 협동하고, 리더십을 발휘하는 것 등을 포함하며, 청소년들이 속하게 될 집단에서 일원으로 자리매김하는 정도를 보여준다.

- 자기관리의 하위요인으로, 성실은 자신에게 주어진 일에 자발적으로 성실하게 임하는 정도를, 책임은 자신에게 주어진 역할과 과제를 충실히 해내는 책임감을 의미한다. 진로준비는 진로와 관련하여 제반 과정에서 자신을 준비시키는 것을 의미한다. 진로준비에는 청소년이 자신의 진로에 대한 관심을 갖고, 자신의적성과 흥미를 파악하며, 자신에게 맞는 진로를 탐색하고 준비하는 내용들이 포함된다.

• 교육복지 대상 청소년들의 생활에는 여러 종류의 결핍이 나타난다. 학습이나 심리적 요소뿐만 아니라 생활기술적인 면에서 지원이 필요한 영역들이 있다. 따라서 생활기술 영역은 교육복지 대상 청소년이 처한 일상에서 적절하게 나타내야할 다양한 행동들에 초점을 두고 있다고 할 수 있다. 청소년의 삶이 다양한 장에서의 행동으로 구성된다는 점에서, 교육복지 서비스는 청소년들이 생활에서 필요한 능력을 갖추고 자신이 속한 한 사회의 일원으로 요구되는 행동양식을 갖출 수 있도록 하는 지원을 포함한다.

나) 구성 지표

• 중등단계 학생들은 자신의 생활을 관리하고 자신이 속한 사회 속에서 적절한 상호작용을 위해 능력을 발휘하는 생활적 역량을 필요로 한다. 생활적 역량 가운데 사회적 상호작용은 자신이 속한 사회에서 인간관계를 형성하고, 원만히 소통하며, 집단 활동에 참여하는 데 필요한 생활기술을 의미하며, 하위요인은 의사소통, 인간관계능력, 집단 활동으로 구성된다. 자기관리는 학생의 생활에서 자신에게 주어지는 역할과 과제를 성실하고 책임감 있게 해내는 정도와 진로와 관련하여 자신을 준비시키는 것을 의미하며, 이 내용을 담아, 하위요인은 성실과 책임, 진로 성숙으로 구성된다. 생활적 역량을 측정할 수 있는 생활기술의 구성 요인 및 지표는

다음 〈표 I-3-4〉와 같다.

표 I-3-4 생활기술의 구성 요인과 지표

요인	문항
의사 소통	• 나는 나의 입장이나 의사를 잘 전달한다. • 나는 나의 감정을 표현하는 데 서툴다. • 나는 상대방이 전달하고자 하는 요지를 잘 파악한다. • 나는 다른 사람의 감정을 파악하는 게 어렵다.
인간관계 능력	• 나는 상대방의 단점보다는 장점을 보려고 노력한다. • 나는 친구의 어려운 일을 도와주려고 한다. • 나는 상대방의 조언을 심사숙고해 본다. • 나는 갈등이 생겼을 때, 상대방의 입장에서 생각해 본다. • 나는 나와 배경(문화, 인종, 언어 등)이 다른 사람들과 잘 어울릴 수 있다.
집단 활동	• 나는 여러 사람들을 모아서 모임 또는 활동을 주도한다. • 나는 집단 활동에서 목표를 제시하고 친구들을 이끌 수 있다. • 나는 집단 활동을 할 때, 나의 역할이 크건 작건 열심히 참여한다. • 나는 집단 활동을 할 때 통솔을 하는 편이다.
성실·책임	• 나는 놀 때는 열심히 놀고, 공부할 때는 열심히 공부한다. • 나는 내가 할 일을 나중으로 미루지 않는다. • 주변 사람들이 일을 대충할지라도, 나는 내게 맡겨진 일을 열심히 한다. • 나는 맡은 일을 끝까지 해낸다. • 나는 내가 말한 것을 잘 실천하는 편이다.
진로 성숙	• 나는 장래를 위한 계획을 세워본 적이 있다. • 나는 진로문제와 관련하여 (자발적으로) 진로상담을 받아본 적이 있다. • 나는 진로와 관련하여 나의 능력과 장단점을 파악하고 있다. • 내가 관심을 가지고 있는 직업이나 진로와 관련된 정보를 찾아본 적이 있다. • 내가 원하는 직업에서 요구되는 능력이나 기술을 갖추기 위해 열심히 준비하고 있다.

나. 교육복지영역 및 현황

보고서명	[RR 2019-02] 교육복지 실천 수준 실태 조사
주제어	교육복지, 영역, 현황

1) 교육복지영역

- 교육복지 사업은 지적 영역, 정서 및 사회성 영역, 건강 및 안전 영역, 생애 및 진로 영역 등의 여섯 가지 영역으로 구분할 수 있다. 지적 영역은 학생의 학습과 관련된 교육복지 사업 영역을 의미하며 기초학력 보장, 학습 지원, 학업중단 예방 및 학업 복귀 지원, 학습 기회 및 환경 조성 등을 포함한다. 정서 및 사회성 영역은 학생의 비인지적 특성과 관련된 교육복지 사업 영역을 의미하며 정서 및 정신 건강, 사회성, 문화적 감수성 함양 등을 포함한다. 건강 및 안전 영역은 학생의 신체적 발달 및 안전과 관련된 교육복지 사업 영역을 의미하며 건강, 돌봄, 안전 지원 등을 포함한다. 생애 및 진로 영역은 학생의 진로 및 진학과 관련된 교육복지 사업 영역을 의미하며 진학 및 진로, 취업 및 직업 지원 등을 포함한다. 통합지원영역은 복지대상에게 복수의 영역에 해당되는 지원이 어느 한 영역으로 치우치지 않고 균일하게 제공되는 등 복합적인 서비스가 제공되는 교육복지사업을 포함한다. 기타 영역은 지역별 특수성이 반영된 사업이나 참여운영위원회 등 이상의 다섯 영역으로 분류되지 않는 사업을 포함한다.
- 구체적인 교육복지영역의 구분 기준과 내용은 다음 〈표 I-3-5〉와 같다.

표 Ⅰ-3-5 교육복지 사업 영역의 구분기준

부문	항목	세부 내용
지적 영역	기초 학력	• 학생은 법령이 정한 의무교육 이상의 교육을 받아야 한다. • 학생은 최소한의 기초학력 수준 이상을 성취해야 한다. • 학생은 자신의 학업성취 수준을 객관적으로 평가받을 수 있어야 한다.
	학습 지원	• 학생은 학교 방과 후 과제 수행에 도움을 받을 수 있는 인적 자원과 학습 자료를 제공받을 수 있어야 한다. • 학생은 기초학력 수준 미달 시 필요한 학업적 지원을 받아야 한다. • 학생은 자신의 학업과 관련된 강점과 약점에 대한 정보를 얻을 수 있어야 한다. • 학생은 학습과 관련된 전문적인 도움과 상담을 받을 수 있어야 한다.
	학업 중단 예방 및 학업 복귀 지원	• 학생은 학업중단 결정 이전에 숙려 기회(제2의 기회)를 제공받을 수 있어야 한다. • 학생이 학교에 적응하지 못할 경우 정규학교와 대등한 수준의 대안적 교육기회를 보장받을 수 있어야 한다. • 학생이 학업을 중단했을 경우 검정고시 등과 같은 학력인정의 기회를 제공받을 수 있어야 한다.
	학습 기회 및 환경	• 학생은 자신의 필요와 흥미에 맞는 학교교육을 받을 수 있어야 한다. • 학생은 자신이 배우길 원하는 특기·적성 학습기회를 제공받을 수 있어야 한다. • 학생은 학급당 학생 수가 적절한 환경에서 공부해야 한다. • 학생은 거주 지역 내에서 양질의 교육을 제공하는 학교에 다닐 수 있어야 한다. • 학생은 자신의 지적능력 혹은 학업성취 결과로 차별 대우를 받지 않아야 한다.
정서 및 사회성 영역	정서 및 정신건강	• 학생은 정서의 안정적 발달에 부정적인 위협 요인으로부터 안전해야 한다. • 학생은 자신의 정서적 상태를 객관적으로 평가받을 수 있어야 한다. • 학생은 정서 및 정신건강의 문제가 있을 때 전문적 치료를 받을 수 있어야 한다. • 학생은 공교육을 통해 정서적 함양 기회를 충분히 제공받아야 한다.
	사회성	• 학생은 또래 친구와 함께 활동할 수 있는 기회를 충분히 제공받아야 한다. • 학생은 부모 혹은 보호자와 함께 활동할 수 있는 기회를 충분히 제공받아야 한다. • 학생은 교사와 상호작용할 수 있는 기회를 충분히 제공받아야 한다. • 학생은 공교육을 통해 사회성 함양 기회를 충분히 제공받아야 한다. • 학생은 사회성 발달에 부정적인 위협 요인으로부터 안전해야 한다.
	문화적 감수성	• 학생은 지역사회에서 문화를 체험하고 배울 수 있는 기회를 충분히 제공받아야 한다. • 학생은 공교육 등을 통해 문화적 감수성을 함양할 수 있는 기회를 충분히 제공받아야 한다. • 학생은 문화적 감수성 함양에 필요한 도서 및 자료를 충분하게 제공받아야 한다.

부문	항목	세부 내용
건강 및 안전 영역	건강	• 학생은 정기적으로 자신의 건강 상태에 대한 객관적인 진단 및 평가를 받을 수 있어야 한다. • 학생은 필요할 경우 예방과 치료 등의 의료 서비스를 지원받을 수 있어야 한다. • 학생은 공교육을 통해 신체적 건강 함양 기회를 충분히 가질 수 있어야 한다. • 학생은 학교와 가정에서 결식 없이 양질의 식사를 제공받아야 한다.
	돌봄	• 학생은 만 12세까지 혼자 방치됨 없이 어른의 보호를 받아야 한다. • 학생은 누리과정 및 초등교육 단계에서 필요한 경우 돌봄 서비스를 제공받을 수 있어야 한다.
	안전	• 학생은 학교에서 응급상황이 발생하였을 경우 즉각적인 보호 서비스를 받을 수 있어야 한다. • 학생은 교내의 교육활동 시 신체적·정신적 안전을 보장받아야 한다. • 학생은 자신의 안전 문제와 관련된 교육, 상담, 지원을 받을 수 있어야 한다. • 학생은 물리적·심리적 형태를 포함한 어떠한 형태의 폭력으로부터 안전을 보장 받아야 한다.
생애 및 진로 영역	진학 및 진로	• 학생은 자신의 진학 및 진로와 관련된 적성을 객관적으로 평가받을 수 있어야 한다. • 학생은 자신의 진학 및 진로와 관련된 상담 및 지원을 받을 수 있어야 한다. • 학생은 공교육을 통해 진학 및 진로와 관련된 능력함양의 기회를 충분히 가질 수 있어야 한다. • 학생은 진학 및 진로에 대해서 탐색과 경험의 기회를 제공받아야 한다. • 학생은 자신의 의사와 적성에 따라 진학 및 진로의 선택과 변경을 할 수 있어야 한다.
	취업 및 직업	• 학생은 정규학교에서 자신이 원할 경우 직업교육의 기회를 충분히 보장받아야 한다. • 학생이 진학하지 않는 경우에도 창업 및 직업교육의 기회를 충분히 보장받아야 한다.
통합지원영역		• 복지대상에게 이상의 4개 영역 중 복수의 영역에 해당되는 지원이 어느 한 영역에 치우치지 않는 복합적인 교육복지사업이다.
기타 영역		• 이상의 5개 영역에 해당되지 아니한다. • 특정 학교나 특정 지역에 필요한 지역별 특수성이 반영된 사업이다.

2) 교육복지영역별 현황

- 전국단위로 실시되고 있는 교육복지의 전체 사업 수는 4,829개다. 이 중 시도교육청 주도의 교육복지 사업은 445개(9.22%), 지자체 주도의 교육복지 사업은 4,384개(90.78%)로 나타났다.
- 영역별로는 '지적 영역'의 사업 수가 1,693개(35.05%)로 가장 높은 비중을 차지했으며, 이어서 '정서 및 사회성 영역' 1,133개(23.46%), '건강 및 안전 영역' 955개(19.78%), '통합 지원 영역' 802개(16.61%), '기타 영역' 48개(0.99%)로 확인되었다.

표 Ⅰ-3-6 전국 교육복지 사업 수

영역	사업 수		
	교육청	지자체	합계
지적 영역	231	1,462	1,693
정서 및 사회성 영역	72	1,061	1,133
건강 및 안전 영역	102	853	955
생애 및 진로 영역	12	186	198
통합 지원	28	774	802
기타	0	48	48
합계	445	4,384	4,829

그림 Ⅰ-3-1 전국 교육복지 사업 영역별 분포

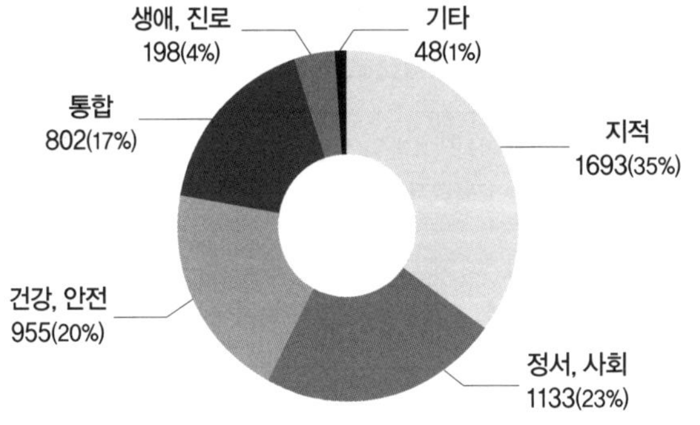

- 전국단위로 실시되고 있는 교육복지의 전체 예산은 4,872,447,878천 원인 것으로 확인되었다. 이 중 시도교육청 주도의 교육복지 사업 예산은 2,279,649,413(천 원, 46.79%), 지자체 주도의 교육복지 사업 예산은 2,592,798,465(천 원, 53.21%)로 나타났다.
- 영역별로는 '건강 및 안전 영역'의 사업 예산이 2,493,180,752(천 원, 51.17%)로 가장 높은 비중을 차지했으며, 이어서 '지적 영역' 1,493,151,020(천 원, 30.64%), '통합 지원 영역' 477,627,646(천 원, 9.80%), '정서 및 사회성 영역' 381,676,796(천 원, 7.83%), '생애 및 진로 영역' 25,444,948(천 원, 0.52%), '기타 영역' 1,366,716(천 원, 0.03%)으로 확인되었다.

표 Ⅰ-3-7 전국 교육복지 사업 예산

영역	예산(단위 : 천 원)		
	교육청	지자체	합계
지적 영역	860,366,163	632,784,857	1,493,151,020
정서 및 사회성 영역	81,863,659	299,813,137	381,676,796
건강 및 안전 영역	1,282,920,804	1,210,259,948	2,493,180,752
생애 및 진로 영역	4,093,851	21,351,097	25,444,948
통합 지원	50,404,936	427,222,710	477,627,646
기타	–	1,366,716	1,366,716
합계	2,279,649,413	2,592,798,465	4,872,447,878

그림 Ⅰ-3-2 전국 교육복지 사업 영역별 예산 비교

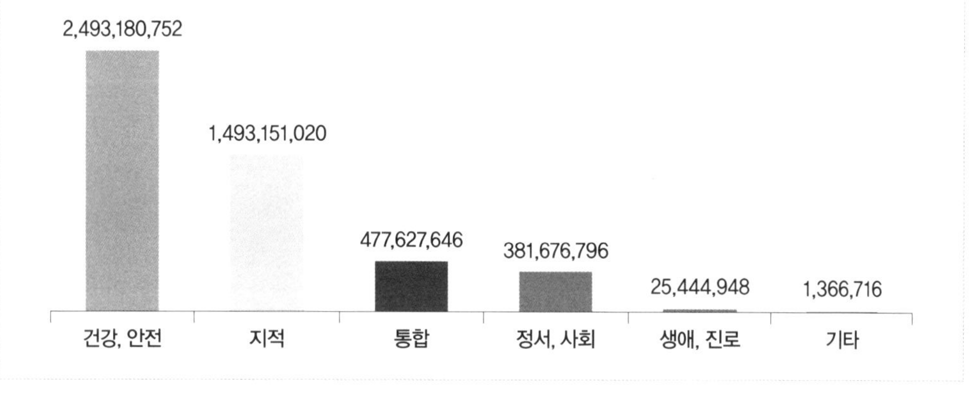

다. 교육복지 서비스 기준

보고서명	[CR 2017-3] 교육복지 서비스 기준 설정을 위한 정책 연구
주제어	교육복지 서비스, 서비스 수준, 영역과 항목, 확인지표

1) 교육복지 서비스 기준의 영역, 항목 및 확인 지표

가) 영역 및 항목

- 신태섭 외(2015)의 연구에서 사용된 교육복지 서비스 기준 영역과 항목은 구체적으로 지적 영역, 정서 및 사회영역, 건강 및 안전 영역, 생애 및 진로 영역 등 4개 영역의 12개의 항목으로 구성되어 있다. 각 항목에는 세부 내용을 제시하고 있는데, 이것은 독자적인 의미를 갖는 기준 자체는 아니다. 다만, 각 항목의 핵심 사항을 기술한 것으로 대표적인 지표라고 할 수 있다. 〈표 I-3-8〉은 교육복지 서비스 기준의 영역 및 항목을 제시한 것이다.

표 I-3-8 교육복지 서비스 기준(초안)의 영역, 항목, 세부내용

영역	항목	세부 내용
1. 지적 영역	1.1 기초 학력	• 학생은 법령이 정한 의무교육 이상의 교육을 받아야 한다. • 학생은 최소한의 기초학력 수준 이상을 성취해야 한다. • 학생은 자신의 학업성취 수준을 객관적으로 평가받을 수 있어야 한다.
	1.2 학습 지원	• 학생은 학교 방과후 과제 수행에 도움을 받을 수 있는 인적자원과 학습 자료를 제공받을 수 있어야 한다. • 학생은 기초학력 수준 미달 시 필요한 학업적 지원을 받아야 한다. • 학생은 자신의 학업과 관련된 강점과 약점에 대한 정보를 얻을 수 있어야 한다. • 학생은 학습과 관련된 전문적인 도움과 상담을 요청할 수 있다.
	1.3 학업 중단 예방 및 학업 복귀 지원	• 학생은 학업중단 결정 이전에 숙려 기회(제2의 기회)를 제공받을 수 있어야 한다. • 학생이 학교에 적응하지 못할 경우 정규학교와 대등한 수준의 대안적 교육기회를 보장받을 수 있어야 한다. • 학생이 학업을 중단했을 경우 검정고시 등과 같은 학력인정의 기회를 제공받을 수 있어야 한다. • 학생은 학업을 재개하고자 할 경우 그 기회를 제공받을 수 있어야 한다.

영역	항목	세부 내용
1. 지적 영역	1.4 학습 기회 및 환경	• 학생은 자신의 필요와 흥미에 맞는 학교교육을 받을 수 있어야 한다. • 학생은 자신이 배우길 원하는 특기·적성 학습기회를 제공받을 수 있어야 한다. • 학생은 학급당 학생 수가 적절한 환경에서 공부해야 한다. • 학생은 거주 지역 내에서 양질의 교육을 제공하는 학교에 다닐 수 있어야 한다. • 학생은 자신의 지적능력 혹은 학업성취 결과로 차별 대우를 받지 않아야 한다.
2. 정서 및 사회성 영역	2.1 정서 및 정신 건강	• 학생은 정서의 안정적 발달에 부정적인 위협 요인으로부터 안전해야 한다. • 학생은 자신의 정서적 상태를 객관적으로 평가받을 수 있어야 한다. • 학생은 정서 및 정신건강의 문제가 있을 때 전문적 치료를 받을 수 있어야 한다. • 학생은 공교육을 통해 정서적 함양 기회를 충분히 제공받아야 한다.
	2.2 사회성	• 학생은 또래 친구와 함께 활동할 수 있는 기회를 충분히 제공받아야 한다. • 학생은 부모, 보호자 또는 지역사회구성원과 함께 활동할 수 있는 기회를 충분히 제공받아야 한다. • 학생은 교사와 상호작용할 수 있는 기회를 충분히 제공받아야 한다. • 학생은 공교육을 통해 사회성 함양 기회를 충분히 제공받아야 한다. • 학생은 사회성 발달에 부정적인 위협 요인으로부터 안전해야 한다.
	2.3 문화적 감수성	• 학생은 지역사회에서 문화를 체험하고 배울 수 있는 기회를 충분히 제공받아야 한다. • 학생은 공교육을 통해 문화적 감수성을 함양할 수 있는 기회를 충분히 제공받아야 한다. • 학생은 문화적 감수성 함양에 필요한 도서 및 자료를 충분하게 제공받아야 한다.
3. 건강 및 안전 영역	3.1 건강	• 학생은 정기적으로 자신의 건강 상태에 대한 객관적인 진단 및 평가를 받을 수 있어야 한다. • 학생은 필요할 경우 예방과 치료 등의 의료 서비스를 지원받을 수 있어야 한다. • 학생은 공교육을 통해 신체적 건강 함양 기회를 충분히 가질 수 있어야 한다. • 학생은 학교와 가정에서 결식 없이 양질의 식사를 제공받을수 있어야 한다.
	3.2 돌봄	• 학생은 만12세까지 혼자 방치됨 없이 어른의 보호를 받아야 한다. • 학생은 누리과정 및 초등교육 단계에서 필요한 경우 돌봄 서비스를 제공받을 수 있어야 한다.
	3.3 안전	• 학생은 학교에서 응급상황이 발생하였을 경우 즉각적인 보호를 받을 수 있어야 한다. • 학생은 교내외 교육활동 시 신체적·정신적 안전을 보장받아야 한다. • 학생은 자신의 안전 문제와 관련된 교육, 상담, 지원을 받을 수 있어야 한다. • 학생은 물리적·심리적 형태를 포함한 어떠한 형태의 폭력으로부터 안전을 보장 받아야 한다.
4. 생애 및 진로 영역	4.1 진학 및 진로	• 학생은 자신의 진학 및 진로와 관련된 적성을 객관적으로 진단받을 수 있어야 한다. • 학생은 자신의 진학 및 진로와 관련된 상담 및 지원을 받을 수 있어야 한다. • 학생은 공교육을 통해 진학 및 진로와 관련된 능력함양의 기회를 충분히 가질 수 있어야 한다. • 학생은 진학 및 진로에 대해서 탐색과 경험의 기회를 제공받아야 한다. • 학생은 자신의 의사와 적성에 따라 진학 및 진로의 선택과 변경을 할 수 있어야 한다.
	4.2 취업 및 직업	• 학생은 정규학교에서 자신이 원할 경우 직업교육의 기회를 충분히 보장받아야 한다. • 학생이 진학하지 않는 경우에도 창업 및 직업교육의 기회를 충분히 보장받아야 한다.

나) 확인 지표

- 이런 맥락에서 각 항목의 세부 내용을 반영할 수 있는 대표적인 지표를 확인 지표로 구성하여 보았다. 여기에서는 확인 지표의 단위를 항목으로 설정하였다. 이는 확인 지표가 개별 세부 내용에 하나씩 대응되는 것이 아니라 항목별로 여러 개의 지표를 두고 그 지표들이 전체적으로 해당 항목의 취지와 내용을 반영하고 대표할 수 있도록 구성되었다는 것이다. 물론 이 지표들은 해당 항목을 완전하게 대표한다고 볼 수는 없으며 최소한의 기준을 파악하기 위한 것으로 볼 필요가 있다.
- 또한 확인 지표는 확인 단위가 학교 수준과 학생 수준으로 나누어 구성되었다. 학교 단위는 공급자 측면에서 서비스 제공이 이루어지고 있는가를 나타내고, 학생 수준은 서비스 제공이 실질적으로 경험되어 활용되고 있는가를 파악하기 위한 것이다. 다른 복지 영역의 서비스 기준과 달리 수혜자의 인식 수준을 포함한 것은 모든 활동의 목적이 학생의 성장과 발달에 주안점을 두고 있다는 교육 분야의 특수성을 반영하기 위한 것이다.
- 이와 같은 측면을 반영하여 구성된 영역/항목별 확인 지표 구성(안)은 다음 〈표 Ⅰ-3-9〉와 같다.

표 Ⅰ-3-9 영역 항목별 확인 지표의 내용(초안)

영역/항목	확인 단위	확인 지표
1.1 기초 학력	학교	• 초등학교 3학년 이상 매 학년 진단평가 실시 여부
	학생	• 기초학력 이상 도달 여부
1.2 학습 지원	학교	• 방과후 공부방(학습 지원) 제공 여부 • 기초학력 미달 학생에 대한 학습 지원 프로그램 운영 여부 • 학습 진단 및 서비스 여부
	학생	• 과제수행을 도움 받을 수 있는 정도 • 학습자료 확보 정도
1.3 학업 중단 예방 및 학업 복귀 지원	학교	• 학업 중단 숙려제(고등학교) 운영 여부
		• 대안교실 또는 대안학교 위탁 프로그램 운영 여부

영역/항목	확인 단위	확인 지표
1.4 학습 기회 및 환경	학교	• 학급당 학생수 (30명 이하) • 각종 형태의 우열반 운영 여부
	학생	• 특기적성 학습기회 정도 • 학업성취에 따른 차등 대우 경험의 정도
2.1 정서 및 정신 건강	학교	• 학교 상담실 운영 여부 • 전문상담(상담사, 상담교사) 인력 배치 여부 • 정신건강 예방 프로그램 운영 여부
	학생	• 정신건강 위험성 • 학교에서의 정서 함양 기회 정도
2.2 사회성	학생	• 또래 친구와의 활동 정도 • 부모(보호자)와의 활동 정도 • 교사와의 관계(상호작용) 정도 • 학교에서의 사회성 함양 기회 경험 정도
2.3 문화적 감수성	학교	• 도서관 운영 여부 • 독서 프로그램의 운영 여부
	학생	• 문화체험 정도 • 읽고 싶은 책을 자유롭게 읽을 수 있는 정도 • 학교에서의 문화적 감수성 함양 기회 경험 정도
3.1 건강	학교	• 보건실 운영 여부 • 학교 건강 검진 실시 여부
	학생	• 학생의 건강 정도 • 필요시 의료 서비스를 제공받지 못한 경험 여부 • 결식 경험 여부
3.2 돌봄	학교	• 방과후 돌봄교실 운영 여부
	학생	• 어른의 돌봄없이 방임된 경험 여부
3.3 안전	학교	• 학교보안관 운영 • 학교폭력신고 및 대응서비스 운영 여부 • 학교폭력 예방교육 실시 여부
	학생	• 학교 안전 체감도 • 학교폭력 경험 여부

영역/항목	확인 단위	확인 지표
4.1 진학 및 진로	학교	• 진로교육 • 진로 상담 서비스 • 진학 상담 서비스
	학생	• 진로탐색 기회의 충분 정도
4.2 취업 및 직업	학교	• 일반고내 직업과정 운영
	학생	• 체감하는 직업교육 기회 정도

2) 교육복지 서비스 수준 확인을 위한 조사 방안

- 교육복지 서비스 수준을 실제적으로 진단하고 파악하는 조사 시행이 중요하다. 앞에서 제시한 교육복지 서비스 기준(영역, 항목, 확인지표)을 사용하여 학교별 교육복지 서비스 수준을 진단하고 파악하고자 할 때 기본적으로 고려해야 할 사항은 다음과 같다(〈표 I-3-10〉 참고).
  - 이 기준은 평가의 목적이 아니라 수준 진단을 목적으로 함을 명확히 할 필요가 있다. 조사 결과는 단위 학교의 책임을 묻는 것이 아니라 취약하고 부족한 부분을 보완할 수 있도록 지원하는 방향에서 사용될 필요가 있다.
  - 학교 단위의 서비스 제공에 초점을 두고 있지만 서비스 기준의 충족 여부는 반드시 학교의 책임만은 아니며 교육부 및 교육청의 책임도 함께 반영되어 있다. 따라서 미흡한 영역, 항목, 지표에 대한 보완 조치는 교육부, 교육청, 학교가 함께 수행할 필요가 있다.
  - 각 지표는 해당 영역에서 나름대로의 고유 의미를 지니고 있다. 영역별 또는 항목별로 해당 지표들을 총합(합산 또는 평균)하여 종합 지수의 형태로 사용하지는 않는다. 그 이유는 총합된 값은 실제적인 의미를 보여주지 못하기 때문이다. 만약 한 개 지표만 달성되고(=1) 다른 지표는 달성되지 않았을 때(=0) 이를 총합하여 얻게 되는 값(0.5)은 해당 항목이 불완전하게 달성되고 있다는 것은 보여주지만 무엇이 부족한지에 대해서는 정보를 주지 못하게 된다.
  - 각 지표의 결과 값의 해석과 판단은 특정 값을 설정하여 기계적으로 이루어질

수 없다. 학교의 여건(지역 환경, 저소득 계층 밀집 정도 등)을 종합적으로 고려하여 이루어져야 할 필요가 있다.

- 신태섭 외(2015)의 연구 결과에 기초하여 교육복지 서비스 기준의 영역과 항목을 구성하고 영역/항목별 확인 지표를 제시하였다. 확인 지표는 영역·항목별 서비스 기준 충족 여부를 확인하기 위한 최소한의 항목을 나타낸 것이다(〈표 I-3-11〉 참고).
- 교육복지 서비스 기준의 영역, 항목, 확인 지표의 적합성을 검토하기 위하여 전문가 및 교원의 의견 조사를 2회 실시하였다. 조사 결과는 모든 지표에서 전문가 집단과 교사 집단에서 모두 3.0점 이상 응답되어 일정 정도 적합성을 확보한 것으로 나타났다. 이에 기초하여 최종적으로 교육복지 서비스 기준은 지적 영역, 정서 및 사회영역, 건강 및 안전 영역, 생애 및 진로 영역 등 4개 영역, 12개 항목, 53개 확인 지표로 구성되었다.

표 I-3-10 교육복지 서비스 기준의 영역, 항목 및 세부 내용

영역	항목	세부 내용
1. 지적 영역	1.1 기초 학력	• 학생은 법령이 정한 의무교육 이상의 교육을 받아야 한다. • 학생은 최소한의 기초학력 수준 이상을 성취해야 한다. • 학생은 자신의 학업성취 수준을 객관적으로 평가받을 수 있어야 한다.
	1.2 학습 지원	• 학생은 학교 방과후 과제 수행에 도움을 받을 수 있는 인적자원과 학습 자료를 제공받을 수 있어야 한다. • 학생은 기초학력 수준 미달 시 필요한 학업적 지원을 받아야 한다. • 학생은 자신의 학업과 관련된 강점과 약점에 대한 정보를 얻을 수 있어야 한다. • 학생은 학습과 관련된 전문적인 도움과 상담을 요청할 수 있다.
	1.3 학업 중단 예방 및 학업 복귀 지원	• 학생은 학업중단 결정 이전에 숙려 기회(제2의 기회)를 제공받을 수 있어야 한다. • 학생이 학교에 적응하지 못할 경우 정규학교와 대등한 수준의 대안적 교육기회를 보장받을 수 있어야 한다. • 학생이 학업을 중단했을 경우 검정고시 등과 같은 학력인정의 기회를 제공받을 수 있어야 한다. • 학생은 학업을 재개하고자 할 경우 그 기회를 제공받을 수 있어야 한다.
	1.4 학습 기회 및 환경	• 학생은 자신의 필요와 흥미에 맞는 학교교육을 받을 수 있어야 한다. • 학생은 자신이 배우길 원하는 특기·적성 학습기회를 제공받을 수 있어야 한다. • 학생은 학급당 학생 수가 적절한 환경에서 공부해야 한다. • 학생은 거주 지역 내에서 양질의 교육을 제공하는 학교에 다닐 수 있어야 한다. • 학생은 자신의 지적능력 혹은 학업성취 결과로 차별 대우를 받지 않아야 한다.

영역	항목	세부 내용
2. 정서 및 사회성 영역	2.1 정서 및 정신 건강	• 학생은 정서의 안정적 발달에 부정적인 위협 요인으로부터 안전해야 한다. • 학생은 자신의 정서적 상태를 객관적으로 평가받을 수 있어야 한다. • 학생은 정서 및 정신건강의 문제가 있을 때 전문적 치료를 받을 수 있어야 한다. • 학생은 공교육을 통해 정서적 함양 기회를 충분히 제공받아야 한다.
	2.2 사회성	• 학생은 또래 친구와 함께 활동할 수 있는 기회를 충분히 제공받아야 한다. • 학생은 부모, 보호자 또는 지역사회구성원과 함께 활동할 수 있는 기회를 충분히 제공받아야 한다. • 학생은 교사와 상호작용할 수 있는 기회를 충분히 제공받아야 한다. • 학생은 공교육을 통해 사회성 함양 기회를 충분히 제공받아야 한다. • 학생은 사회성 발달에 부정적인 위협 요인으로부터 안전해야 한다.
	2.3 문화적 감수성	• 학생은 지역사회에서 문화를 체험하고 배울 수 있는 기회를 충분히 제공받아야 한다. • 학생은 공교육을 통해 문화적 감수성을 함양할 수 있는 기회를 충분히 제공받아야 한다. • 학생은 문화적 감수성 함양에 필요한 도서 및 자료를 충분하게 제공받아야 한다.
3. 건강 및 안전 영역	3.1 건강	• 학생은 정기적으로 자신의 건강 상태에 대한 객관적인 진단 및 평가를 받을 수 있어야 한다. • 학생은 필요할 경우 예방과 치료 등의 의료 서비스를 지원받을 수 있어야 한다. • 학생은 공교육을 통해 신체적 건강 함양 기회를 충분히 가질 수 있어야 한다. • 학생은 학교와 가정에서 결식 없이 양질의 식사를 제공받을수 있어야 한다.
	3.2 돌봄	• 학생은 만12세까지 혼자 방치됨 없이 어른의 보호를 받아야 한다. • 학생은 누리과정 및 초등교육 단계에서 필요한 경우 돌봄 서비스를 제공받을 수 있어야 한다.
	3.3 안전	• 학생은 학교에서 응급상황이 발생하였을 경우 즉각적인 보호를 받을 수 있어야 한다. • 학생은 교내외 교육활동 시 신체적·정신적 안전을 보장받아야 한다. • 학생은 자신의 안전 문제와 관련된 교육, 상담, 지원을 받을 수 있어야 한다. • 학생은 물리적·심리적 형태를 포함한 어떠한 형태의 폭력으로부터 안전을 보장 받아야 한다.
4. 생애 및 진로 영역	4.1 진학 및 진로	• 학생은 자신의 진학 및 진로와 관련된 적성을 객관적으로 진단받을 수 있어야 한다. • 학생은 자신의 진학 및 진로와 관련된 상담 및 지원을 받을 수 있어야 한다. • 학생은 공교육을 통해 진학 및 진로와 관련된 능력함양의 기회를 충분히 가질 수 있어야 한다. • 학생은 진학 및 진로에 대해서 탐색과 경험의 기회를 제공받아야 한다. • 학생은 자신의 의사와 적성에 따라 진학 및 진로의 선택과 변경을 할 수 있어야 한다.
	4.2 취업 및 직업	• 학생은 정규학교에서 자신이 원할 경우 직업교육의 기회를 충분히 보장받아야 한다. • 학생이 진학하지 않는 경우에도 창업 및 직업교육의 기회를 충분히 보장받아야 한다.

표 Ⅰ-3-11 교육복지 서비스 기준 영역, 항목, 확인지표

<table>
<tr><th>영역/항목</th><th>확인 단위</th><th>확인 지표</th></tr>
<tr><td rowspan="2">1.1
기초 학력</td><td>학교</td><td>• 초등학교 3학년 이상 매 학년 진단평가 실시 여부</td></tr>
<tr><td>학생</td><td>• 기초학력 이상 도달 여부</td></tr>
<tr><td rowspan="2">1.2
학습 지원</td><td>학교</td><td>• 방과후 학습지원(공부방 등) 제공 여부
• 기초학력 미달 학생에 대한 학습 지원 프로그램 운영 여부
• 학습 진단 및 서비스 제공 여부</td></tr>
<tr><td>학생</td><td>• 과제수행을 도움 받을 수 있는 지 여부
• 학습과 관련된 전문적 상담을 받을 수 있는지 여부
• 학습자료 확보 정도</td></tr>
<tr><td>1.3
학업 중단 예방 및
학업 복귀 지원</td><td>학교</td><td>• 학업 중단 숙려제(고등학교) 운영 여부
• 대안교실 또는 대안학교 위탁 프로그램 운영 여부
• 학업복귀학생을 위한 기회와 적응지원 프로그램 운영 여부</td></tr>
<tr><td rowspan="2">1.4
학습 기회 및 환경</td><td>학교</td><td>• 학급당 학생수 (30명 이하)
• 필요와 흥미에 대한 학교의 수요조사 여부
• 특기적성 탐색기회 제공 여부</td></tr>
<tr><td>학생</td><td>• 특기적성 학습기회 정도
• 통학에의 어려움 여부
• 학업성취에 따른 차등 대우 경험의 정도</td></tr>
<tr><td rowspan="2">2.1
정서 및 정신 건강</td><td>학교</td><td>• 학교 상담실 운영 여부
• 전문상담(상담사, 상담교사) 인력 배치 여부
• 정신건강 증진 프로그램 운영 여부</td></tr>
<tr><td>학생</td><td>• 정신건강 위험성 정도
• 정서 및 정신건강 관련 치료나 도움을 받을 수 있는지 여부
• 학교에서의 정서 함양 기회 정도</td></tr>
<tr><td rowspan="2">2.2
사회성</td><td>학교</td><td>• 사회성 증진 프로그램 운영 여부</td></tr>
<tr><td>학생</td><td>• 또래 친구와의 활동 정도
• 보호자(부모 등)와의 활동 정도
• 교사와의 관계(상호작용) 정도
• 학교에서의 사회성 함양 기회 경험 정도</td></tr>
<tr><td rowspan="2">2.3
문화적 감수성</td><td>학교</td><td>• 도서관 운영 여부
• 문화체험 프로그램의 운영 여부</td></tr>
<tr><td>학생</td><td>• 문화체험 정도
• 읽고 싶은 책을 자유롭게 읽을 수 있는 정도
• 학교에서의 문화적 감수성 함양 기회 경험 정도</td></tr>
</table>

영역/항목	확인 단위	확인 지표
3.1 건강	학교	• 보건실 운영 여부 • 학교 건강 검진 실시 여부 • 응급상황 시 연계된 병원의 유무
	학생	• 학생의 건강 정도 • 필요시 의료 서비스를 제공받지 못한 경험 여부 • 결식 경험 여부
3.2 돌봄	학교	• 방과후 돌봄교실 운영 여부
	학생	• 어른의 돌봄없이 방임된 경험 여부
3.3 안전	학교	• 학교보안관 운영 • 학교폭력신고 및 대응서비스 운영 여부 • 학교폭력 예방교육 실시 여부
	학생	• 학교 안전 체감도 • 학교폭력 신고의 자율성 여부 • 학교폭력 경험 여부
4.1 진학 및 진로	학교	• 진로교육 • 진로 상담 서비스 • 진학 상담 서비스
	학생	• 진로탐색 기회의 충분 정도
4.2 취업 및 직업	학교	• 일반고내 직업과정 운영
	학생	• 체감하는 직업교육 기회 정도

- 교육복지 서비스 기준 충족 여부를 확인하기 위한 조사 방법은 다음과 같이 제시하였다. 단위학교의 교육복지 서비스 수준을 파악하기 위한 조사 주기는 3년으로 하되 3년마다 모든 학교를 일괄 조사하는 방안과 모든 학교를 3분하여 연도별로 나누어 조사하는 방법을 고려할 수 있도록 제안하였다. 확인 지표의 데이터 조사 방식은 학교 수준의 경우 학교 단위 조사지를 개발하여 학교별로 대표자가 작성하고, 학생 대상 조사의 경우 1학년부터 6학년까지 전 학년을 대상으로 하되 1개 또는 2개 학급을 표집하여 실시하였다. 조사 방법은 온라인 조사와 면접원 방문을 통해 조사할 수 있다.

가) 교육복지 서비스 기준 활용을 위한 고려 사항

- 여기서 제안된 교육복지 서비스 기준을 활용하기 위해서는 몇 가지 부가적으로 준비되어야 할 사항들이 존재한다. 교육복지 서비스 기준 실태를 성공적으로 진단하고 결과를 활용하기 위한 고려 사항은 다음과 같다.
- 첫째, 단위 학교에서 학생들의 기초학력 보장 여부를 파악하기 위해서 학교별 기초학력진단 지원 시스템을 갖출 필요가 있다. 교육복지 기준 설정에서 가장 핵심적인 사항은 기초학력의 진단이기 때문이다. 모든 학생 대상 진단평가는 일제고사의 교육적 부작용, 성취도 중심의 교육복지 서비스에 대한 우려, 진단검사 시행비용 등 고려해야할 사항이 존재한다. 그렇다고 개별 학교와 개별 교사의 판단에 기초하여 진단이 이루어질 경우 판별 기준의 타당성과 일관성에서 제한점이 발생한다. 진단검사가 학업성취도 평가로 오해 되지 않고 학교 간 비교와 경쟁이 유발되지 않도록 하면서 타당성이 보장되고 일관성을 유지할 수 있는 방식으로 기초학력에 대한 학교별 진단이 이루어지는 것이 필요하다.
- 이를 위해서 두 가지 방식을 활용할 수 있다. 하나는 개별 학교가 자체적으로 진단평가를 실시하고 판별하되 학년별 진단평가 문항 DB와 채점·판별 서비스를 제공하는 [온라인 학교별 진단평가 지원 시스템]을 국가 차원에서 구축하고 제공하는 방안이다. 국가 차원에서 초등학교 학년별 기초학력을 진단할 수 있는 문항 풀을 구축하여 제공하고, 개별 학교에서는 문항 풀 중 일부 문항을 나름대로 선택하여 사용할 수 있도록 하는 방식이다. 선택 문항들을 하나의 진단 세트로 구성할 때 평가 결과의 산출과 해석을 함께 지원해줄 수 있어야 한다.
- 다른 하나는 표준화된 진단 검사를 개발하여 학교에 보급하는 것이다. 표준화된 진단 검사를 개별 학교별로 실시한 후 기초학력 미달 학생의 비율을 관리하는 방식이다. 표준화된 진단 도구는 점수 자체에 판별 기준을 포함하고 있기 때문에 모든 학교가 동시에 검사를 실시할 필요가 없고 개별 학교별로 필요에 따라 실시할 수 있다. 이 방법은 진단평가 실시 시기가 학교의 필요에 따라 학교마다 다르기 때문에 비교 가능성을 어느 정도 차단하기는 하지만 근본적으로 동일 내용을 사용하여 기초학력 수준을 평가한다는 점에서 학교 간 비교 가능성이 전혀 없다고는 할 수 없다. 이를 위해서 개별 학생의 기초학력 진단 목적 이외에 사용을 금지하는 규정을 제정하는 것이 부가적으로 필요할 수 있다.

- 둘째, 학생 대상 조사 문항의 개발이다. 확인 지표에는 26개의 학생 단위 확인 지표가 포함되어 있다. 기초학력 이상 도달 여부 지표는 위에서 언급한 기초학력 진단검사를 통해서 확인이 가능하더라도, 그 이외의 다른 학생 단위 확인 지표는 학생들의 응답과 인식을 통해서 파악해야 하는 내용들이다. 학생 대상 조사로 확인하는 지표를 위해서 학생 수준의 조사 도구가 사전에 개발되어야 한다.
- 이는 공급자 중심의 서비스 제공으로 끝나는 것이 아니라 수요자인 학생들이 실제 공급된 서비스를 활용 또는 경험했는지, 또한 그러한 경험을 통해서 충분한 학습이 이루어졌는지를 확인할 필요가 있다는 문제의식을 반영한 것이다.
- 학생 대상 확인지표를 위한 조사도구 문항은 확인 지표가 의도하는 내용을 학생 수준에서 확인될 수 있어야 하며 이를 위해서 해당 지표와 관련하여 학생 수준의 경험 여부나 인식 정도를 묻는 문항으로 구성할 수 있을 것이다. 문항 수는 응답자의 부담을 최소화하기 위해서 1개 이상의 가능한 최소 문항으로 이루어질 필요가 있다. 구체적인 문항 수는 지표 내용에 따라서 다르게 구성될 필요가 있을 것이다. 학생 수준 지표이지만 응답자가 반드시 학생일 필요는 없으며 문항 내용에 따라서는 학부모(보호자)가 응답자가 되는 것이 좀 더 적절할 수 있다. 최소 문항으로 최대한 타당성이 높은 조사 도구(설문 문항 세트)를 개발하기 위하여 추가 연구가 필요가 있다.
- 셋째, 각 확인 지표의 적성선 설정이다. 교육복지는 학생으로서 보장받아야 하는 최소 기준과 별도로 학생으로서 좀 더 높은 학습기회와 성취를 위해서 권장될 수 있는 적정 수준을 설정할 수 있다. 교육은 최소한의 기준으로 충족되는 것이 아니라 좀 더 높은 수준으로 향상시키는 것을 지향한다. 그렇지만 그러한 향상 욕구가 끝없고 무한한 과열 경쟁으로 이어지지 않도록 하는 것이 중요하다. 이런 점에서 적정한 수준의 서비스 제공과 향유가 필요하다. 다른 사람을 앞서고자 하는 상대적 의미에서의 경쟁이 아니라 인간으로서 충분히 교육받고 학습한다는 적정 교육의 수준이 어느 정도인지 검토가 필요하다. 이는 교육복지가 경제 사회분야의 복지 서비스와 구분되는 측면이라고 할 수 있다.
- 넷째, 진단 결과에 대한 후속 조치가 실효성 있게 이루어지도록 관련 정책과 제도를 마련하고 정비할 필요가 있다. 모든 학교가 교육복지 서비스 기준을 일정 기간마다 의무적으로 진단하고 그 결과에 따라서 보완 조치를 취할 수 있도록 법적

제도적 기반을 마련할 필요가 있다.

- 다섯째, 교육복지 서비스 기준 진단이 실제적으로 운영되기 위해서는 제반 과정을 체계적으로 관리할 기관을 운영할 필요가 있다. 교육복지 서비스 기준이 실제적인 의미를 갖기 위해서는 학교 현장에 적용되어야 하며 그 과정이 교육복지 수준을 높이는 데 기여해야 한다. 이를 위해서는 지표 설정, 조사 시행, 결과 분석, 후속 조치의 모니터링 등을 관리할 수 있는 기능이 필요하다. 국가 차원과 시도교육청 수준에서 운영되는 교육복지 관련 연구기관과 교육복지지원 센터를 체계화하여 기능을 수행하도록 조직화할 필요가 있다.

Ⅱ

교육복지의 추진 체계

교육복지 법적 근거

—

교육복지 추진 주체 및 역할

1
교육복지 법적 근거

가. 교육복지 및 학생 안전에 관한 법령

보고서명	[CR 2014-01] 해외 선진국의 교육복지 및 학생안전 입법사례 조사 연구
주제어	학교안전, 학생안전, 학생복지, 교육복지, 입법

- 학교폭력의 만연으로 학생안전에 대한 심각성이 커지고 있는 만큼, 교육복지 정책 수요에 대한 시의적절한 대응을 위해서는 주요 선진국의 입법 사례를 조사하여 우리나라 정책의 향후 발전방향을 모색할 필요가 있다. 이에 본 장에서는 독일, 미국 및 영어권(아일랜드, 캐나다, 호주, 싱가포르), 일본, 핀란드의 교육복지 및 학생안전에 관한 법령, 규정, 학칙 등을 통해 관계기관(자) 간의 역할 분담, 학교 구성원의 권한과 책임 등에 대한 구체적인 입법 내용을 살펴본다. 단, 본 입법사례는 2014년에 조사된 내용이므로 현 시점과는 차이가 있을 수 있다.

1) 독일

- 독일은 교육복지 및 학생안전에 관한 단일법을 가지고 있지는 않고, 연방 사회복지 관련 사회법전 제8권(아동 및 청소년지원법) 및 각 주의 학교관련법들에서 관련 규정들을 개별적으로 규정하고 있다. 그 주된 이유는 독일에서 교육복지는 학교사회복지를 넘어 연방 차원의 보편적인 사회복지의 한 일환으로 여겨지기 때문이다. 독일의 교육복지는 모든 학생을 대상으로 하는 사회복지의 형태이다.
- 독일 교육복지의 기조는 연방법인 「아동 및 청소년지원법」에 따르면 청소년 차별 해소, 사회적 불평등 조정 및 개인적 차별 극복에 있다. 또한 교육복지를 사회교육적 차원의 청소년사회사업으로 보고 있다. 이는 우리의 교육복지 관련 법 및 정책 기조 수립에도 참조가 될 수 있다.
- 독일 교육복지 영역에 관한 지원 및 관할권의 순서는 학교(Schule) - 청소년지원(Jugendhilfe) - 사회복지지원(Sozialhilfe) 순이라고 할 수 있다.
- 독일의 학생안전에 관한 입법례의 특징은, 먼저 학생안전에 관한 포괄적인 권한과 책임은 일차적으로 학교장과 교사에게 있으며, 학생들의 경우에는 구체적인 의무규

정들이 많이 규정되어 있고 반면에 권리규정은 학교생활에 참여할 권리, 고지 받을 권리 그리고 이의제기 내지 소청권 등 기본적인 원칙규정 중심으로 규정되어 있다.

2) 미국 및 영어권

- 근래 학교안전 관련법들이 복수 국가에서 연방법 혹은 주 단위법으로 제정되었다. 정부가 적극적으로 학교 및 학생 안전에 개입하고자 법을 제정하고, 각 학교의 학생 안전 관련 의무 또는 최소기준을 법으로 규정하는 추세이다.
- 미국은 학교안전증진법(2013) 제정을 통해 학교의 따돌림과 괴롭힘 문제에 연방정부가 개입하여 안전한 학교를 만들고자 적극적인 노력을 기울이고 있다.
- 캐나다 온타리오 주는 주 교육법의 제8편을 수정하여, 2010년에 '학교에서 우리 아이들 안전하게 지키기'를 발효시켰다. 이 수정교육법은 학교와 학생의 안전을 강화하기 위한 것으로, 학생 안전에 대하여 학교장의 권한, 의무, 위임 등의 조항이 포함된다.
- 호주 빅토리아 주의 교육 및 훈련개혁법(2006)은 각 학교에서 수립해야 하는 학생복지정책의 최소 기준을 제시하고 있다. 학생에 대한 돌봄 책임과 학생복지 의무가 학생들의 학교생활 모든 영역을 통합시키기 위한 것이다.
- 아일랜드는 교육복지법(2000)은 모든 아동의 최소기본교육을 보장하는 것을 목적으로 하며, 이를 이행하는 기관인 교육복지위원회와 교육복지사의 역할에 대한 조항을 포함하고 있다.
- 미국 및 영어권의 입법례들은 학생안전과 교육복지의 최소기준을 제시하고, 학교와 개인들의 의무 및 권리를 명시할 뿐만 아니라 이를 교칙으로 제정하거나 학교정책으로 수립하게 한다.

3) 일본

☑ 헌법상 국민의 안전과 공공의 복지의 개념 강조

- 일본은 헌법 전문에 '국민의 안전보장'을 천명하고 있으며, 기본권 보장의 제한 논거로서 '공공의 복지 보호'를 규정하고 있는 바, 한국 헌법 역시 국민의 안전보장에

대한 다짐을 규정하고 있다.

- 한국의 경우 국민의 안전 규정보다는 국가의 안전 보장이라는 용어로 국가권력의 행사의 근거 및 제한 근거를 강조하고 있는 측면이 있는 바, 국민적 관점에서의 재검토 작업도 필요하다. 복지 역시 일본은 '공공의 복지'라는 개념을 한국은 사회복지, 여자의 복지, 청소년의 복지라는 개념으로 규정되거나 공공복리, 국민의 복리, 주민의 복리 등의 개념을 사용하고 있다는 점에서 차이가 있다.
- 오늘날 집단으로 행해지는 공교육 체제의 특성과 교육을 복지의 일환으로서 파악하는 시대 조류에 부합되도록 공교육에 관한 규정을 보완하고, 동시에 공공의 복지로서 교육정책이 개인의 학습권 보장과 제한이라는 관점에서 어느 쪽을 우선할 것인지에 대한 국가 교육정책적인 이념에 관한 논의와 이의 반영이 필요함을 시사해 준다.

☑ 교육기본법상 장애자 및 경제적 곤란자에 대한 조치 규정

- 한국은 일본과 달리 교육기본법에 2008년 개정을 통하여 학생안전 및 복지를 강조하는 규정(보건 및 복지의 증진)을 두고 있다. 일본처럼 교육기본법에 국가 및 지방자치단체의 의무로서 '장애자에 대한 충분한 교육상 지원'과 '경제적 곤란자에 대한 장학조치'를 규정한 사례를 검토해야 한다.
  - 제4조 "국가 및 지방공공단체는 장애가 있는 자가 그 장애 상태에 따라 충분한 교육을 받도록 교육상 필요한 지원을 강구하지 않으면 안 된다(제2항). 국가 및 지방공공단체는 능력이 있음에도 불구하고 경제적 이유에 의해 수학이 곤란한 자에 대하여 장학 조치를 강구하지 않으면 안 된다."
- 교육행정의 기본 원칙으로 '부당한 지배금지, 법치행정의 원리, 국가와 지방공공단체와의 역할분담 및 상호협력'(제16조) 등을 강조한 일본의 교육기본법 입법사례는 교육복지와 학생안전과 관련한 국가 및 지방자치단체의 정책 추진 시 하나의 가이드라인으로 작용함과 아울러 한국의 경우 장관과 교육감 간의 갈등이 나타나고 있는 상황에서 시사하는 바가 있다.
- 2006년 개정된 신 교육기본법은 정부 및 지방공공단체로 하여금 교육진흥기본계획을 수립하고 국회에 보고할 의무를 부여하고 있는 바, 이는 정부가 추진하는 교육개혁의 추진과정에 대한 절차적 정당성을 강조함과 아울러 입법 및 재정지원을

강화함으로써 그 실효성을 강화하였다는 점에서 한국의 경우 다소 총괄적이고 경우에 따라서 월권적인 교육개혁 절차와 과정에 시사하는 바가 크다.

- 제17조 "정부는 교육의 진흥에 관한 시책의 종합적이고 계획적인 추진을 위해 교육진흥에 관한 시책의 기본적인 방침 및 시책과 기타 필요한 사항에 관해 기본적인 계획을 정해, 이를 국회에 보고함과 더불어 공표하지 않으면 안 된다(제1항). 지방공공단체는 전항의 계획을 참작하여 그 지역의 실정에 맞는 당해 지방공공단체에 있어서 교육진흥을 위한 시책에 관한 기본적인 계획을 정하도록 노력하지 않으면 안 된다."
- 제16조 4항 "국가 및 지방공공단체는 교육이 원활하고도 교육적으로 실시되도록 필요한 재정상의 조치를 강구하여야 한다."
- 제18조 "이 법률에서 규정하는 제 조항을 실시하기 위해 필요한 법령이 제정되어야 한다."

☑ 상급 교육행정 기관의 학교 보건·안전·급식에 관한 지도·조언권

- 일본은 학교 보건·안전·급식에 관한 사항에 대하여는 상급 교육행정기관의 지도·조언권을 규정하고 있는데(동법 제48조), 이는 과거 상급 교육행정기관의 포괄적 장학지도권을 포기하여 학교 자율화 정책을 펴왔으나, 학교 보건·안전·급식에 대하여는 지도·조언을 통하여 행정적 책임을 유지하고자한 입법 정신이다.
- 한국의 경우에도 2012년 장관의 포괄적 장학지도권이 폐지되었으나 국가수준의 관리가 필요한 영역에 대하여는 지도조언 형태의 책임체제가 요구되는 만큼, 학교 안전에 대하여는 검토할 필요 있다.

☑ 국가의 '학교안전 추진에 관한 계획' 책정의 의무 명료화

- 학교보건안전법이 정한 국가의 의무("국가는 각 학교에서의 안전에 관한 대책을 종합적이고 효과적으로 추진하기 위해, 학교 안전 추진에 관한 계획을 책정하여야 한다.")에 근거하여 학교 안전 문제를 국가 교육정책으로 추진하고 있다. 이를 위해 문부대산의 자문문(2011.9.2)과 중앙교육심의회의 답신(2012.3.21)을 거쳐 국가 정책차원에서 비중 있게 추진되고 있는 점은 한국에 시사하는 바가 크다.

☑ 학교안전 추진에 있어서 국가·지자체·법인 간의 역할 분담화

- 국가는 교장, 담당 교직원 연수가 지자체에서 실시되도록 체제를 정비하고 관련 정보를 제공하는 등 지원토록 한다. 국가는 국제안전학교(International safe school) 등 우수한 대처 시스템이 각 설치자의 판단에 따라 진행될 수 있도록 정보를 제공한다. 지자체는 지역학교 안전지도원(School guard leader), 학교방재 어드바이저, 학교안전 외부전문가 협력 체제를 조성한다. 일본스포츠진흥센터(독립행정법인)는 재해공제급부사업에 따른 사고 데이터를 학교사고 방지 대책에 활용할 수 있도록 정리·분석한 후, 학교 현장에 알기 쉽게 제공하고 시스템 이용을 홍보한다.

☑ 아동복지법 개정을 통한 장애아의 교육복지 강화

- 최근 법개정을 통해서 신체장애 외에 정신장애를 추가하고 상담지원을 충실화하며, 장애아 시설을 일원화 했으며, 방과 후 데이서비스와 보육소 방문지원제를 신설하였고, 개별 지원계획을 작성하였다.

☑ 학생복지의 기본법으로서 아동복지법

- 아동복지법을 통해 학생 및 장애아의 복지를 총괄적으로 규정하고 국가, 지자체, 보호자를 아동복지 보장의 공동책무자로 설정한다. 각 행정단위에 20인 이내의 '아동복지심의회'를 두어 참여적 의사결정 구조와 과정을 마련하고 있다. 도도부현에는 아동상담소를, 시정촌에는 아동위원을 두도록 하고 있고, 아동복지사 및 보육사 자격제도를 두어 아동복지 및 보육과보호에 있어서 인적 인프라를 충원하는 체제를 갖춘 점에 주목해야 한다. 아동복지에 소요되는 비용에 있어서 국고 및 도도부현 부담비용과 시정촌 부담비용을 구분하여 규정하고 있다(아동복지법 §49의2, §50, §51).

☑ 학교안전 기본법으로서 학교보건안전법

- 이 법률은 학교보건에 관한 사항을 포함하고 있으나 제3장에서 학교안전을 집중적으로 규정하여 학생의 학교생활에 있어서 안전에 관하여 규정한 기본법으로서 의미를 지닌다. 국가 및 지방자치단체, 그리고 학교 설치자에게 역할분담을 규정으로 명시하여 책임행정 체제를 마련하고 있는 점은 시사적이다. 학교장에게는 학교 환경 안전을 확보하고 조치 불가시 설치자에게 신고해야하고 위험대처요령을

만들고 교육시키며 사고 후 외상회복 지원 의무 등을 부과하는 등 학교안전 책임 체제를 갖추고 있다. 정부로 하여금 법률 시행 후 5년 경과시점에서 시행 상황을 검토하고 필요한 조치를 강구할 의무를 부칙에 규정한 것은 복지법률의 사실적 실효성을 담보하기 위한 매우 유용한 조치로 판단된다.

☑ 경제적 곤란자에 대한 배려 입법으로서 취학곤란아동장려법

- 일본은 교육기본법에서 장애자에 대한 충분한 교육상 지원 강구 의무와 함께 '경제적 곤란자에 대한 장학 조치'를 국가 및 지방자치단체의 의무로서 규정하고 취학곤란아동장려법 및 시행령 등을 제정하고 있는 점은 소수자 보호를 위한 적극적인 평등 정책의 일환으로서 한국의 관련 입법정책에 시사하는 바가 크다.
- 보조의 대상을 생활보호 대상자의 아동 및 생도로 하고 그 영역은 ① 학용품 또는 구입비, ② 통학에 필요한 교통비, ③ 수학 여행비 등으로 하고 있는 바, 이 또한 한국의 입법에 사사하는 바가 크다. 국가보조의 기준은 시정촌이 보호자에게 그 보호자가 아동 또는 생도를 위해 구입할 필요가 있는 상기 세 영역의 구입 및 지출 금액 총액의 2분의 1로 하고 있는 가이드라인 역시 참고할 만한 부분이다.

☑ 정보사회 대처 법률로서 청소년 안전인터넷법과 학생안전

- '청소년이 안전하게 안심하여 인터넷을 이용할 수 있는 환경 정비 등에 관한 법률'(약칭 청소년 안전인터넷법, 2008.6.18, 법률 제79호) 은 정보사회의 대처 방안의 일환으로 추진되고 있으며, 정보사회에 있어서 학생의 정신건강과 안전 보호 차원에서 의미 있는 법률이다.
- 인터넷 활용을 억제하기보다는 청소년 자신이 인터넷을 적절히 활용하는 능력을 습득하는 것을 취지로 하는 것을 법의 이념으로 한다는 점은 참작할 만하며, 유해 정보를 열람할 기회를 최대한 줄이는 것을 내용으로 하고, 단속과 처벌위주의 정보통제법보다는 민간의 자주적이고 주체적 대응에 보다 비중을 두며, 국가 및 지방공공단체가 이를 존중하고 지원하는 방향의 설정은 많은 시사점을 준다.
- 건전한 정보문화 형성을 위하여 국가 및 지방공공단체의 책무, 관계 사업자(필터링 추진기관, 휴대 ISP, PC 메이커)의 책무, 보호자의 책무 등 역할분담을 강조하고 있으며, 무엇보다 이들 기관 간의 연계 협력체제의 정비를 강조한 부분은 주목할 필요가 있다.

- 보다 실효성 있는 정책추진을 위하여 내각부에 추진회의(인터넷 청소년 유해 정보대책·환경정비 추진회의)를 두도록 규정하였고, 법률 공포일로부터 1년 내 정령으로 정한 날부터 시행하도록 하면서, 정부로 하여금 시행 후 3년 이내 시행상황에 대해 검토를 더해 그 결과를 바탕으로 필요한 조치를 강구하도록 하는 입법조치는 법률의 사실적 실효성을 담보하기 위한 유효한 조치로 판단된다.

4) 핀란드

☑ 종합적 차원의 교육복지

- 핀란드 「기초교육법」은 '학생복지'를 "체계적인 학습과 건강한 정신, 건강, 웰빙(well-being)을 유지하고 증진시키는 것"이라고 규정하고 있다. 이는 학생 복지를 학생에 대한 학습과 정신·신체적 건강, 행복 등 종합적 차원의 지원으로 이해하고, 그에 따른 종합적이고 체계적인 교육복지 제도 및 정책을 마련 및 시행하겠다는 것을 의미한다.
- 한국은 교육복지 또는 학생 복지를 학생에 대한 경제적 지원 측면으로 좁게 규정하거나 교육격차 해소 등의 모호한 개념으로 규정하는 경향이 있다. 그 가운데 경제적 지원으로 좁게 규정한 정책 및 제도의 사례로는 교육복지우선지원사업, 저소득층 등 소외계층에 대한 각종 교육비 지원, 무상급식 지원, 고교무상교육 추진, 대학등록금 경감 방안 추진 등을 들 수 있다. 이러한 경제적 지원은 교육복지 측면에서 필요조건이나 충분조건이라고 보기 어렵다. 그러므로 교육과정 내에서 교과교육 및 생활지도 등을 통해 학생의 학습과 행복을 증진시키고 정신적 및 신체적 건강을 유지시키기 위한 종합적인 교육복지 제도 및 정책을 마련해야 할 것이다.

☑ 명료화된 교육복지의 목적

- 핀란드는 사회적 합의를 바탕으로 기초교육의 목적을 범국가적으로 교육에 있어서 적절한 형평성을 보장하는 것으로 규정한다. 이에 따라 기초교육 단계에서 학업이 뒤처진 학생에 대한 보충수업, 기초교육 이수에 필요한 필수적인 비용들에 대한 광범위한 무상지원, 학생·보호자의 요구에 기반한 복지서비스 제공 및 개인정보 보호, 등교 전 및 방과 후 활동에 대한 체계적인 지원 등을 실시한다.

- 한국에서 시행 또는 추진(추진예정 포함) 중인 교육복지 정책 및 사업들의 목적을 명확하게 규정할 필요가 있다. 탈북학생 지원, 다문화가족 학생 지원, 무상급식, 고교무상교육, 등록금 부담 경감 등의 상당수 정책은 목적이 모호한 채 시행 또는 추진되고 있다. 교육복지의 목적을 먼저 정하고 그 목적을 달성하는 데에 적합한 정책 및 사업에 대해 경제적 지원을 포함한 교육복지 정책을 추진하는 것이 타당하다. 예를 들어 국가수준 학업성취도 평가 결과를 토대로 학업성취도가 낮거나 향상에 어려움을 겪고 있는 학교에 대해 교원 또는 보조교사, 상담전문가 등을 추가로 배치하는 등 실질적인 지원을 실시하여 학생의 학업과 행복 등을 증진시키는 것이 타당하다. 등교 전 및 방과 후 활동에 대한 체계적이고 안정적인 지원 방안도 모색할 필요가 있다.

☑ **학생안전에 관한 의무 규정**

- 핀란드는 학생의 안전한 학습 환경에 대한 권리를 보장하기 위하여 학교운영자와 국가교육위원회가 수행해야할 의무를 규정하였고, 등하교시의 교통안전과 등교 전 및 방과 후 활동에서의 안전을 위해 필요한 인력 및 프로그램을 마련하여 지원하도록 규정하였다. 학생 안전에 관한 사항을 규정하는 법률 조항에 국가교육위원회의 의무를 규정한 것은 학교 교육과정 전반에 걸쳐 종합적이고 체계적인 학생안전을 추진하겠다는 것을 의미한다. 교통안전과 등교 전 및 방과 후 활동의 학생안전을 위해 필요한 인력의 충분한 확보와 지도 인력의 자격요건 등을 규정하도록 한 것은 학생안전을 위한 실질적인 조치를 마련 및 시행하는 것으로 해석된다.
- 한국의 경우에 현행 초·중등교육법 및 그에 따른 초·중등학교 교육과정에 학생안전에 관한 사항이 매우 소홀하게 규정되었다. 물론 별도의 법률을 통해 학교안전사고 예방 등에 관해 규율하고 있고, 학교보건법에도 선언적인 조항이 있으나, 이는 다양한 교육과정을 운영하는 가운데 학생안전을 최우선시하는 데에는 매우 미흡하다. 교과교육 및 창의적 체험활동, 생활지도 등 모든 학교 교육활동에서 학생의 안전을 최우선시 하는 방향으로 법령을 개정할 필요가 있다. 이를 위해 필요한 교원 및 인력을 충분히 확보하는 것과 전문 또는 지원인력의 자격 등을 강화하고 관리하는 데에 필요한 입법도 추진해야 할 것이다. 그리고 학교 밖 체험중심 교육활동과 방과 후 학교 등에 대한 법적 근거를 마련하는 방안도 검토해야 할 것이다.

나. 교육복지기본법 제정 방향

보고서명	[CR 2017-02] 교육복지기본법 제정을 위한 기초연구
주제어	교육복지기본법

1) 교육복지 대상별 관련 법령 분석

- 교육복지와 관련된 법적 근거가 명확하지 않기 때문에 교육복지정책을 추진하면서 관계 부처 간의 긴밀한 협력을 유도하기가 어렵고, 체계적으로 수행하는 데에 문제가 발생할 가능성이 높다. 또한 교육복지 정책의 사각지대가 발생할 우려가 있으며, 정책의 지속성과 효과성을 보장하기 쉽지 않다고 판단된다. 이는 현재 교육복지와 관련된 법 및 규정이 학교 교육 관련 법, 일반 복지 관련 법, 청소년 관련 법 등 다양한 법령 및 규정에 산재해 있기 때문으로 판단된다(〈표 II-1-1〉 참고).

표 II-1-1 교육복지 관련 법 및 규정 현황

구분	기본법	관련 법 및 규정	
학교 교육 관련법	교육 기본법	• 유아교육법 • 초·중등교육법 • 고등교육법 • 평생교육법 • 특수교육진흥법 • 학교급식법 • 학교보건법 • 학교폭력예방및대책에관한법률 • 지방교육재정교부금법 • 지방교육자치에관한법률 • 도서·벽지교육진흥법 • 인적자원개발기본법 • 직업교육훈련촉진법	• 장애인등에대한특수교육법 • 교육공무원법 • 독학에의한학위취득에관한법률 • 학술진흥및학자금대출신용보증등에관한법률 • 교원지위향상을위한특별법 • 고등학교이하각급학교설립·운영규정 • 장학금규정 • 시·군및자치구의교육경비보조에관한규정 • 재외국민의교육에관한규정 • 재외국민을위한국내교육과정운영규칙 • 학교수업료및입학금에관한규칙 등
일반 복지 관련법	사회 보장 기본법	• 영유아보육법 • 국민기초생활보장법 • 사회복지사업법	• 아동복지법 • 장애인복지법 • 보호시설에있는고아후견직무에관한법률 등

구분	기본법	관련 법 및 규정	
청소년 관련법	청소년 기본법	• 청소년보호법 • 청소년복지지원법	• 청소년활동진흥법 • 청소년의성보호에관한법률 등
기타	–	• 다문화가족지원법 • 북한이탈주민의보호및정착지원에관한법률 • 농림어업인삶의질향상및농산어촌지역개발촉진에관한특별법 • 농어촌발전특별조치법 • 농업·농촌기본법 • 근로기준법	• 정신보건법 • 국민체육진흥법 • 보건의료기본법 • 이러닝(전자학습)산업발전법 • 도로교통법(어린이보호구역의지정및관리에관한규칙포함) 등

- 교육복지와 관련된 내용이 다양한 법령 및 규정에 산재하여 있기에 영역 기준을 설정할 필요가 있다. 각각의 법에서 교육복지에 대해 다른 시각을 가지고 해석하고 있으며, 대상 및 범위가 다양하여 관계법령의 범주화를 위한 구분 기준도 다양할 수밖에 없다. 예를 들어 이시우 외(2005)의 경우, 선행연구에서 교육복지의 영역을 일반적 교육복지, 특수적 교육복지, 교육복지 추진행정체계, 교육복지재정으로 구분하여 문제점을 분석하였다. 박재윤, 황준성(2008)의 연구에서는 2004년 교육복지 5개년 종합계획(교육인적자원부, 2004) 발표와 관련하여 다음과 같이 교육복지 관련 대상과 영역 등을 구분한 것을 따르고 있다. 이에 따르면, ① 국민기초 교육수준 보장, ② 교육부적응 및 불평등 해소, ③ 복지친화적 교육환경 조성을 목적으로 하여 ①의 하위영역을 모든 국민의 교육기회 보장, 기초학력 성취의 두 가지로 구분하고, ②의 하위영역을 학교부적응 치유, 교육여건 불평등 해소의 두 가지로 구분하였으며, ③의 하위영역을 밝고 건강한 교육환경 구축으로 구분하였다.
- 한편 김인희(2014)의 연구에서는 다음과 같은 현상들은 교육복지의 수요를 조장하며 관련 정책의 형성과정에서 중요하게 고려되어야 함을 밝히고 있다. 첫째, 학교부적응 증가와 심각해지는 청소년 정신건강이다. 2000년부터 2010년까지 10년간 한국의 청소년 자살증가율이 세계 2위였고 어린이·청소년의 행복지수는 OECD 23개 비교국가 중 최하위를 기록하고 있다는 것이 이를 방증한다. 둘째, 교육 양극화 현상의 심화로, 2009년 이래 여러 번 실시된 전국학업성취도평가를 통해 지역 간의 차이가 극심함을 확인한 바 있으며, 서울권 내에서도 자치구 간 교육여건 격

차와 학력 격차의 분포가 비교적 크게 나타남을 확인할 수 있다. 셋째, 다문화 학생, 북한이탈 학생, 외국인 근로자 자녀 등 이주 배경 청소년이 증가하고 있으며, 이러한 새로운 취약계층의 확대도 교육복지에서 중요하게 고려되어야 할 사항이다. 넷째, 고령화 및 저출산 심화로, 고령화 사회로 빠르게 진입한 우리나라의 인구 상황은 경제 및 사회 전반에 걸쳐 부정적인 영향을 미치고 있다. 다섯째, 여성의 사회적 지위 향상 및 사회활동 진출 확대에 따른 보육, 돌봄 기능 요구의 증대이다. 여섯째, 과거에 비해 발전된 경제적 생활 수준과 사회문화적 삶의 질이 국민의 전반적인 교육복지에 대한 기대 수준을 상승시키고 있다. 교육복지의 개념을 교육 소외를 극복하여 정상적인 교육과 학습이 이루어지는 상태 또는 교육 소외를 극복하기 위한 의도된 노력의 총체로 정의하였으며, 여기서 교육 소외를 광의의 의미로 이해하여 교육복지의 대상을 교육 소외 현상이 빈번하게 발생하는 교육취약계층에 국한되지 않은 전 국민을 포괄하도록 하였다. 이에 따라 박재윤, 황준성(2008)의 연구와 2004년 교육복지 5개년 계획(교육인적자원부, 2004)의 구분 기준을 기초로 김인희(2014)가 제시한 현대의 교육복지 환경을 고려하여 다음과 같이 교육복지 관련 대상 및 과제를 중심으로 대상별 관련 법령을 정리하였다(〈표 II-1-2〉 참고).

표 II-1-2 교육복지 관련 대상 및 과제와 주요 관련 법

목표	영역	대상	과제	주요 관련 법*
국민 기초 교육 수준 보장	모든 국민의 교육기회 보장	장애인 및 병·허약자	특수교육 강화	• 초·중등교육법 • 특수교육진흥법 • 장애인등에대한특수교육법 • 장애인복지법 • 정신보건법 등
		영·유아	유아교육 기회 확대	• 유아교육법 • 영유아보육법 등
		저소득층 학생	저소득층 교육비 지원	• 학교 수업료 및 입학금에 관한 규칙 • 산업체의 근로청소년의 교육을 위한 특별학급 등의 설치기준령 • 기초생활보장법 • 청소년복지지원법 • 학교급식법 등

목표	영역	대상	과제	주요 관련 법*
국민 기초 교육 수준 보장	모든 국민의 교육기회 보장	저학력 성인 및 고등교육 소외자	저학력 성인 및 장애인·저소득층 교육기회 확충	• 평생교육법 • 학점인정 등에 관한 법률 • 고등교육법 • 독학에 의한 학위취득에 관한 법률 등 • 이러닝(전자학습)산업발전법 • 인적자원개발기본법 등
		외국인 근로자 자녀	외국인근로자 자녀 교육지원	• 초·중등교육법 • 다문화가족지원법 등
	기초학력 성취	기초학력 미달자	기초학력 보장	• 초·중등교육법
교육 부적응 및 불평등 해소	학교 부적응 치유	학업 중단자	학업중단자 예방 및 대책	• 초·중등교육법 • 학교폭력 예방 및 대책에 관한 법률 • 청소년복지지원법 • 직업교육훈련촉진법시행령 • 청소년기본법 등
		귀국학생	귀국학생 교육 지원	• 재외국민의교육에관한규정 • 재외국민을위한국내교육과정운영규칙
		북한이탈 청소년	북한이탈 청소년 대책	• 초·중등교육법 • 북한이탈주민의보호및정착지원에관한법률 등
	교육여건 불평등 해소	도시저소득지역학생	도시저소득지역 교육지원	• 도서벽지교육진흥법 • 교육공무원법
		농어촌 지역학생	농어촌지역 교육여건 개선	• 도서·벽지교육진흥법 • 농림어업인삶의질향상및농산어촌지역개발촉진에관한특별법 • 농어촌발전특별조치법 등
		정보화 취약 계층	정보화 격차 해소	• 초·중등교육법
복지 친화적 교육 환경 조성	밝고 건강한 교육환경 구축	학교 풍토	밝고 즐거운 학교 만들기	• 학교보건법 • 초·중등교육법 등
		학생 건강	학생 건강 증진	• 학교보건법 • 보건의료기본법 등
		학교내외 교육환경	안전하고 건강한 교육환경 조성	• 초·중등교육법 등

목표	영역	대상	과제	주요 관련 법*
		기타		• 재외국민의교육에관한규정 • 재외국민을위한국내교육과정운영규칙

*동법 시행령, 교육기본법, 지방교육재정교부금법, 지방교육자치에관한법률은 제외함

가) 모든 국민의 교육 기회 보장

- 장애인 및 병·허약자의 교육 기회 보장과 관련된 현행법 교육기본법 제18조에 있으며 이는 "국가 및 지방자치단체는 신체적·정신적·지적 장애 등으로 인하여 특별한 교육적 배려가 필요한 자를 위한 학교를 설립·경영하여야 하며 이들의 교육을 지원하는 데 필요한 시책을 수립·실시하여야 한다."라고 명시하고 있다. 또한 초·중등교육법 제55조는 장애인과 병·허약자를 위한 특수학교의 설립에 관하여 규정하고 있다. 장애인 등에 대한 특수교육법은 장애인과 병·허약자의 교육환경 제공 및 교육 실제 등 특수교육에 대해 주요 원칙과 취지, 목적 등 상세하게 명시하고 있다. 마찬가지로 장애인복지법 및 정신보건법은 장애인과 병·허약자들의 교육받을 권리를 설명하고 있다. 이러한 법들은 장애인과 병·허약자의 교육 필요성과 교육이 원활하게 이루어지기 위한 정부와 지자체의 의무를 규정한다.
- 유아교육법과 영유아보육법은 영유아를 대상으로 한 교육복지와 관련된 현행법이다. 유아교육법의 경우, 초등학교 취학 직전 1년의 유아교육은 무상으로 하되, 대통령령이 정하는 바에 따라 순차적으로 실시하도록 하고 있다. 제26조는 국가 및 지방자치 단체에 무상교육 대상이 아닌 유아 중에서 국민기초생활보장법의 규정에 따른 수급권자와 대통령령이 정하는 저소득층 자녀의 유아교육에 필요한 비용을 규정하고 있으며, 전액 또는 일부 액수를 예산이 허용하는 범위 안에서 부담하도록 하고 있다. 영유아보육법 제26조는 국가 또는 지방자치단체와 사회복지법인, 그 밖의 비영리법인이 설치한 보육시설과 대통령령이 정하는 보육시설을 규정하고 있다. 특히 영아와 장애아 등에 대한 보육을 우선 지원하도록 규정한다.
- 저소득층 학생에 대해서는 교육기본법 제28조를 통해 국가의 장학제도와 수업료 등을 규정하고 있다. 정부에서 제공하는 장학사업과 관련된 규정, 학교 수업료 및 입학금에 관한 규정이 있다. 저소득층 등에 대한 수업료·입학금의 감액과 면제

등에 관한 규정이 포함된다. 初·중등교육법의 경우, 산업체에 근로하는 청소년을 대상으로 제52조에서 규정하여 지원하고 있다. 산업체의 근로청소년의 교육을 위한 특별학급 등의 설치 기준령은 이러한 맥락과 유사하게 교육적인 지원을 제공한다. 기초생활보장법은 교육 급여를 규정하고 있으며, 특히 제12조에서 입학금이나 수업료, 학용품비 등을 지원하도록 하고 있다. 이외에도 장애인복지법, 근로자복지기본법, 청소년복지지원법 등 관련 법령들에서 교육급여를 규정하고 있다. 학교급식법은 학생들의 방학 기간에도 학생들의 급식 지원이 꾸준하게 이루어지도록 규정하고 있다. 이러한 다양한 저소득층 학생 지원에 관한 법들은 대부분 국민기초생활보장수급자 및 한부모가정 지원법 등에 의해 지원 대상을 법적인 저소득층으로 한정하고 있다. 이에 따라 법적 저소득층에 대한 지원이 모두 이루어지는 대신, 기초생활보장수급자가 아닌 학생의 경우, 비슷한 경제적 어려움을 겪고 있음에도 지원을 거의 받지 못하고 있다. 실질적인 교육복지를 위해서는 이러한 학생들과 일시적 경제 위기 상황에 놓인 학생들에 대한 지원을 충분히 논의해야 할 것이다.

- 저학력 성인 및 고등교육 소외자에 관하여서는 다음과 같다. 고등교육법 제34조와 같은 법의 시행령 제34조는 고등교육에 관한 현행법으로 저소득층 대학생 지원을 다루고 있다. 특히 대학 입학에 관한 특별전형 시행을 지원하는 등 취약계층의 고등교육 기회를 보장하고자 한다. 기능대학법 시행령에서도 정원 외 특별전형과 같은 규정을 통해 이들을 지원하고 있다. 初·중등교육법에서는 제54조에서 고등기술학교의 전공과, 산업교육 진흥 및 산학협력 촉진에 관한 법률상 단기 산업교육시설의 설치·운영, 대학의 시간제 등록 등에 관한 규정을 통해 지원하고 있다. 학술진흥 및 학자금대출 신용보증 등에 관한 법률에서도 경제적 지원을 통해 취약계층의 고등교육 여건을 향상하고자 하고 있다. 방송통신대학, 사내대학, 관련 평생교육시설 등에서 학점인정 등에 관한 법률, 독학에 의한 학위취득에 관한 법률도 이를 지원하고 있다.
- 외국인 근로자 자녀에 관한 내용은 다음과 같다. 교육기본법, 初·중등교육법, 지방교육자치에 관한 법률, 지방교육재정교부금법 등에서 초등학교와 중학교 교육기간 총 9년을 무상의무교육 기간으로 설정하고 있다. 이에 따라 국제결혼가정 및 외국인 근로자 자녀의 국민 기초교육 수준은 의무교육 제도에 의해 보장받는다.

그러나 불법체류자 자녀에게 내국인과 동등한 의무교육을 제공하도록 하는 규정은 없다. 의무교육 외의 지원으로는 다문화가족지원법이 국제결혼가정 자녀나 외국인 근로자 자녀에 대해 지원 규정을 정하고 있다. 특히 아동보육·교육에서 다문화가족 아동을 차별해서는 안 되며 학교생활에 적응할 수 있는 지원 대책을 마련해야 한다는 것을 강조하고 있다. 다만 다문화가족지원법은 한국 국적을 취득하지 않은 외국인 근로자나 불법체류자는 법적인 다문화가족 범주에 포함하지 않고 있다.

나) 기초학력 성취

- 기초학력미달 학생은 일반적으로 기초학습부진학생과 기초학력미달 학생으로 구분된다. 기초학습부진학생은 초등학교 3학년 수준의 읽기, 쓰기, 셈하기 능력에 도달하지 못하는 학생이며, 기초학력미달 학생은 국가 차원 학업성취도 평가에서 기본 내용 20% 이하를 이해한 집단으로 규정되고 있다(박재윤, 황준성, 2008). 그러나 이러한 기초학습부진학생, 기초학력미달 학생의 경우 법적으로 거의 지원 대책이 마련되어 있지 않은 것이 현실이다.

다) 학교부적응 치유

- 초·중등교육법 제60조는 학업 중단자를 지원하기 위해 대안학교 제도를 뒷받침한다. 직업교육훈련촉진법시행령에서는 고등학교 중퇴 이하 학력자 등을 우선 선발하여 직업교육훈련을 통해 지원하도록 한다. 청소년기본법에서는 제46조 지방청소년종합상담센터 및 지방청소년상담센터를 통해 운영계획에 학업 중단 청소년에 관한 대책을 포함하도록 하여 지원하고 있다. 청소년복지지원법은 국가 및 지방자치단체의 지원을 규정하고 있다. 그러나 학생이 학업을 중단하는 시점에서 학교의 책임이 상실되기에, 보호자가 대안학교 등을 선택하지 않는 이상 학업 중단자의 교육지원을 강제하는 방법은 거의 없는 실정이다.
- 일상생활에 적응하지 못하여 비행·일탈을 저지른 청소년, 일상생활에 적응하지 못하여 전문가의 상담 등 가정 또는 학교 외부의 교육적 도움이 필요한 학생의 경우, 다음과 같은 법을 통해 교육적 지원이 이루어진다. 초·중등교육법 제19조는 전문상담교사를 통해 학교 부적응 학생을 지원하고 있다. 학교폭력 예방 및 대책

에 관한 법률에서도 상담실 설치 및 전문상담교사의 배치와 활용 등을 규정하여 지원하고 있다. 청소년복지지원법 제15조는 국가 및 지방자치단체가 전문가를 통한 상담 등을 통해 지원하도록 하고 있다.

- 북한 이탈 청소년에 대한 교육복지 정책은 크게 세 가지로 구분될 수 있다. 주로 북한이탈주민의보호및정착지원에관한법률이 규정하고 있다. 국내의 중·고등학교에 입학 또는 편입학한 만 25세 미만의 자, 국내의 대학·교육대학에 입학 또는 편입학한 만 35세 미만의 자 등에 대하여 이들의 입학은 교육관계법령에 준하여 이루어진다. 또한 입학 또는 편입학을 원하는 이에 대하여 준비·보충학습을 실시할 수 있으며, 지원이 결정된 자에 대하여 고등학교 졸업 시까지 입학금·수업료·학교운영지원비(사립의 경우에는 육성회비)를 지원하는 등의 규정을 두고 있다. 이를 통해 북한 이탈 청소년의 연령 및 학력에 맞게 교육 기회를 제공하며, 우리나라 학교교육에 정상적으로 적응하도록 지원한다.

라) 교육여건 불평등 해소

- 인적자원개발기본법에서는 인적자원개발 시책에 있어 계층 간 등의 균형을 고려하도록 규정하고 있다. 그러나 명확하게 대상을 지정하고 있지 않기 때문에 강제성이 떨어지며, 교육복지투자우선지역 사업이 2002년부터 추진되었지만, 저소득층 밀집지역만을 대상으로 하는 지원과 관련된 법령은 아직 제안되지 않은 실정이다. 상대적으로 농산어촌 지역에 대한 교육복지 관련 근거 법령은 다수 존재한다. 도서·벽지교육진흥법에서는 국가 및 지방자치단체에서 학교 부지, 교실, 양호실 기타 교육에 필요한 시설의 구비, 교재·교구의 정비, 교과서의 무상 공급, 통학을 위해 필요한 조치 등의 원칙과 소요 비용을 우선 고려해야 한다고 규정한다. 농림어업인 삶의 질 향상 및 농산어촌지역개발 촉진에 관한 특별법은 농산어촌 교육여건 개선, 농산어촌학교 학생의 학습권 보장 및 교육지원을 규정하고 있다.

마) 밝고 건강한 교육환경 구축

- 교육복지정책 추진을 위한 추진 및 지원 체제를 구축하는 것은 다수의 선행연구에서 중요하게 지적되었다. 추진체계나 행정체계는 중앙연구지원센터, 중앙 및 지역 수준의 사업전담팀, 학교 수준의 사업전담부서 등 광범위한 영역에 걸쳐 있다.

그러나 이러한 체계에 법적근거가 마련되어 있지 않기 때문에 관련 추진체제와 지원 체제가 유기적으로 구축되어 사업 및 지원을 시행하지 못하고 있는 경향이 있다. 교육복지법은 관련 사업을 수행하기 위해 이렇게 산발적으로 관리되고 있는 체계를 유기적으로 연계해야 할 것이다.

2) 국외 교육복지 관련 법령 분석 종합 및 시사점

- 여러 선진국들은 교육복지와 관련한 법령을 제정하여 교육 소외·취약계층의 문제를 다루고 있으며, 이를 통해 사회의 불평등 해소와 인권 보장, 교육격차 해소 및 교육 효과성 제고 등의 광의적 차원의 교육복지를 실현하고자 노력하고 있다. 이를 종합해보면, 첫째로 국외 선진국들은 대부분 헌법의 기회균등이나 기본권 보장 등을 근거로 하여 의무교육 및 무상교육을 법령으로 지정하여 실시하고 있다. 국가마다 다소 차이가 있으나 7~10년의 의무교육 기간을 설정하고 교육의 기회를 평등하게 제공하고자 하고 있으며 이는 광의적 차원의 교육복지를 구현하고자 하는 노력으로 볼 수 있다. 둘째로 교육 소외 계층 중 장애학생을 위한 특수교육과 이중언어 사용 학생에 대한 이중언어교육이 중점적으로 다루어지고 있다. 특수교육의 경우 일반적으로 교육이 어려운 정신적·육체적·감성적 장애를 지닌 학생들에 관한 지원이 법령으로 체계적으로 제정되어 있으며, 여기에는 학습장애가 있는 학생도 포함된다. 또한 여러 선진국에서는 이민자의 증가로 인한 다민족화로 인해 이중언어교육에 대해서도 법적으로 제정하여 적극 지원하고 있다. 마지막으로는 교육환경, 방과 후 교육, 학생 통학 및 숙소 등 학생복지와 교육환경에 관해서도 법령으로 제정하여 기준을 제시하고 있다. 여러 국가에서는 교육복지를 통해 단순히 교육 기회의 평등 제공에 그치는 것이 아니라 교육의 질적 제고와 학생들의 안전 및 복지까지도 확보하는 것을 중요시하고 있다.

3) 교육복지기본법 제정 방향에 대한 논의

가) 교육복지기본법의 개념 및 성격의 설정

- 교육복지기본법을 제정할 때, 중요한 점은 교육복지의 개념을 어떻게 볼 것인지가 중요하다. 해당 법이 추구하는 목적이 보편적 복지 또는 차별적 복지인지에 따라 법안 제정이 달라질 수 있어 이에 관한 결정이 먼저 이루어져야 한다. 보편적 복지는 광의의 교육복지 개념으로 교육복지의 필요성을 사회적 권리로부터 출발한다. 이에 따라 어떠한 제한이나 조건 없이 모든 사람에게 복지급여 자격을 보편적으로 제공하여 사회 구성원 모두의 교육적 욕구를 충족하고자 한다. 반면, 차별적 복지는 협의의 교육복지 개념으로 복지대상자를 결정할 때 특정한 조건이나 제한을 두어 조건을 충족하는 사람들만을 선별적으로 선발하자는 선별 주의의 입장이다. 교육 소외 계층 또는 교육 취약 집단에 대한 교육 기회를 확충하고자 한다(〈표 II-1-3〉 참고).

표 II-1-3 보편적/차별적 복지 관점에서의 교육복지기본법 제정

구분	보편적 복지의 관점	차별적 복지의 관점
목적	• 교육적 요구 충족 및 교육 기회 과정, 결과의 불평등 해소를 통한 인간을 육성하는 복지 실현	• 최소한의 교육 기회 제공으로 교육기회의 불평등 완화
주체	• 국가와 지방자치단체 및 학교와 개인 포함	• 국가 및 지자체, 학교
대상	• 모든 국민	• 교육취약계층
범위	• 취학 전, 초·중등, 고등교육기회 제공 및 교육과정, 결과의 불평등 해소 포함	• 최소한의 교육 기회 보장
접근 방법	• 정책 및 제도 중심 거시적 접근	• 서비스 중심의 미시적 접근
주요 내용	• 의무교육 포함 • 교육환경 및 여건 개선 • 교육복지 관련법, 제도, 전달체계 구축 • 직업 및 평생교육체제 구축 • 학생, 가족, 교사 학교 대상의 학교사회복지	• 최소한의 의무교육 • 교육취약계층에 대한 교육비 보조 • 학생, 가족 중심의 학교 사회 복지

* 출처 : 홍봉선(2004). 우리나라 교육복지의 방향과 과제. 사회복지학, 56(1), 253-282.

• 더불어 기본법과 개별법의 구분할 때, 기본법은 다른 법안과 달리 목표를 명확하게 보여주고 정체성을 밝히는 명시적·선언적인 특성이 두드러진다. 실제 운영되는 사업내용을 포함하는 실시법의 성격을 띠도록 구성해야 하므로 기존 법률들과 관계 속에서 기본법이 어떤 의의를 확보할 수 있는지를 고민해야 한다. 이때, 고려해 볼 수 있는 방안은 이시우 외(2005)에서 제시한 '교육기본법의 보완 및 교육복지 관련 기존 법률의 정비', '개별법에 산재한 교육복지 관련 조항들을 정리하여 종합적이고 체계적인 교육복지법 제정', '개별법에 산재되어 있는 교육복지 관련 조항들을 정리하여 교육기본법과는 별도로 기본법 수준의 교육복지정책의 총론적인 법적 근거가 되는 교육복지기본법 제정' 등을 고려하는 것이다(〈표 II-1-4〉 참고).

표 II-1-4 기존 법률을 바탕으로 고려되는 교육복지기본법의 장단점

법안		장점	단점
교육기본법 보완	기존 관련 법률 정비	• 관련법들의 체계에 변화가 적어 개정 용이 • 개별법들 중 교육복지정책 수행에 필요한 규정 신설 및 보완 가능	• 교육복지정책에 대한 체계적이고 통합적이며 효율적인 수행이 어려움 • 교육복지의 총론적인 법적 근거 구축 어려움
교육기본법 제정	개별법 복지 관련 조항들 정리	• 기존 관련법들의 체계를 크게 정비하지 않고 유지하면서, 교육복지법 제정으로 교육복지정책의 법적 근거를 마련할 수 있음 • 교육복지정책에 대한 국가의 추진 의지 반영 가능	• 기존의 교육복지 관련법 조항들이 상당히 많은 법률들에 산재되어 각론적으로 규율되어 있기 때문에, 이를 통할하는 통합법적인 교육복지법 마련이 어려움 • 다른 관련 법률들과 내용이 상충되거나 관할권 충돌 가능
교육 복지 기본법 제정	개별법에 있는 관련 조항들을 정리	• 교육복지정책의 필요성 및 국가의 추진의지 반영 가능 • 교육복지추진에 대한 통합적인 법적 근거를 마련할 수 있음 • 교육복지관련 기본법으로서 다른 법률보다 기본적인 성격을 가지므로 교육복지정책의 총론적인 법적근거를 마련할 수 있음	• 이미 교육, 인적자원 및 복지관련 법률 중 이미 교육기본법, 인적자원개발기본법 및 사회보장기본법 등이 시행되고 있어서 법영역마다 기본적 의미를 가진 여러 개의 기본법 제정이 입법론적으로 바람직하지 않음 • 기존의 교육복지 관련법 조항들이 상당히 많은 법률들에 산재되어 각론적으로 규율되어 있는 관계로 이를 통할하는 교육복지기본법 제정이 쉽지 않음

* 출처 : 이시우 외(2005). 교육복지체제 구축을 위한 법제 연구, (가칭) 교육복지법 제정. 서울 : 국회사무처 법제실. 재구성

나) 기본 법률 및 입법 발의안 내용의 비교, 검토, 활용

- 교육복지기본법에 대한 수많은 논의는 물론 이에 관한 수많은 법률안에 대한 분석이 필요할 것이다. 즉, 기존 법률안들에 대한 충분한 검토를 통해 상호충돌 조항이나 내용 등에 대한 연구진의 검토 및 절충안을 도출하고, 각각의 법률안 사이를 비교하고 검토하면서 공통적인 사항 및 대치되는 사항을 분류 및 활용할 수 있도록 해야 할 것이다.
- 기존의 교육복지와 연관이 있는 법률은 학교 교육 관련 법, 일반 복지 관련 법, 청소년 관련 법 등 다양한 법령과 규정에 산재해 있다. 교육복지에 대해 다른 시각을 가지고 해석하고 있으며, 대상 및 범위가 다양하여 관계 법령의 범주화를 위한 구분 기준도 다양하여 관계 부처 간의 긴밀한 협력을 유도하기가 어려울 뿐 아니라, 체계적으로 수행하는 데에도 문제가 발생할 가능성이 높다. 또한 교육복지 정책의 사각지대가 발생할 수 있으며, 정책의 지속성과 효과성을 보장하기 쉽지 않다고 판단되기 때문에 충분한 검토를 바탕으로 법률안을 제정해야 할 것이다.
- 또한, 교육 환경과 여건의 차이로 인한 교육격차 해소라는 교육복지의 취지와 목적과 일치하는 법으로, 사회적·지역별·계층별 양극화를 심화시키는 여건과 환경을 개선하고자 한 "교육격차 및 불평등 해소 관련 법률안", 교육격차만이 아니라 교육 불평등의 심화를 감소시키고 전 국민에 대한 체계적이고 통합적인 교육복지 정책에 대한 근거를 마련하기 위해 수립된 "교육복지에 대한 법률안" 등이 있다. 이 중에서 교육격차 및 불평등 해소 관련 법률안은 구체적인 사업 내용과 체계 등은 다소 차이가 있지만, 교육복지와 일부 취지 및 목적을 공유하는 교육격차 해소법안은 종합계획을 수립하고, 정부 및 지방의 역할을 강조하였다. 또한 점차 계층 간·지역 간 교육격차뿐 아니라 학교부적응자 등 다양한 대상으로 그 영역을 확대하고 있었다. 교육복지에 대한 법률안은 전반적으로 교육복지의 필요성은 인정되지만, 실현 과정에서 다소 문제가 제기되었다. 교육이나 복지 관련 정책들은 선행연구에서 지적하였듯 다소 산발적으로 시행되고 있기에, 교육복지에 관한 법은 이러한 정책들과의 연계를 반드시 고려해야 한다. 교육복지에 대한 개별적인 정책이 아니라, 이러한 개별 정책들을 종합적이고 포괄적으로 연계하는 교육복지법안이 논의될 필요가 있다는 점에 주목하여 향후 법률안 제정 시 참고 자료로 적극적으로 활용이 되어야 한다.

다) 교육복지기본법 적용 대상 설정

- 교육복지 관련 법 제도의 대상과 영역의 범위를 설정하는 데는 연구자에 따라 다양한 견해가 나온다. 단순히 교육 소외 계층만을 대상으로 하지 않고 학교 풍토, 학생 건강, 학교 내의 교육환경을 정책 대상에 포함하여 일반 학생들의 교육 소외 현상도 정책 대상으로 확대하여 포함하는 것이 요구된다. 외국의 사례에서는 교육취약 계층에 초점을 두는 경우가 많은 것으로 보인다(〈표 II-1-5〉 참고).

표 II-1-5 영역별 대상자 분류

영역	대상
모든 국민의 교육기회 보장	장애인 및 병·허약자, 저소득층 학생, 저학력 성인, 고등교육 소외자, 외국인근로자 자녀
기초학력 성취	기초학력 미달자
학교부적응 치유	학업중단자, 귀국학생, 북한이탈 청소년
교육여건 불평등 해소	도시저소득지역학생, 농어촌지역학생, 정보화 취약 계층, 저소득층 자녀
밝고 건강한 교육환경 구축	학교 풍토, 학생 건강, 학교내외 교육환경

- 대상자 선정은 '교육취약계층 등'으로 대상을 정의하고 교육복지서비스를 신청 또는 요청하면 시도교육감이 교육복지서비스를 제공하도록 하는 유연성이 필요하다. 교육복지기본법을 통해 대상을 확대할 경우, 교육복지의 우선순위 등이 불분명해지면서 교육복지 불평등과 복지자원 배분의 왜곡이 심화할 수 있는 위험성도 유의해야 한다. 또한, 선별적이면서도 보편적 복지로의 방향 전환을 위한 교육복지, 교육 소외에 대한 확장된 개념을 기본법 내에서 재정리하고 그에 따라 교육복지 대상을 재정의하는 것이 요구된다.

라) 재원 확보 방안의 마련

- 전문가 패널을 대상으로 교육복지기본법의 제정 시 먼저 고려해야 할 쟁점에 대해 상대적 가중치를 분석한 결과를 보면, 가장 중요도가 높게 나타난 쟁점은 재원 확

보에 대한 부분이었다. 이를 위해 요구되는 사항으로 지방자치단체의 지원 규모 등에 조항이 필요하며, 지원 규모에 부합하는 재원 확보 방안 등을 법안에 포함할 것을 제안했으며, 기존의 교육 급여(국고), 교육비 지원(교육청), 기타 교육비 지원(지자체 및 민간 등)을 통합하여 지원 대상에 대한 재정지원의 현실화, 통합, 개별적 배려가 가능한 시스템의 구축이 필요하다고 하였다. 이를 위해서는 일반법의 테두리 안에서 시행령, 시행규칙 등을 개정하여 융통성 있는 변경이 가능하도록 하는 것이 효율적일 것이라는 의견을 제시하고 있다. 이 부분은 각 부처 간에 협의 및 관련 법에 대한 정리가 명확하게 되어야 향후 소모적인 논쟁이 없을 것으로 판단된다.

마) 향후 법률안의 구성

- 향후 교육복지기본법(안)의 제정에 대한 구체적인 구성 내용을 제시하면, 다음과 같다(〈표 II-1-6〉 참고).

표 II-1-6 교육복지기본법(안) 제정에 관한 구성 내용 제시

구분	주요 내용
교육복지의 목적	• 최소한의 교육 기회 제공으로 교육기회의 불평등을 완화하는 데 일차적인 목적이 있으며, 더 나아가 교육적 요구 충족 및 교육 기회 과정, 결과의 불평등 해소를 통한 인간을 육성하는 복지 실현
교육복지의 개념	• 교육소외를 극복하여 정상적인 교육과 학습이 이루어지는 상태 또는 교육소외를 극복하기 위한 의도된 노력의 총체
교육소외의 개념	• 정상적인 교육의 기회를 통해 자신에게 필요한 학습경험을 갖지 못함으로써 자신이 지닌 잠재능력을 제대로 개발하지 못하여 정상적인 성장의 길을 걷지 못하고 그로 인하여 삶의 질이 향상되지 못하는 현상
교육복지의 지원 대상	• 국민기초 교육수준 보장 차원(모든 국민의 교육기회 보장, 기초학력 성취) : 장애인 및 병·허약자, 저소득층 학생, 영·유아, 저학력 성인, 고등교육 소외자, 외국인근로자 자녀, 기초학력 미달자 등 • 교육부적응 및 불평등 해소 차원(학교부적응 치유, 교육여건 불평등 해소) : 학업중단자, 귀국학생, 북한이탈 청소년, 도시저소득지역학생, 농어촌지역학생, 정보화 취약 계층, 저소득층 자녀 등 • 복지 친화적 교육환경 조성 차원 : 학교풍토, 학생 건강, 학교내외 교육환경 등
교육복지의 범위	• 교육(학업)지원, 복지지원, 심리·심성지원, 중식지원, 학자금 대출에 대한 국가 보증 등
교육복지의 주요 내용	• 최소한의 의무교육, 교육취약계층에 대한 교육비 보조, 학생, 가족 중심의 학교 사회 복지, 교육환경 및 여건 개선, 교육복지 관련법, 제도, 전달체계 구축, 학생, 가족, 교사 및 학교 대상의 학교사회복지 등이 포함될 수 있음

다. 교육복지기본법 초안

보고서명	[CR 2018-03] 교육복지기본법 초안 수립
주제어	교육복지기본법, 선행 입법 사례, 교육복지지원법

1) 교육복지기본법을 위한 선행 입법 사례

가) 교육복지 유관 법령

- 교육복지의 목표는 국민기초 교육수준 보장, 교육부적응 및 불평등 해소, 교육복지 친화적 교육환경 조성 등으로 제시되어 왔다. 교육복지 유관 법령 역시 이러한 목표를 달성하기 위하여 지원 영역, 대상, 과제별로 관련 법령을 개정하는 방식으로 이루어져 왔다.
  - 예컨대, 국민기초 교육수준 보장을 위하여 지원 대상은 장애인 및 병·허약자, 영·유아, 저소득층, 저학력 성인 및 고등교육 소외자, 외국인, 기초학력미달자 등으로 구분할 수 있다. 각 대상별로 교육기회 보장을 위하여 관련 법령이 포함되어 있는데, 장애인 및 병·허약자를 위해서는 교육기본법, 초·중등교육법, 특수교육진흥법, 장애인복지법 등을 개정해 왔다(p. 103 〈표 II-1-4〉 참고).

나) 교육복지 대상별 법령 분석

- 학교, 일반복지, 청소년 및 기타로 구분되는 교육복지 대상별로 기존의 법령을 포괄적으로 개정하는 방식이 시도되었다.
  - 교육복지 대상별 지원을 위해서는 학교교육과 관련한 유아교육법 등과 같은 법률부터 학교 수업료 및 입학금에 관한 규칙 등과 같은 시행규칙 등에 이르는 광범위한 법령 개정이 필요한 것으로 나타났다(p. 102 〈표 II-1-3〉 참고).

다) 신설 및 개정 교육복지 관련 법률(안)의 주요 특징

- 주요 교육복지 관련 제·개정 법률(안)의 주요 내용을 종합적으로 정리하면 다음과 같다.

- 교육복지의 대상은 유아부터 노인에 이르기까지 매우 광범위하다. 신설 혹은 제·정된 교육복지 관련 법률은 지원목적, 지원대상, 지원방식, 지원과제 등 포괄적이며 적극적인 지원을 도모하고자 하는 입법 의지를 반영한 것이다.
- 교육복지 관련 법률은 새로운 법률을 직접적으로 신설하거나 기존의 법률을 개정하는 간접적 방식으로 이루어져 왔다. 그러나 교육복지 관련 직접법률을 신설 방식보다 기존의 법률을 제·개정하는 방식이 훨씬 더 많이 이루어졌다.
- 교육복지 관련 법률은 지역(농산어촌) 지원, 혁신지구 혹은 교육복지투자우선지역 등 지역 선정, 교육격차 혹은 교육불평등 해소 등에 한정한 지원방식 제시 등으로 다양하게 신설 혹은 개정되어 왔다.
- 직접적이고 포괄적이고 교육복지 관련 법률을 신설하는 방식은 입법의 목적, 즉 교육복지의 개념, 지원대상, 지원방식 등을 단일 법률로 신설하는 것이 용이하지 않기 때문에, 기존의 법률을 개정(혹은 조항 신설)하여 교육복지 지원의 효율성을 높이고자 하였다.
- 교육복지 지원의 실효성은 재정적 지원근거가 어느 정도 분명하게 입법화 되었는지에 따라 달라질 수 있다. 이러한 문제의식은 새로운 재정지원 방식보다는 기존의 지방교육재정교부금법을 개정하는 방식으로 이루어졌다. 주요 개정 사항은 교육복지지원을 위한 재정적 확보 근거를 분명하게 제시하는 것이었으며, 주로 내국세 교부율을 상향하고자 하였다.

2) 기존 정책 연구 분석

가) 교육복지기본법 제정 관련 주요 이슈

- 이건남(2017)이 수행한 교육복지기본법 제정을 위한 기초연구는 지금까지 수행된 선행연구, 입법안 등을 가장 종합적이고 체계적으로 분석한 연구이다. 이 연구에서는 델파이 분석을 통해 교육복지기본법 제정에 대한 전문가 의견을 수집, 분석하였다.
  - 지금까지 수행된 교육복지기본법 제정과 관련된 주요 이슈는 기본법 제정의 필요성, 기본법의 성격, 대상, 지원범위, 전달체계, 재원확보방법, 사회적 시각, 선언성 및 실효성, 전문인력 확보 여부 등으로 정리할 수 있다.

- 이러한 이슈에 대해 주요 해결방안 도출을 위해 델파이 분석을 활용하였다.

• 선행연구 분석 및 델파이조사를 통해 이건남 외(2017)의 연구에서는 향후 법률안 구성시 다음과 같은 사항이 반영되어야 할 것을 제언하였다(〈표 II-1-7〉 참고).

- 교육복지의 목적과 개념과 교육소외 개념이 포괄적으로 제시되어야 한다.
- 교육복지 지원대상은 주요 지원 영역에 따라 달라지는데, 국민기초 교육수준 보장, 복지친화적 환경조성 차원에서는 유아부터 외국인, 고등교육대상자 등 모든 국민이 포함된다. 반면, 교육부적응 및 불평등 해소와 같은 지원 영역은 취약계층에 제한적으로 적용해야 한다.
- 교육복지의 범위는 학업, 심리, 심성, 중식 및 학자금 대출 등 복지대상자들의 생활 전반에 걸쳐 지원되어야 할 영역을 포괄해야 한다.
- 교육복지법에 포함되어야 할 주요 내용은, 최소한의 의무교육, 교육취약계층에 대한 교육비 보조, 학생, 가족 중심의 학교 사회 복지, 교육환경 및 여건 개선, 교육복지 관련법, 제도, 전달체계 구축, 학생, 가족, 교사 및 학교 대상의 학교사회복지 등으로 매우 포괄적이다.

표 II-1-7 교육복지 선행연구 분석 및 델파이조사 결과 정리

구분	주요 내용
교육복지의 개념	• 교육소외를 극복하여 정상적인 교육과 학습이 이루어지는 상태 또는 교육소외를 극복하기 위한 의도된 노력의 총체이다.
교육소외의 개념	• 정상적인 교육의 기회를 통해 자신에게 필요한 학습경험을 갖지 못함으로써 자신이 지닌 잠재능력을 제대로 개발하지 못하여 정상적인 성장의 길을 걷지 못하고 그로 인하여 삶의 질이 향상되지 못하는 현상이다.
교육복지의 지원 대상	• 국민기초 교육수준 보장 차원(모든 국민의 교육기회 보장, 기초학력 성취) : 장애인 및 병·허약자, 저소득층 학생, 영·유아, 저학력 성인, 고등교육 소외자, 외국인근로자 자녀, 기초학력 미달자 등 • 교육부적응 및 불평등 해소 차원(학교부적응 치유, 교육여건 불평등 해소) : 학업중단자, 귀국학생, 북한이탈 청소년, 도시저소득지역학생, 농어촌지역학생, 정보화 취약 계층, 저소득층 자녀 등 • 복지 친화적 교육환경 조성 차원 : 학교풍토, 학생 건강, 학교내외 교육환경 등
교육복지의 범위	• 교육(학업)지원, 복지지원, 심리·심성지원, 중식지원, 학자금 대출에 대한 국가 보증 등
교육복지의 주요 내용	• 최소한의 의무교육, 교육취약계층에 대한 교육비 보조, 학생, 가족 중심의 학교 사회 복지, 교육환경 및 여건 개선, 교육복지 관련법, 제도, 전달체계 구축, 학생, 가족, 교사 및 학교 대상의 학교사회복지 등이 포함될 수 있다.

나) 선행 발의된 법률에 대한 검토 의견

- 선행 발의된 법률에 대한 검토의견을 종합적으로 제시하면 아래와 같다.
  - 첫째, 교육복지 관련 법률 정비에 대한 필요성과 공감대는 어느 정도 형성되어 있으나, 구체적인 입법 방안에 대해서는 쟁점 사항 및 논리적 근거를 도출하기가 매우 어렵다.
  - 16대 국회 이후 제·개정된 법률(안)을 보면, 법률 신설(제정)안도 의원입법으로 발의되었고, 기존 법률을 개정(혹은 조항신설)하려는 노력도 꾸준히 이루어져 왔다. 이는 교육복지 지원의 타당성과 사회적 합의는 어느 정도 이루어져 있다는 점을 반증한다.
  - 그럼에도 불구하고, 학술적 논의를 넘어서 관련 '법률'을 새로이 제정한다는 것을 둘러싸고 법률적 차원에서 쟁점 사항이 많았기 때문에 의원발의된 법률들은 모두 폐기되었다.
  - 둘째, 교육복지 관련 법률을 신설할 경우, '기본법' 명칭을 사용하는 것은 적절하지 않다는 입장이 우세하다.
  - '교육복지기본법'을 신설하는 경우, 이는 현행 헌법이 규정한 법률 체계는 아니므로 일반 법률의 상위법으로서의 지위를 인정받기가 어려운 문제가 있다.
  - 다만, 해당 분야의 기본법으로서 실질적으로 기능하도록 하기 위하여 법률들 간의 관계에서 상호 규정하는 방식으로 기본법의 지위를 인정받도록 하는 것은 가능할 수 있다.
  - 교육복지 관련 분야는 교육은 물론이고 교육 주변의 인접 분야에 걸쳐 있고, 교육복지의 개념을 어떻게 정의하느냐에 따라 규율 범위가 크게 달라질 수 있다. 그러므로 교육복지기본법이 교육과 인접 분야의 기본법으로서 기능하도록 상호 규정하기는 매우 어렵다.
  - 또한 기존의 교육기본법과의 관계 정리도 쉽지 않다. 그리고 명칭을 기본법으로 하는 데에 따른 실효성을 기대하기도 어려운 것이 법률 해석의 보편적 견해이다.
- 셋째, 법률에서 사용하는 용어는 명확해야 적용 가능하나 법률 조항으로 제시되어 왔던 '교육복지'의 정의가 명확하지 않다.
  - 대부분의 법률에서는 "교육격차를 해소하기 위하여 교육여건을 개선함으로써

교육소외를 극복하고 국민의 교육받을 권리를 보장하는 것"이라고 정의하였는데, 교육격차는 매우 포괄적인 용어로 사용되어 있고 교육복지의 지원 대상 및 적용 범위도 한정하기 어렵다.

- 이러한 용어들은 법률용어로 사용하여 실제로 적용하기 어렵다. 이는 현실적으로 적용대상과 범위 등이 구체적으로 잡힐 수 있도록 규정하는 방안을 마련하는 것이 매우 어렵다는 점을 보여준다.

• 넷째, 교육복지기본법 제정을 통해 지원하려는 대상과 개선을 기대하는 목적이 무엇인지 한정하는 방안 제시에 한계가 있다.
  - 기존에 폐기된 신설 법률안의 명칭은 '교육복지'라고 제시하였고, 어떤 법률에는 '교육격차 해소'라고 제시하고 있다. 그런데 교육격차를 해소하는 것이 교육복지를 의미하는 것인지에 대해 면밀한 검토가 필요하다.
  - 즉 법률을 제정하여 달성하려는 목적이 교육복지 보장 확대인지, 교육격차 해소인지에 대해서도 명확히 제시되어 있지 않다.
  - 보다 현실적으로는 새로운 입법을 통해 지원하고 달성하려는 대상과 목적을 먼저 정하고, 그것을 규율할 수 있는 법률명과 입법목적, 용어 정의가 제시되지 못하고 있다.

• 다섯째, 교육복지 관련 입법 방안을 검토할 때마다 고민되는 점은, 별도의 독립법으로 제정할 것인지, 아니면 초·중등교육법 등 기존의 교육 관련 기본적인 법률들에 법률적 근거를 마련하고 교육복지 소요 재원 등의 수단을 확보하기 위하여 「지방교육재정교부금법」 및 동법 시행령 등을 개정하는 방식으로 추진할 것인지에 대한 사항이다.
  - 결국 이 2가지 입법 방안을 해결할 수 있는 입법(안)이 필요하지만, 지금까지 발의된 법안의 내용, 학교 현장의 요구, 학술적 논의 등에 비추어 볼 때 합리적인 입법(안)을 만들기란 매우 어렵다.

• 여섯째, 교육복지 지원을 위한 법률을 신설하거나 혹은 기존 법률을 개정(혹은 조항 신설)하는 어떠한 방식으로 접근하더라도 다음과 같은 사항은 포함되어야 한다.
  - 즉 교육복지지원에 대한 국가와 지방자치단체의 책무를 규정하고, 이를 뒷받침할 수 있는 조직을 설치하며, 재정지원의 근거를 명확히 함으로써 입법 목적을 달성할 수 있는 기반을 마련해야 한다.

- 교육복지정책을 효과적으로 추진할 수 있는 조직을 체계적으로 정비, 제시해야 하며, 교육복지정책 운영의 성과를 점검할 수 있는 진단체계 구축이 포함되어야 한다.
- 교육복지 지원의 핵심적인 내용, 예컨대, 기초학력보장 등에 초점을 맞춘 법률을 제정하여 교육복지 추진 기반을 마련해야 한다.

다) 신설 법률 제·개정(안)에 대한 의견

- 지금까지 제시한 주요 쟁점사항을 고려해 볼 때, 다음과 같은 3가지 방식으로 법률 제·개정안을 제시할 수 있다.
- 첫째, 법률 명칭에서 논란의 소지가 있는 '기본법'보다는 '교육복지지원에 관한 특별법(가칭)'혹은 '교육복지(지원)법(가칭)'으로 명칭을 변경하여 신설하는 방식이다.
  - 교육복지 지원의 목적, 범위, 내용, 추진체계 등을 구체적으로 제시하고, 다양한 법령에 분산된 교육복지 지원의 근거를 제시함으로써 입법 목적을 달성한다.
  - 단, 신설하더라도 교육기본법 등 상위법령에 근거는 마련되어야 한다.
- 둘째, 교육복지 지원의 범위를 최소화하고 가장 기본적인 교육복지 지원 영역에 해당하는 '기초학력지원법(가칭)'혹은 '교육격차해소법(가칭)'으로 신설하는 방식이다.
  - 교육복지의 가장 기본적인 목적은 기초학력 수준을 국가가 보장하여 교육격차를 해소하는 것이다.
  - 신설 법률에서는 이러한 국가적 의지를 명확히 제시하고, 국민들의 기초학력수준을 보장하기 위한 지원 체제를 구축할 수 있다.
  - 다만, '기초학력지원법(가칭)' 혹은 '교육격차해소법(가칭)'을 제정한다고 하더라도 입법 목적과 기초학력 보장 내용 및 방법, 교육격차 해소의 범위와 내용, 지원체제 구축 등을 위한 다양한 논의가 추가적으로 진행되어야 한다.
- 셋째, 관련 법률 개정(조항 신설) 안은 다음과 같다.
  - 헌법에 명시된 교육기회 균등의 정신을 반영할 수 있도록 교육기본법, 초중등교육법, 고등교육법 및 평생교육법, 지방교육재정교부금법 등 교육복지 지원과 직·간접적으로 연계되어 있는 법률 조항들을 일부 개정 혹은 신설하는 방식이다.

- 이미 교육복지지원의 근거와 조항이 상당 부분 제·개정되어 왔기 때문에 아직도 해결되지 못하고 있는 부분을 반영한 법률 조항 제·개정안을 도출하여 효율성을 높일 수 있는 장점이 있다.

• 이상의 3가지 방안에 비추어 볼 때, 현재 수준에서는‘교육복지(지원)법(가칭)’으로 법률 명칭을 바꾸고, 포괄적 차원의 지원 방안을 수립하는 것이 합리적이라고 할 수 있다. 교육복지지원법 신설의 기대효과는 다음과 같다.
  - 교육복지 추진에 대한 국가적 의지를 표명할 수 있다.
  - 체계적인 교육복지 추진체계를 구축하여 대·내외적 책무성을 보장할 수 있다.
  - 교육복지 추진실태 및 조사, 분석, 개선방안 도출의 선순환체계를 수립함으로써 일관성있는 정책 추진의 근거를 마련할 수 있다.
  - 신설 ‘교육복지지원법(가칭)’이 제정될 경우 주요 내용은 다음의 III장에서 제시하는 초안이 될 수 있다.
  - 다만, ‘교육복지지원법’ 제정의 실효성과 타당성에 대해서는 추가적인 검토와 정책적 판단이 필요할 것이다.

• 중·장기적으로는 ‘기초학력보장법(가칭)’ 혹은 ‘교육격차해소법(가칭)’제정을 검토해야 한다.
  - 최근 우리 사회의 가장 심각한 문제는 사회양극화 및 불평등이 심화되는데 있다. 따라서 국가균형발전을 위해서도 학령 초기에 발생하는 기초학력 수준 저하를 방지함으로써 모든 국민들의 교육수준을 높이는 것이 무엇보다 필요하다.
  - 모든 국민들의 기초학력 수준을 보장하는 것은, 헌법에 보장된 ‘모든 학생이 능력에 따라 균등하게 교육받을 권리를 보장’하는 기반이 될 수 있을 것이다.

3) 교육복지지원법(가칭) 초안 제정(안)

가) 교육복지지원법(안) 제안 이유

• 사회적·경제적 격차가 심화되면서 빈곤층을 포함한 교육취약계층은 더욱 확대되고, 이에 따라 교육기회의 불평등 정도가 심해지고 있는 실정이다.

• 이러한 교육기회의 차이는 지역 간·계층 간 교육격차라는 결과를 낳게 됨으로써, 이로 인해 빈부가 대물림되고 있다는 사회적 우려가 나타나고 있다.

- 이에 중앙정부와 지방자치단체의 적극적인 지원 방안을 수립하여, 소극적으로는 교육의 기회·과정·결과에서 발생하는 교육격차를 해소해 나가고, 적극적으로는 누구든지 사회·경제적인 형편에 상관없이 자신의 능력과 의지만 있으면 교육을 받을 수 있도록 하게 함으로써, 국민의 교육복지 증진을 도모하고자 한다.

나) 주요 내용

- 가. 국가와 지방자치단체는 교육복지의 증진을 위하여 노력하여야 하며, 필요한 시책을 수립·시행하여야 한다.
- 나. 교육부장관은 5년마다 교육복지기본계획을 수립하여야 하며, 교육감은 교육복지기본계획을 기초로 하여 매년 교육복지시행계획을 수립·시행하여야 한다.
- 다. 교육복지에 관한 주요시책을 심의하기 위하여 국무총리 소속으로 중앙교육복지위원회를 두며, 교육복지에 관한 중요사항을 심의하기 위하여 시·도교육청에 지역교육복지위원회를 둔다.
- 라. 교육부장관은 교육격차를 해소하기 위한 대책을 효율적으로 수립하기 위하여 교육격차의 실태를 주기적으로 조사하여야 하며, 이 때 학교 간·지역 간·소득계층 간 교육격차실태를 우선 조사하여 공표해야 한다.
- 마. 교육감이 정하는 교육복지우선지원학교 외에 교육부장관은 교육적·문화적 여건이 상대적으로 열악한 농산어촌 및 도시 저소득지역의 교육복지 증진을 위한 영향평가를 실시하고 이 지역을 교육격차해소지역으로 지정하여 행정적·재정적 지원을 하여야 할 수 있다.
- 바. 교육부장관은 이 법에 따른 사업이 원활하게 추진될 수 있도록 우선적으로 예산을 지원하여야 하며, 교육복지우선지원사업·교육격차해소지역 사업 등을 「지방교육재정교부금법」에 따른 기준재정수요액의 측정항목에 반영하여야 한다.
- 사. 교육부장관은 교육복지 및 교육격차 관련 정보수집 및 기초조사, 교육복지지수 개발 및 공표, 교육격차해소지역 영향평가, 교육복지프로그램 개발·보급 등을 업무로 하는 교육복지중앙센터를 설치·운영하거나, 대통령령으로 정하는 연구기관·단체 또는 법인을 센터로 지정하도록 한다.

라. 고교 무상교육제도 관련 법령 및 조례

보고서명	[CR 2019-03] 고교 무상교육 시행에 따른 관련 법령·조례 개정 방안 연구
주제어	고교 무상교육, 법령, 조례

1) 초·중등교육법

가) 초·중등교육법 개정안

- 현재 국회에 계류 중인 일부 개정 법안을 중심으로, 초·중등교육법 개정안을 정리하면 다음과 같다.
- 〈표 II-1-8〉에 따르면, 과거 고등학교 무상교육은 OECD 36개국 중 대한민국만 유일하게 실시되지 않았으며, 모든 국민이 헌법에 규정된 교육받을 권리를 보장받기 위하여 고등학교 무상교육은 피할 수 없는 국가적 책무이다. 그러나 입학금과 수업료, 학교운영지원비, 교과서대금 등을 지원하는 고등학교 무상교육을 실시하면 매년 약 2조 원이 소요되므로, 고교 무상교육의 원활한 추진을 위해서는 소요재원을 확보하기 위한 법적 근거를 마련하는 것이 필수적이다.

표 II-1-8 초·중등교육법 개정안

현행	개정안
제10조(수업료 등) ① 학교의 설립자·경영자는 수업료와 그 밖의 납부금을 받을 수 있다.	제10조(수업료 등) 현행유지
〈신설〉	제10조의2(고등학교 등의 무상교육) ① 제2조제3호에 따른 고등학교·고등기술학교와 이에 준하는 각종학교에서 실시하는 중등교육은 무상(無償)으로 하되, 무상교육에 필요한 비용의 범위는 다음 각 호와 같다. 1. 입학금 2. 수업료 3. 학교운영지원비 4. 교과용 도서 구입비 ② 제 1항에 따라 무상으로 실시하는 중등교육에 드는 비용은 국가 및 지방자치단체가 부담한다. ③ 제1항에도 불구하고 대통령령으로 정하는 사립학교의 설립자·경영자는 제1항 각 호의 비용을 받을 수 있다.

현행	개정안
제12조(의무교육) ④ 국립·공립 학교의 설립자·경영자와 제3항에 따라 의무교육대상자의 교육을 위탁받은 사립학교의 설립자·경영자는 의무교육을 받는 사람으로부터 수업료와 학교운영지원비를 받을 수 없다.	제12조(의무교육) ④ 국립·공립 학교의 설립자·경영자와 제3항에 따라 의무교육대상자의 교육을 위탁받은 사립학교의 설립자·경영자는 의무교육을 받는 사람으로부터 제10조의2 제1항 각 호의 비용을 받을 수 없다.
〈신설〉	부칙 이 법은 공포 후 6개월이 경과한 날부터 시행한다. 다만, 제10조의2의 개정규정은 2019학년도부터 적용한다.

*서영교의원 대표발의, "지방교육재정교부금법 일부개정법률안", 의안번호 19826, (2019. 4. 15.)[계류 중].

- 이에 고교 무상교육의 재원 확보를 위하여 국가가 2020년부터 2024년 12월 31일까지 「초·중등교육법」 제10조의2에 따른 고등학교 무상교육에 필요한 비용 중 1,000분의 475에 해당하는 금액을 따로 증액교부하기 위한 근거와, 시·도 및 시·군·구에서 고등학교 무상교육에 필요한 비용 중 1,000분의 50에 해당하는 교육급여, 한부모가족지원, 농어업인 자녀 학자금 지원 및 공무원 자녀학비 보조수당 등 기존에 고등학교 학비를 지원하여 오던 금액을 교육비특별회계로 전출하는 근거를 마련해야 할 것이다(안 제3조제4항 및 제14조 신설).
- 〈표 II-1-9〉에 따르면, 과거 의무교육의 대상인 중학교까지는 무상교육이 이루어졌으나 중등교육인 고등학교 교육은 무상교육이 이루어지지 않았다. 헌법이 보장하고 있는 국민의 교육기본권을 보장하고 교육의 공공성을 강화하기 위하여 고등학교까지 무상교육을 실시해야 한다는 의견이 제기됨에 따라 무상교육이 추진되었다. 무상교육의 대상을 초·중등교육의 전(全) 과정으로 명시적으로 규정함으로써 학교에 재학 중인 모든 학생에게 동시에 적용되도록 하고자 한다(안 제10조의2 신설 등).

표 II-1-9 초·중등교육법 일부개정안

제10조의2를 다음과 같이 신설한다. 제10조의2(무상교육) ① 학교에서 실시하는 초·중등교육의 전(全) 과정은 무상(無償)으로 한다. ② 제1항에 따른 무상교육에 필요한 비용의 범위는 다음 각 호와 같다. 1. 입학금 2. 수업료 3. 학교운영지원비 4. 교과용 도서 구입비 5. 그 밖에 대통령령으로 정하는 비용 ③ 제2항에 각 호의 비용은 국가 또는 지방자치단체가 부담한다. ④ 제1항에도 불구하고 대통령령으로 정하는 사립학교의 설립자·경영자는 제2항 각 호의 비용을 받을 수 있다. 제12조제4항 중 "수업료와 학교운영지원비를"을 "제10조의2제2항 각 호의 비용을"로 한다.

*곽상도의원 대표발의, "초·중등교육법 일부개정법률안", (2019. 7. 09.)[계류 중].

아) 개정에 따른 각 법령 및 조례의 개정 필요성

- 초·중등교육법 개정안 제10조의 3 제3항에서는 "대통령령으로 정하는 사립학교의 설립자·경영자는 제1항 각 호의 비용을 받을 수 있다."고 정하고 있으므로, 초·중등교육법에 위 내용을 구체화한 규정 신설이 필요하다.
- 초·중등교육법 개정안에 따르면 고등학교는 의무교육의 범위에 포함되지 않지만, 국가가 입학금·수업료 등을 지원하는 무상교육의 대상이 된다. 이처럼 의무교육과 무상교육의 범위가 일치하지 않으므로, 법령들의 체계정당성을 확보하기 위하여 「지방교육자치에 관한 법률」 중 의무교육경비의 부담주체에 관한 내용을 개정할 필요가 있다.

표 II-1-10 지방교육자치에 관한 법률 및 개정(안)

현행 규정	개정 방향
제37조(의무교육경비 등) ① 의무교육에종사하는 교원의보수와 그 밖의 의무교육에 관련되는 경비는 「지방교육재정교부금법」이 정하는 바에 따라 국가 및 지방자치단체가 부담한다. ② 제1항의 규정에 따른 의무교육외의 교육에 관련되는 경비는「지방교육재정교부금법」이 정하는 바에 따라 국가·지방자치단체 및 학부모 등이 부담한다.	제37조(무상교육경비등) ① 무상교육에 종사하는 교원의 보수와 그 밖의 무상교육에 관련되는 경비는 「지방교육재정교부금법」이 정하는 바에 따라 국가 및 지방자치단체가 부담한다. ② 제1항의 규정에 따른 무상교육 외의 교육에 관련되는 경비는 「지방교육재정교부금법」이 정하는 바에 따라 국가·지방자치단체 및 학부모 등이 부담한다.

- 초·중등교육법의 개정에 따라 고등학교 무상교육에 관한 내용을 초·중등교육법에서 직접 정하게 된다. 따라서 체계상 시행령이 아닌 법률을 인용하는 것이 자연스럽다(다만 '다른 법령'으로 폭넓게 규정되어 있으므로, 현행 규정에 따르더라도 곧바로 해석의 모순이 발생한다고 보기는 어렵다).
- 국립 고등학교의 수업료 및 입학금은 초·중등교육법 시행규칙에서 정하고, 공립 및 사립 고등학교의 수업료 등은 각 시·도의 조례로 정하고 있다(초·중등교육법 제10조 제2항). 고등학교 무상교육과 관련하여 각 시·도별 조례는 ① 이미 고등학교 무상교육을 실시하고 있어 조례 및 조례 시행규칙의 개정을 마친 경우, ② 아직 개정이 완료되지 않은 경우로 나누어 볼 수 있다(2019. 8. 기준). 초·중등교육법 개정안 등과 충돌하지 않도록 개정 또는 삭제할 필요가 있을 것이다.

표 II-1-11 지방교육자치에 관한 법률 및 개정(안)

현행 규정	개정 방향
제16조(교육급여) ② 제1항에 따른 수급자가 「초·중등교육법시행령」 등 다른 법령에 따라 의무교육을 받거나 학비를 감면 또는 지원받는 경우에는 이에 해당하는 학비는 지원하지 아니한다. 다만, 교육부장관이 정하는 장학상 필요한 사람에게는 다른 법령에 따라 학비를 감면 또는 지원받는 경우에도 학비를 전액 지원할 수 있다.	제16조(교육급여) ② 제1항에 따른 수급자가 「초·중등교육법」 등 다른 법령에 따라 의무교육을 받거나 학비를 감면 또는 지원받는 경우에는 이에 해당하는 학비는 지원하지 아니한다. 다만, 교육부장관이 정하는 장학상 필요한 사람에게는 다른 법령에 따라 학비를 감면 또는 지원받는 경우에도 학비를 전액 지원할 수 있다.

2) 지방교육재정교부금법

가) 지방교육재정교부금법 개정안

- 현재 국회에 계류 중인 일부 개정 법안을 중심으로, 지방교육재정교부금법 개정안을 정리하면 다음과 같다.
- 〈표 II-1-12〉에 따르면, 고등학교 무상교육을 2020~2024년 5년 동안은 증액교부금 방식으로 재원을 확보하여 추진하고자 한다(안 제3조제4항 및 제14조 신설). 고등학교 무상교육을 2025년부터는 지방교육재정교부금의 교부율을 0.80% 포인트 상향하는 방식으로 재원을 확보하여 추진하고자 한다(안 제3조제2항제1호 개정). 교부율 보정을 명료하게 규정하여 도입 취지에 부합하는 방향으로 실효성 있게 운영되

도록 하고자 한다(안 제4조제1항 개정).

표 Ⅱ-1-12 지방교육재정 교부금법 개정(안)

④ 국가는 「초·중등교육법」 제10조에 따른 고등학교 무상교육 실시를 위하여 예산으로 정하는 바에 따라 제2항에 따른 교부금 외에 따로 증액교부할 수 있다. 제4조제1항 중 "교원 수의 증감 등 불가피한 사유로 지방교육재정상 필요한 인건비가 크게 달라질 때에는 내국세 증가에 따른 교부금 증가 등을 고려하여"를 "교원인건비의 전년 대비 증가액이 제3조제2항제1호에 따른 금액을 재원으로 하는 지방교육재정교부금의 전년 대비 증가액을 초과하는 경우에는"으로 한다. 제14조를 다음과 같이 신설한다. 제14조(무상교육 비용 부담에 관한 특례) ① 국가는 「초·중등교육법」 제10조에 따른 고등학교 무상교육 실시에 필요한 비용(이하 이 조에서 "무상교육 비용"이라 한다) 중 1,000분의 475에 해당하는 금액을 제3조제4항에 따라 따로 증액교부하여야 한다. ② 지방자치단체는 무상교육 비용 중 1,000분의 50에 해당하는 금액을 교육비특별회계로 전출하여야 한다. ③ 제2항에 따라 각 지방자치단체가 부담해야 하는 전출 금액은 「국민기초생활 보장법」 제12조에 따른 교육급여, 「한부모가족지원법」 제12조에 따른 한부모가족지원, 「농어업인 삶의 질 향상 및 농어촌지역 개발촉진에 관한 특별법」 제23조에 따른 농어업인 자녀 학자금 지원 및 「지방공무원법」 제45조에 따른 공무원 자녀학비 보조수당 등 기존에 고등학교 학비지원을 위하여 부담해오던 금액으로 한다.

*여영국의원 대표발의, "지방교육재정교부금법 일부개정법률안", (2019. 6. 18.)[계류 중].

제3조 (교부금의 종류와 재원) ④ 국가는 초·중등교육법 제10조의2에 따른 고등학교 무상교육을 위해 국가예산이 정하는 바에 의하여 제2항에 따른 교부금 외에 따로 증액교부할 수 있다.(신설) 제14조 (고등학교 무상교육 경비 부담에 관한 특례) ① 국가는 초·중등교육법 제10조의 2에 따른 고등학교 무상교육에 필요한 비용 중 1,000분의 475에 해당하는 금액을 제3조제4항에 따라 따로 증액교부하여야 한다. ② 시·도 및 시·군·구는 초·중등교육법 제10조의 2에 따른 고등학교 무상교육에 필요한 비용 중 1,000분의 50에 해당하는 「국민기초생활보장법」제12조에 따른 교육급여,「한부모가족지원법」제12조에 따른 한부모가족지원, 「농어업인 삶의 질 향상 및 농어촌지역 개발촉진에 관한 특별법」제23조에 따른 농어업인 자녀 학자금 지원 및 「지방공무원법」제45조에 따른 공무원 자녀학비 보조수당 등 고등학교 학비 지원을 위해 기존에 부담해 오던 금액을 교육비특별회계로 전출하여야 한다.(신설)

*서영교의원 대표발의, "지방교육재정교부금법 일부개정법률안", (2019. 4. 15.)[계류 중].

- 하지만, 제4조의 교부율 보정은 '불가피한 사유'와 '크게 달라질 때' 등 명료하지 않은 표현으로 자의적인 해석이 가능하다. 2004년 법 개정으로 새로 도입되었으나, 그동안 적용사례가 없어 교부금 증가가 인건비 증가보다 부족할 경우 보정한다는 취지가 무색해지고 있다. 따라서 2020년부터 2024년까지 5년 동안은 증액교부금 방식으로, 2025년 이후에는 지방교육재정교부금의 교부율을 0.80% 포인트 상향

하는 방식으로 재원을 안정적으로 확보하여 고등학교 무상교육을 원활하게 추진하고, 교부율 보정을 명료하게 규정하여 실효성을 제고하고자 한다.

- 〈표 II-1-13〉에 따르면, 고등학교 무상교육을 추진하면서 시행을 위한 재원 마련 방인이 요구되는 상황에 놓였다. 따라서 현행법에 증액교부 근거를 신설함으로써 무상교육 재원 확보에 필요한 법적 근거를 마련해야 한다.

표 II-1-13 지방교육재정 교부금법 개정(안)

제3조에 제4항을 다음과 같이 신설한다. ④ 국가는 「초·중등교육법」 제10조의2에 따른 고등학교 무상교육실시를 위하여 필요한 경우 대통령령으로 정하는 금액을 제2항에 따른 교부금 외에 별도로 증액교부하여야 한다.

*곽상도의원 대표발의, "지방교육재정교부금법 일부개정법률안", (2019. 7. 9.)[계류 중].

나) 개정에 따른 각 법령 및 조례의 개정 필요성

- 고등학교 무상교육 시행을 위한 증액교부금 근거를 마련하고 재원확보의 안정성을 담보하기 위하여 지방재정교부금법에 고등학교 무상교육 경비 부담에 대한 특례조항을 신설하는 개정안이 논의되었다(이하 '지방교육재정교부금법 개정안'). 지방교육재정교부금법 개정안의 주요 내용을 살펴보면 〈표 II-1-14〉와 같다.

표 II-1-14 지방교육재정교부금법 개정(안)의 내용

현행 규정	개정안
제3조(교부금의 종류와 재원) ①~③ (생략) 〈신설〉	제3조(교부금의 종류와 재원) ①~③ (현행과 같음) ④ 국가는 「초·중등교육법」 제10조의2에 따른 고등학교 무상교육을 위하여 국가예산이 정하는 바에 따라 제2항에 따른 교부금 외에 따로 증액교부할 수 있다.
〈신설〉	제14조(고등학교 무상교육 경비 부담에 관한 특례) ① 국가는 초·중등교육법 제10조의 2에 따른 고등학교 무상교육에 필요한 비용 중 1,000분의 475에 해당하는 금액을 제3조 제4항에 따라 따로 증액교부하여야 한다. ② 시·도 및 시·군·구는 초·중등교육법 제10조의 2에 따른 고등학교 무상교육에 필요한 비용 중 1,000분의 50에 해당하는 「국민기초생활보장법」제12조에 따른 교육급여, 「한부모가족지원법」제12조에 따른 한부모가족지원, 「농어업인 삶의 질 향상 및 농어촌지역 개발촉진에 관한 특별법」제23조에 따른 농어업인 자녀 학자금 지원 및 「지방공무원법」제45조에 따른 공무원 자녀학비 보조수당 등 고등학교 학비 지원을 위해 기존에 부담해 오던 금액을 교육비특별회계로 전출하여야 한다.

현행 규정	개정안
	부칙 제1조(시행일) 이 법은 공포한 날부터 시행한다. 제2조(유효기간) 제14조의 개정규정은 2020년도부터 2024년 12월 31일까지 효력을 가진다.

*서영교의원 대표발의, "지방교육재정교부금법 일부개정법률안", 의안번호 19826, (2019. 4. 15.)[계류 중].

- 초·중등교육법 개정안에 따라 지방세 외의 수입예상액 항목 중 공립·사립고등학교의 수업료와 입학금에 관한 내용을 개정해야 했다. 교육부는 지방자치단체 부담분의 구체적인 편성 기준에 관한 명문의 근거를 지방재정교부금법 시행령에 마련하되, 기존에 시·도별로 부담하던 비율을 그대로 적용하는 방안을 고려했다.
- 지방교육재정교부금법 개정안에서는 필요한 경우에 지방교육재정교부담을 추가로 증액교부할 의무를 정하고, 기존 법률의 내용을 삭제하거나 변경하는 내용을 담고 있지 않다. 따라서 교부금 액수와 비율을 조정하는 과정에서 실무적인 국가예산 편성의 문제가 발생할 수 있을 뿐, 앞서 검토한 지방재정교부금법 시행령 이외에 반드시 개정이 수반되어야 할 관련 법령이나 조례는 찾아보기 쉽지 않다. 다만 비용분담에 관한 근거를 더욱 명확히 하기 위하여, 개정을 고려할 수 있다.

3) 고등학교 학비 지원 사업

가) 고등학교 학비 지원 사업 근거 법령

- 고등학교 학비 지원 사업 근거 법령은 <표 II-1-15>와 같다.

표 II-1-15 고등학교 학비 지원 사업 근거 법령

구분		근거법령
교육급여	국민기초생활보장법 제12조	제12조(교육급여) ① 교육급여는 수급자에게 입학금, 수업료, 학용품비, 그 밖의 수급품을 지급하는 것으로 하되, 학교의 종류·범위 등에 관하여 필요한 사항은 대통령령으로 정한다. ② 교육급여는 교육부장관의 소관으로 한다. ③ 교육급여 수급권자는 부양의무자가 없거나, 부양의무자가 있어도 부양능력이 없거나 부양을 받을 수 없는 사람으로서 그 소득인정액이 제20조제2항에 따른 중앙

구분		근거법령
교육급여	국민기초생활보장법 제12조	생활보장위원회의 심의·의결을 거쳐 결정하는 금액(이하 "교육급여 선정기준"이라 한다) 이하인 사람으로 한다. 이 경우 교육급여 선정기준은 기준 중위소득의 100분의 50 이상으로 한다. ④ 교육급여의 신청 및 지급 등에 대하여는 「초·중등교육법」 제60조의4부터 제60조의9까지 및 제62조제3항에 따른 교육비 지원절차를 준용한다.
저소득층 교육비 지원	초·중등교육법제60조의4	제60조의4(교육비 지원) ① 국가 및 지방자치단체는 다음 각 호의 어느 하나에 해당하는 학생에게 입학금, 수업료, 급식비 등 대통령령으로 정하는 비용(이하 "교육비"라 한다)의 전부 또는 일부를 예산의 범위에서 지원할 수 있다. 1. 본인 또는 그 보호자가 「국민기초생활 보장법」 제12조제3항 및 제12조의2에 따른 수급권자인 학생 2. 「한부모가족지원법」 제5조에 따른 보호대상자인 학생 3. 그 밖에 가구 소득 등을 고려하여 교육비 지원이 필요하다고 인정되는 학생으로서 대통령령으로 정하는 학생 ② 제1항에 따른 교육비 지원은 소득 수준과 거주 지역 등에 따라 지원의 내용과 범위를 달리할 수 있다. ③ 「국민기초생활 보장법」, 「한부모가족지원법」 등 다른 법령에 따라 제1항과 동일한 내용의 지원을 받고 있는 경우에는 그 범위에서 제1항에 따른 교육비 지원을 하지 아니한다.
한부모 가족지원	한부모가족 지원법제12조	제12조(복지 급여의 내용) ① 국가나 지방자치단체는 제11조에 따른 복지 급여의 신청이 있으면 다음 각 호의 복지 급여를 실시하여야 한다. 다만, 이 법에 따른 지원대상자가 「국민기초생활 보장법」 등 다른 법령에 따라 지원을 받고 있는 경우에는 그 범위에서 이 법에 따른 급여를 하지 아니한다. 1. 생계비 2. 아동교육지원비 3. 삭제 〈2011. 4. 12.〉 4. 아동양육비 5. 그 밖에 대통령령으로 정하는 비용
특성화고 장학금	산학협력법 23조	제23조(장학금의 지급) ① 국가와 지방자치단체는 산업교육기관에 재학 중인 학생에게 장학금을 지급할 수 있다.
농어업인 자녀 학자금 지원	농어업인 삶의 질 향상 및 농어촌지역 개발 촉진에 관한 특별법 제23조	제23조(농어촌학교 학생의 교육 지원) ① 국가와 지방자치단체는 농어촌학교 학생의 교육기회를 보장하기 위하여 입학금, 수업료, 급식비 및 통학에 필요한 교통수단과 그 운행에 드는 경비를 지원할 수 있다.
공무원 자녀학비 보조수당	공무원 수당 등에 관한 규정 제11조, 지방공무원 수당 등에 관한 규정 제11조	〈공무원 수당 등에 관한 규정〉 제11조(자녀학비보조수당) ① 유치원·초등학교·중학교(유치원·초등학교·중학교에 대해서는 재외공무원의 경우에만 적용한다. 이하 같다) 또는 고등학교에 다니고 있는 자녀가 있는 공무원에게는 예산의 범위에서 제1기분은 2월(신입생의 경우는 3월), 제2기분은 5월, 제3기분은 8월, 제4기분은 11월의 보수지급일(재외공무원의 국외학교 취학 자녀에 대해서는 신청서의 접수일부터 15일 이내)에 자녀 1명당 별표 6의 지급 구분에 따라 자녀학비보조수당을 지급한다. 다만, 자녀가 법령에 따라 학비가 면제되거나 학비가 무상인 학교에 다니고 있는 경우와 제7조제1항 단서에 해당되는 경우에는 이를 지급하지 아니한다.

나) 고등학교 학비 지원에 관한 기존 법령에 대한 검토

- 초·중등교육법 개정안 및 지방교육재정교부금법 개정안은 고등학교 학비 지원에 관한 기존 법령(예 : 한부모가족지원법 제12조 등)에 모순·저촉되는 내용을 담고 있지 않다. 따라서 고등학교 학비 지원에 관한 기존 법령의 개정은 불필요할 것으로 보인다. 지방교육재정교부금법 개정안 제14조에서도 국민기초생활보장법, 한부모가족지원법 등 관련 법령의 학비 지원을 전제로, 위 법령을 근거로 시·도 및 시·군·구가 "고등학교 학비 지원을 위해 기존에 부담해 오던 금액을 교육비특별회계로 전출"하도록 하고 있어 실무상 회계의 구분만 변경될 것으로 보인다.

2

교육복지 추진 주체 및 역할

가. 교육복지 추진체계

보고서명	[CR 2013-04] 교육복지 현황 분석과 향후 중점 추진 정책 제언 연구
주제어	교육격차해소, 교육복지서비스 전달체계, 교육복지전문가 양성 및 관리체계

- 현재 우리 사회의 가장 큰 문제 중 하나로 지적되는 것이 소득격차 문제다. 소득 상위 계층과 하위 계층 간의 격차가 해마다 증가하면서 소득격차에 따른 교육격차도 더욱 악화되었다. 일반적으로 학부모의 학력 수준과 경제능력 수준이 높을수록 자녀교육에 대한 관심이 높고, 양육태도도 긍정적이다(김정원 외, 2008). 또한 소등계층 간의 학업성취도 격차도 심각한 수준이다. 한 연구에 따르면, 소득 200만 원 이하 가정과 500만 원 초과 가정 간 수능점수는 약 30점정도 차이가 있는 것으로 나타났다(김경근, 변수용, 2006).
- 해마다 벌어지는 소득별, 지역별 교육격차 문제를 해소하기 위해 교육부를 중심으로 하여 중앙정부에서 다양한 교육복지정책을 추진하게 되었다. 현 중앙정부의 교육복지정책 추진체계는 크게 국가시책사업과 시도교육청 지원 사업으로 구분된다. [그림 II-2-1]에 제시된 것처럼 현재 운영 중인 교육복지사업의 재정은 지방교육재정교부금의 특별교부금으로 지원되는 국가시책사업과 시도교육청 자체재정사업을 통해 집행되고 있다(장덕호 외, 2012).

그림 II-2-1 교육복지정책 추진체계

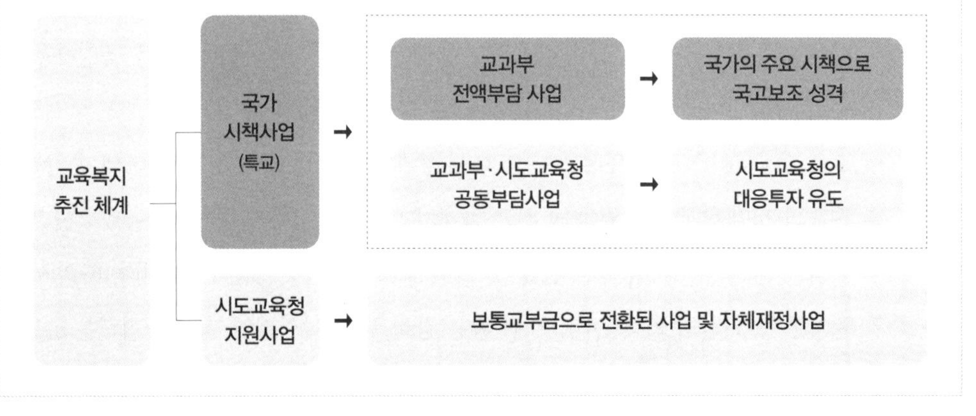

1) 추진체계의 한계

- 정부에서는 교육격차 문제를 해결하기 위해서 다양한 교육복지 대책을 추진하여 왔으며 이를 통해 저소득층 및 소외계층의 교육기회가 확대되는 성과를 거두었다. 현 교육복지정책의 특징은 크게 저소득층·소외계층의 교육기회 확대, 학력격차 해소 지원 체계화를 통한 실질적 교육격차 해소, 기존 교육복지정책의 사각지대 보완 등으로 구분될 수 있다(교육과학기술부, 2008a; 2012d).
- 저소득층, 다문화가정, 탈북자가정, 농어촌학생, 특수교육, 학업중단지원 등으로 대표되는 교육복지정책의 집행으로 교육소외계층에게 긍정적인 영향을 미친 것으로 평가된다. 그러나 대부분의 교육복지 프로그램이 중앙정부에서 시작하여 시도교육청에 전달되는 상명하복식의 전달체계 및 협력체계는 여전히 문제점으로 지적되고 있다. 또한 교육복지 프로그램의 다양화에도 불구하고 여전히 교육격차 및 계층대물림 현상이 지속되고 있는 점도 현행 교육복지정책의 한계점으로 지적되고 있다.
- 대부분의 교육복지사업 서비스는 시도교육청에 소속된 일선 단위학교 및 기관을 통해 교육복지 수요 학생들에게 제공된다. 이 때, 단위학교 및 기관과 밀접한 관계를 유지해야 하는 시도교육청은 예산 지원 등의 이유로 중앙정부에 의해 많은 영향을 받게 되어 실제적인 지방교육자치가 어려운 것이 현실이다. 이러한 경우 교육복지사업의 주체가 불명확해지고 사업의 자율성과 책무성이 침해받을 여지가 크다. 게다가 현행 집행체계는 일반 지방행정자치와 지방교육자치가 분리되어 있어 단위학교 교육복지 실현에 비효율적인 구조로 되어 있다. 초중등 교육의 경우 제도적으로 지방의회 및 시도교육청이 주체가 되어 학교교육 정책을 운영하도록 되어 있음에도 불구하고, 아직까지도 중앙정부가 주도적으로 정책을 운영하는 모습을 나타낸다.
- 교육복지서비스를 교육복지 수요 학생들에게 효과적으로 전달하는 데 중앙정부 주도의 전달체계에 의존하는 것은 한계가 있다. 아직까지 중앙정부 외의 민간 주도의 범사회적인 교육복지 전달 및 협력체제가 미흡한 것이 현실이다. 따라서 교육기부 등 민간의 인적·물적 자원 활용 강화 등 범사회적인 관심과 협력을 유도하며 중앙정부에 지나치게 의존하고 있는 현행 교육복지 전달체계를 개선해야 한다

(장덕호 외, 2012). 이를 위해 기업 장학재단 등의 민간 교육복지 전달체계에 대한 관심이 더 가질 필요성이 제기된다.

- 이밖에도 여전히 교육복지정책 추진을 위한 법적 기반이 약하다는 점, 보편적 복지의 경우 아직까지 유아단계의 공교육을 제공할 수 있는 토대가 구축되지 못하였다는 점, 선별적 복지의 경우 교육복지 서비스 지원 대상 발굴체제가 아직까지 확립되지 못했으며 이로 인하여 낙인효과 등과 같은 문제가 발생할 수 있다는 점 등이 있다.

2) 추진체계의 변화 방안

- 교육복지정책 추진체계는 크게 중앙 단위, 지역 단위, 유관기관 단위로 나누어서 살펴볼 수 있다(박주호, 2012). 먼저, 중앙 단위에서 교육복지정책을 효율적이고 효과적으로 추진하기 위해서는 범정부적인 성격을 띤 위원회가 구성·운영되어야 할 필요가 있다. 이를 통해 중앙정부 주도가 아닌 범정부적 교육복지대책을 마련할 수 있는 통합적인 정책추진의 틀을 제공할 수 있다. 범정부적인 협력뿐만 아니라 교육과학기술부 또한 내부적으로 교육복지 기능과 인력을 보강하기 위한 정책추진 기반 조성에 힘써야 한다. 이처럼 중앙 단위에서의 추진체계가 완성되면 교육복지 중장기 발전계획 수립하고 교육복지관련 부처 간 정책 총괄 및 조정하며 모든 교육복지사업의 중앙통제소 기능을 수행할 수 있다.
- 현행 교육복지정책의 한계점을 극복하기 위해서는 중앙 단위, 지역 단위, 기타 유관기관 단위의 교육복지 추진체계의 재정비가 필요할 것으로 판단된다. 특히 중앙정부 주도의 교육복지사업 집행 패러다임을 벗어나서 시도교육청이 자신의 지역에 필요한 교육복지 수요를 파악하고 그에 따라 새로운 사업을 시행할 수 있도록 자율성을 보장해주는 노력이 필요할 것으로 보인다. 이 때 독립적인 예산 확보 및 사업결과의 엄격한 평가 등을 통해 책무성을 확보해야 할 것이다.
- 지역 단위 교육복지 추진체계의 경우, 정기적으로 교육복지정책 회의를 진행하고, 기관별 상호 협력·지원방안, 기관별 추진상황 평가 등을 통해 17개 시·도교육청을 대표하는 지역위원회를 구성하여 운영할 필요가 있다. 지역자치에서 중요한 역할을 담당하는 교육감, 시도지사, 전문가 등이 중심이 되어 지역 교육복지 운영 효

율화 및 소요재원 분담 등 중요사항들을 협의하고, 단위학교 교육복지정책이 안정적으로 정착될 수 있도록 지원할 필요가 있다.

- 유관기관 추진체계와 관련해 중앙정부는 교육복지정책중점연구소 등과 같은 전문연구기관 활용을 강화해야 한다. 이를 통해 전문적·체계적 연구 수행 및 교육복지 데이터베이스 구축·운영하여 객관적·과학적인 정책대응 기반 구축할 수 있다. 전문 연구기관에 교육복지사업과 관련된 사업성 및 수요 분석 연구 과제를 주어 여론에 따라 선심성, 일회성 교육복지사업이 집행되는 병폐를 막을 수 있다. 또한 지역사회 봉사기관 및 단체, NGO, 대학 및 기업, 장학재단 등과 협력을 강화하는 방안이 있다. 이를 통해 교육복지 서비스의 효율적 제공을 위한인적·물적 자원 개발하고 관리하며 현장 중심 네트워킹을 통한 수요자공급자 연결 기능을 수행할 수 있다.
- 교육복지사업 지원 대상 선정, 새로운 수요 발굴 등을 통해 교육복지 사각지대에 있는 교육소외계층에게도 혜택이 돌아갈 수 있도록 정책적인 노력이 필요하다. 또한 앞으로 교육복지정책과 관련해서 유아교육에서의 양질의 교육복지서비스 제공이 필요할 것으로 보인다. 영유아 시기의 인지, 정서, 신체 발달이 정상적으로 이루어지지 못할 경우 초·중·고등학교 단계에서 교육소외계층이 될 가능성이 높기 때문이다.
- 교육격차를 줄이고 교육소외 문제를 해결하기 위해서는 학생의 경제적 취약성뿐만 아니라 교육적 취약성까지도 고려할 수 있는 전문성을 갖춘 교육복지전문가가 필요하다. 교육소외계층을 적절히 선발하고 개별 학생에게 필요한 맞춤형 교육프로그램을 효과적으로 제공하기 위해서는 교육학과 사회복지학에 근거한 전문성을 가지고 있어야 한다. 교육복지전문가를 양성하고 전문성을 지속적으로 개발할 수 있는 교육복지 양성 및 관리체계가 필요하다. 교육복지전문가를 양성하는 대학원 프로그램, 활동 중인 교육복지전문가를 위한 직무연수 프로그램 등을 통해 이들의 전문성을 지속적으로 개발할 수 있는 통합적인 교육복지전문가 양성 및 관리체계가 필요한 시점이다.

나. 교육복지 네트워크

보고서명	[CR 2021-02] 교육복지 네트워크 추진 방안 연구
주제어	교육복지 네트워크, 개념, 사회보장위원회, 지역사회보장협의체, 교육복지정책위원회, 교육복지 네트워크 운영사례

1) 교육복지 네트워크의 개념

- 네트워크는 사용 분야에 따라서 구체적인 개념은 다르지만 일반적으로 연결되어 소통하는 유기적인 연결이라는 의미를 가진다. 네트워크는 연결된 주체들의 상호 작용 측면과 주체들의 연결 패턴 또는 구조의 측면을 가진다.
- 네트워크는 발달 수준에 따라서 다양한 형태를 보인다. 교육 영역에서 네트워크는 교육과정 운영 또는 교수법 공유를 위한 교사 모임, 학교개선을 목표로 교사와 학교의 공동 참여, 지역 또는 국가 정책 실행을 위한 정책 관계자 참여, 사회적 정의와 통합 차원의 개선을 위한 교육 내부와 외부의 연계, 시스템 혁신을 위한 네트워크 간의 협력 체제 등으로 발전할 수 있다(Hopkins, 2003). 또한 교육복지네트워크 형성 과정을 다룬 연구는 교육복지를 위한 지역 네트워크가 핵심 인력 중심의 협의체, 파트너십, 공동사업 네트워크, 구조화된 네트워크, 자생적 네트워크 등의 형태로 구분된다고 하였다(김경애, 김정원, 2007).
- 교육복지 네트워크는 교육과 학습 향상에 도움이 될 수 있는 교육자원들이 유기적으로 연결되어 활용되는 협력망이다. 교육적 취약계층을 위한 교육 지원은 단순히 학교 차원에서 제공되는 서비스에 한정되지 않으며, 신체적·가정적·사회경제적·문화적으로 종합적인 체계의 자원들이 연결될 때 통합적인 욕구를 해결할 수 있다는 배경을 가진다(김경애, 김정원, 2007). 즉, 교육복지 네트워크는 교육복지 수요자에게 효율적인 서비스를 제공하기 위해 지역사회 내 조직(행위자)들의 상호 협력 관계를 통해 체계적인 관계망을 구축하는 시스템이라 할 수 있다. 이와 같은 교육복지 네트워크는 학습 망의 측면과 통합지원 체제의 측면이라는 두 가지 의미를 가진다.

가) 학습 망

- 학습 망의 개념은 교육복지 네트워크를 학습자의 측면에서 볼 때 나타나는 의미이다. 학습자의 측면에서 보면, 교육복지 네트워크는 학습자가 자원을 활용하여 학습 활동을 수행하는 학습 망이다. 학습 망은 왜곡된 교육이 일방적으로 부여되는 것이 아닌 학습자 중심의 실질적인 학습이 이루어지기 위한 다양한 자원들의 연결을 의미한다.
- 학습자 중심의 학습과 성장은 교육과 학습을 위한 자원들의 연계만으로 저절로 발생하지 않는다. 특히 여러 가지 취약 혹은 위험상황에 있는 아동·청소년은 더욱 그렇다. 이런 맥락에서 학습 망은 학습을 관리 혹은 지원하는 체제를 포함한다(양병찬, 2000; 이혜영 외, 2006; 장원섭 외, 2006).
- 취약성을 가진 학습자의 교육적 성취를 제고하려면 이들이 삶에서 전반적으로 가진 문제들이 해결되어야 한다. 이를 위해 교육, 문화, 복지가 통합된 총체적 지원이 필요하다(김정원 외, 2007; Jones & Bird, 2000). 교육적으로 취약한 학습자를 지원하는 일은 학생의 삶을 중심으로 하는 총체적인 접근이어야 하며 이를 실현할 수 있는 하나의 방식이 네트워크형 모델이다(이혜영 외, 2006).

나) 통합지원 체제

- 교육복지 영역에서 네트워크는 학습 망 외에 학생들에 대한 통합지원 체제의 의미도 있다. 통합지원 체제는 학습 자원의 연계 자체에 주목하기보다 취약계층 지원 활동이라는 본래 기능을 촉진하기 위한 기관 간 연결과 협력이라는 형식적 측면을 강조하고 있다.
- 교육복지 정책에서 통합지원 체제는 이론적 차원보다 실제적 필요성에서 발전했기 때문에 하나의 개념으로 명료하게 규정하기 어렵다. 다양한 연구들에서 논의된 개념을 종합해보면, 통합지원 체제는 취약 집단 아동·청소년의 전인적 성장·발달을 지원하기 위해 교육복지 정책 사업을 입안하고 재정을 지원하는 중앙 및 지방 정부, 교육을 수행하고 직접 지원을 제공하는 학교, 교육복지 서비스를 제공하는 지역사회 기관 등 관련 기관들의 연계 협력 체제이다(이혜영 외, 2011).
- 교육복지의 통합지원 체제의 필요성은 지속적으로 높아지고 있다. 최근에는 취약계층 학생들의 성장과 성취를 지원하기 위해서 학습, 상담, 보건, 복지 등 다양한 영역

의 지원이 학생 중심으로 통합 지원되어야 할 필요성이 강조되고 있다. 그 이유는 취약계층을 대상으로 하는 많은 사업들이 분절적으로 추진되면서 대상이 중첩되거나 오히려 사각지대가 발생하기 때문에 학생 중심으로 교육복지 사업들을 연계·통합할 수 있는 방안이 필요하기 때문이다(김경애 외, 2011; 이혜영 외, 2006; 이혜영 외, 2011). 뿐만 아니라 교육복지 정책의 효율성과 효과성 제고 차원에서도 통합지원시스템 구축하는 것이 필요하다(박상현, 2020). 교육복지 통합지원 체제는 교육복지 사업의 중복을 방지하고 효율성을 높일 수 있는 전달체계로서 의미를 가지기 때문이다.

그림 Ⅱ-2-2 사회보장위원회 조직도

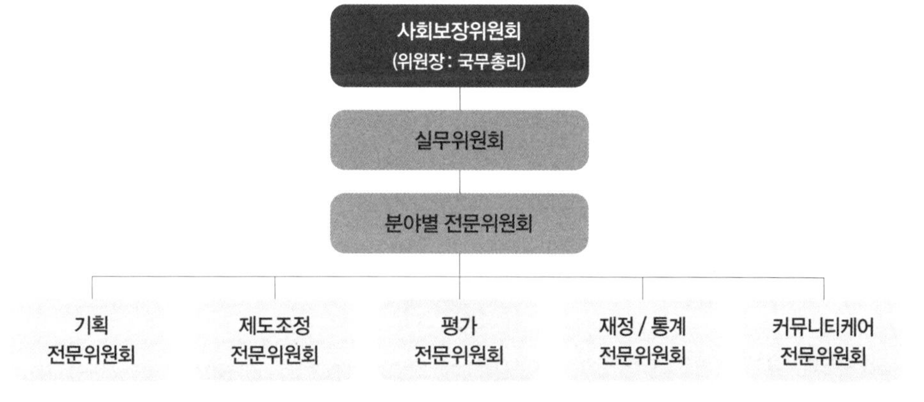

* 출처 : 사회보장위원회((https://ssc.go.kr/)

**사회보장위원회 : 사회보장에 관한 주요정책의 심의·조정

***실무위원회 : 위원회 상정안건에 대한 사전 심의

****분야별 전문위원회 : 위원회 상정안건에 대한 전문적 검토·분석, 조사

2) 교육복지 네트워크 사례

- 교육복지와 관련된 네트워크 기구 및 운영사례는 크게 중앙정부와 지방정부 수준으로 나눌 수 있다. 중앙정부 수준은 정부 간 네트워크 대표적 기구인 사회보장위원회가 있고, 지방정부 수준은 지방자치단체에서 공공과 민간 파트너십 협력을 위해 구성·운영 중인 지역사회보장협의체와 교육청을 중심으로 설치·운영 중인 교육복지정책협의회가 있다. 이들의 조직 구성, 기능, 지역단위 협력 네트워크 사례를 살펴보고자 한다.

가) 사회보장위원회

- 사회보장위원회는 사회보장에 관한 주요시책을 심의하기 위해 설치된 중앙정부 수준에서의 대표적 네트워크 조직이다.
- 사회보장위원회는 「사회보장기본법」에 근거하여 사회보장에 관한 주요시책을 심의하기 위하여 설치된 국무총리 직속 기구이다. 위원회는 「사회보장기본법」제21조에 따라 위원장 1명, 부위원장 3명과 행정안전부장관, 고용노동부장관, 여성가족부장관, 국토교통부장관을 포함한 30명 이내의 위원으로 구성된다. 위원장은 국무총리가, 부위원장은 기획재정부장관, 교육부장관, 보건복지부장관이 맡는다. 위원의 임기는 2년이나, 위원이 공무원인 경우에는 그 재임기간으로 한다. 사회보장위원회는 위원회를 효율적으로 운영하고 위원회 심의·조정 사항을 전문적으로 검토하기 위해 실무위원회 두며, 실문위원회에 분야별 전문위원회(기획전문위원회, 제도조정전문위원회, 평가전문위원회, 재정·통계전문위원회, 커뮤니티케어전문위원회)를 두고 있다.

표 II-2-1 사회보장위원회 조직 구성 및 기능

	사회보장위원회	실무위원회	전문위원회
법적 근거	「사회보장기본법」 제20조 및 제21조	「사회보장기본법 시행령」 제11조	「사회보장기본법 시행령」 제12조
구성	위원장 1명, 부위원장 3명과 행정안전부장관, 고용노동부장관, 여성가족부장관, 국토교통부장관을 포함한 30명 이내의 위원으로 구성 • 위원장 : 국무총리 • 부위원장 : 기획재정부장관, 교육부장관, 보건복지부장관 • 정부위원 : 법무부장관, 행정안전부장관, 문화체육관광부장관, 농림축산식품부장관, 산업통상자원부장관, 환경부장관, 고용노동부장관, 여성가족부장관, 국토교통부장관, 국무조정실장, 국가보훈처장 • 민간위원 : 근로자를 대표하는 사람, 사용자를 대표하는 사람, 사회보장에 관한 학식과 경험이 풍부한 사람, 변호사 자격이 있는 사람 중에서 대통령이 위촉	공동위원장 2명을 포함하여 30명 이내의 위원으로 구성 • 공동위원장 : 보건복지부장관, 사회보장 위원회 민간위원 중 국무총리가 지명하는 사람 • 정부위원 : 기획재정부차관, 교육부차관, 법무부차관, 행정안전부차관, 문화체육관광부차관, 농림축산식품부차관, 산업통상자원부차관, 보건복지부차관, 환경부차관, 고용노동부차관, 여성가족부차관, 국토교통부차관, 국무조정실 국무2차장, 국가보훈처 차장 • 민간위원 : 사회보장, 지역사회복지, 경제, 고용 등 관련 분야의 전문지식과 경험이 풍부한 사람 중에서 보건복지부장관이 위촉	위원장 1명을 포함한 15명 이하의 위원으로 구성 • 위원장 : 각 전문위원회 위원 중 보건복지부장관이 지명 • 위원 : 사회보장위원회 민간위원, 실무위원회 민간위원, 사회보장, 지역사회복지, 경제, 고용 등 관련 분야의 전문지식과 경험이 풍부한 사람 중에서 보건복지부장관이 위촉 분야별 전문위원회 – 기획 전문위원회 – 제도조정 전문위원회 – 평가 전문위원회 – 재정·통계 전문위원회 – 커뮤니티케어 전문위원회

	사회보장위원회	실무위원회	전문위원회
임기	2년	2년	2년
기능 및 역할	다음 사항을 심의조정한다 1. 사회보장 증진을 위한 기본계획 2. 사회보장 관련 주요 계획 3. 사회보장제도의 평가 및 개선 4. 사회보장제도의 신설 또는 변경에 따른 우선순위 5. 둘 이상의 중앙행정기관이 관련된 주요 사회보장정책 6. 사회보장급여 및 비용 부담 7. 국가와 지방자치단체의 역할 및 비용 분담 8. 사회보장의 재정추계 및 재원조달 방안 9. 사회보장 전달체계 운영 및 개선 10. 제32조제1항에 따른 사회보장 통계 11. 사회보장정보의 보호 및 관리 12. 그 밖에 위원장이 심의에 부치는 사항	다음 사항을 검토한다. 1. 위원회에서 심의할 안건에 관한 사항 2. 위원회로부터 검토를 지시받은 사항 3. 제7조의2에 따라 제출받은 사회보장제도의 운영·개선 결과에 관한 사항 4. 그 밖에 실무위원회의 운영에 필요한 사항	1. 기획 전문위원회 : 복지 관련 주요 이슈에 대한 아젠다 설정(보편/선별, 국가와 지자체 역할 분담, 부처 간 산재된 전달체계 개선 방안 등) 2. 제도조정 전문위원회 : 복지사업 효율화를 위한 중앙부처 및 지자체의 사회보장 사업 유사·중복 조정·연계 등 3. 평가 전문위원회 : 현장 지향적 정책 개발을 위한 현장 모니터링, 체감도 분석, 사회보장제도 평가 및 개선안 제안 등 4. 재정·통계 전문위원회 : 중장기 재정추계 시행 등을 통한 지출 효율화와 재원조달방안 모색, 사실과 입증된 통계 등에 근거한 정책 개발 5. 커뮤니티케어 전문위원회 : 커뮤니티 케어 관련 종합계획 및 선도사업 등 관련 전문가 의견 수렴, 이해당사자 의견 청취 등

나) 지역사회보장협의체

- 지역복지발전은 공공과 민간의 협력적 파트너십을 구축하는 것이 중요하다. 지역사회보장협의체는 주민들의 복합적이고 다양한 욕구를 복지정책에 반영하여 지역 내 복지문제를 해결하기 위해 구성되었다. 따라서 지역 복지자원 발굴, 중복·누락 방지, 민·관 협력을 통해 수요자 중심의 통합적 서비스를 제공하고자 한다. 지역사회보장협의체는 사회복지위원회에서 지역사회복지협의체, 지역사회보장협의체로 변화했고, 성격 및 기능은 〈표 II-2-2〉와 같이 변화하였다.

표 II-2-2 지역사회보장협의체 성격 및 기능변화 추이

구분	05.7.31. 이전	05.7.31.-15.6.30.	15.7.1. 이후
법적 근거	사회복지사업법 제7조	사회복지사업법 제7조의2	사회보장급여법 제41조
명칭	사회복지위원회	지역사회복지협의체	지역사회보장협의체
목적	사회복지사업에 관한 중요사항을 심의 또는 건의	관할지역의 사회복지사업에 관한 중요사항과 지역사회복지계획을 심의 / 건의 사회복지서비스 및 보건의료서비스 연계·협력 강화	지역의 사회보장 증진 사회보장과 관련된 서비스를 제공하는 관계 기관·법인·단체·시설과 연계·협력 강화
성격	심의/자문기구	심의/자문기구	기능강화
비고	시도 및 시군구에 설치·운영	공공과 민간의 네트워크 강화를 통한 지역복지거버넌스의 구조 / 기능 확대	기존 사회복지에서 탈피하여 사회보장으로 범주 확대

* 출처 : 보건복지부(2017)

- 지역사회보장협의체가 구성·운영되는 과정에 지켜야 하는 원칙은 다음과 같다. ① 지역사회보장협의체의 구성이 개방적이고 중립적이어야 하고, ② 민간분야, 지방자치단체, 학계, 주민의 참여를 망라하는 구성을 기본으로 한다. ③ 협의체 구성의 대표성을 확보하여야 하며, ④ 특정 조직이나 지향의 인물에 편중된 구성이 되지 않도록 협의체 구성에서 균형을 유지하여야 한다. ⑤ 실무자의 참여를 포함하는 다층적인 구성이 되어야 하고 운영과정에서도 실무자의 참여와 활동이 강화될 수 있도록 하여야 한다. ⑥ 관련 조례의 내용이나 구성, 논의 의제 등에서 지역특성이 반영될 수 있도록 협의체 운영이 지역특성을 반영하는 탄력적인 것이어야 한다. ⑦ 지방자치단체의 참여를 보장하되, 궁극적으로 민간의 주도와 공공의 지원 구조를 지향하여야 한다. ⑧ 수평적 의사소통 채널뿐 아니라 연석회의 등 다양한 의사소통의 장을 마련할 수 있도록 의사소통 채널을 다양화하여야 한다.
- 지역사회보장협의체의 법적근거는 〈표 II-2-3〉과 같다.

표 Ⅱ-2-3 지역사회보장협의체 법적근거(사회보장급여법)

명칭	시군구 지역사회보장협의체
목적 및 기능	지역의 사회보장 증진 및 사회보장과 관련된 서비스를 제공하는 관련 기관·법인·단체·시설과 연계 협력 강화 지역사회보장계획의 수립·시행·평가, 지역사회보장조사 및 지역사회보장지표, 시군구 사회보장 급여 제공 및 사회보장 추진 등에 관한 사항 심의·자문
위원자격요건	시장·군수·구청장이 임명 또는 위촉 – 사회보장분야 전문가 – 지역의 사회보장 활동을 수행하거나 서비스를 제공하는 기관·법인·단체·시설의 대표자 – 비영리민간단체의 추천자 – 복지위원의 대표자 – 사회보장에 관한 업무를 담당하는 공무원
위원회 구성	위원 위원장을 포함한 10명 이상 40명 이하의 위원
위원장선출방법	위원 중에서 호선(공무원인 위원/위촉직 공동위원장 선출)
위원임기	2년, 위원장은 1회 연임 제한
협의체운영	• 협의체 업무를 효율적으로 수행하기 위한 실무협의체 구성/운영 – 위원장 1명 포함 10명 이상 40명 이하의 위원으로 구성 – 위원장은 위원 중에서 호선, 위원은 협의체 위원장이 임명/위촉 • 보장기관 장의 인력 및 운영비 등 재정 지원 가능 • 읍면동 단위 지역사회보장협의체 구성/운영 – (기능) 관할 지역의 사회보장대상자 발굴, 지역사회보장 자원 발굴 및 연계, 지역사회보호체계 구축·운영 등 – (위원회 구성) 읍면동장과 읍면동장의 추천을 받아 시군구청장이 임명 또는 위촉(읍면동별 10명 이상), 읍면동장과 민간위원(호선)으로 공동위원장 체제 운영 – (위원임기) 2년, 연임 가능
협의체/실무협의체 조직운영	시군구의 조례로 위임 규정
비고	전문위원회 및 실무분과 구성 운영의 법적 근거 마련

* 출처: 보건복지부(2017)

• 지역사회보장협의체는 2005년 7월을 시작으로 지난 14년간 전국 229개 기초자치단체(시·군·구)와 3,484개 읍·면·동에 설치되어 지역사회보장 민관 협력의 구심점이 되어왔으며 2018년 12월 기준 총 9만 5,000여 명의 위원이 활동하고 있다(보건복지부, 2019.06.27. 보도자료).

표 II-2-4 지역사회보장협의체 구성 현황(단위 : 개소, 명, 2018.12월 기준)

대표협의체		실무협의체		실무분과		읍면동 단위		합계 (인원)
구성	참여인원	구성	참여인원	구성	참여인원	구성	참여인원	
229	5,677	228	6,044	221	19,793 (1,826과)	229 (3,484읍면동)	63,282	94,796

* 출처 : 보건복지부, 2019.06.27. 보도자료

** 평균 참여인원 : 대표협의체 25명, 실무협의체 27명, 실무분과 90명, 읍면동 단위 협의체 18명

*** 실무협의체 미구성(1) : 세종시 / 실무분과 미구성(8) : 서울 구로구, 인천 옹진군, 대전 중구·유성구, 전남 곡성·구례군·장성군, 경북 고령군

- 시·군·구 지역사회보장협의체는 지역사회보장계획의 수립·시행·평가와 사회보장급여 제공 및 사회보장 추진에 관한 사항 등을 심의·자문하고, 읍·면·동 지역사회보장협의체는 사회보장 관련 기관 간 연계와 협력으로 사회보장급여가 필요한 지원대상자를 발굴하고 필요한 서비스를 제공하는 역할을 수행한다.
- 지역사회보장협의체의 중요한 역할 중 하나는 지역사회보장계획의 수립, 시행, 평가하는 것이다. 시·도 지사는 4년 주기로 시·도 지역사회보장계획(시·군·구 지역사회보장계획의 지원내용 포함)과 연차별 시행계획을 수립하여 시·도 사회보장위원회 심의를 거쳐 보건복지부 장관에게 제출해야 한다. 시·군·구 지역사회보장계획(연차별 시행계획 포함)은 시·군·구청장이 수립하여 지역사회보장협의체 심의를 거쳐 시·군·구 의회에 보고하고 시·도 지사에게 제출한다. 「사회보장급여의 이용·제공 및 수급권자 발굴에 관한 법률」제46조와 동법 시행규칙 제10조에 따라 전문기관(한국보건사회연구원 지역사회보장균형발전지원센터, http://www.kccwp.or.kr)에 위탁하여 지역사회보장계획(연차별 시행계획을 포함)의 수립·이행을 지원하고 평가를 수행하고 있다.

그림 Ⅱ-2-3 지역사회보장협의체 구조

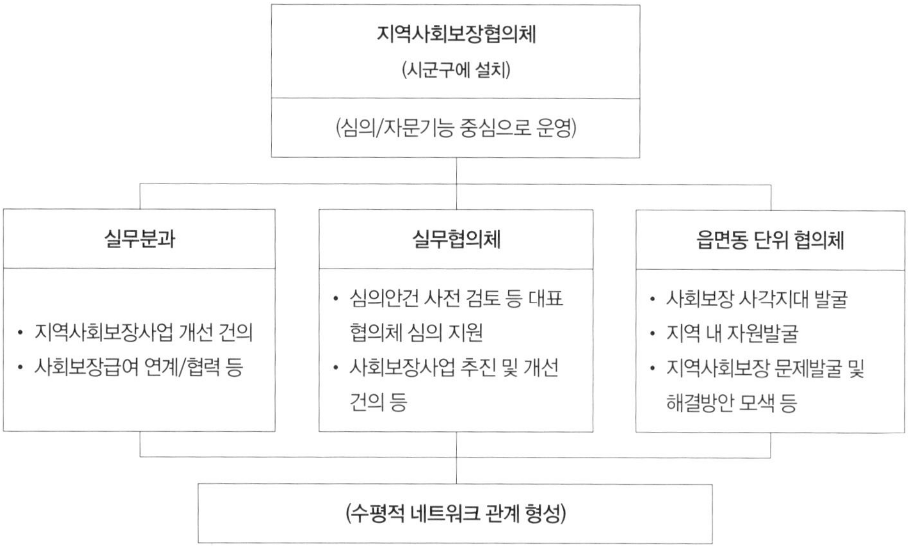

* 출처 : 보건복지부, 2019.06.27. 보도자료

다) 시·도교육청의 교육복지정책위원회

- 일부 시·도교육청에서는 교육복지사업에 관하여 기본계획을 수립하고 사업 선정, 지원, 평가 등을 심의하기 위해 관련조례를 제정하고 이를 토대로 교육복지정책위원회를 설치·운영하고 있다. 관련조례를 제정하고 위원회를 두고 교육복지사업 기본계획 수립, 선정, 평가 등을 심의하도록 하고 있으나 교육복지정책위원회를 설치·운영하고 있는 대부분 교육청에서 형식적 운영에 그치고 있어 실효성 있는 운영이 이루어지고 있다고 보기 어려운 실정이다.

표 II-2-5 시도 교육복지정책위원회 설치·운영에 관련 조례 및 위원회 구성 및 기능

<table>
<tr><th rowspan="2">구분</th><th colspan="2">관련 조례 / 특성</th></tr>
<tr><th>기능</th><th>위원회 구성</th></tr>
<tr><td rowspan="2">광주</td><td colspan="2">광주광역시교육청 교육복지 운영 및 지원 조례/심의</td></tr>
<tr><td>1. 교육복지사업 시행계획
2. 교육복지사업의 선정 및 지원
3. 교육복지사업의 평가 등</td><td>• 11명 이내
• 위원장(부교육감)
• 당연직위원 : 정책국장, 교육국장, 행정국장, 교육복지 업무담당과장
• 위촉직위원 : 시의회 추천인, 교육복지 전문가 및 지역대표, 학부모단체, 시민사회단체, 교직원, 그 밖에 교육감이 필요하다고 인정하는 사람 중 교육감이 위촉</td></tr>
<tr><td rowspan="2">대전</td><td colspan="2">대전광역시교육청 교육복지우선지원사업 조례/심의·의결</td></tr>
<tr><td>교육복지정책위원회가 있으나, 교육복지우선지원 사업에 한정하고 있음
1. 교육복지우선지원사업의 시행계획
2. 교육복지우선지원사업의 선정 및 지원
3. 교육복지우선지원사업의 평가 등</td><td>• 10명 이내
• 당연직위원 : 기획국장
• 위촉직위원(임기 2년, 1회 연임 가능) : 대전광역시의회의원과 대전광역시교육청 4급이상 공무원, 교육복지사, 지역대표·학무보단체·시민단체에서 추천하는 사람, 교육복지분야에 학식과 경험이 풍부한 사람 중 교육감이 위촉</td></tr>
<tr><td rowspan="2">경기</td><td colspan="2">경기도교육청 교육복지 운영·지원에 관한 조례/심의</td></tr>
<tr><td>1. 교육복지사업의 총괄 계획에 관한 사항
2. 교육복지사업의 선정
3. 교육복지사업의 지원 및 평가
4. 「경기도교육청 학습부진 학생 지원 조례」 제7조제1항(학습부진아등의 학습능력 향상을 위한 교원연수 계획수립 및 시행) 각 호에 따른 사항 등</td><td>• 11명 이내
• 위원장(제2부교육감)
• 부위원장(미래교육국장)
• 위촉직위원(임기 2년, 1회 연임 가능) : 경기도의회 의원, 제1부교육감 소속 교육정책국장, 정책기획관, 제2부교육감 소속 교육과정국장, 업무담당 부서장, 교육복지분야 외부전문가 및 지역대표, 학부모단체, 시민사회단체, 교직원 중 교육감이 위촉</td></tr>
<tr><td rowspan="2">충북</td><td colspan="2">충청북도교육청 교육복지 지원에 관한 조례/심의</td></tr>
<tr><td>1. 교육복지사업 시행계획 수립·시행에 관한 사항
2. 교육복지사업 선정 및 지원에 관한 사항
3. 교육복지사업 평가에 관한 사항 등</td><td>• 11명 이내
• 위원장(부교육감)
• 당연직 위원 : 부교육감, 교육국장, 행정국장, 유아특수복지과장
• 위촉직위원(임기 2년, 1회 연임 가능) : 교육복지 분양에 관한 학식과 경험이 풍부한 지역관계 기관 및 단체의 담당자와 외부 전문가 중 교육감이 위촉</td></tr>
</table>

<table>
<tr><th rowspan="2">구분</th><th colspan="2">관련 조례 / 특성</th></tr>
<tr><th>기능</th><th>위원회 구성</th></tr>
<tr><td rowspan="2">전남</td><td colspan="2">전라남도교육청 교육복지 운영과 지원에 관한 조례/심의</td></tr>
<tr><td>1. 교육복지사업계획의 수립
2. 교육복지사업의 선정
3. 교육복지사업의 지원 및 평가 등</td><td>• 11명 이내
• 위원장(부교육감)
• 당연직 위원 : 정책국장, 교육국장, 교육복지업무 담당과제
• 위촉직위원(임기 2년, 1회 연임 가능) : 도의회 추천인, 교육복지 전문가, 학부모 단체 임원, 시민사회단체 임원, 교직원, 그 밖에 교육감이 필요하다고 인정하는 사람</td></tr>
<tr><td rowspan="2">경북</td><td colspan="2">경상북도교육청 교육복지 운영 및 지원 조례/심의</td></tr>
<tr><td>1. 교육복지사업의 시행계획
2. 교육복지사업의 선정 및 지원
3. 교육복지사업의 평가 등</td><td>• 11명 이내
• 위원장(부교육감)
• 당연직 위원 : 교육국장, 행정국장, 정책기획관, 교육복지업무 담당부서장
• 위촉직위원(임기 2년, 1회 연임 가능) : 교육복지분야 학식과 경험이 있는 사람, 도의회 추천인, 지역대표, 학부모 단체 또는 시민사회단체에 소속된 사람, 그 밖에 교육감이 필요하다고 인정하는 사람 중 교육감이 위촉</td></tr>
<tr><td rowspan="2">제주</td><td colspan="2">제주특별자치도교육청 교육복지 운영 및 지원 조례/심의기구</td></tr>
<tr><td>1. 교육복지사업 기본계획의 수립
2. 교육복지사업의 선정 및 지원
3. 교육복지사업의 평가 등</td><td>• 17명 이내
• 위원장(부교육감)
• 당연직위원 : 정책기획실장, 교육국장, 행정국장, 교육복지 업무 담당과장
• 위촉직위원(임기 2년, 1회 연임 가능) : 도의회 추천인, 교육복지 전문가, 학부모 단체 추천인, 교직원 및 시민사회단체 추천인, 그 밖에 교육감이 필요하다고 인정하는 사람</td></tr>
</table>

*https://law.go.kr

라) 교육복지 네트워크 운영 사례

- 교육복지 지원 체계의 중복지원, 사각지대, 연계협력 등의 문제는 오래 지속되어 왔으며, 이를 해결하기 위해 교육복지 협력 네트워크를 구축하고자 하는 노력이 이어져 왔다. 대표적으로 교육복지우선지원사업, Wee 프로젝트, 온종일 돌봄체계 구축·운영 사업이 있다.

- 교육복지우선지원 사업은 중앙정부 차원에서 시작한 사업으로 취약계층 학생의 실질적 교육기회 보장과 교육격차 해소를 위해 학생의 교육, 문화, 복지를 연계하여 포괄적으로 지원하는 사업이다. 현재는 사업 주체와 권한이 중앙정부에서 시·도 교육청으로 이양되었다. 교육복지우선지원 사업이 표방하고 있는 지역교육복지공동체를 통한 다차원적 접근을 하기 위해서는 중앙정부, 관역자치단체, 시·도교육청, 기초자치단체, 교육지원청, 지역민간기관, 학교단위 등 민·관·학의 연계와 협력이 매우 중요하다.
- Wee 프로젝트는 중앙정부(교육부)에서 사업운영 정책을 결정하고 재원확보도 특별교부금으로 중앙정부(교육부)에서 결정한다. 실질적으로 운영은 교육청에서 주관하는 다중안전망 체계를 구축하여 운영하고 있으며, 다중안전망 체계는 단위학교, 교육지원청, 시도교육청, 지역사회가 연계된 체계이다. 학교수준에서의 Wee 클래스, 교육지원청 수준에서의 Wee 센터, 시·도교육청 수준에서의 Wee 스쿨과 가정형 Wee 센터 그리고 병원형 Wee 센터 등 다중안전망 체계를 기초로 하여 법률자문기관, 보호기관(청소년쉼터, 아동보호기관 등), 복지기관(사회복지관), 공공기관(시청, 경찰서 등), 문화기관, 보건의료기관 등의 사회적 자원과 연계 협력 체계를 구축하여 운영하고 있다.

그림 II-2-4 Wee 프로젝트 운영 체계

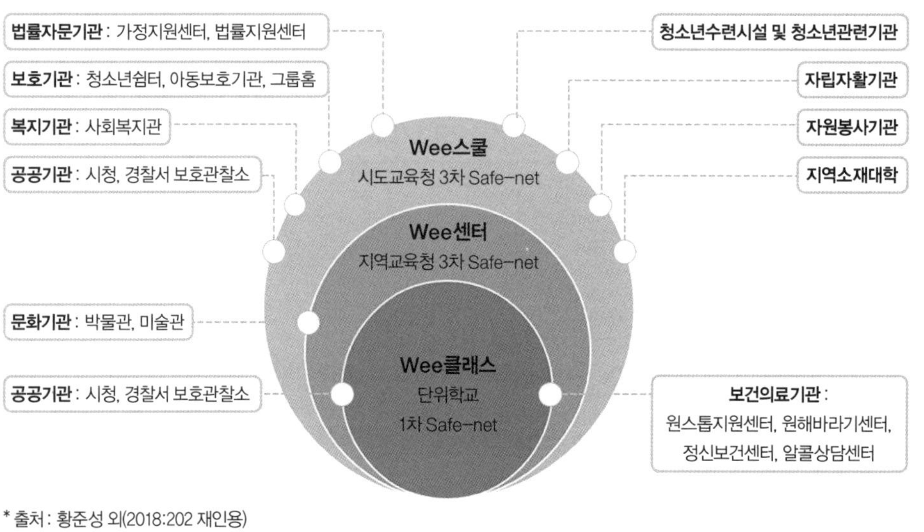

* 출처: 황준성 외(2018:202 재인용)

그림 Ⅱ-2-5 Wee 프로젝트 운영기관 현황(2020.10월 기준)

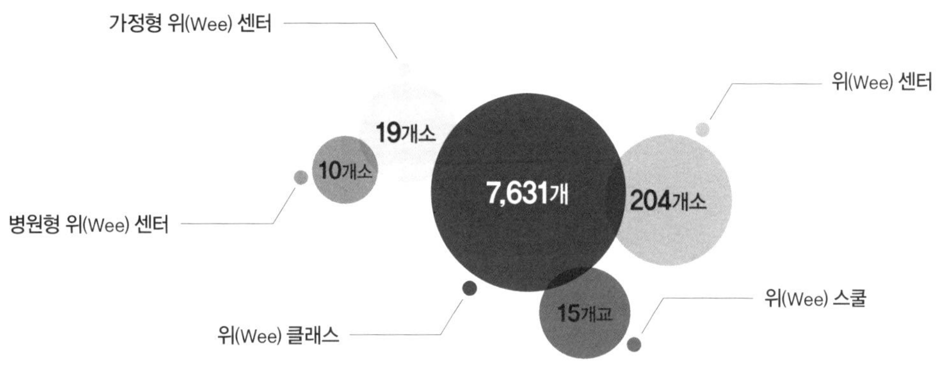

* 출처 : https://www.wee.go.kr/home/cms/cmsCont.do?cntnts_sn=22(2021.10.13.인출)

- 온종일돌봄정책은 중앙정부 관계부처(교육부, 행안부, 보건복지부, 여가부)가 합동으로 기획·추진하고 있는 교육복지 지원 정책이다. 온종일돌봄정책은 돌봄을 필요로 하는 아이들에게 학교를 마친 후 '언제, 어디서나 원하는 시간에' 돌봄을 제공하는 서비스로, 학교와 지역사회가 연계해 수요자(아동) 중심의 돌봄 서비스를 제공함으로써 빈틈없는 돌봄 체계를 완성하고자 하는 공공성 강화 정책이다. 2017년 9월 교육부와 보건복지부 차관을 공동단장으로 하는 '범정부 공동추진단'을 구성하여 부처 간 정보 공유 및 연계, 중장기 개선 방안 모색 등 범정부 차원의 방과후 돌봄서비스 기본정책을 협력·조정하였다. 정책 방향을 수립하기 위해 현장 의견 모니터링 등을 통해 개선사항을 발굴하였으며, 정책 제언을 받기 위해 돌봄기관, 학계 등 전문가, 지방자치단체 및 교육청 관계자로 구성된 '부처합동 자문단'을 두었다(박지영, 2018). 온종일돌봄정책의 목적은 개별적인 기관이나 단체 또는 프로그램을 지원하기보다는 해당 지역사회에서 돌봄 생태계가 안정적으로 지속될 수 있는 운영체계를 구축하는 것이다(황준성 외, 2018).

그림 II-2-6 범정부 돌봄서비스 협력 및 전달체계

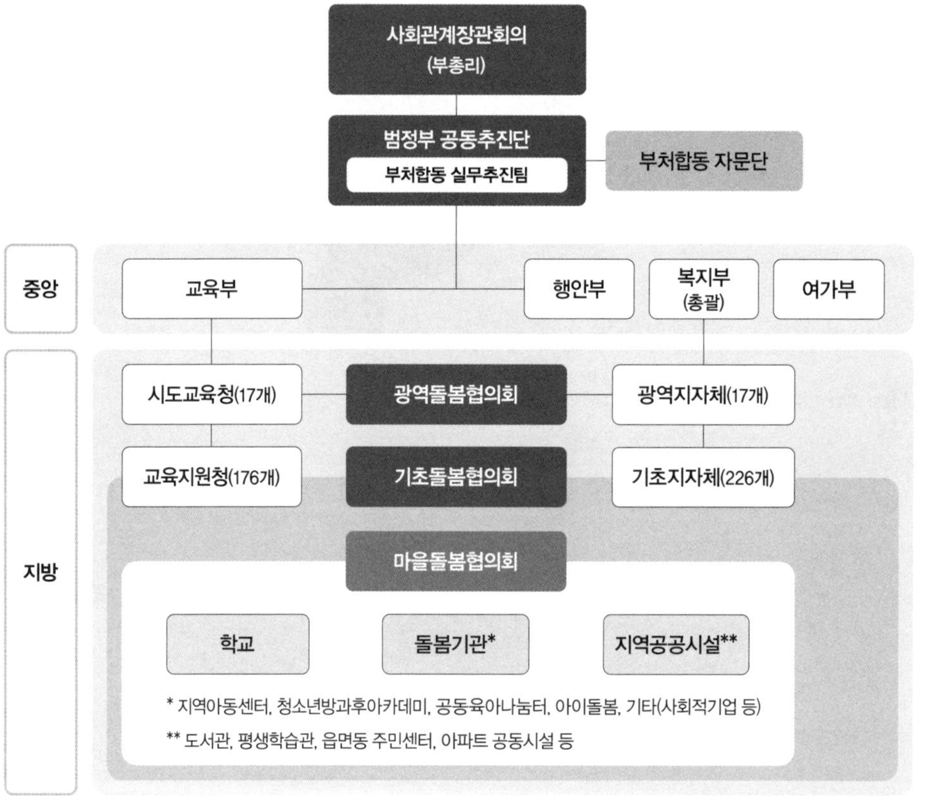

* 출처 : 박지영(2018)

- 지역수준 교육복지 네트워크 운영 사례는 경기 혁신교육지구사업과 시흥시 행복교육지원센터가 있다.
  - 경기도교육청에서 추진하고 있는 혁신교육지구 사업은 학교와 지역사회가 적극적으로 소통하고 협력하는 지역교육공동체를 구축하기 위하여 추진하는 사업으로 "경기도교육청 혁신교육지구 지원에 관한 조례" 제2조 1항(경기도조례 제6063호, 2019.1.11. 제정)에 근거하고 있다. 혁신교육지구 사업은 경기도교육청과 지방자치단체가 업무협약을 체결하여 추진하고 있으며, 시즌 I(2011-2015) 6개 지구,[1]

1 6개 지구 광명시, 구리시, 시흥시, 안양시, 오산시, 의정부시

II(2016-2020) 30개 지구[2]를 거쳐 현재 시즌 III(2021-2025)를 추진 중이다.

표 II-2-6 경기도교육청 혁신교육지구 사업의 변화 추이

영역		시즌II	시즌III
운영 체제	운영 주체	관 중심(교육청·시군)의 교육거버넌스 구축	학교와 지역사회 가 주체가 되는 교육거버넌스로 확장(관은 지원)
	정책 협의	지역교육협의회(소수)를 통해 혁신교육지구 사업 운영 및 정책 협의	지역혁신교육포럼(다수)으로 지역교육의제 발굴 및 공론화, 혁신교육지구 사업 운영 및 정책 협의
	정책 실행	지원청 내 혁신교육지원센터(혁신교육 총괄)와 교육협력지원센터(지구사업 총괄) 이원 운영	혁신교육협력센터로 통합하여 지역 혁신교육과 교육협력의 플랫폼으로 혁신교육지구 운영
운영 내용	운영 단위	시·군 단위 운영(시군별 프로그램 운영)	마을 단위 운영(마을별 프로그램 운영)
	인프라	지역교육 인프라 발굴 및 지역-학교간 교육협력 사업의 다양한 모델 구축	학교와 마을의 상호 개방 및 공유를 통해 넘나들며 배우는 배움공간 확장
	지원 내용	문화예술, 체험학습, 마을 연계 교육과정 등 정규 교육과정 중심의 학교 교육력 제고	학교수업은 물론이고 돌봄·평생교육 등 마을로 확장하여 지역 교육력 제고
	혁신 교육	지역사회 연계 및 학교교육과정 지원을 통한 학교혁신	지역혁신교육생태계 강화를 통한 교육혁신과 미래교육 지향
성장지원		• 실무협상 및 신규지구 컨설팅 등 지구별 사업 내실화 지원 • 교육정책 실행과 학교 지원이 기관별, 부서별로 산발적 추진	• 지구 간, 네트워크 간 개방·공유·나눔 확산 지원으로 동반성장 도모 • 교육청·지자체 부서 간 정책통합 확대를 통한 총체적 지원
지정방식		• 협상에 의한 희망 지역을 혁신교육지구로 지정 • 업무협약 : 교육감-지자체장(5년) • 부속합의 : 교육감-지자체장(1년)	• 시즌III 방향에 동의하는 지역 중 협상에 의한 희망 지역 지정 • 업무협약 : 좌동 • 부속합의 : 교육장-지자체장(1년)

* 출처 : 경기도교육청(2020)

---

2 30개 지구 2016년 협약체결(광명시, 구리시, 군포시, 부천시, 시흥시, 안산시, 안양시, 오산시, 의정부시, 화성시(5년)), 2017년 협약체결(성남시(4년), 고양시, 안성시, 의왕시(3년)), 2018년 협약체결(여주시, 동두천시(3년)) 2019년 협약체결(가평군, 과천시, 김포시, 광주시, 수원시, 양주시, 양평군, 용인시, 이천시, 평택시, 포천시(2년), 연천구, 파주시, 하남시(1년))

그림 II-2-7 혁신교육지구 사업 운영 체계

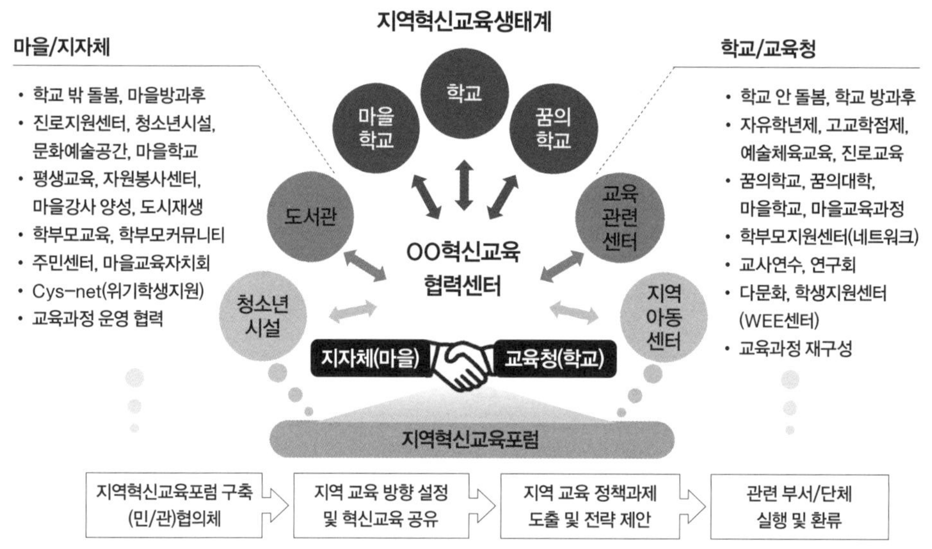

* 출처: 경기도교육청(2020)

- 혁신교육지구 사업은 자생적인 지역사회 및 시민참여를 통한 교육개혁을 추구하고 교육자치와 일반자치의 협력을 도모하는 실천모델을 창출하고자 2011년 경기도 6개 지구를 시작으로 출발하였다. 이후 이에 대한 긍정적 성과평가의 영향으로 2013년 전남으로, 2015년 서울, 인천, 강원, 전북으로, 2020년에는 16개 시·도 167개 지구로 교육자치와 일반자치 협력 모델이 확산되었다(경기도교육청, 2020).
- 혁신교육지구는 교육과 관련된 다양한 주체가 함께 모여 의사결정을 하고 공동으로 사업을 추진하는 협력적 거버넌스를 기반으로 한다. 혁신교육지구는 관이 교육주체를 비롯한 지역주민들의 의사를 확인하여 사업을 진행하는 참여적 거버넌스를 넘어, 민과 관의 협력적 거버넌스를 구축하고 사업의 계획에서부터 집행과 평가에 이르기까지의 전 과정을 공동으로 진행하는 것을 기본 원칙으로 하고 있다(백병부, 2019). 실제 혁신교육지구는 다양한 방식의 거버넌스 구조를 가진다. 실제로 혁신교육지구 운영을 지원하기 위해 지자체 직속기관 또는 지자체 출연 비영리법인 위탁 운영, 교육지원청 직속기관 등 다양한 형태의 교육협력지

원센터가 운영되고 있다. 지자체 직속기관으로는 고양 온마을배움지원센터, 시흥 행복교육지원센터 등이 있으며, 지자체 출연 비영리법인을 통한 위탁운영 기관으로는 안양시 미래인재센터, 오산 교육재단, 성남형 교육지원단, 화성시 창의지성교육지원센터 등이 있고, 교육지원청 직속기관으로 운영되는 기관은 동두천, 양주, 의정부의 교육협력지원 센터 등이 있다.

- 혁신교육지구 운영 기본 원칙은 협력적 거버넌스를 지향하고 있으나 일부 지역에서는 계획에서 집행 평가에 이르기까지 관 중심으로 진행되기도 한다. 그런 면에서 협력적 거버넌스 우수사례로 시흥 혁신교육지구가 대표적이다. 시흥시는 2011년부터 혁신교육지구 사업에 참여해 왔다. 시흥 혁신교육지구 시즌 1부터 시작하여 의미 있는 성과를 거둠으로써 다른 기초지자체들의 벤치마킹 사례가 되고 있다(경기방송, 2019; 남양주저널, 2018; 백병부 외, 2014; 백병부, 2019 재인용).
- 시흥 혁신교육지구는 혁신교육지구 운영 주도권이 지자체에 좀 더 무게를 두고 있다. 시흥시 직속기관 시흥행복교육지원센터가 시흥시과 시흥교육청 사이의 조정역할을 수행하고 있으며, 관의 입장에서 민과 학을 지원하는 역할을 수행한다. 다시 말해 시흥행복교육지원센터는 중간조정 조직이자 지원조직의 기능과 역할을 수행한다.
- 시흥 행복교육지원센터는 2015년 4월 개소하여 시흥시 직속기관으로 운영(2015년 2월 설치 조례 제정)하고 있으며(2021년 현재 시흥시 교육자치과 하위팀(행복교육지원센터팀)으로 운영), 시흥시, 시흥교육지원청, 학교(교사)를 대표하는 인사로 조직이 구성되어 있다.

표 Ⅱ-2-7 시흥 행복교육지원센터 운영목적 및 주요업무

구분	내용
운영 목적	변화하는 교육정책에 부합하는 마을교육과정 모델 구현을 위한 마을과 학교의 허브체제 구축 마을교육자원 발굴 및 인프라 구축을 통한 마을교육공동체 실현
주요 업무	시흥창의체험학교 운영 마을교육자원 DB구축 및 학교 연계 공동교육과정 제안사업 마을교육자원 역량강화 워크숍 학부모 자원활동가 양성 프로젝트 등

*https://happyedu.siheung.go.kr

그림 II-2-8　시흥 행복교육지원센터 역할 및 기능

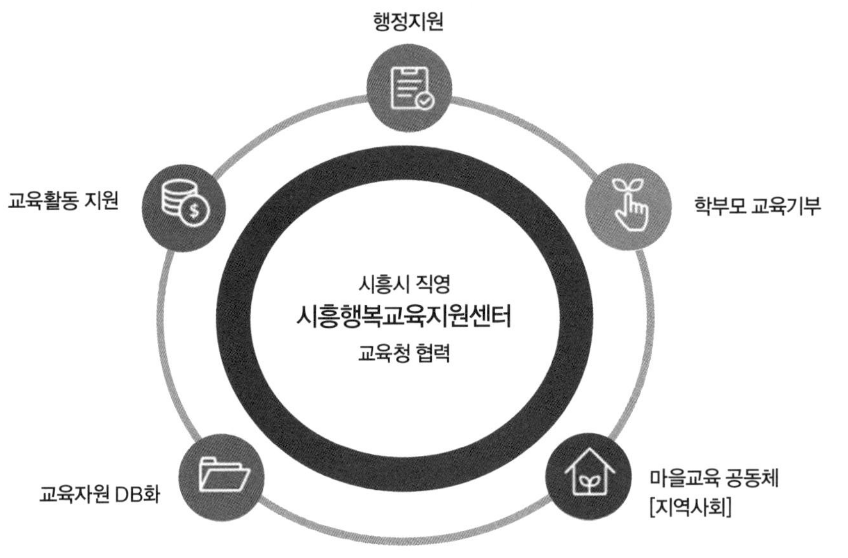

* 출처 : https://happyedu.siheung.go.kr/www/contents.do?key=9(2021.08.04. 인출)

그림 II-2-9　시흥 교육행복지원센터 조직(시흥시 교육자치과 조직현황)

교육자치과

교육협력팀	행복교육 지원센터팀	마음교육협력팀	관학협력팀
– 교육기관에 대한 보조금 지원 사업 – 개발지역 학교문제 등 학교 설립 대응지원 – 학교시설 복합화 추진 – 적성검사 및 진로지도 사업 – 청소년 진로체험 지원 – 교복지원 등 단계별 무상교육 실현 – 학교 체육관 건립지원 – 학교 시설 개방 활성화 지원 – 글로벌 교육국제화 특구사업 추진 – 공기정화장치 지원 – 원도심 학교 교육지원 – 시흥시 교육청소년재단 지원	– 시흥혁신교육지구 운영 지원 – 마을융합학교 – 한국형 지방교육자치 구축 – 시흥혁신교육 컨퍼런스 – 혁신교육지방정부협의회 운영 – 시-교육청 심무협의회 운영 – 교육자원봉사 프로젝트 – 예술·체육 융합프로젝트 – 학교안체험교실 – PLAY 소프트웨어 – 교육사업 원클릭시스템 – 학교로 찾아가는 마을교사 – 다름의 가치를 담은 고교 만들기 – 시흥창의체험학교 – 시흥행복교육지원센터 운영 – 창체 플러스 마을교육과정 – 마을연계 창의적 교육과정 – 생존수영	– 마을교육자치회 운영 지원 사업 – 방과후 연계 운영 지원 – 꿈의학교 운영 지원 – 학교교육과정으로 만드는 마을축제 – 예술 멘토링 지원 사업 – 기초학력센터 운영 지원 – 특수교육 지원 – 학교 오케스트라 사업 – 오이도 꿈나무 안심학교 사업	– 서울대 교육협력센터 권역별 거점 확보 – 서울대 스누콤 운영 – 시흥교육사업 종합발전방안 연구 – 시흥교육협력사업 종합 성과 관리센터 연구 – 미래핵심역량 연구 – 시흥시 교육CEO과정 – 선취업후진학 사업 – 시흥시영재교육원 – 음악멘토링 – 창의인재육성멘토링 – 정서·생활지도 특수교육 프로그램 '새라배움' – 서울대 스누앱 운영

* 출처 : https://happyedu.siheung.go.kr/www/contents.do?key=16(2021.08.04. 인출)

다. 지역 단위 교육복지체제의 재구축 방향

보고서명	[CR 2018-05] 교육복지 정책의 발전 방향
주제어	교육복지 추진 체제, 추진 과제, 추진 전략

1) 교육복지 추진 체제 재구축의 기본 방향

그림 II-2-10 교육복지 추진 체제 재구축 기본 방향

비전	모두를 위한 교육복지공동체 형성
추진 목표	• 한 아이의 성장을 위한 체계적·종합적 지원 • 분절적 정부 정책의 통합·조정을 통한 정책효과성 증대
접근 방식	• 개인단위 접근에서 생활관계망 중심으로 • 기본생활지원을 넘어 임파워먼트 관점으로 • 특정 연령대에서 전 생애적 관점으로 • 개별사업 중심에서 통합적 지원체제 중심으로
추진 과제	• 지역형 교육복지종합발전계획 수립 • 층위별 통합적 교육복지시스템 구축 • 광역 교육복지 정보망 구축 • 지역 내 교육복지 공론화를 위한 포럼의 정례적 운영 • 교육복지 전문 인력 양성체계의 트랙화

- 교육복지 추진 체제는 개인단위 접근에서 생활세계(관계망) 중심으로 재구축되어야 한다([그림 II-2-10] 참고). 교육적으로 소외된 아동·청소년의 문제는 심리·정서적인 측면을 포함해 매우 복합적이고 중층적인 속성을 띤다. 또한 교육의 문제는 단지 학령기 아동·청소년기에, 학교교육에 국한되는 발생하는 것이 아니라는 점에서 학교중심의 사고만으로는 한계가 있다(류방란, 2007). 따라서 단편적인 프로그램 지원보다는 이들의 일상생활에 들어가 문제를 파악하는 관점으로 전환하려는 질

적인 접근과 노력이 요구된다. 생활세계가 중심이 된다는 것은 학습자인 아동·청소년의 삶의 무대가 되는 학교, 가정, 지역사회에서 이들의 삶의 양상이 어떻게 드러나는지를 살피고, 교육적 지원이 필요한 부분을 찾아 문제해결을 위한 연계·협력의 노력이 요구된다. 이러한 맥락에서 교육복지 사업에서 고려할 점은 교육복지 사업 혹은 프로그램에서 만나는 다양한 주체들, 예컨대 교사와 교육복지 사업을 담당하는 실무자 간에 나누는 교육적 열정과 감동, 연대의식, 교육프로그램을 매개로 만나는 아이들과 교사, 강사, 상담가, 자원 활동가 등 상호관계 속에서 짜여지는 관계망에 주목해야 한다.

- 기본생활 지원을 넘어 임파워먼트(empowerment) 관점으로의 전환이 필요하다. 지금까지 저소득층 또는 교육 소외계층에 대한 교육적 지원은 경제적 빈곤에 대한 시혜적 관점이나 직업기술 교육을 통한 자활이라는 도구적 접근이었다고 볼 수 있다. 그러나 소외계층 사업의 일반적인 해결법인 복지적 방식의 한계를 극복하기 위해서는 지역 공동체적 접근 방법이 요청된다(양병찬, 2005). 교육 소외의 문제는 특정 개인의 문제가 아닌 사회구조적인 문제와 복합적으로 얽혀 있으므로 이들 스스로 자생력을 갖추어 삶의 주체로 설 수 있는 교육프로그램이 요구되며, 지역적인 차원에서 다각적인 지원망을 구축하는 것이 요청된다.
- 특정 연령대가 아닌, 전 생애 접근 중심으로의 전환이 필요하다. 현재 추진되는 교육복지 사업의 궁극적인 목적은 개인의 측면에서 살펴보면, 학습자의 삶 속에서 도출되는 교육 불평등의 문제를 해소하고, 나아가 이들의 삶의 질을 높이기 위한 공적인 지원망이라 할 수 있다. 여기서 시사하는 교육복지 정책에서 지원의 핵심은 특정 시기에만, 혹은 특정 공간에서만 지원하는 것이 아니라는 점이다. 예컨대 현재의 교육복지 정책은 주로 학교에 재학 중인 소외 계층 아동·청소년을 중심으로 지원되는 특성이 강한데 공간적으로 학교를 넘어서고, 한 개인의 전 생애적 발달의 측면에서 문제 상황을 파악하고 지원의 접점을 찾아가야 한다.
  - 교육의 관점에서 전 생애적 접근은 인간 생애 전반에 걸쳐 변화와 성장이 이루어지며 중요한 발달단계마다 관심을 가지고 촉진하고 지원해야 할 중요한 과업이 있음을 의미한다. 특히 교육적으로 소외된 아동·청소년의 경우 가정에서의 돌봄의 부재나 교육적 지원 기능이 약화되면서 문제를 심화시킨다. 이는 교육복지 문제에서 한 개인을 둘러싼 환경에 대한 맥락적 접근을 요청하는 것을 시

사하는 것이다. 예컨대 교육 소외계층 지원에서 학습자의 물리적, 사회적, 신체적, 심리적 변화에 대응하는 것은 개인이 처한 문제의 특성 중 하나만을 고려하는 것이 아니라 모든 문제맥락을 고려해 다방면에 걸친 관심과 지원이 이루어져야 한다.

- 개별사업 중심에서 통합적 지원체제 중심으로의 전환이 필요하다. 교육복지 활동은 지역에서 일어나는 다양한 부문들과의 관련성 속에서 진행되는 활동이다. 지역 안에는 교육활동뿐 아니라 다양한 요소들이 기능적으로 연결되어 있기에 이러한 역동 속에서 교육에 대한 설계가 이루어져야 한다. 예컨대 교육영역을 중심으로 살펴보면, 교육활동을 직접적으로 수행하는 기관(제도권 학교)과 교육활동을 지원하는 활동을 중심에 놓은 교육시설과 단체가 존재한다. 또한 공적인 지원을 받지는 않지만, 자생적으로 공공적 활동을 수행하는 NPO(Nonprofit Organization)나 NGO(Intergovernmental Organization) 활동 속에서 다양한 교육활동이 활성화되어 공적 교육기관이 놓치고 있거나 미처 챙기지 못하는 교육적 틈새를 지원한다. 더 나아가 교육활동과 직접적인 관련성을 적으나 교육활동을 지원하는 일에 관심을 가지고 참여하는 기업체나 주체들이 존재한다. 이처럼 지역의 전체 흐름 속에서 교육복지를 중심으로 역량을 모아내고 공유하는 공동 작업이 요청된다.
  - 지역의 교육복지에 대한 체제적 설계는 교육복지 시스템 즉, 교육복지 정책의 발굴, 기획, 실행, 전달하는 체제 구축에서 다양한 교육서비스 주체들 예컨대, 교육행정과 일반행정, 공공부문과 민간부문의 유기적인 의사소통 창구를 확보하여 다양한 운영 주체들의 아이디어와 역량이 지역 교육복지 정책 사업으로 연결되고 공유될 수 있도록 하는 시스템 구축을 의미한다.

2) 교육복지 통합 추진 과제

- 모두를 위한 교육복지를 위한 연계, 통합 모형의 구축이 필요하다. 선별적 복지인 교육복지우선지원사업을 매개로 기존의 관련 사업을 통합하고 교육복지우선지원사업의 명확화와 함께 포괄적 교육복지 정책의 범위를 확대해야 한다. 또한 교육복지우선지원사업의 대상 및 내용, 사업추진 방식 등의 재정립이 필요하다. 또한

대상자의 사각지대를 극복하여 모든 아동, 청소년의 인권적 차원의 교육복지(생활리듬, 학습 정상화 등)가 이루어질 수 있도록 해야 한다([그림 II-2-11] 참고).

그림 II-2-11 교육복지 통합 추진 과제

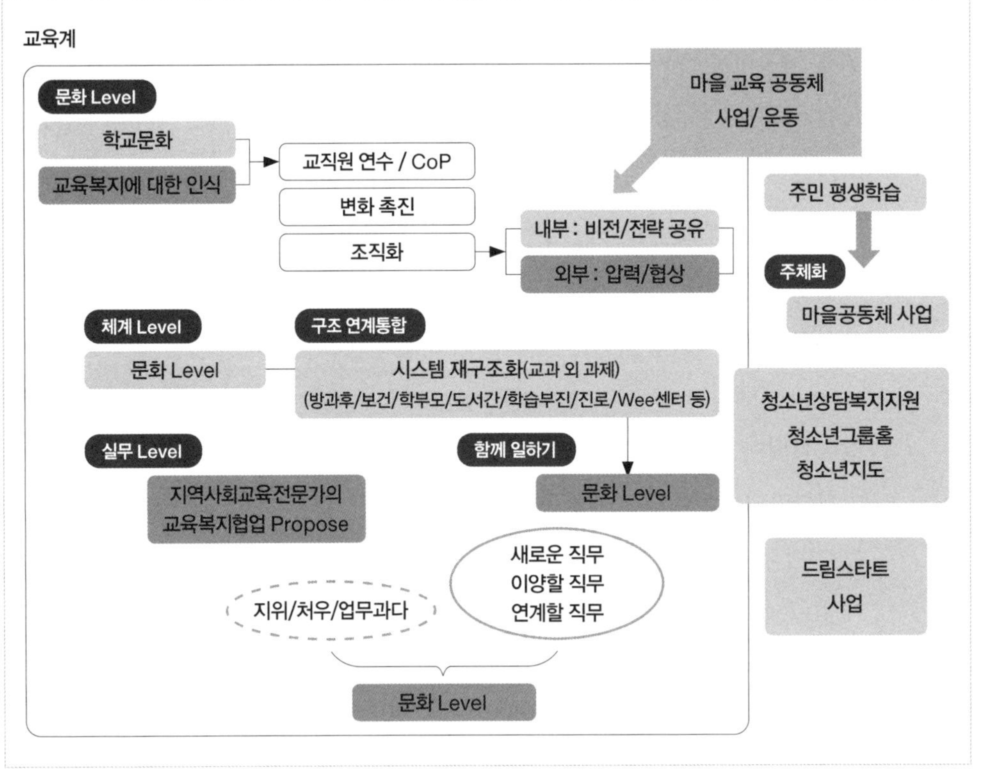

- 커뮤니티 중심의 유기적·총체적 지원체제, 즉 통합 시범 사업의 지점에 관한 구축이 필요하다.
  - 학교 중심의 교육복지에서 기초자치단체 수준의 행정 지원과 동시에 커뮤니티 수준의 교육복지 장치가 이루어져야 한다.
  - 교육지원청의 유관 사업 간의 통합 조정이 이루어져야 한다.
  - 방과후학교 및 진로체험, 학생 상담체계와의 연계성을 지향하는 조직 재편이 필요하다.
  - 타 부처의 관련 사업과의 연계(드림스타트, 청소년지원센터, 그룹홈 등)가 필요하다.
  - 유관 사업 전문인력 통합 배치를 통한 사업 연계성을 강화해야 한다.

- 지역 활동가들과 파트너십을 형성하는 등 적극적인 사업 개입이 요구된다.
  - 또 하나의 사업이라는 형식 극복을 극복하고 처음 사업의 문제의식 회복(지역과 함께 + 부처 연계 등)이 이루어져야 한다.
  - 반관 반민적 전달 체제(로컬 거버넌스의 형성)가 필요하다.
  - 커뮤니티 수준의 교육복지 역량이 요구된다.
- 정책적 협업의 구조화가 필요하다. 애초 2003년 교육복지 정책은 기획 초기에 아동·청소년을 위한 교육·문화·복지 영역의 협의체를 강조하였다. 그러나 여러 가지 복병이 숨어 있다. 우선은 학교 안에서의 교육복지에 대한 이해가 충분하지 않았으며 학교 밖 지역사회의 준비도 충분하지 않았다. 교육복지 네트워크는 명목상의 연계·협력을 강조하였고 지역 자원의 공유 정도로 해석되어 실천되었다. 그러나 보다 실천적이고 지역사회 전체의 맥락을 포괄하도록 해야 한다. 한국 행정체계의 특수성으로 인한 지방자치와 교육자치의 이원화는 교육복지 사업의 지역 연계가 구조적으로 일어나는 데 한계를 지니며, 이에 더해 개별학교의 폐쇄적 문화도 존재하고 있다. 지역사회 발전과 함께 교육복지 네트워크 간의 확장된 정책적 협업이 한국 교육복지 정책의 본질적 숙제라고 할 수 있다. 한국의 교육복지 논의는 교육부와 보건복지부(드림센터, 지역아동센터 등), 여성가족부(청소년 사업 등)에도 칸막이가 있는 상태에 머무르고 있지만 지역의 공공적 개입으로 마을공동체 사업을 비롯한 도시개발부로 확장되는 것과 같이 지역사회와의 협력을 구조화해야 하는 시점임은 틀림이 없다.

3) (혁신)교육지구 단위 교육복지 시범 사업 추진전략

- (혁신)교육지구 단위 교육복지 시범 사업 추진전략으로 지구 단위 교육복지 통합 시범 사업 운영과 지구별 고유한 교육복지 전달체계 구축을 들 수 있다. 먼저 지구 단위 교육복지 통합 시범 사업 운영의 경우 특구 또는 지구 단위의 교육복지 체계, 기초자치단체 수준(시·군청과 교육지원청)의 통합지원 공모, 교육지원청 밖의 반관 반민적 서비스 전달체계를 들 수 있다. 지구별의 고유한 교육복지 전달체계 구축으로는 시도교육청의 교육복지과의 설치와 지역교육지원의 구상 촉진 지원, 교육지원청의 교육복지센터 모델 구성, 시·군청의 교육지원 및 아동·청소년 복지

연계 등을 들 수 있다. 단위 조직별 인력 구성 및 주요 업무는 다음 〈표 II-2-8〉의 내용과 같다.

표 II-2-8 단위 조직별 인력 구성 및 주요 업무

조직	인력 구성	주요 업무
도 교육청	과장 1명	• 교육복지과 업무 총괄
	학교지원담당 3명 (장학사 1명, 행정직 1명, 교육복지PC 1명)	• 교육복지지원에 관한 조례 혹은 규칙 마련 • 사업별 학교 지원 내용 총괄 조정 및 관리 • 사업 예산 배분 및 평가·성과 관리 • 관계자 역량 강화 연수 기획·운영
	지역사회연계 담당 3명 (장학사 1명, 교육복지PC 2명)	• 교육복지협의회 구성 및 운영 • 도교육청-교육지원청 간 업무 협의 운영 • 지자체 연계·협력 확대 • 지자체 교육복지 발전기금 조성
지역 교육 지원청	센터장 1명 (팀장)	• 교육복지운영센터 업무 총괄
	장학사 2명	• 교육복지우선지원사업 업무 기획·조정 • 다문화가정지원센터 업무 기획·조정 • 방과후지원센터 업무 기획·조정 • 담당 교사 등 연수 기획·운영 • 저소득층 학비 지원 / 정보화 지원
	교육복지PC 1명, 지역사회교육 전문가 4명	• 대상 지원학생 발굴, 진단, 연계 • 프로그램 기획, 운영, 평가 및 환류 • 사례 관리 • 사업 컨설팅 지원 및 성과 관리 • 지자체와의 연계·협력 방안 모색 • 지역 네트워크 기관(단체, 기업 등) 발굴·확대 • 저소득층 자유수강권 지원 • 학교, 학부모 대상으로 지속적 정보 제공 • 가족지원·부모교육 프로그램 기획 및 운영 • 학생이력 관리(프로그램 참여 이력, 변화 기록) 지원 • 교육복지실무협의회(가칭) 구축 및 운영
	상담교사 2명	• 사전예방 및 조기개입 • 심리검사 • 전문상담(개인 및 집단상담)

조직	인력 구성	주요 업무
단위 학교	교육복지 부장교사 1명	• 업무 총괄 • 기획·평가 관리 등
	각 반별 담임교사	• 대상 학생 관련 에듀팟 기록·관리
	상담교사 (학교별 1명)	• 아동 생활상담, 진로상담 • 총체적 성장 기록·관리
	지역사회교육전문사 (학교별 1명)	• 교육프로그램 기획, 운영, 평가 및 환류 • 사례 관리 • 지역 네트워크 확대 • 대상 학생 연계

- 사업 운영 체계의 통합뿐 아니라, 유관 사업 내용의 통합형 모델 구상 또한 필요하다. 내용의 통합은 사업명이 아닌, 사업 영역 중심으로 접근하는 방식으로 취하며, 교육복지 우선 대상 학생을 최우선으로 해야 한다(〈표 II-2-9〉 참고).

표 II-2-9 아동·청소년 생활관계망 중심의 연계 및 영역별 지원

사업명	교육복지우선지원사업, 방과후 학교사업, 종일돌봄교실, Wee센터사업, 다문화학생지원 사업 등
사업영역	교육지원 영역 : 학습부진학생지도 등
멘토링 지원 영역	대학생 멘토링 연계, 봉사 멘토링 연계 등
기초생활 지원 영역	의료지원, 장학금 지원, 중식 지원 등
진로체험 지원 영역	자유학기제, 진로체험, 문화체험활동(바우처 연계) 등

4) 교육복지 통합 추진체계

- 교육복지과(시도 단위) - 교육복지센터(지역 단위) - 교육복지실(단위 학교) 체계를 확립해야 한다. 중앙부처의 교육복지 유관 사업을 총괄 담당할 조직으로 시·도 교육청 단위에 신설 및 광역자치단체 유관부서(교육지원담당, 아동청소년복지담당 등)와 협조가 필요하다. 교육복지우선지원사업, 방과후(돌봄 포함), 학생 생활, 다문화·새터민 등 교육복지 정책의 범위 또한 설정해야 한다([그림 II-2-12] 참고).

• 지역사회 안으로 유입되는 교육복지 유관 사업을 총괄조정·기획·운영할 수 있는 교육복지센터와 같은 별도 조직을 구성하여 청사 외부에 설치하도록 해야 한다. 이때 기초자치단체 유관부서 및 지원센터와의 협조가 필요하다.
• 기존의 교육복지실이 교육복지대상학생을 위한 상담실, 쉼터 정도의 역할을 해왔던 것을 고려할 때 모두를 위한 교육복지를 위한 학교 내 교육복지시스템 구축으로 재구성할 필요가 있다.

그림 Ⅱ-2-12 교육복지 통합 추진체계

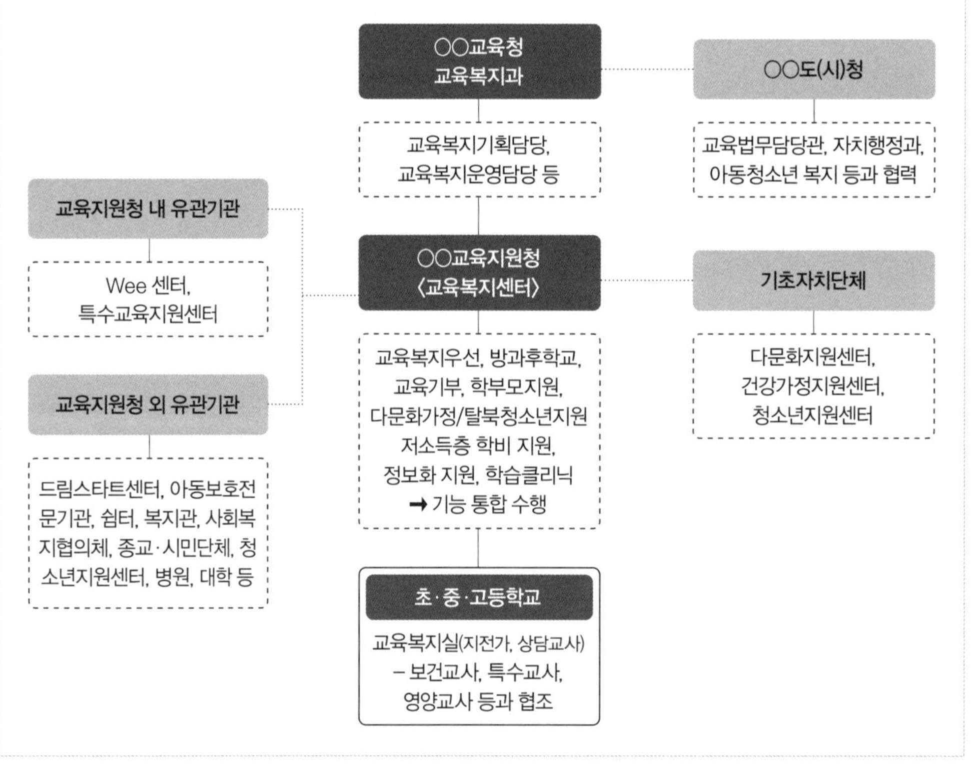

가) 조직별 구성(안)

• 교육복지과(시·도 단위)(향후)의 경우, 교육복지사업 운영에 필요한 기획·운영 중심으로 팀을 구성하고, 팀별 장학사, 행정직, 교육복지 PC, 방과후 등의 유관 사업의 담당 코디네이터 등을 통합 조직으로 배치하도록 한다.
• (통합)교육복지센터(시·군·구 단위)의 경우, 전문인력 통합 구조를 사업기획·운영팀

과 행정지원팀을 8:2의 비율로 운영하되 팀 내 하부 사업별 조직 세분화할 수 있다. 통합교육복지 사업에서는 저소득층 학비 및 정보화 지원을 포함한 교육복지 우선지원사업과 돌봄 방과후, 학습클리닉, 바우처, 교육기부, 토요방과후 등의 방과후학교, 그리고 다문화가정 및 탈북청소년을 지원한다.

- 담당 전문인력은 통합 배치해야 한다. 교육복지 PC, 지역사회 교육전문가, 방과후 전담인력, 전문상담교사, 전문상담사, 사회복지사 등의 전문성 연계가 필요하다. 전문성을 다원화하여 교육프로그램 개발, 상담 및 사례 관리, 문화 활동 등을 보다 더 높은 수준으로 개발할 수 있을 것이다.
- 행정 지원의 측면에서는, 사업비 통합·집행·관리를 위한 행정직 중심으로 구성 및 사업별 예산 관리가 이루어져야 한다. 청사 밖 배치를 통해 지역사회와의 유기적 연계를 강화하고, 교육복지 유관 사업 협의체를 통합 및 조정해야 한다.
- 마을의 아동·청소년 문제에 관심 있는 지역 활동가와 주민에게 교육복지 사업의 일부를 전담하도록 권한과 책임을 위임하고 마을 교육복지 사업에 적극 개입하도록 제안할 수 있다. 소외된 아동·청소년 지원시설·단체 지원, 우리 마을 아이들과 함께하는 마을 축제, 문화기획 등을 통해 장기적으로 마을 기업에 대한 구상으로 연계할 수 있다.
- 학교 단위의 교육복지실에서는 학교별 교육복지 전담 교사제를 도입하고, 지역사회 교육전문가뿐 아니라 학내 존재하는 유관 전문인력(전문상담교사, 진로 진학 상담교사, 보건교사, 특수교사, 영양교사 등)과 통합 배치하여 사업을 통합·운영할 수 있도록 조정해야 한다.
  - 지역 수준에서 사업 통합이 학교 수준에서 실행되기 위해 전담 인력의 통합 배치 및 역할 분담이 요구되며 Wee 클래스와의 통합 등을 고려할 수 있다.

5) 교육복지법제화 추진

가) 교육복지 관련 법제화를 통하여 지원체제와 사업의 안정성 확보

- 교육복지지원법·교육소외계층지원법 등의 법적 근거를 마련하고 본 사업에 대한 예산지원 근거와 교육복지지역운영협의회 및 지역교육복지지원센터의 법적 기구화 가능성을 확보한다.

나) 법적 근거

- 다음과 같이 헌법, 교육기본법, 초중등교육법에 근거하여 교육소외계층을 위한 교육복지지원법을 제정한다.
  - 국민으로서 모든 영역에서 차별받지 않아야 할 권리로서 헌법의 "정치·경제·사회·문화 모든 면에 있어서 각인의 기회를 균등케 하여 … (전문)", "모든 국민은 정치 경제 사회 문화적 생활의 모든 영역에 있어서 차별을 받지 아니한다(제11조)", "모든 국민은 능력에 따라 균등하게 교육받을 권리가 있다(제31 1항)" 등의 규정에 근거한다.
  - 교육기본법에 따르면 모든 국민의 평생에 걸쳐 학습하고, 능력과 적성에 따라 교육받을 권리(평생학습권)(제3조)를 가지며, 모든 국민은 성별, 종교, 신념, 사회적 신분, 경제적 지위 또는 신체적 조건 등을 이유로 교육에 있어서 차별을 받지 아니한다(교육의 기회균등, 제4조)고 규정하여 국민의 교육에 대한 국가의 책무를 강조한다.
  - 초중등교육법 제16조(친권자등에 대한 보조)에 따르면 국가 및 지방자치단체는 의무교육대상자의 친권자 또는 후견인이 경제적 사유로 의무교육대상자를 취학시키기 곤란할 때는 교육비를 보조 규정 등의 규정에 근거한다.

다) 법제화 내용

- 법제화 내용은 다음과 같다.
  - 지역 단위 교육복지사업 지원에 대한 재정적 투입에 대한 근거를 제시한다.
  - 교육 결과의 평등을 위해 경제 환경으로 인한 어려움을 겪을 수 있는 학생들을 국가와 지방자치단체가 지원해야 하는 책무성 제시한다.
  - 교육복지사업 지원을 위한 추진 체제(교육복지지원센터 등) 및 지역별 협의체 구축을 위한 협의회 구성의 근거를 제시한다.
  - 경제적환경에 의해 어려움을 겪는 아동에 대한 교육·문화·보건복지 등 통합적 지원, 학업부진아에 대한 교육지원, 중도 탈락 청소년 지원, 상담 및 진로지도 등 관련 과업을 제시한다.
  - 학교-지역 연계 강화를 위한 제 조건을 정비할 수 있는 지원을 규정한다.
  - 교육복지사업을 위한 우수 교원 확보 및 지원을 규정한다.

라) 법제화 안

- 1안은 교육복지지원법이다. 현재의 교육복지투자우선지역사업과 관련된 내용만을 담은 지원법을 제정한다. 당장 시급한 법적 근거를 마련하여 추진할 수 있으나 학교 재학생들만을 대상으로 한 정책의 제한성으로 인하여 최근 문제가 되는 중도 탈락 청소년에 관한 포괄적인 지원은 어렵다는 한계를 가진다.
- 2안은 교육소외계층지원법이다. 중도 탈락 청소년 및 부적응 성인 등 포괄적인 교육소외계층을 위한 지원법으로 추진하는 방안으로 최근 논의되고 있는 「성인기초교육법」 등 소외 성인들을 대상으로 한 교육관련 법제 움직임과 함께 추진될 수 있다는 장점을 가지고 있다. 스웨덴의 민중교육법이 이러한 방식을 취하고 있다.
- 3안은 학교-지역연계지원법이다. 학교와 지역 간의 인적 물적 자원을 공유하여 학생과 주민을 위한 양질의 교육적 환경을 제공할 목적으로 지원법을 제정한다. 이는 현재 학교의 개방 문제를 비롯하여 그에서 발생하는 교육청과 지자체 간의 법적 책임의 문제 등 지역 인적 물적 자원 활용을 돕는 지역적 구조를 만들어낼 수 있는 법적 장치들을 제시한다.

6) 마을교육 공동체와의 새로운 협력의 가능성

- 교육복지 개념을 지금의 접근보다 단계적으로 확대해가야 한다. 문서가 아닌 실제 현장에서 나타나는 교육복지의 개념은 지역 전체의 변화를 이끌기에는 다소 협소하다. 교육복지 개념의 확장은 세 측면에서 이루어져야 하는데, 먼저 공간적 확장으로 교육복지는 학교복지가 아니라는 사실을 명확히 하여야 한다. 교육복지사업은 학교복지가 아닌 지역사회교육 사업으로 대상 청소년의 생활세계에 대한 고려가 필요하며, 지역 전체를 돌보는 것이 아니라, 사회경제적 활력을 주는 방안에 대한 진지한 숙고가 선행되어야 한다.
- 더불어 교육복지사업은 따로 떨어진 개별 청소년이 아니라, 가족과 이웃 속의 청소년으로 접근해야 한다. 지역 특성상 성인기초교육과 직업교육훈련을 필요로 하는 주민의 비율도 높은 편이며, 부모와 이웃이 생산적인 주체로 변화할 때만이 이들과 영향을 주고받으며 자라는 청소년들의 긍정적인 변화를 꿈꿀 수 있을 것

이다.

- 또한, 교육복지사업은 아동청소년복지사업이 아니라는 점을 분명히 하여, 대상 청소년의 전 생애주기에 대한 고려가 함께 이루어져야 한다. 일부 지역은 중학교조차 연결되지 않아서 학생들에 대한 지속 지원에 이미 문제가 생기고 있다. 학생이력서와 같은 것을 만들어서 아동청소년기가 아닌 전 생애, 적어도 입직 과정까지는 책임질 수 있어야 비로소 빈곤의 악순환을 단절할 수 있는 확실한 계기를 만들 수 있다. 그러므로 초중학교 이후, 진로지도까지 해결할 수 있어야 하며, 이를 동일 사업 내에서 직접 해결할 수 있도록 하거나 기존의 관련 시스템과 연결하는 것을 적극 도모할 필요가 있다. 집중지원 대상 학생의 초-중 이후의 지속 지원을 위해서는 학생 개인을 지역 안에서 지속 관리할 수 있는 지역사회 내 교육복지시스템 정착이 필요하다.
- 처음에는 교육부의 정책 사업으로 시작되었지만 각 지역사회에서 다양한 교육복지네트워크로 확장되고 있다. 한국 교육복지의 실천은 다양한 기관들이 하나의 시스템 안에서 연계 협력하는 양상을 천천히 만들어가고 있는데, 이제 지역개발(마을공동체 만들기)을 위한 공유 공간을 새롭게 구축하고 있으며 주민 주체 형성을 위한 학습마을사업과 운동이 진행되고 있다.
- 한국 교육복지 사업은 처음에는 교육부의 정책 사업으로 시작되었지만 각 지역사회에서 다양한 교육복지네트워크(노원 나란히 네트워크를 비롯하여 관악지역과 성남지역의 청소년네트워크, 광주의 화월주 교육네트워크 등)로 확장되고 있다. 한국 교육복지의 실천은 다양한 기관들이 하나의 시스템 안에서 연계 협력하는 양상을 천천히 만들어가고 있음을 알 수 있다.
- 최근 공유 공간과 공동체를 새롭게 구축하는 지자체의 지역개발(마을공동체 만들기) 사업과 주민 주체 형성을 위한 학습 마을사업과 운동이 함께 진행되고 있다. 이들의 새로운 협동의 단계가 모색되는 때라고 할 수 있다. 단지 교육복지를 아동 청소년의 교육·복지지원 서비스라고 보던 초보적 단계 네트워크에서 마을 교육공동체라는 확장된 개념 속에서 교육복지가 연결되면서 지역개발과 고용 문제까지 종합적으로 협업을 구조화하는 단계로 나아가기를 기대한다.

라. 학교시설 복합화

보고서명	[CR 2018-07] 학교시설 복합화 법률안 마련을 위한 쟁점과 대안
주제어	학교시설 복합화, 학교 복합시설 현황, 학교시설 복합화 사례

- 2001년부터 2017년까지 복합시설이 건립된 학교는 39개교(초22, 중11, 고6)이며, 복합시설은 실내수영장 및 실내체육관 각 22개교와 지하주차장 21개교가 설치되었고 학교도서정보센터와 문화교실도 활용되었다.

1) 학교시설 복합화 사례 – 서울도곡초 학교복합시설

가) 건립배경

- 지역문화·복지서비스 수요 증가로 지역주민의 공공어린이집, 체육시설, 공영주차장의 확대에 대한 요구가 증가하는 데 비하여 지역의 지가가 높아 해당 시설의 건립에 어려움이 있었다.
- 지방자치단체에서는 학교 부지를 활용하여 공영주차장을 포함한 지역주민의 숙원을 해소하고 동시에 교육청에서는 학교 학생들에게 노후화된 교사(본관 1974년, 별관 1977년 건립)로 인한 교육시설 부족에 따른 향상된 교육환경을 제공한다는 목적 하에 2012년 공사를 시작하여 2013년 완공하였다.

나) 사업개요

- 도곡초 학교복합시설은 기존 학교부지에 연면적 12,553.04㎡, 지하2층 지상4층 규모로 건립된 복합시설로 지하 공영주차장, 수영장, 체육관, 도서관 등이 설치되었다(<표 II-2-10> 참고).
- 기존 학교시설은 1974년 건립된 노후시설로 학생들을 위한 학습공간이 부족해 복합시설 건립 시 학생들을 위한 실내체육관과 도서실, 식당, 시청각실을 함께 건립하였다.

표 II-2-10 서울도곡초 학교복합시설 사업개요

구분	학교시설	복합시설
시설규모	지하1층, 지상4층	지하2층, 지상5층
연면적	7,942.26㎡	12,655.92㎡
건립연도	본관:1974년, 별관:1977년	2013년
사업비	-	184억 원
주요시설	교실, 특별교실	지하공영주차장, 실내수영장, 헬스장, 어린이집, 실내체육관 등
주무관청	강남서초교육지원청	강남구청

다) 시설현황

- 지하2층에 지상4층 규모로 건립된 도곡초 학교복합시설은 지하2층에는 기계실과 전기실이 위치하고 있으며, 지하1층에는 공영주차장과 실내수영장 및 문화교실 등이 위치하고 있다(〈표 II-2-11〉 참고).
- 지하주차장은 강남구청에서 운영하고 있으며, 시설은 무상사용하고 있고 주차장 수입은 강남구청에 귀속되고 있다.
- 지하층에 위치한 실내수영장과 문화교실 등은 민간위탁으로 운영되고 있으며, 사용료는 학교수입으로 귀속되고 있다.
- 지상1층에는 어린이집과 헬스장, 실내골프장, 문화교실 등이 위치하고 있으며, 어린이집은 강남구청에서 운영하고 있고 무상사용중이다.
- 헬스장, 실내골프장 등은 민간위탁으로 운영되고 있으며, 사용료는 학교수입으로 귀속되고 있다.
- 지상2층에서 4층까지는 학교 전용시설로서 식당, 시청각실, 도서실, 체육관, 야구 연습장 등이 위치하고 있다.
- 지하 수영장 및 1층 생활체육시설은 지역주민들이 사용하고 있고, 2~4층은 학교에서 전용공간으로 사용되고 있으며, 3층 실내체육관은 학교 이용 외 시간에는 지역주민에게 개방하고 있다.

표 II-2-11 서울도곡초 학교복합시설 층별 현황

구분	합계(㎡)	전용면적(㎡)	공용면적(㎡)	사용기관	시설현황	비고
4층	284.33	201.85	82.48	학교	야구연습장	
3층	1,407.07	953.17	453.90		도서실, 체육관	
2층	1,431.87	1,011.23	420.64		식당, 시청각실	
1층	621.47	505.23	116.24	위탁기관	헬스장, 문화교실, 골프장 등	사용료 학교수입
	665.80	398.48	267.32	강남구청	어린이집	사용료 면제
지하 1층	1,723.02	1,385.19	337.83	위탁기관	수영장, 문화교실 등	사용료 학교수입
	5,769.62	5,666.68	102.94	강남구청	공영주차장 (200대)	사용료 면제 (주차장 수입은 구청 귀속)
지하 2층	752.74	604.37	148.37		기계실, 전기실	

라) 시설이용 현황

- 기존 도곡초등학교와 복합시설은 1층은 분리되어 있으며, 2층과 3층은 학교와 연결되어 있다.
- 도서실, 시청각실, 급식실, 실내체육관, 실내야구장은 학교에서 전용으로 이용하고 있으며, 실내체육관의 경우 학교 이용 시간 외에는 지역주민에게 개방하고 있다.
- 지역주민은 수영장, 헬스장, GX룸(에어로빅, 줌바, 필라테스, 요가 등 연습)을 전용으로 이용하고 있고, 수영장의 경우 도곡초등학교를 포함한 인근 5개교의 학생들이 수영프로그램 이용 시 사용하고 있다([그림 II-2-13] 참고).
- 운동장 아래 지하 1층에는 공영주차장이 설치되어 지역주민과 교직원이 이용하고 있으며, 복합시설과 동선이 연결되어 있다.

그림 II-2-13 서울도곡초 학교복합시설 학생 및 지역주민 이용 현황

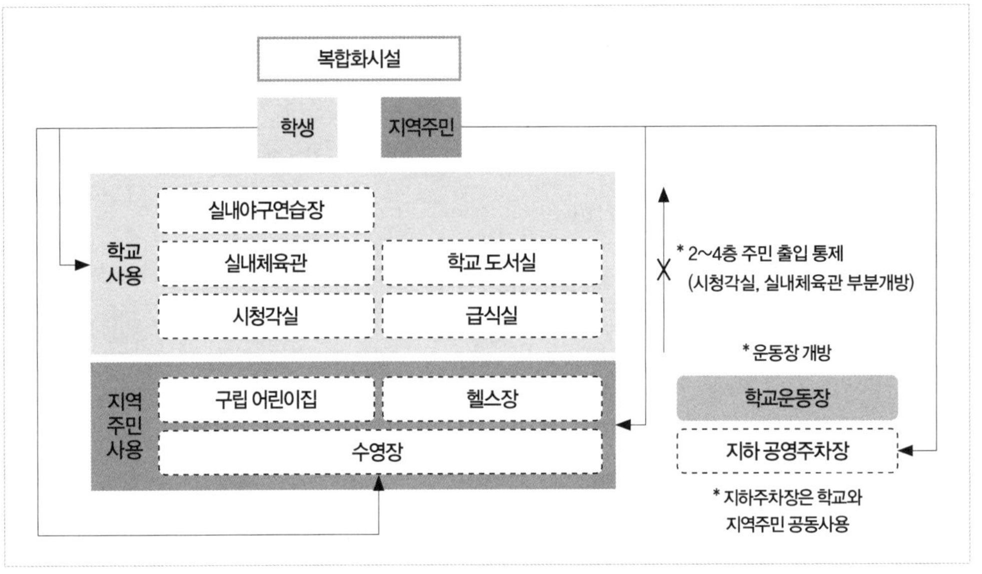

마) 관리·운영 현황

- 학교복합시설은 기존 학교부지에 건립된 시설로서 학교복합시설 전체의 소유권은 교육감이 가지고 있으며, 관리·운영은 학교장과 강남구청(어린이집, 공영주차장), 민간운영사(생활체육시설)에서 각 시설을 나누어 맡고 있다(〈표 II-2-12〉 참고).

표 II-2-12 서울도곡초 학교복합시설 관리·운영 현황

구분	주요 시설		
	도서관, 멀티미디어실, 실내체육관	수영장, 헬스장	공영주차장, 어린이집
관리운영 주체	학교장	민간 운영사 위탁	도시관리공단
소유권	교육감	교육감	교육감
관리운영 조직	학교 행정실	민간 사업자	도시관리공단
관리운영비용 부담 방법	• 전체 건물 및 시설·설비에 대한 보수 등은 모두 학교에서 비용을 부담하여 관리 • 승강기, 수도 등 공용 사용 설비에 대한 요금의 정확한 산정 불가		
보안관리 주체	학교장	민간 사업자	지방자치단체
운영 협의체	• 학교 및 체육문화센터 운영을 위한 별도의 협의체는 운영하고 있지 않으며, 필요시 관계자 협의 실시		

- 시설의 유지, 보수는 각 시설의 운영 주체가 사용 중인 시설에 한하여 책임지고 있으나 소방 등 전체시설 안전 관리 등은 소유권자인 학교에서 전담하고 있다.
- 건축계획 시 학생 안전관리에 대한 충분한 고려가 이루어지지 않아 학교와 연결된 복합시설의 모든 출입구를 차단하고 있으나 현실적으로 모든 위험 요인의 통제 및 차단에 어려움이 있는 실정이다.

2) 성과 및 문제점

가) 학교복합시설 운영 성과

- 학교 교사동의 노후나 학생 활동 공간(체육관, 급식실, 도서실 등) 부족의 문제가 복합시설 건립으로 완화 및 해결됨으로써 교육환경이 개선되었다.
- 복합시설 수영장이 있어 해당 학교뿐 아니라 인근 학교 학생들도 생존수영교육을 받을 수 있어 신체에 대한 관심 증대 및 체력 향상에도 긍정적이다.
- 복합시설 건립으로 어린이집, 주차장, 문화·체육시설의 부족 등에 따른 주민 불편이 완화되었다.

나) 학교복합시설 운영 문제점

- 첫째, 시설 관리 범위와 주체가 불명확하다.
  - 복합시설의 설비가 학교와 분리되어 있지 않고 유지관리비, 공공요금 등에 대한 비용 부담 범위가 불명확하여 시설 소유권자인 학교 측에서 불이익을 당하는 경우가 발생하고 있다.
  - 주차장 누수가 발생되었을 때 구청 및 교육지원청의 시설보수 주체에 대한 의견 대립으로 학교기본운영비로 공사를 진행하고 있다.
  - 복합화 시설의 보수 범위 및 주체에 대한 가이드라인 부재로 학교와 구청, 민간 업체와 즉흥적인 협의로 진행되는 실정이다.
- 둘째, 관리자의 전문성 및 인력이 부족하다.
  - 복합시설 소방 등 유지보수 업무 및 공유재산 사용료 관리, 각종 복합시설 민원 등을 학교 행정실에서 처리하고 있어 전문시설에 대한 지식부족과 행정업무과중에 따른 어려움이 발생하고 있다.

- 시설공사 1건 처리시마다 사업의 타당성을 살펴보아야 하므로 많은 시간이 소요되고 수영장, 소방시설 등에 대한 전문적인 지식이 부족해 위탁기관의 요구대로 진행되는 경우가 많다.
- 복합화 시설 내 체육시설은 최고가액으로 낙찰자가 선정되며, 억대의 연간 사용료의 일시 지급이 어려워 분할 납부되고 있으나, 연체되는 경우가 많아 납부독촉, 행정소송까지 이어지고 있어 본연의 교육행정업무보다 많은 시간이 소요되는 경우가 발생하고 있다.
- 사용료 연체는 학교기본운영비 부족으로 교육행정운영에 문제가 발생하고 있다. 이는 복합화시설 운영학교는 복합화시설에서 귀속되는 사용료만큼 학교기본운영비가 감액되어 교부되기 때문이다.
- 복합시설 설계 시 수영장 등 전문시설 구성 및 학교 동선 등에 대한 기본적인 이해 부족으로 기존 학교와 복합시설의 동선 관리에 어려움이 발생하고 있다.
- 기존 학교부지에 건립된 복합시설이 1층 출입구가 모두 연결되어 있어 학교에 대한 외부인 출입통제에 어려움이 있으며, 지하층과 지상1층은 지역주민 전용으로 사용되고 있으나 지상2층에서 4층까지는 학교전용으로 사용되고 있어 계단, 엘리베이터로 인한 동선이 연결되어 사실상 동선 통제가 어려운 상황이다.
- 수영장 탈의 공간 등 학교복합시설 이용 특성을 고려하지 않은 설계로 이용자 불편 초래하고 있다.
- 학교복합시설의 경우 많은 학생이 동시에 이용하는 경우가 많으나 탈의 공간 등의 편의 시설은 이를 고려하지 않아 이용에 불편이 발생하고 있다.

• 셋째, 학생의 안전관리가 어렵다.
  - 복합화 시설이 학교 부지에 위치하고 있어 외부인에 의한 학생 안전관리에 많은 어려움이 있다.
  - 학생 안전을 위해 학교에서 복합시설과 연결된 통로나 출입구를 차단하고 있지만 현재의 시설 배치와 공간 구성 및 관리 인원으로는 통제에 한계가 있다.
  - 통행로 또는 연결통로로서의 계단에 대한 통제는 소방 피난안전과도 관련되므로 시설 계획 단계에서부터 면밀한 검토를 요하는 문제이다.

• 넷째, 복합화 시설의 소유권 문제가 있다.
  - 복합시설에 대한 운영은 위탁운영사에서 하고 있어도 시설 소유권이 교육감(학

교장 관리)에게 있어 전체 시설의 수리(누수 등) 및 기계, 전기 설비, 소방 등에 대한 관리 및 각종 공과금을 학교에서 담당해야 하는 난점이 있다.

- 복합시설은 다양한 관리주체가 분담하여 운영되고 있으나 소유주체인 학교로 모든 민원이 접수되고 있어 교육행정업무에 어려움이 발생되고 있다.
- 복합시설을 보유하고 있는 학교에도 행정실 인력은 학교규모에 근거하여 배치됨으로 복합시설까지 관리하는데 애로를 겪으며, 이로 인해 복합시설 보유 학교의 근무를 기피하는 요인으로 작용한다.

다) 학교복합시설 운영에 대한 요구사항

- 학교복합시설 설계단계에서부터 관계자(학교, 주민, 교육청, 운영자)의 참여가 필요하다.
  - 학생안전을 위한 동선계획, 유지관리 및 수영장 등 전문시설의 적절한 공간계획을 위한 설계단계에서의 관계자 참여가 필요하다.
- 복합화시설 관리운영을 위한 전담부서 신설이 필요하다.
  - 수영장, 주차장 등 전문시설을 학교에서 담당하기에는 한계가 있음으로 복합화시설을 전담할 수 있는 전문부서가 필요하다.

3) 동탄중앙초 학교복합시설

가) 건립 배경

- 기존 동탄1신도시 조성에서 문화·복지시설이 외곽에 배치되어 주민들의 이용 불편 및 협소한 학교 운동장에 대한 민원이 지속적으로 발생하였다.
- 이로 인해 지방자치단체가 역점을 둔 창의지성교육도시 구축을 학교 복합시설 조성 사업과 연계하여 '마을, 학교, 주민을 잇는 소통 공간' 조성을 구상하게 된다.
- 2012년 '사업 추진협의체'를 구성하고 2015년 관계기관(화성시, 경기도교육청, 경기도, LH공사) 간 MOU 체결 및 기공식을 시작으로 복합시설 설치 및 운영에 관한 조례 제정을 거쳐 2016년 동탄중앙초 학교복합시설이 건립되었다.

나) 사업 개요

- 학교와 학교복합시설 모두 신축 건물로서 학교복합시설은 약 260억 원의 사업비를 들여 연면적 10,249㎡, 지하2층, 지상5층 규모로 건립되었다(〈표 II-2-13〉 참고).
- 운동장은 학교와 연접한 근린공원에 조성되어 학교와 지역주민이 공동으로 사용하고 있다.

표 II-2-13 동탄중앙초 학교복합시설 사업개요

구분	학교시설	복합시설
시설규모	지하1층, 지상5층	지하2층, 지상5층
연면적	12,624.27㎡	10,249.93㎡
건립연도	2015년	2016년
사업비	-	약 260억 원
주요시설	다목적강당(실내체육관), 학급교실, 지원시설, 관리시설 등	어린이집, 프로그램실, 동아리실, 도서관, 특화프로그램실 등
주무관청	화성오산교육지원청	화성시청

다) 시설현황

- 지하2층에 지상5층 규모로 건립된 동탄중앙초 학교복합시설은 지하2층에는 기계/전기실 및 주차장이 위치하고 있으며, 지하1층에는 주차장이 위치하고 있다.
- 지상1층에는 시립어린이집과 운영사무실, 마을카페가 위치하고 있으며, 지상2층에는 프로그램실과 동아리실, 공동육아실 등이 위치하고 있다.
- 지상3층과 4층에는 지역도서관이 위치하고 있으며, 지상5층에는 ICT특화프로그램실과 다목적강당이 위치하고 있다(〈표 II-2-14〉 참고).

표 II-2-14 동탄중앙초 학교복합시설 층별 현황

구분	합계(㎡)	전용면적(㎡)	공용면적(㎡)	사용기관	시설현황	비고
5층	1,361.04	945.69	415.35	화성시	특화프로그램실, 다목적강당	지역 학교와 시설/프로그램 공유
4층	1,412.18	1,146.75	265.43		지역도서관	
3층	1,519.10	1,222.27	296.83		지역도서관	
2층	1,190.86	651.41	539.45		프로그램실, 동아리실, GX연습실, 공동육아실	
1층	1,022.23	670.98	351.25		시립어린이집, 운영사무실, 마을카페	
지하 1층	1,909.78	1,728.99	180.79		주차장	
지하 2층	1,834.74	1,653.95	180.79		기계/전기실, 주차장	

라) 시설이용 현황

- 동탄중앙초 학교복합시설은 시설이 입지한 중앙초 외에 인근 중·고등학교에서도 교과활동과 방과 후 활동 등에 다양하게 사용되고 있으며, 지역주민에게도 다양한 활동 공간과 프로그램을 제공하고 있다([그림 II-2-14] 참고).
- 동탄중앙초 학교복합시설이 서울시 등의 기존 학교복합시설 사례와의 가장 큰 차이는 복합시설을 학생들을 위한 프로그램을 우선적으로 운영함으로서 지역 학생 모두에게 다양한 참여를 유도하고 있는 점이다. 또한 복합시설 내에 지역도서관을 설치함으로서 학생뿐 아니라 지역주민 모두가 함께 할 수 있는 공간을 제공하고 있는 것이다.
- 운동장은 초등학교와 인근 중·고등학교가 공동 이용(주 1회)하며(초등학교에서 이용시간 관리), 학교의 이용 시간 외에는 학교 실내체육관과 함께 지역 주민에게 개방되고 있다.
- 학교와 복합시설은 2층에서 연결되어 있으며, 학생 안전을 위하여 학교와의 연결통로에 출입문과 잠금장치가 설치되어 있으나 학교에서 학생의 복합시설 이용 편의를 고려하여 출입문을 개방하고 있는 실정이다.

그림 II-2-14 동탄중앙초 학교복합시설 학생 및 지역주민 이용 현황

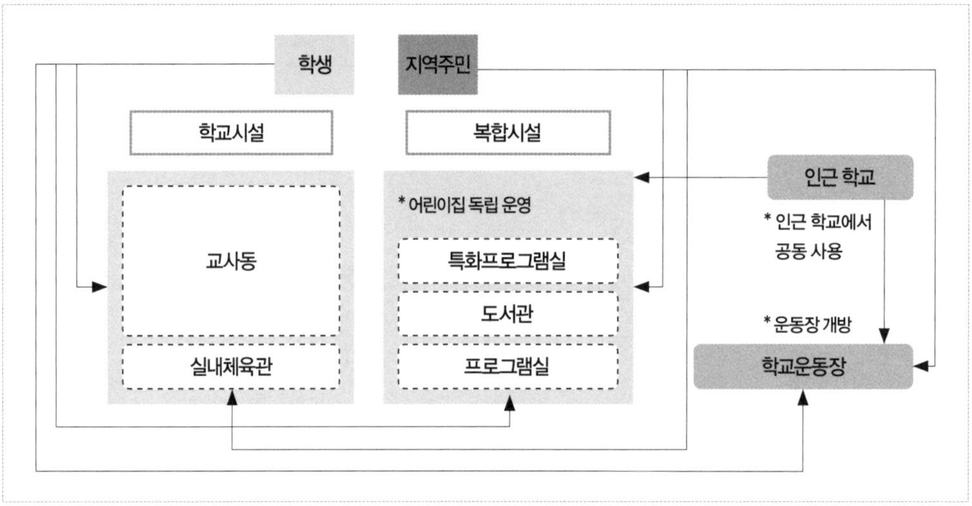

마) 관리·운영 현황

- 동탄중앙초등학교는 교육감이, 학교복합시설과 운동장은 지방자치단체장이 각각 소유권을 가지며, 소유권자가 관리·운영의 주체가 되어 모든 분야에서 책임지고 있어 관리·운영의 범위 및 내용 판단과 재정에 관련된 어려움이 극히 적다.
- 복합시설의 모든 시설과 프로그램은 시 재정으로 관리, 운영되고 있어 지자체의 비용이 많이 드는 실정이다.
- 학교와 복합시설 이용자의 동선이 명확히 설정되어 관리되므로 학생의 안전 문제에 따른 우려는 크지 않은 실정이다.
- 학교복합시설 운영과 관련해서는 조례 및 운영에 관한 지침을 수립하여 이를 토대로 시설이 관리 및 운영되고 있다(<표 II-2-15> 참고).

표 II-2-15 동탄중앙초 학교복합시설 관리·운영 현황

구분	학교시설	복합시설	운동장
관리운영 주체	학교장	지방자치단체 운영재단	지방자치단체 공원녹지과
소유권	교육감	지방자치단체장	지방자치단체장

구분	학교시설	복합시설	운동장
관리운영 조직	학교 행정실 (학교시설 업무 담당)	지방자치단체 복합시설 운영팀	지방자치단체 공원녹지과
관리운영비용 부담 방법	• 학교 복합시설의 소유권과 운영권이 학교와 분리되어 지방자치단체에서 관리운영비용 부담 • 복합시설을 활용한 수익사업이 없어 전액 지방자치단체 지원으로 운영		
보안관리 주체	학교장	지방자치단체 운영재단	학교장
운영 협의체	• 학교 복합시설 설치 및 운영에 관한 조례에 근거하여 주민(5명), 학부모(5명), 학생(5명), 교사(5명), 당연직(9명)으로 구성된 운영협의회 구성 • 학교 복합시설 운영협의회 구성 및 운영에 관한 지침 제정·적용		

4) 성과 및 문제점

가) 학교복합시설 운영 성과

- 학교복합시설 건립을 통해 학생을 포함한 지역 주민모두가 함께 할 수 있는 학습 중심의 커뮤니티 공간이 조성된 것이 큰 성과라 할 수 있다. 기존 신도시 조성에서는 학생들을 위한 공간과 프로그램이 절대적으로 부족할 뿐 아니라 주민들을 위한 시설 또한 모두 개별로 조성되어 학생과 주민 모두가 소통할 수 있는 공간이 부족한 실정이나 동탄중앙초 학교복합시설 건립을 통해 이러한 문제점과 불편을 해소하였다.
- 학생 요구에 기반한 프로그램 및 초-중-고 연계형, 학생-교사-학부모-주민 연계형, 융합형 특화 프로그램을 위주로 개별 학교 수준에서 감당하기 어려운 프로그램 및 학교 교육과정(창의적 체험활동 등)과 연계한 공간 및 프로그램을 제공함으로서 학생, 교사, 학부모가 지역 내에서 수준 높은 교육을 받을 수 있도록 하였다.

나) 학교복합시설 운영 문제점

- 첫째, 시설 관리 범위와 운영주체 문제점이 있다.
  - 동탄중앙초 학교복합시설은 소유 및 관리 운영주체가 명확히 분리되어 있을 뿐 아니라 시설운영 및 보수 등을 위한 관리운영 범위와 비용 또한 명확히 분리되어 있어 기존 서울시 사례와 같은 어려움은 발생되고 있지 않다.

- 둘째, 관리인력 문제점이 있다.
  - 학교와 복합시설의 관리운영 업무가 명확히 분리되어 있을 뿐 아니라 복합시설의 경우 시설운영 및 도서관 운영을 위한 전문인력이 근무하고 있어 시설운영에 어려움은 없는 실정이다.
  - 하지만 복합시설 내에 위치한 지역도서관(화성시 문화재단)과 전체 복합시설 운영기관(화성시 인재육성재단)이 상이해 인력운영 등에 다소 혼선이 발생되고 있다.
- 셋째, 학생의 안전관리 문제점이 있다.
  - 학교와 복합화 시설이 분리되어 있으나, 복합화 시설이 학교 부지에 위치하고 있고 2층에 연결통로가 설치되어 있어 학생안전에 유의하고 있는 실정이다. 이에 학생출입카드 사용 등 다양한 학생 안전방안을 검토하고 있다.
- 넷째, 복합화 시설의 소유권에 문제점이 있다.
  - 복합시설은 지상권 설정을 통해 소유권이 명확히 분리되어 있어 이로 인한 문제는 발생되고 있지 않다.

다) 학교복합시설 운영에 대한 요구사항

- 현재 학교복합시설 운영에 큰 어려움은 없으나 복합시설의 공간 및 프로그램에 대한 다양한 요구가 증대하고 있어 향후 학교와의 협의를 통해 학교 내 개방 가능한 공간을 복합화 프로그램 운영 공간으로 활용하는 방안이 요구된다.
- 향후 시설 계획 시 관리운영인력에 대한 업무공간과 회의 공간 등에 대한 고려가 필요하다.
- 야간까지 운영하는 공간(도서관 등)과 야간운영하지 않는 공간에 대한 세밀한 동선 계획이 요구된다.

5) 학교 복합시설 향후 운영방향

- 학교 복합시설 사례에서 나타난 가장 큰 특징으로는 동탄중앙초 학교복합시설을 제외한 대부분 사례에서 학교와 복합시설이 학교부지 내에 시설은 복합되어 있으나 기능적으로는 복합되어 있지 않고 상호 관계없이 운영되고 있다는 것이다.
- 대부분 복합시설에서 민간 또는 도시공사 등에 위탁운영하고 있어 학교에서는 복

합시설에 학교 교육을 위한 공간과 프로그램 운영 등을 협의 하는 것이 현시적으로 어려운 실정이었으며, 복합시설에 수영장이 있는 학교에서는 수영장을 이용하거나 복합시설내의 다목적실(GX룸 등)을 일부 시간동안 이용하는 것이 전부인 실정이었다. 주민들의 경우에도 학교시설의 실내체육관 만을 방과 후와 주말시간에 이용하고 있을 뿐 그 외의 학교와 시설공유나 교류가 이뤄지지 않고 있는 실정이었다.

- 하지만 동탄중앙초 학교복합시설에서는 자치단체장이 소유하고 자치단체 산하 공공재단에서 관리 운영하고 있어, 자치단체의 정책에 맞춰 시설 운영 초기부터 학생 및 지역주민에 대한 배려와 학교 교육과의 연계를 고려해 공간 및 프로그램이 운영되고 있어 학생 안전에 대한 우려 해소 및 학생과 주민이 상생할 수 있도록 하고 있었다.
- 학교 복합시설은 어떠한 공간을 어떻게 조성하는지도 중요하지만 이보다 더욱 중요한 것은 학교 복합시설을 어떠한 철학을 가지고 어떠한 프로그램을 어떻게 운영할지가 더욱 중요함을 알 수 있다. 향후 학교 복합시설 조성사업을 추진하게 된다면 시설적인 측면뿐만 아니라 프로그램과 관리 운영에 대한 많은 준비가 필요할 것이다.

가) 시설 조성 단계

- 첫째, 협의 체계 구축이 필요하다.
  - 학교시설 복합화 사업은 학교와 교육청(지원청), 자치단체 등 다양한 주체가 함께 하는 사업이지만 지금까지는 협의체 구성을 통해 상호 긴밀한 협의 하에 사업이 논의되고 진행되는 것이 아닌 한쪽 기관의 일방적 주도(주로 지방자치단체)로 이루어지고 있어 학교와 교육청, 자치단체의 모든 담당자가 사업 진행에 많은 어려움을 느끼고 있는 것으로 나타났다.
  - 학교복합시설 사업은 주로 지방자치단체의 주도로 이뤄지고 있으며 자치단체 담당자가 교육청과의 협의를 통해 사업을 시작하고 있으나 교육청에서는 전담 조직 또는 담당자가 없어 기획단계에서 부터의 참여가 이뤄지지 않고 있다. 지방자치단체에서는 교육청과 어떻게 협의를 해야 하는지 알 수 없어(주로 시설과 담당) 학교시설 복합화 사업의 기본 방향 등의 윤곽이 결정된 후에 학교시설의 공동 사용을 위한 협력기관으로 인식하고 있는 경우가 많은 실정이다.

- 학교시설 복합화 사업은 지역주민을 위한 공간 뿐 아니라 학생 교육을 위한 공간을 지역사회와 함께 건립하고 운영하는 사업으로 학생 교육활동에 필요한 프로그램과 공간에 대한 제안을 할 수 있는 교육청의 역할이 매우 중요하지만 시설건립을 실행하는 부서인 학교시설과에서는 이러한 역할을 담당하기에는 현실적 어려움이 있다.
- 학교시설 복합화 사업은 관련 주체들이 기획 단계에서부터 함께 참여할 수 있는 협의 체계 구축이 요구되며, 특히 교육청은 학교시설에 대한 소유와 관리권한이 있음으로 사업 초기 기획단계에서 부터의 협력이 매우 중요하며 학생들을 위한 다양한 검토가 이뤄져야 한다.
- 계획단계에서의 교육 복합시설 전문가를 포함한 공동협의체 구성은 중요하며, 학교 복합시설이 기획된 의도대로 설립되기 위해서는 공동 협의체를 구성해 의견을 조율하고 기획 의도가 설계에 잘 반영될 수 있도록 해야 한다.

• 둘째, 관련 조례 및 매뉴얼 수립이 필요하다.
- 학교시설 복합화 사업에 대한 어려움 중 하나는 학교복합시설 조성을 위한 조례 등 법적 근거와 필요 공간 및 프로그램에 대한 매뉴얼이 구축되어 있지 않음 점이다. '고등학교 이하 각급학교의 설립 운영 규정'에 학교 내에 복합시설 설립이 가능하도록 규정하고는 있으나 시설의 범위가 광범위하여 해석에 어려움이 있는 실정이다.
- 이로 인해 대부분의 학교시설 복합화 사업에서는 학교에서 시급하게 필요한 시설을 건립하거나 지방자치단체에서 주민들의 요구에 따라 결정하고 건립한 시설의 일부(수영장 등)를 사용할 수 있도록 하는데 그치고 있다.
- 학교시설 복합화 사업이 양질의 교육 공간 조성과 학생들의 다양한 교육활동을 지원 할 수 있는 수단이 되기 위해서는 사업초기 기획단계에서부터 협의할 수 있는 매뉴얼과 이를 뒷받침할 수 있는 관련 조례의 제정이 필요하다.

• 셋째, 전담 조직의 구성이 되어야 한다.
- 학교시설 복합화 사업은 학교 부지 안에 또 하나의 문화체육시설을 건립하는 사업이 아닌 학교 교육과정과의 연계를 통해 학생들의 학습 증진을 위한 양질의 교육환경 제공의 목적이 큼으로 교육청에서는 교육과정 및 학교 복합시설 전문가 등 분야별 전문가가 포함된 전담 조직을 구성해 매뉴얼 개발 등을 순차적

으로 진행해야 한다.

- 학생안전 및 교육과정의 효율적인 운영을 위해서는 학교 복합시설의 특수성을 이해하고 전문성을 갖춘 설계회사가 참여할 수 있도록 유도해야 하며, 학교 복합시설에 대한 전문성을 갖춘 MP(마스터플래너)의 참여를 통해 기획의도가 계획설계안에 반영될 수 있도록 해야 한다.
- MP(마스터플래너)를 선정 할 때는 단순 자격(연구실적 없는 건축과 교수, 건축사 등)으로 선정하는 것이 아닌 연구 실적 등의 검증을 통해 학교 교육과정의 이해와 학교 복합시설의 특수성을 이해한 교육 복합시설 전문가가 선정되도록 해야 하며 이를 관련 조례 또는 규정에 명시되도록 할 것을 권장한다.
- 학교시설 복합화 사업은 교육청과 지방자치단체가 함께 해야 하는 사업으로 향후 사업 수요에 대한 예측이 어려워 초기부터 전담 부서를 설치해 대응하기에는 무리가 있는 실정임으로 단계별 조직구성 방안이 요구된다.

나) 관리 운영 단계

- 첫째, 각 시설의 소유권 구분 및 소유와 운영주체가 분리되어야 한다.
  - 기존 대부분의 학교 복합시설 관리 운영의 어려움은 소유와 운영주체의 이원화에 따른 학교 행정실의 업무 부담 및 비용 관리 등의 어려움이 가장 큰 것으로 나타나고 있다.
  - 하지만 동탄중앙초 학교복합시설에서는 소유와 운영주체를 분리(학교 : 교육감 소유 및 학교장 운영, 복합시설 : 자치단체장 소유 및 운영) 하여 이러한 문제를 근본적으로 해결하고 있는 것으로 조사되었다.
  - 현재는 관련법령에 따른 도시계획시설 중복결정 등을 통해 학교와 복합시설의 소유 및 관리 운영을 분리하는데 문제가 없는 실정이다.
- 둘째, 관리운영 규정이 구체화 되어야 한다.
  - 별도의 조례가 제정되니 않은 경우 운영규정이 향후 시설 관리운영에 기준이 됨으로 구체적인 관리운영 규정이 필요하다.
  - 대부분의 기본협정(MOU)을 통해 사업비 및 운영관리비용 분담, 소유권 및 관리 운영권 주체, 유지, 보수, 관리, 운영에 관한 사항 등이 명시되어 있으나 유지, 보수의 구체적 범위나, 보안관리 책임의 범위 등을 구체적으로 명시하지 않아 유

지, 보수 및 보안관리 등에 어려움을 겪고 있다.

- 학교 복합시설은 시설건립 후에도 지속적으로 학교와 연계한 교육활동이 이뤄지는 공간으로 교육과정의 변화와 교육현장에서의 요구를 면밀히 검토해 학교 복합시설이 교육공간으로서 지속적으로 관리·운영될 수 있도록 관리운영 규정에 명시하는 것이 필요하다.

• 셋째, 관리 운영에 대한 학교장 책임 범위가 구체화 되어야 한다.

- 1~2개교를 제외한 대부분의 학교복합시설에서 외부 운영 전문회사에 관리운영을 위탁하고 있었으며, 서울시의 경우 지하주차장은 도시관리공단에 복합시설은 도시관리공단 또는 민간 운영사에 위탁하고 있었지만, 복합시설의 소유권을 교육감이 갖고 있어 학교가 위탁한 운영회사의 선정과 관리 등 모든 문제의 책임이 학교장에게 있었으며, 발생하는 문제에 대한 법적 책임 등으로 부담이 가중되고 있는 실정이었다.
- 이를 고려해 이용 공간과 시간, 이용자에 따른 영역 구분 등을 통해 학교복합시설을 운영하는 학교장의 책임 범위를 명확히 하여야 하며, 교육청에서는 학교복합시설의 특수한 상황을 고려해 학교장 책임 범위의 조정을 위한 다각적인 지원이 요구된다.

• 넷째, 학생의 안전이 확보되어야 한다.

- 학교 복합시설 관리에서 가장 어려운 부분은 학생안전 관리다. 학생 안전 문제를 충분히 고려하지 않고 출입구가 설치되는 경우가 특히 많아 학생 안전 문제가 발생할 수 있는 여지가 많은 실정이다.
- 학생 안전 확보를 위해 시설 건립 시 관련 전문가 및 자치단체나 교육청에서의 복합시설 학교 근무 경험이 있는 교직원 의견 수렴 등을 통한 학생안전 확보방안 수립이 요구된다.

마. 단위학교 교육복지

보고서명	[RR 2021-01] 단위학교 교육복지 지원강화를 위한 정책 연구
주제어	단위학교, 교육복지, 정책

1) 단위학교 교육복지 개념

- 학교는 교육복지 기능을 실천할 수 있는 힘을 갖추고 그 중심적 역할을 수행해야 한다. 교육복지 확충과 발전을 위해 우리 사회에 잠재하는 다양한 자원과 역량이 발굴되고 서로 연결되어 결집된 힘을 발휘하여야하기 때문이다(김인희 외, 2011). 구체적으로, 교육지원 사업은 대상 집단별로 취약성이 다르더라도 학교를 중심으로 통합하여 운영하는 방식이 필요하다. 또한, 사회경제적 취약 원인을 보완하는 것에 그치지 말고 대상 학생들이 어려움을 겪고 있는 교육적 취약성 자체를 보완하여야 한다. 결과적으로, 개별 학생들의 취약성에 대한 총체적 이해를 전제로, 프로그램이 아닌 개개인의 필요에 맞춘 학생 맞춤형 지원방식이 요구된다(류방란 외, 2013). 사회적 취약집단을 대상으로 한 교육지원 정책들은 그 대상이 구분되지만, 개별 학생들이 학교에서 경험하는 교육적 취약성은 학습경험·학교적응·학업성취·상급학교진학 등 어느 정도 공통성을 지니고 있어서 실제 구체적인 사업 내용이나 프로그램은 유사하게 운영되고 있는 문제점이 있기 때문이다.
- 단위학교 통합적 지원체제 구축방안은 크게 정책사업 패러다임 전환, 추진체제 구축, 단위학교의 사업 운영 개선이라는 3가지 측면에서 제시될 수 있다(이혜영 외, 2011).
  - 정책 사업 패러다임 전환 측면에서는 사업 계획과 배정의 단위학교 중심으로 전환, 정책 사업들의 정규 교육과정 내 통합·운영, 장기적·총체적 전망과 단계별 목표를 갖는 지속 사업으로 개발이 필요하다.
  - 아동·청소년에 대한 통합적 지원을 위한 추진체제 구축 측면에서는 사업 계획과 배정 방식의 개선, 중앙(국가교육복지위원회)·시도(교육복지협의회)·지역(교육복지협의회)·학교 등 모든 수준에서 협의체 구성·운영, 통합적 지원을 위한 지역사

회 연계 구축, 관료적이고 하향적인 교육복지 전달체계를 지역 및 현장 중심의 자율성 강화 형태로의 개선이 필요하다.

- 단위학교의 사업 운영 개선 측면에서는 취약집단 학생 발굴 및 관리체제 강화, 학생에게 적합한 프로그램 중점 개발, 추진체제 측면에서 교사와 교감·교장의 교육복지 서비스에 대한 참여와 전문성 향상, 총괄·상호조정·연계의 역할을 하는 교감의 역할 재정립 및 학교장의 교육복지 리더십 발휘, 교육복지 전문가의 안정적 배치와 사례 관리 강화, 교육복지부서 신설, 지역사회와의 협력 강화 등이 제시되었다(이혜영 외, 2011; 장덕호 외, 2012).

2) 단위학교 교육복지 거버넌스 확보 및 운영현황

가) 단위학교 교육복지 인력 운영 구조

- 단위학교 내 전문가 그룹인 일반교과교사, 담임교사, 보건교사, 특수교사, 전문상담교사(전문상담사), 진로진학상담교사, 교육복지사(지전가 등) 등이 주축으로 상호간 협력과 책임으로 운영되고 있다.
- 향후 보건특수, 특수교사, 전문상담교사, 진로진학상담교사, 교육복지사 등의 배치 현황표 작성이 필요하다.

나) 단위학교 교육복지 예산 운영 구조

- 중앙정부, 지방자치단체, 시도교육청의 기초학습부진학생 지원, 부적응학생 대상 지원, 다문화·탈북학생 지원, 교육복지우선지원사업 등의 다양한 교육복지 관련 지원은 학교예산에 편성되어 단위학교 차원의 예산 운용에 대한 자율성 및 책무성 하에 운영되고 있다(〈표 II-2-16〉 참고).

표 Ⅱ-2-16 단위학교 교육복지 관련 주요 교육사업 예산 구조(사업별 세출예산 구조 중)

정책사업	단위사업	세부사업	사업 해설	세부항목 예시
학생복지/교육 격차 해소	급식관리	학교급식운영	–	–
	기숙사관리	기숙사운영	–	–
	보건관리	학생 및 교직원 보건안전관리 학교환경위생관리	–	–
	교육격차 해소	학비지원	교육격차해소를 위한 학비 지원 사업비	사회적배려대상자지원 특수교육대상자지원
		정보화비 지원	국가, 지방자치단체, 교육청에서 지원하는 학생 컴퓨터 구입비 등 지원비	사회적배려대상자 컴퓨터구입비, 인터넷통신비 지원
		기타 교육격차해소 지원	위에 나열한 것 이외에 교육격차해소를 위한 사업비	교육복지우선 탈북학생 다문화가정 체육복구입비 기타교육격차해소지원
	학생복지	학생장학금 운영	내·외부 학생 장학금 지원 관련 소요되는 경비	학생장학금지원 도내특별장학금
		교육복지우선	농어촌 등 특정지역의 교육 역량 제고를 위해 추진하는 사업비(교육복지우선 사업 등)	교육복지사 인건비 교육복지사업운영비
		학생복지운영	학생복지 관련하여 소요되는 각종 사업비	졸업앨범제작 학생교과서구입 교복/체육복구입 학생증제작 통학차량운영지원 학교매점/자판기운영 특수교육대상자지원
선택적 교육활동	방과후 학교운영	방과후 학교운영	교과의 보충이나 특별활동의 체계화 등을 위해 정규 수업 과정 외 방과후학교 운영 관련 소요되는 사업비	교과프로그램운영 특기적성교육 토요스포츠강사운영 학부모코디네이터운영 방과후학교강사수당
		돌봄교실운영	방과후 돌봄교실 운영 관련 소요되는 사업비	돌봄교실운영 돌봄교실방과후학교운영 돌봄전담인력운영

정책사업	단위사업	세부사업	사업 해설	세부항목 예시
선택적 교육활동	방과후 학교운영	유치원 방과후 학교운영	병설유치원 방과후학교 운영 관련 소요되는 사업비	유치원 방과후전담사운영, 유치원 방과후 특성화 과정 운영 유치원 방과후 전담사 인건비
	기타 선택적 교육활동	창의교육운영	–	–
		기타 선택적 교육운영	–	–
		다문화교육 운영	다문화교육활동이나 연수 관련 소요되는 사업비	다문화교육/학급운영 다문화교육 중점학교 다문화교육프로그램운영
교육활동 지원	생활지도 운영	학생생활 상담지도	교내외 학생생활 학생상담, 지도 관련 소요되는 사업비	학생생활지도 운영 생활지도 봉사자 회비 학생보호인력 운영 녹색어머니회 체험·공감형 예방교육 위클래스/센터 운영 상담실 운영비 상담요원 인건비 학교부적응 학생 진단/ 상담치유/프로그램운영비
		학교폭력예방	학교폭력 예방에 소요되는 사업비	피해학생 지원 가해학생 선도 학교폭력 관련 연수지원 안전한 학교 환경 구축
학교 일반운영	학교기관 운영	부서 기본운영	학교 각 부서 (교장실, 행정실, 교무실 등) 운영에 소요되는 사업비	–
	학교운영 협력	학교운영 위원회 운영	–	–
		학부모협력	학부모와 상호협력을 통해 학교 발전을 추구하기 위한 사업비	학부모회 운영 학부모교육 및 활동지원
		유관기관협력	지역주민이나 유관기관 협력 을 위해 소요되는 사업비	지역유관기관 협력 평생교육운영 지역주민교육
학교 재무활동	반환금	반환금	목적사업비, 보조금 등 집행 잔액 반환	정산대상재원집행잔액 교육경비이자반환금

* 출처 : 경기도교육청(2020). 2020학년도 학교 회계 예산편성 기본지침.

3) 단위학교 교육복지 운영의 문제점 및 한계

- 다양한 유관 사업들이 실시되고 있어 학생 중심이 아니라 정책 중심으로 현상이 전개되는 정책의 주객전도 현상, 교원과 실무자 간의 연계 부족, 실무자들의 업무부담 과중 및 행정력 낭비 등의 문제가 나타나고 있다(이혜영 외, 2011).

가) 정책 주객전도 현상 등에 따른 학교 부담 가중

- 중앙정부, 교육청, 지방자치단체의 각 부처 등에서 다양한 교육복지사업을 추진 중이나 사업간 연계가 부족하고 산발적 지원이 반복되어 중복 우려가 있다는 지적이 끊임없이 제기되고 있다. 특히 사업 대부분이 하향식(top-down) 방식으로 설계되어, 현장에서 필요한 사업을 수행할 수 없거나 다수의 사업 집행으로 학교현장의 부담이 가중되고 있는 실정이다(하봉운 외, 2018). 또한, 다수의 소규모 목적사업비 교부로 인하여 사업의 실효성 확보에 한계가 있고, 빈번한 성립 전 예산편성과 별도 사업추진계획 수립 등의 추가 업무로 학교 현장에서는 교사들의 직접적 교수학습 활동에 지장을 초래하거나 행정업무 부담으로 인한 어려움 등으로 사업수행에 수동적인 자세를 취할 수밖에 없는 상황이다(서울특별시교육청, 2017).

나) 교원-복지 전담자 간 연계 부족

- 학교의 조직적 구조(교원의 단일문화, 학급담임제에 동반되는 폐쇄적인 학급경영, 개인 및 소그룹을 기본으로 한 느슨한 조직), 교원의 의식(교원의 프라이드. 담임·교원의 '내 학생'및 '우리 학급' 의식과 책임, 업무 과중으로 인한 다른 교원에 대한 배려 부족), 교원과 타 전문 인력 사이의 지위·신분·근무형태·권한 등의 비대칭성(비상근, 일주일에 1회 내지 수회의 방문으로 한정된 근무 체제 속에서 학교 상담가나 학교 사회복지사 등 다른 전문 인력이 학교 조직 전체에 관여하는 것은 기대되지 않고 있으며, 그 전문성이나 존재감을 주위에 증명하는 것이 어려움)이 발생하고 있다(황준성 외, 2018).
- 교원과 학교의 부담감이 학교를 지역사회와 연계하는데 장애요인으로 여겨지는데 이는 교원들의 피로감 증대와 사회와 학생들의 요구에 대한 적시 대응에 있어 비효율성이 나타남에 따라 나타난다(황준성 외, 2018).

다) 교원복지 거버넌스 체제의 미작동

- 협의체들은 관련 교육복지 사업을 위해 상당 부분 구성되어 있기도 하지만 형식적으로 구성되어 있고 실질적으로 작동되고 있다고 보기는 어렵다(황준성 외, 2018). 현재의 협의체들의 역할 및 기능을 재정비하고 정기적 운영을 의무화하는 등 실질적 기능을 할 수 있도록 하여야 한다.
- 실질적으로 학교는 학교의 고유 업무인 교육에의 집중을 이유로, 관의 한 축인 교육(지원)청은 학교의 어려움과 책임 소재를 이유로, 또 다른 관인 시·군·구청은 교육의 특수성과 학교 및 교육청의 높은 장벽을 이유로, 민은 관 주도 정책 추진의 본질적 한계와 관의 통제 중심의 사고를 이유로 제시하며 각 주체가 모두 현 체제 아래에서의 원활한 협의와 협력을 어려워하고 있다(황준성 외, 2018).
- 현재의 협의체들의 역할 및 기능을 재정비하고 정기적 운영을 의무화하는 등 실질적 기능을 할 수 있도록 해야 할 것이다.

라) 교육복지 재정 운용의 어려움

- 학교예산회계제도가 2001년 도입된 후 학교 기본운영비 등에 대한 지원이 증가되고 단위학교 차원의 예산 운용에 대한 자율성 및 책무성이 강화되었으나 아직도 정책·목적사업비 등의 과다에 따른 단위학교 재정 운용의 어려움은 해소하지 못하고 있다.
- 대부분의 교육복지사업이 목적사업이기 때문에 목적사업비는 예산편성과 집행을 교부된 목적으로만 사용하도록 제한함으로써 학교 현장에서는 목적사업비에 대한 부담감이 크며, 이에 대한 인력지원 및 전담 부서의 산발적 인력 배치 등으로 어려움이 가중된다(서울특별시교육청, 2017). 특히 정책·목적사업비의 경우, 개별 학교의 특정 요인에 따른 지원으로서 전체 교육과정 운영에 반영되기 어렵기 때문에 분절적으로 운영될 수밖에 없는 구조이며, 사업별 계획-집행-정산 절차에 따른 사업비 운영의 경직성과 학교와 교사의 업무 과중으로 사업의 효과성과 효율성이 저하되고 있다(하봉운 외, 2018).

4) 단위학교 중심 교육복지

가) 제도 및 여건 개선

- 제도적 규율을 확립하기 위해 다양한 참여 주체 간의 참여 범위와 역할과 협력 관계를 각 조직 내적으로 또는 조직 간 협의를 통해 문서화한 내부 규정, MOU 등 협약, 관련 법령·조례 등을 구비해야 한다.
- '(가칭)학교사회복지사'제도를 도입해야 한다. 개별 시·도교육청 차원에서 사회복지사 또는 상담자격증 소지자들을 중심으로 교육공무직, 기간제 및 단시간 근로자 형태로 채용하는 경우를 교육복지 사업에 있어서 복잡한 사례의 관리와 교육을 포함하는 더 넓은 범위의 전문성이 요구됨에 따라 학교의 구성원을 현재의 교원과 행정직원의 구분에서, 교원, 전문직원, 행정직원으로 변경하고 학교 내 전문직원의 하나로 학교사회복지사를 명시하고 있다(「초·중등교육법」 제19조와 제20조 개정 필요)(이희현 외, 2019; 황준성 외, 2018).
- 교육복지사업 성과관리 방안을 구축해야 한다. 각각의 교육복지사업들은 제한된 시간과 자원이라는 한계 속에서 선택되어 운영되는 것이기 때문에 정책 실행 과정이 지속적으로 모니터링되고 그 성과가 관리되는 것이 중요하다. 성과관리를 통해서 사업 내용 및 관련된 제반여건들을 수정할 수 있게 되면서 궁극적으로 정책의 품질을 개선할 수 있고, 성과가 기대되지 않는 사업으로 인한 시간과 자원의 낭비를 막을 수 있기 때문이다. 또한 시·도 교육 예산에 있어서 교육복지 관련 부분은 철저히 공개하도록 함과 동시에 '성과관리시스템'을 엄격히 적용해야할 것이다. 시·도교육청이 해당 지역 교육복지 정책 사업의 중·장기 및 연도별 목표를 제시하고, 목표 달성 정도를 '교육복지 보고서' 형태로 시·도의회 및 중앙정부에 보고하도록 의무화하는 것이다(이희현 외, 2019; 황준성 외, 2018).

나) 교육복지 협의·지원·추진 체계의 재조직화

- 층위별 교육복지 거버넌스의 안정적 구축 및 탄력적 거버넌스 운영이 필요하다. 국가, 시·도, 기초자치단체, 단위학교 수준의 다양한 참여 주체 간의 참여 범위와 역할과 협력 관계 구축을 통한 통합지원 체제 확립하고, 그 범위와 상황에 따라 관(官)주도형, 민(民)주도형, 그리고 제3의 방안으로서 중간조직형 등이 적절히 선

택되어 활용되도록 해야 한다. 교육복지 정책 사업을 안정적이며 지속적으로 추진할 수 있는 제도적 기반과 함께 새로운 사업과 인력을 계속적으로 발굴하고 양성할 수 있는 인큐베이터의 기능을 할 기제로서 관과 민의 협력을 전제로 관과 민의 중간, 복지의 공급자와 복지의 수요자인 대상자 사이의 중간에 위치할 중간조직(비영리법인 설립) 적극 설립·활용 필요하다(이희현 외, 2019; 황준성 외, 2018, 〈표 II-2-17〉 참고).

표 II-2-17 교육복지 거버넌스의 안정적 구축

구분	전담조직	중간지원조직
국가	교육부 중심 특정 실·국	–
시·도교육청	시·도교육청 전담 조직(시·도청 인력파견)	–
기초자치단체	전문적 통합지원센터	공공기관과 민간이 공동으로 출연·출자 비영리법인(法人), 공공기관 직영, 위탁
단위학교	교육복지부, 교감 직할 교육복지가 담당	–

- 복지예산(목적사업비) 통합지원 확대 및 학교 자율 선택사업제 도입이 필요하다. 중앙과 지방 정부들은 추진 중인 교육복지사업들을 개별 부서 내는 물론이며 부처 간 그리고 중앙과 지방간의 협의를 통해 가급적 유사 성질별로 묶어서 통합 교부함으로써 유사 사업들을 중복적으로 처리함에 따른 예산 낭비 및 학교 현장의 부담·고충을 완화할 필요가 있다(일례로 저소득층 자녀에게 지원되고 있는 교육비의 지원액을 통합 교부하고 학생의 필요에 따라 선택과 집중이 가능하도록 자율선택권 부여)(서울특별시교육청, 2017). 또한 다양하면서도 유사한 교육복지 프로그램이 산발적으로 추진되고 있음을 고려하여 교육복지 프로그램에 있어서도 공모사업 학교선택제를 준용하여 학교에서 선택하여 실시하는 체제로 전환해야 할 것이다(이희현 외, 2019; 황준성 외, 2018).
- 학교통합예산제 운영 및 사업비 정산 간소화가 필요하다. 학교가 교부받은 각 사업별 예산을 주체적으로 통합·운영할 수 있도록 함으로써 학교 스스로가 교육 수요와 필요에 따라 탄력적으로 교육비 투자 우선순위를 정하고 자율적으로 예

산을 편성·운용해야 한다. 이를 통해 예산 운용의 효율성과 재정배분의 형평성을 제고하고, 교육청 정산서류와 지방자치단체 정산서류 등 각 정책 사업별 정산서류를 통일하여 학교 행정업무 부담을 완화할 수 있을 것이다(이희현 외, 2019; 황준성 외, 2018).

다) 역량 확충

- 담당 인적자원들의 역량 향상을 위한 지원체제를 마련해야 한다. 교육복지사를 비롯한 전담인력의 전문성을 발휘할 수 있도록 신분체제를 안정화해주고 그 기능에 부합하는 사회·경제적 대우 보장 및 지속적으로 전문성을 축적해나갈 수 있도록 지원이 필요하다(장덕호 외, 2012).
- 관련 사례의 축적 및 공유를 통한 주체들의 실천 중심 역량을 함양해야 한다. 다양한 사례에 대한 직간접적 경험과 공유를 통한 실천 역량을 향상하는 것이 필요하다. 특히, 성공사례의 확산·공유를 통한 소기성과의 선순환 구조를 형성하고 사례관리 측면의 전문성 향상을 위한 교육과정을 마련하는 것이 필요하다.
- 학교 차원의 교육복지 실천역량을 강화해야 한다. 학교 내부 구성원들의 교육복지 및 거버넌스 관련 이해도 향상 방안을 마련하거나 학교 내·외부의 긴밀한 연계체제 구성을 위한 협력·소통 역량 향상을 지원해야 할 것이다.

라) 운영 개선

- 교육복지 정책 사업을 재구조화해야 한다. 보편적 복지의 실현 기조 위에 기존의 선택적 복지 정책 사업들의 재구조화를 추진해야 할 것이다. 또한 협업체제를 통한 대상자집단의 지속적 관리 체제를 구축하는 것이 필요하다.
- 교육복지 거버넌스 운영에 있어 효율성과 민주성의 조화를 추구해야 한다. 세부 추진과정 속에서 의사결정의 민주성 제고를 위한 노력을 강화하고 현장 중심의 상향식 교육복지 정책 사업 패러다임으로 전환해야 한다. 더불어, 교육복지 거버넌스의 구축과 운영을 지원하는 정책을 추진해야 할 것이다.
- 교육복지 사각지대 ZERO화를 위한 지역공동체의 교육복지 거버넌스 체제를 강화해야 한다. 교육복지 정책 및 사업이 실제 운영되는 학교 그리고 그 지역적 기반이 되는 시·군·구 기초자치단체에서 교육복지의 새로운 필요를 접하게 되었을

때, 기존 추진 사업들과의 연계 속에서 각각의 실정에 맞게 그리고 경험과 맥락에 맞게 기존 정책 사업들을 재해석하고 재구조화할 수 있도록 융통성과 권한이 보장되도록 교육복지 정책 사업들의 개방성과 탄력성을 제고하고 지역공동체 중심의 교육복지 거버넌스 체제를 강화해야 한다(이희현 외, 2019).

바. 교육복지를 위한 교사의 역할

보고서명	[RR 2022-02] 학생성장지원 포괄적 교육복지를 위한 교사의 역할
주제어	학생성장지원, 교육복지, 교사

1) 학교급에 따른 생활지도 영역에서의 교사 역할

가) 초등학교

- 초등학교 교사의 역할은 초등학교 또는 초등교육의 성격과 밀접한 연관성이 있다. 초등학교는 공교육체제의 첫 번째 교육 단계로서 상급학교 진학을 위한 준비교육으로서의 특성을 가지는 동시에 학생의 발달 단계에 따른 고유한 성격을 가진다.
- 초등학교는 중등전기교육(중학교 교육)에 연계하여 향후 학생의 진로지도를 모색하는 준비교육의 역할을 한다(김미숙 외, 2016). 공식적인 학교급별 교육목표는 국가교육과정에서 찾아볼 수 있다. 교육기본법과 초·중등교육법은 학교의 종류만 명시하고 있을 뿐 각 급 학교의 교육 목표나 성격은 교육부고시로 발표되는 국가교육과정에 제시되어 있다. 이에 따르면, 초등학교의 교육 목표는 “학생의 일상생활과 학습에 필요한 기본 습관 및 기초 능력을 기르고 바른 인성을 함양하는 데 중점”을 두고 있음을 알 수 있다(교육부, 2022). 세부적인 초등학교 교육 목표는 네 가지로 다음과 같다.
  - 첫째, 자신의 소중함을 알고 건강한 생활 습관을 기르며, 풍부한 학습 경험을 통해 자신의 꿈을 키운다.

- 둘째, 학습과 생활에서 문제를 발견하고 해결하는 기초 능력을 기르고, 이를 새롭게 경험할 수 있는 상상력을 키운다.
- 셋째, 다양한 문화 활동을 즐기며 자연과 생활 속에서 아름다움과 행복을 느낄 수 있는 심성을 기른다.
- 넷째, 일상생활과 학습에 필요한 규칙과 질서를 지키고 서로 돕고 배려하는 태도를 기른다.

• 초등학교 교육 목표에 의하면 초등학교 교사 역할은 일상생활에 필요한 기본 습관 및 기초능력을 기르도록 하는 데 초점을 둬야 한다. 구체적으로 첫째, 건강한 생활 습관 함양, 둘째, 문제를 발견하고 해결하는 기초 능력 개발, 셋째, 아름다움과 행복을 느낄 수 있는 심성 개발, 넷째, 일상생활에 필요한 규칙과 질서를 지키고 협력, 배려하는 태도 함양으로 정리할 수 있다.

• 생활지도 영역에서 초등학교 교사의 역할은 '학생의 기본적인 일상생활과 학습에 필요한 기본습관 및 기초 능력을 기르고 바른 인성을 함양' 한다는 교육 목표에 중점을 두고 교사 스스로 모범적인 행동의 실천가이자, 학생의 기본생활태도·습관 및 인성 교육자, 학생 및 학부모 상담자, 지역사회 협력·연결자, 학생이 스스로 자신의 문제를 해결하고 자기진로와 자기관리 능력을 개발할 수 있도록 촉진·지원하는 자기주도적 역량 개발 지원자, 사회성·공동체 역량 개발 지원자 등으로 정리할 수 있다(〈표 II-2-18〉 참고).

표 II-2-18 초등학교 생활지도 영역에서의 교사 역할

연구자	교사의 역할	세부 내용
박경묵 (1990)	교육과정운영 지도자 역할의 하위 범주로 생활지도 영역을 제시	• 생활태도 및 기능 신장, 문제해결능력의 신장, 평등의식 고취, 기초적 신체기능의 습득, 자기에 대한 건전한 태도 형성, 원만한 교우관계형성, 양심·도덕성 형성, 인격적 독립의 성취촉진, 전통예절의 내면화교육, 남녀의 사회적 역할 인식, 소비절약지도, 안전생활지도
고재천 (2001)	교사의 역할을 5가지로 구분 제시 (교육학 전문가, 생활지도 전문가, 교과 교육 전문가, 수업기술 전문가, 교육실천가)	• 모범적인 행동 실천가 • 생활지도 전문가(건강, 인성, 사회성, 교육)

연구자	교사의 역할	세부 내용
권혁운 (2010)	학생지도 영역과 학교 경영참여 영역에서 생활지도 세부 영역을 제시	• 학생지도 영역 : 학생의 특성 및 생활실태 파악, 학생의 생활습관과 학교 생활지도, 학생상담과 문제해결지원 • 학교경영 영역 : 학생의 학습 복지를 위한 학부모와의 협력 관계구축, 학생의 복지를 위한 지역사회 구성원과의 협력관계 구축
김경애 (2015)	교사 역량별로 구분하여 제시	• 학습자 기반역량으로 학생복지 및 생활지도 포함(학습자 발달단계에 관한 이론적 이해, 학습자 환경적 요소에 관한 이해, 학습자 개별 특성 이해) • (직무영역별)역량으로 생활지도 영역 역량 제시(학습자의 바른 인성과 생활 태도를 길러주기 위한 교사의 복합적 역량)
홍석기, 이규미 (2011)	생활지도 영역을 3가지로 구분하여 제시	• 일반행동지도 영역 : 진로지도, 여가활용방법지도, 자습시간활용지도, 용돈관리지도 • 문제행동지도 영역 : 도벽행동지도, 따돌림 예방지도, 폭력사건 개입, 반항 학생 지도, 따돌림 지도 • 학생이해 및 상담 영역 : 심리검사활용, 당면문제 파악, 학생이해 및 상담

나) 중학교

- 중학교는 초등학교교육과 중등교육 사이에서 생겨난 역사적 산물로, 중학교가 어떤 성격의 교육기관으로 정착되어야 하느냐에 관해서는 다양한 의견이 존재한다. 중학교는 청소년 전기 아동(10-15세)의 발달 특성과 요구에 부합하는 교육을 제공하는 기관으로 발달하였으며(박상완, 2016), 중학교 교육은 고등학교의 패턴에 맞춰서 운영 되어 왔다(김미숙 외, 2016). 이에 따라 중학교 교사는 청소년 전기 아동의 발달 특성과 요구에 대한 이해와 전문성을 갖출 필요가 있으며, 구체적으로 청소년 발달, 문화적 다양성에 대한 감수성, 학생상담, 가족 상담 지식, 동료 교사와의 협동 기술 등이 요구되고 있다(Oakes et al., 1993).
- 우리나라의 중학교 교육 목표는 2022 개정 중학교 교육과정에 제시되어 있다. 이에 따르면, 중학교 교육은 초등학교 교육의 성과를 바탕으로, 학생의 일상생활과 학습에 필요한 기본 능력을 기르고, 바른 인성 및 민주 시민의 자질을 함양하는 데 중점을 두고 있다(교육부, 2022). 세부 교육 목표는 다음과 같이 네 가지이다.
  - 첫째, 심신의 조화로운 발달을 바탕으로 자아존중감을 기르고, 다양한 지식과 경험을 통해 책임감을 가지고 적극적으로 삶의 방향과 진로를 탐색한다.
  - 둘째, 학습과 생활에 필요한 기본 능력 및 문제 해결력을 바탕으로, 도전정신과 창의적 사고력을 기른다.

- 셋째, 자신을 둘러싼 세계에서 경험한 내용을 토대로 우리나라와 세계의 다양한 문화를 이해하고 공감하는 태도를 기른다.
- 넷째, 공동체 의식을 바탕으로 타인을 존중하고 서로 소통하는 민주 시민의 자질과 태도를 기른다.

• 중학교 교육 목표를 토대로 중학교 교사의 역할을 정리하면, 중학교 교사는 학생이 일상생활에 필요한 기본 능력을 함양하고, 바른 인성 및 민주 시민 자질을 함양하도록 지도해야 한다. 세부적으로 교사는 학생들이 자아존중감을 기르고, 책임감을 가지고 진로를 탐색하며, 생활에 필요한 기본 능력 및 문제 해결력 함양, 다양한 문화 이해 및 공감하는 태도 개발, 민주 시민의 자질과 태도를 개발하도록 지도, 지원하는 역할을 담당한다.

• 초등학교와 고등학교 사이의 청소년 전기 아동(10-15세)의 특성을 지니고 있는 중학교의 생활지도 영역에서의 교사의 역할을 종합해보면, 학생생활습관·태도교육(인성지도, 진로지도, 교우관계지도 등 생활지도의 하위 영역 포괄), 학생 특성 및 환경 이해, 학생 상담, 학부모와의 상담·협력, 지역사회·전문가 협력 등으로 정리할 수 있다(〈표 II-2-19〉 참고).

표 II-2-19 중학교 생활지도 영역에서의 교사 역할

연구자	교사의 역할	세부 내용
이병환 (2007)	학급담임교사 역할을 3가지로 구분하여 제시 (학급경영, 학습지도, 생활지도)	• 생활지도 영역 : 이성문제 지도, 안전지도, 선행지도 ※ 친근한 대화를 통해 학생문제를 개별 상담해야 함을 강조
김현수, 오인수 (2018)	생활지도 4가지 개념 제시 (교사의 관심과 상담으로 문제해결, 학생 입장에서의 인정과 이해, 성별의 특성에 맞는 고민과 문제파악 및 차별지도, 학생문제 해결을 위한 학부모와의 협력)	• 교육 및 학업지도, 진로 및 직업지도, 인성, 정서 및 성격지도, 건강지도, 여가지도, 사회성지도, 가정생활지도, 도덕성지도, 종교지도, 생활습관 및 행동지도, 성에 관한 지도, 창의성 지도
김승환, 김민규 (2021)	담임교사(체육교과) 역할 분석 3가지 특징 제시 (시공간의 확장, 생활지도개념 및 영역확장, 거리 좁히기와 소통)	• 학생의 롤 모델 되기, 교우관계/진로 및 진학 등 다양한 생활지도, 학생과의 소통과 상담, 수업과 생활지도의 연계, 학생 생활지도를 통한 교사 성장
유은주 (2001)	학교사회사업에 대한 인식 및 태도조사 연구로 역할 제시	• 개별상담, 상담교사 의뢰, 사회봉사 연계, 경제적 지원, 학부모상담, 선도프로그램 실시, 집단상담, 가정방문, 외부기관 의뢰 등 ※ 생활지도의 근본적인 목적을 학생복지 실현으로 제시

연구자	교사의 역할	세부 내용
이효선 (2018)	학교 내 교사와 교육복지사와의 유기적인 업무 협조 강조	• 교사의 경우, 학생수업과 생활지도에 집중하고, 교육복지사는 복지영역에 한해 집중하는 양상을 보임

다) 고등학교

- 고등학교는 대학진학을 준비하거나 전문 직업교육을 제공하는 기관으로 발달하였다. 세계 주요국의 중등교육은 학제 구성상 전기 단계에서는 초등교육과 연계된 국민보통교육을 실시하며, 후기단계에서는 고등교육 혹은 직업생활과 연계된 진학지도 및 직업준비교육을 추진하고 있다(김미숙 외, 2016).
- 고등학교 교사의 역할은 고등학교 교육 목표를 통해 파악해볼 수 있다. 2022 개정 고등학교 교육과정에 의하면 고등학교 교육은 중학교 교육의 성과를 바탕으로, 학생의 적성과 소질에 맞게 진로를 개척하며 세계와 소통하는 민주 시민으로서의 자질을 함양하는 데 중점을 두고 있으며, 세부 교육 목표는 네 가지로 다음과 같다.
  - 첫째, 성숙한 자아의식과 인간의 존엄성에 대한 존중을 바탕으로 일의 가치를 이해하고, 자신의 진로에 맞는 지식과 기능을 익히며 평생 학습의 기본 능력을 기른다.
  - 둘째, 다양한 분야의 지식과 경험을 융합하여 창의적으로 문제를 해결하고, 새로운 상황에 능동적으로 대처하는 능력을 기른다.
  - 셋째, 다양한 문화에 대한 이해를 바탕으로 자신의 삶을 성찰하고 새로운 문화 창출에 기여할 수 있는 자질과 태도를 기른다.
  - 넷째, 국가 공동체에 대한 책임감을 바탕으로 배려와 나눔을 실천하며 세계와 소통하는 민주 시민으로서의 자질과 태도를 기른다.
- 고등학교 교육 목표를 토대로 고등학교 교사의 역할을 정리하면, 고등학교 교사는 학생들이 자신의 적성과 소질에 맞게 진로를 개척하고, 창의적으로 문제를 해결하고 새로운 상황에 능동적으로 대처하는 능력을 기르고, 자신의 삶을 성찰하는 자질과 태도를 기르도록 지원하는 역할을 담당한다(〈표 II-2-20〉 참고).

표 Ⅱ-2-20 고등학교 생활지도 영역에서의 교사 역할

연구자	교사의 역할	세부 내용
강석주 (2004)	고등학교 담임의 역량을 3개로 구분 제시, 이 중 학급경영역량이 생활지도 영역에 해당 (교과지도역량, 학급경영역량, 교무실생활역량)	• 학급경영역량 영역 : 학생육성, 정보관리, 조직관리 ※ 교사의 생활지도를 학생육성으로 효과적인 지시, 대인 이해, 영향력, 팀웍과 협력 등을 포함하는 행동을 의미
부은주 (2020)	고등학교 교사의 생활지도 효능감에 미치는 변인의 상호작용 효과 분석	• 교사 개인 변인(성별, 경력, 담임여부, 동료교사와의소통이 영향을 미침) • 학교 환경 변인(학생일탈행동의 빈도, 교사의견의 반영여부가 영향을 미침)
허주, 김갑성 (2021)	고등학교 교사의 역할을 기능주의적 접근에서 분석 – 교사의 주요 역할 : 지원 및 소통	• 교사–학생, 교사–학부모, 교사–동료교사와의 소통이 중요
지봉환 (2009)	학생이 지각하는 교사의 역할 분석	• 지식전달자, 상급학교 진학 도움자 ※ 생활지도 영역에서 교사의 역할 수행 기대는 낮음

2) 학교급에 따른 생활지도 영역에서의 교사 역할

가) 교육복지사 배치교

- 교육복지사 배치교에서 교사의 역할은 대상 학생 선정, 교육복지사와의 역할 분담 등을 통해 교육복지 대상학생의 통합 지원을 위한 '지원적 역할'을 담당해야 한다.
- 교육복지사 배치학교는 운영 시스템, 관련 부서조직, 예산편성, 인력지원, 배치된 인력의 기능과 역할 등이 효과적으로 작동하고 있는 것으로 확인된다.
- 교육복지사 배치교에서는 업무 담당 교사와 교육복지사 간의 역할 갈등이 나타나는 경우가 있다(김정숙, 2011). 이는 대부분 사업 목표 실현을 위한 과정 및 방법, 사업에 접근하는 태도 등에 대한 인식 차이에 기인한다. 교육(교사)과 복지(교육복지사)에 대한 갈등 양상은 서로의 경험과 지식 차이 또는 최종 의사결정권한을 가진 학교장의 역할에 따라 갈등이 완화되기도 하고 증폭되기도 한다.

나) 교육복지사 미배치교

- 교육복지사 미배치교에서 교사의 역할은 교육복지에 대한 이해와 인식 개선 노력, 대상학생 선정, 프로그램 운영 등에서 '주도적 역할'을 담당할 수밖에 없다.
- 교육복지사 미배치 학교는 제한된 인력과 자원의 투입으로 교육복지 지원이 효과적이지 못한 것으로 나타나고 있다.
- 교육복지사 미배치교에서는 제한된 자원으로 취약집단을 위한 특정한 사업 및 프로그램을 제공할 수밖에 없는 한계가 있다. 이러한 사업들은 단기적 성과달성이 수월하지만, 유의미한 교육적 성장으로 이어지기에는 어려움이 많다.
- 교육복지사 미배치로 인해 교사의 역할을 너무 강조하는 것은 오히려 역효과를 낳을 수 있기 때문에 교육복지사 미배치교에서는 교사 역할을 특정 영역에서 '주도적' 역할로 제한해야 한다.
- 교육복지사 미배치교의 경우, 교육복지 담당 교원의 잦은 교체로 교육복지에 대한 업무를 연계하는 어려움이 나타났으며, 구성원의 이해와 공감이 낮게 나타나고 있다. 교육복지사가 배치된 학교와 동일한 성과를 나타내기 위하여 교육복지사 미배치교의 교사들이 모든 역할을 해야 한다는 것은 아니다. 그럼에도 불구하고 교육복지 사업 대상도 아니며 교육복지사도 배치되지 못한 학교의 경우, 교사는 교육복지사가 담당하는 역할의 상당 부분을 담당해야 하는 책무를 가질 수밖에 없다.

III

교육복지의 실천 및 현황

교육복지 정책

—

교육복지우선지원사업

1

교육복지 정책

가. 국제 교육복지 정책

보고서명	[CR 2013-01] 국제 교육복지 정책 동향파악 및 현황조사 연구
주제어	교육기회접근, 학습기회, 학습성과

- 교육복지라는 주제는 국제적인 수준에서의 정책 담론과 긴밀하게 맞닿아 있다. 예컨대 1948년 UN에서 선언한 세계인권선언(Universal Declaration of Human Rights)의 제26조 1항은 "인간은 누구나 교육 받을 권리를 가진다."고 명시하고 있으며, 같은 조의 2항은 교육이 "개인 인격체의 온전한 성장과 인권 및 기본적 자유에 대한 존중의 강화"에 기여해야 함을 강조하고 있다. 또한 2013년 1월 현재 세계 100개국이 가입한 UNESCO의 교육차별철폐협약(Convention against Discrimination in Education)의 제1조 1항도 유사한 맥락에서 "인종, 피부색, 성별, 언어, 종교, 정치적 신념, 국적, 경제적 계층, 출생" 등에 따라 어떠한 형태의 교육적 차별도 있어서는 안 될 것을 강조하고 있다. 이 협약은 특히 "교육기회 접근" 및 교육 "기준"에 있어서 차별을 두어서는 안 되며, 특정 집단에 대해 "분리된 교육제도"를 운영하거나 특정 개인이나 집단에게 "인간의 존엄성과 상충되는 조건"을 부과해서는 안 된다고 명시하고 있다.
- 우리나라의 헌법 역시 그 전문에서 "정치·경제·사회·문화의 모든 영역에 있어서 각인의 기회를 균등히 하고, 능력을 최고도로 발휘하게 하며, … 국민생활의 균등한 향상을 기하고 … 우리들과 우리들의 자손의 안전과 자유와 행복을 영원히 확보"하는 것의 중요성을 명시하고 있다. 또한 헌법 제10조(인간으로서의 존엄과 가치), 제11조(법 앞의 평등), 제31조(교육 받을 권리), 제34조(인간다운 생활을 할 권리 및 국가의 사회보장·사회복지 증진 노력 의무), 제37조(열거되지 않은 기본권 보장) 등도 교육복지의 중요한 헌법상 법원이 된다(박재윤, 황준성, 2008). 유사한 맥락에서 교육기본법 제2조 역시 교육은 "모든 국민으로 하여금 인격을 도야하고 자주적 생활능력과 민주시민으로서 필요한 자질을 갖추게 함으로써 인간다운 삶을 영위"할 수 있도록 함을 그 목적으로 한다고 밝히고 있다.
- 교육복지에 대한 정책적 관심과 지원 및 이에 대한 지속적인 연구는 학습자가 지

니는 이러한 기본적 권리로서의 교육이 제대로 이루어질 수 있도록 하기 위한 체계적인 노력의 일환으로 이해될 수 있다. 우리나라의 교육복지 정책 역시 국민기초교육수준의 보장, 다양한 형태의 교육 부적응 및 불평등의 해소, 복지 친화적 교육환경의 조성 등의 측면에서 교육적 정의의 실현을 그 목표로 해왔다는 점에서 국제적 수준의 교육적 형평성 담론과 그 맥락을 같이 하고 있다(안병영, 김인희, 2009). 교육복지에 대한 논의의 지속적 발전을 위한 다각도의 개념화 및 관련 정책에 대한 광범위한 국제적 동향 파악은 우리나라 교육복지 정책의 지속적 점검 및 개발을 위한 중요한 기초 작업이 될 것이다.

- 본 장에서는 다양한 형태의 해외 교육복지 관련 정책에 대한 기초조사를 통해 교육복지에 대한 정책적 스펙트럼의 범위를 개략적으로 살펴봄으로써 우리나라 교육복지 관련 학술담론 및 정책담론을 보다 풍부하게 하고 더욱 체계적이고 심층적인 후속연구를 위한 기초자료를 제공하고자 한다. 이를 위해 미국, 영국, 프랑스, 독일, 핀란드에서 시행되고 있는 다양한 교육복지 정책 사례를 교육기회접근(access to education)-학습기회(opportunity to learn)-학습성과(learning outcomes) 측면과 관련하여 살펴본다.

1) 교육기회접근

- 교육기회접근을 강조하는 교육복지 정책으로는 각국의 조기개입 프로그램을 들 수 있다. 미국의 헤드 스타트(Head Start)는 연방정부가 저소득 가정의 아동을 위해 무료 혹은 저렴한 교육비로 조기교육을 제공하는 프로그램으로서 저소득 계층의 아동과 부모에게 경제적, 신체적, 심리적 욕구에 부합하는 포괄적 의미의 취학 전 프로그램 제공을 통해 빈곤의 세습화를 방지하고자 하는 목적을 포함한다. 기존의 3-5세 저소득층 유아를 대상으로 하던 헤드 스타트는 조기 헤드 스타트(Early Head Start)로 확대되어 영아와 임산부까지도 프로그램 대상에 포함된다.
- 영국의 슈어 스타트(Sure Start) 역시 사회적 취약계층의 아동에게 차별과 편견 없이 더 많은 교육적 기회를 제공하기 위해 다양한 조기교육 및 가족지원 등의 서비스를 제공하는 것을 목적으로 한다.
- 독일의 공격적 조기기회(Offensive Frühe Chancen)는 이주민과 빈곤율이 높은 지역

의 영·유아 시설에 대하여 연방정부 차원의 조기 언어교육 지원을 통해 교육기회를 개선하려는 의도를 지니고 있으며, 유사한 맥락에서 독일의 읽기 시작 3단계 목표(Lesestart-Drei Meilensteine für das Lesen)도 교육정의의 조기실현을 목표로 아동의 읽기 능력 신장을 지원하는 연방정부 차원의 프로그램으로서 이주민 부모를 위해 부모 대상 읽기 교육 정보물은 몇 가지 외국어로도 번역되어 제공된다.

- 조기개입 프로그램 이외에도 교육기회접근을 강조하는 다양한 정책이 존재한다. 예컨대 영국의 학교 담장 너머의 교육(Education Other Than at School) 프로그램은 취약계층 청소년의 학습권 수호를 위한 거미줄망 네트워크 교육지원 서비스로서 특히 건강문제, 임신, 학습장애, 집단 따돌림 등의 원인으로 주류 학교 시스템에서 소외된 학생들이 학교 담장 너머의 교육을 통해 제공되는 프로그램을 이수한 후 다시 정규학교로 진학하거나 추가적인 진로탐색 기회를 갖도록 유도한다. 유사한 맥락에서 영국의 각 도시에 있는 코넥션즈(Connexions) 센터는 상급학교에 진학하지도 않고 취업도 하지 않으며 범죄나 위험에 노출되어 있는 청소년들을 대상으로 그들이 상급학교로 진학할 수 있도록 돕거나 자신의 능력을 개발하여 직업생활을 할 수 있도록 정보와 도움을 제공한다.
- 영국 북아일랜드 정부의 교육복지법(Education Welfare Act)은 학교출석에 어려움을 겪는 아동 및 청소년에 대해 처벌 중심 접근 대신 그들의 필요를 학교 및 지역사회 측면에서 파악하고 그에 관련된 특정 개인 자료를 수집·관리하면서 그들의 필요를 효과적으로 채워주기 위한 지원에 관한 법으로서, 이러한 지원 활동과 관련하여 국립교육복지위원회(National Educational Welfare Board) 및 각 지역의 교육복지관(educational welfare officer)의 권한과 임무 등에 대해 명시하고 있다.
- 독일의 연방교육과연구부(Bundesministeriums für Bildung und Forschung)는 연방교육지원법(Bundesausbildungsförderungsgesetz)에 따라 10학년 이상 학생의 생계를 위한 교육지원금을 가정 형편에 따라 차등적으로 지원함으로써 모든 청소년이 자신의 사회적·경제적 상황에 구애받지 않고 스스로의 흥미와 능력에 따라 적합한 교육에 접근할 수 있도록 도움을 제공한다. 또한 독일의 교육 패키지 지원금(Bildungspaket)은 연방 노동복지부의 교육지원 정책으로서 기초생활보호대상자 가정의 자녀들은 이 정책을 통해 거주지 인근의 문화 및 여가 프로그램에 참여할 수 있도록 지원받으며 학교 및 보육시설의 급식비 및 학습재료비 등을 지원받

는다.

- 프랑스의 교육우선 지역(Zones d'Éducation Prioritaires)도 저소득 계층의 자녀들에게 가정에서 누리지 못하는 문화적·교육적 혜택을 제공하는 것을 목적으로 하는 정책으로서, 이 정책의 기본 방향 가운데 하나는 아동들의 조기 취학을 통해 이민과 실업 등으로 고통 받는 저소득층 아동들이 프랑스어와 문화를 익히고 가정에서 제공하지 못하는 문화적 활동에 접할 수 있는 조건을 제공하는 것이다.

2) 학습기회

- 언어적 소수자에 대한 학습기회를 확보하기 위한 것으로 미국의 이중 언어 교육법(Bilingual Education Act)을 예로 들 수 있는데, 이 법은 지역 교육구가 제한된 영어 유창성을 지닌 학생을 위해 이중 언어 교육 프로그램을 개설할 때 연방재원을 지원받도록 함으로써 이들이 공평한 학습기회를 가질 수 있도록 돕는다.
- 영국의 소수인종 성취 기금(Ethnic Minority Achievement Grant)도 인종적·민족적 소수자 집단에 속한 중도입국 이중 언어 학습자들이 교육환경에 보다 잘 적응할 수 있도록 돕기 위한 것으로서, 이 기금을 받은 학교는 전문 인력 혹은 코디네이터를 학교에 배치하고 교육과정을 개편하여 이들 학습자에게 학습과 돌봄이 통합된 형태의 교육지원 서비스를 지원하게 된다.
- 독일의 이민가정 출신 아동·청소년 후원(Förderung von Kindern und Jugendlichen mit Migrationshintergrund) 역시 언어로 인해 학교교육에서 어려움을 겪는 이민가정 출신 아동 및 청소년을 위해 언어교육 프로그램을 개발하고 이들이 지속적인 언어교육을 받을 수 있도록 다양한 노력을 통해 이민가정 출신 아동 및 청소년의 성공적인 학교생활을 돕고 학업성취도를 향상시키려는 목적을 지닌다.
- 영국의 교육우선 지역(Education Action Zones) 및 도심지역 수월성(Excellence in Cities) 프로그램은 저소득층 학습자들의 학업성취도 향상 및 전인적 성장을 포괄적으로 지원하기 위한 것으로서, 교육우선 지역에서는 교사의 질 개선 및 학생의 학습기술 개선 등 학습기회의 실질적 향상을 위한 지원이 프로그램의 중요한 부분을 차지하며, 도심지역 수월성 프로그램도 학생들의 성취도 부진 및 이와 관계된 학습태도나 행동 상의 문제 등을 극복하도록 돕기 위한 다양한 형태의 지원을

비롯하여 높은 성취도를 나타내는 학생들에 대한 영재교육 프로그램 확대 등의 지원 방안을 포함한다.

- 프랑스의 특별도움 연계망(Réseaux d'Aides Spécialiséesaux Elèves en Difficulté) 및 개인 맞춤형 성공 프로그램(Programmes Personnalisés de Réussite Éducative)과 교육성공 프로그램(Programme de Réussite Éducative) 역시 사회경제적 어려움 등으로 인해 학교에서 학업에 어려움을 겪거나 어려움이 예상되는 학생들에게 다양한 형태의 교육적 보살핌과 지원을 통해 학업의 어려움을 극복할 수 있도록 돕는 것에 목표를 두고 있다.
- 이밖에도 학습기회를 강조하는 교육복지 관련 정책으로서 영국의 건강한 학교 프로그램(National Healthy Schools Programme)은 아동과 청소년의 신체적·정신적 건강을 위해 지원함으로써 결과적으로는 빈곤층 학생의 학습참여 및 성취도 향상을 도모한다.
- 미국의 장애인 교육법(Individuals with Disabilities Education Act)은 장애를 가진 모든 학생이 장애 유형이나 심각성에 상관없이 무상의 적절한 공교육을 받을 수 있어야 하며 이들은 가능한 한 최소한으로 제한된 환경에서 교육받아야 한다고 명시함으로써 장애를 가진 학생들에게 제공되어야 할 학습기회에 대해 중요한 지침을 제시하고 있다.

3) 학습성과

- 대부분의 해외 교육복지 관련 정책이 명시적이거나 암묵적으로 학습성과의 중요성을 전제하고 있다. 특히 미국의 낙오아동 방지법(No Child Left Behind)은 연방정부의 관할 하에 주정부로 하여금 학교의 책무성을 높이도록 하여 모든 학생의 학업성취도를 향상시키고 교육의 형평성을 제고하려는 목적을 지니고 있다. 이를 위해 각 주정부는 학생들이 학년별로 주요 과목에서 배워야 할 것에 대한 명백한 기준을 설정하고 매년 학생들의 학업성취 향상 정도를 파악하기 위해 표준화된 평가를 실시할 것을 요구받는다. 이와 밀접하게 연계된 정상을 향한 질주(Race to the Top)는 교육환경 혁신을 통한 성취도 증진 및 성취도 격차의 해소를 목적으로 사실상 연방 수준의 공통 교육과정 기준으로 볼 수 있는 Common Core State

Standards에 맞추어 각 주정부가 학업의 표준을 높이 설정하고 이에 대한 학생들의 성취도를 시험을 통해 확인하도록 유도한다.

- 표준화된 성취 기준을 강조하는 정책 이외에도 해외의 여러 교육복지 관련 정책은 다양한 형태의 학습성과를 기대한다. 예컨대 독일의 교육 안전망(Bildungsketten)과 이민가정 출신 아동·청소년 후원(Förderungvon Kindern und Jugendlichen mit Migrationshintergrund) 및 영국의 코넥션즈(Connexions)는 공통적으로 학습 성과로서 직업세계로의 성공적 진입을 상정하고 있다.
- 영국의 도심지역 수월성(Excellence in Cities) 프로그램은 도심지역 저소득층 학습자들의 학업성취도 향상과 더불어 전인적 성장을 포괄적으로 지향한다. 영국의 학교기능 확장(Extended Schools) 프로그램도 중도탈락 우려가 있거나 학교에 부적응하는 취약계층 학생들에게 학교와 지역사회가 연대하여 그들의 다면적인 역량을 함양할 수 있도록 도움을 지원한다.
- 독일의 아동·청소년 지원법(Kinder und Jugendhilferecht)은 학습성과로서 아동 및 청소년의 사회적 발달 및 그들의 총체적 안녕을 상정하고 있으며, 아동과 청소년의 신체적·정신적 건강을 위해 지원하는 영국의 건강한 학교 프로그램(National Healthy Schools Programme)은 광의의 의미에서 학생들의 학습기회를 개선하면서도 동시에 신체적·정신적 건강 역시 교육을 통한 학습성과의 하나로 볼 수 있을 가능성을 제시한다.

4) 한국 교육복지 정책의 향후 정책 방향

- 끝으로 해외의 교육복지 관련 정책의 현황 및 동향을 바탕으로 우리나라의 교육복지 정책이 향후 지향해야 할 방향 및 고려해야 할 사항에 관한 시사점은 다음과 같다.
- 교육복지 정책은 교육기회에의 형식적 접근을 일률적으로 보장하는 것을 넘어서 개별 학생이 스스로의 잠재력을 최대한 발휘할 수 있도록 하는 실질적인 학습기회 측면에서의 형평성 실현을 지향함으로써 궁극적으로는 모든 학생들이 다양한 형태의 유의미한 학습성과를 나을 수 있도록 하는 방향으로 전개될 필요가 있다.
- 교육복지 정책은 정책 대상을 취약계층 아동 및 청소년으로 한정하고 그들을 정

책의 수동적 수혜자로 보기보다는 다양한 학생들이 능동적으로 성장할 수 있도록 하는 다양한 형태의 교육적 지원으로 이해될 필요가 있다.

- 교육복지 정책은 교육을 통해 모든 학생들이 자신의 소질과 능력에 따라 스스로가 능동적으로 선택한 삶을 주도적이고 건설적으로 영위해 나아갈 수 있도록 다각도로 지원함으로써 궁극적으로는 교육을 통해 학생들이 자신의 삶의 능동적 주체가 되도록 돕는 방향으로 발전·전개되어야 한다.
- 사회적 취약계층 및 교육소외 가능성이 높은 집단에 대한 정책적 조기개입이 중요하다. 조기개입은 그들이 특정 교육 서비스에 접근할 수 있도록 하는 형태의 지원으로만 머물기보다는 교육 시스템 전반이 그들의 교육적 필요를 정확히 파악하고 이를 효과적으로 충족시켜줄 수 있게 질적으로 개선되도록 하는 데 초점을 두어야 한다.
- 해외의 교육복지 정책 사례에서 분명하게 드러나듯이 취약계층 아동의 교육기회 형평성을 보다 효과적으로 제고하기 위해서는 교육기회의 격차가 본격적으로 발생하기 이전인 취학 전 교육단계부터 사회적 취약계층 아동의 학업 준비도를 향상시키기 위한 체계적이며 종합적인 교육적 지원이 필요하다.
- 기존의 3-5세 저소득층 가정의 유아를 대상으로 하던 미국의 헤드 스타트가 조기 헤드 스타트로 확대되어 영아와 임산부까지도 프로그램 대상으로 포함되었다는 점은 주목할 만하다.
- 아동을 위한 교육복지 서비스가 제공되는 과정 측면에서 학교-학부모-지역사회의 협력을 가능하게 하는 여건을 마련하기 위한 노력이 필요하다. 교육복지 정책은 취약계층의 교육문제를 단순히 개별 학습자의 문제로 간주하기보다는 학습자를 둘러싼 다양한 환경적 맥락에 배태된 사회적 현상으로 이해할 필요가 있다. 이러한 점에서 교육복지 정책의 대상은 학습자뿐만 아니라 부모, 교사, 학교, 지역사회까지로 확대되어 이해되어야 한다.
- 교육복지 정책 대상의 다양성이 고려되어야 한다. 특히 언어적 소수자이거나 국제 이주 배경을 가진 부모의 자녀 및 저소득층 가정의 자녀 등 집중적인 교육복지 서비스를 필요로 할 가능성이 높은 집단에 대해서는 특별한 정책적 관심이 기울여질 필요가 있다.
- 교육복지 정책은 다양한 정책 내용을 바탕으로 종합적인 교육복지 구현의 틀 안

에서 체계적으로 계획·수립·이행될 필요가 있다. 다양한 교육복지 프로그램이 통합적인 관점에서 유기적으로 연계될 수 있도록 하는 종합적 틀의 마련은 교육복지 정책의 일관성(policy coherence)을 높임으로써 궁극적으로는 정책의 효율성과 효과성 제고에 기여할 것이다.

- 교육복지 정책은 일부 사회적 취약계층만을 위한 추가적이며 보충적인 교육지원 프로그램의 제공으로 그 초점이 한정되어서는 안 되며, 궁극적으로 모든 학생이 자신의 잠재력을 실질적으로 키워나갈 수 있도록 하는 학습자 중심적인 교육 시스템 구현을 지향해야 한다. 이는 개별 학습자가 경험하게 되는 학습과정 및 학습성과의 다양성에 대한 교육 시스템 차원의 높은 개방성을 전제로 하며, 교육복지 정책은 이러한 다양성에 대한 개방성이 교육현장에서 가능할 수 있도록 교육문화의 체질 개선을 도모하는 방향으로 전개되어야 한다.
- 교육복지 정책은 모든 학습자가 책임 있는 민주시민으로 살아가기에 필요한 높은 수준의 핵심역량을 갖출 수 있도록 교육적 책무성을 강조함과 동시에 학습자 개개인이 지닌 소질과 잠재력의 다양성이 교육을 통해 다양한 형태의 유의미한 개인적·사회적 성과로 이어질 수 있도록 교육 시스템 전반이 변화·발전할 수 있게 하는 추진력을 지녀야 한다.
- 다양한 학습자를 대상으로 알맞은 교육복지 서비스가 효과적으로 제공되기 위해서는 전문성을 갖춘 인력의 양성 및 확보가 필요하다. 교육복지 서비스의 효과적인 제공을 위해서는 학교-가정-지역사회에 걸쳐 학습자의 교육적 필요를 정확히 확인하고 그에 따른 교육적 지원의 제공을 효과적으로 도울 수 있는 전문성을 갖춘 인력의 충분한 확보가 필요하며, 이들이 지속적으로 전문성을 신장시킬 수 있는 여건도 마련되어야 한다.
- 교육복지 전문 인력 이외에도 다양한 분야의 전문가들이 교육복지의 실천적 현장에 깊이 참여할 수 있도록 하는 제도적 시스템 마련이 필요하다. 교육복지 현장 전문 인력의 양성은 다양한 분야의 전문가들과 효과적으로 협력할 수 있는 폭넓은 역량을 갖추도록 하는 것이 중요할 것이다.
- 프로그램 성과의 체계적 평가가 필요하다. 보다 실효성 있는 교육복지 정책의 수립 및 이행을 위해서는 다양한 프로그램들이 의도했던 목표가 실제로 얼마나 구현되었는지에 대한 여러 형태의 종단적 자료의 체계적 수집과 분석이 장기적인 안

목에서 실시되어야 한다. 이러한 체계적인 프로그램 평가를 통해 프로그램의 지속적인 보완 및 개선이 가능할 뿐만 아니라 향후 교육복지 정책이 그 실효성을 더하기 위해서는 어떠한 방향으로 발전되어 나아가야 할 것인지에 대해서도 실질적이며 유용한 시사점을 제공할 수 있을 것이다.

- 교육복지의 개념에 대한 지속적인 정교화가 필요하다. 본 연구에서 검토된 교육복지 관련 정책은 그 사례의 수가 매우 제한적임에도 불구하고 그 안에서 교육복지에 대한 다양한 관점과 접근이 존재하였다. 보다 근본적인 차원에서는 교육복지 정책이 별개로 존재하는 것인지 아니면 모든 교육정책이 궁극적으로는 교육복지 친화적인 방식으로 수립·이행되도록 하기 위한 교육 시스템 전반의 변화가 필요한 것인지에 대해서도 지속적인 논의가 필요하다. 특히 교육복지가 교육기회에의 평등한 접근을 넘어서 개개인이 경험하는 실질적인 학습 기회의 질적 제고 및 유의미한 학습 성과의 다양성 인정 등을 통한 보다 포괄적 의미의 교육적 정의의 실현을 위한 것으로 이해된다면 교육복지 정책은 모든 교육정책과 긴밀하게 연계되는 방식으로 수립·이행되어야 할 것이다.

나. 아동·청소년 지원정책

보고서명	[RR 2021-3] 아동 · 청소년 지원정책 사각지대 해소를 위한 향후과제
주제어	아동 · 청소년 지원정책, 학업, 진로, 심리, 정서, 가족, 경제

1) (학업 · 진로) 위기청소년 학업 · 진로 지원을 위한 과제

가) 정책 추진 현황

- 현재 위기청소년들에 대한 정책은 「아동·청소년 지원정책 사각지대 해소를 위한 향후과제」를 통해서 추진되고 있으며, 아동 돌봄, 위기청소년보호지원, 통합지원 체계구축으로 구분할 수 있다.
- (아동 돌봄) 초·중등 학생의 학습결손 회복 지원은 22년 교육부에서 추진하는 신규

사업으로 대학생 튜터링 사업이다. 코로나19 장기화에 따른 초·중등 학생의 학습 결손을 회복하기 위하여 교·사대생 등의 '대학생 튜터링'을 통한 초·중등 학생 학업보충을 지원한다. 구체적으로 교·사대생 등을 지도교사(튜터)로 선발하고, 초·중등 학생 소그룹(3~5인)방식으로 학업보충 튜터링을 제공하며 예산은 1,050억 원으로 국가장학금 사업 내 근로장학금 예산을 활용한다.

- (위기청소년 보호·지원) 내일이룸학교 직업훈련·취업연계는 여성가족부에서 추진하는 과제로, 학교 밖 청소년의 자립을 지원하기 위해 온라인 콘텐츠를 개발하고 전문 직업훈련·취업을 연계하는 사업이다. 주로 '학교 밖 청소년센터'를 주요 추진체계로 정책을 추진한다.
- (위기청소년 보호·지원) 저소득층 학생들의 교육활동 지원을 확대하기 위해 교육부, 문화체육관광부, 보건복지부에서 추진하는 과제로, 초·중·고 학생의 교육급여 지원정책이다. 코로나 19 이후 교육격차를 완화하기 위해 학습교재와 EBS콘텐츠 구입 등에 사용할 수 있도록 추가로 지원하고 있다. 22년도에는 지원단가가 전년대비 평균 21% 상승, 초등학생은 286→331천 원, 중학생은 376→466천 원, 고등학생은 448→554천 원으로 확대되었다.
- (위기청소년 보호·지원) 청소년 북토큰 지원 사업은 교육부, 문화체육관광부, 보건복지부에서 추진하는 사업으로 교육복지 우선지원 사업의 대상인 초·중등 학생에게 도서교환권을 지원하는 사업이다. 22년에는 대상자를 10만 명에서 27.6만 명으로 늘리면서 초·중등 학생 전원으로 확대하였다. 교육복지 우선지원 사업 대상학생은 '① 교육급여 수급권자, ② 차상위계층 자녀, ③ 한부모가족 자녀, ④ 북한이탈주민 보호대상자의 자녀, ⑤ 다문화가족 자녀, ⑥ 특수교육대상자'이다.
- (위기청소년 보호·지원) 통합지원체계 구축은 교육부, 여성가족부, 보건복지부 등 관계 부처의 협력을 통해 돌봄 및 위기청소년 통합지원을 강화하는 것이다.

나) 정책 운영의 문제점 및 한계

- 코로나19에 따른 위기청소년들의 학업·진로 정책수요를 반영하지 못하는 위기청소년의 학업복지 지원 사업이 많다. '초중등 학생의 학습결손 회복 지원' 사업을 제외하고는 실제 위기청소년들의 학업·진로 환경을 분석하고 이에 대응하기 위한 정책은 거의 없다.

- 위기청소년 학업·진로 관련 사업의 정책효과를 파악할 수 없는 상황에서 정책 투입 요소만 확대되고 있다. 학교 밖 청소년들을 대상으로 하는 정책은 여성가족부의 '내일이룸학교 직업훈련·취업연계', 교육부, 문화체육관광부, 보건복지부에서 추진하는 '저소득층 학생들의 교육활동 지원 확대를 위한 초·중·고 학생의 교육급여', '청소년 북토큰 지원 사업'이 존재한다. 하지만, 사업들의 주된 내용은 지원대상자의 확대, 투입예산의 증대 등으로, 정책목표에서 위기청소년들에 대한 정책효과성을 누락하고 있다. 이처럼 정책을 필요로 하는 위기청소년에 미치는 효과에 대한 환류정보가 없고, 부처 정책기획과 집행요소의 환류만 있기 때문에 위기청소년들 위한 정책효과를 기대하기가 매우 어렵다.
- 통합지원체계 구축을 위한 성과평가 체계가 부재한다. 교육부, 여성가족부, 보건복지부 등 관계 부처의 협력을 통해 돌봄 및 위기청소년 통합지원을 강화하고 부처 간 연계협력 내용 분석 및 평가 방안을 제시하고 구축해야 한다. 그러나 각 추진과제들의 성과도 사업의 완수와 이행달성과 같은 시행계획 점검수준의 평가에 그치고 있어 결국 부처의 사업역량과 규모에 대한 이행점검 및 그 실적만을 분석하고 있다.

다) 위기청소년의 학업·진로를 지원하기 위한 방안

- 위기청소년 학업·진로와 관련된 정책을 개발할 때 OECD Education 2030의 학습프레임워크 요소를 강조하는 것이 필요하다. 청소년의 학업·진로 환경변화 분석결과를 볼 때, 앞으로도 학업·진로의 사회변화 주기는 더욱 짧아지고 학업·진로 경험의 환경은 더욱 더 복잡해질 것이다. 위기청소년들의 개인적 상황과 주변 환경의 문제는 학업·진로 상황에서 더욱 강화된다. 따라서 학업·진로의 과제발굴에 대한 기초과정으로 위기청소년들에게 상황변화에 조절력(accommodative power)을 향상시키는 것이 필요하다.
- 위기청소년에게 새로운 것과 고정관념을 주입하는 것이 아니라 자기주도적으로 진로를 탐색할 수 있도록 해야 한다. 위기청소년을 단순히 낮은 학업성취도 집단이라고 여기게 되면 학업·진로의 콘텐츠를 중복 제공할 수 있다. 또한 새로운 것에 대한 지나친 강조도 개선되어야 한다. 새로운 해결보다 대상자에게 필요한 것이 중요하다. 따라서 위기청소년이 직접 본인의 학업과 진로의 문제를 해결하기

위한 마스터플랜을 작성할 수 있게 하고 이 과정을 지원하는 정책개발이 시급하다.

- 메타버스를 활용하여 위기청소년 학업·진로 교육을 맞춤 관리해야한다. 학업·진로는 지속적인 관리가 중요하기 때문에 접속환경과 여건이 비교적 자유로운 메타버스를 통하여 이들의 진로교육 사업진행을 관리하고 상담하는 것이 필요하다. 또한 위기청소년들이 겪는 학업격차 완화를 지원하기 위한 맞춤형 서비스도 메타버스를 통해서 제공하면 개별화된 맞춤형 서비스가 가능할 것이다.
- 위기청소년들의 진로 멘토링 서비스를 강화해야 한다. 앞으로 지역발전의 불균형은 더욱 심해질 것이고, 위기청소년의 경우 주변인의 인적네트워크가 더욱 취약할 가능성이 높다. 인적자본의 파급효과(spillover effect)를 고려할 때, 위기청소년에 대한 학업·진로 멘토링 사업을 더욱 강화할 필요가 있다.
- 학업·진로 지원을 위한 생활교육비 기초지원 성과분석이 필요하다. 위기청소년은 학업·진로 영역의 정책대상으로 참여할 기본적인 비용을 확보하기 어려운 경우가 발생할 가능성이 높다. 또한, 청소년 인구 감소추세에 따라 앞으로 청소년기의 정책서비스가 비경합적 성격을 더욱 강화할 필요가 있음을 알 수 있다. 생활교육비 기초지원은 이미 추진되고 있는 사업이지만, 실제로 기초지원이 위기청소년들에게 미치는 영향을 분석하고 이를 통해 정책을 확대할 필요가 있다.
- 위기청소년에 대한 투입실적과 사업이행실적이 아니라 사업목적에 착근한 평가체계를 구축해야 한다. 사회정책의 경우 1차적인 사업의 이행실적보다 사업목적이 목표한 변화를 달성하였는가를 평가하는 체계가 이루어져야 실제 위기청소년의 변화와 정책수요를 파악하는 정책 환류가 가능하다. 그러나 현재 위기청소년에 대한 학업·진로 정책의 평가체계는 투입인력과 예산 증가, 사업의 목표 달성률에 초점을 맞추고 있어, 정책의 기본과정인 '투입-산출-정책효과성'의 개념이 누락되어 있다. 따라서 앞으로 위기청소년 지원 사업이 보다 맞춤형 정책으로 거듭나기 위해서는 정책의 환류가 불가한 시행계획의 점검평가보다 위기청소년에 대한 학업·진로 정책의 기본 정책논리인 투입-산출-정책효과성을 볼 수 있어야 하며 이는 정책대상자에 대한 효과성을 중심으로 환류정보를 확보하고 이를 통해 정책 세부 개선안을 제시할 수 있어야 한다.

2) (심리 · 정서) 취약계층 청소년들의 심리 · 정서 지원 사각지대 해소 및 정책지원을 위한 과제

- 세계보건기구(WHO)는 정신건강의 유지 및 증진을 위해 많은 노력을 기울이고 있다. 우리나라에서도 이러한 세계적 추세에 발맞추어 청소년들의 신체 건강은 물론 정신건강을 위해 다양한 노력을 기울이고 있으나 취약계층 청소년들의 신체적·정신적 건강을 위한 정책적 지원은 사실상 충분하다고 보기 어렵다.

가) 취약계층 청소년들의 정신건강

- 취약계층 청소년은 단순히 경제적으로 취약한 가정의 청소년에서 나아가 가정이나 학교를 비롯한 사회적 안정망에서 벗어나 있는 청소년으로 정의한다.
- 취약 계층 청소년들 중 상당수가 교차적인 취약성을 가진다. 예를 들면 경제적으로 어려운 방임이나 학대 가정에서 탈출하여 노숙과 청소년보호시설을 오가며 생활하는 학교 밖 청소년이 심리적 문제를 가진다.
- 2020년 취약계층 청소년들의 심리·정서에 대한 설문조사 분석결과(백혜정 외, 2020)는 [그림 III-1-1]과 같다.

그림 Ⅲ-1-1 정신건강

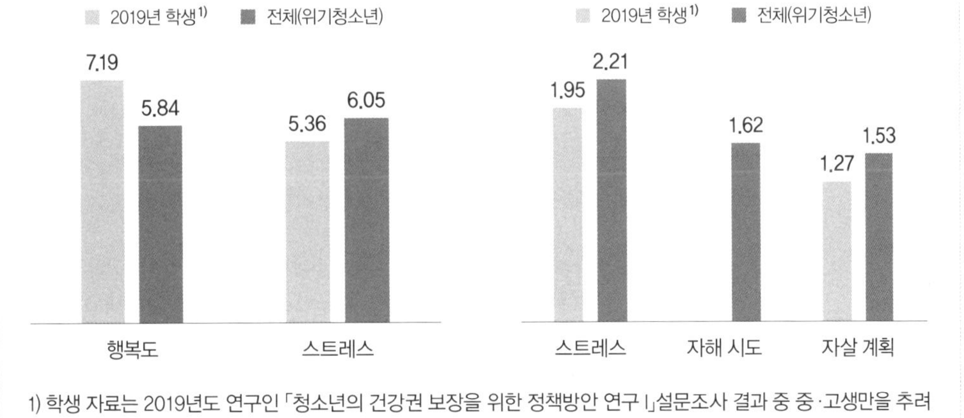

1) 학생 자료는 2019년도 연구인 「청소년의 건강권 보장을 위한 정책방안 연구 I」설문조사 결과 중 중·고생만을 추려 재분석한 결과이며 자해 시도에 대한 2019년 결과는 없음

- 취약계층 청소년들은 정신건강 항목에서 전반적으로 전체 청소년들에 비해 다

소 부정적인 결과를 보인다.

- 심리·정서적 문제는 여성, 가정 밖 생활 경험이 있거나 그 기간이 긴 청소년, 양부모 가정 외 가정이나 시설 및 기타 거주지의 청소년의 경우에서 더 심각한 양상을 보인다.
- 청소년보호시설 거주 청소년들의 우울·불안정도 및 자해 시도 경험 정도는 양부모 가정 청소년에 이어 두 번째로 낮게 나타났는데 이는 취약계층 청소년들에게 제도적으로 최소한의 사회적 안전망을 제공한다면 이들이 심리·정서적 어려움으로 인해 극한 상황으로 치닫게 되는 것을 어느 정도는 상쇄시킬 수 있음을 시사한다.
- 심리·정서 문제는 오랜 기간 방치할수록 치료가 어렵고 예후가 좋지 않으므로 되도록 빠른 개입과 체계적이고 장기적인 지원책이 제공되어야 한다. 특히 경제적 부담을 느낄 수 있는 취약계층 청소년들에게는 필요한 경우 저비용 고품질의 서비스에 쉽게 접근할 수 있도록 제도적으로 지원해야 한다.

• 정부가 취약계층 청소년들의 심리·정서 지원을 위해 제공하는 주요 서비스를 요약하여 기술하면 다음 〈표 III-1-1〉과 같다.

표 III-1-1 취약계층 청소년 정신건강 관련 지원 정책 현황

지원 종류	지원 내용
청소년 특별지원 (상담지원)	• 대상 : 위기상황(가출, 범죄, 학업 중단, 주거불분명 등) 청소년, 실질적으로 보호자의 보호를 받지 못하는 청소년, 다른 법·제도에 의한 지원을 받지 못하는 청소년 • 심리·사회적 측면의 검사 및 상담에 필요한 비용 및 서비스 지원 : 연 30만 원 이내(심리검사비(연 40만 원) 별도, 월 1회, 분기별, 1년 등) • 생활·건강·학업·자립·법률·활동·상담 지원 중 1개 항목(심의회를 거칠 경우 최대 2개) 지원 원칙
고위기 청소년 맞춤형 프로그램 사업	• 자살·자해, 폭력 등 고위기청소년 특성에 맞는 맞춤형 지원서비스를 고위기 청소년 및 보호자에게 제공 – 고위기 청소년 맞춤형 집중지원 프로그램 : 심층 심리검사, 예방, 치료 및 사후관리 등 진단부터 회복까지 단계별 맞춤형 서비스 제공, 가정·학교·비행·성·정신건강 등 문제 영역별 집중 심리지원 프로그램 실시 – 사건·사고 발생 시 긴급 대응 및 사후 지원 : 자살·자해, 집단폭행, 재난 등 사건·사고 발생 시 신속한 개입과 초기상담, 심리적 외상/트라우마 지원 및 사후 관리, 사건·사고에 노출된 주변인(목격자 등)의 2차 피해 최소화를 위한 심리적 외상/트라우마 지원 – 고위기 청소년 대상 지역별 특성화 사업 : 각 지역의 특성과 여건을 반영한 특화 프로그램이나, 도박 중독 등 새로운 사회문제 대응을 위한 개입 프로그램 운영 – 고위기 전담 청소년동반자* 활동비 지원 : 고위기 청소년 대상 전담 청소년 동반자 지정·지원(6개월)* 청소년 동반자 : 1:1 찾아가는 상담지원 서비스

지원 종류	지원 내용
지역사회 청소년 통합지원체계 (청소년 안전망), 청소년복지시설*	• 위기청소년 조기 발견·보호 및 지원을 위한 활동 지원 • 상담전화(청소년전화 1388) 등의 설치·운영 • 청소년에 대한 긴급구조, (심리·정서)상담, 보호서비스를 비롯하여 통합지원 서비스 제공 및 연계* 쉼터, 자립지원관, 회복지원시설
청소년 치료재활 센터	• 정서·행동에 어려움을 겪는 청소년에게 거주서비스와 더불어 상담·치료·보호·교육 등 종합적·전문적 서비스를 제공(11박12일, 1~4개월) • 전국 2개소(용인, 달성) • 취약계층의 경우 참가비용(10만 원~월 30만 원) 면제 신청 가능

* 출처: 여성가족부(2022).「2022년 청소년사업 안내」 재구성

나) 정책 운영의 문제점 및 한계

- 정책대상자에서 소수집단을 배제하는 문제가 존재한다. 취약계층 청소년은 그 규모가 작아 정책 대상에서 배제되는 경우가 적지 않다. 일례로 제5차 국민건강증진종합계획(보건복지부, 한국건강증진개발원, 2021)에는 취약계층 청소년의 정신건강에 대한 계획이 부족하다. 학교나 가정 밖 청소년들은 열악한 환경으로 인해 심리·정서적으로 누구보다 어려움을 겪을 가능성이 높음에도 불구하고 이들의 정신건강에 대한 지원은 상대적으로 빈약하다.
- 전달체계의 한계가 존재한다. 우리나라의 청소년 대상 정책이나 서비스가 대부분 가정과 학교를 통해 제공되고 있다. 대다수의 청소년들이 가정과 학교 안에서 생활하고 있기 때문에 가정과 학교를 통한 지원은 효율성이 높다. 하지만, 가정과 학교를 벗어나 생활하는 청소년들은 다양한 지원 서비스에서 배제될 가능성이 높다.
- 복지 서비스의 한계가 존재한다. 취약계층 청소년들이 어느 기관이나 시설에 속해 있다면—또는 기관이나 시설과 "연결"된다면—"복지 지원" 차원에서 서비스 지원을 받을 수 있다. 하지만, 장기적이고 높은 비용의 심리치료를 지원하기에는 지원 기간, 금액 등의 서비스가 충분하지 않다.
- 지원체계별 서비스 격차에 따라 형평성의 문제가 있다. 대상별 서비스는 모두 기능이 아니라 대상별 접근을 통해 제공되고 있다. 관할 부처의 분절화로 인해 심리·정서 지원 정책의 차이나 사각지대가 발생할 뿐만 아니라 정책의 복잡성과 중

복성이 증가하게 된다.

- 지원기관 이용률에 문제가 있다. 관련 정보나 지역 사회 내 시설 부족, 대상자의 특성 등 복합적인 이유로 지원체계에 대한 이용률이 저조한 경향을 보일 수 있다. 특히, 취약계층 청소년은 지지 체계의 부족으로 정보 수집 및 활용에 어려움을 겪는 경우가 많아 지원기관 및 내용에 대한 정보가 부족한 경향을 보인다.

다) 취약계층 청소년들의 심리·정서 지원 사각지대 해소 및 정책지원을 위한 방안

- 취약계층 청소년의 심리·정서 건강에 대한 국가의 책무성을 강화해야 한다. 취약계층 청소년들에 대한 정신건강 서비스의 격차를 줄이기 위해 법체계를 정비하고 정신건강 서비스 표준안을 마련하여 적용하는 등의 노력을 기울여야 한다.
- 통합 지원 내 기본 서비스로서의 심리·정서 지원이 필요하다. 취약계층 청소년들은 주거환경이나 근로환경, 경제적 여건 등이 열악할수록 정신적 건강에 취약한 경향을 보인다. 따라서 취약계층 청소년들에 대한 정신건강 지원이 다른 영역의 지원과 통합적으로 이루어질 필요가 있다. 통합지원 안에서 심리·정서 지원이 제공되기 위해서는 정부 부처 및 기관 간 정책조율과 연계협력이 필수적으로 이루어져야 한다.
- 기능별 접근을 통해 정책의 분절화를 방지해야 한다. 정책의 분절화를 방지하기 위해서는 정책 영역과 관련 부처 간 조율이 필요하다. 기본적으로 정신건강 관련 정책은 건강권 보장이라는 기능에 초점을 맞추어 정책대상이 누구인가에 상관없이 관할부처가 일원화되어 수립·시행되어야 한다.
- 대상자 개개인에 따라 맞춤형 지원이 필요하다. 취약계층 청소년들은 특히 정신건강에서 취약한 경향을 보인다. 따라서 취약계층 청소년들에게 양질의 정신건강 서비스를 제공하는 것은 매우 절실하고 중요한 문제라고 할 수 있다. 취약계층 청소년들의 소재지를 기준으로 이들이 이용가능한 양질의 정신건강 서비스 기관을 확보, 연계하여 저비용 고품질의 서비스에 쉽게 접근할 수 있는 방안을 마련해야 한다. 또한, 건강검진 안에 심리·정서 검사를 의무화하는 방안을 고려해야 할 것이다.

3) (가족 · 경제) 위기가구 저소득층 미취학아동 지원을 위한 과제

- 정부는 혁신적 포용국가 아동정책의 방향에 입각하여 보편적 복지를 통하여 경제생활, 주거환경, 보육 및 교육 기회, 영양과 건강, 문화생활 등과 같은 다각적인 측면에서 발생할 수 있는 사회적 격차를 줄여나가고자 하고 있다.
- 그러나 보편적 복지를 통하여 위기가구 저소득층 미취학아동의 다각적인 결핍이 해소되지 않고 있음이 밝혀지면서 사회적 격차 해소를 위해서 격차가 발생하는 영역에 대한 집중과 선택적인 지원이 필요하다는 문제 인식이 대두되고 있다.

가) 위기가구 저소득층 미취학아동 대상 정책 지원 현황

- 저소득층 가구에 대해 연령별 미취학아동 양육지원 내용은 〈표 III-1-2〉와 같다.

표 III-1-2 저소득층 가구 미취학아동 양육지원의 영역 및 연령별 지원내용

<table>
<tr><th colspan="2">지원영역</th><th>만 0세
(~12개월)</th><th>만 1세
(~24개월)</th><th>만 2세
(~36개월)</th><th>만 3세
(~48개월)</th><th>만 4세
(~60개월)</th><th>만 5~6세
(~84개월)</th></tr>
<tr><td rowspan="14">보육
·
돌봄
지원</td><td rowspan="7">아동
관련
수당
지원</td><td colspan="6">영아수당</td></tr>
<tr><td colspan="6">아동수당</td></tr>
<tr><td colspan="6">가정양육수당</td></tr>
<tr><td colspan="6">농어촌양육수당</td></tr>
<tr><td colspan="6">장애아동수당(~만 18세 미만)</td></tr>
<tr><td colspan="6">입양아동 양육수당(~만 17세 미만)</td></tr>
<tr><td colspan="6">장애아동입양 양육보조금(만 18세 이하)</td></tr>
<tr><td rowspan="5">보육
·
교육
서비스</td><td colspan="3">만 0–2세 보육료 지원</td><td></td><td></td><td></td></tr>
<tr><td></td><td></td><td></td><td colspan="3">만 3–5세 누리과정 지원</td></tr>
<tr><td colspan="6">연장형 보육료 지원(야간, 야간12시간, 24시간, 휴일보육)</td></tr>
<tr><td colspan="6">장애아 보육료 지원(~미취학 만 12세 이하)</td></tr>
<tr><td></td><td colspan="2">시간제보육(6~36개월)</td><td></td><td></td><td></td></tr>
<tr><td rowspan="2">가정 내
양육
지원</td><td></td><td colspan="5">시간제 아이돌봄서비스(3개월~만 12세 이하)</td></tr>
<tr><td></td><td colspan="2">영아종일제 아이돌봄서비스
(3~36개월)</td><td></td><td></td><td></td></tr>
</table>

<table>
<tr><th colspan="2">지원영역</th><th>만 0세
(~12개월)</th><th>만 1세
(~24개월)</th><th>만 2세
(~36개월)</th><th>만 3세
(~48개월)</th><th>만 4세
(~60개월)</th><th>만 5~6세
(~84개월)</th></tr>
<tr><td rowspan="9">보육
·
돌봄
지원</td><td rowspan="4">가정 내
양육
지원</td><td colspan="6">질병감염아동 지원서비스(만 12세 이하)</td></tr>
<tr><td colspan="6">장애아가족 양육지원</td></tr>
<tr><td colspan="6">육아종합지원센터</td></tr>
<tr><td colspan="6">공동육아나눔터</td></tr>
<tr><td rowspan="5">기타
서비스
지원</td><td colspan="6">비장애 자녀를 위한 언어발달지원사업 바우처(만 12세 이하)</td></tr>
<tr><td colspan="6">발달장애인 부모상담 바우처 지원</td></tr>
<tr><td colspan="6">발달장애인 가족휴식지원사업(힐링캠프, 테마여행)</td></tr>
<tr><td colspan="6">다문화가족 방문교육서비스(중도입국자녀 한국어교육 만 19세 미만, 부모교육서비스)</td></tr>
<tr><td></td><td></td><td></td><td colspan="3">다문화가족 중도입국자녀 자녀생활서비스
(~12세 이하)</td></tr>
<tr><td rowspan="14">건강
관리
및
의료
지원</td><td rowspan="2">현물
지원</td><td colspan="2">저소득층 기저귀 조제분유
(~24개월)</td><td></td><td></td><td></td><td></td></tr>
<tr><td colspan="6">저소득층 영양플러스 사업(만 6세 미만)</td></tr>
<tr><td rowspan="3">검진
및
예방
지원</td><td colspan="6">영유아 건강검진(만 6세 미만)</td></tr>
<tr><td colspan="6">영유아 발달장애 정밀검사비 지원</td></tr>
<tr><td colspan="6">어린이 국가예방접종 지원 사업(만 12세 이하)</td></tr>
<tr><td rowspan="7">의료비
지원</td><td colspan="6">의료급여(18세 미만)</td></tr>
<tr><td colspan="6">차상위 본인부담 경감대상자 지원(18세 미만)</td></tr>
<tr><td colspan="6">장애입양아동 의료비지원(18세 미만)</td></tr>
<tr><td>미숙아 및
선천성 이상아
의료비 지원
(~6개월)</td><td></td><td></td><td></td><td></td><td></td></tr>
<tr><td>선천성 대사
이상검사 지원</td><td></td><td></td><td></td><td></td><td></td></tr>
<tr><td colspan="6">선천성 대사 이상 환아 관리 지원</td></tr>
<tr><td colspan="6">취학 전 아동 실명예방 지원</td></tr>
<tr><td rowspan="2">진단
아동
임상
지원</td><td>선천성
난청검사 및
보청기 지원</td><td></td><td></td><td></td><td></td><td></td></tr>
<tr><td colspan="6">발달재활서비스(만 18세 미만)</td></tr>
</table>

지원영역		만 0세 (~12개월)	만 1세 (~24개월)	만 2세 (~36개월)	만 3세 (~48개월)	만 4세 (~60개월)	만 5~6세 (~84개월)
놀이 및 여가 지원							통합문화 이용권 (6세 이상)
							스포츠 강좌 이용권 (5세 이상)
		산림복지서비스 이용권					
취약계층 통합지원		아동통합서비스지원(드림스타트)(만 12세 이하)					
		희망복지지원단 통합사례관리사업(가구자활사업)					
		가족역량강화 지원					
주거 지원	주택 공급	국민임대주택 공급					
		영구임대주택(생계/의료급여)					
		일반 저소득층 전세임대					
		일반 저소득층 매입임대					
		행복주택(주거급여수급자/만6세 이하 자녀를 둔 한부모/만 65세 이상 고령자)					
		주거급여, 임차가구					
	주거 환경	저소득층 에너지효율 개선					
		주거급여, 자가 가구					
		사회취약계층 환경성질환 예방사업					
		슬레이트 처리 지원					
		서민층 가스시설 개선사업					
		에너지 취약계층 고효율조명기기 무상 교체 지원					
	생활비 경감	에너지 바우처(난방비)					
		기초생활수급자 공공요금 감면					
긴급지원		긴급복지지원제도					

* 출처 :

1) 유해미, 박은정, 정은희, 엄지원(2019). 사회적 격차 해소를 위한 빈곤가정 영유아 양육지원 방안 연구(Ⅰ) : 빈곤가정 영유아 양육실태 분석. 육아정책연구소, pp. 113-114 수정·보완

2) 보건복지부, 한국사회보장정보원(2022). 2022 나에게 힘이 되는 복지서비스 통합본, pp. 22-50, pp. 46-49, pp. 57-59, pp. 94-108, p.111, pp. 133-135, p.162, pp. 167-168, pp. 209-212.

3) 복지로 홈페이지. 장애아동입양 양육보조금. https://www.bokjiro.go.kr/ssis-teu/twatzzza/intgSearch/moveTWZZ01000M.do (2022.05.17. 인출)

4) 복지로 홈페이지. 차상위 본인부담 경감대상자 지원. https://www.bokjiro.go.kr/ssis-teu/twataa/wlfareInfo/moveTWAT52011M.do (2022.05.17. 인출)

- 저소득층 통합지원으로는 아동통합서비스지원인 드림스타트, 탈빈곤 및 자활지원을 위한 희망복지지원단 통합사례관리사업, 가족역량강화 지원 사업 등이 있다(〈표 III-1-3〉 참고).

표 III-1-3 저소득층 통합지원 정책

정책	대상	지원 내용
아동통합 서비스지원 (드림스타트)	만 12세(초등학생) 이하 취약계층 아동 및 가족(임산부 포함)	• 가정방문을 통해 조사한 양육환경·아동발달 상태를 기준으로 아동발달 영역별 맞춤형 통합서비스 제공 – 인지·언어, 신체·건강, 정서·행동, 부모 및 가족지원 – 건강검진 및 예방, 기초학습지원, 산전산후관리, 건강관리, 치료지원, 문화체험, 양육지원 등
희망복지 지원단 통합사례 관리사업 (가구자활사업)	통합사례관리를 통해 탈빈곤, 자활지원이 가능한 가구, 기초생활 수급자 중 신규 수급자, 기초수급 탈락자, 차상위 빈곤가구 등	• 복지·보건·고용 등 필요한 서비스를 통합적으로 연계·제공 ※ 공적지원이 곤란하거나 적절한 민간자원 연계가 어려운 경우 1가구당 생활지원비, 진단비 및 교육훈련비를 최대 50만 원 한도 내 현물서비스로 지원
가족역량 강화지원	기준 중위소득 100% 이하인 (손)자녀를 양육하는 한부모 가족, 조손 가족, 청소년 부모 등 가족기능 및 역량 강화를 위해 지원이 필요한 가족, 경제·사회적 위기사건에 직면한 가족	• 심리·경제적 안정과 자립을 위한 사례관리 서비스 제공 • 건강, 직업교육, 보육서비스 등의 정보 제공(지역사회 자원 활용·연계 지원) • 취학 전 아동, 초등학교 1학년부터 중학교 3학년 연령대 대상 학습 및 정소 지원(청소년(한)부모의 경우 본인도 가능) • 만 18세 미만의 (손)자녀가 있는 취약가족에게 생활도움서비스 지원 • 청소년부모 대상 심리상담 및 법률지원 제공 • 위기사건으로 긴급위기지원이 필요한 경우 긴급 돌봄, 심리·정서지원서비스 제공

* 출처:
1) 이정림, 구자연, 최윤경, 정정호(2020). 사회적 격차 해소를 위한 빈곤가정 영유아 양육 지원 방안 연구(II): 빈곤가정 특성별 영유아 양육 요구 분석. 육아정책연구소. p. 51 〈표 II-2-12〉를 토대로 업데이트
2) 보건복지부, 한국사회보장정보원(2022). 2022 나에게 힘이 되는 복지서비스 통합본. p. 24, p. 114 재구성

- 저소득층 가구특성별 지원 정책은 〈표 III-1-4〉와 같다.

표 Ⅲ-1-4 한부모, 미혼모(부), 조손가구의 미취학아동 양육 지원 내용

<table>
<tr><th colspan="2">지원영역</th><th>한부모</th><th>미혼모(부)</th><th>조손</th></tr>
<tr><td>수당</td><td>한부모가족
아동양육비</td><td colspan="3">한부모가족 아동양육비 지원</td></tr>
<tr><td rowspan="2">법률
지원</td><td>한부모가족
무료법률구조</td><td colspan="3">법률상담, 소송대리, 기타 법률사무 등 무료법률구조 지원</td></tr>
<tr><td>양육비이행원스톱
종합서비스</td><td colspan="3">양육비 관련 맞춤형 종합 지원</td></tr>
<tr><td rowspan="2">주거
지원</td><td>한부모가족복지시설</td><td colspan="2">한부모가족복지시설</td><td></td></tr>
<tr><td>한부모가족주거지원</td><td colspan="3">공공임대주택, 영구임대주택, 국민임대주택, 기존주택매입임대 등</td></tr>
<tr><td rowspan="2">기타</td><td>가족역량강화지원
사업</td><td colspan="3">가족역량강화지원 사업(기준 중위소득 100% 이하)</td></tr>
<tr><td>서민금융진흥원
소액보험</td><td colspan="3">보험계약 체결 및 보험료 전액 지원(만 12세 이하 아동 및 부양자)</td></tr>
<tr><td colspan="2" rowspan="3">미혼모(부) 초기지원 사업</td><td></td><td>출산 및 양육 지원</td><td></td></tr>
<tr><td></td><td>친자검사비 지원</td><td></td></tr>
<tr><td></td><td>상담, 자조모임,
교육문화프로그램 등</td><td></td></tr>
<tr><td colspan="2" rowspan="4">청소년한부모 자립지원</td><td colspan="2">아동양육비</td><td></td></tr>
<tr><td colspan="2">검정고시 학습비</td><td></td></tr>
<tr><td colspan="2">고교생 교육비</td><td></td></tr>
<tr><td colspan="2">자립지원촉진수당</td><td></td></tr>
</table>

* 출처:

1) 이정림, 구자연, 최윤경, 정정호(2020). 사회적 격차 해소를 위한 빈곤가정 영유아 양육 지원 방안 연구(II): 빈곤가정 특성별 영유아 양육 요구 분석. 육아정책연구소.

2) 보건복지부, 한국사회보장정보원(2022). 2022 나에게 힘이 되는 복지서비스 통합본, p. 24, p. 49, pp. 301 305.

3) 여성가족부(2022b). 2022년 한부모가족지원사업 안내. pp. 331-345.

나) 위기가구 저소득층 미취학아동 양육지원 정책 진단

- 위기가구 저소득층 미취학아동 대상 조기투자가 부족하다. 연구 결과(이정림 외, 2020), 전반적으로 미취학아동을 양육하고 있는 저소득층 가구의 공통적 어려움

은 경제적 어려움과 더불어 양육지원을 위한 외부 인적자원 및 정보 부족에 따른 어려움이 가장 큰 비중을 차지하고 있다. 또한, 저소득층 가구 영유아의 건강과 영양, 적절한 놀이 환경 제공으로 기대할 수 있는 신체 발달 및 언어·인지 발달, 건전한 생활 습관 형성, 문화적 체험을 통한 사회·정서 발달 등과 같은 영역에서의 총체적 부실을 경험하고 있다.

- 초등학교 아동 중심의 드림스타트 사업의 운영이 필요하다. 드림스타트를 통해 연계된 면접 대상 가정이 아닌 경우에는 대부분 드림스타트 사업과 연계되지 않았음을 발견하였다. 빈곤의 악순환 고리를 끊기 위해서는 보다 적극적인 조기투자가 필요하며, 향후 드림스타트 사업에서 저소득층 가구 미취학아동에 대한 사례를 보다 적극적으로 발굴하는 작업부터 사례관리까지 집중적인 투자가 필요하다.
- 저소득층 가구 특성별 맞춤형 지원 내실화가 필요하다. 저소득층 가구 특성별 맞춤형 양육지원 방안을 마련하여 제공할 때 정책의 효율성을 높일 수 있을 것으로 보인다.

다) 위기가구 저소득층 미취학아동 지원을 위한 향후과제

- 저소득층 가구 전반에 따른 미취학아동 양육지원이 필요하다. 위기가구 저소득층 미취학아동의 다차원적인 영역(영양 상태, 발달 지원, 주거환경, 사회·문화적 생활 등)에서의 총체적 부실은 건강하고 건전한 성장과 발달에 지장을 초래할 수 있다. 이를 해결하기 위해 식비 바우처 제도 도입, 문화생활 지원을 위한 바우처 연령 확대 및 활성화, 특기활동 및 특별활동에 대한 비용 지원 등이 필요할 것이다.
- 조기드림스타트 기반을 마련하기 위해 중장기 방안을 수립해야 한다. 위기가구 저소득층 미취학아동에 대한 선별적인 투자가 필요하고, 특히 투자의 효과성을 높일 수 있는 조기투자가 필요하다.
- 드림스타트에서의 미취학아동 지원 사업 특성화 및 활성화가 필요하다. 드림스타트 사업에서 미취학아동의 사례관리가 질적으로 잘 운영될 수 있도록 사례관리에 대한 슈퍼비전 제공, 사례관리 담당자 교육 기회 제공 등이 더 많이 활성화되어야 할 것이다.
- 저소득층 가구특성별 미취학아동 양육지원 방안이 필요하다. 양부모가 있는 저소득층 가구, 한부모 저소득층 가구, 미혼모(부) 저소득층 가구, 조손 저소득층 가

구 유형에 따른 맞춤형 양육지원 방안을 마련하는 것이 필요하다.

- 저소득층 통합지원 사업 간의 연계 및 관리 체계를 마련해야 한다. 지역사회와 공공서비스 제공자인 공무원, 드림스타트가 어린이집과 같은 보육기관과의 유기적 연계를 강화하여 위기가구의 상황을 확인하고 연계하는 것이 필요하다. 기존체계 기관 간의 유기적인 관계 형성과 협력을 통하여 위기가구 저소득층 미취학아동의 양육을 지원해야 한다.

다. 초·중등 국가장학사업

보고서명	[CR 2019-02] 초·중등 국가 장학사업의 발전 방향 모색
주제어	초·중등 국가장학금제도, 사업 실태, 발전 방안

1) 초·중등 국가장학금제도 및 사업 실태 분석

- 2019년 기준 초·중등 국가장학금은 '특별교부금 꿈사다리 장학제도'와 '복권기금 꿈사다리 장학사업'으로 이원화되어 운영하고 있다. 특별교부금 꿈사다리 장학제도는 2018~2019년의 2년에 걸쳐 한시적으로 운영되었으며 선발된 학생들은 고등학교 3학년까지 지속적으로 지원받았다. 복권기금 꿈사다리 장학사업은 2019년 시범운영 기간을 거친 후 사업 규모 및 운영을 조정하였다.

가) 특별교부금 꿈사다리 장학제도

- 특별교부금 꿈사다리 장학제도는 학업의지가 높고 성장 잠재력을 가진 저소득층 가정의 중1 학생들을 선발하여 중2~고3까지 지원하고 대학까지 연계하는 것이다. 중·고교 단계에서는 장학금과 교육캠프, 멘토링 등을 지원한다. 대학 단계에서는 '국가장학금'과 연계하여 소득 수준에 따라 등록금을 지원하고, '국가교육근로'를 통해 멘토로 활동하며 후배 장학생들의 롤모델 역할을 할 수 있도록 한다([그림 III-1-2] 참고).

그림 Ⅲ-1-2 특별교부금 꿈사다리 장학생 성장과정 관리체계

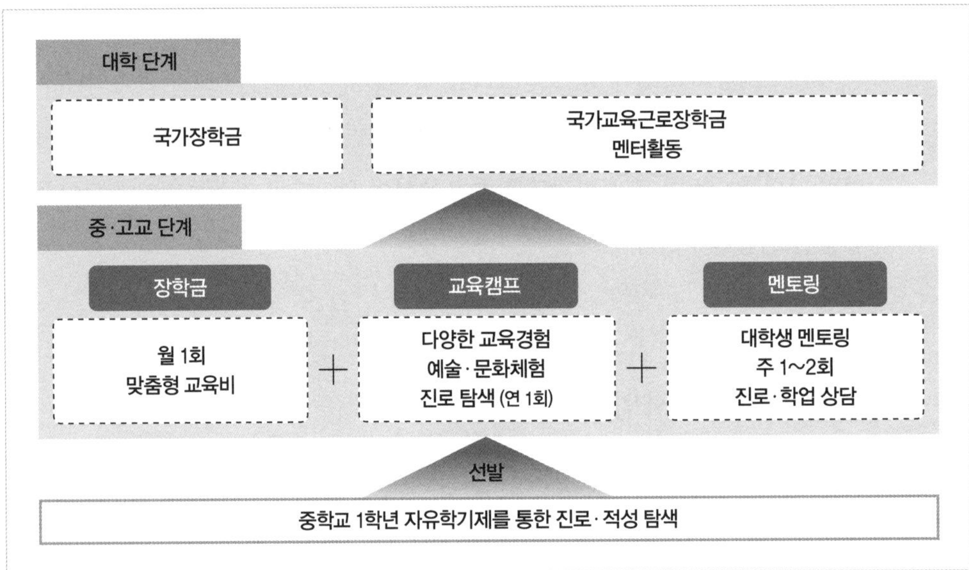

• 특별교부금 꿈사다리 장학제도의 장학생 선발은 학교별 '장학생추천위원회'심사를 거쳐 도교육청(장학생심사위원회) 심사 후 확정하여 교육부에 명단을 제출하면 교육부 '꿈사다리 장학제도 운영·심의위원회'에서 최종 결정한다. 교육부의 역할은 기본계획 수립 및 사업 총괄, 장학생 최종 확정이고, 도교육청의 역할은 계획 수립, 추천 장학생 심사·선발·관리, 장학금 지급, 학교는 장학생 추천·지원(장학금 활용 및 학업 상황 등 점검·지도), 그리고 한국장학재단은 교육캠프, 멘토링 연계 등이다. 특별교부금 꿈사다리 장학생 인원은 2018년 250명, 2019년 250명이다(<표 Ⅲ-1-5> 참고).

표 Ⅲ-1-5 시도별 특별교부금 꿈사다리 장학생 선발인원(단위: 명)

	서울	부산	대구	인천	광주	대전	울산	세종	경기	강원	충북	충남	전북	전남	경북	경남	제주
2018	34	18	16	16	12	10	5	4	40	10	9	11	16	13	14	16	6
2019	34	18	16	16	12	10	5	4	40	10	9	11	16	13	14	16	6

• 특별교부금 꿈사다리 장학제도에 선발된 장학생은 중2부터 고3까지 5년간 꿈사다리 장학금과 전담교사·대학생 멘토링, 교육캠프 등 맞춤형 교육 지원을 받는다.

꿈사다리 장학금은 학생의 교육급여 등 수급계좌 또는 학생 명의 개인 계좌 등으로 월 1회 지급하며, 학업 계획 및 미래 설계에 따라 담임교사(또는 전담교사)의 지도 아래 장학금을 사용한다. 담임교사의 지도는 장학생의 학업, 진로설계 등 학교생활 전반과 장학금 지출·활용 등에 대해 지도·점검·지원하는 것을 의미한다. 대학생 멘토링은 '대학생 청소년교육지원사업'에 참여하고 있는 대학생(나눔지기)이 주 1~2회 진로 및 학업상담 등의 멘토링을 실시하는 것을 의미한다. 꿈사다리 캠프는 다양한 교육 및 진로탐색·문화체험 프로그램으로 구성된 캠프를 연 1회 개최하여 풍부한 교육경험을 제공한다. 진로·진학상담은 중학교 3학년 및 고등학교 3학년 시기에 심층면담을 실시하여 학생들의 진로 선택에 도움을 제공한다. 대학단계에서는 소득수준에 따라 국가장학금과 연계하여 등록금을 지원하고, 국가교육근로를 통해 멘토 활동 기회를 부여한다.

- 특별교부금 꿈사다리 장학제도 중간과제 및 점검·지원 방안은 [그림 Ⅲ-1-3]과 같다.

그림 Ⅲ-1-3 특별교부금 꿈사다리 장학제도 중간과제 점검·지원

장학생	→	담임교사	→	학교장	→	시·도교육청 (교육지원청)
중간과제 작성·제출 – 학업계획서(연 2회) – 성장보고서(월 1회) – 지출내역서(월 1회)	→	중간과제 확인·점검, 월 1회 1:1 상담 (조정 가능)	→	중간과제 점검·지원 결과 교육지원청에 보고	→	중간점검

- 장학생은 학업계획서, 성장보고서, 지출내역을 작성해 제출한다. 학업계획서는 학업, 진로탐색, 문화체험, 봉사 등 다양한 활동을 포함하는 구체적인 계획서로 학기 초에(연 1회) 작성하여 제출한다. 성장보고서는 학생의 학업 및 성장·발달 상황 등을 파악할 수 있도록 다양한 활동사항을 기록한 보고서로 월 1회 작성하여 제출한다. 지출내역은 장학생이 자율적으로 관리하는 장학금 지출 관련 사항을 꼼꼼히 기록하여 월 1회 제출한다. 담임교사는 장학금을 효과적으로 활용할 수 있도록 지출내역을 적극적으로 점검하고 관리하는 역할을 수행한다. 학습, 도서 및 교재 구입, EBS 강의 수강, 진로탐색활동, 예술·문화 체험, 각종 시험응시, 미래를 위

한 저축 등에 활용하도록 유도해야 한다. 전담교사는 학생이 작성한 학업계획서, 성장보고서, 지출내역을 활용하여 월 1회 내외 1대1 상담을 시행한다. 장학생이 작성·제출한 중간 과제는 담임교사(학교장) 확인 후, 결과를 교육청 지원청에 보고(상·하반기 각 1회)하고, 교육부 및 한국장학재단은 시도별 장학생 중간 점검 및 추후 지도에 대한 충분한 지원을 제공한다.

- 장학생 활동에 불성실하게 참여하거나 장학생으로서 부적격하다고 판단되는 경우, 학교장은 이를 바로 교육지원청에 보고한다. 교육지원청, 도교육청은 '장학생 심사위원회'를 개최하여 지원중단 사유에 관해 확인, 최종심의 및 지원중단을 결정할 수 있다.

• 특별교부금 꿈사다리 장학생 지원 실태의 경기도교육청 사례는 다음과 같다.
  - 학업계획서는 40명 모두 작성하였으며 부족한 학업 보충, 꿈에 대한 투자(노트북 구입, 미술용 태블릿 구입, 저축 등), 봉사활동 등을 계획한 것이 확인되었다. 일부 학업계획서를 추상적으로 작성한 경우는 구체화할 수 있도록 지도하고, 학업계획서대로 장학금을 활용하여 생활하고 있는지 전담교사가 상담하고 지원할 필요가 있다.
  - 지출내역은 학생들은 총 72,000천 원 장학금으로 배우고 싶었던 과목 수강(교과, 실기, 예능)을 첫째로 활용하였으며, 둘째로는 진학 대비(예고·대학) 저축으로, 셋째로는 관심 분야 도서(참고서), 노트북 구입 등에 주로 활용하고 있었다. 장학금 액수와 지출 액수가 맞춰져 기재될 수 있도록 하고, 지출 내역이 매월 같은 경우나 지출내역이 소비 경향이 있는 경우는 상담 등을 통해 사실을 확인하고 장학금 취지에 맞게 지도할 필요가 있음을 강조하고 있다.
  - 성장보고서 작성과 상담 현황은 평균 5-6회(월 1회)로 적정하게 이루어졌다. 또한 꿈사다리 장학금과 멘토링, 꿈사다리 캠프 등이 대부분 학생 성장 의지 강화에 마중물 역할을 하였고, 다양한 측면에서의 성장을 엿볼 수 있다.
  - 전담교사 의견 분석 결과, 개선사항과 사업의 강점이 제시되었다. 개선사항으로는 교사의 전출, 학생의 진급 혹은 이사로 인해 전담교사가 변경되면 인수인계 등의 명확한 절차 안내가 이루어질 것, 원활한 장학금 사용을 위해 장학금 지급 일자를 월초로 고정할 것, 그리고 중간 점검에 대한 애로사항 개선 등이 제시되었다. 사업의 강점으로는 매월 장학금으로 학생이 도전할 만한 기회가 제공

된 점, 성장보고서를 통해 학생에 대한 전반적인 가정·학교생활을 알아볼 수 있고, 그로 인해 학생을 도울 수 있는 계기가 되었다는 점, 소극적이던 학생이 캠프를 통해 비전을 갖게 되었고, 표정이 밝게 바뀌었다는 등이 제시되었다.

나) 복권기금 꿈사다리 장학사업

- 복권기금 꿈사다리 장학사업은 복권기금 재원으로 저소득층 우수 중고생을 발굴하여 대학까지 지원하는 국가 장학제도다. 선발대상은 국내 중학교 2, 3학년 및 고교 1, 2, 3학년 재학생 중 역량과 잠재력을 갖춘 저소득층(국민 기초생활수급자, 한부모가족 보호대상자, 법정 차상위계층 가정의 학생)이다.
- 2019년 기준, 전체 1,500명(중 600명, 고 900명) 내외를 선발하며, 학교장이 추천한 학생에 대해 서류심사 및 심층 평가를 통해 이루어진다. 매월 장학금 외에 1:1 멘토링, 진로 컨설팅 등을 지원하며 복권기금 꿈사다리 장학사업의 추진체계는 [그림 III-1-4]와 같다.

그림 III-1-4 꿈사다리 장학사업 체계도

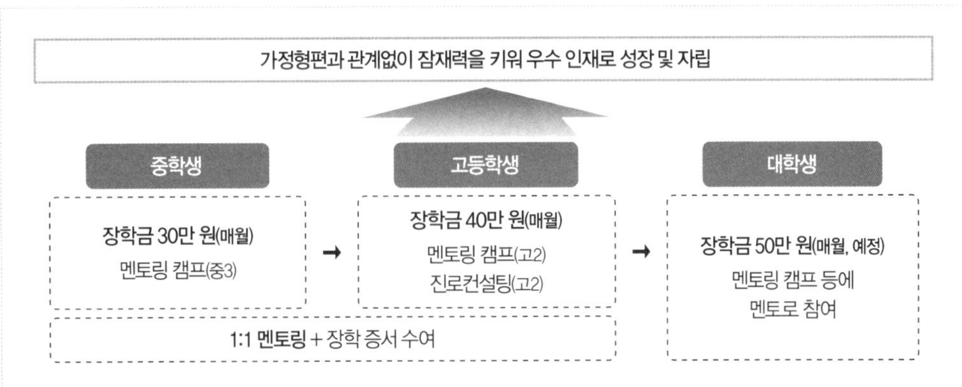

- 복권기금 꿈사다리 장학생 선발 절차는 학교장이 추천한 학생에 대한 서류심사 및 심층 평가를 통해 이루어진다([그림 III-1-5] 참고).
  - 학교추천 단계에서 학교생활 태도, 성장 가능성·인성·지원 필요성을 종합적으로 고려하여 학교 추천위원회를 통해 1명을 추천한다(〈표 III-1-6〉 참고).
  - 서류심사단계에서 직전 학년 교과·비교과 영역별 최소 자격 기준을 심사한다.

최소 자격 기준은 교과 영역 D등급(중3~고1) 또는 7등급 이상(고2~고3), 비교과 영역 결석 10회 미만, 봉사활동 10시간 이상(직전 학년 기준)이다.

- 심층 평가 단계에서는 지역별 평가단을 통해 학생이 제출한 「나의 꿈 도전 계획서」에 기술된 역량, 잠재력, 인성 등을 종합적으로 평가한다.

그림 Ⅲ-1-5 복권기금 꿈사다리 장학생 선발 절차

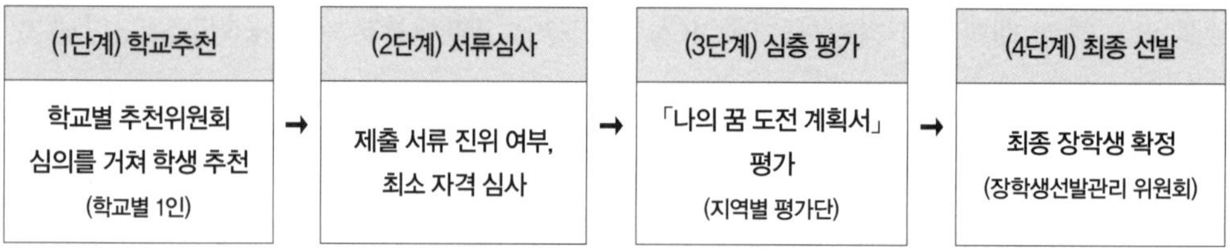

표 Ⅲ-1-6 시도별 복권기금 꿈사다리 장학생 선발인원(단위 : 명)

	서울	부산	대구	인천	광주	대전	울산	세종	경기	강원	충북	충남	전북	전남	경북	경남	제주
중	72	33	23	25	17	16	12	4	117	31	24	35	39	46	49	49	8
고	122	55	34	48	26	24	22	6	181	45	32	45	51	54	71	73	11

2) 초·중등 국가장학사업 운영 기본 방향

가) 지속가능성 및 안정성 확보

- 초·중등 국가장학사업을 시행하려면 장학금 재원의 안정성 확보 및 지속가능성 확보를 위한 법적 근거를 마련하는 것이 필수적이다. 근거 법령의 예시로는 복권 및 복권기금법(동법 시행령), 한국장학재단 설립 등에 관한 법률(동법 시행령), 시도별 조례(제·개정) 등이 있다.
- 지자체 장학재단 장학금, 복권기금, 민간 재원 등 다양한 장학금 재원을 통합하여 안정적으로 운영하는 방안이 마련되어야 한다. 더불어 장학금 지원을 포함한 교육복지 5개년 계획을 주기적으로 수립하여 보고해야 한다.

나) 성과 중심 장학제도 운영 관리체계 구축

- 성과 중심 장학제도 운영 관리체계를 구축하기 위해서 초·중등 국가장학사업 성과관리체계와 장학생 대상 프로그램 운영, 장학금 관리 등, 질 관리체계가 구축되어야 한다. 또한, 장학생 패널데이터를 구축하여 장기적으로 추적 조사 및 분석하고 성과관리 기반을 마련해야 한다.
- 교육부, 시도교육청, 한국장학재단, 전담교사 등 제도 운영과 관련된 다양한 주체들의 관리 역량을 강화해야 한다.

다) 단위 학교의 장학생 발굴 및 지원 역량 강화

- 단위 학교 중심 장학생 발굴, 지원, 멘토링 활동 관리 등 지원 체계 구축이 필요하고 장학생의 학업 및 진로 지원을 위한 프로그램 연계 역량이 강화돼야 한다.
- 취약계층 학생 지원을 위한 통합사업관리제도가 운영되어야 한다. 단위 학교에서 취약계층 대상 지원사업을 통합하여 취약계층 학생의 요구를 기반으로 맞춤형 지원을 할 수 있는 체제가 마련되어야 한다.

3) 초·중등 국가장학사업 발전 방안

가) 장학생 선발 및 지원 체계 개선방안

- 장학생 선발 과정에서 여러 기관을 거쳐 진행되기 때문에 교사와 교육청 담당자의 업무 부담이 증가하며, 효율성을 담보하기 어려운 문제를 해결해야 한다. 복권기금 꿈사다리 장학생 선발의 경우, 학교와 교육청을 거치지 않고 한국장학재단에서 직접 장학생 선발 과정을 체계적으로 운영하는 방안을 모색하였다. 개선방안은 다음과 같다. ① 학생 개인이 먼저 지원하고 멘토 교사는 선발 이후 지정한다. ② 재단에서 적절한 자격을 갖춘 멘토 교사를 배치한다. ③ 학생과 교사가 지원한 후 교육청과 학교에 합격자를 사후 통보한다. ④ 전체 선발인원 중 일정 비율을 재단에서 직접 선발한다. ③과 같이 학생선발 후 교육청과 학교에 사후 통보할 경우, 멘토 교사에게 사전 허가 없이 신청한 데 대한 압박이 이루어질 수 있으며, 사후 관리에도 어려움이 있을 수 있다는 점을 고려해야 한다.
- 지역별 선발 규모의 경우, 현재 17개 시도교육청 및 교육지원청에 대하여 학교 수

에 비례하여 지역별 선발인원을 배정하고 있다. 이는 학교 단위로 1명씩 지원이 이루어진다는 점을 고려하여 행정적으로 인원을 할당하고 있을 뿐 학생의 필요를 고려하여 학생 중심으로 선발인원을 배정하지 않는다는 것을 의미한다. 이에 따른 개선방안은 다음과 같다. ① 학생 수, 혹은 저소득층 학생 수에 비례하여 지역별 선발인원을 배정한다. ② 시도별 경쟁률을 고려하여 5개 권역별로 선발인원을 배정한다.

- 장학생 선발 기준 완화에 관한 방안은 다음과 같다. 장학생 대상은 기초생활수급자, 한부모가정, 법정 차상위계층으로, 학생 스스로 대상자 여부를 알고 있어야 지원할 수 있으므로 지원에 제한이 있을 것으로 예상된다. 따라서 교사 추천 및 발굴을 통한 저소득 증빙이 가능하도록 지원 대상 범위를 확대해야 한다. 이때 지역별 장학생 선발 형평성을 고려하여 구체적으로 통일된 기준이 필요하다.
- 장학생 지원 체계에 대한 개선방안으로는 장학생 선발 시 교사 부담을 경감하고 주체별 역할 다변화에 초점을 두었다. 현재 복권기금 꿈사다리 장학생 선발 시, '학교장 확인 필수', '교육청 관리', '멘토 교사 가급적 유지' 등의 내용은 교사에게 해당 장학생에게 장학금을 지급하는 활동에 대한 책임을 과중하게 부여하는 것으로 인식되어 해결할 필요가 있다. 특히 '학교장 확인 필수'로 명시되는 순간, 교사의 업무 부담이 상당히 과중되어 학생선발 및 관리에 소극적으로 될 수밖에 없다. 교장-교육지원청-교육청-교육부로 이어지는 사업체계 자체가 교사에게 업무 부담으로 인식되기 때문에 지원이 필요한 학생이 있음을 인지해도 업무 부담으로 인해 신청하지 않을 수 있다. 이에 따라 장학생 선발 시 주체별 역할 다변화를 위하여 교사는 학생 추천, 재단이나 교육부에서 선발 및 캠프 운영 전담, 전담 교사 중심 멘토링 활동, 시도별 진로 컨설팅 운영 등을 담당하도록 하는 것이 필요하다.
- 현재 교사 및 학교복지사로 전담 교사 자격을 한정하고 있다. 공공기금 지원사업이기 때문에 멘토 교사의 자격을 제한해야 하지만 학생의 성장을 지속해 지원할 수 있고 지위가 검증된다면 학교 외의 멘토 교사도 허용할 수 있다. 지역아동센터장, 사회복지사, 청소년기관, 복지관, 청소년수련관 등에 소속된 복지사·기관장으로 멘토 교사 자격 기준을 완화하는 것이 필요하다.
- 신청 지원 체계를 단순화하는 것이 필요하다. 저소득층 대상 지원사업은 학생이 신청하도록 하는 경우가 대부분이므로, 부모가 정보를 적극적으로 수집하고 자신

의 상황을 적극적으로 어필하는 학생들이 주로 혜택을 받는 경향이 있다. 따라서 신청 지원 체계의 전반적인 절차, 담당자 및 기관을 단순화할 필요가 있다. 더불어 장학생 발굴 및 신청에 대한 학교(담임, 교육복지사 등) 차원의 체계적 안내 및 홍보가 필요하다.

- 장학생들이 가장 필요로 하는 영역은 학업 및 진로로 나타났다. 따라서 주기적이고 체계적으로 다양한 분야의 멘토링 기회를 확대해야 한다. 예를 들면 다음과 같다. ① 장학생 대상 멘토링 캠프를 개최한다. ② 한국과학창의재단과 연계를 통해 대학생·전문가 인력풀을 활용한 멘토를 배치한다. ③ 지역사회 대학, 교육 기부(혹은 사회적기업) 등 전문 기관에 위탁하여 다양한 분야별 멘토링을 배치한다.

나) 장학생 관리체계 개선방안

- 멘토 교사 변경과 지속성 유지에 관한 방안이 필요하다. 현재 분기당 1회씩 멘토링하도록 하고 있으며, 연말에 결과보고서를 작성해야 한다. 그러나 담임교사는 매년 바뀌며, 학생에 대한 일차적 돌봄 책임이 있는 담임교사 외 장학금 멘토 교사가 별도로 존재하는 것은 혼란을 초래할 수 있다.
- 학생의 진급과 교사 전근과 상관없이 교사에게 지속 지원 원칙을 적용하면 부담을 느끼게 되므로 멘토 교사의 취지가 훼손될 가능성이 높으며, 학생 입장에서는 일차적으로 자신의 사정과 필요한 지원을 알고 도와줄 수 있는 어른이 지속해 멘토 교사로 활동하는 것이 바람직할 것이다. 이러한 점을 고려해 장기적으로 학생 성장을 지원할 수 있도록 멘토 교사 제도 정비 방안을 마련해야 한다.
- 멘토링 활동지원비 지급 주기를 개선해야 한다. 현행 분기당 5만 원(연 20만 원)을 지급하고 있다. 그러나 현재의 분기당 5만 원은 학생과 개별적인 활동을 가지기에는 제한적일 수 있다. 지원비를 현금이 아닌 카드로 지급하게 되면 학생 멘토링 활동비의 취지에 맞게 사용하도록 유도하는 효과가 있다. 따라서 분기당 5만 원에서 학기당 10만 원으로 지급 주기를 개선하여 전담 교사와 학생이 의미있는 멘토링 활동 참여 기회를 가질 수 있도록 유도할 필요가 있다. 향후 멘토링 활동 지원비도 카드로 지급하는 방식으로 변경하여 현금 지급에 따른 부담을 완화하고, 단순 인건비 지원이 아니라 학생과의 멘토링 활동에 활용되는 금액임을 인지하도록 할 수 있다.

- 다음은 장학생 관리 방안 측면의 개선방안이다. 학생성장기록장 작성 및 관리체계는 현행 유지 월 1회 제출 및 확인 단계가 적정한 것으로 보인다. 그러나 이 과정에서 확인, 상담, 모니터링 등에 대해서는 역할을 분담할 필요가 있다. 멘토 교사 외 별도의 모니터링 요원을 선발하고 활동을 체계화하여 장학생 관리 및 지원에 활용할 수 있다. 교내에서 활동하는 멘토 교사와 학교 외부의 모니터링 요원이 수행할 수 있는 역할에는 차이가 있다.
- 관리 홈페이지를 구축해야 한다. 현재는 통합 관리 시스템이 없어 지원서류·성장기록장·설문 응답 등을 개별적으로 제출하고 있는데, 이는 사업 관리 측면에서 매우 비효율적이다. 장학재단에서 기존 관리하는 대학생 데이터에 비하면 꿈사다리 장학생 수는 매우 적은 수준이며 충분히 관리할 수 있는 규모이다.

다) 장학금 사용 관련 관리 개선방안

- 장학금 지급 방식은 장학생 성장기록 제출 시 장학금 사용처도 함께 제시하여 멘토 교사 및 모니터링 요원이 주기적으로 이를 점검할 수 있도록 현행 체계 보완하는 방향으로 개선해야 한다.
- 현재 특별교부금으로 지원되는 장학사업은 개인 수급 계좌로 입금하며, 복권기금 장학생의 경우 카드로 지급한다. 그런데 특교사업인 꿈사다리 장학금은 계좌로 현금 지급하면서 장학금 사용처 증빙을 요구하지 않고 있어 실질적인 증빙 처리도 어려운 측면이 있다. 카드로 지급하면 결제사업장 업종코드를 통해 사용처를 제한할 예정이므로 현금 지급에 비해 관리가 용이한 한편, 편의점 등에서 결제하면 품목까지 확인할 수 없고 비수혜자에게 양도할 경우 이를 발견하기 어렵다는 측면에서 관리 사각지대가 존재한다.
- 특별교부금 꿈사다리 장학금의 경우 부모의 수급 계좌로 국가에서 바로 이체(현금 입금)하므로 학생 외 장학금 사용자가 다를 수 있다. 장학금의 부적절한 사용을 예방하고, 장학생이 아닌 타인이 사용할 가능성을 최소화하기 위한 장치 강화가 필요하다. 예를 들면 다음과 같다. 민간 장학재단처럼 장학금 지급 방식을 멘토 교사에게 먼저 지급한 후, 교사가 학생이나 학부모의 요청에 따라 지급한다. 장학금 지원의 제한 기준에 대한 명확한 세부적인 규정(가이드라인)을 마련한다.
- 꿈사다리 장학금은 현금 지급, 복권기금 장학금은 실물 카드로 지급하고 있다.

2개의 상이한 지급 방식으로 인해 관리에 어려움이 존재한다. 이를 개선하기 위해 핸드폰 App을 개발·활용하여 모바일 카드로 장학금을 지급하고 영수증(사진) 제출 및 학기별 제출 서류(성장기록 등)를 학생이 직접 재단에 제출하는 방식을 활용할 수 있다.

- 학교 교육과정과 연계하는 범위에서 장학금 사용처 확대가 필요하다. 다만, 현재 장학금이 학원비(사교육비)로 사용되고 있는 점에 대해, 국가장학금 지급이 최종적으로 사교육시장에서 쓰인다는 것은 논란의 여지가 있다. 그러나 현실적으로 학생들이 학업과 관련하여 학원비 지원이 필요해서 사용할 수밖에 없는 측면이 있고, 학원비 지출은 학교 교육 과정에 참여하고 학생들의 학업 동기를 높이기 위한 보충적 활동으로 이해해야 한다. 그러나 학원비 외에도 학교 교육 과정 참여에 필요한 다양한 활동비로 장학금을 사용할 수 있도록 사용처 발굴 및 지속적 관리가 필요하다.
- 장기적으로 대학생에게 지급되는 장학금 관리도 필요하다. 현재 장학금 액수가 중·고등학생에게 높은 수준이라는 점이 지속해 지적된다. 복권기금 장학생이 대학으로 진학하면 더 많은 장학금이 지급되므로 이에 대한 관리가 필요하다. 향후 대학생으로 장학금 대상이 확대될 경우, 현재 대학생을 대상으로 하는 다양한 장학사업(5개 부처 11개 사업)이 존재하므로, 사업 취지에 부합한 대학 진학의 경우에만 장학금 지원이 필요할 것이다. 대학 진학 대신 취업으로 진로를 정한 장학생에 대해서는 정부의 기존 취업 프로그램과 연계되도록 할 필요가 있다.
- 이에 대학으로 진학하는 장학생의 경우에는 학업 계획 및 진로 계획서를 제출하고 이를 확인하며 관리하는 제도 도입이 필요하다. 복권기금 장학금의 경우, 중학생 월 30만 원, 고등학생 월 40만 원, 대학생 월 50만 원이다.

라) 장학생 관리 DB 구축 및 성과관리 개선방안

- 장학생 성과 측정을 위한 패널데이터를 구축해야 한다. 현재 장학생 대상 설문조사를 주기적으로 시행하고 있으나 개인정보 보호 등의 사유로 학생 개인 배경 변인과 매칭할 수 없다는 점이 한계이다. 향후 장학금 지급 성과 분석과 관련하여 설문조사 방식을 활용할 경우, 장학금 수여의 성과와 인지적, 정서적 성장의 관계를 실증적으로 증명하기가 어려울 것이다. 따라서 장기적으로 장학금의 성과지표

는 장학금 지급의 궁극적 목적 달성이자 성과인 대학 진학률, 취업률(취업 유지율), 경제활동(임금) 등을 활용해야 한다. 하지만, 꿈사다리 장학생 대상 독립 패널 구축은 비용 및 활용의 한계가 있기 때문에 장기적 관점에서 비교할 수 있는 설문조사 항목 개발 및 구축하는 것이 대안이 될 수 있다.

- 주무 부처에서는 초·중등 국가 장학사업 참여 학생들의 교육적 성장과 성과를 확인하고 관리할 수 있는 관리체계를 구축해야 한다. 성과관리체계는 구체적인 성과지표를 개발하여 주기적으로 관리하는 내용이 포함되어야 한다. 학생 패널 DB와 연계하여 주기적인 조사, 분석, 연구, 정책대안 개발이 가능한 지원 체제를 구축해야 한다.

마) 복권기금 장학금제도의 안정적 재원 확보 및 재원 다변화를 통한 지원 대상 확대

- 취약계층 학생들의 경우 학업 의지가 높고 진로 의지가 뚜렷하나 소득격차가 심화하면서 학생들이 필요한 재정을 가정에서 지원받기는 쉽지 않은 상황이다. 학생들이 교육비 걱정 없이 학교 교육 과정에 정상적으로 참여하고 자신의 진로를 개척해 나가기 위해서 안정적이고 지속적인 재원이 마련되어야 한다. 향후 소요 재정 추산 시 장학금 수혜 탈락률과 고교졸업 후 수혜 유지율, 그리고 기금이자수익 등에 따라 소요 재정의 변동위험에 대한 대비가 필요하다. 2019년 복권기금 꿈사다리 장학 시범사업이 종료된 이후에는, 기금 출연 후 이자수익으로 장학제도를 운영하는 방안으로 전환할 필요가 있다. 이자수익으로 장학제도를 운영하는 것은 대부분의 장학재단에서 활용하는 방식이며, 매년 사업비를 확보하는 것보다 훨씬 효율적이고 안정적이다.
- 재원 확보의 안정성을 위하여 같은 지역의 학생을 대상으로 지급되는 장학금을 통합 운영하는 방안을 고려할 수 있다. 다음과 같이 지자체의 장학재단 재원과 복권기금의 통합 운영을 고려할 수 있으며, 시도별 조례를 제정하여 안정적인 제도 운영 체제를 구축해야 한다.
- 현행 교육 급여 및 교육비 지원사업과 꿈사다리 장학제도는 다른 목적을 지니고 있으므로 별도로 관리, 운영하는 것이 바람직하다. 복권기금 꿈사다리 제도는 기존 장학생의 질 관리를 통해 수혜 대상을 확대하고 일반사업에서 지원받기 어려운 영역을 지속해 발굴해 나감으로써 학생의 교육적 성장을 지원하는 국가장학사

업의 목적 달성에 이바지해야 한다.

- 현재 초등학생에 대한 장학사업은 없다. 고등교육 분야에서 학자금지원사업에 대비하여 초·중등 국가장학사업으로 명명하였으나, 그 대상을 초등학생까지 확대할 것인지에 대한 논의가 별도로 필요하다. 초등학생을 제외할 경우, 향후 '중등 국가장학사업'으로 사업 명칭을 변경해야 한다. 다만, 민간재단에서도 초등학생은 주기적인 장학금 지급 대상이 아니며 국가장학사업 대상에 초등학생을 포함할 경우, 장학금 지급 방식에 대한 고민이 필요하다.

라. 초등학교 학습준비물 지원 사업

보고서명	[CR 2019-04] 초등학교 학습준비물 지원 정책성과 및 활성화 방안 연구
주제어	초등학교, 학습준비물 지원 사업, 성과 분석

1) 지원 금액

- 학생 1인당 지원 평균액은 2017년에 비해 2019년 1,900원 소폭 상승했다. 3년 동안 지원액이 감소한 교육청은 없고, 다수가 동일하게 지원액을 유지하였다. 시·도교육청 별로 지원액 편성 방식과 지원액 증감에 차이가 있으며, 그 이유와 그에 따른 교육성과를 확인할 필요가 있다(〈표 III-1-7〉 참고).

표 III-1-7 시·도교육청별 학생 1인당 학습준비물 지원액 비교(단위: 원)

구분	지역	2017년	2019년	증감
1	서울	26,000	26,000	-
2	부산	30,000	30,000	-
3	대구	20,000	20,000	-
4	인천	40,000	40,000	-

구분	지역	2017년	2019년	증감
5	광주	30,000	30,000	–
6	대전	자율 편성	23,000	
7	울산	31,000	40,000	+9,000
8	세종	40,000	40,000	–
9	경기	30,000	30,000	–
10	강원	40,000	40,000	–
11	충북	30,000	50,000	+20,000
12	충남	35,000	35,000	–
13	전북	30,000 (저소득층 60,000)	30,000	–
14	전남	차등 지급 (6학급 이하 40,000, 7~18학급 38,000, 19학급 이상 35,000)	38,000	
15	경북	30,000	30,000	–
16	경남	30,000	42,000	+12,000
17	제주	27,000	27,000	–

- 뿐만 아니라 초등학교 6개 학년 학습준비물 지원액을 동일하게 책정하는 것이 타당한가에 대한 고민이 필요하며, 예산 집행이 학기가 시작된 이후에 이루어지므로, 수업이 시작된 이후에 학습준비물이 구비되고 있다. 1월, 2월 중으로 새 학년도에 사용할 학습준비물 목록을 작성하여 선구매할 수 있도록 유연하게 조정해야 한다.

2) 학습준비물센터 구축

- 시·도교육청의 학습준비물센터 구축은 대부분 권장사항이며, 서울, 부산, 대구, 경기, 강원, 충북, 충남, 전남, 경남, 제주 10개 지역은 학습준비물센터 운영에 관해 비

교적 충실히 안내하는 반면, 그 외 나머지 지역은 언급이 없거나 체크리스트에 삽입된 한 줄로 학습준비물센터 관련사항을 다루고 있다. 또한 학습준비물센터의 학교 자율 운영 취지는 좋으나 학습준비물센터 운영모델에 대한 가이드라인이 없는 등 학습준비물 관리 소홀의 문제가 제기되고 있다. 교육청이 학교 규모별 학습준비물센터 운영모델을 제시해주고 이를 바탕으로 일선 학교에서 자율적인 구성을 기획할 수 있도록 지원할 필요가 있다(〈표 III-1-8〉 참고).

표 III-1-8 시·도교육청별 학생 1인당 학습준비물 지원액 비교

구분	지역	2017년	2019년
1	서울	권장(우수사례 공유)	권장(우수사례 공유)
2	부산	2018년 상반기까지 구축 완료 계획. 전 초등학교 의무사항	전 초등학교 의무사항
3	대구	필수	권장
4	인천	–	–
5	광주	–	–
6	대전	권장	권장
7	울산	권장	권장
8	세종	권장	권장
9	경기	권장	권장
10	강원	권장	권장
11	충북	권장	권장
12	충남	권장	권장
13	전북	권장	–
14	전남	권장	권장
15	경북	권장	–
16	경남	권장	권장
17	제주	권장	권장

3) 학교 앞 문구점과의 상생을 위한 노력

- 시·도교육청에서는 학교 앞 문구점의 이용을 적극적으로 안내하고 있으며, 절차 간소화 등의 방법을 안내하고 있다. 학교 앞 문구점과의 상생을 위한 방안으로 3·4월의 학습활동에 필요한 물품을 학교 앞 문구점에서 구입하여, 행정처리 소요 시간을 줄임과 동시에 학습 결손을 최소화할 수 있을 것으로 기대된다. 또한 학교 앞 문구점과 연계 가능한 학습활동을 선정하여 학교 앞 문구점을 통한 학습 준비물 고정적으로 조달할 수 있도록 한다면 학교는 안정적인 학습활동을 보장할 수 있고, 학교 앞 문구점은 안정적인 수입을 확보할 수 있다(〈표 III-1-9〉 참고).
- 한편 학교 앞 문구점과 상생할 수 있는 방안 마련이 필요하지만, 지속가능성을 기대하기 어려우므로 S2B(학교장터)에 학교 앞 문구점 메뉴 창을 개설하여 온라인으로 주문하거나 학교 체크카드를 활용하여 구입할 수 있도록 시스템을 보완할 필요가 있다.

표 III-1-9 학교 앞 문구점과의 상생을 위한 노력

구분	지역	2017년	2019년
1	서울	권장	권장
2	부산	권장	10% 이내 권장
3	대구	10% 이내 권장	10% 이내 권장
4	인천	이용 '가능'	이용 '가능'
5	광주	15% 이상 권장	15% 이상 권장
6	대전	15% 이상 권장	15% 이상 권장
7	울산	권장	권장
8	세종	권장	권장
9	경기	권장	권장
10	강원	15% 이상 권장	15% 이상 권장
11	충북	15% 이상 권장	15% 이상 권장

구분	지역	2017년	2019년
12	충남	15% 이상 권장	15% 이상 권장
13	전북	권장	15% 이상 권장
14	전남	권장	권장
15	경북	권장	-
16	경남	15% 이상 권장	15% 이상 권장
17	제주	권장	권장

4) 학습준비물 지원 사업 홍보

- 17개 시·도교육청 중 서울, 부산, 세종, 제주 4곳은 비교적 충실하게 홍보를 강조하고 있으며, 특히, 서울, 세종, 충남은 가정통신문 예시 자료까지 제공해서 학교가 곧바로 활용할 수 있도록 하고 있다. 학습준비물 지원은 교육과정의 충실한 이행과 학부모의 부담 경감이라는 측면을 동시에 추구하고 있고. 학습준비물 지원액은 학교의 교육과정 운영비에서 3.5~8.6%를 차지함에 따라[1] 학습준비물 지원활동에 대한 안내와 홍보가 매우 중요하다. 그럼에도 불구하고 일부 교육청에서는 홍보 안내와 지원에 소홀한 것으로 보인다. 교육청이 학생의 교육에 관심을 기울이고 있다는 것을 안내하고 관련 민원 발생을 최소화하기 위해서라도 홍보를 구체적이고 적극적으로 할 필요가 있다(〈표 III-1-10〉 참고).

1 학교의 학급 수, 학생 수, 건물 면적 등 다양한 조건에 따라 비율이 달라짐. 인천시교육청 소속의 학교를 대상으로 일부 분석한 수치임

표 Ⅲ-1-10 학습준비물 지원 사업 홍보

구분	지역	2017년	2019년
1	서울	연 2회 권장 (학부모회, 가정통신문, 주간학습안내, 학교홈페이지 등)	연 2회 권장 (학부모회, 가정통신문, 주간학습안내, 학교홈페이지 등)
2	부산	연 2회 권장 (학부모회, 가정통신문, 주간학습안내, 학교홈페이지 등)	연 2회 권장 (학부모회, 가정통신문, 주간학습안내, 학교홈페이지 등)
3	대구	권장 (학교 자체점검 리스트에 항목 하나 있는 수준)	권장 (학교 자체점검 리스트에 항목 하나 있는 수준)
4	인천	-	-
5	광주	권장	권장
6	대전	권장	권장
7	울산	권장	권장
8	세종	학기별, 분기별 홍보 권장 (학부모회, 가정통신문, 주간학습안내, 학교홈페이지 등)	학기별, 분기별 홍보 권장 (학부모회, 가정통신문, 주간학습안내, 학교홈페이지 등)
9	경기	권장	권장
10	강원	권장	권장
11	충북	권장	권장
12	충남	권장	권장
13	전북	권장	-
14	전남	권장	-
15	경북	권장	-
16	경남	권장	권장
17	제주	학기별, 분기별 홍보 권장 (학부모회, 가정통신문, 주간학습안내, 학교홈페이지 등)	학기별, 분기별 홍보 권장 (학부모회, 가정통신문, 주간학습안내, 학교홈페이지 등)

5) 학습준비물 지원 관련 만족도 조사 실시

- 학습 준비물 지원 만족도 조사에 관한 안내는 눈에 띄게 감소하는 추세였다. 학습 준비물 지원 만족도 조사에 관한 안내를 의미있게 언급하고, 관련 서식으로 학생,

학부모, 교직원 만족도 조사 설문지 예시 자료를 제공하는 곳은 부산뿐이었다. 투입되는 예산, 교원의 수고, 교육과정 운영의 보장 등의 측면에서 본다면 사업 시행에 대한 만족도를 조사하고 이를 기반으로 개선방안을 수립하는 것이 필요하다. 하지만 학습준비물 지원 사업에 대한 만족도 조사는 이러한 기대와 기능을 수행하지 못하고 있다(〈표 Ⅲ-1-11〉 참고).

표 Ⅲ-1-11 홍보 학습준비물 지원 관련 만족도 조사 실시 여부

구분	지역	2017년	2019년
1	서울	실시 (학생, 학부모, 교사, 관리자 등)	–
2	부산	실시 (학생, 학부모, 교사 등)	실시 (학생, 학부모, 교사 등)
3	대구	–	–
4	인천	–	–
5	광주	–	–
6	대전	–	–
7	울산	–	–
8	세종	실시 (학부모 만족도)	–
9	경기	–	–
10	강원	–	–
11	충북	–	–
12	충남	–	–
13	전북	권장	–
14	전남	–	–
15	경북	권장	–
16	경남	–	–
17	제주	–	–

- 학습준비물을 직접 대하는 학생과 교사에 비해서 학부모는 학습준비물의 효용에 대해 실질적인 체감이 적을 수 있다. 이를 고려한다면, 교육부 주도의 만족도 조사는 진행될 필요가 있으며, 그 후 분석된 우수사례를 공유할 수 있도록 안내되면 학습준비물을 효율적으로 운영할 수 있을 것으로 본다. 학습준비물 활용 우수학교에는 다양한 인센티브를 부여하는 방법이 있다. 학생과 교사를 대상으로 하는 만족도 조사는 진행될 필요가 있다. 학생과 교사의 만족도 조사결과는 교육과정의 충실한 이행과 더불어 학습준비물 지원 예산의 효과적 운영에 반드시 필요한 사항이다.

6) 학습준비물 지원 현장 모니터링

- 학습준비물 지원 관련 현장 모니터링은 다소 감소하는 추세이다. 학습준비물 지원 관련 현장 모니터링이 계획서에 구체적으로 드러난 곳은 부산, 대전, 강원, 경남 등 4개 지역 정도이며, 인천은 컨설팅, 제주는 학교 자체 점검, 그 외의 다른 지역은 수시 실시, 연중 실시, 별도 계획에 의해 실시 등 다소 모호한 표현으로 안내하고 있다(〈표 Ⅲ-1-12〉 참고).

표 Ⅲ-1-12 학습준비물 지원 현장 모니터링

구분	지역	2017년	2019년
1	서울	실시	표집 실시
2	부산	연 2회 이상 (관내 학교 수 대비 10% 이상 실시)	연 2회 이상 (관내 학교 수 대비 10% 이상 실시)
3	대구	–	–
4	인천	희망 시 '컨설팅'	희망 시 '컨설팅'
5	광주	–	–
6	대전	연 2회(표집)	연 1회
7	울산	수시 실시	수시 실시
8	세종	연 1회	–

구분	지역	2017년	2019년
9	경기	실시	실시
10	강원	연 2회(표집)	표집 실시
11	충북	–	–
12	충남	별도 계획에 의해 실시	–
13	전북	–	–
14	전남	–	–
15	경북	연 1회 이상 (관내 학교 수 대비 10% 이상 실시)	–
16	경남	실시	연 1회
17	제주	분기별 1회 학교 자체 점검	분기별 1회 학교 자체 점검

- 이와 같이 현장 모니터링 안내가 적극적이지 못한 이유는 '무엇을 모니터링 할 것인가? 모니터링 결과를 어떻게 활용할 것인가?'에 대한 구체적인 방안이 마련되지 않았기 때문이라고 할 수 있다. 물론, 학교별로 운영하는 방법과 특성의 차이가 크기 때문에 모니터링 활동을 안내하기 힘든 것도 현실이다. 하지만 S2B(학교장터)의 사용, 관련 민원, 운영상의 제한점, 교원의 요구 사항 등은 모니터링 활동을 통해 확인할 수 있으며 구체적으로 지원할 수 있는 활동이다.

7) 기타

가) 계획서에 명시된 지원 제외대상 품목

- 대부분의 지역에서 교육부에서 제시한 '학습준비물 지원 제한 물품' 규정을 따르고 있으며, 거의 모든 시도에서 단가 40,000원 이상의 물품 구입은 제한하고 있다. 규격제품(검, 품, KS 등), 품질인증제품, 「어린이제품 안전 특별법」 안전인증제품(KC) 등을 구매하여 학습준비물의 품질 관리를 철저히 하도록 매우 상세하게 안내하고 있다. 그러나 현장에서는 창의적인 교육과정 운영을 위해 물품별 단가 상한선 제한 해제를 요구한다. 시도별 규정에 따르면 USB도 지원 제한 물품인데, 시대적 흐

름을 반영하여 지원 제외대상 물품 규정의 수정이 필요하다(〈표 III-1-13〉 참고).

표 III-1-13 계획서에 명시된 지원 제외대상 품목

구분	지역	2017년	2019년	증감
1	서울	기본학용품, 과학 실험 실습재료, 생활용품, 환경물품, 간식류, 사무용품, 학교행사 기념품 및 행사물품, 교사 수업용 물품, 특정 종교행사와 관련된 물품, 특정 학생 및 집단만을 대상으로 하는 물품, 기타 학습용이 아닌 물품	기본학용품, 생활용품, 환경물품, 간식류, 사무용품, 학교행사 기념품 및 행사물품, 교사 수업용 물품, 특정 종교행사와 관련된 물품, 특정 학생 및 집단만을 대상으로 하는 물품, 기타 학습용이 아닌 물품	–1
2	부산	기본학용품, 특정 학생 및 집단을 대상으로 하는 물품, 위생관리에 문제가 있는 물품, 교육과정과 관련이 없는 학생 개인위생물품, 교사의 개인적 사용 물품, 간식류, 탕비물품	기본학용품, 특정 학생 및 집단을 대상으로 하는 물품, 위생관리에 문제가 있는 물품, 교육과정과 관련이 없는 학생 개인위생물품, 교사의 개인적 사용 물품, 간식류, 탕비물품	–
3	대구	기본학용품, 환경물품, 생활용품, 사무용품, 간식류, 수업용 물품, 기타	기본학용품, 환경물품, 생활용품, 사무용품, 간식류, 수업용 물품, 기타	–
4	인천	교사를 위한 교구나 비품, 기본학용품, 환경물품, 생활용품, 사무용품, 행사물품, 수업용 물품, 특정집단만을 대상으로 하는 물품	교사를 위한 교구나 비품, 기본학용품, 환경물품, 생활용품, 사무용품, 행사물품, 수업용 물품, 특정집단만을 대상으로 하는 물품	–
5	광주	기본학용품, 입에 대고 사용하는 악기류, 사무용품	기본학용품, 입에 대고 사용하는 악기류, 사무용품	–
6	대전	기본학용품, 생활용품, 환경물품, 간식류, 사무용품, 간식류, 수업용 물품	기본학용품, 과학 실험 실습재료, 생활용품, 환경물품, 간식류, 사무용품, 학교행사 기념품 및 행사물품, 교사 수업용 물품, 특정 종교행사와 관련된 물품, 특정 학생 및 집단만을 대상으로 하는 물품, 기타 학습용이 아닌 물품	– (표현만 다를 뿐 내용 같음)
7	울산	기본학용품, 환경물품, 생활용품, 사무용품, 간식류, 수업용 물품, 기타	기본학용품, 환경물품, 생활용품, 사무용품, 간식류, 수업용 물품, 기타	–
8	세종	기본학용품, 특정 학생 및 집단을 대상으로 하는 물품, 위생관리에 문제가 있는 물품, 교육과정과 관련이 없는 학생 개인위생물품, 교사의 개인적 사용 물품, 간식류, 탕비물품	기본학용품	–6

구분	지역	2017년	2019년	증감
9	경기	기본학용품, 환경물품, 생활용품, 사무용품, 간식류, 수업용 물품, 기타	기본학용품, 환경물품, 생활용품, 사무용품, 간식류, 수업용 물품, 기타	–
10	강원	기본학용품, 환경물품, 생활용품, 사무용품, 간식류, 수업용 물품, 기타	기본학용품, 환경물품, 생활용품, 사무용품, 간식류, 수업용 물품, 기타	–
11	충북	기본학용품, 환경물품, 생활용품, 사무용품, 간식류, 수업용 물품, 교구	기본학용품, 환경물품, 생활용품, 사무용품, 간식류, 수업용 물품, 교구	–
12	충남	기본학용품, 환경물품, 생활용품, 사무용품, 간식류, 수업용 물품	기본학용품, 환경물품, 생활용품, 사무용품, 간식류, 수업용 물품	–
13	전북	기본학용품, 비품, 교사용 사무용품, 교구, 학급용품, 교수용 물품	기본학용품, 개인 위생 물품, 사무용품, 비품, 교구	–
14	전남	환경정리물품, 사무용품, 간식류, 기본학용품, 교구, 수업용 물품	기본학용품, 환경정리물품, 위생 관리에 문제가 있는 물품, 가정학습용 문제집, 특정 학생 및 집단만을 대상으로 하는 물품, 개인 위생물품, 비품, 사무용품, 물품이 아닌 이용료 등의 지출	
15	경북	기본학용품, 환경물품, 생활용품, 사무용품, 간식류, 수업용 물품, 기타	–	–
16	경남	기본학용품, 환경물품, 생활용품, 사무용품, 간식류, 수업용 물품, 기타	기본학용품, 환경물품, 생활용품, 사무용품, 간식류, 수업용 물품, 기타	–
17	제주	기본학용품, 환경물품, 생활용품, 사무용품, 간식류, 수업용 물품, 기타	기본학용품, 환경물품, 생활용품, 사무용품, 간식류, 수업용 물품, 기타	–

나) 학습준비물 관련 서식 제공

- 2019년도 기준으로 8개 교육청에서는 서식을 제공하지 않았으며, 가정통신문 1건만 제공한 교육청은 5개, 2건을 제공한 교육청은 2개, 3건을 제공한 교육청은 1개, 6건을 제공한 교육청은 1개로 나타났고, 6건을 제공한 부산교육청은 계획서, 가정통신문, 학생/학부모/교직원 만족도 조사 설문지, 현장점검 결과서 등이 포함되었다. 학교현장의 업무 부담 경감, 서식 제공을 통한 사업 운영의 질 관리 등을 위해 각종 서식 제공하는 것을 적극 고려할 필요가 있다(〈표 III-1-14〉 참고).

표 Ⅲ-1-14 학습준비물 관련 서식 제공

구분	지역	2017년	2019년
1	서울	-	1건(가정통신문)
2	부산	3건 (가정통신문, 현장점검 결과서 등)	6건 (계획서, 가정통신문, 학생/학부모/교직원 만족도 조사 설문지, 현장점검 결과서 등)
3	대구	1건 (현장 자체점검표)	1건 (현장 자체점검표)
4	인천	-	-
5	광주	-	-
6	대전	3건 (신입생용 가정통신문, 현장점검표, 학습준비물 공개자료)	3건 (신입생용 가정통신문, 현장점검표, 학습준비물 공개자료)
7	울산	-	-
8	세종	2건 (가정통신문, 현장점검표)	1건 (가정통신문)
9	경기	2건 (현장점검표, 결과 보고서 등)	2건 (현장점검표, 결과 보고서 등)
10	강원	-	-
11	충북	1건 (현장 자체점검표)	-
12	충남	1건 (학습준비물 절약 교육자료)	1건 (가정통신문)
13	전북	4건 (계획서, 가정통신문, 현장점검 결과서, 학습준비물 절약 교육자료)	-
14	전남	-	-
15	경북	2건 (계획서, 가정통신문)	-
16	경남	2건 (계획서, 현장점검표)	2건 (계획서, 현장점검표)
17	제주	1건 (현장 자체점검표)	1건 (현장 자체점검표)

다) 학습준비물 관련 업무 경감을 위한 노력

- 각 교육청은 학습준비물 관련 업무 경감을 위해 다양한 노력을 하여, 학습준비물 품목선정 프로그램을 지원하거나 학습준비물 선정위원회를 축소·폐지하고 있다. 광주교육청은 학습준비물 선정위원회를 폐지했고 세종은 학교구성원의 합의가 필요한 경우에만 선정위원회를 개최하도록 했다. 교육과정 운영을 위한 필수 품목을 구입하거나 수시 구입의 경우 학습준비물 선정위원회 개최를 생략할 수 있도록 하여 업무 부담을 덜어주고 있다. 충남교육청은 학습준비물 품목선정 프로그램 'Easy 학습준비물'을 개발·보급했다. 현재 충남교육청 홈페이지에서 다운로드가 가능하다(〈표 III-1-15〉 참고).

표 III-1-15 학습준비물 관련 업무 경감을 위한 노력

구분	지역	2017년	2019년
1	서울	–	–
2	부산	학습준비물 품목선정 프로그램 'Easy 학습준비물 1.5(충남교육청 제공)' 사용 안내	학습준비물 품목선정 프로그램 'Easy 학습준비물 2.0(충남교육청 제공)' 사용 안내
3	대구	–	–
4	인천	–	–
5	광주	학습준비물 선정위원회 폐지	(유지)
6	대전	–	–
7	울산	–	–
8	세종	–	학습준비물 선정위원회 규정 완화 (학교구성원의 합의가 필요한 경우에만 개최)
9	경기	–	–
10	강원	–	–
11	충북	–	–
12	충남	학습준비물 품목선정 프로그램 'Easy 학습준비물 2.0' 제공	–
13	전북	–	–

구분	지역	2017년	2019년
14	전남	학습준비물 품목선정 프로그램 'Easy 학습준비물 1.5(충남교육청 제공)' 사용 안내	–
15	경북	–	–
16	경남	학습준비물 품목선정 프로그램 'Easy 학습준비물 2.0(충남교육청 제공)' 사용 안내	–
17	제주	–	–

라) 학습준비물 지원 계획서 분량

- 교육청의 학습준비물 지원 계획서의 내용과 분량에 차이가 많다. 교육청에 따라 계획서의 내용을 과감히 줄이거나 경북의 경우 2019년에 별도의 계획서를 제시하지 않았다.'학교자치'의 확대를 기조로 하는 현재의 교육 흐름으로 볼 때, 교육청의 상세한 학습준비물 지원계획이 자칫 학교의 자율적 운영을 침해할 수 있다고 우려할 수 있다. 하지만, 학교가 참고할 수 있는 다양한 자료, 우수 사례를 포함한 계획서는 학교 자치의 강화를 지원하는 것이기도 하다. 초등학교 예산에서 학습준비물 지원액이 차지하는 비중[2]을 고려한다면, 학습준비물 지원액이 효율적으로 사용될 수 있도록 상세한 지원 계획서를 제공하는 것도 필요하다(〈표 III-1-16〉 참고).

표 III-1-16 학습준비물 지원 계획서 분량

구분	지역	2017년	2019년	증감
1	서울	12쪽	12쪽	
2	부산	21쪽	22쪽	+1
3	대구	9쪽	8쪽	–1
4	인천	5쪽	5쪽	
5	광주	별도의 계획서 없음	2쪽	+2
6	대전	14쪽	14쪽	

2 학습준비물 지원액은 학교의 규모에 따라 그 비중에 차이가 있으나, 대략 학교 예산의 3.5~8.6%를 차지함

구분	지역	2017년	2019년	증감
7	울산	7쪽	5쪽	–2
8	세종	11쪽	7쪽	–4
9	경기	12쪽	12쪽	
10	강원	9쪽	9쪽	
11	충북	7쪽	5쪽	–2
12	충남	10쪽	11쪽	+1
13	전북	12쪽	1쪽	–11
14	전남	2쪽	3쪽	+1
15	경북	15쪽	–	–15
16	경남	12쪽	11쪽	–1
17	제주	9쪽	9쪽	

마) 학습준비물 지원 계획서의 기타사항

- 지자체와 연계한 학습준비물 지원(서울), 정기 현장 점검 및 학습준비물센터 구축 및 운영 안내(부산), 학습준비물 점검의 날 운영 및 학생, 교직원 대상 연수 실시(대구) 등이 있다. 충북, 전북, 경북은 별도의 학습준비물 지원계획서 없이 해당 시도의 '연간 주요 업무 계획' 형태의 약식 계획서(사업 요약서, 예산 설명서 등) 등에 삽입하였다(<표 III-1-17>, <표 III-1-18> 참고).

표 III-1-17 학습준비물 지원 계획서의 기타사항

구분	지역	2017년	2019년
1	서울	• 학습준비물 지원액 지자체와 1:1 대응 지원 • 1, 2학년 놀이교구 학급당 6만 원 추가지원	• 학습준비물 지원액 지자체와 1:1 대응 지원
2	부산	• 정기 현장 점검 외 학습준비물 예산 1인당 3만 원 미확보 시/미집행 시/센터 미구축 시 현장 점검 실시 • 학습준비물센터 구축 및 운영에 관한 안내 제공	• 정기 현장 점검 외 학습준비물 예산 1인당 3만 원 미확보 시/미집행 시 현장 점검 실시 • 학습준비물센터 구축 및 운영에 관한 안내 제공

구분	지역	2017년	2019년
3	대구	• 학습준비물 점검의 날 운영(학기별 1회), 학생 및 교직원 대상 연수(연 1회)	• 학습준비물 점검의 날 운영(학기별 1회), 학생 및 교직원 대상 연수(연 1회)
8	세종	• 중학교 학생 1인당 20,000원, 고등학교 10,000원, 특수학교 40,000원 지원 • 인근 문구점 이용 실적 제출	• 중학교 학생 1인당 20,000원, 고등학교 10,000원, 특수학교 40,000원 지원
10	강원	• 학생 학부모 학습준비물 부담 금지 원칙	• 학생 학부모 학습준비물 부담 금지 원칙
11	충북	-	• 별도 계획서 없음('연간 주요 업무 계획'용으로 추정)
12	충남	• 1인당 지원액 35,000원 (지자체 보조금 10,000원 포함)	• 지자체 보조금 종료
13	전북	• 1인당 지원액 일반학생 30,000, 저소득층 60,000으로 차등 지급	• 별도 계획서 없음('연간 주요 업무 계획'용으로 추정)
14	전남	• 6학급 이하 1인당 지원액 40,000, 7~18학급 38,000, 19학급 이상 35,000원으로 차등 지급	-
15	경북	• 1인당 지원액 3만 원 미편성, 센터 미구축 학교 위주로 모니터링 실시	• 별도 계획서 없음('연간 주요 업무 계획'용으로 추정)

표 Ⅲ-1-18 학습준비물 지원 계획서 분량에 따른 내용 비교

지역	내용	차이
부산	지원 목적, 관련 근거, 대상학교, 학습준비물의 개념, 지원 절차, 지원체계, 학습준비물 구입 가능·불가능 목록, 구입 시 유의 사항, 예산 편성 안내, 센터 확보 관련 안내, 품목선정 프로그램 안내, 학교 앞 문구점 이용 확대 방안 안내, 모니터링, 행정사항, 각종 예시 자료(S2B 수의계약 방법, 학교계획서, 가정통신문, 예산 집행 확인 점검표, 현장점검 결과서, 지원 점검표, 만족도 설문지) 등	사업 대상학교, 지원 절차, 지원 체계, 품목선정 프로그램 안내, 학교 앞 문구점 이용 확대 방안, 모니터링 안내, 기대효과, 행정사항, 각종 예시 자료(S2B 수의계약 방법, 학교계획서, 가정통신문, 예산 집행 확인 점검표, 현장점검 결과서, 지원 점검표, 만족도 설문지) 등
대전	목적, 추진 방향, 전년도 추진 실적, 지원 절차, 예산편성, 학교별 자체 계획 수립 안내, 학습 준비물의 개념, 구매 시기 및 방법, 학교 인근 문구점 이용 확대 방안, 학습 준비물 관리 및 활용, 현장 점검 계획, 행정 사항, 기대효과, 학교 계획 수립 시 참고 사항, 학습준비물 구입 가능·불가능 목록, 가정통신문 예시 자료, 수의 계약 방법 안내, 지원 점검표 예시 자료 등	
전북	학습준비물의 개념, 목적, 지침 개선 사항, 학습준비물 지원 제외 대상 물품, 업무 추진 시 유의 사항 등	
전남	목적, 관련 근거, 학습준비물 지원 가능·불가능 기준 안내, 예산 안내, 효율적 운영 및 활용 안내, 학습준비물센터 구축 안내 등	

마. 학비 지원 현황 및 고교 무상교육

보고서명	[CR 2019-01] 고등학교 무상교육 실현 방안
주제어	고교 무상교육, 고교 비용지원 현황, 고교 무상교육 필요성, 고교 무상교육 범위, 고교 무상교육 대상, 고교 무상교육 재원

1) 우리나라 무상교육 및 저소득층 고교 학비 지원의 역사

가) 초등학교 및 중학교 무상의무교육

- 무상교육의 시작은 초등교육을 무상의무교육으로 규정한 1948년 제헌 헌법 제16조이며, 1949년 제정「교육법」이 이를 구체화하였다고 볼 수 있다. 1945년 당시 초등학교 취학 아동 수 157만 명, 취학률은 64%에 불과했으나, '의무교육완성 6개년 계획(1954~1959)'의 시행으로 1959년에는 취학아동 수 360만 명, 취학률 96.4%를 달성하게 되었다. 1960년대에는 제1차, 제2차 의무교육시설 확충 5개년 계획의 추진으로 의무교육 시설을 확충하는 성과를 거두었다. 무상의무교육에도 불구하고 후원회비, 사친회비, 기성회비 형태로 초등학교에 존속되어 오던 학부모 부담금은 1970년에 육성회비로 전환되었다. 이후, 육성회비 폐지는 1972년 도서벽지 지역에서 시작하여 전 지역으로 확대하였고 6대 도시의 육성회비는 1997년부터 폐지하여 초등교육의 완전 무상화를 어느 정도까지 실현하였다.
- 1969년부터 시행된 중학교 무시험 입학제도의 영향으로 초등학생의 중학교 진학률이 향상됨에 따라 1970년대 중반부터는 중학교 의무교육도 실시되어야 한다는 주장이 본격 제기되었다. 중학교 의무교육은 1948년 8월「교육법」개정과 1985년「중학교 의무교육 실시에 관한 규정」제정으로 시작되었으며, 2004년 시 지역 전체 중학생이 의무교육 혜택을 받음으로 완성되었다.
- 초등학교 교과서 무상 정책은 '제2차 경제개발계획(1967~1971년)'기간 중에 도서벽지 아동을 대상으로 시작했고 교과서 완전 무상의 실현은 1979년에 이루어졌다. 중학교의 경우, 2002년 시 지역 1학년 대상의 의무교육을 시작하며 교과서 무상지원도 시작되었으며, 2004년에 전체 학생으로 확대됐다.

나) 무상유아교육

- 만 5세 유아에 대한 무상유아교육·보육은 1997년에 「초·중등교육법」에 제정되었다(2004년부터 「유아교육법」으로 분리 및 「영유아보육법」 개정을 통해 시작되었다. 국민의 정부는 외환위기로 경제가 어려워지자 1999년부터 중산층 육성 및 서민생활 대책의 일환으로 농어촌지역 저소득층가정의 만 5세 유아에 대한 유치원 교육비와 보육시설 보육료 지원을 시작하였으며, 2001년 만 5세 유아 무상교육·보육 확대실시계획을 확정한 후, 2002년부터 만 5세 유아 무상교육·보육으로 확대되었다. 또한 저소득층 가정 만 3, 4세 유아에 대한 교육비와 보육료 차등지원 등으로 확대되었다. 2004년 「유아교육법」을 제정하는 과정에서 「초·중등교육법」의 5세 유아 무상교육 조항은 그대로 「유아교육법」으로 옮겨졌다).
- 2012년 누리과정이 시행되기 전인 2011년 당시에는 소득기준으로 5세 유아의 70%에 대하여만 무상유아교육·보육비가 지원되고 있었다. 2012년부터 누리과정을 시행하면서 모든 만 5세 유아교육·보육비를 지원하고, 2013년에는 3, 4세까지 유아교육·보육료가 지원되어 만 3~5세 유아의 무상교육·보육이 완성되었다. 그러나 지방교육재정교부금 재원으로 어린이집 누리과정비까지 지원하는 것에 관한 논란과 갈등이 계속되어 해결 방안으로 2017년부터 2019년까지 한시적으로 유아교육지원특별회계를 설치하였고, 2018년에는 어린이집 누리과정비를 전액 국가일반회계가 부담하도록 되었으나, 당초 계획대로 누리과정비 단가를 인상하지 않아 무상유아교육의 범위를 둘러싸고 논란이 계속되었다.

다) 저소득층 고교 학비 지원의 역사

- 의무교육 단계가 아닌 고등학교의 경우 입학금과 수업료를 학생이 부담해야 하나 저소득층 고등학생의 경우, 기초생활수급 가구 학생에 대한 '교육급여'와 시·도교육청별 자체 기준에 따라 지원하는'초·중·고 교육비 지원 사업'을 통해 학비가 지원되고 있다.
- 저소득층에 대한 학비지원은 1982년 개정된 「생활보호법」에 교육보호 조항이 추가되면서 법제화되었다. 해당 조항에 따른 교육보호는 보호대상자에게 수업료 기타 보호금품을 지원하는 것을 말하며, 처음에는 생활보호대상자 자녀 중 중학생만 해당되었으나 1998년부터 고등학생까지 확대되었다.
- 보건복지부의 교육급여사업과 교육부의 저소득층 학비지원 사업으로 이원화되

어 있던 고등학교 학비지원 사업은 2014년 「국민기초생활 보장법」 제12조 제2항에 따라 2015년 7월 1일부터 교육부로 일원화되었다.

- 저소득층 고등학생의 교과서 무상화는 시·도교육청별로 산발적으로 이루어지다가 2012년에 교육과학기술부가 특별교부금사업으로 66억 원(대응투자 76억 원을 포함하여 총예산 142억 원)을 배정하면서 시작되었다. 2013년에는 보통교부금 기준 재정수요액 측정항목에 교육복지지원비가 신설되고, 측정단위로 교과서 지원 고등학생 수가 설정되면서 보통교부금 기준재정수요에 40억 원이 반영됨으로써 정착되었다.

2) 학교 학비 지원 현황

- 국가와 지방자치단체에서 지원하는 고등학교 학비지원 사업 유형은 「국민기초생활보장법」에 따른 맞춤형 교육급여 사업과 「한부모가족지원법」에 따른 한부모가족 자녀 학비지원 사업, 지방교육재정교부금 특별교부금으로 지원되는 특성화고 장학금 지원 사업, 농어업인 자녀학자금 지원 사업, 「공무원 수당 등에 관한 규정」에 따라 지원되고 있는 공무원 자녀 학비보조수당 등이 공적 재원으로 추진되고 있는 고등학교 학비지원 사업이 있다(〈표 Ⅲ-1-19〉 참고).

표 Ⅲ-1-19 고등학교 학비지원 사업 유형 및 재원 구분

구분	국고	지자체 일반회계	시·도 교육비 특별회계	비고
기초생활 보장 교육급여	○	○	○	고교학비는 국고와 지자체 지원, 학용품비 및 부교재비는 지자체와 교육청 분담 지원
저소득층 교육비 지원			○	교육청 지원
한부모 보호 가족 지원			○	「한부모가족지원법 시행령」 제13조, 시행규칙 제9조의2
특성화고 장학금 지원			○	특별교부금(교특 대응투자 포함)
농어업인 자녀학자금 지원		○		「농어업인 삶의 질 향상 및 농어촌지역 개발 촉진에 관한 특별법」

구분	국고	지자체 일반회계	시·도 교육비 특별회계	비고
공무원자녀 학비보조 수당	○	○	○	국가공무원은 국고, 지방공무원 지자체 일반회계 및 교육비특별회계

- 「국민기초생활보장법」에 따른 교육급여는 학교 또는 시설(초등학교, 중학교, 고등학교, 특수학교 등)에 입학 또는 재학하는 생계·의료·주거·교육급여 수급자와 의사상자의 자녀에게 지원하고 있다. 교육급여는 부양의무자 기준을 적용하지 않으며, 소득인정액 기준은 중위소득의 50% 이하로 가구원에 따른 소득 기준 금액은 아래 〈표 III-1-20〉과 같다.

표 III-1-20 교육급여 중위소득 50% 기준(2018년 기준)

구분	1인 가구	2인 가구	3인 가구	4인 가구	5인 가구
소득인정액	836,053원	1,423,549원	1,841,575원	2,259,601원	2,677,627원

- 교육급여는 입학금 및 수업료, 부교재비, 학용품비와 교과서대를 지원하고 있으며, 학교급별 지원항목 및 단가를 달리 적용하고 있다. 학교급별 지원항목별 지원단가는 아래 〈표 III-1-21〉과 같다.

표 III-1-21 맞춤형 교육급여 지원 현황(2018년 현재)

구분	입학금 및 수업료	부교재비	학용품비	교과서
초	–	66,000원 (연 1회)	50,000원 (학기당 25,000원, 연 2회)	–
중	–	105,000원 (연 1회)	57,000원 (학기당 28,500원, 연 2회)	–
고	학교장이 고지한 금액 전액	105,000원 (연1회)	57,000원 (학기당 28,500원, 연 2회)	해당학년 정규 교육과정에 편성된 교과목의 교과서 전체

* 출처 : 복지로, www.bokjiro.go.kr (2018.08.08. 인출)

- 저소득층 교육비 지원은 지원 대상자가 교육비 지원을 신청한 경우, 입학금 및 수업료 전액과 학교운영비 전액을 지원하고 있다. 단, 입학금 및 수업료가 자율화된 학교의 경우에는 시·도교육청에서 그 지원액을 결정하여 지원한다.
- 법령에 따라 고등학교 학비 전부 또는 일부를 지원받는 경우, 중복지원을 제한하고 있다. 예를 들어, 국가유공자, 독립유공자, 5·18민주유공자, 특수임무유공자, 고엽제후유의증환자, 북한이탈주민, 특수교육대상자 등이 고교 학비를 전액 면제 받은 경우 중복지원을 제한한다. 국민기초생활수급자, 한부모가족보호대상자, 농어촌 소재 학교에 재학하는 농어업인 자녀, 장애인 자녀, 의사상자 자녀, 공무원 자녀(학비보조수당) 등은 고교 학비 전액 또는 일부를 지원받으므로, 지원받는 범위 내에서 중복지원을 제한하고 있다. 예를 들어, 교육급여 수급자는 별도로 입학금, 수업료를 지원 받으므로 중복 지원을 하지 않으나, 학교운영지원비는 교육급여에서 지원받지 못하므로 학교운영지원비만 시·도교육청 교육비 지원 사업에서 지원하고 있다.
- 「한부모가족지원법」 제12조에 따라 한부모가족 자녀에게 입학금 및 수업료와 학용품비 등을 지원하고 있다. 입학금 및 수업료의 경우에는 국립학교의 경우에는 국고(교육부)로, 공·사립학교의 경우에는 시·도교육비특별회계(시·도교육청)에서 지원하고 있으며, 학용품비 등 그 밖에 교육에 필요한 비용은 여성가족부에서 지원하고 있다.
- 특성화고 장학금 지원 사업은 2011년에 '서민희망 3대 핵심과제' 중의 하나로 특성화고의 발전을 통해 저소득층 학생 비율이 높은 특성화고 학생들이 학비 걱정 없이 취업능력을 개발하여 취업할 수 있도록 학비와 취업을 지원하기 위해 1,264억원의 예산을 신규로 편성하면서 시작되었다. 2012년에는 국고와 지방비가 5 대 5였으며, 2013년에는 국고와 특교가 7 대 3이었고, 이후 국고지원은 없어지고 2014~2016년에는 특교와 지방비가 3 대 7, 2017년 특교와 지방비 4 대 6이며, 2018년에는 특교와 지방비가 2 대 8로 재원의 변화가 심하였다.
- 지원대상은 학비 감면 또는 지원을 받지 않고 있는 특성화고 재학생이며, 급지별 입학금 및 1~3학년 수업료 상당을 지원한다(학교운영지원비, 교재비, 급식비 등은 지원 제외). 수업료를 일부 보조 받는 경우는 차액만 장학금으로 지원하고, 수업료 자율학교의 경우 소속 급지의 수업료 및 입학금 해당 금액을 지원한다.
- 농어업인 자녀 학비보조는 「농어업인 삶의 질 향상 및 농어촌지역 개발 촉진에 관

한 특별법」 제23조(국가와 지방자치단체는 농어촌학교 학생의 교육 기회를 보장하기 위하여 입학금, 수업료, 급식비 및 통학에 필요한 교통수단과 그 운행에 드는 경비를 지원할 수 있다.)에 따라 지방자치단체에서 입학금 및 수업료 등을 지원하고 있다.

- 공무원 자녀학비보조수당은 1980년 말 개정된 「공무원 수당규정」에 제20조의2를 신설하면서 1981년부터 도입되었다. 현재 국가공무원(일반직과 군인·경찰·교원 등 포함)은 「공무원 수당 등에 관한 규정」 제11조의 규정에 따라, 지방공무원(지자체·교육청 등)은 「지방공무원 수당 등에 관한 규정」 제11조의 규정에 따라 유·초·중·고등학교 자녀의 수업료 및 학교운영지원비를 자녀학비보조수당으로 지원받고 있다(유치원·초등학교·중학교에 대해서는 재외공무원의 경우에만 적용함)(〈표 Ⅲ-1-22〉 참고).

표 Ⅲ-1-22 공무원 자녀학비보조수당 지급 상한액

연도	학교급별	구분	수업료	학교운영지원비	합계
2017	고등학교	연액	1,450,800원	417,520원	1,868,320원
		분기액	362,700원	104,380원	467,080원
2018	고등학교	연액	1,450,800원	422,400원	1,873,200원
		분기액	362,700원	105,600원	468,300원

3) 등록금 외 교육비 지원 현황

가) 급식비 지원

- 1981년에는 「학교급식법」 제8조와 「학교급식법 시행령」 제7조에 따라 학교급식시설·설비에 관한 경비와 학교급식 운영에 필요한 경비 중 대통령령으로 정하는 경비는 학교설립경영자가 부담하고, 식품비를 비롯한 설립자 부담분을 제외한 급식 운영 경비는 학부모가 부담하도록 규정하였다. 다만, 도서벽지지역 초등학교의 급식비는 국가 또는 지방자치단체가 부담하고, 농어촌지역 초등학교의 급식비 중 식품비의 3분의 2는 학부모가 부담하도록 하였고, 급식비를 부담할 능력이 없다고 인정되는 학부모가 부담할 경비도 지원하도록 하였다.
- 저소득층 초등학생 자녀 중식지원은 1989년부터 시작하였고, 1997년 중·고등학

생으로 확대하였으며, 1999년 「학교급식법」 개정된 저소득층자녀 중식비 지원 조항으로 학기 중 방학기간 등의 중식지원이 의무화되어 2000년부터 토·공휴일을 포함한 연중 365일 지원으로 확대되었다. 소요예산은 국비와 지방비로 각각 50%씩 부담하도록 하였다.

- 초·중·고등학교까지 무상급식을 실시하고 있는 인천, 세종, 강원교육청은 저소득층에 대한 별도의 지원이 불필요하다. 나머지 모든 교육청은 무상급식 대상이 아닌 저소득층 학생의 중식비를 지원하고 있다. 일부 교육청에서는 학기 중 평일 중식비 외의 급식비도 지원하고 있다. 서울과 인천교육청의 경우, 사회통합전형대상자 중 일부를 대상으로 조·석식비도 제공하고 있으며, 세종교육청은 고등학교 전체 학년을 대상으로 학기 중 평일 석식비를 지원한다. 경남교육청은 기숙형 고등학교, 농산어촌 기숙사 운영 고등학생 중 기숙사 입사생을 대상으로 조·석식비를 지원한다.
- 평일 중식비의 지원 기준은 공통적으로 법정 저소득층이며, 울산교육청을 제외하고는 모두 학교장 추천자와 난민인정자도 지원한다. 중위소득 환산 기준은 대부분 60% 이하를 기준으로 하였으나, 부산(80%), 울산(135%), 전북(52%), 경북과 경남(56%) 등은 다른 기준을 제시하였다. 대구교육청은 중학교(136%)와 고등학교(104%)의 기준을 다르게 제시하였으며, 충남교육청은 특성화고(57%)와 그 밖의 학교(52%)를 구분하여 기준을 설정하였다.

나) 교육정보화 지원

- 저소득층 자녀 정보화 지원 사업은 2000년에 교육부가 '저소득층 자녀 정보화교육 및 PC보급 계획'을 수립하여 저소득층(사회복지시설학생, 장애인, 생활보호대상학생, 소년소녀가장 등)에게 PC와 인터넷 통신비를 지원하면서 시작되었다. 교육정보화 지원은 저소득층에 대한 PC 지원과 인터넷 사용료 지원으로 구분된다. PC 지원은 서울, 경기, 경북, 경남교육청을 제외한 나머지 13개 교육청에서 지원하고 있으며, 인터넷 사용료 지원은 모든 교육청이 시행하고 있다. PC 지원을 실시하는 모든 교육청이 가구당 컴퓨터 1대를 지원하고 있으며, 인터넷사용료 지원에는 단순한 인터넷통신비 외에도 유해차단서비스 비용을 포함하여 지원하는 교육청이 대부분이다.
- 13개 교육청이 지원하는 PC 지원은 의료급여 또는 교육급여 수급자를 대상으로 이루어지고 있다. 의료급여 수급자를 기준으로 한 교육청이 교육급여 수급자를

기준으로 한 교육청보다 많으며, 대전, 강원, 전북, 전남교육청은 한부모가족보호대상자 등을 추가하고 있다. 지원 대상의 학년은 교육청별로 큰 차이를 보이나, 초등학교 1학년부터 고등학교 1학년까지 지원하는 교육청의 수가 가장 많다.

다) 방과후학교 자유수강권 지원

- 정부는 2007년부터 학생의 소질·적성의 계발을 위한 다양한 교육기회를 제공하고, 학교 밖 사교육 욕구를 학교 내로 흡수하여 학부모의 과중한 사교육비 부담을 경감하며, 저소득층 및 농산어촌 학생의 보호와 교육을 통한 교육 안전망 구축 및 교육 양극화를 해소하기 위하여 방과후학교 지원 사업을 시작했다. 이 사업은 2008년에 유아교육지원사업과 함께 국고보조사업에서 교부금사업으로 이양되었다.
- 저소득층 방과 후 학교 자유수강권 지원 사업은 방과후학교의 정책목표를 달성하기 위한 수단의 하나로, 저소득층 학생에게 무료 쿠폰을 지급하고, 학생은 원하는 방과 후 학교 프로그램을 수강함으로 소득계층 간 교육격차를 해소하는 데 목적이 있다. 모든 교육청이 초등학교부터 고등학교의 모든 학년을 대상으로 하되, 고등학교 학비지원과 마찬가지로 법정 저소득층(교육급여수급자, 한부모가족보호대상자, 법정차상위대상자)과 난민인정자를 지원 기준으로 삼고 있다. 서울과 인천교육청을 제외하고는 학교장 추천 학생도 함께 지원하고 있다는 점도 고등학교 학비지원과 유사하다.
- 중위소득 환산 기준으로는 대부분이 60% 이하를 설정하고 있으나, 대구(50%), 세종(52%), 전북(64%), 경북(50%), 경남교육청(50%)은 약간 다르다. 인천교육청은 사회통합전형대상자 중 기회균등전형 대상자의 방과 후 학교 자유수강권을 추가적으로 지원하고 있으며, 전남교육청은 4자녀 이상 다자녀의 경우(100%)와 아닌 경우(52%)를 구분하고 있다는 특이점이 있다.

라) 기타 교육비 지원

- 교육청별로 수학여행비, 현장체험 학습비, 교복비 등을 지원하고 있다. 현장체험 학습비의 경우 시·도교육청별로 용어가 달라서 지원 사업의 명칭이 다른 경우가 대부분이다. 수학여행비와 현장체험 학습비 둘 다 지원하지 않는 지역은 강원교육청과 전남교육청이며, 수학여행비 외의 현장체험 학습비를 지원하지 않는 전북

교육청을 제외하고는 수학여행비와 기타 현장체험 학습비를 모두 지원하고 있다. 교복비를 지원하는 교육청으로는 서울, 대전, 울산, 세종, 충북, 전북, 제주교육청이 있으며, 이상의 항목 외에도 앨범비, 기숙사비, 학습준비물 등을 추가로 지원하는 교육청이 일부 존재한다.

4) 고교 무상교육 논거 및 범위

- 고교 무상교육의 논거로, 소득계층별로 불평등한 교육비 부담구조 개선 필요, 무상복지의 확대로 학비만 유상인 기형 구조의 개선 필요, 경제규모에 걸맞은 교육제도 확립, 정책 시행 여건 성숙(선거공약과 국정과제 이행, 지방선거 공약에 의한 고교 무상교육 압박, 국회 차원의 고교 무상교육에 대한 공감대 형성, 국민적 공감대 형성) 등이 제시되었다.
- 고교 무상의 범위는 교육의 기회균등을 실현하기 위해 필수불가결한 비용을 최소한의 범위로 하되, 국가의 재정상황, 국민의 소득수준, 학부모들의 경제적 수준 및 사회적 합의 등을 고려하여 입학금, 수업료, 학교운영지원비와 교과용 도서 구입비로 정할 것을 제안하였으며, 수업료와 입학금이 자율화되어 있는 사립 특목고, 자사고 등은 무상교육의 대상에서 제외하되, 「초·중등교육법 시행령」 제90조 제1항 제10호의 산업수요 맞춤형 고등학교(마이스터고)의 경우, 특목고로 분류되지만 현재에도 수업료, 입학금, 학교운영지원비가 면제되기 때문에 무상교육의 대상에 포함하도록 하였다.
- 고교 무상교육을 실시해야 하는 가장 근본적인 이유는 국가의 교육적 책임을 이행하는 것이다. 국제적으로 보면, 고등학교 의무교육 또는 무상교육을 실시하지 않는 나라는 OECD에 가입한 36개국 중에서 우리나라가 유일하다. 그럼에도 불구하고 고등학교 취학률이 93.3%(중학생 고교진학률 99.7%)에 달한다. 그러나 고소득층과 저소득층은 등록금을 지원받지만, 중하위층은 자신이 부담하는 매우 기형적인 부담 구조가 존재한다. 저소득층의 자녀, 공무원 및 사립교직원의 자녀, 농어촌 거주자, 특성화고 학생은 물론, 심지어 대기업, 공기업, 견실한 중견기업 재직자의 자녀들도 교육비를 지원받는다. 이렇게 보면, 등록금을 직접 부담하는 사람은 도시자영업자, 소상공인, 중소기업 재직자들뿐이다. 한편 2017년 고등학교의 연간 학업중단자 수는 24,506명(학업중단율 1.5%)에 달하며, 2017년 결산 기준으로, 공

립고교 수업료 미납액은 66.7억 원이고, 수업료 미납자는 14,914명에 이른다. 학업 중단자의 수업료는 불납결손 처리하기 때문에 미납액에 포함되지 않으나, 수업료를 감당하지 못하여 학업을 중단하는 경우도 상당할 것으로 추정된다.

- 그렇다면 현재 등록금을 부담하는 계층만을 대상으로 교육비를 지원하면 되는 것이 아니냐고 반문할 수 있다. 그러나 무상교육의 취지는 고등학교 교육까지 국가가 책임진다는 의무교육의 정신에 있어 부모의 소득계층이나 직업과 관계없이 고등학교 교육은 모든 사람에게 무상으로 제공되어야 한다. 이미 등록금을 지원받는 대상은 그대로 두고, 등록금을 지원받지 못하는 학생을 대상으로 제한적인 무상교육을 실시하는 것은 국가의 교육적 책임을 기업이나 기관에게 떠넘기는 결과가 된다.

5) 고교 무상교육 재원 확보

- 소요재원은 2019년 시행의 경우와 2020년 시행의 경우, 학년별(3학년 또는 1학년) 또는 지역별로 단계적으로 실시할 경우와 전면 실시할 경우로 구분하여 추정하였다. 실시 방법과 시기에 따라 다소 차이는 있으나, 고교 무상교육 완성 연도에는 약 2조 원의 재원이 필요할 것으로 예상하였다.
- 시·도교육비특별회계 세입 측면에서 볼 때 교부금이 늘어나는 추세이나, 최근 한 5년 간 무상급식과 누리과정지원과 같은 복지비용이 증가하였고, 세수 부족분을 지방교육채의 형태로 보전한 것이 압박요인이 되고 있다. 세출의 측면 역시 누리과정지원과 무상급식, 학교교육 여건개선 시설사업, 지방채상환 등의 부담이 크므로 기존의 교부금에 의한 고교 무상교육은 불가능한 것으로 판단하였다. 고교 무상교육을 실시하기 위해 추가적인 재원 확보책이 필요하다는 전제 하에, 국립고등학교는 국고에서 부담하고, 공·사립고등학교는 지방교육재정교부금에서 부담하는 것을 원칙으로 하되, 지방교육 재정에서 부담하는 고교 무상교육 지원액은 내국세 교부율을 완성연도 기준으로 0.80% 상향조정할 것을 제안하였다. 유아교육지원특별회계의 효력이 2019년 말에 끝나는 것에 주목하여 누리과정과 고교 무상교육에 드는 비용을 지원하는 '(가칭)교육비지원특별회계'로 변경하여 시한을 철폐할 것을 제안했다.
- '교육비지원특별회계'는 누리과정 및 고교 무상교육의 안정적인 지원을 위하여 설

치하되, 세입 재원은 국가 일반회계로부터 전입되는 금액(「교육세법」에 따른 교육세 수입액 중 해당 연도 고교 무상교육 및 유치원 누리과정 지원에 소요되는 금액과 어린이집 누리과정 지원에 소요되는 금액, 특별회계 운용에 필요한 경비 등을 합한 금액)으로 하고, 세출은 누리과정 운영에 소요되는 비용을 지원하기 위하여 지방자치단체에 교부하는 지원금과 국·공·사립고교 무상교육에 드는 비용(입학금, 수업료, 학교운영지원비, 교과서비), 그리고 그 밖의 특별회계 운용에 필요한 경비로 했다. 여기에서 전제할 것은, 재정중립성의 원칙에 따라 고교 무상교육 지원을 위하여 기존 교육세 수입액에서 전입되는 금액(내국세의 0.81% 규모)을 반드시 지방교육재정교부금 내국세 교부율 조정(20.46%→21.27%)으로 보전되어야 한다는 것이다.

- 현재로서 고교 무상교육의 성공 여부는 소요재원을 어떻게 확보할 것이냐에 달려 있다. 최근 세수 호황으로 지방교육재정교부금이 늘었고, 작년도 세계 잉여금이 많을 것으로 예상되는 상황에서, 고교 무상교육은 기존의 교부금으로 충분히 가능하다는 주장이 있을 수 있으나, 교부금 재원으로 지원이 가능하다고 밀어붙여 몇 년간 극심한 대립과 갈등을 겪었던 누리과정을 타산지석으로 삼아야 한다. 기존의 교부금 재원으로 고교 무상교육을 밀어붙이면 누리과정 사태가 재연될 수 있다. 17조 원에 이르는 부채를 안고 있는 시·도교육청의 상황을 고려하면, 일시적으로 세수가 늘어났다고 해서 매년 2조 원 이상 소요되는 고교 무상교육을 기존 재원으로 감당하는 것은 불가능하다. 누리과정과 같은 갈등이 재연되기 전에 교부금 인상과 같은 안정적이고 추가적인 재원 확보대책이 강구되어야 할 것이다.
- 내국세 수입이 늘어서 지방교육재정교부금도 늘었기 때문에 기존 교부금으로 고교 무상교육을 실시할 수 있다는 주장은 교부금제도에 대하여 잘못 이해한 결과이다. 교부금이 늘어났을 경우 늘어난 교부금으로 다른 사업을 시행하는 것이 가능하려면 교부금이 줄어들었을 때 교부금 감소분을 국가가 보전해준다는 보장이 있어야 한다. 그런데 그러한 법적 보장 규정은 없으며, 그동안 교부금이 줄었을 경우 지방교육채를 발행하여 우선 세입결손을 보전하고 그 이후 연도의 교부금으로 지방교육채를 상환해왔다. 현재 시·도교육청의 채무가 17조 원에 이르는 상황에서 늘어난 교부금은 대부분 지방교육채를 상환하는 재원으로 사용하고 있어서 다른 신규 사업에 투자할 여유가 없는 실정이다. 오히려 세수가 늘어 교부금이 증가했다는 사실은 고교 무상교육 재원을 교부금으로 충당하도록 떠넘길 수 있는

여건이 된 것이 아니라, 국가가 고교 무상교육 재원을 부담할 수 있는 여력이 생긴 것으로 보아야 한다. 국가 세입예산이 늘었다는 것은 국가가 고교 무상교육에 투입할 수 있는 재원적인 여유가 생겼다는 것을 의미하므로 국가의 정책 의지만 있다면 고교 무상교육을 실시할 수 있는 상황이라고 해석해야 할 것이다. 고등학교 완전 취학에 다다른 만큼, 이제라도 특단의 재원확보책을 강구하여 명실상부한 고교 무상교육을 실시함으로써 국가의 교육적 책임을 완성해야 할 것이다.

바. 고교 무상교육의 경제적 효과

보고서명	[CR 2014-02] 고교 무상교육의 경제적 효과
주제어	고교 무상교육, 국내총생산(GDP), 국민총소득(GNI)

- 고교 무상교육은 온정적 간섭주의(paternalism)에 기초한 소비적 복지와 함께, 교육에 대한 투자를 통하여 개인 및 국가의 생산성을 향상시킬 수 있다는 생산적 복지에 근거한 것으로 이해할 수 있다. 교육을 소비재로 이해할 경우 고교 무상교육으로 인한 가계 가처분소득의 증가는 국민들의 소비 및 저축·투자를 진작시켜 단기적인 국내총생산(GDP) 제고 효과를 누릴 수 있다. 교육을 투자재로 이해할 경우 고교 무상교육을 통한 국민들의 교육수준 향상은 이들의 인적자본 및 생산능력 축적을 지원함으로써 국민 개인은 물론 국가 경쟁력 향상에도 기여할 수 있다.
  - 소비적 복지 : 케인즈(Keynes)적 복지국가론에 기초한 개념으로서 복지를 소비로 인식하며, 시장 실패로 인한 취약계층의 기본적 교육권을 보장하기 위해서는 이들의 계층에 대한 시혜적인 복지 배분 정책이 필요함을 주장하는 복지 개념이다.
  - 생산적 복지 : 사회투자국가론에 기초한 개념으로, 교육을 투자로 인식하며, 이에 대규모 재정을 투입하여 인적 자본을 육성함으로써 경제성장에 기여하고, 이러한 경제성장이 다시 복지로 이어지는 선순환을 통해 시장원리와 사회 복지의 보완적 균형을 강조하는 복지 개념이다.

1) 고교 무상교육의 경제적 파급 효과

- 고교 무상교육의 실시에 따른 가계의 교육비 부담 경감은 가계 가처분 소득의 증가로 이어진다. 가계 가처분 소득의 증가는 가구 소비 및 저축, 민간 투자를 진작시킴으로써 국민총생산의 증대에 기여한다.
- 고교 무상교육의 실시는 국민들의 추가적인 인적자본 증가 및 생산성 향상으로 이어져, 개인의 생애소득을 늘리는 한편, 국민총소득의 증대를 통한 국민경제 성장에 기여한다.

가) 소비 및 저축·투자 진작으로 인한 국내총생산(GDP) 증대 효과

- 고교 무상교육 실시는 학부모의 교육비 부담을 경감시켜 가계의 가처분 소득의 증가로 이어진다. 이러한 민간 소비 및 투자의 증가는 국민총생산 및 국민소득의 증대로 이어지며, 생산 유발, 부가가치 유발, 취업 유발 등의 형태로 나타날 수 있다.
  - 케인즈의 절대소득가설에 따르면 이와 같은 가처분 소득의 증가는 가구 소비 증가로 나타난다. 늘어난 가처분 소득 중 소비되지 않은 부분은 가계 저축의 증가로 이어지며, 이는 금융시장의 공급 및 투자의 확대로 이어진다.

나) 인적자본 축적 및 이에 따른 국민총소득(GNI) 증대 효과

- 고교 무상교육의 전면 실시는 국민들의 인적자본 증가로 이어진다. 즉, 기존에 생계 곤란 등의 사유로 고교 교육을 미처 이수하지 못한 학생들이 고교 무상교육의 실시로 인해 추가적으로 고등학교 졸업자, 대학교 졸업자로서 노동시장에 진입하게 된다. 이와 같은 인적자본의 증가는 개인의 생산성 향상으로 이어지며, 이로 인한 생애에 걸친 소득의 증대는 국민총소득(GNI)의 증가로 나타난다.

2) 고교 무상교육의 경제적 효과 추정

- 고교 무상교육을 통해 절감될 학생 1인당 학부모부담경비는 매년 158만 원으로 추정된다(2013년 기준). 고교 무상교육의 전면 실시에 소요되는 예산은 연간 2조 8천억 원에 달하며, 국내총생산(GDP) 대비 0.23%에 해당한다.

- 교육통계연보에 따르면, 연간 고교 중퇴자(2012년 기준) 37,391명 중 가정의 경제적 문제로 고등학교를 중퇴한 학생은 2,976명(전체 고교중퇴학생 수 대비 7.9%)에 해당한다. 고교무상교육의 실시로 이들의 경제적 문제가 해결되면 매년 2,976명의 추가적인 신규 고졸자가 발생하며, 이들 중 1,509명은 고교졸업자로서, 1,467명은 대학졸업자 신분으로 노동시장에 진입할 것으로 예상된다.
- 고교 무상교육의 실시로 인해 중학교 졸업자에 비해 추가적으로 획득하게 될 생애소득 증가분은 고교 졸업자의 경우 1인당 1억 3천만 원, 대학교 졸업자의 경우 1인당 5억 4천만 원 가량인 것으로 예상된다. 이에 따라 매년 고교 무상교육을 통해 추가적으로 배출되는 고교 및 대학 졸업자들로 인해 발생할 순 생애소득 증가분은 연간 1조 원가량(고교 졸업자 2천억 원, 대학교 졸업자 8천억 원)으로 예상된다. 이와 같은 생애소득의 증가분은 정부에 납부할 소득세 증가로 이어지며, 그 규모는 연간 784억 원으로 추정된다.

사. 고교 무상교육 정책의 쟁점과 추진 방향

보고서명	[CR 2018-02] 고교 무상교육 정책의 쟁점과 추진 방향
주제어	고교 무상교육, 동향과 쟁점, 고교 무상교육 정책 방향

1) 고교 무상교육의 국제적 동향

가) 미국

- 연방국가인 미국의 기본 학제는 주마다 조금씩 다르며, 의무교육 기간도 주마다 차이를 보인다(양승실 외, 2012). 상당수의 주에서 의무교육기간은 K-12로 대학 입학 이전의 13년간 무상 의무교육이 보장된다.
- 1년의 유아교육을 포함하여 고등학교 졸업 시 까지 의무교육을 제공하는 미국은 세계에서 명목상의 의무교육 기간이 가장 긴 나라이다.

나) 영국

- 영국의 초중등 학제는 6-5-2제로 만 5세에 입학하여 6년 과정의 초등교육을 마치면 5년제 중등학교에 진학한다. 중등학교 5년은 우리나라 중학교에 해당하는 전반기 3년 과정과 고등학교에 해당하는 후반기 2년으로 구성된다.
- 의무교육의 시작연령은 4세 또는 5세이며 종료연령은 16세이다.
- 미국과 마찬가지로 무상 의무교육은 공립학교 및 공영형 사립학교만 해당되고, 자립형 사립학교는 개인이 비용을 지불하는(fee-paying) 유상교육이다. 반면, 의무교육기간의 공립학교 학생에게는 수업료 외에도 교과서 및 기본 교육재료가 무상으로 제공되고 통학수단이 제공된다(강영혜 외, 2005).

다) 일본

- 우리나라와 유사한 학제 및 학교운영 체제를 가진 일본의 경우, 2000년대 들어서 고등학교 의무교육 도입 방안이 검토된 바 있지만, 학생의 선택권 제한 우려 등으로 2010년 4월부터 공립 고등학교의 무상교육이 시행중이다.
- 사립학교 학생도 공립학교 수준의 지원을 하고 있다(양승실 외, 2012).

라) 프랑스

- 기본 학제 5-4-3(초-중-고)으로 학생들은 만 5세에 초등학교에 입학하며, 의무교육기간은 10년이지만 실질적으로 초등학교와 중학교까지를 의무교육기간으로 볼 수 있다.
- 초등학교 입학 후 정상적으로 진급할 경우 14세에 중학교를 마치게 되는데, 학제상의 연한(9년)과 의무교육 보장기간이 불일치하는 것은 매 학년 진급 시에 유급제가 강력하게 작동하는 프랑스의 교육과정 운영 방식과 관련이 있다(강영혜 외, 2005).
- 고등학교는 의무교육이 아니지만 프랑스가 추구하는 기회 평등의 정신에 따라 무상으로 제공된다. 무상교육의 원칙은 사립학교에도 적용되어 학생들은 별도의 수업료를 내지 않고 사립학교를 다닐 수 있다(강영혜 외, 2008).

마) 독일

- 독일은 전통적으로 교육 강국이자 근대적 의무교육 제도를 창시한 공교육의 원조

국가이고 대체적으로 보아 독일의 학제는 초등학교는 4년 과정을 기초로 I단계 중등교육(전기 중등교육)이 5-6년, II단계 중등교육(후기중등교육)이 2-3년인데, 많은 학생들이 재학하고 있는 초중등 학제를 기준으로 본다면 4-6-3 정도로 정리할 수 있다.

- 학제의 복잡성으로 인해 의무교육기간 또한 주나 중등학교 유형에 따라 달라지지만, 의무교육 단계(고등학교)의 학생들은 기본적인 수업료 외에도 교과서와 교통비를 지원받는다.
- 사립학교도 학생으로부터 수업료를 따로 받지 않는 무상교육이며, 의무교육에 해당되지 않는 유아교육과 고등교육도 무상교육을 원칙으로 한다.

바) 호주

- 영연방국가로서 영국식 학제의 영향을 받았지만 교육자치제의 전통이 강하여 주별로 조금씩 다른 학제와 학교운영 방식을 보인다.
- 대체로 초등 및 중등학교 학제는 7.5-3.5-2년으로 구성되며, 대체로 6~17세까지 12년을 의무교육기간으로 규정한다.
- 최근 초등 입학 전 1년의 유아교육을 의무화하여 의무교육 기간이 확대됐다.

사) 핀란드

- 2000년 이후 세계 최고의 교육경쟁력을 자랑하는 핀란드의 초중등 학제는 6-3-3년으로 구성되며, 의무교육은 초등 6년과 중학교 3년을 포함하여 9년 과정이다. 초등학교 입학은 만7세에 이루어져 다른 나라들에 비해 늦은 나이에 정규 교육이 시작되었다.
- 의무교육으로 강제하지 않아도 초등입학 전 6세 아동의 95%가 유아교육에 참여하고 있으며, 중학교 졸업자의 95% 정도가 고등학교에 진학하고 있다.
- 핀란드 아동들은 태어나기 전부터 국가가 제공하는 건강관리를 받는데 초등학교와 중학교를 다닐 때는 물론 고등학교에서도 학비와 정기적인 보건진료, 무상급식, 통학비 지원 등을 받고 있다.
- 다만 의무교육이 아닌 고등학교의 교과서 구입비용은 개인이 부담하는 것을 원칙으로 하는데 실지로 교재구입의 부담은 크지 않다.

2) 고교 무상교육에 관한 교육정책의 추진방향

- 의무교육은 무상교육을 전제로 하지만 무상교육은 의무교육을 전제로 하지 않는다. 해외 사례에서 살펴보아도 의무교육 기간보다 무상교육 기간을 더 길게 제공하고 있다.
- 고교 무상교육 실제 방법에 대한 논의로써 전면적 시행을 추진하는 것인지 아니면 단계적 시행을 할 것인지에 대한 쟁점이 있다.
- 전면적 시행은 단기간 고교 무상교육을 완성할 수 있고 학부모 학비 부담 체감 효과가 크게 느껴질 수 있는 장점은 있으나 재원조달 부담의 측면에서 볼 때 어려움이 예상된다.
- 단계적 시행은 재원부담을 완화할 수 있다는 장점이 있다. 다만, 단계적 시행 방법에 있어 많은 검토와 사회적 합의가 필요하다. 단계적 시행 방법으로는 소득계층별, 학교유형별, 지역별, 학년별, 교육비 지원 범위별 등 다양한 조합이 가능하다. 학년별 순차적 시행(예 : 1→2→3학년), 소득계층별 순차적 확대(현재 교육급여 및 장학금 지원 사업 등으로 저소득층과 특수교육대상자 등은 이미 무상교육을 실시하고 있음), 지역 규모별 순차적 확대(예 : 도서벽지→면·읍→대도시·중소도시), 지원범위별 순차적 확대(예 : 입학금 및 수업료→ 교과서비→학교 운영지원비) 등을 고려해 볼 수 있다.
- 고교 무상교육 지원 대상에는 학교장 자율로 수업료를 정하는 학교(자율형 사립고, 사립 특수목적고)의 포함 여부도 확인할 필요성이 있다. 강영혜 외(2013) 연구에서는 학교장이 자율적으로 수업료를 정하는 자율형 사립고와 사립특수목적고는 고교 무상교육 지원 대상에서 제외할 것을 제안한다. 자율형 사립고와 사립 특수목적고 학생들에게도 공립 고등학교 수준까지 지원할 것인지 아니면 이들 학교의 학생들은 무상교육 지원 대상에서 제외할 것인지에 대한 검토가 필요하다.
- OECD 주요 회원국의 고교 무상교육 실행 방식은 우리나라의 고교 무상교육의 실행방식에도 중요한 시사점을 제공한다. 미국이나 호주와 같이 고등학교 중도탈락률이 높은 국가에서는 의무교육기간을 고등학교 단계까지 확대 적용하였고, 학생들을 강제로 학교에 남게 해서 학생의 범죄를 예방하고 졸업률을 끌어올릴 목적으로 의무교육기간을 연장하였다. 반면, 학생들의 진학률, 졸업률이 일정 수준 이상이 되었을 경우에는 학생들에게 고등학교를 다니지 않을 수 있는 선택권을 부

여하였다. 학생들이 의무적으로 고등학교에 재학하기보다는 자신의 선택에 따라 다른 기회를 접할 수 있는 여건을 마련해 주어야 학생의 적성과 능력에 맞는 고등학교 교육이 될 수 있다(최준렬, 2013).

- 고교 무상교육을 전면적으로 실시하는 국가들은 주로 북부 유럽의 스웨덴이나 핀란드가 대표적이며 이들은 후기 중등교육(고등학교)의 보편화를 달성한 국가로서 의무 교육 대신에 개인의 선택권을 존중하면서 무상교육을 실시하고 있다.
- 우리나라의 경우 2015년 기준 고등학교 취학률은 93.5%, 고등학교 졸업률은 95.4%를 나타냈으며, 고등학교에서 대학 진학률은 70.8%를 기록하였다. 이는 세계에서도 높은 수준의 지표이며 우리나라는 고등학교의 보편화를 달성한 국가라고 할 수 있다.
- 고등학교 보편화를 달성한 OECD 주요국들은 교육의 질을 담보하고 개인의 선택권을 존중하는 차원에서 무상교육을 시행하고 있다. 우리나라의 경우도 고교 무상교육에 관한 주요 선진국의 선험적 경험이나 전략적인 교육정책의 선택으로 보았을 때 고등학교 무상교육으로의 이행은 자연스러운 것이다.
- 이미 우리나라는 초등학교와 중학교 단계에서 무상교육과 의무교육을 완전히 실현한 역사적 경험을 가지고 있다. 초등학교의 경우 1954년 무상 의무교육을 시작으로 1960년에 입학금, 수업료, 육성회비를 완전히 면제하였으며, 중학교의 경우에는 1985년 읍면지역을 시작으로 무상 의무교육을 완성하기까지 무려 19년이 지난 2005년에 와서야 완성하였다(김홍주, 2013).
- 초등학교와 중학교의 무상교육을 시작하고 완성단계까지 소요된 기간이 결코 짧지 않았다. 과거의 경험과 소요 재원의 마련, 그리고 사회적 합의에 따른 절차적 정당성 확보 등을 고려하면 고교 무상교육이 단기간에 완성될 것이라는 생각은 절대 금물이다. 그런 점에서 문재인 정부가 고교 무상교육을 2020년부터 단계적으로 실시하겠다는 계획은 우리나라가 처한 사회경제적 현실을 신중하게 수용하고 있다고 생각한다. 초등학교와 중학교 단계에서의 무상교육의 실현에 따른 시행착오를 검토했을 것이고, 무엇보다 시행에 따른 사회적 합의와 소요 재원 확보에 따른 준비 기간을 고려했을 것이라 생각된다.
- 박근혜 정부가 대통령 취임 해인 2013년부터 고교 무상교육을 실시하겠다는 로드맵을 발표했지만, 지금 생각하면 사회적 합의도 재원 확보에 따른 계획도 부재

한 상태에서 뜨거운 마음만 앞서지 않았나 생각한다. 박근혜 정부가 백지화 시킨 고교 무상교육은 아무리 교육복지라고 해도 전 국민에게 영향을 미치는 초대형 국가프로젝트를 추진하기 위해서는 충분한 시간을 갖고 사회적 합의와 장기간에 걸쳐 소요될 재원 확보를 위한 청사진이 필요하다는 교훈을 안겨 주었다.

아. 고교 무상교육제도 개선 방안

보고서명	[CR 2018-02] 고교 무상교육 정책의 쟁점과 추진 방향
주제어	고교 무상교육, 시행 현황, 제도 개선 방안

1) 고교 무상교육 시행 현황

가) 고교 무상교육 정책 시행 개요

- 고교 무상교육 정책은 교육의 공공성 강화 측면에서 보편교육(고교 진학률 99.7%, 2018년)인 고교 학비를 국가가 부담하여 국민의 교육기본권을 보장하기 위해 시작되었다. 고교 학비 지원 사각지대인 4~50대 자영업자·소상공인 및 영세 중소기업 가구의 교육비 부담을 줄이고자 가계 가처분소득을 증대시키고(월 13만 원의 가처분 소득 증대) 민간 소비, 저축과 투자 확대에 이바지하며, 궁극적인 목적은 불평등한 교육부 부담 구조를 개선하는 것이다.
- 이에 따라 「초·중등교육법」 제10조의2 및 제13조가 개정되며, 2019년 9월부터 고등학교 학생들을 대상으로 무상교육이 시작되었다.
  - 대상은 초·중등교육법상 고등학교와 고등기술학교, 각종학교 등이나, 모든 학생에게 다 지원되는 것은 아니며, 초·중학교 무상교육과 같이 '수업료와 그 밖의 납부금을 학교장이 정하는 사립학교'는 대상에 해당하지 않는다.
  - 학비 지원범위는 고등학교 무상교육은 학습을 위한 최소한의 기본 사항으로 학교운영지원비, 입학금, 수업료, 교과서비가 해당된다. 기숙사비, 특별활동비 등의 모든 학비가 지원되는 것은 아니다.

나) 고교 무상교육 재원 부담에 대한 법적 근거

- 다음은 「초·중등교육법」 제10조의2에 따른 내용이다.
  - 당 조항의 제정으로 고등학교·고등기술학교나 이에 준하는 각종학교의 교육에 필요한 입학금, 수업료, 학교운영지원비, 교과용 도서 구입비를 무상으로 한다. 이 때, 동조 제2항에서는 위의 비용은 국가 및 지방자치단체가 부담한다고 규정하고 있지만, 그 비중은 「지방교육재정교부금법」 이하 법령에 위임이 되어 있어 그 비중 산정이 쟁점이 될 수 있다.
- 다음은 「지방교육재정교부금법」 제14조 제2항에 관한 내용이다.
  - 「지방교육재정교부금법」 제14조 제1항에서는 국가가 「초·중등교육법」 제10조의2에 따른 고등학교 등의 무상교육에 필요한 비용 중 1,000분의 475에 해당하는 금액을 제3조 제4항에 따라 따로 증액 교부해야 함을 명시하고 있다. 동조 제2항에서는 시도 및 시·군·구는 「초·중등교육법」 제10조의2에 따른 고등학교 등의 무상교육에 필요한 비용 중 1,000분의 50에 해당하는 금액을 대통령령으로 정하는 바에 따라 교육비 특별회계로 전출하여야 한다고 보며, 그 정확한 비중은 같은 법 시행령 및 관련 고시로 위임하고 있다. 그러나 본 조항은 부칙 제2조에 의해 2020년 1월 1일부터 2024년 12월 31일까지 유효한 한시법이므로, 해당 기간 이후를 대비하여 고교 무상교육 재원 분담 기준 마련을 위한 논의가 필요하다.
- 다음은 「시도 및 시·군·구의 고등학교 등의 무상교육 경비 부담에 관한 고시」 (20.3.3. 시행)에 관한 내용이다.
  - 「지방교육재정교부금법」제14조 제2항은 같은 법 시행령 제10조의 위임을 받아 시도 및 시·군·구가 고등학교 무상교육 등의 경비 부담을 위해 교육비 특별회계로 전출하여야 하는 금액 및 그 밖의 교육비 특별회계 전출에 관하여 필요한 사항을 규정하고 있다.

다) 고교 무상교육 지원 대상

- 2019년 2학기에 고등학교 3학년을 시작으로, 2020년에는 고2·고3, 2021년에는 전학년으로 단계적 대상이 확대 적용되었다. 연도별 고교 무상교육 확대 시행은 [그림 Ⅲ-1-6]과 같다.

- 고교 무상교육 정책 대상 학교는 초·중등교육법상 고등학교와 고등기술학교, 각종학교 등이다. 이러한 학교는 국공립학교(특목고 등 포함), 수업료 등을 별도로 정하지 않는 사립학교가 해당한다. 고교 무상교육 정책을 대상으로 하지 않는 학교는 초·중학교 무상교육과 같이 '수업료와 그 밖의 납부금을 학교장이 정하는 사립학교' 즉, 자율형사립고나 일부 사립특목고 등을 의미한다.

그림 Ⅲ-1-6 연도별 고교 무상교육 시행

	2019년 2학기	2020년	2021년~
적용 학년	3학년	2, 3학년	전 학년
지원 항목	수업료, 학교운영지원비	입학금, 수업료, 학교운영지원비, 교과서 대금	입학금, 수업료, 학교운영지원비, 교과서 대금
대상 학생	기 지원자를 제외한 학생	대상 학교 재학 해당 학년 학생	대상 학교 재학 모든 학생

* 출처 : 교육부 보도자료(2019.08.19.) 2019년 2학기부터 고등학교 무상교육 시행 재구성

라) 고교 무상교육 예산 규모

- 교육부 2021년 예산 및 기금운용계획 국회 확정 보도 자료에 따르면, 고교 무상교육에 대한 교육부의 예산은 2020년 6,594억 원이었으며, 2021년은 9,431억 원이다. 실제 2021년도 시·도교육청의 고교 무상교육에 대한 국가와 지자체 이전수입은 다음 〈표 Ⅲ-1-23〉과 같다.

표 Ⅲ-1-23 2021년도 고교 무상교육에 따른 시도별 이전수입(단위 : 천 원)

시도	국가(증액교부금)	지자체 이전수입(무상교육경비전입금)
서울특별시	176,710,000	16,566,582
부산광역시	61,495,000	5,432,034
대구광역시	53,605,000	4,301,636
인천광역시	60,029,000	4,585,694

시도	국가(증액교부금)	지자체 이전수입(무상교육경비전입금)
광주광역시	37,358,000	2,861,436
대전광역시	33,792,000	2,112,346
울산광역시	24,560,000	1,707,520
세종특별자치시	5,593,000	429,897
경기도	294,316,473	17,208,019
강원도	19,197,000	4,249,833
충청북도	25,288,000	3,829,060
충청남도	29,532,649	5,625,266
전라북도	30,563,000	6,767,848
전라남도	23,228,000	7,656,994
경상북도	31,803,000	7,695,492
경상남도	50,218,000	6,328,328
제주특별자치도	9,827,000	2,880,000

* 출처 : 2021년 시도교육청별 지방교육재정알리미 예산공시 재구성

마) 고교 무상교육 재원 분담 현황

- 정부와 시·도교육청은 교육복지 국가 실현을 위해 2020년부터 순차적으로 고교 무상교육을 추진하면서 중앙정부, 시도교육청, 지방자치단체가 소요 재원을 분담하도록 규정하였다.
  - 중앙정부는 총 소요액의 47.5%를 부담하며, 증액교부금으로 5년간 교부한다.
  - 시·도교육청은 저소득층 학비 지원 등 기존 지원금을 포함한 총 소요액의 47.5% 자체 부담한다.
  - 지방자치단체는 공무원 자녀 학비보조수당(「지방공무원법」), 농어업인 자녀 학비 지원(「농어업인삶의질법」) 등 기존 지원금 규모('17년 결산 기준 1,019억 원, 총 소요액의 5%)를 부담한다.
- 교육비특별회계 세입 중 (관)지방자치단체이전수입-(항)법정이전수입-(목)무상교육경비전입금으로 전입한다.

- 2024년까지의 고교 무상교육 재원 분담 주체별 소요액 규모 추정 결과는 다음 〈표 III-1-24〉와 같다.

표 III-1-24 고교 무상교육 재원 분담 주체별 소요액(단위 : 억 원)

구분	2020년	2021년	2022년	2023년	2024년
중앙정부	6,954	9,477	9,238	9,431	9,680
시도교육청	6,954	9,477	9,238	9,431	9,680
지방자치단체	732	998	971	991	1,018
총액	14,640	19,951	19,447	19,853	20,378

* 출처 : 서영인 외(2020). 교육재정 종합 진단 및 대책 연구.

2) 초·중등 의무 및 무상교육의 해외 사례

- 미국을 비롯한 유럽 국가는 의무교육에 대한 무상교육을 원칙으로 하고 있으며, OECD 가맹국 36개국은 모두 고교 교육단계가 의무교육이 아니더라도 무상교육을 시행하고 있다. 의무교육의 연한은 국가마다 차이가 있으나 최단 5년에서 최장 14년으로 정하고 있으며, 의무교육 기간을 연장하는 국가들이 늘어나고 있다. 미국은 50개 주의 의무교육 기간 평균이 2000년 11.3년에서 2015년에는 12년으로 증가하였으며, 각 주의 공교육 무상 하한 연령과 상한 연령을 정하여 모든 시민이 고등학교 교육을 이수하도록 하고 있다(김상규, 2019).
- 영국은 2008년 Education and Skills Act 제정을 통해 17~18세에게 의무적으로 교육훈련을 받도록 하여 실질적으로 의무교육과 무상교육을 확대하였다.
- 아시아 국가 중 대만은 2014년 국민 기본 교육정책을 추진하며 실질적으로 의무교육 기간을 9년에서 12년으로 확대하였다. 대만의 고등학교 교육에 대한 정책의 추진 방향은 ① 보편적 교육(15세 이상의 모든 사람에게 평등한 교육 기회 제공), ② 자발적 등록(다양한 채널의 고등학교 입학 시스템을 제공하고 학생과 학부모의 선택과 참여 존중), ③ 특정 조건에 대한 등록금 면제(공업 고등학교 재학 중인 학생은 등록금을 내지 않으며, 특정 조건에 따라 무료로 등록금을 받을 수 있음), ④ 공립 및 사립 평등 교육(공립학교와 사립학교가

같은 제도를 진행하며, 사립학교에 대한 정부 보조금 및 운영 성과를 보장하기 위해 공립학교와 같은 기준으로 평가, 감독), ⑤ 무시험 입학(중학교 졸업생의 75%가 무시험 프로그램을 통해 다음 단계에 진학) 등이 있다.

3) 현 무상교육의 쟁점 도출

가) 현행 고교 무상교육 지원 기준과 형평성

- 현재 수혜 대상 학교는 「초·중등교육법」 제10조의2에 따라 고등학교·고등기술학교나 이에 준하는 각종학교이며, 초·중학교와 같이 입학금 및 수업료를 학교장이 정하는 사립학교는 제외된다. 이는 별도의 수업료를 산정하는 학교의 경우, 「초·중등교육법 시행령」에 따라 정부의 재정지원 없이 운영되는 것이 원칙이며 이러한 학교에 진학할지는 학생과 학부모의 선택으로 이루어지기 때문이다. 따라서 개인의 자율적 선택에 근거하여, 스스로 부담을 지는 사립학교에 진학하는 이들의 자율성을 존중해야 한다는 의견이 있었다(권영성, 2003; 이완정, 1992). 그러나 모든 학생에게 무상으로 교육이 이루어져야 한다는 무상교육의 원리를 고려해본다면, 이러한 학교에 다니는 학생에게도 지원이 이루어지는 것이 형평성의 차원에서 바람직하다는 주장도 있다(송기창, 2019; 최진욱, 2019). 자율적으로 수업료를 산정하는 학교들의 경우, 그렇지 않은 학교에 비해 높은 수업료를 받는 경우가 많은데, 무상교육이 소득에 따라 제공되지 않고 보편적으로 이루어지는 상황에서 고교 선택에 따라 무상교육 여부가 결정되는 것은 헌법이 보장하는 교육에서의 평등과 형평의 이념과 모순될 수 있다고 보기 때문이다(송기창, 2019). 예컨대, 수혜 대상 학교에 주어지는 학교운영지원비, 입학금, 수업료, 교과서비 등의 기본 무상혜택은 공립과 사립의 구분 없이 보편적 복지의 차원에서 전체적으로 주어지는 것이 형평성에 적합하다는 주장이 존재한다(최진욱, 2019). 여러 논의가 존재하는 만큼 비 수혜 사립 고등학교에 대한 지원에 대한 학계 논의를 형평성의 차원에서 다시 한 번 검토하고, 그 근거를 통해 이들에 대한 지원방안을 재검토해야 할 것이다.

나) 고교 무상교육 지원 기준 재검토의 필요성

- 비 수혜 초·중학교에 대한 지원의 문제에 대한 검토가 필요하다. 만일 위의 논리

에 따라 고교 무상교육 기준안을 수정할 경우, 이미 의무교육으로 제도화된 초·중학교 또한 같은 범주의 사립학교와의 형평성 문제가 발생할 수 있다. 사립 초등학교와 중학교는 이미 무상교육이 시행되고 있음에도 불구하고, 「초·중등교육법」 제10조에 근거하여 관계 법령을 토대로 수업료 등 기타 납부금을 받는 사립 초등학교와 중학교가 있기 때문이다. 만약, 현행 고교 무상교육 지원 기준을 수정하여 입학금 및 수업료를 학교장이 정하는 사립학교에도 지원하게 될 경우, 기존에 지원하지 않던 사립 초등학교와 중학교 또한 형평성 차원에서 같게 지원해야 할 가능성이 있다. 따라서 이들에 대한 지원 규모 파악을 통한 거시적인 정책 검토를 위하여, 지원의 기초가 되는 학생 1인당 지원 금액과 수혜 학생의 수를 추정하고 총 소요 재정 규모에 대한 합리적 분석이 필요하다. 즉, 현행 기준을 유지하거나 새로운 기준을 수립하게 되면 이를 실시할 때 소요되는 재정 규모를 추정하여 대비할 필요가 있다는 것이며, 이에 더하여 새로운 기준에 따라 각급 사립학교를 지원하면 발생할 수 있는 장단점까지도 검토하여 합리적인 방안을 선택하는 근거를 마련해야 할 것이다.

다) 2025년 이후 고등학교 무상교육 재원 분담 방안

- 현행 법령은 원칙적으로 고등학교 무상교육 총 소요액의 47.5%를 정부와 교육청이 각각 분담하고 나머지 5%를 지자체가 분담하도록 하고 있으나, 해당 규정이 한시적으로 2024년까지 적용될 예정임에 따라, 2025년 이후 재원 분담 방안을 마련해야 한다. 그러나 지방자치단체별로 그 분담 비율이 다르며, 실제로 전국 평균인 5%보다 부담 비율이 높은 지방자치단체의 경우 현행 기준의 불합리성을 주장하고 있다. 교육청이나 지방자치단체는 국정과제로 추진하는 사업인 고등학교 무상교육은 정부가 그 재원을 부담해야 함을 주장하는 반면에, 재정 당국은 상대적으로 여유가 있는 지방 교육재정의 분담 비율을 높일 필요가 있음을 주장할 것으로 예측된다. 또한, 코로나19와 학령인구의 급격한 감소 등 외부 환경의 급격한 변화로 향후 세수 전망이 불투명해지는 상황 속에서 고등학교 무상교육 재원 확보의 불안전성을 사전에 방지하기 위해 주체별 재원 분담을 위한 타당한 논리 분석과 이를 통한 합리적 재원 확보 방안을 도출해야 할 것이다.

자. 다문화교육지원

보고서명	[CR 2016-03] 다문화학생 밀집지역 다문화교육지원 실태조사
주제어	다문화학생, 다문화교육지원, 현황 및 실태 조사

1) 다문화교육지원 현황 : 설문조사 결과

- 다문화교육지원 현황을 조사하기 위해 다문화학생 밀집지역의 38개 학교의 교사를 대상으로 설문조사를 실시하였다. 다문화교육 담당교사 38명과 일반교사 304명이 설문조사에 참여하여 총 342명의 응답이 수집되었다. 학교급별로 살펴보면 초등학교 교사는 152명, 중학교 교사는 190명이 참여하였다. 지역규모별로 살펴보면 도시지역 교사는 149명, 농촌지역 교사는 193명이 참여하였다.
- 전체 설문 응답자 중 남자는 106명(31.0%)이었고, 여자는 236명(69.0%)이었다. 다문화업무 담당교사용 설문 응답자 중 남자는 11명(28.9%)이었고, 여자는 27명(71.1%)이었다. 일반교사용 설문 응답자 중 남자는 95명(31.3%)이었고, 여자는 209명(68.7%)이었다.
- 전체 설문 응답자의 연령은 20대에서 60대에 분포하였으며, 30대의 응답자가 전체의 31.5%이었고, 그다음으로 50대, 40대, 20대, 60대 순으로 나타났다. 다문화업무 담당교사용 설문 응답자는 50대 응답자가 전체의 34.2%이며, 그다음으로 40대, 30대, 20대, 60대 순으로 나타났다. 일반교사용 설문 응답자는 30대의 응답자가 전체의 32.6%이고, 그다음으로 50대, 40대, 20대, 60대 순으로 나타났다.
- 전체 설문 응답자의 직위는 교장, 교감, 수석교사, 부장교사, 일반 교사, 다문화전담교사로 분포하였고, 교사가 전체의 63.5%, 부장 교사가 29.9%로 나타났다. 다문화업무 담당교사용 설문지 응답자의 직위는 교사가 전체의 51.2%이며, 그다음으로 부장교사 26.8%와 다문화전담교사 22.0% 순으로 나타났다. 일반교사용 설문 응답자의 직위는 교사가 65.1%이고, 그다음으로 부장교사가 30.3%로 나타났다.
- 전체 설문 응답자의 근무경력은 5년 미만부터 25년 이상까지 분포하였으며, 25년 이상이 전체의 24.1%이고, 그다음으로 5년 미만, 5년에서 10년 미만, 15년에서

20년 미만, 10년에서 15년 미만, 20년에서 25년 미만 순으로 나타났다. 다문화업무 담당교사용 설문 응답자의 근무경력은 25년 이상이 전체의 26.3%이며, 그다음으로 5년 미만, 5년에서 10년 미만, 15년에서 20년 미만, 20년에서 25년 미만, 10년에서 15년 미만 순으로 나타났다. 일반교사용 설문 응답자의 근무경력은 25년 이상이 전체의 24%이고, 그다음으로 5년 미만이 22.0%, 5년에서 10년 미만, 15년에서 20년 미만, 10년에서 15년 미만, 20년에서 25년 미만 순으로 나타났다.

- 일반교사용 설문 응답자 중 현재 다문화학생의 담임을 맡고 있는 교사는 전체의 71.8%였다.

2) 다문화업무 담당교사 설문 분석 결과

가) 교내 다문화교육지원 현황

- 다문화학생 밀집지역에 위치한 학교 내에서 자체적으로 시행하는 다문화교육지원 프로그램 현황을 파악하기 위하여 교내에서 실행하고 있는 다문화교육 프로그램명, 각 다문화교육 프로그램에 대한 현황(프로그램 유형, 운영 시간대, 운영 장소, 운영 빈도, 지원 대상 유형)에 대한 정보가 수집되었다.
- 각 학교의 다문화업무 담당교사로부터 정보를 수집하였으며 총 38개 학교의 다문화교육지원 교내 현황을 파악하였다.
- 교내 다문화교육 프로그램의 유형을 살펴본 결과, 다문화이해교육(23.0%)이 가장 빈번하게 운영되는 것으로 나타났으며, 그다음으로 세계한국문화체험(12.9%), 한국어교육(11.5%), 이중언어교육과 문화예술교육(10.8%), 학습지원(10.1%) 순으로 나타났다. 그 외에 멘토링 프로그램, 심리정서 상담, 학부모지원, 다문화인재양성 프로그램 순으로 나타났다.
  - 학교급에 따라 살펴보면, 초등학교의 경우 다문화이해교육이 가장 빈번하게 운영되는 것으로 나타났으며, 그다음으로 한국어교육, 학습지원, 이중언어교육, 세계한국문화체험이 동일한 빈도로 나타났다. 그 외에 문화예술교육, 멘토링 프로그램, 학부모지원, 기타, 심리정서 상담, 다문화인재양성 프로그램 순으로 나타났다. 중학교의 경우 다문화이해교육, 문화예술교육, 세계한국문화체험, 한국어교육, 이중언어교육, 학습지원, 심리정서 상담, 멘토링 프로그램, 학부모지원, 기

타 순으로 나타났다.

- 지역규모에 따라 살펴보면, 도시지역에서는 한국어교육이 가장 빈번하게 나타났으며, 그다음으로 학습지원, 다문화이해교육, 문화예술교육, 세계한국문화체험, 멘토링 프로그램, 이중언어교육, 심리정서 상담, 다문화인재양성 프로그램, 학부모지원, 기타 순으로 나타났다. 농촌지역에서는 다문화이해교육이 가장 빈번하게 나타났으며, 그다음으로 세계한국문화체험, 이중언어교육, 문화예술교육, 학습지원, 기타, 한국어교육, 심리정서 상담, 학부모지원, 멘토링 프로그램, 다문화인재양성 프로그램 순으로 나타났다.

• 교내 다문화교육프로그램 운영 시간대를 살펴본 결과, 주로 방과 후 시간(32.1%)에 운영되는 것으로 나타났다. 그다음으로 정규 교과 수업 시간(19.8%), 창의적 체험활동 시간(17.0%), 주말(11.3%), 방학(10.4%) 순으로 나타났다.

- 학교급에 따라 살펴보면, 초등학교의 경우 방과 후 시간에 가장 빈번하게 운영되는 것으로 나타났으며, 그다음으로 정규 교과 수업 시간, 창의적 체험 활동 시간, 기타, 방학, 주말 순으로 나타났다. 중학교의 경우 방과 후 시간과 주말에 가장 빈번하게 운영되는 것으로 나타났으며, 그다음으로 정규 교과 수업 시간, 창의적 체험 활동 시간, 방학, 기타 순으로 나타났다.
- 지역규모에 따라 살펴보면, 도시지역에서는 방과 후 시간에 가장 빈번하게 운영되는 것으로 나타났으며, 그다음으로 방학, 정규 교과 수업 시간, 주말, 창의적 체험 활동 시간, 기타 순으로 나타났다. 농촌지역의 경우 방과 후 시간에 가장 빈번하게 운영되는 것으로 나타났으며, 그다음으로 정규 교과 수업 시간, 창의적 체험 활동 시간, 기타, 주말, 방학 순으로 나타났다.

• 교내 다문화교육 프로그램 운영 장소를 살펴본 결과, 주로 교내 방문(79.0%)과 같은 형태로 운영되는 것으로 나타났다. 그 외 지역사회기관과 위탁기관에서 운영되는 것은 5% 미만으로 나타났다.

- 학교급에 따라 살펴보면, 초등학교의 경우 교내 방문을 통해 가장 빈번하게 운영되고 있었으며, 그다음으로 기타, 지역사회, 위탁기관 순으로 나타났다. 중학교의 경우 교내방문을 통해 가장 빈번하게 운영되는 것으로 나타났으며, 그다음으로 기타, 지역사회 순으로 나타났다.
- 지역규모에 따라 살펴보면, 도시지역에서는 교내 방문이 가장 빈번하게 운영되

는 것으로 나타났으며, 그다음으로 지역사회, 기타 순으로 나타났다. 농촌지역의 경우 교내 방문이 가장 빈번하게 운영되는 것으로 나타났으며, 그다음으로 기타, 지역사회, 위탁기관 순으로 나타났다.

- 교내 다문화교육 프로그램 운영 빈도를 살펴본 결과, 주로 5회기 이상의 장기형 교육지원(67.5%)이 이루어지는 것으로 나타났다. 그다음으로 2회기에서 4회기 정도의 단기형 교육지원(16.9%), 1회기의 일회성 교육지원(15.6%) 순으로 나타났다.
  - 학교급에 따라 살펴보면, 초등학교의 경우 5회기 이상의 장기형 교육지원이 가장 빈번하게 운영되는 것으로 나타났으며, 그다음으로 2회기에서 4회기 정도의 단기형 교육지원, 1회기의 일회성 교육지원 순으로 나타났다. 중학교의 경우 장기형 교육 지원이 가장 빈번하게 나타났으며, 그다음으로 일회성, 단기형 순으로 나타났다.
  - 지역규모에 따라 살펴보면, 도시지역에서는 5회기 이상의 장기형 교육지원이 가장 빈번하게 운영되는 것으로 나타났으며, 그다음으로 2회기에서 4회기 정도의 단기형 교육지원, 1회기의 일회성 교육지원 순으로 나타났다. 농촌지역의 경우 장기형 교육지원이 가장 빈번하게 운영되는 것으로 나타났으며, 그다음으로 일회성 교육지원과 단기형 교육지원이 동일하게 나타났다.
- 교내 다문화교육 프로그램 지원 대상 유형을 살펴본 결과, 주로 다문화학생 개별 지원 단위의 교육지원(46.9%)이 이루어지는 것으로 나타났다. 그다음으로 학급이나 학년 단위의 교육지원(38.3%)으로 나타났다.
  - 학교급에 따라 살펴보면, 초등학교의 경우 다문화학생 개별 지원 단위의 교육지원이 가장 빈번하게 이루어지는 것으로 나타났으며, 그다음으로 학급이나 학년 단위의 교육지원, 기타 순으로 나타났다. 중학교의 경우 다문화학생 개별 지원 단위의 교육지원이 가장 빈번하게 이루어지는 것으로 나타났으며, 그다음으로 학급이나 학년 단위의 교육지원, 기타 순으로 나타났다.
  - 지역규모에 따라 살펴보면, 도시지역에서는 다문화학생 개별 지원 단위의 교육지원이 가장 빈번하게 이루어지는 것으로 나타났으며, 그다음으로 학급이나 학년 단위의 교육지원, 기타 순으로 나타났다. 농촌지역에서는 학급이나 학년 단위의 교육지원이 가장 빈번하게 운영되는 것으로 나타났으며, 그다음으로 다문화학생 개별지원, 기타 순으로 나타났다.

- 교내에서 시행되는 다문화교육지원 프로그램의 계획 및 운영 과정에 있어서 겪는 어려운 점이나 개선되어야 할 점에 대하여 서술형으로 응답한 내용을 분석하였다.
  - 교내 다문화교육 프로그램을 운영함에 있어서 겪는 어려운 점으로는 우선 과도한 행정업무를 지적하였다. 학교급이나 지역규모에 관계없이 다문화 담당자나 다문화 담당부서가 부재한 경우에는 교사 한 명이 다문화관련 업무를 수행해 나가는데 어려움을 겪고 있었다. 학교급이나 지역규모에 관계없이 정규 교육과정 운영 시간에 편제되지 않은 프로그램의 경우에는 시간적 운영에 있어서 제한을 받고 있었다.
  - 중학교에 비해 초등학교에서는 다문화학생들의 관리에 있어서 어려움이 존재하였는데 가정과의 연계가 어려우며 가정으로부터 방치되는 학생들의 경우 학습 및 언어 능력에 영향을 미쳤다.
  - 다문화학생들은 자신이 다문화가정 배경을 가지고 있음을 드러내는 것을 꺼렸는데, 이에 따라 다문화교육 프로그램의 참여율도 저조해지는 현상이 나타났으며, 이는 학교급이나 지역규모에 관계없이 나타났다.
  - 다문화교육 업무를 맡은 교사가 전문성을 구비하지 않으면 다문화교육 운영에 어려움을 지녔는데, 읍·면 지역의 경우 교사의 전문성이나 관심의 부족으로 인하여 다문화교육 운영에의 어려움이 나타났다.
  - 교내 다문화교육 프로그램을 운영함에 있어서 개선되어야 할 점으로는 다문화교육의 방향이 어울림교육이나 통합교육, 편견 없애는 교육으로 나아가야 한다는 것으로 다문화학생과 일반학생이 분리되어 교육받는 형태를 지양해야 한다고 기대하였다. 실제 현장에서는 다문화학생들이 자신의 다문화 정체성을 드러내기를 꺼리는 경우가 있으며, 다문화교육을 통해 일반학생들에게 다문화에 대한 편견을 심어주는 등 역기능이 존재하기 때문이었다. 더불어 다문화학생들이 모국에 대한 애정과 자긍심, 자신감 향상을 도울 수 있는 다문화교육지원이 필요함을 언급하였다. 중도입국 학생들의 경우 학교급이나 지역규모에 관계없이 맞춤형으로 지원되어야 할 필요성이 있음을 언급하였다.
  - 다문화교육 프로그램이 일반 교육과정 내에 융합되어 운영하는 것을 제안하였는데, 이와 관련된 교육과정의 재구조화가 요구되었다.

- 교사의 업무 과중을 막기 위해 다문화 담당자가 요구되었으며 초등학교의 경우 담임제로 인한 업무 부담감이 높으므로 이에 관련된 요구도가 중학교에 비해 높았다.
- 다문화업무를 맡고 있지 않은 일반교사의 경우에는 다문화학생에 대한 관심이 부족할 수 있기 때문에 적극적인 관심이 필요함을 지적하였으며 교사의 전문성 교육의 기회 확장을 기대하였다. 구체적으로 다문화를 직접 체험할 수 있는 연수나 관련 전문가의 강의를 듣기를 원했으며 다문화교육 프로그램을 진행할 때 요구되는 전문지식이나 상담기법을 체득할 수 있는 연수를 기대하였다.

나) 학교–지역사회 연계 다문화교육지원 현황

- 다문화학생 밀집지역에 위치한 학교와 연계하여 다문화교육을 지원하는 지역사회 내 외부협력기관의 현황을 파악하기 위하여 외부협력기관명, 다문화교육 프로그램명, 각 다문화교육 프로그램에 대한 현황(프로그램 유형, 운영 시간대, 운영 장소, 운영 빈도, 지원 대상 유형)에 대한 정보가 수집되었다.
- 각 학교의 다문화업무 담당교사로부터 정보를 수집하였으며 총 38개 학교의 다문화교육지원 교내 현황을 파악하였다.
- 다문화학생 밀집지역에서 진행되고 있는 학교-지역사회 연계 다문화교육 프로그램의 유형을 살펴본 결과, 멘토링 프로그램(19.1%)과 다문화이해교육(19.1%)이 가장 빈번하게 운영되는 것으로 나타났으며, 그다음으로 문화예술교육(14.6%)인 것으로 나타났다. 그 외에 심리정서 상담과 학습 지원, 한국어 교육(예 : 한국어교실)과 이중언어교육(예 : 부모님 나라 언어 배우기), 다문화인재양성 프로그램(예 : 글로벌브릿지),세계한국문화체험과 학부모지원(예 : 학부모교육) 순으로 나타났다.
  - 학교급에 따라 살펴보면, 초등학교의 경우 멘토링 프로그램과 다문화이해교육이 가장 빈번하게 운영되고 있었으며, 그다음으로 문화예술교육, 학습지원, 심리정서상담, 이중언어교육, 다문화인재양성 프로그램, 세계한국문화체험, 학부모지원, 한국어교육 순으로 나타났다. 중학교에서는 멘토링 프로그램, 다문화이해교육, 문화예술교육이 가장 빈번하게 운영되고 있었으며, 그다음으로 한국어교육, 심리정서 상담, 학습지원, 이중언어교육, 다문화인재양성 프로그램, 학부모지원 순으로 나타났다.

- 지역규모에 따라 살펴보면, 도시지역에서는 멘토링 프로그램이 가장 빈번하게 운영되고 있었으며, 그 다음으로 다문화이해교육, 문화예술교육, 심리정서 상담, 학습지원, 한국어교육, 다문화인재양성 프로그램, 세계한국문화체험, 이중언어교육, 학부모지원 순으로 나타났다. 농촌지역에서는 다문화이해교육이 가장 빈번하게 운영되고 있었으며, 그다음으로 멘토링 프로그램, 문화예술교육, 이중언어교육, 학습지원, 심리정서 상담, 한국어교육, 학부모지원, 다문화인재양성프로그램, 세계한국문화체험 순으로 나타났다.

• 학교-지역사회 연계 다문화교육 프로그램의 운영 시간대를 살펴본 결과, 주로 방과 후 시간(38.4%)에 운영되는 것으로 나타났다. 그다음으로 정규 교과 수업 시간(17.4%), 창의적 체험 활동 시간(14.0%), 방학(11.6%), 주말(10.5%) 순으로 나타났다.
  - 학교급에 따라 살펴보면, 초등학교의 경우 방과 후 시간에 가장 빈번하게 운영되고 있었으며, 그다음으로 창의적 체험 활동 시간, 정규 교과 수업 시간, 주말, 방학, 기타 순으로 나타났다. 중학교에서는 방과 후 시간, 정규 교과 수업 시간, 방학, 주말, 기타 순으로 나타났다.
  - 지역규모에 따라 살펴보면, 도시지역에서는 방과 후 시간, 정규 교과 수업 시간, 창의적 체험 활동 시간, 방학, 주말 순으로 나타났다. 농촌지역에서는 방과 후 시간, 기타, 정규 교과 수업 시간, 주말, 방학, 창의적 체험 활동 순으로 나타났다.

• 학교-지역사회 연계 다문화교육 프로그램의 운영 장소를 살펴본 결과, 주로 교내 방문(67.1%)과 같은 형태로 운영되는 것으로 나타났다. 그다음으로 지역사회(12.3%)에서 운영되었으며, 위탁기관(11.0%)에서의 운영 순으로 나타났다.
  - 학교급에 따라 살펴보면, 초등학교의 경우 교내 방문을 통해 가장 빈번하게 운영되고 있었으며, 그다음으로 기타, 위탁기관, 지역사회 순으로 나타났다. 중학교에서는 교내방문, 지역사회, 위탁기관, 기타 순으로 나타났다.
  - 지역규모에 따라 살펴보면, 도시지역에서는 교내 방문을 통해 가장 빈번하게 운영되는 것으로 나타났으며, 지역사회, 기타, 위탁기관 순으로 나타났다. 농촌지역에서는 교내 방문, 위탁기관, 지역사회, 기타 순으로 나타났다.

• 학교-지역사회 연계 다문화교육 프로그램의 운영 빈도를 살펴본 결과, 주로 5회기 이상의 장기형 교육지원(59.7%)이 이루어지는 것으로 나타났다. 그다음으로 1회기

의 일회성 교육지원(25.4%), 2회기에서 4회기정도의 단기형 교육지원(14.9%) 순으로 나타났다.

- 학교급에 따라 살펴보면, 초등학교의 경우 5회기 이상의 장기형 교육지원이 가장 빈번하게 나타났으며, 그다음으로 1회기의 일회성, 2회기에서 4회기 정도의 단기형 순으로 나타났다. 중학교의 경우 장기형, 일회성, 단기형 순으로 나타났다.
- 지역규모에 따라 살펴보면, 도시지역에서는 5회기 이상의 장기형 교육지원이 가장 빈번하게 나타났으며, 그다음으로 일회성, 단기형으로 나타났다. 농촌의 경우 장기형, 일회성, 단기형 순으로 나타났다.

• 학교-지역사회 연계 다문화교육 프로그램의 지원 대상 유형을 살펴본 결과, 주로 다문화학생 개별 지원 단위의 교육지원(57.5%)이 이루어지는 것으로 나타났다. 그 다음으로 학급이나 학년 단위의 교육지원(23.3%)로 나타났다.

- 학교급에 따라 살펴보면, 초등학교의 경우 다문화학생 개별 지원의 교육지원이 가장 빈번하게 이루어지는 것으로 나타났고, 그다음으로 학급이나 학년 단위의 지원, 기타 순으로 나타났다. 중학교의 경우 다문화학생 개별 지원, 학급이나 학년 단위의 지원, 기타 순으로 나타났다.
- 지역규모에 따라 살펴보면, 도시지역에서는 다문화학생 개별 지원의 교육지원이 가장 빈번하게 이루어지는 것으로 나타났고, 그다음으로 학급이나 학년 단위의 지원, 기타 순으로 나타났다. 농촌지역에서는 다문화학생 개별 지원, 학급이나 학년 단위의 지원, 기타 순으로 나타났다.

• 학교-지역사회 연계 다문화교육 프로그램 운영에 있어서의 어려운 점과 개선되어야 할 점은 다음과 같다.

- 학교-지역사회 연계 다문화교육 프로그램을 운영함에 있어서 개선되어야 할 점으로는 학교급이나 지역에 관계없이 지역사회와 연계하는 프로그램의 수가 확대되기를 기대하였으며, 지역사회와의 지원 체제가 구축되어 프로그램이 지속적으로 운영될 수 있기를 기대하였다.
- 지역사회 기관에서 다문화학생들을 위한 기초적인 의사소통능력, 학교생활 준비에 관련된 지원을 제공해주기를 기대하였으며, 학부모 교육과 같이 다문화학생의 가정에 대한 지원 요구도 제안하였다.

- 초등학교와 농촌지역의 경우 다문화가정과 일반가정과의 네트워크 구축을 제안하였다. 특별광역시 이외의 지역에 있는 초등학교와 중학교의 경우, 다문화교육과 관련된 예산지원의 증액을 기대하였다.
- 다문화교육 프로그램을 운영하는 강사진의 전문성 향상을 지적하며 체계적인 전문가 양성 체제를 제안하였는데, 지역이 작을수록 지역사회협력기관의 수가 적고 그에 따라 다문화교육을 진행하는 강사진도 적게 된다는 점을 언급하였다. 부족한 인력과 자원에 관하여 지역사회에서 보충하여 제공해줄 수 있기를 기대하였다.

다) 학교장의 다문화교육 지원 현황

- 다문화학생 밀집지역 학교의 학교장의 경영에 관한 현황을 파악하고자 학교장의 다문화교육 지원 정도에 대한 인식을 조사하였다. 각 학교의 다문화업무 담당교사와 일반교사의 인식을 조사하였으며, 5점 척도로 응답하였다.
- 전체 설문 응답자가 인식하는 학교장의 다문화교육 지원정도는 평균 4.2로 나타났으며, 다문화학생 밀집지역에 근무하는 교사들은 학교장으로부터 다문화교육에 관련된 지원을 높은 정도로 제공받고 있는 것으로 인식하고 있음이 나타났다. 다문화업무 담당교사용 설문 응답자의 경우 평균 4.1을 나타냈으며, 일반교사용 설문 응답자의 경우 평균 4.2를 나타내었다. 다문화학생 밀집지역에서 근무하는 교사들은 학교장으로부터 문화적 다양성이 반영된 학교 교육목표를 설정하는데 지원을 받고 있으며, 문화적 다양성이 반영된 수업을 개선하는데 지지를 받고 있다고 인식하였다. 또한 수업을 진행하면서 학생들의 문화적 또는 경제적 배경으로 인한 어려움에 직면할 때 학교장으로부터 도움을 제공받고 있다고 인식하고 있으며, 다문화교육과 관련된 전문성 계발 및 향상의 기회를 제공하고 있다고 인식하였다.
  - 학교급에 따라 학교장의 다문화교육 지원 정도를 살펴본 결과, 초등학교는 평균 4.4, 중학교는 평균 4.0으로 차이가 나타났으며 통계적으로 유의한 차이가 나타났다. 초등학교가 중학교에 비해 학교장으로부터 제공받는 다문화교육 지원이 높다고 인식하였다.
  - 지역규모에 따라 학교장의 다문화교육 지원 정도를 살펴본 결과, 도시와 농촌지

역의 평균은 4.2로 같게 나타났으며, 지역규모에 따른 차이는 나타나지 않았다.

라) 학교 환경의 다문화 친화성 현황

- 다문화학생 밀집지역 학교 환경에 대한 현황을 파악하고자, 다문화 친화적인 학교 교육과정과 학교 환경에 관한 정보를 수집하였다. 각 문항별로 중요하다고 인식하는 정도와 실제로 교육현장에 반영되고 있는 정도로 나누어 측정하였다. 각 학교의 다문화업무 담당교사와 일반교사의 인식을 조사하였으며, 5점 척도로 응답하였다.
- 학교 교육과정의 다문화 친화성을 살펴본 결과, 전체 설문 응답자가 학교 교육과정의 다문화 친화성이 중요하다고 인식하는 정도는 평균 3.9로 나타냈다. 다문화업무 담당교사용 설문 응답자와 일반교사용 설문 응답자 모두 평균 3.9를 나타냈다. 다문화학생 밀집지역에 근무하는 교사들은 학교 교육과정과 교육활동, 수업자료에 다문화적인 배경이 반영되는 것에 관해 중요하다고 인지하고 있으며, 이에 근거하여 수업활동을 평가하는 것도 중요하다고 인지하고 있는 것으로 나타났다.
- 전체 설문 응답자가 학교 교육과정의 다문화 친화성이 실제 교육 현장에 반영되고 있다고 생각하는 정도는 평균 3.5를 나타냈다. 다문화업무 담당교사용 설문 응답자는 평균 3.3, 일반교사용 설문 응답자는 평균 3.5를 나타냈다. 다문화학생 밀집지역에 근무하는 교사들은 실제 교육현장에서 학교 교육과정과 교육활동, 수업자료에 다문화적인 배경이 실제로 반영되고 있다고 생각하고 있는 것으로 나타났다.
- 다문화학생 밀집지역 학교 교육과정의 다문화 친화성에 관한 중요도와 반영도 평균을 비교하여 살펴보면, 전반적으로 중요도를 더 높게 인지하고 있으나 실제로 반영되고 있는 정도는 낮은 편임을 알 수 있었다.
  - 학교급에 따라 다문화 친화적인 학교 교육과정이 중요한 정도를 비교해본 결과, 초등학교와 중학교 모두 평균 3.9로 나타났으며 학교급에 따른 차이는 나타나지 않았다.
  - 학교급에 따라 다문화 친화적인 학교 교육과정이 반영되는 정도를 비교해본 결과, 초등학교는 평균 3.7, 중학교는 평균 3.3로 차이를 보였으며 통계적으로 유의한 차이가 나타났다. 초등학교가 중학교보다 다문화 친화적인 학교 교육과정이

구성되어 운영되고 있다고 인식하고 있는 것으로 나타났다.

- 지역규모에 따라 다문화 친화적인 학교 교육과정이 중요한 정도를 비교해본 결과, 도시와 농촌지역의 평균이 3.9로 같게 나타났으며, 지역규모에 따른 차이는 나타나지 않았다.
- 지역규모에 따라 다문화 친화적인 학교 교육과정이 반영되는 정도를 비교해본 결과, 도시와 농촌지역의 평균이 3.5로 같게 나타났으며, 지역규모에 따른 차이는 나타나지 않았다.

• 학교 환경의 다문화 친화성을 살펴본 결과, 전체 설문 응답자가 학교 환경의 다문화 친화성이 중요하다고 인식하는 정도는 평균 4.0로 나타났다. 다문화업무 담당교사용 설문 응답자와 일반교사용 설문 응답자 모두 평균 4.0을 나타냈다. 다문화학생 밀집지역에 근무하는 교사들은 학교의 다문화 친화적인 문화 형성, 상담 프로그램 지원, 교원 연수, 식단 고려, 학교 행사 및 게시물의 다양한 문화적 요소의 포함 등과 같은 학교 환경적인 측면에서의 다문화 친화적인 요소가 중요하다고 인지하고 있는 것으로 나타났다.

• 전체 설문 응답자가 학교 환경의 다문화 친화성이 실제 교육 현장에 반영되고 있다고 생각하는 정도는 평균 3.7을 나타냈다. 다문화업무 담당교사용 설문 응답자의 경우 평균 3.6을 나타냈으며, 일반교사용 설문 응답자의 경우 평균 3.7를 나타냈다. 다문화학생 밀집지역에 근무하는 교사들은 학교의 다문화 친화적인 문화 형성, 상담 프로그램 지원, 교원 연수, 식단 고려, 학교 행사 및 게시물의 다양한 문화적 요소의 포함 등과 같은 학교 환경적인 측면에서의 다문화 친화적인 요소가 어느 정도 실제 교육 환경에 반영되고 있다고 생각하는 것으로 나타났다.

• 다문화학생 밀집지역 학교 환경의 다문화 친화성에 관한 중요도와 반영도를 비교하여 살펴보면, 중요하다고 인지하는 정도와 실제로 반영되고 있는 정도가 비슷한 수준임을 알 수 있었다.

- 학교급에 따라 다문화친화적인 학교 환경이 중요한 정도를 비교해본 결과, 초등학교와 중학교는 모두 평균 4.0으로 학교급에 따른 차이는 나타나지 않았다.
- 학교급에 따라 다문화 친화적인 학교 환경이 반영되는 정도를 비교해본 결과, 초등학교는 평균 4.0, 중학교는 평균 3.5로 차이를 보였으며 통계적으로 유의한 차이가 나타났다. 초등학교가 중학교보다 다문화 친화적인 학교 환경이 구축되

었다고 인식하고 있는 것으로 나타났다.

- 지역규모에 따라 다문화 친화적인 학교 환경이 중요한 정도를 비교해본 결과, 도시와 농촌지역 모두 평균 4.0으로 지역규모에 따른 차이는 나타나지 않았다.
- 지역규모에 따라 다문화 친화적인 학교 환경이 반영되는 정도를 비교해본 결과, 도시지역은 평균 4.0, 농촌지역은 평균 3.5로 차이를 보였으나 통계적으로 유의한 차이는 나타나지 않았다.

마) 교사의 다문화교육 전문성 계발 현황

- 다문화학생 밀집지역 학교 환경에서 근무하는 교사의 다문화교육 관련 전문성 현황을 파악하고자 학부나 대학원 과정에서 다문화교육 강좌수강 경험과 최근 2년 동안 다문화교육 관련 전문성 계발 활동 경험여부에 대해 정보를 수집하였다. 각 학교의 다문화업무 담당교사와 일반교사에게서 정보를 수집하였다.
- 전체 설문 응답자 중 학부나 대학원 과정에서 다문화교육에 관한 강좌를 수강한 경험이 있는 교사는 전체의 21.1%인 것으로 나타났다. 다문화업무 담당교사의 경우 13.2%, 일반교사의 경우 22%가 다문화교육 관련 강좌 수강 경험이 있음을 나타냈다.
  - 학부나 대학원 과정에서 다문화교육에 관한 강좌를 수강한 경험이 있다고 응답한 교사 72명 가운데 1명만이 다문화교육을 전공한 것으로 나타났다.
  - 학부나 대학원 과정에서 다문화교육에 관한 강좌를 수강한 경험이 있다고 응답한 교사 72명 가운데 48.6%는 1과목을 이수하였으며, 13.9%는 2과목을 이수한 것으로 나타났다.
- 전체 설문 응답자 중 최근 2년 동안 다문화교육에 관한 전문성 계발 활동에 참여한 교사는 전체의 50.6%에 달했으며, 다문화업무 담당교사의 경우 73.7%이고 일반교사의 경우 47.7%에 달하였다.
  - 최근 2년 동안 다문화교육 관련 전문성 계발 활동에 참여한 경험이 있다고 응답한 교사를 대상으로 하여 구체적으로 전문성 계발 활동의 유형을 살펴보았을 때, 주로 온라인 연수(30.2%)와 워크숍이나 강좌 수강(27.5%)에 참여하는 것으로 나타났다. 그다음으로 동료교사들과의 비공식적인 대화를 통해 정보를 공유(18.8%)를 하는 것으로 나타났다. 그 외에는 타 학교 방문 및 참관, 교사 모임

참여, 전문 문헌 읽기, 학술대회나 세미나 참석, 연구 수행, 학위 과정 이수 순으로 나타났다.

- 최근 2년 동안 다문화교육 관련 전문성 계발 활동에 참여한 경험이 있다고 응답한 교사를 대상으로 하여 구체적으로 전문성 계발 활동의 이수 시간을 살펴보았을 때, 평균적으로 총 30-40시간이 33.5%에 달했으며, 그다음으로 60시간 이상, 15-29시간, 1-14시간, 45-59시간 순으로 타나났다.

바) 교사의 다문화교육 효능감

- 다문화학생 밀집지역 학교 환경에서 근무하는 교사의 다문화교육에 관한 효능감을 파악하기 위해 정보를 수집하였다. 각 학교의 다문화업무 담당교사와 일반교사의 인식을 조사하였으며, 5점 척도로 응답하였다.
- 전체 설문 응답자의 다문화교육 효능감은 평균 4.0으로 나타났으며, 다문화학생 밀집지역에 근무하고 있는 교사들은 자신의 교수 활동이 다문화학생들의 학습수행과 성취에 미치는 영향력에 대해 긍정적으로 기대하고 있는 것으로 나타났다. 다문화업무 담당교사 설문 응답자의 경우 평균 4.1을 나타냈으며, 일반교사용 설문 응답자의 경우 평균 4.0을 나타냈다. 다문화학생 밀집지역에 근무하는 교사들은 다문화교육에 적절한 교수자료를 개발할 수 있고, 다문화학생들의 교육적 요구에 기반한 교수활동을 전개할 수 있다. 또한 다양한 민족·문화적 가치를 이해하고 존중하여 다양한 관점을 배울 수 있도록 교수활동적인 지원을 할 수 있다. 궁극적으로 학생들이 서로 다른 문화를 바라보는 다양한관 점을 이해하여 자문화 및 타문화에 대해 관용적인 태도와 자신감을 습득할 수 있도록 지도할 수 있다고 믿고 있는 것으로 나타났다.
  - 학교급에 따라 교사들의 다문화교육 효능감을 살펴본 결과, 초등학교는 평균 4.1, 중학교는 평균 3.9로 차이가 나타났으며 통계적으로 유의한 차이가 나타났다. 초등학교가 중학교에 비해 다문화교육 효능감 측면에서 더 높게 인지하고 있는 것으로 나타났다.
  - 지역규모에 따라 교사들의 다문화교육 효능감을 살펴본 결과, 도시와 농촌지역의 평균은 4.0으로 같게 나타났으며 지역규모에 따른 차이는 나타나지 않았다.

3) 다문화교육지원 현황 : 면담조사 결과

- 다문화학생 밀집지역의 다문화교육지원 실태 및 현황에 대한 깊이 있는 이해와 실제 사례를 통한 분석적 자료 확보를 위해 면담조사를 진행하였다. 다문화 밀집지역에 위치한 초등학교 4교와 중학교 2교의 다문화교육 담당교사 6인을 개별 면담하였다. 중학교 학부모 그룹을 대상으로 1차례 심층 면담하였고, 4명이 참여하였다. 지역사회기관 다문화교육 관계자와 1차례씩의 개별 및 심층 면담을 진행하였고, 심층 면담에는 3명이 참여하였다.
- 면담 결과 6가지 주제를 도출할 수 있었으며, 각 주제별로 하위주제들이 도출되었다.
  - 어울림과 사회통합을 강조하는 다문화교육지원
  - 학습자의 요구에 기초한 다문화교육지원
  - 다문화 친화적인 교내 환경 및 인식 조성
  - 다문화교육지원에 있어서 가정의 역할
  - 다문화학생 밀집지역 학교, 지역사회가 갖는 어려움
  - 다문화교육지원이 나아가야 할 방향

4) 다문화 친화적인 학교 환경 조성

- 학교환경 전반을 다문화 친화적으로 재구조화하기 위한 꾸준한 노력이 필요하다. 본 조사에서 교사들은 학교급이나 지역을 불문하고 공통적으로 교육과정 및 학교풍토의 다문화 친화성 제고가 매우 중요하다는 인식을 공유하고 있었다. 반면, 다문화 친화성 제고를 위한 노력들이 학교 현장에서 실제로 반영되는 측면에 있어서는 상대적으로 낮은 평가를 하고 있는 것으로 나타났다. 이와 같은 결과는 다문화 친화적인 학교환경을 구축하는 실제적인 노력이 필요함을 시사하고 있다.
- 특히, 중등학교의 다문화 친화성 제고 노력이 필요하다. 본 조사에서는 학교환경 전반의 다문화 친화성에 대한 중요도와 반영도 간의 괴리는 초등학교보다 중학교에서 더욱 두드러지는 것으로 드러났다. 더불어 다문화교육에 대한 교사의 효능감 역시 중학교 교사가 초등학교 교사에 비해 대체로 낮은 양상을 보이고 있었다.

향후 중등학교의 다문화학생의 수가 급증할 것으로 예측되는 가운데, 이와 같은 결과는 현재 초등학교에 밀집해 있는 다문화학생이 중학교로 진학하게 되었을 때 학교환경 전반에 걸쳐 다문화교육을 위한 준비가 충분히 되어 있지 않을 가능성을 보여주는 것으로 이에 대한 선제적 대응이 절실히 요구된다.

가) 지역 특성을 고려한 다문화교육 지원

- 지역 특성(도시, 농촌)을 고려한 다문화교육 프로그램 개발 및 운영 지원 방안이 필요하다. 특히 학교-지역사회 연계 다문화교육 프로그램 운영과 관련하여 농촌지역 등 지역규모가 작은 곳에 위치한 학교의 경우 그렇지 않은 학교에 비해 지역사회의 사회문화적 자본을 교육자원으로 활용할 수 있는 여지가 상대적으로 제한될 가능성이 있다. 이러한 문제를 개선하기 위해서는 지역의 사회문화적 자원을 적극 발굴하고 활용하려는 노력이 요구되며, 보다 광범위한 지역 기반의 학교-지역사회연계가 이루어질 수 있도록 하는 방안 모색이 필요하다.

나) 다문화교육에 대한 교원의 역량 강화

- 다문화교육에 대한 교원의 역량이 보다 강화되어야 할 필요성이 제기된다. 구체적으로 첫째, 교원양성기관에서 예비교사들을 위한 전문성 증진 기회가 확보되어야 한다. 둘째, 현직교사들을 위한 전문성 증진 기회가 확대되어야 한다. 셋째, 학교장을 대상으로 하는 전문성 증진 기회가 마련되어야 한다.
- 다문화교육 관련 강좌를 교원양성기관의 교직이수 교육과정에 필수과목으로 포함하는 것을 고려할 필요가 있다. 본 조사에서 대부분의 교사들은 학부나 대학원 과정에서 다문화교육에 대한 강좌를 수강한 경험이 없는 것으로 나타났다. 수강 경험이 있는 교사의 경우에도 1개 과목이수에 그치는 경우가 가장 높은 비율을 차지하는 것으로 드러났다. 또한 많은 교사들은 다문화학생 밀집지역 학교임에도 불구하고 교사들의 다문화교육에 대한 인식이 여전히 부족한 상황임을 언급하였다. 이는 교원양성 단계부터 교사를 위한 다문화교육이 체계적으로 이루어질 필요가 있음을 시사하고 있다.
- 다문화교육을 위한 교사의 전문성 신장 기회 제공이 보다 내실화된 방식으로 이루어져야 한다. 과반수의 교사들이 지난 2년 동안 다문화교육에 대한 전문성 계

발 활동에 참여한 경험이 있는 것으로 나타난 반면, 교사들은 여전히 다문화교육에 대한 교사의 전문성이 강화될 필요가 있음을 지적하였다. 교사들이 참여했다고 응답한 전문성 계발 활동의 형태 가운데 온라인 연수 참여가 압도적인 비율을 차지한다는 점에서, 온라인 연수 프로그램에 대한 지나친 의존도를 낮출 필요성이 제기된다. 또한 워크숍이나 강좌 형태의 연수도 학교 현장의 교사들에게 더욱 실질적인 도움을 제공할 수 있는 방식으로 프로그램의 질을 개선할 수 있도록 다각적인 노력이 필요하다.

- 학교장을 대상으로 한 다문화교육에 관한 인식이 개선되어야 할 필요가 있다. 다문화 친화적 학교환경 조성을 위해서는 학교장의 지원이 중요하다. 학교장 연수 프로그램에 다문화교육을 적극적으로 포함시킬 필요가 있다. 더 나아가서는, 학교장이나 교감 등이 다문화교육 관련 대학원 학위 과정을 이수할 수 있도록 지원하거나 유인책을 마련하는 방안이 고려될 수 있다. 이를 통해 다문화교육에 대한 최고 현장전문가를 양성 및 활용할 수 있을 것으로 기대된다.

다) 다문화교육지원을 위한 인력 확보

- 다문화교육 지원을 위한 인력 확보가 필요하다. 다문화교육을 효율적으로 지원하기 위해서는 학교, 지역사회 기관, 가정의 연계가 필수적이며, 이들 간에 원활한 소통과 협력이 이루어지는 것이 중요하다. 하지만 본 조사에서 현실은 그렇지 못한 것으로 나타났다. 교사들은 다문화학생 지도에 많은 시간이 들어간다는 점과 이것이 다양한 형태의 행정 업무를 동반한다는 점을 지적하였다. 학교-지역사회 연계를 통한 다양한 프로그램을 지속가능한 방식으로 기획·운영하기 위해서는 담당 교사가 다문화교육 관련 인력 관리, 다문화교육 사업지원금 관리, 프로그램 운영 관리, 지역사회 연계 체계 관리 등과 관련한 여러 업무를 처리해야하는 실정이다. 이러한 상황을 해결하기 위해서는 다문화교육 관련 업무를 보조·지원할 수 있는 인력 확보가 필요하다. 사회복지학이나 교육학 등 다문화교육 관련 전공자 가운데 다문화사회와 관련된 과목을 일정학점 이상 이수한 사람에게 다문화교육 지원 보조교사나 비교과교사자격을 부여하는 것 등 다양한 방안이 검토·고려될 수 있다. 이는 교원의 행정업무 경감을 통해 교원의 만족도를 높이고 교원의 교육전념 여건을 조성하기 위한 정책적 노력과도 일관된 것이다.

- 교원의 확충이 필요하다. 교사들은 다문화학생을 개별적으로 관리해야할 뿐 아니라 다문화학생 특별학급을 관리해야 하는 등 정규교과 수업시간 외에 추가적인 업무를 수행해야 하는 것으로 나타났다. 이로 인해 다문화학생 밀집지역 학교 근무를 기피하는 현상도 나타나고 있음을 발견하였다. 이러한 문제를 근본적으로 해결하기 위해서는 수업 시수의 경감과 교사-학생 비의 개선이 필요하며, 이는 교원의 적극적 확충 없이는 이루어지기 어려울 것이다. 이는 교원의 신규 채용 확대를 통해 교사-학생 비를 OECD 평균 수준으로 개선하겠다는 정책적 노력과도 일관된 것이다.

차. 대안교육

보고서명	[CR 2014-04] 학령기 연령 대상 대안교육 관리·지원 방안 연구
주제어	미인가 대안교육시설, 홈스쿨링, 등록제

- 1980-1990년대 입시위주의 공교육제도에서 발생한 문제점을 제도권 밖에서 해결하고자 하는 노력의 일환으로 대안학교가 등장하였다. 이후 학교 부적응 학생의 증가 등으로 인하여 교육이념 및 교육과정의 자율성을 강조하는 대안학교가 꾸준히 증가하여 왔다. 대안학교는 환경·생태 교육, 학교 부적응 학생 교육, 다문화가정 학생 교육, 탈북 학생 교육, 미혼모 교육 등과 같이 기존의 공교육 체제에서 소홀히 되었던 교육을 담당해오면서 대안교육의 역할을 담당하였다.
- 우리나라에서 대안교육을 하고 있는 교육기관은 인가된 학교와 미인가 된 대안교육시설로 구분할 수 있다. 전자의 인가된 학교란 대안교육 분야 특성화고등학교 24교와 특성화중학교 12교, 각종 학교로서의 법정 대안학교 24교를 합하여 모두 60교이다(2013년 기준). 한편, 2000년대 이후 대안교육을 담당하는 교육기관 중 상당수가 국가의 인가를 받지 않은 민간 대안교육시설로 운영되고 있으며 이로 인하여 여러 가지 문제가 발생하고 있다. 여러 언론을 통해 공론화된 미인가 대안교육시설 관련 문제점으로는 비싼 학비로 인한 학부모 부담 가중, 학생 안전을 위한 스

쿨존 설치 불가, 시설 내 사고 시 보상의 어려움, 과도한 생활규정으로 인한 교육기본권 침해, 대안교육이 아닌 국내 및 외국대학 진학 목적의 학원화 등이 있다. 또한 상당수의 미인가 대안교육시설이 열악한 재정 여건 및 교육 환경 등으로 인하여 지원이 필요한 것으로 나타난다.

- 미인가 대안교육시설의 문제점을 해결하기 위한 지원 및 관리 방안을 마련하는 노력이 중요한 이유는 다음과 같다. 첫째, 미인가 대안교육시설은 관련법의 사각지대에 위치하여 관리감독의 주체가 없기 때문에 교육시설의 교육과정이 비정상적으로 운영될 경우 학생들의 교육기본권이 침해될 소지가 크며 사건 또는 사고가 발생할 경우 보호받기 어렵다. 둘째, 현재 의무교육 대상 학생들을 교육시키는 미인가 대안교육시설의 경우 「초·중등교육법」을 위반하고 있다는 문제가 있다. 현행법상 초등학생 또는 중학생이 미인가 대안교육시설에서 교육을 받는 행위는 위법이며 부모가 100만 원 이하의 과태료를 내야 한다.
- 미인가 대안교육시설은 사실상 교육기관의 역할을 담당하면서도 관리 사각지대에 놓여 있어서 공적 관리를 전혀 받지 않고 있는 문제점이 있다. 이에 본 장에서는 미인가 대안교육시설의 문제를 해결하기 위해 학령기 연령 대상 미인가 대안교육시설의 관리 및 지원 방안을 제안한다.

1) 미인가 대안교육시설의 문제점

가) 의무교육 위반 상태

- 대안교육시설에 있는 학생의 대부분이 의무교육을 받아야 할 초·중 단계의 학생이다. 이는 「초·중등교육법」제14조의 취학의무 면제(유예) 조항의 남용으로 정규학교를 이탈하고 있는 상태로 취학의무 위반(제13조)에 해당한다. 이러한 상태는 여러 면에서 문제가 있다. 국가는 헌법에 규정된 의무교육 불이행자에 대한 조치를 방기한 상태이고, 부모는 의무교육 이행을 위반한 상태이며, 학생은 학생의 능력에 따라 균등하게 교육받을 권리를 누리지 못하는 상태일 뿐만 아니라 학부모의 자의적 판단에 따라 교육이 아닌 교화를 받을 수도 있는 위험한 상태에 놓여 있다고도 볼 수 있다.

나) 학생의 이중적 교육 부담

- 현재의 대안교육시설은 비인가 상태에 있어 학생들이 대안교육과 검정고시 교육의 이중적 부담을 안고 있다. 시설 측에서도 자유롭게 대안교육을 하기 힘들고 설립취지에 맞지 않게 검정고시 준비를 해야 하는 고민을 안고 있다. 추가적으로 강사나 멘토, 자원봉사자를 활용하여 검정고시 준비를 하고 있다. 대안교육의 이념에 부합한다고 볼 수 없다. 대안교육시설이나 그 안에 있는 학생들이 모두 시험 준비 교육에서 탈피해 학생 특성에 맞는 대안교육을 펼칠 수 있도록 학력인정제도를 개편할 필요가 있다.

다) 재정적 지원 및 관리 필요

- 비인가 시설들 중 많은 곳이 민간의 개인 후원에 의존하고 있다. 국민의 일원으로서 당연히 국가로부터 교육비를 지원받아야 함에도 정규학교를 다니지 않는다는 이유만으로 재정적 지원을 거의 하지 않고 있다. 결국은 개인에게 교육비를 부담시키고 있으며, 이는 사교육비를 유발하는 것이나 다름없다. 외국인학교나 외국교육기관에 대해서는 부지까지 제공하면서 설립을 지원하고, 심지어 국어와 사회(국사 포함) 과목을 정규학교의 절반만 가르쳐도 내국인 학력을 인정하면서 의무교육 대상자가 포함된 내국인에 대해서는 검정고시에서 합격할 만큼 교육을 하고 성취를 해도교육비를 지원하지 않고 있었던 것이다. 한편, 사실상 학원 형태로 운영하면서 정규학교보다 10배나 많은 수업료를 받는 시설들도 있다. 이는 관리의 사각지대에 있는 사립학교나 다름이 없으며 학원도 아니므로 불법고액과외나 다름없다. 세금도 내지 않기 때문에 철저한 관리감독이 필요하다.

라) 교육활동에 대한 사회적 검증 장치 필요

- 대안교육시설은 그동안 학업중단학생 등을 대상으로 교육기회를 제공함으로써 공교육을 보완하는 기능을 하거나 공교육의 한계를 벗어나 대안적 교육을 행함으로써 새로운 교육모델을 제시하는 기능을 수행한 측면이 있다. 그러나 일부 시설에서는 헌법에 명시된 교육의 정치적 중립성을 해칠 수 있는 활동이 이루어져 사회적 물의를 일으키기도 했다. 의무교육대상자인 청소년을 대상으로 종교교육을 넘어서 특정 종교의 이데올로기를 강요하는 선교형 대안교육시설도 있다. "기독교

역사를 전공했기 때문에 역사교육을 할 수 있다"고 하는 사람들도 있다. 학생중심교육이 아니라 이데올로기 중심교육이 아닐 수 없다. 국가주의 이데올로기는 경계해야 하지만 사회적 공론화나 합의 과정이 없이 시설의 이념에 따라 마음대로 학생들을 가르치는 것은 결코 바람직한 모습이 아니다. 다양한 대안적 교육기회를 제공하는 것은 의미 있는 일이지만 한편으로는 대안교육의 공공성을 제고하기 위한 제도를 마련하는 것도 필요하다.

마) 교육안전망 미비

- 대안교육시설에 다니는 학생이나 교직원 모두 안전한 환경과 안정적인 여건 속에서 교육받을 권리를 갖고 있다. 등록제를 실시하지 않는 현재 상황에서는 학교안전공제회 보상도 받을 수 없다. 물론 정규학교로 인가를 받지 않으면 등록제가 된다고 해서 꼭 학교안전공제회 가입이 된다는 보장은 없지만 등록제가 실시된다면 가입의 명분을 주장할 수 있다. 학교에 다니는 학생들과 동일하게 교육을 받는 것으로 정부가 인정한 시설이 되기 때문이다. 또한 불건전한 주변 환경은 학생의 정서에 부정적 영향을 줄 수 있다. 이미 운영되고 있는 시설은 별도의 기준을 적용해야 하겠지만 신생 시설에 대해서는 최대한교육적인 환경 속에서 교육받도록 해야 하고, 대안교육시설 측에서는 건전한 교육여건을 보장하도록 요구할 수 있을 것이다.

2) 대안교육시설 해외사례

- 독일, 덴마크, 미국, 영국, 일본, 호주 등의 6개국 대안교육 관련 정책은 국가별로 자신의 역사와 철학을 반영한 방식으로 대안교육기관을 지원 및 관리하고 있다. 독일과 일본의 경우, 중앙정부에서 공교육 중심의 교육정책을 강력하게 시행함으로써 대안교육은 매우 예외적인 경우에 허용되며 이 경우 국가의 관리를 받게 된다. 반면, 덴마크와 영국의 경우 대안학교는 사립학교의 일종의 구분되어 공립학교와 차별되는 상당한 수준의 자율권을 보장받는다. 한편, 호주의 경우에는 이민국가의 특성으로 인하여 대안교육의 일종인 홈스쿨링제도가 발달하였으며 홈스쿨링 관련법에 의거 홈스쿨링 학생들은 모두 관할청에 등록하여 국가의 관리를 받도록 하고 있다.

- 독일의 경우, '(공립학교)원칙-(사립학교 및 대안학교의 인정)예외-(대안학교의 설립 및 폐교, 재정 등)전제조건'의 원칙을 엄격하게 실현한다.
- 덴마크의 경우, 대안학교는 사립학교의 일종으로 구분되며 국가 재정지원을 받기 위해서 등록요건을 갖추고 시설운영 평가를 매년 시행하여 결과를 교육부에 제출한다. 재정지원을 못 받을 경우 학부모들의 경제적 부담이 크기 때문에 대부분의 대안학교는 국가로부터 재정지원을 받고 있다.
- 미국의 경우, 대안교육은 잠재적 탈학교 청소년을 대상으로 하는 대안학교와 대안프로그램을 의미하며, 연방 정부 수준의 인가 관련 규정은 없으나 the National Association for the Legal Support of Alternative Schools(NALSAS)의 인가를 받는다.
- 영국의 경우, 대안학교가 등록금, 교육과정 등의 자율성을 인정받지만 학업성취 수준과 관련된 공적 책무성이 강조되고 있다. 1999년 섬머힐과 교육당국 간의 갈등이 대표적인 예이다.
- 일본의 경우, 우리나라와 유사하게 제한된 형태의 대안교육(프리스쿨)을 인정하고 있지만 이는 부등교 학생들이 다시 공교육제도로 복귀할 때까지 지원을 위한 것이지 대안교육의 형태를 인정하는 것은 아니다. 우리나라와 가장 유사한 형태의 대안교육 정책을 실시하고 있다.

3) 대안교육시설 지원 및 관리 방안

- 대안교육시설 관련 현행법의 실효성을 제고하기 위해 유예기간 설정 등의 조치가 필요하다.
- 학생 교육권 보호를 위해 (가칭)대안교육시설 설립·운영에 관한 법률을 설립해야 한다.
- 대안교육시설 설립하는 하는 경우 신고 또는 등록 의무화가 필요하다.
- 등록 대안교육시설의 경우 공교육을 훼손하지 않는 범위 내에서 교육과정의 자율성을 보장해야 한다.
- 등록 대안교육시설의 경우 교원 명부를 등록관청에 보고해야 한다.
- 등록 대안교육시설로 인정받기 위한 인정 기준을 완화해야 한다.

- 대안교육시설 등록의 경우 중앙정부에서 관리하되 등록제 정착 이후에는 시도교육감에게 등록 권한을 부여해야 한다.
- 등록 대안교육시설의 경우 의무교육을 이수한 것으로 인정해야 한다.
- 등록 대안교육시설의 경우 최소한 학력을 인정받기 위한 요건을 충족할 경우 학력 인정해야 한다.
- 등록 대안교육시설의 경우 적절한 재정 지원이 필요하다.
- 관할청에서 학생 부담금을 관리해야 한다.
- 대안교육시설 자율기구를 통해 질 관리 시스템 구축이 필요하다.
- 등록 대안교육시설의 경우 국·공유재산 무상대부 등의 지원 검토가 필요하다.

카. 도서벽지 교육 제도 및 정책

보고서명	[CR 2016-04] 도서벽지 교육진흥 및 안전관리를 위한 정책연구
주제어	도서벽지 교육정책, 도서벽지 교육정책 평가

1) 도서벽지 관련 법·제도

- 도서벽지 관련 법률은 △도서개발 촉진법 △도서·벽지 교육진흥법 △독도 등 도서지역의 생태계 보전에 관한 특별법 △무인도서의 보전 및 관리에 관한 법률 등이 있으며, 도서벽지에 관한 사항을 법률안에서 특별히 강조하고 있는 △학교급식법 △국가공무원법에 따른 '공무원수당 등에 관한 규정' 등이 있으며, 농어촌의 범위에 포괄적으로 포함하여 지원 사항을 규정하고 있는 △농어업인 삶의 질 향상 및 농어촌지역 개발 촉진에 관한 특별법이 있다.
- 본 장에서는 이 중 도서개발 촉진법과 농어업인 삶의 질 향상 및 농어촌지역 개발 촉진에 관한 특별법 등 두 개 법률은 도서벽지 지역 관련 법령으로, 도서·벽지교육 진흥법, 학교급식법, 공무원수당 등에 관한 규정 등은 도서벽지교육 관련 법령으로 구분하여 살펴보았다.

가) 도서개발 촉진법

- 도서개발 촉진법은 도서지역의 생산·소득 및 생활기반 시설의 정비·확충으로 생활환경을 개선함으로써 도서주민의 소득증대와 복지향상을 도모하기 위해 제정된 법이다. 이 법 제6조 제3항 제5호는 '주민의 복지증진을 위하여 필요한 교육·후생·의료·문화 및 전기시설의 설치·개선에 관한 사항'을 반드시 도서개발계획에 포함하도록 하고 있다.
- 농어업인 삶의 질 향상 및 농어촌지역 개발 촉진에 관한 특별법은 농어민의 교육, 복지 및 지역개발에 관한 사항을 폭넓게 규정하고 있는 종합적인 성격의 법률이다. 이 법은 기본이념으로 '농어촌과 도시지역 간에 생활격차를 해소하고, 교류를 활성화함으로써 농어촌 주민이 도시지역 주민과 균등한 생활을 할 수 있도록 하고, 농어촌이 지속적인 발전을 이루기 위한 기틀을 마련하는 것'을 제시하고 있다. 이에 따라 정부는 5년마다 '농어촌인 삶의 질 향상 및 농어촌 지역개발 기본계획'을 수립하도록 하고 있다. 이 계획에는 '농어업인 등의 복지증진, 농어촌의 교육여건 개선 및 지역개발에 관한 정책의 기본방향'을 설정하는 한편 '농어촌의 교육여건 개선에 관한 사항'을 필수적으로 포함하도록 하고 있다.
- 특별법에 따라 수립된 제1차 5개년(2005~2009년) 기본계획에 이어 제3차 5개년(2015~2019년) 기본계획이 수립·추진되었다. 교육 분야 추진목표는 '교육인프라 확충 및 교육의 질 제고를 통해 지역사회와 함께하는 농어촌 교육'으로 정하였다. 교육목표에 따른 성과지표로 △농어촌 거점중학교 지정 △농어촌학교 ICT기기 보급 △농어촌 특성화 프로그램 △진로상담교사 배치 △농촌유학 지원시설 △읍면 평생교육 거점시설 운영 등 6개 항을 설정했다.
- 교육 관련은 제4장(농어촌 교육여건의 개선)에서 △농어촌 교육여건 개선의 책무 △농어촌학교 학생의 학습권 보장 △농어촌 유치원 유아의 교육·보호 △농어촌학교 학생의 교육지원 △농업·수산업 기초인력양성 △농어촌 교직원의 확보·배치 △농어촌학교 교직원의 우대 △농어촌 교육발전지역협의회 △농어촌학교의 시설·설비 지원 △농어업인 등의 평생교육지원 등 10개 조항으로 나누어 명시하고 있다.
- 이밖에도 이 법 제5조에는 정부가 5년마다 농어업인 등에 대한 복지실태를 조사하도록 되어 있으며 조사항목에는 △농어촌의 교육여건 △농어촌의 교통·통신·환경·기초생활여건 등을 필수적으로 포함하도록 하고 있다. 이 법 제17조는 농어

업인의 영유아 보육비 지원, 제17조의2는 농어촌지역 아동·청소년에 대한 지원, 제33조는 농어촌 문화예술진흥, 제34조는 농어촌 문화복지시설의 설치 및 운영지원에 관한 사항 등 교육활동과 직·간접적 사항이 규정되어 있다.

나) 도서·벽지 교육진흥법

- 도서벽지의 의무교육 진흥을 목적으로 제정되었다. 이 법에는 △학교부지, 교실, 보건실 그 밖에 교육에 필요한 시설의 확보 △교재·교구의 정비 △교과서의 무상공급 △통학을 위하여 필요한 조치 △교원에 대한 주택제공 △교원의 적절한 배치 등을 국가 임무로 규정하고 있다. 지방자치단체의 임무로 △도서벽지 교육의 특수사정에 적합한 학습지도에 필요한 자료의 정비 △교원에 대한 연수기회의 우선부여와 연수경비의 지급 등을 정하고 있다.

다) 학교급식법

- 이 법은 학생의 건전한 심신의 발달을 도모하고, 국민 식생활 개선에 기여함을 목적으로 제정되었다. 도서벽지 학생들은 제9조 급식경비지원조항에 따라 급식경비의 전부 또는 일부를 우선 지원받을 수 있다.
- 학교급식법이 지원대상과 지원경비를 제한적으로 규정하고 있는데 반해, 서울시 교육청 등 대다수 광역자치단체 및 시·군·구 기초자치단체가 제정한 '학교급식 지원조례'는 도서벽지 학교를 포함한 전체 초등학교와 중학교에 대해 무상급식을 실시하는 것을 규정하고 있다.
- 학교급식에 관한 한 국가차원의 법률보다 자치단체의 조례에 지원대상과 지원금이 적극적으로 반영되어 있다.

2) 도서·벽지 학교 교육정책[3]

- 도서벽지를 포함한 농어촌학교 교육정책은 1945~1981년까지 1기, 1982~2003년까지 2기, 2004년 이후 현재까지를 3기로 구분할 수 있다(임연기, 2012). 각 시기의 특

3 임연기(2006). 「한국 농촌교육 정책의 변천과 그 특성 및 과제」에서 인용 및 재구성함.

징은 아래와 같다.

가) 1기 : 농어촌 교육기회 확대 및 여건 개선 시기(1945~1981년)

- 1기는 '농어촌 교육기회 확대 및 여건 개선'의 시기로, 당시 국가의 핵심적인 교육정책은 '초등의무교육 추진'에 있었다. 초등의무교육정책은 1954년 '6개년 완성계획'이 입안된 이후 본격적으로 추진되었다. 초등교육기회가 확대되는 가운데, 1963년 사립학교법이 공포된 이후 중등사학의 설립이 전국적으로 잇따르고, 1969년 중학교 무시험 입학제가 시행되면서 중등교육기회 확대가 급속히 진행되었다. 1974년부터 시행된 고교평준화 정책 역시 중등교육기회 확대에 기여하였다. 이러한 교육기회 확대정책은 도시와 농어촌의 구분 없이 전개되었다.
- 1960년대 이후, 인구의 도시집중이 진행되는 가운데 교육기회 및 교육여건의 균등화를 전제로 하는 의무교육에서 도·농간 교육격차의 문제가 제기되자 정부는 1967년 도서·벽지 교육진흥법을 제정하였다. 이 법의 제정으로 도서벽지 학교 및 근무교원에 대한 지원을 구체화하는 기반이 마련되었다. 이 시기에 이루어진 도서벽지 학교교육과 관련한 대표적인 교육정책은 아래와 같다.
  - 도서벽지의 의무교육 진흥을 위해서 1967년 도서·벽지 교육진흥법을 제정하였다. 이 법의 주요 내용은 △국가는 학교부지·교실 등의 구비, 교과서의 무상공급, 통학에 필요한 조치, 교원에 대한 주택제공 등의 조치를 우선적으로 하도록 함 △지자체는 도서벽지의 특수사정에 적합한 학습지도 자료의 정비 등을 하도록 함 △교원에게 도서벽지수당을 지급함 등이다. 1968년에 전국 도서벽지등급을 전면 재조정한 바 있으며, 1981년 법 적용 대상지역에 광산지구를 추가하고, 도서벽지 지구의 범위를 문교부령으로 정했다.
  - 1972년 당시 문교부는 낙후된 도서벽지 학교의 교육내용, 방법을 개선하기 위해, △교육과정운영의 지역화 조치 △복식학급편제, 지도방법 개선 △교육대 학생의 농어촌 학교 교육실습 실시 △현직교사 연구 강화 등을 추진하였다.
  - 시설 및 운영개선사업은 70년대에 도서벽지 학교에 이뤄진 대표적인 사업으로 △외곽시설(교실, 부속실, 교지 등)의 정비 및 확충 △내부시설(각종 교구) 확충 △교당경비와 급당경비 인상(시·읍지역보다 높게 배분) △양호실 운영비 증액 △기동력 강화(장학선 운영, 자전거 배정, 생필품 운송) △통신수단 확장(단파 방송국 설치 운영) △

복지후생시설 확충(목욕탕 설치, 텔레비전 수상기 보급, 급수시설 등) 등을 추진하였다.

- 1기 동안 교육기회 확대 및 각종 소외계층 대상 인센티브제가 시행되면서 도서벽지 지역은 다른 지역에 우선하여 적용하였다. 교육혜택 우선적용은 2기(1982~2003년) 동안에도 상당 부분 적용되었다.
- 1960년에 도서벽지 아동들에게 국정교과서를 무상으로 배부한 적이 있으며, 1967년부터 1971년 사이에 무상 의무교육을 추진하기 위해 제2차 의무 교육시설 확충 5개년 계획에 국민학교 아동들에게 교과서를 무상으로 지급할 것을 추가시켰다. 이에 따라 도서벽지 아동에게 우선 무상 지급하였다.
- 1970년에 도서벽지 고등학교 졸업생 중 교육대학, 사범대학 지망자는 정원의 10% 내에서 특례 입학기회를 부여하는 대입정책을 확정하였다.

- 학교운영비 전액을 국고보조로 시행하였다. 의무교육이면서 무상교육이어야 할 초등교육이 당시 문교재정 사정상 완전한 무상화 단계에 들어가지 못한 상태에서 1971년부터 도서벽지 지역 국민학교의 경우 학교운영비 전액을 국고 보조하기로 하였다.
- 도서벽지 교원에 대한 보수 및 인사 상 우대도 시행하였다. 도서·벽지 교육진흥법에 따라 벽지 근무를 회피하는 교원에게 유인책을 마련하기 위한 방안의 하나로 1969년 교육공무원 승진규정을 개정하여 벽지 근무교원에게 승진가산점을 주는 제도를 도입하였다. 이밖에도 모범교원 포상제를 통한 승진가산점 부여 및 상급 자격취득을 위한 강습수강에도 우대를 하였으며 전보가산점을 부여하였다.
- 도서벽지 교원에 대한 처우개선도 조치하였다. 공무원수당 등에 관한 규정 및 도서·벽지 교육진흥법에 근거해 도서벽지 교원에 대해 특수지근무수당, 교재연구비 가산금수당 지급 및 사택제공 등 경제생활 여건을 개선하는 조치를 하였다. 1982년에는 벽지 국·중·고교 교사의 퇴근시간을 17시로 변경·조치하였다.

나) 농어촌 소규모 학교 통폐합 및 내실화 추진기(1982~2003년)

- 2기는 농어촌 소규모 학교 통폐합 및 내실화 추진기로 이 시기 교육정책의 전반적인 기조는 교육내실화를 위한 교육개혁의 단행이라고 할 수 있다. 읍·면 거주 농어촌 인구의 비율이 1980년 42.8%에서 1990년 25.6%로, 2000년 20.3%로 급격히 줄어드는 급격한 이촌향도 현상으로 농어촌 사회 공동화가 이어지자 정부는

1982년부터 본격적으로 농어촌학교통폐합 정책을 추진하였다. 이 시기에 이루어진 도서벽지 학교 교육정책은 아래와 같다.

- 중학교 의무교육은 1985년 도서벽지 중학교에 대해 우선 실시하고 이후 읍·면·동지역으로 확대되었다.
- 1997년에 학교급식법 시행령 개정으로 도서벽지 지역의 초등학교 급식비 중 식품비를 자치단체가 부담할 수 있도록 하였다. 이외에 다목적교실, 도서관, 특별실 등 학교시설 우선지원 등이 이루어졌다.
- 2002년에 학교수업료 및 입학금에 관한 규칙(교육인적자원부령) 중 일부를 개정하여 도서벽지 지역 학생의 수업료 및 입학금 일부를 감면할 수 있도록 하였다.

다) 농어촌 교육 질 향상 추진기(2004~현재)[4]

- 3기는 농어업 및 농어촌 발전의 새로운 계기로 작용하고 있는 '농어업인 삶의 질 향상 및 농어촌지역 개발 촉진에 관한 특별법' 제정 이후의 시기로 구분할 수 있다. 정부차원에서 추진한 주요 재정지원 사업으로는 △통합운영학교사업 △농산어촌우수고육성사업 △기숙형공립고사업 △연중돌봄학교사업 △전원학교사업 △거점중학교사업 등이 있다. 이 시기에 이루어진 농어촌 학교 및 도서벽지 학교 관련 주요사업은 아래와 같다.
  - 통합운영학교는 학교급이 다른 2개 이상의 소규모 학교를 통합하여 인적·물적 자원을 활용하는 학교로 교육자원의 연계 및 활용부족으로 인한 학교운영의 효율성 저하, 소규모 학교의 학생 수 감소로 인한 교과운영의 어려움 등의 문제를 통합의 방식으로 극복하여 교육의 질 제고를 목적으로 추진하였다. 초·중 통합, 중·고 통합, 초·중·고 통합 등 3가지 유형으로 추진되었으며, 대부분 농어촌에 소재하고 있고, 전국 150여 개교를 목표로 연간 15억 규모의 예산이 지원되었다.
  - 통합운영학교의 성과로는 효율적인 학교·재정운영, 효과적인 교과운영, 행정업무 일원화를 통한 업무경감 등을 들 수 있다.
  - 농산어촌 연중돌봄학교 육성사업은 2009~2011년까지 3년 동안 전국 면지역 소재 382개교를 대상으로 총 805억 원의 사업비가 지원되었다. 연중돌봄학교

4 임연기(2006). 「한국 농촌교육 정책의 변천과 그 특성 및 과제」에서 인용 및 재구성함.

의 비전은 도·농간 교육격차를 완화시키는 데 있다. 이를 실현하기 위한 사업 중점은 다음과 같다. 첫째, 농어촌 학생에게 365일 교육복지를 지원한다. 둘째, 교육력 향상을 위한 교육과정 내실화를 지원한다. 셋째, 교육역량강화를 위한 학교 간, 학교와 지역 간 연계운영을 지원한다. 사업의 핵심성과로는 국가수준 학업성취도평가에서 전국 학교의 평균에 비해 연중돌봄학교의 기초학력미달 비율이 낮고, 기초학력미달 감소폭이 크다는 점을 들 수 있다. 사업기간 동안 학생과 학부모의 학교만족도가 꾸준히 향상되었다 재학생수는 감소추세에 있으나, 전체 면지역 학교 학생 수 감소율에 비해 감소폭이 현저하게 작고 사업대상 학교의 30% 정도는 학생 수가 유지 또는 증가하였다.

- 농산어촌 전원학교 육성사업은 2009~2011년까지 3년 동안 전국 면지역 소재 110개교의 초·중학교가 참여하였고, 총 1,391억 원의 사업비가 지원되었다. 전원학교사업의 비전은 학력이 우수하고, 학생이 돌아오는 학교 육성에 있다. 이를 실현하기 위한 사업 중점은 첫째, 자연과 첨단이 조화된 교육환경 조성(hardware), 둘째, 강한 프로그램 개발운영(software), 셋째, 우수인력의 배치활용(humanware), 넷째, 지역사회와의 실질적 연계구축(networking), 다섯째, 학교운영의 자율성 강화(governance)이다. 사업의 핵심성과로서 2010년 정부가 실시한 학업성취도 평가에서 전국 학교의 평균에 비해 전원학교의 기초학력미달 비율이 낮고, 기초학력미달 감소폭이 크게 나타났다. 사업기간 동안 학생과 학부모의 학교만족도가 꾸준히 향상되었다. 재학생 수는 초등학교의 경우 다소 감소, 중학교의 경우 다소 증가양상을 나타냈다. 전체 면지역 학교 학생 수 감소비율에 비해 감소폭이 현저하게 작고, 사업대상 학교 중에서 초등학교는 40%, 중학교는 70%, 전체적으로 50%의 학교는 학생 수가 유지 또는 증가하고 있는 것으로 파악되었다.

3) 최근 도서·벽지 학교교육 관련 정책

가) 적정규모학교 육성

- 저출산 및 학생 수 감소에 따라 소규모 학교가 지속적으로 증가하고 있으며, 소규모 학교의 교육여건이 악화하고 있는 현실을 타개하기 위해 교육부가 정부차원에서 추진하고 있다.

- 구체적인 추진방안으로 △시·도교육청별 전체 학교 재배치 계획과 연계 강화 △영세 사립학교 해산촉진을 위한 사립학교법 개정 △폐교활용 활성화 방안 △통폐합 인센티브 강화, 적정규모 육성지원을 위한 소요경비 지원, 농어촌 우수 중·고 육성 등 행·재정지원 및 홍보강화를 추진하고 있다(〈표 Ⅲ-1-25〉, 〈표 Ⅲ-1-26〉 참고).

표 Ⅲ-1-25 초·중·고 학생 수 추이(단위 : 만 명)

급별	2000년	2010년	2016년	2020년	2025년	2030년
초	402	330	268	265	262	259
중	186	198	146	131	132	129
고	207	196	175	128	126	124
계	795	724	589	524	520	512

* 출처 : 교육부(2016). 적정규모학교 육성추진 계획안(내부자료).

표 Ⅲ-1-26 학생 수별 학교 수(휴교는 포함, 분교장 제외, 단위 : 개)

구분	60명 이하	61~120명	121~180명	181~240명	241~300명	301~1000명	1000명 초과	계
초	1,228	717	235	239	226	2,774	579	5,998
중	531	231	146	118	140	1,852	190	3,208
고	54	84	85	86	92	1,283	668	2,352
계	1,813	1,032	466	443	458	5,909	1,437	11,558

* 출처 : 교육부(2016). 적정규모학교 육성추진 계획안(내부자료).

나) 도서·벽지 교원 근무환경 개선

- 도서벽지 교원의 근무환경 개선은 2016년 5월 발생한 세칭 '도서지역학교 초등여교사 집단성폭행사건'을 계기로 교육부 등 정부유관부처와 각 시·도교육청이 수립한 개선책이다(〈표 Ⅲ-1-27〉 참고).

표 Ⅲ-1-27 관사이용자 및 거주현황

구분	도서벽지학교	근무자	여성근무자	관사거주자	1인거주여성
합계	706교	6,556명	3,000명	3,217명	1,121명

- 도서벽지 거주교원은 2,680명이며, 여성교원 단독으로 거주하는 인원수는 1,121명, 이중 456명은 여성만 단독으로 거주하는 관사를 이용하고 있다(〈표 Ⅲ-1-28〉 참고).

표 Ⅲ-1-28 1인 거주 교원 현황

구분	1인 거주 교원			전용(단독) 관사 교원			남녀공동 관사 교원		
	합계	남	여	계	남	여	계	남	여
교원 수	2,680명	1,559명	1,121명	1,251명	795명	456명	1,429명	764명	665명

- 관계부처 합동 '안전 및 근무환경 개선' 종합대책은 관사 등 거주환경 안전 강화, 도서벽지 치안역량강화, 맞춤형 성폭력예방교육 및 가·피해자 조치강화 등의 내용을 포함하고 있다.
- 시·도교육청 도서벽지 학교 교육지원 방안은 교원 근무여건 개선, 안전관리체제 구축, 안전교육 및 의식제고 등의 내용을 포함하고 있다.

4) 도서·벽지 교육진흥을 위한 법령의 구조

- 도서벽지 지역은 교육대상 인구가 많지 않고, 교육자원이 상대적으로 부족하기 때문에 학생교육에 어려움이 예상되는 지역으로 국가 및 지방자치단체가 당해 지역 교육을 특별히 지원하고 진흥할 필요가 있다. 1967년 제정된 「도서·벽지 교육진흥법」은 이런 필요에서 제정되어 오늘에 이르고 있다. 이 법은 지리적, 경제적, 문화적, 사회적 혜택을 받지 못하는 산간지, 낙도·수복지구, 접적지구의 의무교육을 진흥하기 위한 목적에서 제정되었다. 제정 이후 몇 차례 개정되었으나, 대부분은 「정

부조직법」개정에 따라 교육부의 명칭을 변경하는 것이었으며, 의미 있는 개정은 1981년 단 한 차례 이루어졌다. 당초 제정법에는 '광산지구'가 법적용 대상에 포함되어 있지 않았으나, 1981년 개정 이후 광산지구 학교도 이 법의 적용대상에 포함되었다.

- 제정 당시 「도서·벽지 교육진흥법」은 도서벽지 교육을 진흥하기 위한 국가와 지방자치단체의 임무를 구분하고, 도서벽지에서 근무하는 교사에 대한 수당지급의 근거를 규정하였다. 제정법에서 국가는 ① 학교부지·교실·양호실 기타 교육에 필요한 시설구비, ② 교재·교구정비, ③ 교과서 무상공급, ④ 통학을 위하여 필요한 조치, ⑤ 교원에 대한 주택제공, ⑥ 적절한 교원배치에 관한 조치를 취하고, 관련 경비를 지급할 의무를 졌으며, 지방자치단체는 ① 도서벽지 교육의 특수사정에 적합한 학습지도에 필요한 자료정비, ② 교원의 연수기회의 우선부여와 이에 소요되는 경비 지급 조치를 취할 의무를 졌다. 이와 같은 국가와 지방자치단체의 역할 구분은 법제정 이후 지금까지 변화 없이 유지되고 있다.
- 아울러 제정법에서는 도서벽지 학교에서 근무하는 교사에 대한 수당지급 근거를 규정하고, 「도서·벽지 교육진흥법 시행령」에서 대상지역 및 급지를 구분하고 수당액을 규정하였다. 이 시행령은 1982년 9월 25일 폐지되었으며, 이후 대상지역 및 급지는 「도서·벽지 교육진흥법 시행규칙」에서, 수당액은 「공무원 수당 등에 관한 규정」에서 규정하고 있다. 이런 입법 개정은 법률체계상의 정비를 위한 것이었다.
- 이처럼 「도서·벽지 교육진흥법」과 같은 법 시행규칙, 그리고 「공무원 수당 등에 관한 규정」과 「농어업인 삶의 질 향상 및 농어촌지역 개발 촉진에 관한 특별법」이 도서벽지 교육을 진흥하기 위한 법률로 정비되어 있다.

가) 현행 법령 평가

- 「도서·벽지 교육진흥법」은 도서벽지 교육을 진흥하기 위하여 국가와 지방자치단체의 역할을 구분하고, 수당지급의 근거를 규정하고 있으나, 사실상은 도서벽지 학교에서 근무하는 교사에게 수당을 지급하기 위한 근거로서의 의미만을 갖는 것이 현실이다. 이 법률이 제정된 해가 1967년이라는 사실을 상기하면, 당시 급속한 산업화의 흐름에서 교원이 다른 직종으로 이직하는 사례가 대단히 많았고, 특히

생활여건이 좋지 않은 도서벽지 지역의 교원이탈이 심각하였다. 따라서 '교원 없는 학교'가 현실화될 수 있는 매우 절박한 시기에 도서벽지 학교에서 근무할 교원을 유치, 유지하기 위한 수단이 절실했고, 그 수단으로 수당을 신설하고, 그 근거를 법령에 규정한 것이다.

- 당시는 의무교육이 초등교육 단계에 머무르고 있었고, 그마저도 의무교육의 무상범위가 수업료 면제수준의 낮은 단계로 설정되어 있었다. 따라서 교과서 무상공급이나 교재·교구정비 및 통학편의 조치 등은 학생을 대상으로 한 특별한 지원조치의 성격을 가지고 있었다.
- 그러나 이 법률은 다음과 같은 점에서 한계를 지닌다. 첫째, 법률의 목적을 '의무교육의 진흥'으로 제한하고 있는 점은 재검토가 필요하다. 먼저 교육진흥의 대상에 대한 검토가 필요하다. 도서벽지 교육의 진흥은 결코 의무교육만을 대상으로 하여서는 아니 되며, 학교교육 전체와 나아가 도서벽지에 거주하는 주민의 평생교육까지도 '교육 진흥'이라는 관점에서 함께 검토하여야 한다. 아울러, 법률의 목적을 '의무교육의 진흥'에 국한할 것인지 여부에 대한 검토가 필요하다. 법제정 당시는 국가 전체적으로 의무교육을 위한 물적 인프라가 매우 미흡한 상황이었다. 그러나 이후 의무교육의 범위가 확장되었고, 의무교육 인프라도 정비되었다. 무엇보다 국가의 재정여건이 크게 개선되어 교육진흥을 위하여 국가가 실행할 수 있는 수단이 비약적으로 확대되었다. 이런 사정을 감안하면, '의무교육 진흥'을 넘어선 더 높은 수준의 목표를 설정할 필요가 있다.
- 둘째, 도서벽지 교육을 진흥하기 위하여 가장 중요한 요인은 우수한 교사를 유치, 유지하는 일이다. 현행 법률은 대상 학교에서 근무하는 교사에게 수당을 지급하고, 승진 시 가산점 부여와 같은 인사 상 우대책을 마련하고 있으나, 이것은 최소한의 유인책에 불과할 뿐이다. 안락한 주택제공이나 안전 및 보건 상의 필요한 조치 등 교사를 유치, 유인하기 위한 조치의 범위를 더 확장하여야 한다. 2016년 여름 발생한 '섬마을 주민의 여교사 성폭행 사건'은 현재 도서벽지에서 근무하는 교사들이 처해 있는 생활여건을 상징적으로 보여준다.
- 셋째, 도서벽지 교육을 진흥하기 위하여 국가와 지방자치단체가 어떻게 역할을 분담할 것인지에 관한 재검토가 필요하다. 앞에서 서술한 것처럼 도서벽지 교육진흥에 관하여 국가와 지방자치단체의 역할은 법제정 이후 50여 년이 경과하는 동안

한 차례도 변화하지 않았다. 그러나 1991년 지방교육자치가 부활하고, 특히 2000년대 중반 교육감 주민직선제가 시행되면서 한국교육의 거버넌스 구조가 크게 변화하고 있다. 따라서 달라진 국가와 지방자치단체의 권능과 역할 기대를 반영하여 도서벽지 교육진흥을 위한 양자의 임무를 달리 구분할 필요가 있다.

- 한편, 「농어업인 삶의 질 향상 및 농어촌지역 개발 촉진에 관한 특별법」은 농산어촌 교육의 진흥을 위하여 「도서·벽지 교육진흥법」보다 훨씬 포괄적으로 진흥방안을 강구하고 있다는 점에서 긍정적으로 평가할 수 있다. 그러나 많은 조문이 국가와 지방자치단체의 공동의무를 규정하고 있어서 역할을 명확하게 구분하기가 어렵고, 여러 조치를 이행하는데 수반되는 경비부담의 주체와 방법, 기한 등을 명확히 규정하지 않아서 법률의 실효성이 높지 않은 것이 현실이다.

나) 일본의 관련 법령 검토

- 한국과 유사한 사회·경제적 변화과정을 더 일찍 경험한 국가로 일본을 들 수 있다. 일본 역시 산업화과정에서 벽지지역의 교육여건이 상대적으로 열악해지는 상황을 겪었고, 벽지 지역 교육을 진흥하기 위하여 다양한 노력을 하고 있다. 이를 위한 입법조치에서 주목할 점은 다음과 같다.
- 한국의 「도서·벽지 교육진흥법」에 상당하는 일본의 「벽지교육진흥법」(へき地教育振興法)은 법률제정 목적을 단지 '벽지 교육진흥'을 넘어서 '교육의 기회균등을 기하기 위함'이라는 더 상위의 포괄적인 수준에서 상정하고 있다. 도서벽지 교육진흥을 '의무교육 진흥'과 등치하는 한국의 태도와는 사뭇 다르다.
- 벽지 교육진흥을 위하여 기초지방자치단체(市町村), 광역지방자치단체(都道府県) 및 국가의 역할분담에 차이가 있다. 다음 표는 세 주체의 역할을 구분한 것이다(〈표 III-1-29〉 참고).

표 Ⅲ-1-29 벽지교육 진흥을 위한 세 주체의 역할

구분	시정촌	도도부현	국가(문부과학대신)
역할	• 교재, 교구 정비, 교원 연수 및 충실히 교육하기 위한 조치 강구 • 교직원을 위한 주택 건축 및 기타 복리후생을 위한 조치 강구 • 체육 및 음악 등 학교 및 평생교육을 위한 시설 마련 • 교직원 및 학생의 건강관리를 위한 조치 강구 • 학생의 통학 편의를 위한 조치 강구	• 지역 사정에 적합한 학습지도, 교재, 교구에 관한 연구 및 자료 정비 • 교원양성 시설 마련 • 시정촌 사무에 대한 적절한 지도, 조언 및 원조 • 벽지 학교 근무 교직원의 정원 결정시 특별히 배려할 의무 • 교원에게 충분한 연수 기회를 부여하고 연수 여비 및 기타 필요 경비 확보 의무	• 벽지교육에 필요한 조사, 연구 및 자료 정비 • 지방자치단체에 대한 적절한 지도, 조언 및 알선

- 이와 같은 입법례는 한국에 비하여 일본의 지방자치가 훨씬 발달되어 있는 현실을 반영한 것이다. 행정법상의 보충성의 원칙에 부합하게 기초지방자치단체, 광역지방자치단체, 국가 순으로 역할을 규정하고 있는 것은 시사하는 바가 크다. 벽지교육에 관하여 실질적인 역할은 기초지방자치단체가 수행하고, 광역지방정부와 중앙정부는 이를 지원하는 입장에 서 있는 것이다.
- 이와 같은 입법태도는 일본의 교육관련 법제에서 일관되게 드러난다. 「학교교육법」제2조에서는 학교설립 주체를 국가, 지방공공단체, 학교법인으로 규정하고, 제5조에서 학교 설치자가 설립한 학교를 관리하고, 법령에서 특별히 정하지 않을 때에는 학교경비를 부담할 주체가 됨을 밝히고 있다. 벽지 지역 학교의 대다수는 소학교와 중학교이며, 이들 학교에 대한 관리 및 경비부담은 시정촌이 지기 때문에 시정촌의 역할을 먼저 규정할 필요가 있다.
- 그러나 바로 이 점에서 한국과 일본의 법률규정 형식에는 차이가 있을 수 있다. 일본의 경우는 앞에서 본 것과 같이 기초지방자치단체, 광역지방자치단체, 국가의 역할을 구분할 수 있는 반면, 한국의 많은 교육 관련법은 "국가와 지방자치단체는..."과 같은 형식으로 특정사안에 관하여 두 주체의 공동책임 또는 의무를 규정하고 있다. 아마도 이와 같은 규정형식 상의 차이는 두 나라의 지방재정 또는 교육재정의 확보와 배분방식의 차이와도 관련될 것이다.
- 마지막으로, 국가의 재정 부담을 명확히 규정하고 있는 것도 특징이다. 시정촌이

많은 역할을 감당할 때 재정 부담이 수반될 것이며, 시정촌의 재정능력으로는 이를 감당하기 어려울 경우가 있기 때문에 국가가 법률로 정한 경우 수반되는 경비의 1/2을 부담하도록 하고 있다(제6조). 구체적으로 국가는 시정촌이 행하는 사무에 필요한 경비 중 교재, 교구정비에 관계된 경비, 교직원을 위한 주택건축에 관한 경비 및 다른 법령에 따라 국가가 부담하거나 보조하는 경비를 제외한 경비의 절반, 그리고 도도부현이 행하는 사무에 필요한 경비 중 다른 법령에 따라 국가가 부담하거나 보조하는 금액을 제외한 경비의 절반을 부담한다. 국가의 재정 부담을 명확히 하고 있지 않은 한국의 법률과는 차이를 보인다.

- 한편, 한국의 「농어업인 삶의 질 향상 및 농어촌지역 개발 촉진에 관한 특별법」에 상응하는 법으로 일본에는 「과소지역자립촉진특별조치법」(過疎地域自立促進特別措置法)이 있다. 이 두 법의 입법목적은 비슷하지만, 법률의 내용에는 큰 차이가 있다. 가장 주목할 점은 일본 법률은 제3장에서 인구가 희소한 지역의 자립을 촉진하기 위한 재정상 특별조치를 규정하고 있다는 사실이다. 이 법률에서는 국가가 시정촌 자립촉진계획이나 도도부현 자립촉진계획에 따라 이루어지는 사업 중 일부에 대하여 필요한 경비 일부를 보조할 수 있음은 물론, 시정촌 자립촉진계획에 따라 적정규모 학교를 유지하기 위하여 학교를 통합하는 경우, 이 학교에서 근무할 교직원을 위한 주택건축(매수 및 기타 방법을 포함)에 필요한 경비 중 최소 55%를 국가가 교부하도록 하고 있다. 한국의 법률에서 국가의 재정 부담을 명확히 규정하고 있지 않은 것과는 큰 차이를 보인다.

5) 도서벽지 교육진흥의 개념 구조와 거버넌스

가) 현행 법률의 개념 구조

- 도서벽지 교육을 진흥한다고 할 때, 그 범위는 매우 다양하게 규정할 수 있다. 먼저 진흥대상 교육의 범위를 기준으로 ① 의무교육(초등학교 + 중학교), ② 의무교육 + 고등학교, ③ 유아교육 + 의무교육, ④ 유아교육 + 의무교육 + 고등학교 교육 등 다양하게 진흥대상 교육의 범위를 설정할 수 있다. 앞의 네 가지 경우 외에 대학교육을 포함할 수도 있고, 평생교육을 포함할 수도 있다.
- 지원 대상자를 기준으로는 교원에 대한 지원, 학생에 대한 지원, 학부모 및 지역주

민에 대한 지원을 구분할 수 있으며, 지원유형을 기준으로 인적 지원, 재정 지원, 물적 지원 등 다양한 지원형태를 상정할 수도 있을 것이다.

- 이와 같은 '진흥'의 양태를 염두에 둘 때, 현행 법률의 도서벽지 교육 진흥은 다음과 같은 개념을 상정한 것이다. 도서벽지 교육진흥의 대상 교육은 의무교육으로 한정하고, 벽지교육을 진흥하기 위하여 지원할 대상은 주로 교원이 된다. 교원에게는 수당을 지급하고, 승진 시에 가산점을 부여하여 인사 상 혜택을 누리도록 한다. 이와 함께 학교주변에 주택을 제공하여 생활비 부담 없이 근무할 수 있도록 한다. 학생에게는 통학편의를 제공한다([그림 Ⅲ-1-7] 참고).

그림 Ⅲ-1-7 진흥 대상 교육범위 의무교육

진흥 대상 교육의 범위		의무교육
지원 대상 및 지원 내용	▶	교사 - 보수 우대(수당 지급) 인사 우대(승진 시 가산점 부여) 주택 제공 학생 - 통학편의 제공

- 한편, 학교부지 및 교육시설의 구비와 교재, 교구정비, 통학편의, 교원에 대한 주택제공, 교원배치 등은 모두 국가의 책임으로 규정하고 있고, 지방자치단체는 학습지도에 필요한 자료정비와 연수기회 부여 및 경비지급의 부담만을 지고 있다. 법률상 국가와 지방자치단체의 역할이 명확히 구분되어 있으나, 교원배치 책임을 국가가 부여하는 것이나, 이미 무상화가 실현된 교과서 공급을 법률에서 규정하고 있는 점은 현실에 부합하지 않는다.

나) 일본 법률의 개념 구조

- 일본의 경우 벽지교육 진흥의 대상이 학교교육이 주가 됨은 분명하지만, 벽지교육 진흥에 관한 법률 제3조에서 시정촌의 임무 중 하나로 "체육, 음악 등 학교교육 및 사회교육을 위한 시설을 학교에 갖추는 것"을 규정하고 있는 데에서 알 수 있는 것처럼 벽지교육 진흥의 대상에 평생교육을 시야에 넣고 있음을 짐작할 수 있다.
- 한편, 벽지교육을 진흥하기 위하여 지원 대상을 교직원과 학생으로 상정하고 있

는 것은 한국과 동일하지만, 지원의 내용에 교직원과 학생의 건강관리에 필요한 사항을 추구하고 있는 점은 차이가 있다. 아울러, 한국의 경우 수당과 승진 시 가산점이 교원에 대한 주요 지원책인 반면, 일본은 수당만을 지급하고 있다. 승진 시 가산점은 부여하지 않는다. 이는 한국과 일본의 교원문화와 관련이 있을 것으로 짐작된다. 한국의 경우 많은 교사들이 교감이나 교장으로 승진하기를 희망하지만, 일본의 경우 교장부족 사태를 겪고 있을 만큼 교사들의 승진욕구가 높지 않다. 따라서 승진가산점 제도가 의미 있게 작동하지 않을 가능성이 있다. 한편, 앞에서 '학교교육 및 사회교육을 위한 시설'을 갖추도록 한 데서 짐작할 수 있는 것처럼, 벽지교육 진흥을 위하여 건립한 시설을 주민이 사용할 수 있도록 하여 주민 전체에게 혜택이 미칠 수 있도록 한 점도 주목할 만하다([그림 III-1-8] 참고).

그림 Ⅲ-1-8 진흥 대상 교육범위 학교교육

진흥 대상 교육의 범위	▶	학교교육(평생교육 일부 포함)
지원 대상 및 지원 내용		교사 – 보수 우대(수당 지급) 주택 제공 건강관리 학생 – 통학편의 제공 건강관리 주민 – 학교시설 이용

- 벽지교육을 진흥하기 위하여 시정촌, 도도부현, 국가가 역할을 분담하고 있으며 시정촌이 가장 실질적인 역할을 감당하고, 도도부현과 국가가 이를 지원하는 형태의 거버넌스를 구축하고 있음은 앞에서 살펴보았다.

다) 미래 지향적인 도서·벽지 교육진흥의 개념 구조와 거버넌스

- 「도서·벽지 교육진흥법」이 제정된 시기로부터 50여 년이 흐른 지금은 여러 가지 면에서 상황이 달라졌다. 의무교육의 범위가 확대되었고, 학생에 대한 지원범위도 달라졌다. 무엇보다 지방교육자치제 실시를 계기로 교육에 관한 국가와 지방자치단체의 역할 기대에 큰 변화가 생겼다. 이와 같은 사실을 염두에 둘 때, 도서벽지 교육'진흥'의 개념을 새롭게 규정할 필요가 있다.

- 법제정 당시에는 교원들의 이직으로 말미암아 도서벽지 교육을 위한 교원의 유치 및 유지가 가장 중요한 목적이었으며, 법률 명칭과 달리 법률의 실질적 의미는 대상 학교에서 근무하는 교사에게 수당을 지급하는 것에 국한되어 있었다. 물론, 교원이 부족하지 않고, 교원의 이직이 두드러지지도 않지만, 다수 교원이 도서벽지에서 근무하기를 꺼린다는 사실을 염두에 둘 때, 교원의 유치 및 유지는 여전히 매우 중요한 입법목적이 될 수 있다. 그러나 개정 도서·벽지교육진흥법은 교원의 유치 및 유지를 넘어서는 높은 수준의 포괄적인 진흥방안을 뒷받침할 수 있어야 한다. 이를 위하여 다음과 같은 내용에 관한 검토가 필요하다.
- 첫째, 도서벽지 교육진흥은 의무교육을 넘어 유아교육과 초·중등학교교육 및 평생교육을 대상으로 설정하여야 한다. 유아교육 및 초·중등교육의 진흥과 관련하여 '교육의 기회균등'이라는 헌법적 가치의 실현을 목표로 내걸어야 하며, 평생교육과 관련하여 헌법상의 '국가의 평생교육 진흥 의무'를 실현한다는 취지하에 지역주민의 삶의 질 향상을 목표로 제시하여야 한다.
- 둘째, 지원 대상자를 확대하고, 지원의 내용을 실질화하여야 한다. 먼저, 교사에게는 수당과 인사 상 혜택을 종전과 동일하게 유지하되, 교사에게 제공되는 주택이 안전하고 안락한 주택이 될 수 있도록 조치하여야 한다. 학교에 부속된 관사(官舍) 형태로 제공되는 주택의 편의성과 안전성에 관하여 일제 조사를 실시하고, 이를 적절한 수준으로 개선하여야 한다. 이와 함께 도서벽지에서 근무하는 교직원의 안전에 대한 대책을 강화하고 건강관리를 위하여 적절한 조치를 강구하여야 한다. 도서벽지라는 지역 특성 상 교직원이 안전문제에 봉착할 가능성이 상존하며, 교직원의 안전을 보장받는 것이 우수 교직원을 유치하는 기본적인 과제다. 또한 도서벽지 학교에 근무하는 교원의 자기계발을 지원할 수 있도록 연수기회 제공을 포함한 지원시책을 강구하여야 한다.
- 학생에 대한 지원책 역시 강화하여야 한다. 도서벽지의 유아는 원칙적으로 전원 공립유치원에서 무상교육을 제공받을 수 있도록 해야 한다. 초·중등학생에게는 기존의 통학편의 외에 보건 및 건강관리를 위하여 필요한 지원을 하여야 한다. 도서벽지의 경우 학교 외의 교육자원이 매우 빈약하며, 이로 인하여 발생하는 교육격차가 상당하기 때문에 이를 보전할 수 있는 방안도 강구할 필요가 있다. 이 문제는 지역과 학교의 규모에 따라 다르게 접근할 필요가 있는데, 비교적 큰 규모의

지역과 학교는 학교 안에 예·체능 교과활동 및 지역주민의 평생교육을 위한 시설을 건립하여 활용할 수도 있을 것이며, 시설건립이 합리적이지 않은 지역의 경우 학생들에게 '교육문화바우처'를 제공하거나 다른 방식으로 이웃지역의 교육문화 시설을 활용할 수 있도록 조치하여야 한다.

- 지역주민에 대한 지원도 도서벽지 교육의 진흥을 위하여 필요하다. 학교시설을 주민의 평생교육을 위하여 적극적으로 활용할 수 있도록 하여야 한다. 이에 필요한 경비나 여러 가지 부담은 행정청이 지원하여야 한다. 이와 함께 학생과 함께 주민에게도 '교육문화바우처'를 제공하여 보호자와 자녀가 함께 학교 밖에 교육문화 활동에 참여할 수 있도록 하여야 한다([그림 III-1-9] 참고).

그림 III-1-9 진흥 대상 교육범위 유아교육+학교교육+평생교육

진흥 대상 교육의 범위	▶	유아교육 + 학교교육 + 평생교육 – 교육기회의 균등 – 교육진흥 및 주민 삶의 질 향상
지원 대상 및 지원 내용	▶	교사 – 보수 우대(수당 지급) 인사 우대(승진 시 가산점 부여) 주택 제공(안전하고 쾌적한 주택) 안전 보장 건강관리 학생 – 통학편의 제공 교육문화바우처 제공 건강관리 주민 – 학교시설 이용 교육문화바우처 제공

- 이상의 과제는 국가와 시·도교육청 및 교육지원청은 물론 지방자치단체가 유기적 연관을 형성하여 추진하여야 한다. 먼저, 일본과 같이 교육지원청의 역할을 중심에 두고, 시·도교육청과 국가의 지원적 역할을 설정하는 방안을 검토할 수 있지만, 현행 교육 관련 입법체계와 조화를 이루지 못한다는 점에서 문제가 있다. 즉, 현행 교육 관련 법제는 대개 "국가 및 지방자치단체는..."과 같은 형식으로 국가와 지방자치단체의 공동의무 또는 책임을 규정하고 있다. 또한 교육부가 학교 자율화 조치의 일환으로 지방자치단체로의 권한 이양 및 위임방침을 종종 밝히면서

도, 근래 교육감이 수행하는 사무의 성격을 둘러싼 법적분쟁에서 교육부는 일관되게 국가사무 중심 방침을 분명히 하였다. 즉, 교원능력개발평가나 교권조례, 교사징계 등의 사무가 국가 사무인가 교육감의 자치 사무인가를 둘러싼 법적분쟁에서 교육부는 법률의 형식, 교육부가 전국적인 차원에서 진행하는 사업인 점, 지방교육재정의 절대액이 국가로부터 교부된 것이라는 사실 등을 들어 국가사무 우선성을 명확히 하였다. 이와 같은 현실을 염두에 둘 때, 「도서·벽지 교육진흥법」에서만 유독 교육지원청, 시·도교육청, 국가 순으로 역할을 규정하고, 교육지원청이나 시·도교육청에 실질적인 책임을 지우고 국가는 지원적 역할만을 수행하도록 하는 것은 자칫 지방에 부담을 지우고 국가는 그 책임을 회피하는 것으로 인식될 가능성도 없지 않다. 따라서 국가와 지방자치단체의 역할을 구분하여 제시하는 형식은 유지하되, 역할의 내용을 조정하는 편이 합리적이라 할 것이다.

- 도서벽지 교육을 진흥하기 위하여 국가는 다음과 같은 역할을 수행하여야 한다.
  - ① 주기적으로 도서벽지 교육의 여건 및 실태를 조사하여, 그 결과를 지방자치단체에 제공하여야 한다. ② 도서벽지 주민의 생활의 중심 중 하나가 학교임을 감안하여 학교의 통폐합에 신중을 기하여야 한다. 학교가 지역사회의 진흥에 갖는 의미를 감안하여 도서벽지 지역의 학교 통폐합 기준을 특별히 설정하여 운영할 필요도 있다. 노후한 학교가 많기 때문에 학교의 안전성을 주기적으로 점검하고, 학교시설의 개선을 위하여 노력하여야 한다. ③ 도서벽지 교육의 여건을 감안하여 교원배치 기준을 탄력적으로 적용하여야 한다. ④ 도서벽지 학교에 우수한 교원을 유치 및 유지하기 위하여 근무수당과 승진 시 인사 우대조치를 시행한다. ⑤ 도서벽지 학교에 근무하는 교사들의 안전사고를 예방하고 사고발생 시 충분한 보상을 받을 수 있는 법적보장체계를 확립한다. ⑥ 도서벽지 학교에 근무하는 교원이 거주하는 주택의 안전성과 쾌적성을 조사하여 적절한 수준으로 개선한다. 이 과제는 2년 정도의 기간을 설정하여 일시에 실행한다.
- 지방자치단체는 다음과 같은 역할을 수행하여야 한다. 여기서 지방자치단체는 시·도교육청을 의미하여, 사안에 따라서 교육지원청이 수행할 과제도 있다.
  - ① 시·도교육청은 국가가 수행한 도서벽지 교육여건 및 실태조사 결과를 토대로 도서벽지 교육진흥을 위한 계획을 수립하여야 한다. ② 도서벽지 학교에서

근무하는 교직원에게 연수 및 자기개발을 도모할 각종 활동을 제공하고, 이를 위해 필요한 경비를 지원하여야 한다. ③ 도서벽지 학교 및 교직원이 생활하는 주택의 안전성과 쾌적성을 유지하기 위하여 주기적으로 안전점검 및 시설에 관한 조사를 시행하고, 시의 적절하게 그 상태를 개선하기 위한 활동을 수행하여야 한다. ④ 유치원 및 초·중등학교에서 활용할 각종 학습 자료를 연구, 개발, 제공하여야 한다. ⑤ 도서벽지 학생들의 통학편의를 위한 조치를 강구하여야 한다. ⑥ 도서벽지에 거주하는 유아의 공립 무상교육을 위한 시설 및 설비를 학교에 구축하고, 유아교육비 전액을 제공한다. ⑦ 도서벽지에 거주하는 고등학교 학생에게 교과서를 무상으로 공급한다. ⑧ 도서벽지에 거주하는 초·중·고교생에게 (가칭)'교육문화바우처'를 제공하여 학교 밖 교육문화시설을 활용할 수 있도록 한다. ⑨ 시·도교육청 및 교육지원청은 일반지방자치단체와 협력하여 지역주민의 평생교육을 진흥하고 삶의 질을 향상시키기 위하여 필요한 조치를 강구하여야 한다. 주민에 대한 '교육문화바우처' 제공 및 활용 사업을 지방자치단체의 지원 하에 실행할 수 있도록 한다.

- 단, ⑥ 내지 ⑧을 위한 금액은 지방교육재정교부금을 산정할 때 공식을 변형하여 교육부에서 추가 교부하고, 집행은 교육청에서 담당하도록 한다.

• 이와 같은 과제를 수행하기 위하여 광역지방자치단체 수준에서는 「지방교육자치에 관한 법률」제41조 상의 '지방교육행정협의회'에서 논의하고, 기초지방자치단체 수준에서는 시장·군수·구청장과 교육장이 (가칭) '도서·벽지 교육진흥 협의회'를 구성하여 관련 사항을 협의하도록 한다.

타. 교육급여와 교육비 현황

보고서명	[CR 2020-01]교육급여 적정성 평가 및 개편방향 연구
주제어	교육급여, 교육비, 현황

1) 교육급여 제도의 개요 및 현황

가) 교육급여 제도 개요

- 교육급여는 소득인정액이 기준중위소득의 50% 이하인 가구의 초·중등학생 부교재비, 초·중등학생 학용품비, 고교 교과서비, 입학금 및 수업료를 지원하는 제도이다. 현재 교육급여제도는 2014년 12월 개정된 「국민기초생활보장법」에 따라 지원되고 있다. 2014년 법 개정의 주요 이유는 기초생활보장제도를 효과적이고 효율적인 맞춤형 빈곤정책으로 전환하여 지원 대상을 확대하고 일할수록 유리한 급여체계를 마련함으로써 탈수급 유인을 촉진하고 빈곤예방기능을 강화하는 한편, 현행 제도의 운영상 나타난 미비점을 전반적으로 개선·보완하기 위함이었다.[5] 개정된 「국민기초생활보장법」에 근거하여 2015년부터 최저생계비 이하의 빈곤가구에 대한 통합 지원되던 급여 체계를 생계·주거·의료·교육 등으로 나눠 급여별로 별도의 기준을 설정하는 맞춤형 급여 방식으로 개편하였다(이선호 외, 2018).
- 〈표 III-1-30〉은 2015년부터 2020년까지의 교육급여 기준 단가이다. 교육급여 지원 단가의 산출 기준은 「국민기초생활보장법」제20조의2에 따라 3년마다 실시되는 '기초생활보장 실태조사'의 최저교육비에 근거를 두고 있다. 교육급여 지원 단가의 변화를 살펴보면 2017년 대비 2018년 지원 단가가 대폭 인상되었고 2019년 부교재비와 학용품비는 최저교육비의 100% 수준까지 올려 반영하였으며, 2020년에는 물가상승률과 학교급을 고려하여(고등학교) 지원 단가를 인상하였다. 입학금 및 수업료와 교과서비는 단계적 고교 무상교육이 완성되면 사실상 고교 무상교

5 국가법령정보센터 http://law.go.kr/lsInfoP.do?lsiSeq=165571&ancYd=20141230&ancNo=12933&efYd=20141230&nwJoYnInfo=N&efGubun=Y&chrClsCd=010202#0000

육 대상에서 제외되는 학교에 재학하는 학생을 제외하고 해당사항이 없어지게 될 것이다. 현재는 학교장이 고지한 금액 전액을 지원하고 있는 가운데, 여전히 최저 교육비 조사항목 중 보충교육비는 초등학생의 경우 가정학습지와 수련회, 중학생은 인터넷강의 교재비와 수련회를 산정한 금액(초 269,472원, 중 236,232원)을 사교육비라는 이유로 교육급여 항목에 반영하지 않고 있다.

표 Ⅲ-1-30 교육급여지원 단가(2015~2020년, 단위 : 원, 연 간 1인당)

지원항목	학교급	2015년	2016년	2017년	2018년	2019년	2020년
부교재비	초	38,700	39,200	41,200	66,000	132,000	134,000
	중·고	38,700	39,200	41,200	105,000	209,000	중 212,000 고 339,200
학용품비	초	–	–	–	50,000	71,000	72,000
	중·고	52,600	53,300	54,100	57,000	81,000	83,000
교과서	고	90,800	92,100	93,500	95,000	84,000	84,000
입학금 수업료	고	1,335,400	1,335,400	1,335,400	1,335,400	1,217,000	1,217,000 (2,346,000)

* 출처 : 교육부(2020). 내부자료.

※ 교과서대금, 입학금 및 수업료는 학교장이 고지한 금액 전부 지원

※ 수업료를 학교장이 자율로 정하는 사립학교 및 학력인정 평생교육시설 등의 단가

- 교육급여 기준 단가 산정 기초가 되는 2017년 기초생활보장 실태조사 최저교육비는 〈표 Ⅲ-1-31〉과 같다. 최저교육비 산출은 4인 표준가구(초등학생 11세(여), 중학생 14세(남) 기준)의 월 최저교육비를 의미한다.

표 Ⅲ-1-31 최저교육비 산출내역(단위 : 원)

품목	공통	초	중
교재비 소계	–	10,934	17,405
초등 참고서		5,327	
초등 문제집		5,607	
중학 참고서(국어)			3,075
중학 문제집(국어)			2,700
중학 참고서(영어)			1,800
중학 문제집(영어)			1,650
중학 참고서(수학)			1,504
중학 문제집(수학)			2,025
중학 참고서(사회)			1,088
중학 문제집(사회)			1,088
중학 참고서(과학)			1,425
중학 문제집(과학)			1,050
보충교육비 소계	873	22,020	19,250
초등 가정학습지		17,351	
중학 인터넷강의 교재비			6,750
수련회		4,669	12,500
기타 교육비	873		

품목	공통	초	중
문방구비 소계	7,985	1,882	2,743
연필	709		
샤프	171		
샤프심	40		
볼펜	211		
사인펜	860		
형광펜	95		
색연필	448		
공책		1,232	2,210
스케치북	443		
인쇄용지	1,719		
크레파스	366		
그림물감		284	342
붓	397		
지우개	231		
수정테이프	170		
칼	29		
가위	67		
풀	193		
색종이	963		
필통		144	161
자		19	30
초등생용 리코더		87	
초등생용 줄넘기		58	
초등생용 훌라후프		58	
앨범	873		

※ 초등학생과 중학생 비용 + 공통비용 합산하고 연간(×12월) 수치 계산

- 부교재비 : 초 131,208원(10,934×12), 중 208,860원(17,405×12)
- 보충교육비 : 초 269,472원(873/2+22,020)×12, 중 236,232원(873/2+19,250)×12
- 학용품비 : 초 70,494원(7,985/2+1,882)×12, 중 80,826원(7,985/2+2,743)×12

* 출처 : 교육부(2020). 내부자료.

나) 교육급여 현황

- 교육급여 수급자 수는 2019년 292,418명으로 전체학생 대비 약 5.34% 수준이다(<표 Ⅲ-1-32>). 2019년 기준 전년대비 전체 학생 수 감소율(-2.34%)에 비해 교육급여 수급자 수 감소율(-5.55%)이 더 큰 것으로 나타났다. 학교급별로 볼 때, 초등학생 수는 전체 학생 수의 증가 효과와 더불어 교육급여 수급자 수가 증가하였으나, 중학교와 고등학교 단계에서는 학생 수 감소율보다 교육급여 수급자 수 감소율이 훨씬 크게 나타나고 있다. 고등학교 단계에서 전체 학생 수 대비 교육급여 수급자 비율(7.18%→6.79%)과 교육급여 수급자 수 감소율(2017~2018년 -11.11%→2018~2019년 -13.9%)도 초등학교, 중학교, 특수학교에 비해 크게 감소하고 있는 것으로 나타났다.

표 Ⅲ-1-32 학교급별 전체 학생 대비 교육급여 수급자 수(단위 : 명, %)

		전체	초등학교		중학교		고등학교		특수학교	
			학생 수	전년 대비 증감	학생 수	전년 대비 증감	학생 수	전년 대비 증감	학생 수	전년 대비 증감
2017	학생 수(A)	5,750,930	2,674,227		1,381,334		1,669,699		25,670	
	교육급여 수급자(B)	329,383	115,308		83,998		124,232		5,845	
	B/A	5.73	4.31		6.08		7.44		22.77	
2018	학생 수(A)	5,610,109	2,711,385	1.39	1,334,288	−3.41	1,538,576	−7.85	25,860	0.74
	교육급여 수급자(B)	309,592	114,931	−0.33	78,589	−6.44	110,427	−11.11	5,645	−3.42
	B/A	5.52	4.24		5.89		7.18		21.83	
2019	학생 수(A)	5,478,849	2,747,219	1.32	1,294,559	−2.98	1,411,027	−8.29	26,044	0.71
	교육급여 수급자(B)	292,418	116,291	1.18	74,557	−5.13	95,858	−13.19	5,712	1.19
	B/A	5.34	4.23		5.76		6.79		21.93	

* 출처 : 학생 수는 'kosis. kr 유초중등 학교급별 개황', 교육급여 수급자는 교육부 내부자료

- 교육급여 수급자 수의 감소에도 불구하고 〈표 Ⅲ-1-33〉의 연도별 교육급여 지원 예산(국고분)은 2017년 1,276억 원, 2018년 1,306억 원, 2019년 131,118억 원으로 증가하였다. 이는 교육급여 지원 단가 인상의 영향으로 판단된다. 2019년까지 매년 예산이 증가하다가 2020년 101,129억 원으로 전년(2019년) 대비 약 300억 원 감소하였는데 이는 2019년부터 실시된 고교무상교육 단계적 확대로 고등학교 2학년과 3학년의 입학금 및 수업료와 교과서비를 지원할 필요가 없어졌기 때문이다.

표 Ⅲ-1-33 연도별 학교급별 교육급여 지원 항목별 예산(국고분, 단위 : 백만 원, ( )안은 구성비)

연도	구분	부교재비	학용품비	교과서대금	학비 (입학금 및 수업료)	소계	
						금액	구성비
2017	초	5,083	–	–	–	5,083	(4.0)
	중	3,648	4,790	–	–	8,438	(6.6)
	고	5,646	7,413	12,813	87,788	113,660	(89.1)
	특수	214	181	–	–	395	(0.3)
	소계	14,591 (11.4)	12,384 (9.7)	12,813 (10.0)	87,788 (68.8)	127,576	(100.0)
2018	초	7,288	5,521	–	–	12,809	(9.8)
	중	8,159	4,429	–	–	12,588	(9.6)
	고	12,130	6,585	10,974	74,666	104,355	(79.9)
	특수	552	300	–	–	852	(0.7)
	소계	28,129 (21.5)	16,835 (12.9)	10,974 (8.4)	74,666 (57.2)	130,604	(100.0)
2019	초	12,449	6,696	–	–	19,145	(14.6)
	중	13,394	5,191	–	–	18,585	(14.2)
	고	19,521	7,566	7,846	57,030	91,963	(70.1)
	특수	1,027	398	–	–	1,425	(1.1)
	소계	46,391 (35.4)	19,851 (15.1)	7,846 (6.0)	57,030 (43.5)	131,118	(100.0)

연도	구분	부교재비	학용품비	교과서대금	학비 (입학금 및 수업료)	소계	
						금액	구성비
2020	초	13,225	7,106	–	–	20,331	(20.1)
	중	14,492	5,674	–	–	20,166	(19.9)
	고	29,427	7,201	2,504	21,500	60,632	(60.0)
	소계	57,144 (56.5)	19,981 (19.8)	2,504 (2.5)	21,500 (21.3)	101,129	(100.0)

* 출처 : 2017–2018년 자료는 이선호 외(2018) 자료에서 재인용, 2019–2020년 자료는 교육부 내부자료를 참조하여 추가

• 교육급여는 「국민기초생활보장법」과 「보조금관리에 관한 법률」에 의거하여 지원 항목과 소득수준에 따라 부담주체가 국가, 지방자치단체(시·군·구), 시·도교육청으로 구분된다. 2020년 기준으로 교육급여 예산 총 1,418억 원 중 부담주체별로 국고에서 101,129억 원(71.3%), 지자체에서 220억 원(15.5%), 교육청에서 186억 원(13.1%)을 분담하고 있다(〈표 III-1-34〉 참고).

표 III-1-34 부담주체별 교육급여 예산(2020년 기준)(국고분, 단위 : 단위 : 명, 백만 원)

시도	인원(명)	부담주체별 예산(백만 원)			소계 (백만 원)
		국고	교육청	지자체	
서울	49,460	12,990	5,482	8,661	27,133
부산	24,286	8,853	817	983	10,653
대구	18,897	7,299	771	811	8,881
인천	21,243	7,934	1,520	886	10,340
광주	14,900	5,584	1,184	620	7,388
대전	10,000	4,782	1,197	471	6,450
울산	12,482	872	189	126	1,187
세종	1,469	391	80	98	569
경기	58,253	18,858	2,746	3,134	24,738

시도	인원(명)	부담주체별 예산(백만 원)			소계 (백만 원)
		국고	교육청	지자체	
강원	10,183	2,920	570	520	4,010
충북	9,199	2,810	622	489	3,921
충남	12,000	3,414	646	646	4,706
전북	19,360	6,708	576	1,063	8,347
전남	14,723	4,298		955	5,253
경북	18,298	5,692	1,156	1,144	7,992
경남	21,098	6,096	956	1,033	8,085
제주	5,454	1,628	102	407	2,137
전체 (비율)	321,305	101,129 (71.3%)	18,614 (13.1%)	22,047 (15.5%)	141,790 (100.0%)

* 출처 : 교육부 내부자료.

※ 교육급여 지원항목별 부담주체는 「국민기초생활보장법」, 국가·시도·시군구 부담 비율은 「보조금관리에 관한 법률」에 근거

지원항목	중위소득 0~40%	중위소득 40~50%
(초·중·고)무교재비·학용품비, (고)교과서대	국가·시도·시군구	
(고)입학금·수업료	국가·시도·시군구	시도교육청

2) 교육비지원 현황

- 교육급여 외 초·중·고 교육취약계층 학생을 대상으로 한 교육비 지원사업은 시·도교육청별로 예산이 허락하는 범위 내에서 재량적으로 추진하고 있다. 시·도교육청 자체적으로 지원하고 있는 교육비 지원은, 교육급여와 선정 기준과 지원 내용이 달라 선정기준에 충족된다면 둘 다 지원 받을 수는 있지만, 고등학생의 경우 교육급여 대상자가 교육급여를 신청하여 지원 받았다면 입학금 및 수업료, 교과서비에 한해서는 중복지원이 불가하다(이선호 외, 2018). 시·도교육청의 대표적 교육비지원 사업은 고교학비, 학교급식, 방과후학교 자유수강원, 교육정보화 지원이 이루어지고 있으나 그 지원 기준은 시·도교육청 재량에 따라 상이하게 운영되고 있다(〈표 III-1-35〉 참고).

표 Ⅲ-1-35 시·도교육청별 교육비 지원 현황

지역	고교 학비 (무상교육 제외)	학교급식비 (무상급식지역 등 제외)	방과후학교 자유수강권	교육정보화	
				컴퓨터	인터넷
서울	60%	60%	60%	–	교육, 한부모
부산	60%	90%	60%	의료	교육, 한부모, 법정차상위
대구	60%	고 104%	60%	의료	의료
인천	60%	(무상)	60%	교육	교육, 한부모, 법정차상위, 난민
광주	60%	(무상)	60%	의료	교육, 한부모, 법정차상위
대전	60%	(무상)	60%	의료, 한부모, 법정차상위, 난민	교육, 한부모, 법정차상위, 난민
울산	60%	(무상)	60%	의료	의료, 한부모, 법정차상위
세종	66%	(무상)	66%	교육	교육, 한부모, 법정차상위
경기	60%	60%	60%	의료, 난민	교육, 한부모, 난민
강원	80%	(무상)	80%	의료, 한부모	교육, 한부모, 법정차상위, 난민
충북	64%	(무상)	64%	교육	교육, 한부모, 법정차상위
충남	70%	60%	60%	의료	교육, 한부모, 법정차상위, 난민
전북	68%	(무상)	70%	교육, 한부모	교육, 한부모, 법정차상위, 난민
전남	60%	(무상)	60%	의료, 한부모	의료, 한부모
경북	68%	60%	60%	–	의료, 한부모
경남	66%	(무상)	70%	–	교육, 한부모, 법정차상위
제주	(무상)	(무상)	60%	의료	교육, 한부모

* 출처 : 교육부(2020). 내부자료.

※ %는 기준 중위소득 대비 비율을 의미하며, 가구의 경제 수준이 기준 이하에 해당하는 경우 교육비 지원

※ (무상)은 고교무상교육, 무상급식을 실시하는 지역

- 대표적인 교육비 지원에 소요되는 예산은 2019년 2월 기준 4,870억 원(고교학비 1,889억 원, 학교급식비 988억 원, 방과후학교자유수강권 1,542억 원, 교육정보화 지원 452억 원) 규모이다(〈표 Ⅲ-1-36〉 참고).
- 교육급여(입학금 수업료, 교과서대금, 부교재비, 학용품비)와 대표적 교육비지원 사업(고교

학비, 급식비, 방과 후 자유수강권, 교육정보화(PC, 인터넷 통신비) 지원) 외에도 시·도교육청별로 교육복지 차원에서 교육취약계층을 대상으로 수학여행 및 체험학습비, 교복비 지원, 석식비 지원, 진로체험 및 캠프지원, 심리정서 지원 사업 등을 다양하게 지원하고 있다(송지훈 외, 2019).

표 Ⅲ-1-36 시·도교육청별 교육비 지원 예산 현황(단위: 명, 백만 원, '19.2월 기준)

시도	고교 학비 (무상교육 제외)		급식비 (무상급식 제외)		방과후수강권		교육정보화지원	
	인원	지원금	인원	지원금	인원	지원금	인원	지원금
서울	32,396	22,411	23,723	20,239	80,339	17,677	18,331	3,872
부산	17,078	14,968	15,453	10,875	34,150	13,204	15,122	3,843
대구	14,650	17,142	24,747	15,828	30,265	14,687	6,061	1,832
인천	12,645	15,614	51	41	22,010	6,316	9,950	2,734
광주	8,606	7,610	(무상)		17,927	7,220	9,763	2,686
대전	9,500	11,484	(무상)		22,326	7,380	7,250	1,871
울산	6,692	7,281	17	13	15,000	4,775	2,763	686
세종	810	721	(무상)		1,000	600	770	307
경기	54,720	44,237	49,705	33,103	78,100	25,351	30,906	9,115
강원	5,502	5,083	(무상)		14,700	3,082	7,500	2,267
충북	6,084	6,618	87	72	16,541	4,257	6,330	1,824
충남	130	117	200	133	25,000	4,200	7,349	2,012
전북	11,370	10,709	(무상)		16,670	10,002	16,035	4,155
전남	9,621	2,843	2,500	1,092	7,838	4,705	7,400	1,932
경북	15,584	10,226	26,390	17,362	15,560	9,336	9,000	1,900
경남	16,950	11,854	(무상)		35,150	14,759	12,950	2,991
제주	(무상)		(무상)		11,021	6,612	4,000	1,144
합계	222,338	188,918	142,873	98,758	443,597	154,163	171,480	45,171

* 출처: 교육부(2020). 내부자료.

※ 무상교육 제외, 무상급식 실시 학년·지역 제외

3) 교육급여 제도 개선을 위한 방안

- 교육급여 지원 체감도가 교육급여 수급 신청에 영향을 주고 있다. 최근 교육급여 수급자 수의 감소에는 시·도교육청의 교육복지지원 확대와 고교무상교육 시행이 영향을 미쳤을 것으로 보인다. 가장 큰 부담이었던 고교학비가 무상으로 지원된다면 굳이 번거로운 신청절차를 통해 교육급여를 받아야 하는 필요도가 낮기 때문이다. 교육급여 정책의 실질적 체감도를 높이기 위한 항목 개선 및 지원 규모 확대가 필요하다. 신청에 기반한 교육급여 수급자 변화량을 볼 때, 학교급이 올라갈수록 전체 학생 수 대비 교육급여 수급자 수의 비율이 높아지고 있다. 실제 학교급이 올라갈수록 교육급여 지원액이 커지기 때문이었고, 특히 고등학교 단계에서 교육급여 중 학비지원 효과가 신청에 영향을 미쳤다. 2019년 2학기 고등학교 3학년부터 전국적으로 고교무상교육 단계적 확대를 시행하기 시작하였고 향후 고교무상교육이 완성된 후에는 실제 교육급여 신청에도 영향을 미칠 것으로 예상된다. 그동안의 교육급여 보장 및 지원에서는 공공재원의 한계로 그 항목과 규모를 늘리는데 매우 제한적일 수밖에 없었다. 교육급여 중 중위소득 40%이하의 교육급여 중 고등학교 입학금 및 수업료 지원 부담주체가 국가와 지방자치단체였음을 고려할 때 실질적 체감도를 높일 수 있는 항목과 지원 규모를 확대하여 보다 적극적인 저소득층의 교육기회 보장을 이루어야 한다.
- 교육급여를 제외한 시·도교육청, 지자체의 저소득층을 위한 재량적 교육비지원 사업 중 학교교육을 이수함에 있어 반드시 필요한 교육비는 교육급여 항목으로 포함하여 지원할 필요가 있다. 지자체별 재량적 교육비 지원사업은 지원의 지속성과 안정성도 불안할 뿐 아니라 주거지에 대한 불평등이 존재할 수밖에 없는 구조이다. 교육급여 대상인 중위소득 50%이하 외 지원은 현재와 같이 시·도교육청 또는 지자체의 재량에 맡기더라도 교육급여 대상의 경우 학교교육 이수를 위한 필수비용에 대해서는 교육급여로 포함하여 지원을 의무화하는 방향으로 전환할 필요하다.
- 교육적 필요도를 고려한 지원항목 재조정이 필요하다. 현재 교육급여 지원은 공교육 분야 지원을 원칙으로 하면서 사교육 분야에 대한 지원에 난색을 표하고 있다. 그러나 현재 지원하고 있는 항목에서의 부교재비와 학용품비 역시 교육비 분류기준으로 보자면 사교육비에 해당하는 것이므로 공적재원으로 사교육비를 지원하

는 것은 문제가 있다고 하는 것은 적절치 않다. 통계청의 '사회조사보고'나 '초·중·고 사교육비 통계조사'에서와 같이 저소득층일수록 자녀교육비에 대해 더 많이 부담스럽다고 느끼고 있다. 그럼에도 사교육 참여율에서 보여주듯이 월평균 가구 소득이 200만 원 미만인 저소득층 가정에서도 47%(2019년 기준)가 사교육을 받고 있는 것으로 나타났다. 물론 선택의 양과 질에 차이가 있겠지만 그리고 교육비 부담 정도는 저소득층이 상대적으로 더욱 크게 느낄지라도 선택할 수밖에 없다는 것이다. 따라서 교육급여 지원 항목 개편 시 저소득층의 교육비지출 항목에 대한 실질 지출 현황에 기초하여 교육적 필요도를 충족시켜주어야 한다.

파. 맞춤형 교육급여

보고서명	[CR 2017-01] 맞춤형 교육급여 평가 연구
주제어	교육급여, 교육비 지원제도, 교육급여 평가

1) 교육급여 지원현황

- 교육급여 제도에 관한 주요 법령인 「국민기초생활 보장법」(이하 기초법)은 교육급여에 관한 기본적인 사항들을 규정하고 있다. 교육급여 지원 대상은 맞춤형 급여 개편 이후 최저생계비 100%(중위소득 40% 해당)에서 중위소득 50% 이하로 수급자격이 완화되었으며, 부양의무자 기준이 폐지되었다(2015.07).
- 최저 보장수준의 결정은 보건복지부장관 또는 소관 중앙행정기관의 장이 급여의 종류별 수급자 선정기준 및 최저보장수준을 결정하되, 매년 중앙생활보장위원회의 심의·의결을 거쳐 공표하고 있다(기초법 제6조). 교육급여 지원 내역은 〈표 III-1-37〉과 같다.

표 Ⅲ-1-37 교육급여 지원 내역

지급대상	급여항목	1인 당 지급금액		
		2016년	2017년	2018년*
초등학생	부교재비	39,200원	41,200원	66,000원 (60.2% ↑)
중·고등학생			41,200원	105,000원 (154.9% ↑)
초등학생	학용품비	53,300원	0원	50,000원 (순증)
중·고등학생			54,100원	57,000원 (5.4% ↑)
고등학생	교과서대	131,300원	해당 학년의 정규 교육과정에 편성된 교과목의 교과서 전체	
	수업료 입학금	연도별·급지별 학교장이 고지한 금액 전부		

* 주 : 2018년 기준 중위소득 및 실태조사 의결, 보도자료를 수정·보완

** 출처 : 보건복지부, 국토교통부, 교육부(2017). 중앙생활보장위원회.

- 맞춤형 급여체계 도입 후 교육급여 수급대상 학생 수는 증가하는 추세이다.
  - 맞춤형 급여 개편에 따라, 2015년 7월 17.8만 명에서 2016년 12월 38.1만 명으로 개편되었고 이후 교육급여 수급자가 약 117% 증가했다(〈표 Ⅲ-1-38〉 참고).
  - 최근 교육급여 지급 대상 초·중·고등학생수를 보면 2012년 전체 대상 학생 수는 24.7만 명이었으나, 2015년 12월을 기준으로 38.7만 명으로 56.5% 증가하였다. 2015년 12월 기준으로 학교급별 학생 수의 비율은 고등학교가 37.4%로 가장 컸고, 초등학교 33.9%, 중학교 27.4%, 특수학교 1.4% 순으로 나타난다.

표 Ⅲ-1-38 교육급여 수급자 현황(단위 : 명)

구분	2015.07.10. 기준	2016.12 기준		
		생계 또는 의료급여 동시 수급자*	교육 단독 수급자	계
수급자 수	177,772	184,445	196,099	380,544

* 주 : 중위소득 40% 이하, 부양의무자 기준이 적용되는 수급자

* 출처 : 교육부 내부자료.

2) 수급가구와 학생분포

- 교육급여 대상이 될 수 있는 가구는 국민기초생활보장제도 수급가구 3.8%와 차상위계층(소득인정액이 중위소득 50% 이하) 가구 7.1%를 포함해 전체의 10.9%에 달한다. 2015년 7월 개편된 국민기초생활보장제도의 교육급여 자격요건이 "가구의 소득인정액이 (기준) 중위소득 50% 이하"인 점을 고려하여 소득계층을 7개로 구분한다([그림 III-1-10] 참고).

그림 III-1-10 대상자 선정기준의 변화

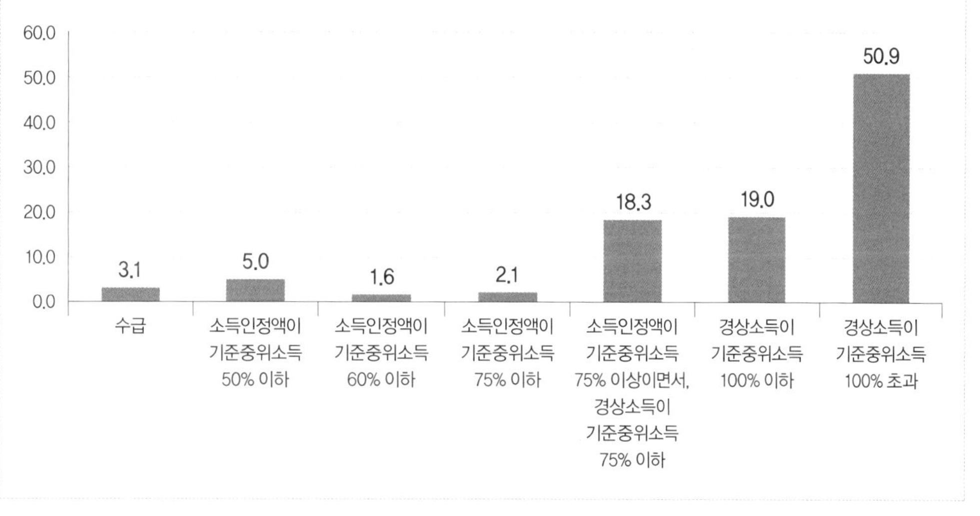

- 「2015년 국민생활실태조사」에 따르면, 소득계층별로 학생이 있는 가구의 비율은 기초보장 수급가구와 차상위계층에서 상대적으로 매우 낮으며, 특히 대학생의 경우 그 비율은 더 낮다. 소득구간이 높을수록 학생이 있는 가구의 비율은 높게 나타난다. 차상위계층의 경우 초·중·고 학생이 있는 가구의 비율이 기초보장 수급가구보다 낮았는데, 이는 차상위계층이 교육급여와 교육청의 교육비 지원 대상이지만 생계급여 등 지원대상이 아니기 때문에 경제적 어려움으로 인해 학생이 있는 비율이 낮은 것으로 보인다(한국보건사회연구원, 한국통계진흥원, 2015).
- 초·중·고생이 한 명이라도 있는 가구의 비율은 전체 평균 20.2%이다. 기초보장 수급가구 중 초·중·고생이 한 명이라도 있는 가구의 비율은 11.4%로 전체 평균보

다 낮았으나 차상위계층 4.5%보다 높게 나타났다.

- 대학생이 한 명이라도 있는 가구의 비율은 전체 평균 12.1%이다. 기초보장 수급가구 중 대학생이 한 명이라도 있는 가구의 비율은 3.5%로 전체 평균 12.1%에 비해 매우 낮았다. 차상위계층은 대학생이 한 명이라도 있는 가구의 비율이 4.4%로 수급가구보다는 다소 높게 나타난다.

3) 교육급여 평가

가) 교육급여의 평가 틀

- 교육급여에 대한 평가는 생계 및 의료급여, 주거급여와 기본적으로 동일한 평가 틀을 공유한다(〈표 III-1-39〉 참고).
  - 생계 및 의료급여, 주거급여 등에서 공통된 평가 틀로 급여 대상자의 포괄성, 급여수준의 적절성, 효과성, 포괄성, 재정지원의 효율성과 형평성을 제시한다.
  - 다만 교육급여의 특성을 고려하고 분석 자료의 접근가능성을 고려하여 교육급여의 평가를 대상 포괄성, 적정성, 효과성에 한정하여 실시한다.

표 III-1-39 교육급여 평가항목

평가 항목	교육급여 대상포괄성	교육급여 적정성	교육급여 효과성
평가지표의 내용	· 교육급여 수급자 수 · 학교급별 수급률 · 교육급여 예산 편성의 적절성	· 교육급여 항목의 중요성 · 교육급여 지원액의 적정성 · 교육급여 수준의 적절성과 만족도 · 교육복지 지원 인지도와 만족도 · 최저교육비 대비 급여수준	· 상급학교 진학률 · 학업유지율

나) 교육급여의 대상 포괄성

- 맞춤형 급여 개편에 따라 교육급여 수급자 수가 크게 확대됨에 따라 제도 개편의 취지를 살린 것으로 평가할 수 있다. 제도 개편 전 2015년 7월 기준으로 교육급여 수급자 수는 총 177,772명에서 개편 직후 같은 해 12월에 385,620명으로 약 117% 증가했다(〈표 III-1-40〉 참고).

표 Ⅲ-1-40 교육급여 수급자 수(단위 : 명)

구분	2015.07 기준	2015.12			2016.12		
		계	생계·의료	교육	계	생계·의료	교육
초등학교	–	129,295	63,661	67,994	130,719	58,292	72,427
중학교	–	106,232	57,164	49,068	98,975	58,292	72,427
고등학교	–	144,645	77,457	67,188	145,174	49,562	49,233
특수학교	–	5,448	4,531	917	5,856	71,907	73,267
계	177,772	385,620	202,813	185,167	380,724	4,684	1,172

* 출처 : 교육부 내부자료.

- 2016년 12월 기준 교육급여 수급자 수는 380,724명으로 전년 대비 약 5천 명이 감소해 비율로는 1.3% 감소했다. 이는 같은 기간 전체 학생 수 감소 비율인 3.5%에 비해서 감소 수준이 낮게 나타났다. 즉, 전체 학생 수 감소율보다 교육급여 수급 학생 수 감소율이 낮아 실질적인 의미에서 교육급여 수급률이 증가한 것으로 볼 수 있다(〈표 Ⅲ-1-41〉 참고).

표 Ⅲ-1-41 교교급별 학생 수(단위 : 명, %p)

구분	2015년	2016년	증감률
초등학교	2,714,610	2,672,843	–1.6
중학교	1,585,951	1,457,490	–8.8
고등학교	1,788,266	1,752,457	–2.0
특수학교	25,536	25,502	–0.1
합계	6,114,363	5,908,292	–3.5

* 주 : 고등학교는 일반고등학교, 특수목적고등학교, 특성화고등학교, 자율고등학교 학생 수를 합한 수치

** 출처 : 교육통계서비스. http:₩kess.kedi.re.kr/index (2017.05.25. 인출)

- 학교급별 수급률을 비교해보면, 2016년 기준으로 초등학교 4.9%, 중학교 6.8%, 고

등학교 8.3%로 학교급이 높아질수록 수급률이 높아지는 것으로 나타났다. 이는 학교급이 높아질수록 교육비 지출이 증가하며 교육비에 대한 욕구가 커지기 때문으로 보이며, 이 같은 현상은 급여의 적절성 문제와 별도로, 적어도 교육급여 대상의 포괄성 측면에서 긍정적으로 평가할 수 있다.

- 특수학교 수급률이 23.0%에 달해 타 학교급에 비해 상당히 높은 수급률을 보였다.
  - 특수학교의 주 재학생이 장애아동이라는 점, 장애아동의 사회통합을 위해 교육의 역할이 더 크다는 점, 장애에 따른 필요 추가 교육비가 소요된다는 점 등을 고려할 때 교육급여 대상의 포괄성 측면에서 긍정적인 평가가 가능하다.
- 앞서 교육급여 수급률이 실질적인 의미에서 증가했다고 하는 것은 전체 학생 수 대비 교육급여 수급 학생 수의 비율로 확인이 가능한데, 전체적으로 2015년 6.3%에서 2016년 6.4%로 0.1%p 증가하였다(〈표 Ⅲ-1-42〉 참고).
- 교육급여 예산은 2015년 7월부터 맞춤형 급여체계 개편으로 보건복지부에서 교육부로 예산을 이체한 후, 2016년부터는 교육부 예산으로 편성하고 있다.

표 Ⅲ-1-42 학교급별 수급률(단위 : 명, %p)

구분	2015년	2016년	증감률
초등학교	4.8	4.9	0.1
중학교	6.7	6.8	0.1
고등학교	8.1	8.3	0.2
특수학교	21.3	23.0	1.7
합계	6.3	6.4	0.1

* 주 : 교육급여 수급률은 전체 학생 수 대비 교육급여 수급학생 수의 비율
* 출처 : 교육부 내부자료 및 교육통계서비스. http:₩kess.kedi.re.kr/index (2017.05.25. 인출)

- 2015년 상반기 보건복지부 예산 중 150억 원은 예상하지 못한 신규수급자 증가 및 지방비 이체 지연에 대비해서 같은 해 6월 주거급여 예산에서 150억 원으로 내역을 변경하였다. 2015년 하반기 교육부 예산 중 3억 원이 불용된 것은 교육급여 신규 신청자 소득재산조사 및 기존 수급자 확인 조사가 지연됨에 따라 금융정보

제공 통지비용 발생액이 저조한데서 기인하였다(〈표 Ⅲ-1-43〉 참고).

- 2015년 하반기 교육부 예산과 2016년 예산 중 불용액 각각 459억 원, 269억 원은 맞춤형 급여체계 개편에 따라 수급자 수를 70만 명으로 예상했으나 실제 수급자가 40만 명 정도에 그쳐 발생하였다. 그러나 이 같은 문제는 제도개편에 따른 불확실성에 기인한 일시적인 문제로 발생한 것이다.

표 Ⅲ-1-43 교육급여 예산 이·전용, 이월·불용 실적(단위: 억 원)

구분	당초 예산 (A)	전년 이월 (B)	이·전용 (C)	예산 현액 (A+B+C)	집행	차년 이월	불용
2015년 (보건복지부)	1,353	–	150	1,503	486	–	–
2015년 (교육부)	0	–	1,017	1,017	1,014(522)	–(33)	3(459)
2016년 (교육부)	1,451(1,447)	(33)	(△266)	1,451(1,214)	1,181(1,113)	–	269(101)

* 출처: 교육부 내부자료.

- 맞춤형 급여제도 개편에 따라 교육급여가 지역교육청으로 이관되면서 교육급여 예산 분담의 변화가 발생하였는데, 개편 전 국비와 지방비로만 분담되다가 개편 후에는 교육청의 예산이 투입되기 시작하였다. 교육청 예산은 교육급여 선정기준이 최저생계비(기준 중위소득의 약 28%)에서 기준 중위소득 50%로 확대됨에 따라 추가되는 교육급여 소요분을 감당하기 위한 목적으로 배정된 것이다(〈표 Ⅲ-1-44〉 참고).

표 Ⅲ-1-44 2015~2016년도 교육급여(교육부) 국비 및 지방비 결산내역(단위: 백만 원, %)

구분	재원	교부액	예산현액(A)	집행액(B)
2015년	국비	101,352	101,352	52,148
	지방비(총)	22,497	22,497	11,751
	교육청	–		20,936

구분	재원	교부액	예산현액(A)	집행액(B)
2016년	국비	118,159	118,159	112,325
	지방비(총)	27,355	27,355	24,492
	교육청	-	80,403	75,188

* 출처 : 교육부 내부자료.

다) 교육급여의 적정성

- 학교 현장에서 저소득층 학생들의 교육복지 업무를 담당하는 교사 및 교육복지사 67명을 대상으로 교육급여 항목의 중요성을 조사한 결과, 고등학교 수업료와 입학금, 교과서비 지원이 매우 중요한 항목이라고 응답한데 비해 부교재비와 학용품비는 상대적으로 덜 중요하다고 응답하였다(<표 Ⅲ-1-45> 참고).

표 Ⅲ-1-45 교육급여 항목의 중요성

항목	초		중		고	
조사 시기	2차	3차	2차	3차	2차	3차
부교재비 (연 41,200원)	4.57 (2.02)	**4.52** **(1.70)**	5.10 (1.81)	**5.14** **(1.39)**	5.22 (1.65)	**5.57** **(1.16)**
학용품비 (연 54,100원)	-		5.43 (1.47)	**5.43** **(1.33)**	4.70 (1.64)	**4.65** **(1.34)**
교과서비 (전체)	-		-		6.61 (1.37)	**7.00** **(0.00)**
수업료 (전체)	-		-		6.74 (1.25)	**7.00** **(0.00)**
입학금 (전체)	-		-		6.74 (1.25)	**7.00** **(0.00)**

* 주 : 교육급여 항목의 중요성은 '매우 중요하지 않음'부터 '매우 중요함'까지 1~7점 리커드 척도 사용. ( ) 안은 표준편차
* 출처 : 맞춤형 교육급여 평가 연구를 위한 델파이 2차 설문조사(초등학교 – 교사 12명, 교육복지사 11명 / 중학교 – 교사 10명, 교육복지사 11명 / 일반계고등학교 – 교사 9명, 교육복지사 2명 / 특성화고등학교 – 교사 9명, 교육복지사 3명)

- 현재 교육급여 항목에 대한 지원액의 적정성을 조사한 결과, 전액을 지원하는 고

등학교 수업료와 입학금, 교과서비는 지원액의 규모가 매우 적정하다고 응답한데 비해 부교재비와 학용품비는 보통보다 낮거나 약간 더 높은 것으로 나타났다(<표 III-1-46> 참고).

표 III-1-46 교육급여 항목의 규모의 적정성

항목	초		중		고	
조사 시기	2차	3차	2차	3차	2차	3차
부교재비 (연 41,200원)	3.00 (1.81)	2.70 (1.11)	3.29 (1.68)	3.48 (1.44)	3.91 (1.62)	3.74 (1.25)
학용품비 (연 54,100원)	–		3.95 (1.88)	3.71 (1.65)	4.22 (1.51)	4.09 (1.04)
교과서비 (전체)	–		–		6.57 (1.38)	6.96 (0.21)
수업료 (전체)	–		–		6.74 (1.25)	7.00 (0.00)
입학금 (전체)	–		–		6.70 (1.26)	7.00 (0.00)

* 주 : 교육급여 항목의 중요성은 '매우 중요하지 않음'부터 '매우 중요함'까지 1~7점 리커드 척도 사용, ( ) 안은 표준편차

* 출처 : 맞춤형 교육급여 평가 연구를 위한 델파이 2차 설문조사(초등학교 – 교사 12명, 교육복지사 11명 / 중학교 – 교사 10명, 교육복지사 11명 / 일반계고등학교 – 교사 9명, 교육복지사 2명 / 특성화고등학교 – 교사 9명, 교육복지사 3명)

- 교육급여 수급가구를 대상으로 교육급여에 대한 만족도와 지원 수준의 적정성을 조사한 결과, 만족도는 5점 기준으로 평균 3.7점으로 보통 수준보다 약간 높았으나 만족한 수준에는 미치지 못하였다. 교육급여 지원 수준의 적정성은 3.4점으로 만족도보다 낮게 나타났다(김태완 외, 2017)([그림 III-1-11] 참고).

그림 Ⅲ-1-11 교육급여 수준의 적절성과 만족도

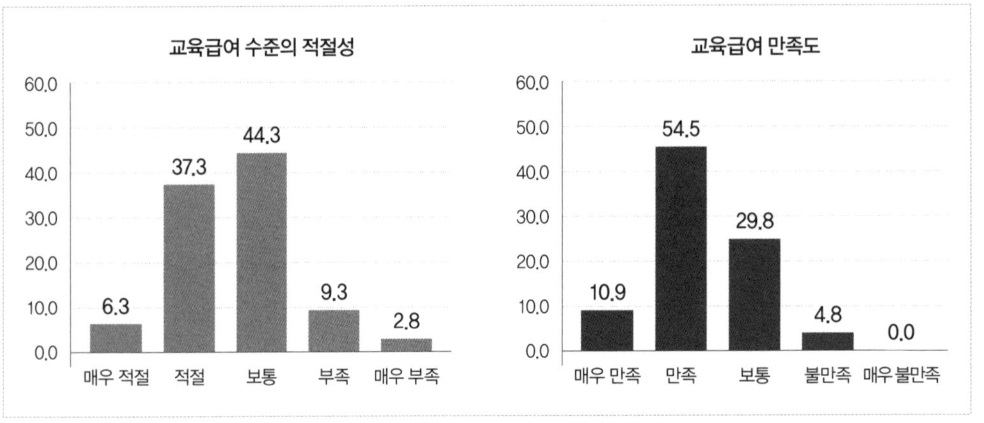

- 초·중·고생 교육비 지원제도에 대해 조사 대상 평균 64.2%의 가구가 인지하고 있었으나, 이 제도의 주요 수혜 대상인 저소득층의 인지 비율이 낮게 나타나는 것은 문제점으로 보인다.
- 초·중·고생 교육비지원에 대해 알고 있는 수급가구의 비율(43.8%)에 비해 차상위계층은 오히려 교육비지원에 대한 인지도가 더 낮아 39.4%에 그친다. 이에 비해 최상위 소득계층(경상소득이 중위소득 100% 초과)은 71.3%가 교육비 지원제도를 알고 있다. 이는 소득에 따라 심각한 정보 격차를 드러내는 것으로, 저소득층에 대해 교육비지원에 대한 홍보를 강화할 필요가 있다.
- 초·중·고생 교육비 지원제도에 대한 만족도는 5점 기준으로 수급가구와 차상위계층이 4.0점으로 다른 소득가구에 비해 약간 더 높게 나타났다. 이들 가구들은 실제 초·중·고생 교육비 지원제도의 혜택을 받고 있기 때문에 만족도가 높은 것으로 보인다.
  - 소득 3구간(소득인정액이 중위소득의 50~60%)의 가구는 만족도가 가장 낮았으며, 다음으로 소득 5구간(소득인정액이 중위소득의 75%를 초과하거나 경상소득 75% 이하) 가구의 만족도가 낮았다.
  - 시·도교육청에 따라 중위소득의 52~60% 이하 계층에 대해 급식·방과후수강권·정보화지원·고교학비 등 교육비를 지원하고 있는데 이들 소득구간은 교육비 지원 여부가 불명확하거나 불안정하기 때문인 것으로 보인다.

하. 교육복지우선지원사업 유관사업

보고서명	[RR 2021-01] 교육복지 내실화 방안 연구
주제어	교육복지우선지원사업, Wee프로젝트, 다문화학생 교육지원 사업, 미래형 교육자치 협력지구, 온종일돌봄생태계 구축 선도사업

1) Wee 프로젝트

- Wee 프로젝트는 2009년 이후 위기학생(학습부진, 따돌림, 대인관계 미숙, 학교폭력, 미디어 중독, 비행 등으로 학교부적응 학생 및 징계대상자 등)의 안정적 상담과 치유 지원 및 학업중단 예방을 위하여 1차 안전망으로 (전문)상담교사를 두어 학생들이 공감할 수 있는 학교 상담실(Wee클래스)을 운영하고 있다. 2차 안전망으로 교육지원청 Wee 센터를 설치하여 단위학교에서 선도·치유가 어렵고 전문가의 지속적인 관리가 필요한 학생에 대해 인성검사, 학습전략검사, 개인상담, 집단상담, 전문가 의뢰 등 다양한 서비스를 원스톱으로 처리하고 있다. 마지막 3차 안전망으로 위기상황이 심각하여 장기적으로 치유가 필요한 학생에 대해 위탁교육센터에서 장기간 치유·교육(장기위탁교육기관)을 지원하고 있다(p. 140 [그림 II-2-4] 참고).
- 특히 시·도교육청에서 주관하는 3차원 안전망의 협력체계를 기초로 사회적 자원으로서 법률자문기관, 아동보호기관, 복지기관, 공공기관, 문화기관, 보건의료기관과 공식적 또는 비공식적 통로로 지역기반 협력 체계를 갖추고 있다.

2) 다문화학생 교육지원 사업

- 다문화학생의 급속한 증가 및 이주배경의 다양화로 인해 다문화 학생에 대한 맞춤형 교육 지원 요구가 크게 증가하였다. 이에 따라 '지역 맞춤형' 다문화교육을 실시하기 위해 교육청의 자율성을 확대하고, 중앙에서는 법령 정비 및 타 부처와의 연계, 협업 등의 업무를 강화하고 있다. 다음 [그림 III-1-12]와 같이 교육부는 법무부, 여가부, 문체부 등 관계 부처와의 협업을 담당하고, '중앙다문화교육센터'를 지정·운영한다. 이곳에서는 '다문화교육 포털' 운영, 다문화교육 홍보 즉, '다문화교

육 사업 성과보고회', '다문화교육 우수사례 공모전', '미래교육 박람회 참여' 등의 사업을 추진하고 있다.

그림 Ⅲ-1-12 다문화교육지원 추진체계

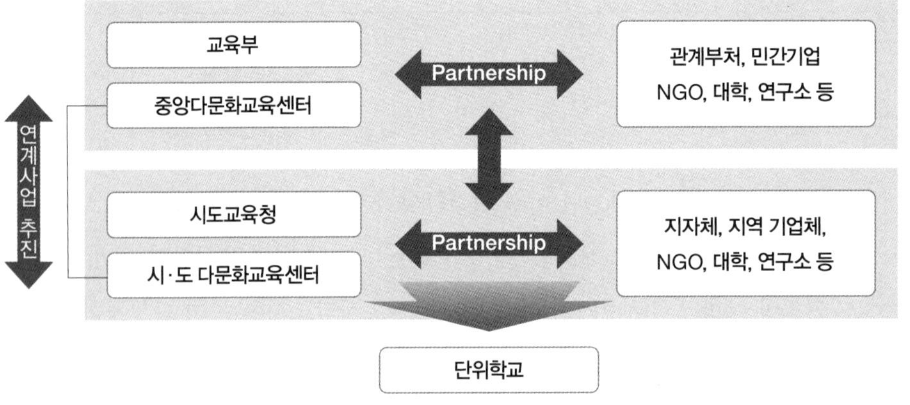

* 출처: http://www.Wee.go.kr/home/intro/intro02001v.php (2018.07.25. 인출)

- 시·도교육청은 다문화교육 정책학교를 운영하고, 지역다문화교육지원센터를 운영한다. 2019년의 경우 모든 시·도에 지역다문화교육지원센터가 운영되었으며, 센터에서는 다문화교육 전문 인력의 육성과 활용, 다문화교육 정책학교 운영지원, 공교육진입 지원 및 한국어교육 운영, 관계기관 협업체계 구축 및 운영, 그 외 지역특화 다문화교육 지원사업 운영 등의 역할을 수행하고 있다.
- 다문화 유치원, 다문화 예비학교, 다문화 중점학교 등의 지정 유치원·학교와 단위학교는 다문화학생 지원의 최일선 기관으로서, 단위 학교들에는 대개 교육복지사업을 담당하는 부장교사가 존재하고, 교육복지 전담 직원이 배치되어 있는 경우가 많다.
- 2020년에는 지역사회의 자원 연계를 통한 다문화 학생 통합지원 체계를 구축하고자 노력하고 있다. 지자체, 지역 내 다문화교육지원센터, 다문화 가족지원센터 등의 기관들과 협업하여 통번역, 전문상담, 공교육 진입 등에 관한 정보를 제공하고 지역 내 학교의 교육력을 제고하고 있다. 또한 교육국제화 특구(경기도 시흥·안산)와 연계하여 교육격차 해소를 위한 지자체 연계사업을 운영하고 있다. 즉, 특구 내에

서는 초·중등교육법 제23조(교육과정 등) 및 제29조(교과용 도서의 사용)를 적용받지 않는 학교를 운영할 수 있기 때문에 교육과정에서 자율성을 확보하여 다문화 학생을 위한 맞춤형 교육이 실시될 수 있도록 한다. 아울러 지역사회 내 다문화 아동·청소년 지원 기관(지역사회 청소년통합지원체계, 청소년 상담복지센터, 정신건강복지센터 등)과 연계하여 학교 내 정서지원이 필요한 학생에 대한 전문 지원을 강화하고 있다([그림 Ⅲ-1-13] 참고).

그림 Ⅲ-1-13 다문화학생 정서지원 지역사회 연계 체계

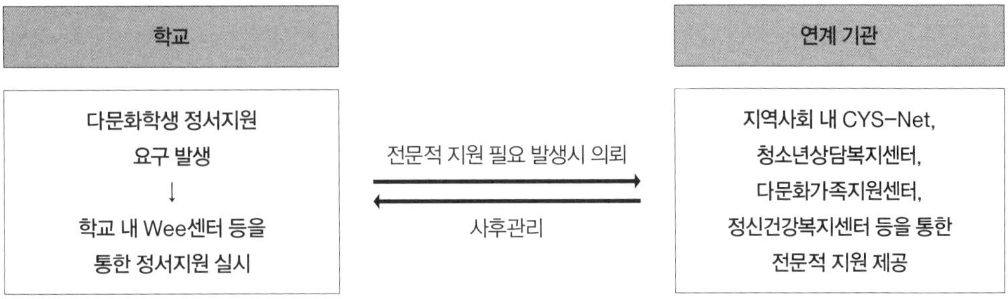

* 출처: 교육부(2020). 2020년 다문화교육 지원 계획.

3) 미래형 교육자치 협력지구

- 그간 국내에서 교육청과 지자체가 협력하는 혁신모델로서 혁신교육지구(혁신교육지구는 2011년 경기도 6개 지구를 시작으로 2020년 1월 기준 15개 시·도 158개로 확대)가 양적으로 확대되어왔다. 다양한 성과를 나타내고 있으나, 일부 지역에서 일방 소통 등 협력 부족, 종합적인 지원체제 미흡 등 한계점이 발생하고 질적 도약을 위한 계기를 마련해야 한다는 요구가 발생했다. 또한 학교와 마을의 협력 체제를 안정적으로 구축하고 지역특성에 맞는 다양한 프로그램 개발을 위해 혁신교육지구 우수모델 개발 필요성이 증대되었다. 이에 따라 통합지원 체제 구축을 통해 종합적 관리 방안을 마련하고자 개발되었다.
- '미래형 교육자치 협력지구(미래교육지구)' 사업 운영을 통해 학교와 마을이 서로 협력하는 안정적인 시스템을 구축하고, 지역특성에 맞는 다양한 프로그램을 개발하는 지역교육 혁신을 추진하고 있다. 이를 통해 일반자치-교육자치 우수 협력적 거

버넌스 모델 개발을 통한 확산을 유도하고 있다. 최종적으로, 공모 신청한 지구 중 최종 7개 시·도 11개 지구가 선정되었다(〈표 III-1-47〉 참고).

표 III-1-47 미래교육지구 선정

서울	부산	울산	경기	충북	충남	전남
2개	1개	1개	1개	2개	1개	3개
■ 도봉 ■ 성북 강북	■ 사하	■ 중구	■ 시흥	■ 충주 옥천	■ 공주	■ 순천 곡성 ■ 구례

• 미래교육지구 사업의 추진 개요는 다음 [그림 III-1-14], [그림 III-1-15], p. 144 [그림 II-2-7]과 같다.

그림 III-1-14 혁신교육 생태계 조성을 통한 생애주기별 지원내용(예시)

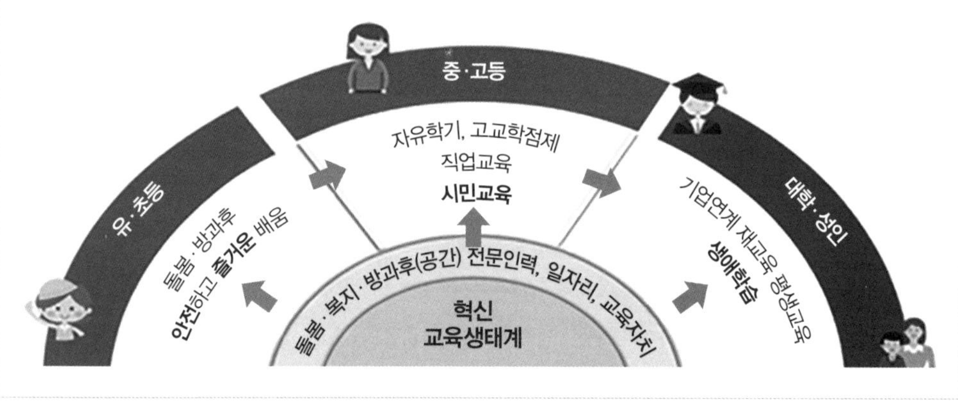

그림 III-1-15 미래형 교육자치 협력지구 추진사업내용

• (공통) 공동협력센터 구축, 읍면동단위 마을교육자치분과 설치, 지역 내 학교혁신(교원인사, 교육과정) 선도

• (지역특색사업) ❶ 마을방과후/온종일돌봄 활성화, ❷ 학교밖 청소년 및 위기학생 지원, ❸ 체육예술교육 활성화, ❹ 고교 교육과정 다양화 및 진로 집중학기 운영, ❺ 마을 연계 미래형 학교혁신 선도, ❻ 대학–산학 연계 직업교육 활성화, ❼ 평생학습체제 구축, ❽ 미래형 교육자치 거버넌스 구축 등

* 출처 : 교육부(2020). 혁신교육지구 우수모델 개발·확산을 위한 미래형 교육자치 협력지구(미래교육지구) 운영 방안(안).

4) 온종일돌봄생태계 구축 선도사업

- 2017년 방과후 돌봄 범정부 공동 수요조사 및 계층별 돌봄협의체 구성 및 운영되었으며, 2018~2020년에 걸쳐 워크숍, 현장점검 및 컨설팅 등을 통한 우수모델 발굴과 지역특성에 맞는 초등 돌봄 서비스 제공을 위한 모델 발굴 '온종일 돌봄 생태계 구축 선도사업'으로 9개 시·군·구가 선정되었다. 2018년 6월 기준, 선정된 지역은 (서울)구로·노원·성동·성북구, (대전)서구, (경기)시흥·오산시, (충남)홍성군, (전남)광양시다(<표 Ⅲ-1-48> 참고).

표 Ⅲ-1-48 초등돌봄 확대 계획

구분		현재	2018~2022년	총계
학교돌봄	초등돌봄교실	24만 명	7만 명(3,500실 확대)	31만 명
	교실활용(지자체)	–	3만 명(1,500실 확대)	3만 명
마을돌봄		9만 명	10만 명(다함께돌봄 등)	19만 명
합계		33만 명	20만 명	53만 명

*출처: 관계부처 합동(2018). 재구성

- 관계부처 합동(2018)은 방과후돌봄서비스 연계체제를 보완하여 온종일 돌봄 체계 구축을 위한 범정부 돌봄서비스 협력 및 전달체계를 구축하였다. 중앙단위와 지방단위의 협력체계 구성안을 통해 각 부처와 기관의 실질적인 참여를 유도하였으며, 특히 교육청에서 주관하던 돌봄협의회를 지자체 주관으로 변경하여 지역자원 활용에 적극적으로 활용할 수 있도록 하였다.
- 범정부 돌봄서비스 협력 및 전달체계에서 중앙정부 차원에서는 범정부 공동추진단 및 실무추진팀을 두어 돌봄서비스 확산에 필요한 부처 차원의 예산 확보 및 제도 개선, 부처 간 돌봄정책 조정 등의 역할을 수행하고, 지방정부 차원에서 지역 내 돌봄 기관 간 협력 등을 통한 돌봄서비스 총괄 및 연계, 돌봄공급 확대를 위한 지역자원 발굴 및 활용 등의 역할을 담당하게 되었다(관계부처 합동, 2018).
- 결국, 기존의 방과후돌봄서비스 연계 체제는 물론 온종일 돌봄 정책에서의 범정

부 돌봄서비스 협력 및 전달체계 모두, 중앙에서 지방으로의 하향식 거버넌스를 중심으로 하여 중앙 부처 간의 수평적 협력, 교육청과 광역지자체의 수평적 협력, 교육지원청과 기초지자체의 수평적 협력을 강조하는 모습을 보이고 있다(p. 144 [그림 II-2-7] 참고).

- 예시로는 2019년도 10월 기초단위 시흥시에서 온종일 돌봄 네트워크 구성 및 운영한 사례가 있다. 이는 시흥시장과 시흥교육지원청 교육장 공동위원장으로 긴밀한 협조체계를 구축하였다([그림 III-1-16], [그림 III-1-17] 참고).

그림 Ⅲ-1-16 기초단위 시흥시 온종일 돌봄 네트워크 구성 및 운영

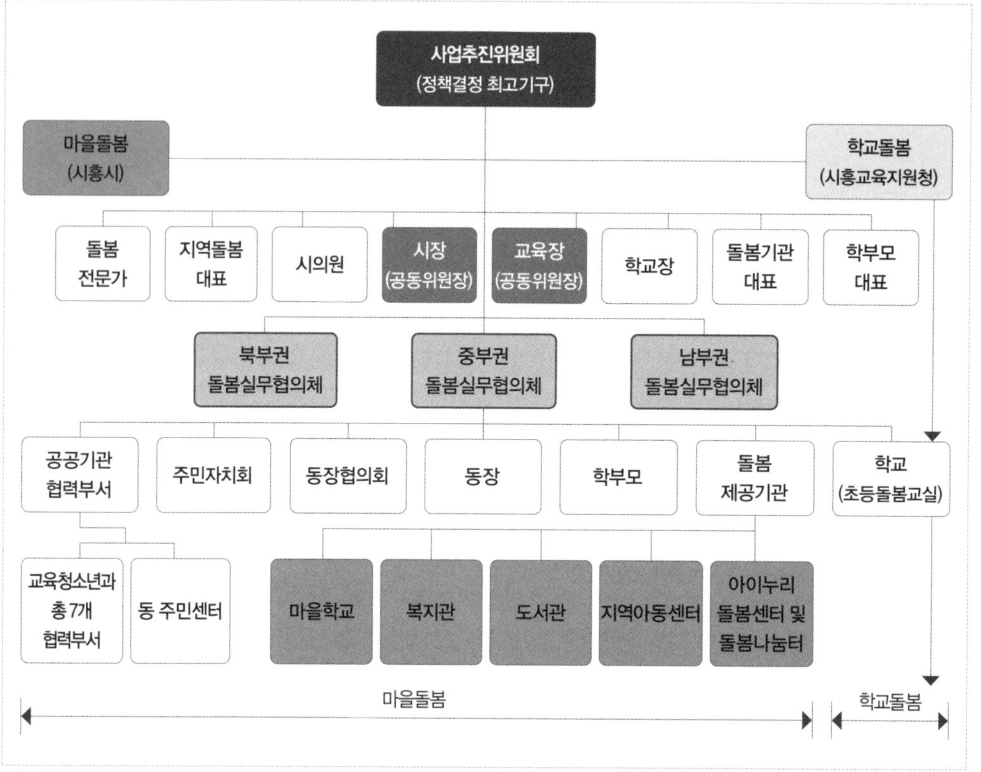

그림 Ⅲ-1-17 기초단위 시흥시 추진체계 및 사업 내용

- **온종일돌봄 사업추진위원회**
  (구성) 시장, 교육장, 국장, 시의원, 교장, 돌봄기관 대표, 학부모 대표 등 12명
  (역할) 온종일 돌봄사업 주요 심의 및 자문, 기본 정책방향 설정 등
  (추진방향) 시의 주요 돌봄정책 논의·공유하여 정책 의제화 및 결정, 민·관·학 유기적인 협력체계를 통한 돌봄 네트워크 강화
- **권역별 돌봄실무협의체(권역 구분 : 북부권, 중부권, 남부권 총 3권역)**
  (구성) 동장, 교감, 주민자치위원장, 통장협의회장, 학부모 대표, 돌봄 기관 운영자, 초등돌봄교실 교사, 아동 및 돌봄 전문가 등 각 권역별 15명 이내, 총 44명
  (역할) 권역별 시설 간 돌봄서비스 연계·협력, 주민 의견 수렴, 사회추진위원회 정책 및 사업 의제 전달, 과제 추진 등
  (추진방향) 사업추진위원회 결정 사항에 대한 세부실행 방안 모색 및 실무 수행

거. 2020~2025년 교육복지정책 추진 계획

보고서명	[CR 2019-1] 교육복지 마스터 플랜 개발 연구
주제어	교육복지 마스터 플랜, 교육복지 비전과 목표, 교육복지 핵심전략

1) 교육복지 마스터 플랜 정책

가) 교육복지 비전

- 경쟁적 속성을 갖는 교육 속에서 자신의 능력이나 노력에 의한 것이 아닌 외적 요인에 의해서 발생하는 교육적 취약성과 뒤처짐을 방지하고 보완해줌으로써, 모든 사람들이 함께 성장하고 미래의 삶을 만들어 가는 과정에서 교육이 희망이 되는 사회를 추구하는 것으로 설정한다.

나) 교육복지 정책목표

- 비전을 구체화하는 방향으로 크게 두 가지 정책 목표를 설정하였다. 미래 사회에서 필요로 하는 기본 역량을 모든 사람들이 갖출 수 있도록 1) 실질적인 교육 기회를 보장하고, 2) 사회적 취약성으로 다양한 영역과 단계에서 발생하는 교육 격차

를 해소하는 것이다. 실질적인 교육 기회를 보장한다는 것은 형식적인 교육 기회의 보장은 물론 교육 성장을 위해서 필요한 의미 있는 교육 경험과 과정적 요소들이 충분히 보장되어야 한다는 것을 포함한다. 교육 격차의 해소는 기회, 자원, 시설 및 여건 등에서의 차이 감소도 포함하지만, 궁극적으로 또 다른 기회의 요건이 되기도 하고 경쟁 수단이 될 수 있는 교육 결과(성취)에서 자신의 노력과 능력이 충분히 발현될 수 있도록 형평성을 보장해야 한다는 것을 의미한다(* 5년 후 달라진 교육복지의 모습).

다) 교육복지 핵심전략

- 비전과 정책 목표를 달성하기 위해서 교육복지 정책과 사업에서 추구해야할 핵심전략을 다음과 같이 설정하였다([그림 III-1-24] 참고).
  - 미래사회수요에 대응한 생애단계별 교육 성장 지원을 통한 실질적 교육격차 해소
  - 신 교육취약 계층 발굴 및 지원
  - 지역중심 통합지원 교육복지 운영체계 강화
  - 지속가능한 교육복지 기반 구축
- 첫째, 미래사회수요에 대응한 생애단계별 교육성장 지원해야 한다.
  - 이 전략과제는 비전 및 목표와 관련하여 미래사회, 생애, 교육성장 지원 등 세 가지 가치와 방향을 포함하고 있다.
  - 교육성장은 학습자 개개인의 유의미한 학습경험을 보장해야 실현될 수 있다는 것을 함의한다. 교육복지 정책이 학습자 자신이 갖고 있는 잠재력을 최대한 실현할 수 있도록 개개인의 학습경험 보장을 지향해야한다는 방향성을 갖고 있다. 이런 점에서 실질적인 교육기회의 보장을 핵심 과제로서 의미를 가진다.
  - 교육복지가 생애단계별 지원이 되어야 한다는 것은 무의미하고 형식적인 지원이 아닌 개인의 성장에 필요한 요소와 경험들이 시기에 맞추어 적절히 제공되어야 한다는 것을 의미한다.
  - 영유아 시기에서는 양질의 돌봄이 보장되어야 하며, 초등학교 저학년 시기에는 기초학력이 보장되어야 하며, 중, 고등학교 시기에는 진로를 탐색하고 개척하고 자신의 미래를 만들어갈 수 있는 기반을 마련할 수 있는 기회가 충분히 제공되어야 한다. 고등교육의 시기에는 실제 자신이 설정한 미래와 꿈을 실현시키기

위해서 자신의 계획을 실행하고 모험적으로 도전할 수 있는 실질적인 기회가 제공되어야 한다. 성인 시기에는 그동안의 자신의 삶은 성찰하여 보완하고 재시도할 수 있는 기회가 주어져야 한다.

- 교육을 통해 개개인의 삶의 질 향상에 도움이 되는 교육복지가 되기 위해서는 이와 같이 생애단계별로 요구되는 서비스가 적절하게 지원되는 것이 필요하다는 것을 의미한다.
- 미래사회수요라는 단어 속에는 교육복지 지원이 과거 지향적이 아닌 미래 지향적이라는 것을 함의한다. 이는 교육복지가 과거에 만들어지고 현재 나타나고 있는 교육적 취약성 해소에 국한된다기보다는 앞으로 미래 사회에서의 교육 격차에 초점이 두어야 한다는 것이다.
- 현재 학교성적이 낮은 아이들을 다른 아이들만큼 높게 만들어주는 것에 머무를 것이 아니라 학교성적과는 다른 길과 영역에서 자신이 잘 할 수 있는 삶을 만들어 갈수 있도록 지원하고, 현재가 아니라 앞으로 다가올 미래 사회에서 모든 아이들이 함께 살아갈 수 있는 역량을 갖추도록 노력하는 것이 중요하다는 것을 의미한다.
- 이는 단순히 미래사회에 적응시키는 것이 아니라 아이들이 다양한 측면에서 자신의 미래를 만들어갈 수 있는 주체성을 형성하는 것이 중요하다는 것을 함의한다.

• 둘째, 신 교육취약 계층 발굴 및 지원을 해야 한다.
  - 신 교육취약 계층 발굴 및 지원을 핵심 전략으로 설정한 이유는 사회 변동이 심화되고 불확실성이 높아지기 때문에 현재의 계층 구성이 유동적이기 때문이며, 이를 통해 교육적 취약성을 보이는 사례들이 다양해지고 있기 때문이다.
  - 다양한 사회적 취약성으로 발생하는 교육 소외 또는 취약성을 극복하기 위한 비전과 목표는 이렇게 새롭게 나타나는 신 교육취약 계층을 효과적으로 조기에 발견하고 효율적으로 지원하지 못한다면 달성될 수 없을 것이다.
  - 이런 점에서 현재와 미래에 갑자기 발생할 수 있는 교육취약성을 예견하고 조기에 발견하며 적극적으로 지원할 수 있는 시스템을 구축하는 것이 필수적이라고 할 수 있는 이와 같이 생애단계별로 요구되는 서비스가 적절하게 지원되는 것이 필요하다는 것을 의미한다.

- 미래사회수요라는 단어 속에는 교육복지 지원이 과거 지향적이 아닌 미래 지향적이라는 것을 함의한다. 이는 교육복지가 과거에 만들어지고 현재 나타나고 있는 교육적 취약성 해소에 국한된다기보다는 앞으로 미래 사회에서의 교육 격차에 초점이 두어야 한다는 것이다.
- 현재 학교성적이 낮은 아이들을 다른 아이들만큼 높게 만들어주는 것에 머무를 것이 아니라 학교성적과는 다른 길과 영역에서 자신이 잘 할 수 있는 삶을 만들어 갈수 있도록 지원하고, 현재가 아니라 앞으로 다가올 미래 사회에서 모든 아이들이 함께 살아갈 수 있는 역량을 갖추도록 노력하는 것이 중요하다는 것을 의미한다.
- 이는 단순히 미래사회에 적응시키는 것이 아니라 아이들이 다양한 측면에서 자신의 미래를 만들어갈 수 있는 주체성을 형성하는 것이 중요하다는 것을 함의한다.

- 셋째, 신 교육취약 계층 발굴 및 지원을 해야 한다.
  - 신 교육취약 계층 발굴 및 지원을 핵심 전략으로 설정한 이유는 사회 변동이 심화되고 불확실성이 높아지기 때문에 현재의 계층 구성이 유동적이기 때문이며, 이를 통해 교육적 취약성을 보이는 사례들이 다양해지고 있기 때문이다.
  - 다양한 사회적 취약성으로 발생하는 교육 소외 또는 취약성을 극복하기 위한 비전과 목표는 이렇게 새롭게 나타나는 신 교육취약 계층을 효과적으로 조기에 발견하고 효율적으로 지원하지 못한다면 달성될 수 없을 것이다.
  - 이런 점에서 현재와 미래에 갑자기 발생할 수 있는 교육취약성을 예견하고 조기에 발견하며 적극적으로 지원할 수 있는 시스템을 구축하는 것이 필수적이라고 할 수 있다.
- 넷째, 지속가능한 교육복지 기반을 구축해야 한다.
  - 이는 현재 교육복지 정책과 사업들이 장기적인 관점에 부족하며 실행 기반이 취약하다는 것을 지적하는 것이며, 여기에서 제시하는 5년간의 교육복지 마스터 플랜이 보다 궁극적인, 장기적인 플랜 속에서 중기적인 계획의 의미를 갖고 앞으로 어떻게 실현해 나아가야 한다는 것을 제시해야 한다는 것을 의미한다.
  - 5년으로 중단되거나 5년 후 다시 근원적으로 바뀌는 것이 아니라 장기적인 관점에서 교육복지의 핵심가치가 계속 발전적으로 실천되어 나아갈 수 있는 기반

을 마련하는 것이 중요하다는 것이다.

2) 미래사회수요에 대응한 생애단계별 교육 성장 지원을 통한 실질적 교육격차 해소

가) 미래역량 증진 및 격차해소 지원

- 추진 내용 및 사업목표는 다음과 같다.
  - 생애단계별 미래역량 최소기준 보장을 위한 지원 강화
  - 공정한 교육의 기회를 보장하고 미래사회에 필요한 최소한의 역량 함양
  - 학습자의 기초역량 수준을 판단할 수 있는 평가 체제를 마련하여 개별 학습자의 특성과 수준에 맞는 개인 맞춤형 학습 지원 강화
- 기대효과는 다음과 같다.
  - 기초역량 미달 학생에 대한 체계적인 진단에 따른 미래사회에 필요한 최소한의 역량을 함양하도록 하여 학교 및 국가의 교육에 대한 책무성 증대
  - 개인 맞춤형 역량강화 지원을 통한 취약계층의 역량격차 해소에 기여

나) 미래사회 수요에 대응한 생애단계별 교육복지지원 체제 구축

- 추진 내용 및 사업목표는 다음과 같다.
  - 생애단계별 교육복지지원 체제를 구축함으로써 생애단계 맞춤형 교육복지사업과 서비스 체계 수립
  - 생애단계별 교육복지지원체제 구축을 통해 전 생애단계에서 교육복지서비스 사각지대 해소와 생애단계 간 연계성 확보 및 중복지원 문제 해결
  - 일부 생애단계 및 계층에 한정되어 있는 교육복지서비스를 전 생애에 걸쳐 균형 있게 제공할 수 있는 체제 마련
- 기대효과는 다음과 같다.
  - 중앙 단위, 시·도 단위, 지역 단위 교육복지 관련 협의체 구축 및 재정비를 통한 교육복지 사각지대 해소 및 실질적이고 효율적인 교육복지서비스 제공
  - 생애단계별 미래사회수요에 대응한 체계적이고 균형 있는 교육복지서비스의 제공으로 미래사회에서 요구하는 역량 증진 및 역량 격차 해소에 기여

그림 Ⅲ-1-18 2020~2025년 교육복지 추진 계획

교육복지 추진 계획 : 2020~2025년

비전	모두가 함께 성장하고 교육이 희망이 되는 혁신적 포용 사회
목표	학생들이 미래 사회에 필요한 기본 역량을 갖출 수 있도록 실질적 교육기회 보장과 교육격차 해소
핵심 전략	가. 미래사회수요에 대응한 생애단계별 교육 성장 지원을 통한 실질적 교육격차 해소 나. 신 교육취약 계층 발굴 및 지원 다. 지역중심 통합지원 교육복지 운영체계 강화 라. 지속가능한 교육복지 기반 구축

추진 과제

가. 미래사회수요에 대응한 생애단계별 교육 성장 지원을 통한 실질적 교육격차 해소

1) 미래역량 증진 및 격차해소 지원
2) 미래사회 수요에 대응한 생애단계별 교육복지지원 체제 구축

나. 신 교육취약 계층 발굴 및 지원

1) 교육복지 지원대상 확대
2) 사각지대 해소를 위한 발굴시스템 혁신
3) 관련 사업 간 통합전산망(DB) 및 통합연계지원 체제 구축

다. 지역 중심 통합지원 교육복지 운영 체계 강화

1) 지역사회 통합 교육복지지원 체계 구축
2) 개인 맞춤형 사례관리 서비스 지원
3) 학교를 지역사회 서비스의 장으로 개방(Community School)

라. 지속가능한 교육복지 기반 구축

라-1. 교육복지 정책의 지속가능성 제고를 위한 법·제도·인프라 마련

1) 교육복지 총괄 컨트롤타워 구축을 위한 법체계 정비
2) 교육복지 관련 독립법 제정
3) 교육복지 지속가능성 제고를 위한 인프라 구축

라-2. 지방분권 교육복지 거버넌스 및 성과평가 체제 개선

1) 중앙부처 교육복지지원 체제 구축
2) 시·도교육청 및 지자체 교육복지추진 체제 수립
3) 성과관리 지표 개발 및 환류 체계 구축

3) 신 교육취약 계층 발굴 및 지원

가) 교육복지 사각지대 발생문제 해소를 위한 지원대상 확대 및 발굴시스템 혁신

- 추진 내용 및 사업목표는 다음과 같다.
  - 교육복지 지원 대상 확대를 통한 사각지대 최소화
  - 신 교육취약계층에 대한 지원 강화
- 기대효과는 다음과 같다.
  - 한국의 신 교육취약계층에 대한 실질적 교육복지 정책 실행
  - 교육복지 사각지대 대상자 특수 욕구에 맞는 교육서비스 파악 및 지원 가능
  - 특수한 교육적 취약성에 처한 대상자에 대한 지원을 확대·강화함으로써 교육복지 정책의 포용성 확대

나) 사각지대 해소를 위한 발굴시스템 혁신

- 추진 내용 및 사업목표는 다음과 같다.
  - 교육복지 지원 대상자의 효율적 발굴 및 지원 시스템 혁신
  - 사각지대와 경계선 위기 청소년에 대한 민감하고 신속한 대응 체제 마련
  - 시대 변화에 따른 교육복지 요구 변화와 미래 수요 문제에 대해 선제적 대응 체제 마련
- 기대효과는 다음과 같다.
  - 교육복지 사각지대 대상자 특수 욕구에 맞는 교육서비스 파악 및 지원 가능
  - 발굴 시스템 혁신을 통한 대상자 조기 발굴 및 상시 발굴 가능
  - 첨단 기술을 활용한 대상별 맞춤형 교육지원 서비스 및 콘텐츠 개발
  - 개인-가정-학교-지역을 아우르는 통합적 교육서비스 지원이 가능하도록 하는 효과 기대

다) 관련 사업 간 통합전산망(DB) 및 통합연계지원 체제 구축

- 추진 내용 및 사업목표는 다음과 같다.
  - 교육복지 전달 체계의 연계 강화를 통해 교육복지 사각지대 해소
  - 교육복지 사업들의 통합적 접근을 통해 대상별 프로그램 중심의 사업 수행으

로 인한 중복 및 사각지대 발생 문제 해소

- 기대효과는 다음과 같다.
  - 교육취약계층 지원사업의 통합연계 운영을 통해 사업 대상의 중복 및 사각지대 발생 문제를 해결하고, 예산의 효율적 사용 가능
  - 교육취약계층 지원사업의 안정적 운영과 서비스의 질적 수준 관리 가능
  - 공급자 중심에서 벗어나 사업 대상자 중심적인 접근이 가능하며, 학교-지역사회-기관 간의 연계협력을 통해 교육취약계층 지원 체계 구축 활성화 기대
  - 효과성 평가를 통해 정책 자료로 활용

4) 지역 통합지원 교육복지 운영 체계 강화

가) 지역사회 통합 교육복지지원 체계 구축

- 추진 내용 및 사업목표는 다음과 같다.
  - 지역 기관 네트워크를 통해 교육복지서비스의 사각지대와 중복현상 해결
  - 대상 및 집단 중심의 교육복지사업 문제점을 보완하고, 수요자의 개별적 필요 충족도 향상
  - 지역 기반 교육복지서비스 체계를 구축함으로써 지역 특성에 맞는 사업 진행과 서비스 체계의 지속가능성 강화

나) 개인 맞춤형 사례관리서비스 지원

- 추진 내용 및 사업목표는 다음과 같다.
  - 교육복지 통합사례관리 시스템의 정착으로 수요자 중심, 맞춤형 서비스 제공
  - 맞춤형 사례관리를 통해 서비스의 효과성, 효율성 제고
  - 맞춤형 사례관리 체계를 통해 학생 개인별 '변화목표'를 설정하고 그 달성과정 모니터링
  - 개인 수준에서의 사업 성과평가 체계 확립

다) 학교를 지역사회 서비스의 장으로 개방(Community School 개념)

- 추진 내용 및 사업목표는 다음과 같다.

- 방과 후 시간 등에 학교 시설을 지역사회서비스 기관에 제공함으로써 학생들의 서비스 수요에 보다 적극적으로 대응
- 지역사회서비스를 학교에서 바로 이용할 수 있게 됨에 따라 서비스 접근성을 획기적으로 개선
- 학교를 교육기관을 넘어 지역사회 생활 중심의 공간으로 정립

5) 지속가능한 교육복지 기반 구축

가) 교육복지 총괄 컨트롤타워 구축을 위한 법체계 정비

- 추진 내용 및 사업목표는 다음과 같다.
  - 교육복지정책 추진의 체계성 및 근거 확보
  - 교육복지정책 추진의 중복성 조정 및 효율성 증대를 위한 총괄 기능 구축

나) 교육복지 관련 독립 법 제정

- 추진 내용 및 사업목표는 다음과 같다.
  - 교육복지 실질적·종합적으로 보장하는 법 제정
  - 시·도별 자율적 및 효율적 추진을 보장하는 교육복지 총괄·조정 컨트롤타워 및 행·재정 전달체계의 법제화

다) 교육복지의 지속가능성 제고를 위한 인프라 구축

- 추진 내용 및 사업목표는 다음과 같다.
  - 교육복지 관련 시·도 조례 활성화를 통한 지자체의 행·재정 지원 확대
  - 인적·물적 자원 확보를 통한 교육복지정책의 지속가능성 제고
  - 교육복지 재정의 확보 및 배분 효율화를 통한 지역 간 교육복지 형평성 제고
  - 교육복지 전문 인력의 체계적 양성 및 배치 확대
  - 학교 교육시설 환경의 안전성 및 이용자 편의성 확대

6) 교육복지 거버넌스 및 성과평가 체제 개선

가) 중앙부처 교육복지지원 체제 구축

- 추진 내용 및 사업목표는 다음과 같다.
  - 교육부의 교육복지업무 조직 체계 재정비 및 안착화
  - 교육부 내 교육복지업무의 유기적 추진 체제 구축
  - 타 부처와의 교육복지연계 체제 구축
- 기대효과는 다음과 같다.
  - 교육복지 중앙 부서의 정책 기획 및 조정 역량 향상과 교육부의 교육복지 컨트롤 타워로서의 역량 강화
  - 중앙부처의 교육복지업무의 효과적 조율과 중복업무의 조정, 유사사업의 통합 및 공동 추진으로 교육복지정책의 효과성 증진
  - 시·도교육청과 학교 현장의 의견을 수렴한 효과적인 교육복지정책 수립과 시·도교육청에서 제안된 교육복지사업의 중앙 네트워크 역할로 타 시도교육청으로의 효과적인 교육복지정책 전파
  - 현장에 밀착한 교육복지프로그램 개발로 적극적 교육격차 해소 및 교육복지 증진

나) 시·도교육청 및 지자체 교육복지추진 체제 수립

- 추진 내용 및 사업목표는 다음과 같다.
  - 시·도 단위 교육복지 추진 역량 강화
  - 시·도 단위 교육복지 협력 모델 구축
  - 단위 학교의 교육복지 역량 강화
- 기대효과는 다음과 같다.
  - 시·도교육청의 교육복지사업의 주체로서의 재정립
  - 시·도 단위의 교육복지사업 혁신을 통한 교육복지사업의 재창출
  - 새로운 시·도 단위의 교육협력 모델 구축을 통한 효과적인 교육복지사업 시행
  - 단위 학교의 교육복지 역량 강화를 통한 실질적 교육격차 해결 추진

다) 성과관리지표 개발 및 환류 체계 구축

- 추진 내용 및 사업목표는 다음과 같다.
  - 교육복지정책의 성과를 점검하기 위한 계량적 성과지표 개발
  - 교육복지 수요 및 서비스 지원 실태 파악을 위한 정기 조사 체제 마련
  - 교육부와 중앙교육복지연구지원센터, 시·도교육청의 성과관리 체계 구축 및 역량강화
- 기대효과는 다음과 같다.
  - 성과지표 마련을 통해 안정적인 성과관리 가능
  - 기존 교육복지사업에 대한 성과점검을 통한 총괄적인 교육복지사업 정비 추진
  - 환류체계 마련을 통한 지속가능한 교육복지사업 개발 및 확산

2
교육복지우선지원사업

가. 교육복지우선지원사업 운영 사례 및 성과

보고서명	[CR 2014-5] 교육복지우선지원사업 고등학교 운영 사례 및 성과 분석
주제어	교육복지특별지원사업, 연차 평가 결과, 고등학교 우수사례

1) 서울특별시교육청 교육복지특별지원사업

가) 교육복지특별지원사업 개요

- 2011년 서울특별시교육청은 교육소외 학생의 실질적 교육기회 균등 실현 및 교육복지 증진을 위해 기존의 '교육복지투자우선지역 지원사업'과 '좋은학교만들기 지원학교' 사업을 '교육복지특별지원사업'으로 통합하여 추진한다.
- 교육복지특별지원사업의 법적근거는 다음과 같다.
  - 초·중등교육법 시행령 제54조(학습부진아 등에 대한 교육) 제3항(사회, 경제적으로 어려운 학생이 밀집한 학교에 대하여 교육·복지·문화 프로그램 등을 제공하는 지원 사업을 실시하여야 한다)
  - 초·중등교육법 시행령 제54조 제4항(제3항에 따른 지원사업 대상학교의 선정기준, 대상학생의 선정절차 등 지원사업에 관하여 필요한 세부사항은 교육감의 의견을 들어 교육부장관이 정하여 고시한다)
  - 교육과학기술부 훈령 제203호 '교육복지우선지원사업 관리·운영에 관한 규정'
- 교육복지특별지원사업은 가정의 경제적 결핍으로 인한 교육소외와 학생의 실질적 교육기회 균등 실현 및 교육격차 해소, 학교-자치구-지역사회가 함께하는 지역교육복지공동체 구축을 목표로 한다.
- 교육복지특별지원사업의 추진방향은 집중지원학생의 특성에 맞는 맞춤형 프로그램 운영과 학교 밖 교육공동체 구축을 통해 행복교육 안전망을 강화하는 것이다. 교육복지특별지원사업의 추진모형, 고등학교 법정저소득학생 현황, 사업규모는 다음 [그림 III-2-1], 〈표 III-2-1〉, 〈표 III-2-2〉와 같다.

그림 Ⅲ-2-1 교육복지특별지원사업 추진체계

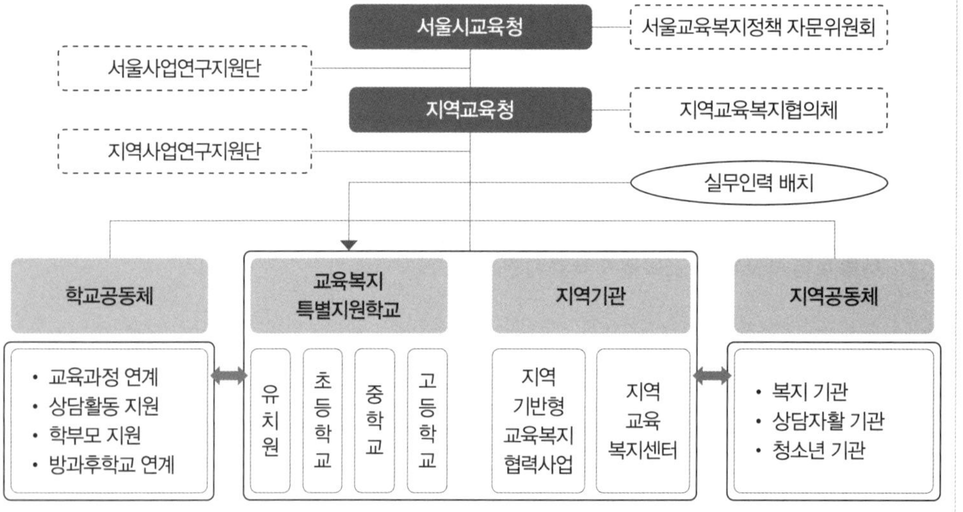

* 출처 : 서울특별시교육청 꿈사다리 홈페이지.

표 Ⅲ-2-1 서울시 고등학교 법정저소득학생 현황(2013. 9월 기준)

전체학교			교육복지특별지원학교(B)			사업대상 비율(B/A)		
학교수	전체 학생수	법정저소득 학생수	학교수	전체 학생수	법정저소득 학생수	학교수	전체 학생수	법정저소득 학생수
318	330,379	21,581	61	62,627	5,646	19.2	19.0	36.2%

* 교육복지특별지원학교 사업지원 대상 : 법정저소득학생(국민기초, 법정한부모), 차상위·차차상위계층, 담임추천자녀 등

* 출처 : 서울특별시교육청(2014). 2014학년도 교육복지특별지원사업 추진방향.

표 Ⅲ-2-2 서울시 교육복지특별지원학교 사업규모(2013. 9월 기준)

구분	학교수	금액(억)
교육복지특별지원학교 (초·중·고) 지원	61	263.9

* 초등 156교, 중학교 136교, 고등학교 61교

* 예산지원 : 초·중 평균 64,000천 원(최고 80,000천 원), 고등 평균 35,000천 원(최고 45,000천 원)

* 자료 : 서울특별시교육청(2014). 2014학년도 교육복지특별지원사업 추진방향

2) 교육복지특별지원사업 연차 평가 결과 요약 (2012, 2013학년도)

가) 2012학년도 고등학교 교육복지특별지원사업 공통성과(효과영역, 운영영역)

- 2012년 교육복지특별복지사업의 성과보고서를 살펴보면 교육복지특별지원사업 영역의 공통성과, 평가지표와 이에 따른 평균 점수는 다음 〈표 III-2-3〉과 같이 나타낼 수 있다.

표 Ⅲ-2-3 효과 및 운영영역

영역	평가지표	배점	평균점수	
			일반고	특성화고
공통성과 (효과 55점)	• 학교적응력 향상 • 학업능력향상 • 학교교육만족도 • 프로그램 운영의 효과성	10(정량) 10(정량) 10(정량) 15(정량) 10(정량)	7.1 7.2 13.1 9.9 4.8	7.2 8.8 12.6 10.0 7.6
공통성과 (운영 40점)	• 집중지원학생의 발굴 및 관리 • 학교 내외 시스템 구축 및 활성화 노력	20(정성) 10(정성) 10(정량)	17.0 9.4 7.1	17.2 10.0 7.6

* 출처 : 서울특별시교육청(2013). 2012 교육복지특별지원사업 성과보고서.

- 학교적응력향상(무단결성, 학교폭력 및 학업유예 또는 학업중단 비율)을 살펴보면, 2011학년도에 비해 2012학년도의 무단결석 학생 비율이 4.9% 감소한 것으로 나타났으며, 학교폭력 관련 학생 비율도 0.1% 감소하였고, 학업유예 또는 학업중단 비율은 0.2% 감소한 것으로 나타났다.
- 학업능력향상(집중지원학생의 다양한 역량개발을 위한 노력 정도)을 살펴보면, 집중지원학생의 다양한 역량개발을 위한 노력 정도를 평가한 결과 13점 이상을 받은 학교가 일반고 83.3%, 특성화고 80.0%로 나타났다.
- 집중지원학생의 프로그램 참여현황을 살펴보면, 57.7%의 학교에서 집중지원학생 1인당 평균 참여 프로그램 수가 3회 미만으로 나타났다.
- 집중지원학생의 총 상담횟수는 6,443회로 대면(서면) 상담이 89.9%, 전화상당미 8.6%, 가정방문이 1.0%로 나타났다.

- 학생 만족도의 경우 63.4%(초등 65.5%, 중학교 54.9%), 학부모 만족도는 65.8%(초등 72.5%, 중학교 59.1%)로 나타났다.
- 학습 프로그램에 대한 만족도 조사 결과에서 응답 학생의 73.9%가 '매우 만족' 또는 '만족'에 응답하였으며, 학부모는 80.5%가 '만족' 이상으로 나타났다. 프로그램 영영별 만족도는 학생의 경우 '복지'(84.7%), '문화체험'(80.8%), '학습'(73.9%), '심리정서'(70.9%)의 순이며, 학부모의 경우도 수치는 다르지만 '복지'(84.4%), '문화체험'(81.5%), '학습'(80.5%), '심리정서'(77.6%)의 동일한 순의 만족도를 나타냈다.
- 사업운영에 대한 교사 및 지역사회교육전문가의 만족도는 74.8%(초등 95.2%, 중학교 84.1%)가 '만족'이상으로 응답하였다.
- 교육청 지원에 대한 만족도는 60.2%(초등 90.4%, 중학교 72.3%)가 '만족'이상으로 응답하였다.
- 교육복지특별지원사업의 성과를 요약하자면 다음과 같다.
  - 집중지원학생의 체계적인 발굴 및 관리 시스템 구축
  - 학교적응력 향상과 역량개발을 위한 다양한 프로그램 운영
  - 학교 내·외 시스템 구축을 통한 교육복지사업 활성화 기반 조성
  - 창의적이고 특색 있는 사업 운영

나) 2013학년도 고등학교 교육복지특별지원사업 평가결과 요약(효과영역, 운영영역)

- 학교적응력향상(무단결석, 학교폭력 및 학업유예 또는 학업중단 비율)을 살펴보면, 2012학년도에 비해 집중지원학생의 무단결석 비율이 5% 감소, 학교폭력 관련 학생 비율이 0.2%, 학업유예 또는 학업 중단 학생의 비율이 1.3% 감소한 것으로 나타났다.
- 집중지원학생의 프로그램 참여현황을 살펴보면, 학생의 총 71.7%가 프로그램에 참여한 것으로 나타났다.
- 집중지원학생 총 상담횟수는 33,599회로 대면 상담이 81.2%, 전화상담 13.3%, 온라인·서면 상담 5.0%, 가정방문 0.5%로 나타났다.
- 학습 프로그램에 대한 만족도 조사 결과, 응답 학생의 78.6%가 '매우 만족' 또는 '만족'에 응답하였으며, 학부모는 84.8%가 '만족' 이상으로 나타났다.
- 프로그램 영영별 만족도는 학생의 경우 '문화체험'(83.3%), '학습'(78.6%), '심리정서'(74.9%), '복지'(58.7%) 순이며, 학부모의 경우 '복지'(88.1%), '문화체험'(85.9%), '심리정

서'(85.0%), '학습'(84.8%) 순의 만족도를 나타냈다.

- 사업운영에 대한 교사 및 지역사회교육전문가의 만족도는 81.8%(초등 97.8%, 중학교 90.5%)가 '만족'이상으로 응답하였다.
- 교육청 지원에 대한 만족도는 71.2%(초등 94.7%, 중학교 80.8%)가'만족'이상으로 응답하였다.
- 교육복지특별지원사업의 성과를 요약하자면 다음과 같다.
  - 학교적응력 향상과 개인 역량 개발을 위한 다양한 프로그램 운영
  - 집중지원학생의 체계적인 발굴 및 관리 시스템 구축
  - 학교 내·외적 시스템 구축을 통한 교육복지사업 운영 활성화

3) 고등학교 교육복지우선지원사업 성과 분석 틀

- 서울시교육청의 교육복지특별지원사업 고등학교 평가지표와 BSC 모형의 일반적 지표 등을 참고로 하여 다음의 사례분석모형을 제시하였다(황준성 외, 2012)(〈표 III-2-4〉 참고).

표 Ⅲ-2-4 교육복지우선지원사업 단위 학교 사례 성과 분석 틀

단계	세부단계	점검항목	핵심내용
수립	문제분석	현안분석	• 현황 및 문제 파악 • 이해관계자의 견해 청취
		사례분석	• 유사사례에 대한 충분한 검토
	목표설정	목표설정	• 목표의 구체적 설정장기적이고 체계적인 계획
	추진체제구축	추진체계수립	• 과제수행 추진체계 구비 및 필요인력 확보
		문제대응	• 지속적인 사업추진에 대한 장애요인 파악 • 예상되는 문제에 대한 대책 수립
집행	홍보	홍보 및 확산	• 목표에 기반한 홍보, 인지여부 등 효과 확인
	실행	체계적 운영	• 운영사항 점검
	모니터링	모니터링	• 일정계획별 실적을 확인 및 대응

단계	세부단계	점검항목	핵심내용
평가	성과평가	평가추진방향	• 평가추진 방향 및 계획 수립
		만족도 평가	• 관련자에 대한 만족도 평가 실시
		목표달성도분석	• 성과지표에 따른 달성 정도(정량적, 정성적)
		요인분석	• 과제의 성공 및 실패 요인 분석
	평가결과활용	평가결과활용	• 성공적인 과제에 대한 보상 • 문제점 개선을 위한 방안 수립 • 우수사례를 발굴 및 보급

• 교육복지특별지원사업의 성과로 A여자고등학교의 우수사례를 제시하면 다음 〈표 Ⅲ-2-5〉와 같다.

표 Ⅲ-2-5 A여고 사례분석 결과

단계	세부단계	점검항목	핵심내용
수립	문제분석	현안분석	**현황 및 문제 파악** • 최근 빈부의 격차 확대로 인해 교육격차가 두드러지게 나타나고 있어 학교에서 심각한 문제가 될 뿐만 아니라 사회 통합에도 걸림돌이 될 수 있음 • 학교가 위치한 곳은 가정 형편이 좋지 않은 학생들이 많이 거주하고 있는 지역 • 학교주변 환경(경제·사회적 여건, 지역개발 등) – 서울시에서 지역 재정 자립도가 낮은 지역으로 청소년 대상 문화시설, 교육, 복지 관련 시설 등이 타 지역에 비해 빈약 – 다가구, 다세대 주거형태가 많으며, 저소득층과 중산층의 주거 밀집 지역 • 학생실태(집중지원학생) – 경제적인 어려움을 겪는 저소득층 가정의 높은 비율 – 가정에서 부모와의 갈등이나 폭력으로 위기상황에 처한 사례가 많음 – 특성화고 진학하지 못하고 인문계 고등학교에 배정된 학생들에게서 학업격차 심화 • 학부모 실태(집중지원학생 학부모) – 저학력, 저소득층으로 자녀교육에 어려움을 겪고 있는 학부모 많음 – 경제활동에 많은 시간을 보내고 있어 자녀양육, 학습지도, 여가시간을 함께 보내는 시간이 절대적으로 부족 – 이혼 등으로 인한 결손가정의 비율이 높음 • 서울특별시교육청에서 2000년대 초반부터 실시해오고 있는 각종 교육복지 관련 사업에 관여하고 있으며, 이러한 사업들을 통해 교육소외 학생들이 혜택을 받고 있음

단계	세부단계	점검항목	핵심내용
수립	문제분석	현안분석	**이해관계자의 견해 청취** • 기존 사업을 진행하는 과정에서 학생, 학부모, 교사들의 의견 수렴 • 서울특별시교육청 교육복지특별지원사업의 목적과 사업 취지 이해 • 서울특별시교육청 교육복지특별지원사업 담당 장학사, 프로젝트조정자 등 교육복지 전문가 및 실무자와의 의사소통을 통해 견해 청취
		사례분석	**유사사례에 대한 충분한 검토** • 서울특별시교육청 교육복지특별지원사업 해마다 발간되는 성과보고서 및 우수사례집 참고 • 타 시도교육청 및 학교에서 실시하였던 또는 실시하고 있는 우수한 프로그램을 검토하여 벤치마킹
	목표설정	목표설정	**목표의 구체적 설정** • 서울특별시교육청 교육복지특별지원사업의 목적과 취지를 이해하여 주어진 평가지표에 따라 성과목표(기대효과)와 이에 대한 설명 제시 • 설정된 목표 : 1) 교육소외학생에게 학습 및 문화체험의 기회 제공, 2) 학생의 성장을 도울 수 있는 지역사회 연계 사업 진행, 3) 사교육비 절감을 위해 방과 후 및 토요일 프로그램 활성화, 4) 정서적 지지와 성장을 위해 심리, 정서적 활동 지원, 5) 학교부적응 학생의 학생생활 적응도를 높이기 위한 심리정서, 문화체험 활동 진행 **장기적이고 체계적인 계획** • 서울특별시교육청으로부터 지원받는 사업비가 일정하지 않아 장기적이고 체계적인 계획을 수립하기 어려운 상태(2013학년도에는 사업비를 7천만 원 지원받았으나 2014학년도 지원액(신청액)은 3천 8백여만 원에 그침)
	추진체제 구축	추진체계 수립	**과제수행 추진체계 구비 및 필요인력 확보** • 학교 내 사업추진체계는 학교장(위원장)을 중심으로 부위원장(교감), 교육복지사업을 담당하는 진로상담부로 나누어져 있으며, 자문기구(해당지역청, 학교 내 기구), 그리고 권역별 교육복지협의체(지역기관장 협의회, 지역기관실무자협의회)로 구성 • 진로상담부 : 교육복지, 심리정서 사업 총괄, 추진 – 부장교사, 일반교사, 지역사회교육전문가로 구성 – 부장교사는 교육복지사업을 총괄하며 각 부서별 교육복지사업 운영 점검 및 협조 담당 – 일반교사 : 교육복지사업 계획 수립 및 추진, 협의회 운영, 홍보 및 공문 처리 등 담당 – 지역사회교육전문가 : 대상학생 발굴 및 사례관리, 단위 사업 운영 및 지원, 지역사회 자원 연계 및 네트워크 구축, 위기학생실태조사 및 가정방문, 복지실 운영 등 담당
		문제대응	**지속적인 사업추진에 대한 장애요인 파악** • 진로상담부가 중심이 되어 학교 내·외적 환경 파악, 교육청, 지역사회 등 환경적 장애요인을 수시로 파악 **예상되는 문제에 대한 대책 수립** • 예상되는 문제에 대해 학교 전체 또는 교육복지실 차원에서 적절한 대응하려는 노력을 기울이고 있음 • 부족한 예산으로 인해 사업 전담 인력 확보의 지속성에 대해서는 적절한 대응방안을 내놓고 있지 못하고 있는 실정

단계	세부단계	점검항목	핵심내용
집행	홍보	홍보 및 확산	**목표에 기반한 홍보, 인지여부 등 효과 확인** • 프로그램의 목적, 취지, 일정 주요 활동 등에 대한 안내지를 만들어 학생 및 학부모들에게 전달 • 집중지원학생들과 일부 일반학생들을 대상으로 '학습 플래너'라는 프로그램을 통하여 담임교사가 별도로 학생 관리하여 기초학력 증진 • 1년 동안의 교육복지 활동을 정리하여 교육복지 소식지 제작 – 연간 교육복지 활동을 영역별로 정리하여 소식지 발간 – 학생들이 기자, 디자이너로 제작에 직접 참여하도록 함 – 학생, 교사, 지역사회 배포 • 지역사회협의회, 연말성과보고서, 우수사례소개 등을 통해 인기 있는 프로그램 등 소개
	실행	체계적 운영	**운영사항 점검** • 각 사업에 대해 진로상담부를 중심으로 지속적인 모니터링 실시 – 교육복지위원회의 정기적 운영(교육복지위원회 연2회, 교육복지 소위원회 수시, 권역별협의체 연1회) • 운영에 필요한 사항을 체크리스트를 작성하여 점검 • 세부사업(2014년 계획서 기준) – (학습영역) 플래너를 활용해 배움의 기쁨을 느끼는 행복교실, 몸으로 느끼는 과학, 작가와의 대화, 문헌정보반 – (문화체험영역) 토요 예술문화, 토요 영화읽기, 교육복지 방과후, 공동사업, 디카와 함께 하는 추억 만들기 – (심리정서영역) 해피프렌즈, 사제멘토링, 음악 예술활동을 통한 정서활동, 보드게임을 통한 사회성 향상 프로그램, 사례관리 – (복지영역) 교육복지실 운영, 안경 지원사업, 치과치료 지원사업 – (기타영역) 교육복지위원회, 교직원연수, 학부모연수, 교육복지 홍보물제작, 성과보고회
	모니터링	모니터링	**일정계획별 실적을 확인 및 대응** • 진로상담부에서 정기적인 모니터링을 통해 프로그램별 일정을 점검하고 이에 따른 실적 기록 • 권역별협의회, 지역사회교육전문가협의회 등의 네트워크를 통해 프로그램 진행에서의 점검사항과 유의점 등 확인
평가	성과평가	평가추진 방향	**평가추진 방향 및 계획 수립** • 교육청에서 정해놓은 평가 추진계획에 따라 실시(연차평가, 종합평가) – 교육복지특별지원사업에 대한 단순 점검이 아닌 사업 이해 및 인식 형성에 초점 – 교육복지특별지원사업 운영 과정이 일관된 목표에 부합되는지 확인 – 교육복지특별지원사업 기관 구성원 간 의사소통을 통한 협력적 운영 추진 기반에 초점 – 대상 학생들의 긍정적 변화와 성장을 가능하게 해 주는 요소 지향 • 연차평가는 학교를 대상으로, 종합평가는 이는 교육지원청 기관과 학교를 대상으로 실시 • 평가단은 교육, 복지, 문화 영역 전문가를 고루 포함하여 구성 • 평가지표는 본청에서 개발한 지표를 동일하게 사용

단계	세부단계	점검항목	핵심내용
평가	성과평가	만족도 평가	**관련자에 대한 만족도 평가 실시** • 학생, 학부모, 교사를 대상으로 만족도 조사를 통하여 교육복지특별지원사업 운영 성과 확인 • 학생 만족도 – 사업프로그램(학습, 문화체험, 심리정서, 보건복지) 만족도(77.65점) – 학교교육 만족도(75.37점) – 지역사회교육 만족도(68.11점) – 교육복지실 만족도(67.24점) • 학부모/보호자 만족도 – 사업프로그램 만족도(84.57점) – 학교교육 만족도(81.38점) – 지역사회교육 만족도(62.16점) – 교육복지실 만족도(58.51점) • 교사 만족도 – 교육취약집단 학생지원을 위한 학교 운영 만족도(86.66점) **(총 만족도 평균 81.13점)**
		목표달성도 분석	**성과지표에 따른 달성 정도(정량적, 정성적)** • 학교적응력 향상(정량/정성) : 15점 – 학교폭력 0건, 무단결석 37건, 학업유예/중단 2건 – 다양한 문화체험의 기회제공, 사제동행 견학 프로그램을 통해 교사와의 유대감 형성 – 생활지도부 교사들이 주체되어 부적응 학생과 교사 간에 친밀감을 형성하여 학교폭력 예방지도 – 1학년 집중학생지원학생을 대상으로 학교 적응력 향상에 기여, 향후 집중지원학생 파악 및 지원용이 – 학급별 다양한 집단프로그램을 통해 소속감을 높이고 학교 이탈을 예방 – 상담, 진로탐색, 비전코칭, 학습컨설팅 등 사제멘토링 실시 • 개인역량 개발·강화 노력(정성) : 15점 – 여러 번 자살을 시도한 학생이 개인역량 개발 프로그램을 통해 적극적으로 학교생활을 해가는 사례 소개 – 담임교사, 학교(상담실, 복지실), 지역사회복지센터, 지역사회 상담업체, 가정과의 연계를 통해 학교–지역 사회–가정–학생 연계 노력의 중요성 인식 • 학교교육 만족도(정량) : 10점 – 학생 학교교육 만족도 : 75.37점 – 학부모 학교교육 만족도 : 81.38점 • 프로그램 운영의 효과성(정량/정성) : 15점 – 집중지원학생의 프로그램 참여율 : 35.6% – 컨설팅 1회, 연수 1회, 협의회 16회 – 학습 프로그램 : 공부방, 학습자생력신장, 통합학습, 자기주도영어독서클럽, 독서를 통한 토론 및 보건 교육, 인문학교실, 작가와의 대화, 도서실 활성화, 문헌정보반, 몸으로 느끼는 과학 – 문화체험 : 디카와 함께하는 추억 만들기, 바리스타 자격증반, 토요미술사, 빌리어드반, 자원봉사단, 진로탐색

단계	세부단계	점검항목	핵심내용
평가	성과평가	목표달성도 분석	– 심리정서 : 예술활동을 통한 정서활동 프로그램, 자생력회복 사제멘토링, 집단응집력 향상프로그램, 함께 걷는 희망 한걸음, 교내 심리검사, 개별 심리검사 및 치료 – 복지 : 교육복지실 서포터즈, 사례관리 • 집중지원학생의 발굴 및 관리(정량/정성) : 25점 – 집중지원학생의 체계적 발굴 및 관리 : 원클릭 서비스, 지역 내 네트워크 활용, 학교부적응(등교거부생) 상담 및 유예자 관리 – 집중지원학생의 상담 건수 : 연간 총 상담횟수 68건 • 학교 내 시스템 구축 및 활성화 노력(정성) : 10점 – 학교 내 교육복지위원회 구성을 통해 사업계획서 심의, 검토 및 평가, 대상학생 선정, 추진 중 운영에 관한 구체적 사안 논의, 위기학생 개입 및 지원 등에 관한 논의를 체계적으로 실시하였으며, 전문상담사–지역사회교육전문가–보건교사–생활지도부 간의 긴밀한 협력을 통해 집중지원학생에 대한 통합적 지원 시스템 마련 – 학교 외적 시스템 구축을 위해 지역사회와 함께하는 공동사업(토요행복학교 자원봉사단, 마음건강 또래리더, 벽화자원봉사단, 지역복지센터, 평생학습도시, 대학교 봉사단, 학습캠프, 무료 집수리 등), 지역사회를 위한 학교 자원의 활용(청소년 피아노 강사, 벽화자원봉사, 학습멘토 지원 등), 집중지원, 학교부적응 학생의 전인적 건강 및 적응력 향상을 위한 연계지원(대학교 상담대학원 연계 프로그램, 종합심리검사 및 개별 상담비 지원, 가족 상담 등) • 교육복지특별지원사업 중점과제 실현 노력(정성) : 10점 – 다양하고 맞춤형 학습, 문화체험, 심리정서, 복지 프로그램의 개발 및 운영 – '통합학습프로그램'(우수사례) : 사교육의 기회를 갖기 어려운 학생들을 대상으로 다양한 문화체험 및 학습의 기회를 제공하여 자발적 학습방법을 터득하고 진학의 목표를 이룰 수 있도록 도움(대학생 멘토링, 학습캠프, 자기주도학습, 대학탐방, 자기소개서 작성 등으로 구성
		요인 분석	**과제의 성공 및 실패 요인 분석** • 지자체에서 지역사회교육전문가의 배치 지원 • 교육복지전담인력의 확보로 교육복지 사업 수립, 실행, 운영, 평가 등에서 전문성 발휘로 질 높은 서비스 제공 가능 • 교육복지 전문가 배치로 교사업무 경감 효과
	평가결과 활용	평가 결과 활용	**성공적인 과제에 대한 보상** • 우수학교에 대한 교육청, 교육지원청 차원에서의 포상, 보상, 인센티브 대책이 필요 **문제점 개선을 위한 방안 수립** • 안정적 예산 확보 및 교육복지전문인력 배치 중요성 인식 확산 • 예산 집행시 불필요한 규제와 페이퍼웍으로 많은 잡무 발생 • 식대 한도 등으로 교사의 사비로 충당하는 경우 종종 발생 • 교통비 미지급 규정으로 프로그램 참여율 감소 **우수사례를 발굴 및 보급** • 결과보고서를 작성하여 교육청에서 관리하고 이를 확산할 계획 • 타 교육청에서도 이러한 우수사례를 벤치마킹할 수 있도록 확산 노력 필요

나. 교육복지안전망사업 개요 및 현황

보고서명	[RR 2022-02] 교육복지안전망사업의 성과 및 발전방안
주제어	교육복지안전망사업, 사업 모델, 현황

1) 교육복지안전망사업 개요

가) 사업의 개념 및 목적

- 교육복지안전망사업의 궁극적인 목적은 촘촘한 안전망에 근거하여 통합적인 교육복지 서비스를 제공하는 것이다. 교육복지안전망은 교육부 특별교부금 사업으로, 정책 목표는 개별 학교에 교육복지사를 전면 배치하기 어려운 상황에서 교육지원청의 역할 강화를 통해 복지 사각지대에 놓인 학생들을 발굴하고 지원하는 것이다.
- 교육복지안전망사업이 교육지원청 수준에서 이루어지므로 사업을 수행하는 각 시·도교육청이 사업의 목적이나 방침을 설정하고 있다. 따라서 지역별로 서로 상이한 부분도 있으나 지역의 요구나 특성을 반영하여 운영하고자 하는 점과 교육지원청의 역할을 강화하는 방향에서 사업이 추진되었다.

나) 사업 운영 모델

- 사업 운영 모델은 시·도별 운영 현장의 특징에 맞게 적용할 수 있도록 통합·연계 운영, 지역사회 연계, 사례관리 영역을 강조하여 개발되었다([그림 III-2-2] 참고).

그림 Ⅲ-2-2 교육복지안전망 기본 운영모델

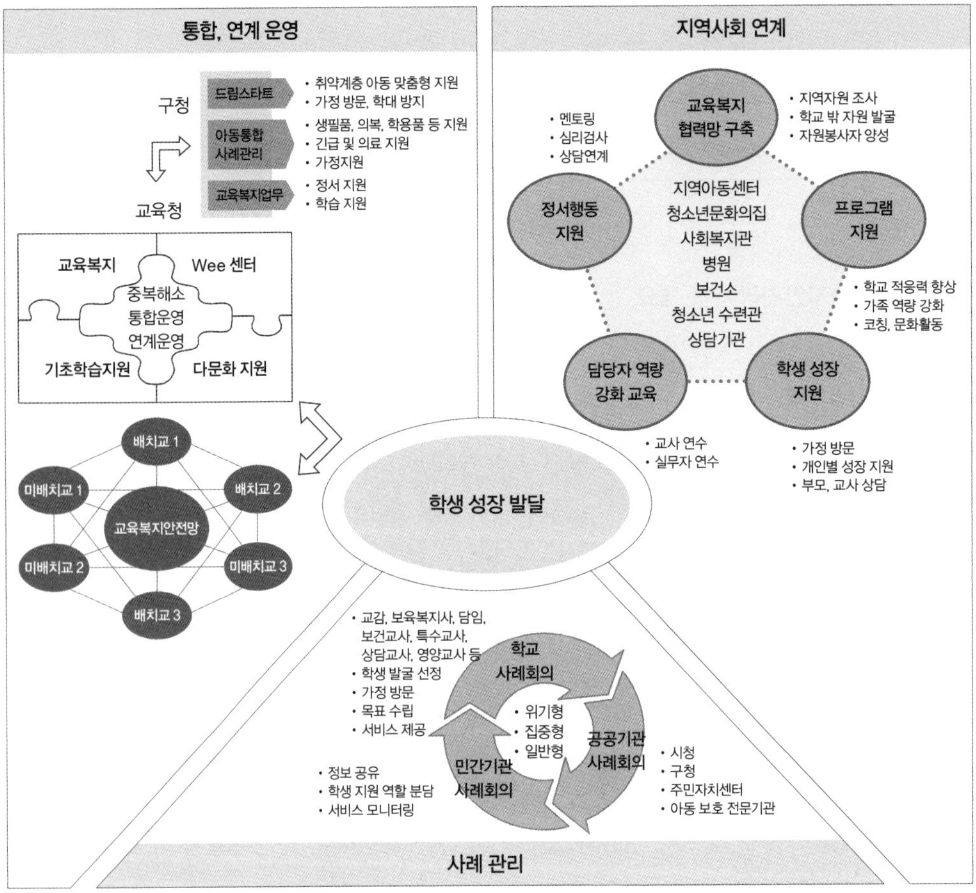

* 출처 : 성열관 외(2021). 교육복지안전망 운영모델 수립 연구.

다) 사업 운영 조직 체계 구성

• 각 교육지원청의 사업 운영 전략에 따라 교육복지안전망을 위한 조직 체계 구성도 다양하며, [그림 Ⅲ-2-3]과 같이 크게 네 가지로 구분할 수 있다.

그림 Ⅲ-2-3 사업 운영 조직 체계

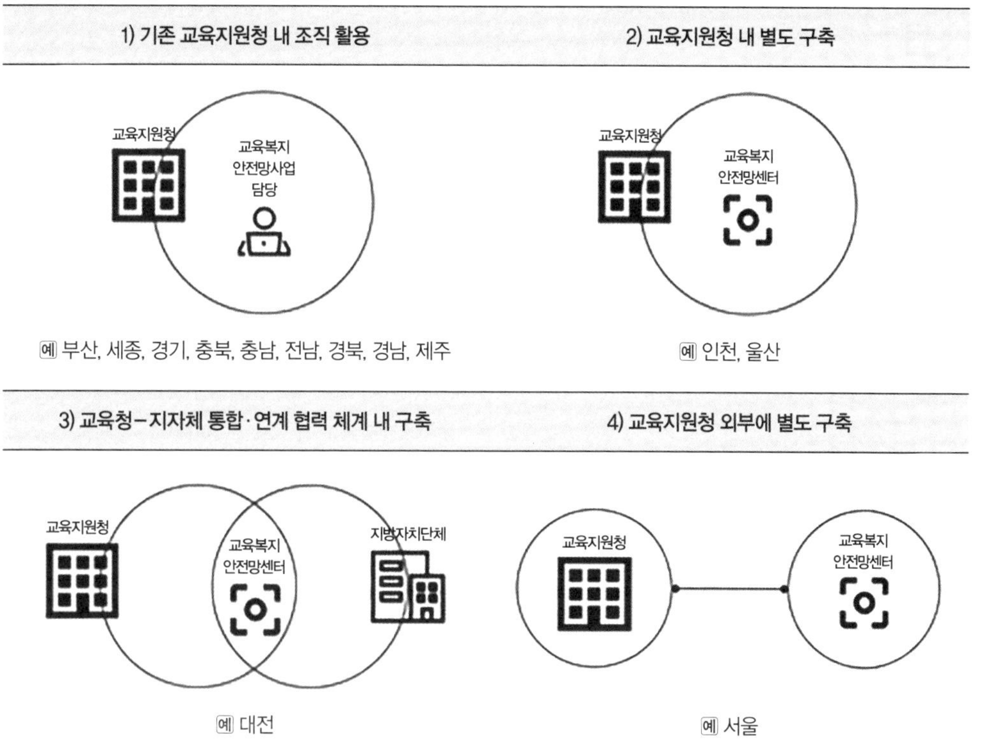

* 출처 : 성열관 외(2021). 교육복지안전망 운영모델 수립 연구.

- 별도의 조직이나 센터를 만들지 않고 기존 조직을 활용하여 교육복지안전망을 운영하는 형태로, 다수의 교육지원청에서는 교육복지안전망 담당자 또는 팀이 교육복지안전망을 맡아 운영하고 있다(성열관, 2021). 담당 팀이 교육복지 관련 다른 업무들을 배치하는 방법에 따라 기존 교육지원청 내 조직을 활용하는 형태는 아래와 같이 4가지로 구분할 수 있다.
  - (통합 운영) 교육복지안전망이 Wee센터와 한 팀 내에 있는 경우
  - (부분통합 운영) 교육복지안전망이 교육복지 관련 업무 일부를 담당하는 팀 내에 함께 있는 경우
  - (약한 연계 운영) 교육복지안전망이 직접적인 관련성이 없는 업무를 담당하는 팀 내에 있는 경우
  - (별도 운영) 교육복지안전망을 별도의 팀(부서)에서 운영하는 경우

2) 교육복지안전망사업 운영 현황

- 2021년 전국 교육복지안전망은 13개 시·도에서 총 44개가 구축되어 교육지원청에서 시범사업이 운영되었으며, 2022년에는 약 270% 규모로 확대되어 전국 17개 시·도 전체에서 총 120개 안전망이 운영되었다. 각 시·도별 교육복지안전망 구축 현황은 아래의 〈표 III-2-6〉과 같다.

표 III-2-6 시·도별 교육복지안전망 수(단위 : 개)

2021년				2022년			
시도	교육복지 안전망 수	시도	교육복지 안전망 수	시도	교육복지 안전망 수	시도	교육복지 안전망 수
서울	4	강원	–	서울	16	강원	6
부산	1	충북	7	부산	5	충북	7
대구	–	충남	6	대구	4	충남	14
인천	5	전북	–	인천	5	전북	9
광주	–	전남	3	광주	1	전남	13
대전	1	경북	4	대전	1	경북	4
울산	2	경남	3	울산	2	경남	18
세종	1	제주	2	세종	2	제주	2
경기	5			경기	11		
전체	44			합계	120		

* 출처 : 중앙교육복지연구지원센터(2021), 한국교육개발원(2022)의 교육복지우선지원사업 및 교육복지안전망 운영 현황 조사 결과 재구성

가) 사업 예산 현황

- 교육복지안전망은 3가지 재원(특별교부금, 시·도 자체예산, 기타 예산)으로 구성된다. 예산 항목을 기준으로 특별교부금으로만 운영한 시·도와 시·도에서 자체예산 및 인건비를 추가로 지원하여 운영한 시·도로 구분할 수 있다(〈표 III-2-7〉 참고).
  - (특별교부금) 교육복지안전망을 위해 교육부로부터 받은 예산
  - (시·도 자체예산) 인건비를 제외한 교육복지안전망 운영비
  - (기타 예산) 교육복지안전망 담당 교육복지사 인건비 등 기타 예산

표 Ⅲ-2-7 시·도별 교육복지안전망사업 예산(단위 : 천 원)

시도	2021년				2022년			
	특별 교부금	자체 예산	기타	예산 합계	특별 교부금	자체 예산	기타	예산 합계
서울	163,636	19,911	-	183,547	471,323	3,829,465	223,132	4,523,920
부산	30,000	-	-	30,000	140,000	-	-	140,000
대구	-	-	-	-	134,600	28,920	-	163,520
인천	160,000	81,766	82,452	324,218	1,690,000	-	-	1,690,000
광주	-	-	-	-	640,000	11,000	-	651,000
대전	50,000	-	-	50,000	80,000	-	-	80,000
울산	100,000	12,000	195,162	307,162	200,000	70,350	-	270,350
세종	40,000	0	86,319	126,319	50,000	16,200	-	66,200
경기	160,000	5,000	269,858	434,858	2,820,000	17,780	5,000	2,842,780
강원	-	-	-	-	67,000	-	-	67,000
충북	279,000	-	-	279,000	360,000	-	-	360,000
충남	270,000	371,500	298,000	939,500	1,510,000	-	109,300	1,619,300
전북	-	-	-	-	270,000	48,000	-	318,000
전남	163,636	100,000	-	263,636	880,000	23,048	-	903,048
경북	152,000	-	-	152,000	152,000	57,000	3,000	212,000
경남	112,892	-	139,885	673,127	605,050	100,000	-	705,050
제주	86,000	-	-	86,000	90,000	-	-	90,000
전체	**1,767,164**	**590,177**	**1,071,676**	**3,849,367**	**10,159,973**	**4,201,763**	**340,432**	**14,702,168**

* 출처 : 중앙교육복지연구지원센터(2021), 한국교육개발원(2022)의 교육복지우선지원사업 및 교육복지안전망 운영 현황 조사 결과 재구성

나) 사업 대상학교 현황

- 교육복지안전망은 2021년 3월부터 점진적으로 시행되었으며, 시·도 상황에 따라 시행시점이 달라 대상학교 및 대상학생 수 집계가 불가한 곳도 있다. 2022년도 현

황은 2022년 11월 1일을 기준으로 조사된 결과이다. 또한 2022년도 교육복지안전망 현황 조사는 대상학교의 학교급을 구분하지 않아 전체 대상학교 수만 제시하였다(〈표 III-2-8〉 참고).

표 III-2-8 시·도별 교육복지안전망 대상학교 수(단위 : 교)

시도	2021년					2022년
	초	중	고	기타[1)]	합계	합계[2)]
서울	24	19	16	1	60	800
부산	–	–	–	1	–	177
대구	–	–	–	–	–	196
인천	18	10	1	–	29	200
광주	–	–	–	–	–	34
대전	11	–	–	–	11	20
울산	89	48	5	–	142	203
세종	23	10	2	–	35	70
경기	25	23	14	6	68	780
강원	–	–	–	–	–	73
충북	85	43	25	–	153	148
충남	169	70	47	2	288	497
전북	–	–	–	–	–	164
전남	74	33	32	–	139	395
경북	34	13	–	–	47	259
경남	47	21	–	–	68	582
제주	78	6	–	–	84	159
전체	677	296	142	10	1,124	4,757

* 주 : 1) 학교급 구분에서 기타는 특수학교와 비진학 포함, 2) 2022년 대상학교 현황은 학교급을 구분하지 않은 전체 대상학교 현황으로 조사
* 출처 : 중앙교육복지연구지원센터(2021), 한국교육개발원(2022)의 교육복지우선지원사업 및 교육복지안전망 운영 현황 조사 결과 재구성

다) 사업 대상학생 현황

- 2021년 총 대상학생 수는 17,514명이고, 2022년 총 대상학생 수는 39,986명으로 증가한 것을 확인할 수 있다. 충남은 2021년, 2022년 모두 가장 많은 수의 학생을 지원하였고, 서울시는 2021년(115명 지원)에 비해 2022년에는 약 53배 이상인 6,101명을 지원한 것으로 나타나 양적인 성장 폭이 가장 컸다(〈표 Ⅲ-2-9〉, 〈표 Ⅲ-2-10〉 참고).

표 Ⅲ-2-9 2021년 시·도별 교육복지안전망 대상학생 수(단위 : 명, %)

시도	2021년 대상학생 유형								합계
	국민 기초생활 교육급여 수급자	차상위 계층 자녀	한부모 가족 자녀	북한이탈 보호대상자 자녀	다문화 가족 자녀	특수 교육 대상자	담임/ 학교장 추천	기타	
서울	47	27	12	0	5	0	17	7	115
	40.87	23.48	10.43	0.00	4.35	0.00	14.78	6.09	100
부산	–	–	–	–	–	–	–	–	–
	–	–	–	–	–	–	–	–	–
대구	–	–	–	–	–	–	–	–	–
	–	–	–	–	–	–	–	–	–
인천	19	5	5	0	2	3	9	4	47
	40.43	10.64	10.64	0.00	4.26	6.38	19.15	8.51	100
광주	–	–	–	–	–	–	–	–	–
	–	–	–	–	–	–	–	–	–
대전	28	2	0	0	4	0	11	1	46
	60.87	4.35	0.00	0.00	8.70	0.00	23.91	2.17	100
울산	216	42	85	0	13	0	22	468	846
	25.53	4.96	10.05	0.00	1.54	0.00	2.60	55.32	100
세종	34	2	19	0	10	0	14	2	81
	41.98	2.47	23.46	0.00	12.35	0.00	17.28	2.47	100

시도	2021년 대상학생 유형								합계
	국민 기초생활 교육급여 수급자	차상위 계층 자녀	한부모 가족 자녀	북한이탈 보호대상자 자녀	다문화 가족 자녀	특수 교육 대상자	담임/ 학교장 추천	기타	
경기	56	6	27	1	11	2	46	38	187
	29.95	3.21	14.44	0.53	5.88	1.07	24.60	20.32	100
강원	–	–	–	–	–	–	–	–	–
	–	–	–	–	–	–	–	–	–
충북	1,305	399	112	49	1,222	376	97	192	3,752
	34.78	10.63	2.99	1.31	32.57	10.02	2.59	5.12	100
충남	2,801	185	379	0	808	277	957	1,059	6,466
	43.32	2.86	5.86	0.00	12.50	4.28	14.80	16.38	100
전북	–	–	–	–	–	–	–	–	–
	–	–	–	–	–	–	–	–	–
전남	2,581	123	135	3	909	328	0	1,221	5,300
	48.70	2.32	2.55	0.06	17.15	6.19	0.00	23.04	100
경북	165	32	6	0	53	23	157	23	459
	35.95	6.97	1.31	0.00	11.55	5.01	34.20	5.01	100
경남	130	3	2	0	25	1	37	17	215
	60.47	1.40	0.93	0.00	11.63	0.47	17.21	7.91	100
제주	–	–	–	–	–	–	–	–	–
	–	–	–	–	–	–	–	–	–
전체	7,382	826	782	53	3,062	1,010	1,367	3,032	17,514
	42.15	4.72	4.46	0.30	17.48	5.77	7.81	17.31	100

* 출처 : 중앙교육복지연구지원센터(2021), 한국교육개발원(2022)의 교육복지우선지원사업 및 교육복지안전망 운영 현황 조사 결과 재구성

표 Ⅲ-2-10 2022년 시·도별 교육복지안전망 대상학생 수(단위 : 명, %)

시도	2022년 대상학생 유형								합계
	국민 기초생활 교육급여 수급자	차상위 계층 자녀	한부모 가족 자녀	북한이탈 보호대상자 자녀	다문화 가족 자녀	특수 교육 대상자	중위소득 51~70% 학생	기타	
서울	1,828	292	493	15	115	7	997	2,354	6,101
	29.96	4.79	8.08	0.25	1.88	0.11	16.34	38.58	100
부산	192	9	9	1	19	6	21	21	278
	69.06	3.24	3.24	0.36	6.83	2.16	7.55	7.55	100
대구	95	7	14	0	10	2	23	26	373
	25.47	1.88	3.75	0.00	2.68	0.54	6.17	6.97	100
인천	68	7	12	0	24	4	5	101	221
	30.77	3.17	5.43	0.00	10.86	1.81	2.26	45.70	100
광주	16	2	10	0	1	0	2	10	41
	39.02	4.88	24.39	0.00	2.44	0.00	4.88	24.39	100
대전	102	4	11	0	0	1	45	0	163
	62.58	2.45	6.75	0.00	0.00	0.61	27.61	0.00	100
울산	398	105	132	0	2	0	49	15	701
	56.78	14.98	18.83	0.00	0.29	0.00	6.99	2.14	100
세종	101	5	2	1	14	0	27	35	185
	54.59	2.70	1.08	0.54	7.57	0.00	14.59	18.92	100
경기	621	147	180	7	86	31	425	277	1,774
	35.01	8.29	10.15	0.39	4.85	1.75	23.96	15.61	100
강원	242	26	35	2	172	34	218	96	825
	29.33	3.15	4.24	0.24	20.85	4.12	26.42	11.64	100
충북	6,944	286	531	62	4,699	2,040	0	4,683	19,245
	36.08	1.49	2.76	0.32	24.42	10.60	0.00	24.33	100

시도	2022년 대상학생 유형								합계
	국민 기초생활 교육급여 수급자	차상위 계층 자녀	한부모 가족 자녀	북한이탈 보호대상자 자녀	다문화 가족 자녀	특수 교육 대상자	중위소득 51~70% 학생	기타	
충남	902	40	78	45	795	192	365	149	2,566
	35.15	1.56	3.04	1.75	30.98	7.48	14.22	5.81	100
전북	649	118	131	0	136	27	0	362	1,423
	45.61	8.29	9.21	0.00	9.56	1.90	0.00	25.44	100
전남	754	180	266	3	239	40	148	133	1,763
	42.77	10.21	15.09	0.17	13.56	2.27	8.39	7.54	100
경북	283	101	64	0	78	7	133	137	803
	35.24	12.58	7.97	0.00	9.71	0.87	16.56	17.06	100
경남	1,567	276	398	2	78	27	415	274	3,037
	51.60	9.09	13.11	0.07	2.57	0.89	13.66	9.02	100
제주	186	22	14	0	0	0	57	404	683
	27.23	3.22	2.05	0.00	0.00	0.00	8.35	59.15	100
전체	14,948	1,627	2,380	138	6,468	2,418	2,930	9,077	39,986
	37.38	4.07	0.06	0.35	16.18	6.05	7.33	22.70	100

* 출처 : 중앙교육복지연구지원센터(2021), 한국교육개발원(2022)의 교육복지우선지원사업 및 교육복지안전망 운영 현황 조사 결과 재구성

라) 서비스 제공 유형 및 사례관리 현황

- 교육복지안전망은 교복우 비사업학교 또는 사업대상이지만 교육복지사가 미배치된 학교로써 교육복지 혜택을 받지 못한 취약계층 아동을 주요 대상으로 한다. 다수의 시·도에서는 교육복지우선지원사업의 대상과 운영 내용과 유사한 내용으로 교육복지안전망이 운영되었다.
- 교육복지안전망사업에서 제공된 서비스의 유형은 크게 3가지(물품지원 및 생활지원, 프로그램, 사례관리)로 구분할 수 있다(〈표 Ⅲ-2-11〉, 〈표 Ⅲ-2-12〉, 〈표 Ⅲ-2-13〉, 〈표 Ⅲ-2-14〉, 〈표 Ⅲ-2-15〉 참고).

- (물품지원 및 생활지원) 현물 또는 현금으로 제공된 생필품, 식료품, 의류용품, 위생용품 등의 물품지원과 공과금, 의료비, 주거비 등의 생활지원 횟수이다.
- (프로그램) 교육복지안전망사업에서 진행된 프로그램 진행 횟수이다.
- (사례관리) 학교부적응, 개인적·가정적 어려움 등으로 인한 지속적 맞춤 관리를 위해 제공된 사례관리를 의미한다. 사례관리 내용은 가정방문, 상담진행, 지역사회 연계, 사례회의 운영으로 구분하였다. 사례관리 유형은 교육복지안전망 운영 현황 조사 기준에 따라 상담진행과 사례회의 운영을 2022년에는 기타 사례관리로 통합하여 제시하였다.

표 Ⅲ-2-11 시·도별 물품지원 및 생활지원 제공 현황(단위 : 개, 회)

시도	2021년			2022년		
	안전망 수	횟수	평균	안전망 수	횟수	평균
서울	4	65	16.25	16	738	46.13
부산	1	0	0.00	5	283	56.60
대구	–	–	–	4	246	61.50
인천	5	9	1.80	5	75	15.00
광주	–	–	–	1	15	15.00
대전	1	1	1.00	1	8	8.00
울산	2	18	9.00	2	61	30.50
세종	1	6	6.00	2	41	20.50
경기	5	15	3.00	10	414	41.40
강원	–	–	–	6	83	13.83
충북	7	30	4.29	7	237	33.86
충남	6	28	4.67	14	192	13.71
전북	–	–	–	9	81	9.00
전남	3	224	74.67	13	1,324	101.85
경북	4	99	24.75	23	168	7.30
경남	3	98	32.67	18	233	12.94

시도	2021년			2022년		
	안전망 수	횟수	평균	안전망 수	횟수	평균
제주	2	13	6.50	2	215	107.50
전체	44	606	13.77	120	4,414	36.78

* 출처 : 중앙교육복지연구지원센터(2021), 한국교육개발원(2022)의 교육복지우선지원사업 및 교육복지안전망 운영 현황 조사 결과 재구성

표 Ⅲ-2-12 시·도별 프로그램 제공 현황(단위 : 개, 회)

시도	2021년			2022년		
	안전망 수	횟수	평균	안전망 수	횟수	평균
서울	4	1202	300.50	16	11,707	731.69
부산	1	0	0.00	5	0	0.00
대구	–	–	–	4	12	3.00
인천	5	63	12.60	5	1,081	216.2
광주	–	–	–	1	2	2.00
대전	1	4	4.00	1	7	7.00
울산	2	132	66.00	2	42	21.00
세종	1	0	0.00	2	27	13.5
경기	5	47	9.40	10	331	33.1
강원	–	–	–	6	213	35.5
충북	7	81	11.57	7	86	12.29
충남	6	61	10.17	14	572	40.86
전북	–	–	–	9	137	15.22
전남	3	12	4.00	13	316	24.31
경북	4	74	18.50	23	0	0.00
경남	3	3	1.00	18	32	1.78
제주	2	3	1.50	2	7	3.5
전체	44	1682	38.23	120	14,572	121.43

* 출처 : 중앙교육복지연구지원센터(2021), 한국교육개발원(2022)의 교육복지우선지원사업 및 교육복지안전망 운영 현황 조사 결과 재구성

표 Ⅲ-2-13 시·도별 사례관리 중 가정방문 현황(단위: 개, 회)

시도	2021년			2022년		
	안전망 수	횟수	평균	안전망 수	횟수	평균
서울	4	52	13.00	16	1,021	63.81
부산	1	0	0.00	5	118	23.60
대구	-	-	-	4	138	34.50
인천	5	31	6.20	5	280	56.00
광주	-	-	-	1	26	26.00
대전	1	17	17.00	1	9	9.00
울산	2	30	15.00	2	242	121.00
세종	1	43	43.00	2	350	175.00
경기	5	6	1.20	10	111	11.10
강원	-	-	-	6	112	18.67
충북	7	75	15.00	7	444	63.43
충남	6	198	33.00	14	523	37.36
전북	-	-	-	9	95	10.56
전남	3	0	0.00	13	333	25.62
경북	4	0	0.00	23	2	0.09
경남	3	107	35.67	18	678	37.67
제주	2	8	4.00	2	56	28.00
전체	44	567	12.89	120	4,538	37.82

* 출처: 중앙교육복지연구지원센터(2021), 한국교육개발원(2022)의 교육복지우선지원사업 및 교육복지안전망 운영 현황 조사 결과 재구성

표 Ⅲ-2-14 시·도별 사례관리 중 지역사회연계 현황(단위: 개, 회)

시도	2021년			2022년		
	안전망 수	횟수	평균	안전망 수	횟수	평균
서울	4	57	14.25	16	2,095	130.94
부산	1	0	0.00	5	496	99.20

시도	2021년			2022년		
	안전망 수	횟수	평균	안전망 수	횟수	평균
대구	–	–	–	4	136	34.00
인천	5	187	37.40	5	417	83.40
광주	–	–	–	1	120	120.00
대전	1	3	3.00	1	11	11.00
울산	2	38	19.00	2	154	77.00
세종	1	4	4.00	2	26	13.00
경기	5	31	6.20	10	311	31.10
강원	–	–	–	6	68	11.33
충북	7	72	10.29	7	152	21.71
충남	6	60	10.00	14	328	23.43
전북	–	–	–	9	68	7.56
전남	3	132	44.00	13	399	30.69
경북	4	28	7.00	23	24	1.04
경남	3	28	9.33	18	298	16.56
제주	2	7	3.50	2	70	35.00
전체	44	647	14.70	120	5,173	43.11

* 출처 : 중앙교육복지연구지원센터(2021), 한국교육개발원(2022)의 교육복지우선지원사업 및 교육복지안전망 운영 현황 조사 결과 재구성

표 Ⅲ-2-15 시·도별 사례관리 중 기타 사례관리 현황(단위 : 개, 회)

시도	2021년					2022년		
	안전망 수	상담진행		사례회의		안전망 수	기타	
		횟수	평균	횟수	평균		횟수	평균
서울	4	811	202.75	70	17.50	16	730	45.63
부산	1	0	0.00	0	0.00	5	0	0.00
대구	–	–	–	–	–	4	9	2.25
인천	5	218	43.60	30	6.00	5	0	0.00

시도	2021년					2022년		
	안전망 수	상담진행		사례회의		안전망 수	기타	
		횟수	평균	횟수	평균		횟수	평균
광주	–	–	–	–	–	1	0	0.00
대전	1	21	21.00	5	5.00	1	4	4.00
울산	2	162	81.00	82	41.00	2	0	0.00
세종	1	141	141.00	8	8.00	2	0	0.00
경기	5	51	10.20	15	3.00	10	995	99.50
강원	–	–	–	–	–	6	116	19.33
충북	7	161	23.00	32	4.57	7	76	10.86
충남	6	176	29.33	54	9.00	14	40	2.86
전북	–	–	–	–	–	9	6	0.67
전남	3	0	0.00	84	28.00	13	42	3.23
경북	4	193	48.25	25	6.25	23	41	1.78
경남	3	354	118.00	31	10.33	18	23	1.28
제주	2	0	0.00	4	2.00	2	0	0.00
전체	44	2,288	52.00	440	10.00	120	2,082	17.00

* 출처 : 중앙교육복지연구지원센터(2021), 한국교육개발원(2022)의 교육복지우선지원사업 및 교육복지안전망 운영 현황 조사 결과 재구성

마) 담당 교육복지사 자격 및 경력 현황

- 교육복지안전망사업 운영을 위하여 교육지원청에서는 크게 3가지 방법으로 인력을 확보하고자 노력하는 것으로 나타났다.
  - (신규 인원 충원) 교육복지안전망 시범사업 운영을 위하여 일부 시·도의 교육청은 사업 운영 담당 인력을 새로 충원하였다. 부산광역시, 인천광역시, 울산광역시 등을 비롯한 대다수의 교육지원청이 이에 해당한다.
  - (기존 전담 인력 재배치) 전라남도와 경상북도의 일부 교육지원청의 경우, 기존 전담 인력 중심으로 교육복지안전망을 운영하도록 계획하였다. 기존 인력이 교육복지안전망사업을 운영하며 지나치게 업무가 과중되지 않도록 하기 위하여 대상

자들에게 교육복지사업 외의 업무분장 지양을 강조하였다.

- (유관 사업 인력 연계) 교육복지안전망과 Wee센터 사업을 연계 및 통합하여 운영하는 기존 시스템 안에 인력을 배치하여 교육복지안전망도 함께 운영하는 형태로 인력을 확보하였다. 제주특별자치도와 경상남도 교육지원청이 대표적이다.

바) 교육복지안전망사업 담당자 구성 현황

- 교육복지안전망사업 운영 인력은 팀장, 교육복지사, 장학사, 프로젝트 조정자 등의 직함을 가지고 있으며, 담당자마다 수행하는 과업의 영역과 범위에 조금씩 차이가 있다(〈표 III-2-16〉, 〈표 III-2-17〉 참고).

표 III-2-16 2021년 시·도별 교육복지안전망 담당자 구성 현황

시도	2021년		
	교육지원청		담당자 직함(인원)
부산	1	북부교육지원청	팀장(1), 교육복지사(2)
인천	2	강화교육지원청	팀장(1), 교육복지사(2)
	3	남부교육지원청	팀장(1), 교육복지사(1), 사례관리전담교육복지사(2)
	4	북부교육지원청	팀장(1), 교육복지사(3)
	5	동부교육지원청	팀장(1), 교육복지사(3)
	6	서부교육지원청	팀장(1), 교육복지사(3)
대전	7	교육청 교육복지과	교육복지담당사무관(1), 주무관(1), 교육복지사(5)
울산	8	강남교육지원청	팀장(1), 사회복지사(4)
	9	강북교육지원청	팀장(1), 사회복지사(4)
세종	10	교육청교육복지과	교육복지담당사무관(1), 장학사(1), 프로젝트조정자(1)
	11	북부학교지원센터	센터장(장학관)(1), 교육복지사(2)
	12	남부학교지원센터	센터장(장학관)(1), 교육복지사(2)
경기	13	광명교육지원청	팀장(1), 교육복지조정자(1)
	14	구리남양주교육지원청	팀장(1), 교육복지조정자(1)

시도	2021년		
	교육지원청		담당자 직함(인원)
경기	15	부천교육지원청	팀장(1), 교육복지조정자(1)
	16	시흥교육지원청	팀장(1), 교육복지조정자(1)
	17	안양과천교육지원청	장학사(1), 교육복지조정자(1)
	18	괴산증평교육지원청	팀장(1), 교육복지사(1)
	19	보은교육지원청	팀장(1), 교육복지사(1)
	20	영동교육지원청	장학사(1), 교육복지사(1)
	21	단양교육지원청	팀장(1), 주무관(행정업무)(1), 교육복지사(1)
충북	22	옥천교육지원청	팀장(1), 교육복지사(1)
	23	음성교육지원청	팀장(1), 교육복지사(1)
	24	진천교육지원청	팀장(1), 교육복지사(1)
	25	논산계룡교육지원청	팀장(1), 교육복지사(2)
	26	당진교육지원청	팀장(1), 교육복지사(2)
충남	27	아산교육지원청	팀장(1), 교육복지사(2)
	28	예산교육지원청	장학사(1), 교육복지사(2)
	29	청양교육지원청	팀장(1), 교육복지사(2)
	30	천안교육지원청	팀장(1), 교육복지사(2)
전남	31	목포교육지원청	팀장(1), 프로젝트조정자(1), 교육복지안전망사무보조(1)
	32	여수교육지원청	팀장(1), 프로젝트조정자(1), 교육복지안전망사무보조(2)
	33	화순교육지원청	팀장(1), 프로젝트조정자(1)
경북	34	경산교육지원청	장학사(1), 교육복지사(1)
	35	구미교육지원청	팀장(1), 교육복지사(1)
	36	안동교육지원청	장학사(1), 교육복지사(1)
	37	포항교육지원청	장학사(1), 교육복지사(1)
경남	38	거창교육지원청	장학사(1), 교육복지사(1)
경남	39	밀양교육지원청	장학사(1), 교육복지사(1)
	40	사천교육지원청	장학사(1), 교육복지사(1)

시도	2021년		
	교육지원청		담당자 직함(인원)
제주	41	제주교육지원청	교육복지사(2)
	42	서귀포교육지원청	교육복지사(1), 사회복지사(1)

* 출처 : 중앙교육복지연구지원센터(2021)의 교육복지우선지원사업 및 교육복지안전망 운영 현황 조사 결과 재구성

표 Ⅲ-2-17 2022년 시·도별 교육복지안전망 담당자 구성 현황(단위 : 명)

시도	안전망 수	교육청	교육지원청	학교
서울	4	1	22	303
부산	1	1	10	141
대구	–	2	8	128
인천	5	1	14	148
광주	–	5	0	91
대전	1	6	0	61
울산	2	0	26	30
세종	1	5	0	8
경기	5	0	16	111
강원	–	1	18	82
충북	7	1	10	33
충남	6	1	27	68
전북	–	1	18	123
전남	3	0	5	94
경북	4	1	13	85
경남	3	1	24	58
제주	2	1	4	21
전체	**44**	**28**	**215**	**1,585**

* 출처 : 한국교육개발원(2022)의 교육복지우선지원사업 및 교육복지안전망 운영 현황 조사 결과 재구성

사) 교육복지안전망 담당 교육복지사의 자격 및 경력 현황

- 교육복지안전망 담당 교육복지사의 전문자격 현황은 〈표 Ⅲ-2-18〉과 같다.

표 Ⅲ-2-18 시·도별 교육복지안전망 담당 교육복지사 전문 자격(단위: 명)

시도	2021년							2022년						
	사회복지사 1급	사회복지사 2급	청소년지도사	평생교육사	교원자격	학교사회복지사	교육복지사수1)	사회복지사 1급	사회복지사 2급	청소년지도사	평생교육사	교원자격	학교사회복지사	교육복지사수1)
서울	7	2	1	1	1	2	8	49	26	21	6	11	12	80
부산	1	1	0	0	0	0	1	3	2	3	1	1	2	5
대구	–	–	–	–	–	–	–	7	5	2	2	2	5	8
인천	9	3	5	5	2	1	12	6	4	3	2	0	1	12
광주	–	–	–	–	–	–	–	2	0	1	2	1	1	3
대전	1	0	0	0	0	1	1	1	1	0	0	0	1	2
울산	0	6	1	1	3	0	6	8	11	1	1	3	2	20
세종	2	1	3	0	0	0	3	1	3	1	0	0	0	4
경기	3	2	1	0	3	2	5	9	5	1	3	3	4	12
강원	–	–	–	–	–	–	–	2	6	1	2	2	1	6
충북	4	4	2	3	1	2	7	4	3	2	3	1	2	7
충남	1	5	0	1	4	0	6	7	11	3	6	8	3	20
전북	–	–	–	–	–	–	–	10	4	2	2	5	6	11
전남	3	0	0	0	2	0	3	2	9	1	4	2	1	13
경북	3	4	1	1	0	2	4	4	1	1	1	0	2	4
경남	2	1	0	1	1	1	3	17	6	3	3	3	5	19
제주	1	2	0	1	0	0	3	1	3	1	1	0	0	4
전체2)	37	31	14	14	17	11	44	133	100	47	39	42	48	230

* 주: 1) 교육복지사가 다수의 자격을 소진한 경우가 존재하여 자격 합계와 교육복지사수 합계 불일치

2) 일부 교육복지안전망의 교육복지사는 교복우사업도 담당하여 전국 시·도교육청 및 교육지원청 교육복지사 전체 합계와 불일치

* 출처: 중앙교육복지연구지원센터(2021), 한국교육개발원(2022)의 교육복지우선지원사업 및 교육복지안전망 운영 현황 조사 결과 재구성

다. 코로나19 시기 교육청별 교육복지우선지원사업 실태

보고서명	[CR 2020-03] 코로나19 대응 취약계층 학생 지원 현황 분석
주제어	코로나19, 취약계층, 교육청, 교육복지우선지원사업

1) 코로나19 대응을 위한 교육청별 지원 현황의 차이점

- 코로나19 대응을 위한 지원 현황은 교육청별 차이가 있다(<표 III-2-19> 참고).

표 Ⅲ-2-19 교육청별 코로나19 대응(극복) 지원 현황 분석(종합)

영역	공통점	차이점
지원대상	• 모든 교육청은 교육복지우선지원 대상 학생을 적극적으로 발굴하고, 온라인 수업 운영 등의 긴급 상황에 복지사각지대를 예방하고자 노력하고 있음 • 기본적인 지원대상 학생 뿐 아니라 학교, 위기학생(발굴) 등에 대한 지원도 이루어졌음	• 일부 교육청은 기존 교육복지우선지원 대상자 이외에 코로나19로 인한 상황에 따라 지원 학생을 탄력적으로 발굴함 • 보호자 코로나19 확진 및 격리 등으로 돌봄이 필요한 학생들에게 학교돌봄서비스를 제공함(대구)
지원시기	• 대부분의 교육청이 개학연기 및 온라인 개학 일정 등을 고려하여 적기에 긴급지원을 시행하고 있음	• 지역별로 대면 혹은 비대면 수업 일정에 차이를 보이기 때문에 지원시기에 차이를 보임
지원내용	• 적극적으로 교육배려 대상 학생을 찾아 실태 점검을 실시하고 있음 • 모든 교육청은 지원 대상 학생들에게 필요한 현물 혹은 현금 등을 파악하고, 학생들에게 필요한 맞춤 지원을 실시하고 있음 • 대부분의 교육청은 안전한 공간으로 교육복지실을 운영하고 있음	• 일부 교육청은 외부자원과 연계하여 지원을 실시하고 있음(충남, 충북 등) • 일부 교육청은 전화상담 등을 통하여 대상학생에게 지속적으로 모니터링을 실시함(세종, 울산 등) • 가정학습 곤란학생을 파악해서 정보화 기기 대여, 학습용품, 통신비 등을 지원함(대구, 충남 등)
지원방법	• 방역물품은 기본적으로 지원함 • 현물 혹은 현금 • 현물 지원 범위 : 생필품, 방역용품, 식료품, 학습자료 등 • 현금 지원 범위 : 병원비, 수익자부담경비(방과후활동비, 기숙사비 등), 통학비, 식비 등	• 현금 지급의 경우 학부모 또는 학생 계좌로 입금함(제주) • 복지사 미배치교는 필요시 해당 교육지원청 교육복지사와 협의함(대구)
행정사항	• 긴급지원비 확대 등을 통해서 사업의 안정성을 확보하고 있음 • 대상학생에 대한 사례관리 결과를 보고하도록 함	• 교육청별로 긴급지원비 확대 비율에 차이를 보임 • 교육청별로 운영비를 사용할 때 지출 항목에 제한을 둠

2) 교육청별 코로나19 대응(극복)을 위한 지원 내용 분석

가) 서울

• 서울은 코로나19 대응 개학 2차 연기에 따라 교육취학학생 가정 내 돌봄 상황 등 체크 및 긴급 집중 지원을 실시하였다. 구체적으로 학생 집중 및 사례관리 특별 주간을 운영하고, 교육복지시설을 통한 심리·정서적 안정을 지원하는 방법으로 실행하였다.

표 Ⅲ-2-20 서울특별시교육청 코로나19 대응(극복) 지원 내용

대상	• 교육복지우선지원 거점학교 교육취약학생(293교, 초 168교/중 125교)
시기	• 2020.3-개학 전
영역	• 교육취약 학생 집중지원 및 사례관리 특별 주간 운영(~ 개학 전) • 교육복지실을 통한 심리·정서적 안정 지원 • 거점학교(293교) 지역사회교육전문가 개별 유선 사례관리(1일 2회) 실시
방법	• 심리적 지원, 현물 지원 등
행정사항	• 교육복지우선지원 거점학교 공동운영비(교당 5,000천 원) 조기 재배정 예정 • 신규 거점학교 교육복지실 조기 설치(교육지원청 컨설팅 지원) • 민간 기부 마스크 배분 : 2020년 3월 중 즉시
비고	• 2019년 자료 활용하여 집중지원대상학생 파악 및 2020 사업 준비 • 집중지원 학생 성장지원기록지 작성 및 명단 정리 • 지역교육복지공동체 구성 등 지역연계 협력 준비 • 교육복지공동체 중점기관(학교)와 지역교육복지센터 간 긴밀한 협의 유지 • 2020학년도 교육복지공동체 중점기관(학교) 조기 선정 • 향후 코로나19 대응에 따라 교육복지상담, 지역연계, 가정방문 등 탄력적 운영 • 개학 연기에 따른 저소득층 아동 급식은 방학 중 급식지원 방식과 같음

나) 부산

• 부산은 단계별 개학, 온라인 수업 운영 등 긴급 상황에 따라 2020년 사업 초점을 위기학생과 가정에 대한 복지우선 지원으로 전환하고 교육복지 대상 학생들에 대한 촘촘한 복지서비스 지원으로 복지사각지대를 예방하고자 노력하였다.

표 Ⅲ-2-21 부산광역시교육청 코로나19 대응(극복) 지원 내용

구분	내용
대상	• 교육복지 중점 및 지원학교(초·중 446교) 교육복지 대상학생
시기	• 2020.4-5.31
영역	• 「코로나19 극복, 긴급지원비」 편성·운영〈신규〉 • 교육복지사 대상학생 모니터링 강화 • 지역사회 자원 발굴 및 연계 활성화 • 코로나19 대응 및 학교 실정에 맞는 프로그램 운영
방법	• 기 교부한 사업비(통합사업비)의 30% 이내에서 필요한 학교는 자율적으로 운영 • 모니터링 • 복지정보 제공 등
행정사항	• 중점학교(사업계획서 수정) 2020. 3월 교육지원청에 제출한 사업계획서는 학교 교육복지위원회를 통해 자체적으로 수정·반영(수정 사업계획서 미제출) 교육지원청 제출 없이 학교 자체적으로 보관하고, 학교별로 학교장의 책임하에 운영 • 지원학교(사업계획서 작성)「코로나19 극복, 긴급지원비」를 반영하여 학교의 상황에 맞게 사업계획 수립, 사업계획서 제출 전 지원이 필요한 경우 우선 집행 후 사업계획서 반영 가능 • 중점·지원학교 공통사항:'추진 영역' 및 '프로그램명' 통일(추진 영역) 학교적응력 강화(프로그램명)「코로나 19 극복, 긴급지원비」 • 교육지원청자료집계시스템 개설, 학교에서 긴급지원비 편성 및 추진이 원활하게 이루어지도록 적극 지원, 학교컨설팅 시 추진 상황 등을 모니터링, 지원학교의 위기학생 사례 관리 지원
비고	

다) 대구

• 대구는 휴업기간 중 교육취약계층 학생 상황 파악 및 지원을 통한 방임학생 발생을 최소화하고, 지원 필요학생 발굴 및 맞춤형 지원을 통해 취약계층 학생의 학습 공백을 최소화하며 건강한 생활 지원에 목적을 두었다. 또한 대구의 특성은 교육취약학생을 돌봄, 급식, 학습곤란 등 다양하게 분류하고 대상에 적합하도록 맞춤형으로 지원하였다.

표 Ⅲ-2-22 대구광역시교육청 코로나19 대응(극복) 지원 내용

구분	내용
대상	• 기초수급자, 시설보호, 한부모가정, 차상위계층 등 필요학생 • 보호자의 장기간 부재, 기존 돌봄서비스 이용 • 중단, 보호자 코로나 19 확진 및 격리 등으로 돌봄이 필요한 학생 • 휴업기간 연장으로 인해 결식 위험이 있는 학생 • 가정학습 곤란학생
시기	• 2020년
영역	• 코로나19관련 지원 • 돌봄 필요학생 파악 및 지원 • 결식 학생 파악 및 지원 • 가정학습 곤란학생 파악 및 지원
방법	• 마스크 등 현물 지원 • 돌봄교실 운영 • 도시락 등으로 급식 지원 • 정보화 기기 대여
행정사항	• 담임교사가 작성한 학생관리 일일 체크리스트 중 지원 필요학생 파악 • 사례관리 대상학생 집중 관리 • 학생지원 현황 학교 관리자에게 보고(SNS, 문자, 전화 등 학교상황에 맞게)
비고	• 저소득층 고등학생 지원 : 초·중 교복우사업에 준하여 지원 안내 • 법정저소득층 학생에게 학교에서 보유한 마스크 지원 • 결식지원대상자의 급식여부 확인 및 추가 지원대상자 주민센터 연계 • 온라인 수업이 어려운 학생은 학교에서 보유하고 있는 정보화기기 대여 및 통신비 지원(고등학생은 교육청에서 통신비 교부)

라) 인천

• 인천은 대상학생 생활 및 가정 상황을 모니터링하고 코로나 19 관련 현물 및 직접 서비스를 지원하고 있으며, 지역사회 자원(민간기관 286개소)을 연계하여 지원하였다.

표 Ⅲ-2-23 인천광역시교육청 코로나19 대응(극복) 지원 내용

대상	• 사업학교 • 연계 희망학교 • 교육복지우선지원사업 대상 학생
시기	• 대상학생 생활 및 가정 상황 지속 모니터링 • 교육복지우선지원사업 프로그램 운영 • 교육복지실 운영 관리
영역	• 대상학생 생활 및 가정 상황 지속 모니터링 • 교육복지우선지원사업 프로그램 운영 • 교육복지실 운영 관리
방법	• (사업학교) 현물 및 직접서비스 지원, 비대면 프로그램 기획 추진, 교육복지실 체온계, 손소독제 등 구비 • (연계 희망 학교) 현물 및 직접서비스 지원
행정사항	• 교육복지우선지원사업 예산 사용 • 학생맞춤지원비 확대 편성 한시적 허용 • 프로그램 계획 및 예산 변경은 교내 자체 협의하여 진행
비고	• 연계(희망)학교 교육복지우선지원사업 프로그램 운영 및 예산 사용 도움 필요 시 교육지원청으로 문의, 협력 지원

마) 광주

- 광주는 교육복지우선지원사업 대상 학생에 대한 실태를 점검하고 필요시 생필품, 방역물품, 학용품 등을 주로 지원하였다.

표 Ⅲ-2-24 광주광역시교육청 코로나19 대응(극복) 지원 내용

대상	• 교육복지우선지원사업 대상 학생
시기	• 2020.2-
영역	• 실태 점검 및 지원
방법	• 기 교부된 사업비 활용
행정사항	• 〈학생보호망〉 적극적으로 가동
비고	

바) 대전

- 대전은 우선지원학생 선정, 우선지원학생 사정 및 관리 유형 구분, 우선지원학생 관리 실행, 사례관리 학생 선정·개입·평가 등의 절차를 통하여 우선지원학생을 관리하였으며, 구체적인 지원 내용은 다음과 같다.

표 Ⅲ-2-25 대전광역시교육청 코로나19 대응(극복) 지원 내용

대상	• 우선지원학생 • 23개 사업학교
시기	• 2020. 3.6-5.20 (대상별 기간상이)
영역	• 우선지원학생 생활지도 관련 업무연락 • 학생관리 세부 지원계획 • 코로나19 대응 교복우 학생관리 운영현황 조사 • 코로나19 대응 외부 기관 연계 지원
방법	• 모니터링 • 정보 안내 • 방역용품, 생필품 등 지원 • 긴급생계비, 여성위생용품, 생필품키트, 마스크 등
행정사항	• 프로그램 운영비 총액의 10% 범위 내에서 긴급지원 • 23개 사업학교에서 자체예산으로 방역용품, 생필품 등 지원 (월드비전)개별 생계비 20만 원 지원(사업학교 61교, 교당 2명)(장미청소년)위생용품키트 500세트(사업운영 중고등학교 22교)(굿네이버스)생필품 키트
비고	

사) 울산

- 울산은 코로나19로 인한 4차 개학 연기 및 온라인 개학이 결정되어 각급학교 취약계층 학생들의 가정 내 생활이 장기화됨에 따라, 모니터링을 통한 건강 및 위생관리, 가정학습 지원 등 학생 맞춤형 긴급 지원을 적기에 적극적으로 시행하였다.

표 Ⅲ-2-26 울산광역시교육청 코로나19 대응(극복) 지원 내용

구분	내용
대상	• 취약계층 학생 • 중점학교 대상학생 및 긴급지원이 필요한 학생
시기	• 2020.4-
영역	• 취약계층 학생 가정생활 모니터링 실시 • 맞춤형 긴급 지원 실시(권장)
방법	• 모니터링 • 중점학교 사업비의 15% 이내(교별 300~450만 원)
행정사항	• 대상학생 긴급지원 시 교내복지위원회 심의 후 시행 • 개학 후 긴급지원에 관한 개별 사례관리 결과 제출
비고	

아) 세종

- 세종은 교육복지선도학교 23교 및 일반학교 70교 학생을 대상으로 학생 지원을 실시하였다. 주요 지원 내용은 모니터링 및 생필품 지급 등이다.

표 Ⅲ-2-27 세종교육청 코로나19 대응(극복) 지원 내용

구분	내용
대상	• 교육복지선도학교 23교(초15, 중8), 학생 900명 • 일반학교 70교(초34, 중16, 고20), 학생 1500명
시기	• 2020.3-
영역	• 교육복지 우선지원학생 및 집중지원학생 대상 지원 • 긴급복지지원제도 및 세종특별자치시 교육복지 자원 안내
방법	• 모니터링 및 생필품 지급 등
행정사항	• 교육복지선도학교는 대상 학생에 대한 사례관리 결과 보고
비고	

자) 경기

- 경기는 위기학생 발굴, 긴급복지지원 학생 파악 및 통합사례관리, 개별 맞춤형 지원을 실시하고 있으며, 복지공백해소 및 학생 복지 지원을 위한 협력체계를 구축하고 있다. 또한 학생에 대한 지속적인 지원 및 개입이 이루어지도록 하여 학생의 안전 확보 및 불안감 해소를 위한 '교육복지 안전망'을 가동하였다.

표 Ⅲ-2-28 경기도교육청 코로나19 대응(극복) 지원 내용

구분	내용
대상	• 교육복지우선지원사업 학생 • 긴급복지지원이 필요한 위기학생과 '복지사각지대' 학생
시기	• 2020.4-
영역	• 코로나19 대응 '교육복지 안전망'운영 • (사업학교) 교육복지실 운영 • 교육복지우선지원사업 프로그램 운영 • 학생 발굴 및 지원 • 사제동행과 연계한 학생지원(학생사례관리, 학생성장지원) • 위기학생 발굴 및 교내 학생 사안과 연계한 학생지원 • (교육지원청) 학교 현장 지원
방법	• 긴급복지 서비스 제공 및 현물 지원 • 교육복지실 운영 • 프로그램 제공 • 상담, 학습지원 등 • 지속적인 모니터링 • 학교 현장 지원
행정사항	• 교육복지우선지원사업 사업비 중 위기학생 지원을 위하여 예산 범위 내 30~50% 안에서 변경하여 지원 가능
비고	• 코로나19로 인한 학생과 가정, 학교 상황에 따라, 필요시 교육복지우선지원사업 사업계획 및 예산 변경하여 운영 가능

차) 강원

- 강원은 온라인 개학에 따른 교육복지대상학생들의 학습결손 및 교육격차를 예방하고자 행복나눔실과 행복나눔 교육복지센터를 중심으로 비대면 상담을 통하여 교육복지안전망을 가동하였다.

표 Ⅲ-2-29 강원도교육청 코로나19 대응(극복) 지원 내용

구분	내용
대상	• 교육복지대상학생
시기	• 공문 시행부터 학생 등교 시까지
영역	• 행복나눔실(교육복지사 배치 학교) 운영 • 행복나눔 교육복지센터 운영
방법	• 비대면상담(전화상담, SNS, 이메일, 스카이프 등 온라인상담) • 교육복지센터 운영
행정사항	• 행복나눔실(교육복지사 배치 학교), 행복나눔 교육복지센터 • 행복나눔실 점검사항을 참조하여 교육지원청 상황에 맞게 진행
비고	

카) 충북

- 충북은 교육복지 취약계층에 대한 지원에 공백이 발생하지 않도록 긴급지원비의 비율을 조정하여 교육복지우선지원사업의 안정적 운영을 위하여 노력하였다.

표 Ⅲ-2-30 충북교육청 코로나19 대응(극복) 지원 내용

구분	내용
대상	• 2019학년도 선정 우선지원학생 및 집중지원학생 • 교육복지우선지원학교
시기	• 2020.3-
영역	• 꿈나래(A)형 학교 • 꿈누리(B)형 학교 • 학생발굴 및 사례관리 • 지역연계 및 운영지원 • 맞춤형 통합프로그램
방법	• 생필품 등 현물 지원 및 정보 제공 • 모니터링, 현물, 현금 지급 등 • 운영비 지원 • 프로그램 제공
행정사항	• 대상 학생에 대한 사례관리 결과 보고 • 학생(학부모)에게 긴급복지지원제도 및 지역자원활용 안내 • 긴급지원비 집행 시 학생 상황에 맞춘 개별화 된 지원 • 확대 편성된 운영비는 코로나19 관련 물품 구입 경비로만 사용 • 교육복지우선지원대상자 참여 비율(6:4)로 구분

비고	• 긴급지원비 : 교부액의 10%이내 편성, 지원 • 총 사업비의 10% 내외로 편성 • 당초 총 사업비의 10%에서 총 사업비의 20%까지 확대 편성 • 집중형, 일반형 프로그램 구분 없이 총사업비의 50%내외로 하향조정

타) 충남

- 충남은 코로나19 관련 개학 연기에 따른 대상 학생 관리 지원을 위하여 인터넷 통신비, 마스크 및 긴급생계비 등을 지원하였다.

표 Ⅲ-2-31 충남교육청 코로나19 대응(극복) 지원 내용

대상	• 사업학교 대상학생
시기	• 2020.3-
영역	• 코로나19 관련 개학 연기에 따른 대상학생 관리 지원 안내(학교지원과) • 정보기기와 인터넷통신비 지원(인터넷 통신비 지원예산 활용) • 외부자원연계 지원 내용 • 주요업무 변경
방법	• 방역물품, 식품꾸러미, 건강관리용품, 문제집 등 • 통신비 지원 • 마스크 및 긴급생계비 지원 • 교육복지사 대상 원격연수
행정사항	• 프로그램 진행이 어려운 상황에 대한 예산 운영방향 협의(예산과)제 2회 추가경정예산 학교운영비(기타운영비) 최소 10%이상 감액(학교 희망조사에 따라 평균 19.5%감 추경), 금년도 사업비(기타운영비)집행 잔액은 명시이월하여 사업 목적에 맞게 사용하여 사업의 안정성 확보
비고	• 지역사회 연계 및 맞춤식 지원 : 운영비 20% 집행 가능

파) 전북

- 전북은 교육배려 대상 학생의 실태를 점검하고 위생용품, 생필품, 건강용품, 학습용품 등 필요한 물품 중심으로 지원하였다.

표 Ⅲ-2-32 전북교육청 코로나19 대응(극복) 지원 내용

구분	내용
대상	• 교육배려 대상 학생
시기	• 2020.3-
영역	• 대상학생 실태점검 및 지원
방법	• 긴급지원비를 활용하여 물품으로 지원
행정사항	• 교육복지우선지원의 긴급지원비 확대(기존 5% → 20%이내 지원)
비고	• 대상 학생 상황에 맞는 맞춤형지원이 될 수 있도록 개별적 지원 협조

하) 전남

• 전남의 경우, 교육복지우선지원 사업학교는 생활, 교육, 건강 영역에서 학생 맞춤형으로 긴급지원을 실시하고 있으며, 도내 공·사립학교를 대상으로 방역물품을 지원하였다.

표 Ⅲ-2-33 전남교육청 코로나19 대응(극복) 지원 내용

구분	내용
대상	• 교육복지우선지원사업학교 86교 • 도내 공·사립 초·중·고등학교(819교)
시기	• 2020.3-
영역	• 교육복지우선지원사업 학생 맞춤형 긴급지원 협조 • 교육취약계층 학생 방역물품 구입비 지원
방법	• 생활, 교육, 건강 영역 등 학생 맞춤형 지원 • 방역물품 지원
행정사항	• 교당 지원 금액 : 최저 2,000원 ~ 최고 3,500원
비고	

거) 제주

• 제주는 장기휴업(방학 포함), 감염병으로 인한 자가격리, 자율보호로 인한 경제적 취약 학생의 결식을 우려하여 학기 중 저소득층 학생 중식비를 지원하였다. 또한, 코로나19 확산으로 경제 활동이 위축되면서 갑작스러운 부양의무자의 폐업, 실직,

파산 등으로 인한 경제적 어려움을 겪는 가정이 많아질 것으로 예상하고 위기학생을 발굴하여 현물 혹은 현금을 지원하였다.

표 Ⅲ-2-34 제주도교육청 코로나19 대응(극복) 지원 내용

구분	내용
대상	• 중위소득 60% 이하 • 위기학생
시기	• 2020.3-
영역	• 학기 중 저소득층 학생 중식비 지원 • 위기학생에 대한 긴급복지지원(현물·현금) 강화
방법	• 학부모 또는 학생 계좌 입금 • 현물 혹은 현금
행정사항	• '학생 맞춤형 교육복지 통합지원 사업비'에서 지원하되, 기교부된 예산을 우선 사용하고 부족시 추가예산 신청 • '학생 맞춤형 교육복지 통합지원'사업비 및 학교 자체 예산 • '학생 맞춤형 교육복지 통합지원'사업비 예산이 한정적이므로 예산이 부족한 경우 학교 자체 예산을 최대한 확보하여 신속하게 지원 실시
비고	• 학교 급식이 이루어지는 기간에 감염병으로 인한 자가격리 및 자율 보호 저소득층 학생

Ⅳ

교육복지의 성과 및 발전 방안

교육복지 성과평가 방안

—

교육복지우선지원사업 및
교육복지안전망사업 성과와 발전 방안

1

교육복지 성과평가 방안

가. 학교단위 교육복지 정책 성과평가 방안

보고서명	[RR 2014-02] 학교단위 교육복지 정책 성과지수 개발
주제어	교육복지우선지원사업, 성과지표, CIPP

1) 학교단위 교육복지 정책 성과지표 영역 및 구성요소

- 교육복지 성과지표는 체제적 접근 방식으로 정책 평가에 실용적인 것으로 알려진 Stufflebeam(1983)의 CIPP모형에 따라서 배경, 투입, 과정, 산출(성과) 부문 4가지 단계의 대영역으로 구분할 수 있다. 본 내용은 교육복지우선지원사업에 초점을 두고 개발된 지수체계를 소개한다(〈표 IV-1-1〉 참고).
  - 배경(context)은 학교의 상황이나 환경적 여건을 파악하기 위한 것으로 이를 위해 선정한 중영역은 학교 수준, 사회 경제적 배경수준, 연계 협력 체제 구축·운영 수준으로 전반적 교육 환경 및 여건을 확인하는 내용들로 구성된다.
  - 투입(input)은 교육활동을 위해 투입된 것을 다루는 것으로 중영역에서 인적자원과 물적 자원으로 구분된다.
  - 과정(process)은 교육적 의도로 진행된 교육 프로그램, 교육활동으로써 이 단계는 교육복지를 중심으로 하는 프로그램에 초점을 두며, 중영역은 포괄성과 충실성, 적합성 및 타당성 항목으로 구성된다.
  - 성과(product)는 교육복지 활동을 통해서 얻어진 결과 및 산출물로서, 중영역을 적응도와 만족도, 성취도로 구분한다.

표 Ⅳ-1-1　학교단위 교육복지 정책 성과지수 대영역과 중영역

대영역	배경	투입	과정	성과
중영역	• 학교수준 • 사회 경제적 배경수준 • 연계협력 체제 구축 · 운영 수준	• 인적 자원 • 물적 자원	• 포괄성 • 충실성 • 적합성 및 타당성	• 적응도 • 만족도 • 성취도

가) 배경 영역에서의 지표

- 배경에서 다루는 중영역 지표는 학교 수준, 사회 경제적 배경 수준, 연계협력 체제 구축·운영 수준 세 가지로 되어 있다. 중영역별로 다루는 세부지표의 내용들을 정리하면 다음 〈표 Ⅳ-1-2〉와 같다.
  - 학교 수준은 학교의 전반적인 상황을 파악하기 위해 '교육복지사업 지정 및 사업 실시 년도, 기간'과 '학교 전교생 중 교육복지 대상 학생 수/비율', '교육복지사업 예산외 교내 운영 예산 여부', 원도심, 신도시, 농촌 등의 상황을 고려한 '학교의 지리적 위치', '교내 다문화 가정과 이주노동자 가정 그리고 결혼이주 여성가정, 탈북 가정 등의 비율', '학교 폭력 신고 사례수(초등학교는 상담 또는 교사의 보고/ 중학교는 학교 폭력 위원회 구성 및 심의 건수)', '학교 중도 탈락율 및 장기 결석 학생수' 총 일곱 가지 지표로 구성된다.
  - 사회 경제적 배경 수준을 파악하기 위해서 '한부모, 조손가정, 소년소녀가정, 시설거주 학생 수/비율'과 '저소득층(국민기초생활수급자자녀, 차상위계층, 법정한부모) 가정의 학생 수/비율', '위기 학생 및 위기 가정 학생 수/비율' 세 가지 지표로 구성된다.
  - 배경의 상황을 파악하기 위해서는 학교를 중심으로 한 연계 협력 체제구축과 운영이 어떻게 이루어지고 있는지 확인할 필요가 있다. 따라서 '가정과의 연계 협력'을 다루었으며, 지역사회 자원 규모나 학생들의 접근성 및 학교의 교육복지사업 연차 고려하는 '지역사회와의 연계 협력'을 다룬다. 또한 교육복지와 관련한 운영위원회가 조직되었는지, 관련 담당자들과 연계 협력 정도가 어떠한지를 알아보는 '학교 내 교육복지 조직 및 체제 구축 여부'를 지표로 삼는다.

표 Ⅳ-1-2 학교단위 교육복지 정책 성과지수 배경 영역의 구성 체계

대영역	배경	세부지표
배경 (context)	학교 수준	• 교육복지사업 지정 및 사업 실시 년도, 기간 • 학교 전교생 중 교육복지 대상 학생 수/비율 • 교육복지 사업 예산외 교내 운영 예산 여부 • 학교의 지리적 위치(원도심, 신도시, 농촌 등) • 교내 다문화 가정, 이주노동자 가정, 결혼이주 여성 가정, 탈북가정 등 비율 • 학교 폭력 신고 사례 수(초등학교는 상담 또는 교사의 보고/ 중학교는 학교 폭력 위원회 구성 및 심의 건수) • 학교 중도 탈락율 및 장기 결석 학생 수
	사회적 경제적 배경 수준	• 한부모, 조손가정, 소년소녀가정, 시설거주 학생 수/비율 • 저소득층(국민기초생활수급자자녀, 차상위계층, 법정한부모) 가정의 학생 수/비율 • 위기 학생 및 위기 가정 학생 수/비율
	연계 협력 체제 구축·운영 수준	• 가정과의 연계 협력 • 지역사회와의 연계 협력 (예 : 지역사회 자원 규모, 다양성, 접근성 및 학교의 교육복지 사업 연차 고려) • 학교 내 교육복지 조직 및 체제 구축 여부 (예 : 교내 보건실, 위클래스, 생활지도 강사, 상담사 등 연계 협력 정도 또는 운영위원회 조직 운영)

나) 투입 영역에서의 지표

- 투입에서 다루어지는 세부 지표들은 인적 자원에서 학생, 교사, 교육복지사(지역사회교육전문가)에 대한 부분을, 물적 자원에서 학교 시설 외에도 재정적 자원까지를 포함한다. 투입의 중영역에서 다루는 세부지표를 정리하면 다음 〈표 IV-1-3〉과 같다.
  - 물적 자원은 '교육복지실 설치 여부'와 '교육복지실 내 상담 및 학생 활동 공간 확보 여부', '지역사회의 공간 활용 및 공유 여부', 그리고 '교육청과 자자체 등의 교육비 지원 학생 수/비율' 네 가지 지표로 구성되어 있다.
  - 인적 자원은 '교육복지프로그램 참여 교원 수/비율'과 '교육복지사(지역사회교육전문가) 배치 여부', 학교 근무 및 지역복지기관 종사 경력을 포함하는 '교육복지사(지역사회교육전문가)의 경력', '교육복지사(지역사회교육전문가)의 자격증 유무', '교육복지사(지역사회교육전문가)의 전문성', '교직원 및 학생 학부모 등 대상 교육복지 연수 유무'로 여섯 가지 지표로 구성된다. 특히 교육복지사의 전문성은 주기적 슈퍼비전 수행 여부 등으로 전문성을 신장하기 위한 노력을 진행하고 있는지의

여부로 판단한다.

표 Ⅳ-1-3 학교단위 교육복지 정책 성과지수 투입 영역의 구성 체계

<table>
<tr><th>대영역</th><th>배경</th><th>세부지표</th></tr>
<tr><td rowspan="2">투입
(Input)</td><td>물적 자원</td><td>• 교육복지실 설치 여부
• 교육복지실 내 상담 및 학생 활동 공간 확보 여부
• 지역사회의 공간 활용 및 공유 여부
• 교육청, 자자체 등의 교육비 지원 학생 수/비율
(예 : 교재비, 급식비)</td></tr>
<tr><td>인적 자원</td><td>• 교육복지프로그램 참여 교원 수/비율
• 교육복지사(지역사회교육전문가) 배치 여부
• 교육복지사(지역사회교육전문가)의 경력
(예 : 학교 근무 및 지역복지기관 종사 경력)
• 교육복지사(지역사회교육전문가)의 자격증 유무
• 교육복지사(지역사회교육전문가)의 전문성
(예 : 주기적 슈퍼비전 수행 여부)
• 교직원 및 학생 학부모 등 대상 교육복지 연수 유무</td></tr>
</table>

다) 과정 영역에서의 지표

• 과정에서는 학교 현장에서 일어나는 다양한 교육과정 운영이 모두 포함될 수 있으나 교육복지 프로그램에 초점을 두고 교육과정의 운영과 능률성, 분위기 등을 고려해 그에 따라서 포괄성과 충실성, 적합성 및 타당성을 중영역으로 포함한다. 과정의 중영역에서 다루는 세부지표를 정리하면 다음 〈표 Ⅳ-1-4〉와 같다.

- 포괄성은 부모개입과 부모 교육 등을 함께 진행하고 포함시키는 내용의 '교육복지사업 프로그램 대상의 확대'와 위기 학생 지원 및 통합사례 관리 맞춤형 지원 등을 진행하는 '교내 교육복지위원회 구성 및 운영 정도' 그리고 '외부 전문기관과의 사례관리 협의', '사례관리를 위한 기초 상담 계획 수립 및 운영', '교육복지사(지역사회교육전문가)의 교무회의 참여 정도(참여 및 의견 제시 기회)' 등 4가지의 지표로 학교에서 진행되는 교육복지 전 영역의 포괄적인 요소들을 다룬다.
- 충실성은 '교사의 교육복지사업 참여(프로그램 기획·운영) 여부'와 '교육복지프로그램 참여 학생 수/비율', 직무 연수 참여 등의 활동으로 '교육복지사 및 교사의 능력개발'을 얼마나 하고 있는가와 '집중 지원 학생의 체계적 발굴 및 관리', 학

교 내·외 시스템 구축, 사업추진체제 구축, 교육복지사업을 위한 학교·지역사회 네트워크 협력관계 구축 등을 통해 '교육복지사업 활성화 노력'이 얼마나 이루어지고 있는지 파악하는 5가지의 지표로 구성된다.

- 적합성 및 타당성은 '교육복지 프로그램의 분명한 목표 수립 및 제시'와 '학생, 교사, 학부모의 욕구 조사 실시' 그리고 '학생, 교사, 학부모의 욕구 조사에 기초한 교육복지 프로그램 기획'으로 맞춤식 통합 프로그램을 운영하는 것이 그 예가 될 수 있다. 또한 효율성의 여부를 확인하기 위해서 '교육복지프로그램 운영 예산의 집행 비율 확인'하고, '교육복지 프로그램 단위별 진행 만족도'와 '협의체 활성화 정도 및 실행 수준 인식'을 파악한다. 또한 '프로그램 기획 및 운영의 효과성'과 '지역 기관 중심 교육복지 연계 프로그램 운영', '학교중심의 외부 자원 연계를 통한 맞춤형 지원 제공 여부'를 평가한다.

표 Ⅳ-1-4 학교단위 교육복지 정책 성과지수 과정 영역의 구성 체계

대영역	배경	세부지표
과정 (process)	포괄성	• 교육복지사업 프로그램 대상의 확대 (예 : 부모개입 및 부모교육) • 교내 교육복지위원회 구성 및 운영 정도 (예 : 위기 학생 지원 및 통합사례 관리 맞춤형 지원) • 외부 전문기관과의 사례관리 협의 • 사례관리를 위한 기초 상담 계획 수립 및 운영 • 교육복지사(지역사회교육전문가)의 교무회의 참여 정도(참여 및 의견 제시 기회)
	충실성	• 교사의 교육복지사업 참여(프로그램 기획·운영) 여부 • 교육복지프로그램 참여 학생 수/비율 • 교육복지사 및 교사의 능력 개발 (예 : 직무 연수 참여) • 집중 지원 학생의 체계적 발굴 및 관리 • 교육복지사업 활성화 노력 (예 : 학교 내·외 시스템 구축, 사업추진체제 구축, 교육복지사업을 위한 학교·지역사회 네트워크 협력 관계 구축)
	적합성 및 타당성	• 교육복지 프로그램의 분명한 목표 수립 및 제시 • 학생, 교사, 학부모의 욕구 조사 실시 • 학생, 교사, 학부모의 욕구 조사에 기초한 교육복지 프로그램 기획 (예 : 맞춤식 통합 프로그램 운영) • 교육복지프로그램 운영 예산의 집행 비율 확인 (예 : 효율성 여부)

대영역	배경	세부지표
과정 (process)	적합성 및 타당성	• 교육복지 프로그램 단위별 진행 만족도 • 협의체 활성화 정도 및 실행 수준 인식 (예 : 적합성 및 타당성에 대한 인식) • 프로그램 기획 및 운영의 효과성 • 지역 기관 중심 교육복지 연계 프로그램 운영 • 학교중심의 외부 자원 연계를 통한 맞춤형 지원 제공 여부

라) 성과 영역에서의 지표

- 성과에서 다루는 중영역은 적응도, 만족도, 성취도이다. 일반적으로 성과에서는 교육의 효과로서 인지적, 정의적, 신체적, 사회적 효과 등을 다루는데 이러한 요소들을 가능한 직접적으로 조사할 수 있는 수치로 드러나도록 하는 것을 추구한다. 이러한 지표들은 학교 현장에서 보다 명확하고 수월하게 사용될 수 있다. 세부 지표는 교육복지 대상 학생과 학부모, 교육복지사 및 교사, 관리자를 대상으로 한다. 성과의 중영역에서 다루는 세부지표를 정리하면 다음 〈표 IV-1-5〉와 같다.
  - 적응도는 학교 적응력, 사회성, 교우관계 등을 다루는 '학생의 학교 생활 변화도'와 자기 효능감, 자아 존중감 향상 등에 대한 '학생의 자기 인식 변화도', 그리고 '무단결석률, 학교 중도 탈락률 감소' 등의 총 3가지 지표로 교육복지사업 참여에 대한 학생의 적응도를 파악할 수 있도록 구성되어 있다.
  - 만족도는 수업이나 방과 후 활동 등에 대한 '학교에 대한 만족도', ' 지역 네트워크 연계 만족도', '교육복지사업에 대한 만족도', 다양성, 유익성, 학부모(자녀교육에 대한 도움, 가족관계 개선 등), 학생, 영역별 세부프로그램 단위 등을 내용으로 하는 '교육복지프로그램에 대한 만족도', 교사, 교육복지사(지역사회교육전문가), 교육복지전문가를 중심으로 하는 '교육복지사업 진행가에 대한 만족도', '교육복지프로그램에 의한 특기·적성, 소질계발에 대한 만족도', '학생(자녀)의 환경, 문제, 어려움 정도 파악 및 해소 노력에 대한 만족도', 학교행사 참여, 과제 지도 등에 대해서 학부모의 관심을 '학부모의 자녀 교육에 대한 관심 증대'와 같이 총 여덟 개의 지표로 구성된다.
  - 성취도는 '교육복지프로그램 계획의 목표 달성 여부(연간)', '학교 중심의 교육복지공동체 구축', '통합적 교육복지 시스템 구축', '학생의 진로 교육 강화' 네 가지

지표로 구성된다.

표 Ⅳ-1-5 학교단위 교육복지 정책 성과지수 성과 영역의 구성 체계

대영역	배경	세부지표
성과 (product)	적응도	• 학생의 학교생활 변화도 (예 : 학교 적응력, 사회성, 교우관계) • 학생의 자기 인식 변화도 (예 : 자기 효능감, 자아 존중감 향상) • 무단결석률, 학교 중도 탈락률 감소
	만족도	• 학교에 대한 만족도 (예 : 수업, 방과 후 활동) • 지역 네트워크 연계 만족도 • 교육복지사업에 대한 만족도 • 교육복지프로그램에 대한 만족도 (예 : 다양성, 유익성, 학부모(자녀교육에 대한 도움, 가족관계 개선 등), 학생, 영역별 세부 프로그램 단위) • 교육복지사업 진행가에 대한 만족도 (예 : 교사, 교육복지사(지역사회교육전문가), 교육복지전문가 교육복지 프로그램에 의한 특기·적성, 소질계발에 대한 만족도) • 학생(자녀)의 환경, 문제, 어려움 정도 파악 및 해소 노력에 대한 만족도 • 학부모의 자녀 교육에 대한 관심 증대 (예 : 학교행사 참여, 과제 지도)
	성취도	• 교육복지프로그램 계획의 목표 달성 여부(연간) • 학교 중심의 교육복지공동체 구축 • 통합적 교육복지 시스템 구축 • 학생의 진로 교육 강화

2) 학교단위 교육복지 정책 성과지수

- 학교단위 교육복지 정책의 성과지표는 다음 〈표 Ⅳ-1-6〉과 같이 가중치를 설정하여 평가할 수 있다. 학교단위 교육복지 정책 성과지수를 산출하기 위해서는 하위요소의 지표 값을 구하여 합성하면 된다. 해당 항목별 가중치는 교육복지 정책 성과 지수를 구성하기 위한 산출 근거로 사용될 수 있을 것이다.

표 Ⅳ-1-6 학교단위 교육복지 정책 성과지수 구성을 위한 영역 및 세부지표별 가중치

<table>
<tr><th>대영역
(가중치)</th><th>중영역
(가중치)</th><th>세부지표</th><th>가중치</th></tr>
<tr><td rowspan="15">배경
(21.78)</td><td rowspan="7">학교 수준
(6.83)</td><td>• 교육복지사업 지정 및 사업 실시 년도 및 기간</td><td>1.08</td></tr>
<tr><td>• 학교 전교생 중 교육복지 대상 학생 수/비율</td><td>1.64</td></tr>
<tr><td>• 교육복지 사업 예산외 교내 운영 예산 여부</td><td>0.93</td></tr>
<tr><td>• 학교의 지리적 위치(원도심, 신도시, 농촌 등)</td><td>0.96</td></tr>
<tr><td>• 교내 다문화 가정, 이주노동자 가정, 결혼이주 여성 가정, 탈북가정 등 비율</td><td>0.99</td></tr>
<tr><td>• 학교폭력 신고사례 수(초등학교는 상담 또는 교사의 보고/ 중학교는 학교폭력위원회 구성 및 심의 건수)</td><td>0.63</td></tr>
<tr><td>• 학교 중도 탈락률 및 장기 결석 학생</td><td>0.60</td></tr>
<tr><td rowspan="3">사회적
경제적
배경 수준
(7.82)</td><td>• 한부모, 조손가정, 소년소녀가정, 시설거주 학생 수/비율</td><td>2.48</td></tr>
<tr><td>• 저소득층(국민기초생활수급자자녀, 차상위계층, 법정 한부모) 가정의 학생 수/비율</td><td>3.43</td></tr>
<tr><td>• 위기 학생 및 위기 가정 학생 수/비율</td><td>1.90</td></tr>
<tr><td rowspan="5">연계협력
체제구축·
운영 수준
(7.13)</td><td>• 가정과의 연계 협력</td><td>2.06</td></tr>
<tr><td>• 지역사회와의 연계 협력</td><td>2.49</td></tr>
<tr><td>(예 : 지역사회 자원 규모, 다양성, 접근성 및 학교의 교육복지사업 연차 고려)</td><td></td></tr>
<tr><td>• 학교 내 교육복지 조직 및 체제 구축 여부</td><td>2.58</td></tr>
<tr><td>(예 : 교내보건실, 위클래스, 생활지도강사, 상담사 등연계협력 정도 또는 운영위원회 조직 운영)</td><td></td></tr>
<tr><td rowspan="13">투입
(24.07)</td><td rowspan="5">물적 자원
(11.21)</td><td>• 교육복지실 설치 여부</td><td>3.25</td></tr>
<tr><td>• 교육복지실 내 상담 및 학생 활동 공간 확보 여부</td><td>3.09</td></tr>
<tr><td>• 지역사회의 공간 활용 및 공유 여부</td><td>2.17</td></tr>
<tr><td>• 교육청, 지자체 등의 교육비 지원 학생 수/비율</td><td>2.70</td></tr>
<tr><td>(예 : 교재비, 급식비)</td><td></td></tr>
<tr><td rowspan="8">인적 자원
(12.86)</td><td>• 교육복지프로그램 참여 교원 수/비율</td><td>2.10</td></tr>
<tr><td>• 교육복지사(지역사회교육전문가) 배치 여부</td><td>3.34</td></tr>
<tr><td>• 교육복지사(지역사회교육전문가)의 경력</td><td>2.05</td></tr>
<tr><td>(예 : 학교 근무 및 지역복지기관 종사 경력)</td><td></td></tr>
<tr><td>• 교육복지사(지역사회교육전문가)의 자격증 유무</td><td>1.81</td></tr>
<tr><td>• 교육복지사(지역사회교육전문가)의 전문성</td><td>2.11</td></tr>
<tr><td>(예 : 주기적 슈퍼비전 수행 여부)</td><td></td></tr>
<tr><td>• 교직원 및 학생 학부모 등 대상 교육복지 연수 유무</td><td>1.44</td></tr>
<tr><td rowspan="7">과정
(28.92)</td><td rowspan="7">포괄성
(8.73)</td><td>• 교육복지사업 프로그램 대상의 확대</td><td>1.97</td></tr>
<tr><td>(예 : 부모개입 및 부모교육)</td><td></td></tr>
<tr><td>• 교내 교육복지위원회 구성 및 운영 정도</td><td>1.91</td></tr>
<tr><td>(예 : 위기 학생 지원 및 통합사례 관리 맞춤형 지원)</td><td></td></tr>
<tr><td>• 외부 전문기관과의 사례관리 협의</td><td>1.76</td></tr>
<tr><td>• 사례관리를 위한 기초 상담 계획 수립 및 운영</td><td>1.80</td></tr>
<tr><td>• 교육복지사(지역사회교육전문가)의 교무회의 참여 정도(참여 및 의견 제시 기회)</td><td>1.29</td></tr>
</table>

대영역 (가중치)	중영역 (가중치)	세부지표	가중치
과정 (28.92)	충실성 (10.10)	• 교사의 교육복지사업 참여(프로그램 기획·운영) 여부	1.81
		• 교육복지프로그램에 대한 지속적인 참여 학생 수/비율	1.92
		• 교육복지사(지역사회교육전문가) 및 교사의 능력 개발 (예 : 직무연수 참여)	1.57
		• 집중 지원학생의 체계적 발굴 및 관리 (예 : 분석/사례관리/상담실시/관리 및 추후지도)	2.40
		• 교육복지사업활성화노력 (예 : 학교 내·외 시스템 구축, 사업추진 체제 구축, 교육복지사업을 위한 학교 지역사회 네트워크 협력 관계 구축)	2.39
	적합성 및 타당성 (10.10)	• 교육복지 프로그램의 분명한 목표 수립 및 제시	1.31
		• 학생, 교사, 학부모의 욕구 조사 실시	1.16
		• 학생, 교사, 학부모의 욕구 조사에 기초한 교육복지프로그램 기획 (예 : 맞춤식 통합 프로그램 운영)	1.27
		• 교육복지프로그램 운영 예산의 집행 비율 확인 (예 : 효율성 여부)	0.97
		• 교육복지 프로그램 단위별 진행 만족도	1.06
		• 협의체 활성화 정도 및 실행 수준 인식 (예 : 적합성 및 타당성에 대한 인식)	0.97
		• 프로그램 기획 및 운영의 효과성	1.32
		• 지역 기관 중심 교육복지 연계 프로그램 운영	0.99
		• 학교중심의 외부자원 연계를 통한 맞춤형 지원 제공 여부	1.04
성과 (25.23)	적응도 (8.34)	• 학생의 학교생활 변화도 (예 : 학교 적응력, 사회성, 교우관계)	3.17
		• 학생의 자기 인식 변화도 (예 : 자기 효능감, 자아 존중감 향상)	3.15
		• 무단결석률, 학교 중도 탈락률 감소	2.01
	만족도 (8.61)	• 학교에 대한 만족도 (예 : 수업, 방과 후 활동)	1.15
		• 지역 네트워크 연계 만족도	0.88
		• 교육복지사업에 대한 만족도	1.18
		• 교육복지프로그램에 대한 만족도 (예 : 다양성, 유익성, 학부모(자녀교육에 대한 도움, 가족관계 개선 등), 학생, 영역별 세부 프로그램 단위)	1.40
		• 교육복지사업 진행가에 대한 만족도 (예 : 교사, 지역사회교육전문가, 교육복지전문가)	0.98
		• 교육복지프로그램에 의한 특기 적성 소질계발 및 진로 탐색에 대한 만족도	1.08
		• 학생(자녀)의 환경 문제 어려움 정도 파악 및 해소 노력에 대한 만족도	1.11
		• 학부모의 자녀교육에 대한 관심 증대 (예 : 학교행사 참여, 과제 지도)	0.84

대영역 (가중치)	중영역 (가중치)	세부지표	가중치
성과 (25.23)	성취도 (8.28)	• 교육복지프로그램 계획의 목표 달성 여부(연간)	2.08
		• 학교 중심의 교육복지공동체 구축	2.24
		• 통합적 교육복지 시스템 구축	2.35
		• 학생의 진로교육 강화	1.61
		총계	100.00

나. 교육복지 종단 연구 모형

보고서명	[CR 2015-02] 교육복지우선지원사업의 시행 효과 분석을 위한 한국형 교육복지 종단 연구 모형 개발
주제어	교육복지우선지원사업, 성과 평가, 패널 모형, 설문지

- 한국은 공교육 체제 내에서 무상 의무교육을 실시하지만, 부모의 사회경제적 지위와 같은 가족 배경에 따른 교육격차의 심화는 전인적인 발달 환경을 조성하는 학업과 여가 활동 및 문화체험 활동 등에 영향을 미쳐서 사회 불평등이 교육 불평등으로 이어지는 실태가 관찰된다. 이에 공교육 체제에서 사회 불평등과 교육 불평등을 완화하기 위해 교육복지우선지원사업(이하 교복우사업)의 필요성이 대두된다.
- 2003년부터 '교육복지투자우선지역지원사업'이라는 명칭으로 시범적으로 시행된 '교육복지우선지원사업'은 2011년부터 현재의 명칭으로 변경되어 전국 차원에서 학교별로 실시되고 있다.
- 교복우사업은 부모의 사회 경제적 지위에 따른 취약계층의 아동들과 청소년들이 교복우사업에 의해 진행되는 학습 프로그램, 심리 정서 프로그램, 문화 체험 프로그램, 보건 복지 프로그램에 참여함으로써 전인적인 인성 발달 및 공동체 의식과 사회성 함양의 기회 등을 통해서 교육복지 사업 수혜자의 행복감 및 삶의 질 향상에 초점을 두고 있다.
- 초등학교와 중학교의 교복우사업의 지원 대상 학생 유형은 기초생활수급권자 가

정의 자녀, 법정 한부모 가족의 자녀, 법정 차상위 계층의 자녀, 북한이탈주민의 자녀, 다문화가족의 자녀, 특수교육대상 학생, 보장시설 수급자의 자녀, 담임 추천 학생 및 기타 학생들이다.

- 법정 차상위 계층의 자녀는 차상위 자활대상자 자녀, 차상위 본인경감 대상자 자녀, 차상위 장애수당 대상자 자녀, 차상위 장애 연금수당 대상자 자녀, 우선 돌봄 차상위 대상자 자녀 등이 포함된다.
- 아동복지시설 및 통합시설, 가정폭력피해자 보호시설, 한부모 가족복지시설 등과 같은 보장시설 수급자의 자녀가 교복우사업의 지원 대상이다.
- 담임 추천 학생 및 기타 학생은 복지 사각 지대, 교복우사업을 하는 초·중학교에서 재학 중인 교복우사업 프로그램에 참여하고 싶은 학생 등이 포함된다.

• 교복우사업이 오랜 기간 동안 지속됨에 따라 해당 사업에 대한 평가 작업 또한 상당 수준 이루어져 왔지만, 교복우사업의 시행 효과에 대한 논란은 여전히 존재한다. 특히, 교육복지 지표 및 성과 지수를 개발하고 이에 근거하여 교복우사업의 시행 효과를 분석한 연구들이 지속적으로 수행되어 왔지만, 실제 학교 현장 및 학생 차원에서 교복우사업의 시행 효과를 살피기에는 한계가 존재한다는 비판이 지속적으로 제기되어 왔다(김인희 외, 2011; 김정덕 외, 2014; 류방란, 2006; 류방란 외, 2010).

• 교복우사업의 시행 효과를 살피기 위한 노력은 학생 개인 및 학교 수준, 정책 차원의 종단적 추적 조사를 전제로 하지 않으면 실질적으로 불가능하다. 교복우사업의 시행 효과 분석을 위한 종단적 패널 조사의 필요성은 현재의 교복우사업 시행 현황 및 실태, 그리고 이들이 학생들에게 미치는 영향을 파악함과 동시에 앞으로의 사회 변화에 따른 교육복지정책 계획을 수립 및 실행하기 위해서 필수적이다.

- 패널 조사란 주어진 한 표본의 조사단위를 두고 반복 추적하는 조사이다. 종단 조사라고도 불리는 패널 조사는 조사 대상이 개인, 가구, 사업체 등이 될 수 있으며, 이러한 조사단위를 종단적으로 추적하는 조사 설계 방법이다.
- 패널 조사는 시계열 자료의 성격과 횡단면 자료의 성격을 동시에 가지고 있다. 단순한 시계열 자료나 단면 자료에 비해 패널 데이터가 여러 가지 장점을 가지고 있는데, 패널 데이터의 장점으로는 추정의 효율성(efficiency) 향상, 설명변수 간의 공선성(collinearity) 발생 가능성 축소, 추정량의 편의(bias) 감소, 정책의 효과를 동태적으로 분석 가능, 상태 간의 변이과정(transition between states) 이해

가능, 특정기간효과(period specific effect)나 특정연령효과(age specific effect) 및 동시태생효과(cohort effect)에 대한 분석 가능 등을 들 수 있다.

- 패널 조사는 개인 간 차이는 물론이고 개인 내 동향 정보를 모두 갖고 있기 때문에 다양한 실증적 통계분석을 가능케 한다. 이러한 장점 때문에 정책 입안자들이나 연구자들이 이러한 패널 조사 자료를 이용해 정책을 수립하거나 연구를 하는 데 큰 도움을 받고 있다.

• 교복우사업과 관련된 종단적 패널 조사는 일반적으로 교복우사업의 수혜자인 학생 개개인의 학습, 사회 및 정서적 변화의 과정을 장기적으로 추적·조사하여, 각 시기별로 학생 개인의 인지적 및 비인지적 주요 특성 및 교육, 진로 문제 등에 대한 자료를 수집하는 형태를 지닌다. 종단연구에 의해 구축된 정보는 교복우사업의 시행 효과를 파악하는 데 도움을 주고 새로운 교육복지 정책 도입의 필요성 및 기대효과 등의 설정에 필요한 총체적인 기초 평가 자료로 활용될 수 있다(류한구 외, 2004).

• 교복우사업은 학교 및 지역사회 연계를 통하여 교육취약계층 아동·청소년의 학습, 문화, 심리·정서, 복지를 지원하기 위한 사업의 틀을 지닌다. 교복우사업에 따른 학생의 변화양상을 관찰하기 위해서는 교사-학교-지역사회가 통합된 하나의 사회적 관계망 속에서 사업의 효과를 다차원적으로 검증해 볼 필요성이 있다.

• 교복우사업의 효과는 최종적으로는 학생을 통하여 확인할 수 있지만, 사업추진 과정에서 학생뿐만 아니라 교사, 학교 등 다차원적 영역에서의 효과 또한 기대할 수 있다. 가령, 교육소외지역 및 이에 속하는 학교가 교복우사업을 통하여 교육취약집단을 지원할 수 있는 시스템을 구축하여 수혜자인 학생과 지역사회의 신뢰를 획득할 수 있다면 이 또한 중요한 사업 효과 중 하나이다. 이러한 신뢰 변화는 학교 내 학생들의 태도 변화 및 교사 및 학교, 그리고 지역사회의 변화 등을 가져올 수 있다.

• 이에 본 장에서는 교육부의 교복우사업 시행이 정책 수혜자인 학생들에게 어떠한 영향을 미치고 있는지, 그리고 이러한 영향의 연도별 변화 양상은 어떻게 나타나는지에 대한 실증 분석 및 검증이 가능한 한국형 교육복지 종단연구(Korean Educational Welfare Longitudinal Study : KEWLS)의 시행 모형을 제안한다. 구체적으로, 교복우사업의 시행을 통하여 학생, 교사, 학교 차원에서 나타날 것으로 예상되는

주요 사업 효과들을 규정하고, '투입-과정-산출'로 이어지는 교육복지패널 모형을 구축하고 이를 실증적으로 분석이 가능하도록 설문지를 개발하였다. 그동안 만족도 수준으로 평가되었던 교복우사업의 효과성을 보다 다각적이고 체계적으로 분석할 수 있는 성과 자료로 제시될 수 있을 것이다. 이는 교복우사업 제고 등 교육정책의 성공적 실현을 위하여 학교 교육목표의 초점에 따라 집중해야 하는 학생과 학교특성 요인을 실증적으로 제시한다는 의의가 있다.

1) 교육복지사 패널 모형 및 설문지

가) 패널 모형

표 Ⅳ-1-7 교복우사업에 대한 성과 - 교육복지사 패널 모형

구분	내용
투입	1. 성별, 2. 연령, 3. 교육복지사 실무 경력, 4. 최종 학력, 5. 전공, 6. 연간 교육복지 연수 시간, 7. 총 학생 수, 8. 학교 설립 유형, 9. 교육복지 예산 규모, 10. 교복우사업 관련 학생 수, 11-14. 교복우사업 관련 실태, 15. 프로그램 운영 실태
	↓
과정	16. 교육복지사와 학생 간의 관계성, 17. 교사들의 교복우사업 참여, 18. 교사와 교육복지사 간의 협력
	↓
성과 (산출)	19. 교복우사업 계획 및 운영, 20. 지역사회 연계 기관 수, 21. 지역 사회 간의 연계, 22. 지역사회 지지, 23. 지자체의 지원, 24. 교복우사업 관련 인력 관련 만족도

나) 설문지

표 Ⅳ-1-8 구인에 따른 설문지 문항 및 구성 내용 - 교육복지사용 설문지

번호	구인 명칭	문항 번호	문항 내용	응답 방식
1	교육복지사와 학생 간의 관계성	16-1 ~ 16-3	1. 정말 존경받고 있다고 느낀다. 2. 학생들과 거리감이 있다고 자주 느낀다. 3. 생들과 친밀감을 느낀다.	5점 척도 (①전혀 그렇지 않다 ~ ⑤매우 그렇다)
2	교사들의 참여	17-1 ~ 17-4	1. 교복우사업 기획에 적극적으로 참여한다. 2. 교복우사업의 프로그램 운영에 적극적으로 참여하고 있다. 3. 교복우사업 대상 학생의 발굴에 적극적으로 참여하고 있다. 4. 불리한 여건에 있는 학생을 책임지고 지도하는 데 헌신적이다.	5점 척도 (①전혀 그렇지 않다 ~ ⑤매우 그렇다)

번호	구인 명칭	문항 번호	문항 내용	응답 방식
3	교사와 교육복지사 간의 협력	18-1 ~ 18-3	1. 교복우사업 지원 대상 학생과 관련된 사항을 교육복지사와 자주 논의한다. 2. 교복우사업과 관련하여 교육복지사의 요청이 있을 경우 잘 협조한다. 3. 우리 학교는 교복우사업과 관련하여 교사와 교육복지사 간에 협력이 잘 이루어진다.	5점 척도 (①전혀 그렇지 않다 ~⑤매우 그렇다)
4	사업 계획 및 운영	19-1 ~ 19-3	1. 사업 계획에 따라 학교 교육과정과 긴밀한 연계 하에 운영되고 있다. 2. 타 부서와 공유되며, 긴밀한 협조 하에 이루어진다. 3. 학교 내 업무 분장을 고려하여 업무 간 조정과 협력을 통해 진행되고 있다.	5점 척도 (①전혀 그렇지 않다 ~⑤매우 그렇다)
5	지역사회 간의 관계	20-1 ~ 21-4	1. 지역 사회 기관이나 지역 인사들로부터 학교교육 활동에 대한 다양한 도움을 받고 있다. 2. 지역 사회 기관과 연계·협력하여 진행하는 프로그램이 많다. 3. 학생 지원을 위하여 지역 사회 기관이나 지역 인사들과 협의회나 모임을 정기적으로 가지고 있다. 4. 지역 사회 기관과 연계하여 진행하고 있는 프로그램에 우리 학교 학생들이 적극적으로 참여한다.	5점 척도 (①전혀 그렇지 않다 ~⑤매우 그렇다)
6	지역사회 지지	22-1 ~ 22-3	1. 교육취약계층 아동청소년에게 관심과 주의를 기울인다. 2. 어려움에 처한 교육취약계층 아동청소년을 발견하면 기꺼이 돕는다. 3. 교육취약계층 아동청소년을 신뢰한다.	5점 척도 (①전혀 그렇지 않다 ~⑤매우 그렇다)
7	지자체의 지원	23-1 ~ 23-4	1. 사업 취지가 잘 구현될 수 있도록 사업 관련 연수 및 지원을 적극적으로 실시하고 있다. 2. 사업이 실효성 있게 이루어질 수 있도록 사업 활동에 대한 모니터링을 하고 있다. 3. 지방자치단체, 민간단체 등과의 네트워크 구축에 힘써 학교와 학생들을 위한 지원이 원활히 이루어지고 있다. 4. 사업 참여 학교에 시설 지원 등 총체적인 지원을 실시하고 있다.	5점 척도 (①전혀 그렇지 않다 ~⑤매우 그렇다)
8	인력 만족도	24-1 ~ 24-6	1. 학교장은 교복우사업을 위하여 애쓴다. 2. 학교장은 교복우사업에 영향을 줄 수 있는 의사 결정에 대해 교육복지사(또는 담당교사)와 상의한다. 3. 우리 학교(또는 교사들)는 교복우사업 및 프로그램에 필요한 자료를 바로 확보할 수 있도록 도와준다. 4. 우리 학교(또는 교사들)는 교복우사업에 관심이 없다. 5. 교복우사업에 관하여 동료 교사의 도움을 쉽게 받을 수 있다. 6. 교복우사업에 대한 의사 결정시, 교사들 간의 충돌이 잦다.	5점 척도 (①전혀 그렇지 않다 ~⑤매우 그렇다)

2) 교사 패널 모형 및 설문지

가) 패널 모형

표 Ⅳ-1-9 교복우사업에 대한 성과 - 교사 패널 모형

투입	1. 교사의 성별, 2. 연령, 3. 교직 경력, 4. 교육 수준, 5. 담당 과목, 6. 교사의 직위
	↓
과정	7. 교육취약계층에 대한 교사들의 수업 활동, 8. 교사와 학생 간의 관계성
	↓
성과 (산출)	9. 교복우사업에 관한 인력 관련 만족도, 10. 교복우사업 프로그램 만족도

나) 설문지

표 Ⅳ-1-10 구인에 따른 설문지 문항 및 구성 내용 - 교사용 설문지

번호	구인 명칭	문항 번호	문항 내용	응답 방식
1	교사들의 수업활동	7-1 ~ 7-5	1. 교육취약계층 학생들이 수업 시간에 소외되지 않도록 노력하고 있다. 2. 교육취약계층 학생들을 위한 교육 연구에 많은 시간을 투자한다. 3. 교육취약계층 학생들을 위한 다양한 평가 방법을 활용하여 교육취약계층 학생들의 학습 발달 상황을 확인한다. 4. 교육취약계층 학생들을 동기화시킬 수 있는 다양한 수업 방법을 활용한다. 5. 교육취약계층 학생들과 개인 상담을 자주 한다.	5점 척도 (①전혀 그렇지 않다 ~ ⑤매우 그렇다)
2	교사와 학생 간의 관계성	8-1 ~ 8-3	1. 정말 존경받고 있다고 느낀다. 2. 학생들과 거리감이 있다고 자주 느낀다. 3. 학생들과 친밀감을 느낀다.	5점 척도 (①전혀 그렇지 않다 ~ ⑤매우 그렇다)
3	인력 만족도	9-1 ~ 9-6	1. 학교장은 교복우사업을 위하여 애쓴다. 2. 학교장은 교복우사업에 영향을 줄 수 있는 의사 결정에 대해 교육복지사(또는 교사)들과 상의한다. 3. 우리 학교(또는 교사)는 교복우사업 및 프로그램에 필요한 자료를 바로 확보할 수 있도록 도와준다. 4. 우리학교(또는 교사)는 교복우사업교복우사업에 관심이 없다. 5. 교복우사업에 관하여 동료 교사의 도움을 쉽게 받을 수 있다. 6. 교복우사업에 대한 의사 결정시, 교사들 간의 충돌이 잦다.	5점 척도 (①전혀 그렇지 않다 ~ ⑤매우 그렇다)

번호	구인 명칭	문항 번호	문항 내용	응답 방식
4	프로그램1 명	10-1	1. 프로그램1 이름	5점 척도 (①전혀 그렇지 않다 ~⑤매우 그렇다)
5	프로그램1 이해 및 만족도	10-1-1 ~ 10-1-3	1-1. 위의 교복우사업 프로그램을 알고 있다. 1-2. 위의 교복우사업 프로그램은 잘 운영되고 있다고 생각한다. 1-3. 위의 교복우사업 프로그램에 대해 만족한다.	5점 척도 (①전혀 그렇지 않다 ~⑤매우 그렇다)
6	프로그램2 명	10-2	2. 프로그램1 이름	5점 척도 (①전혀 그렇지 않다 ~⑤매우 그렇다)
7	프로그램2 이해 및 만족도	10-2-1 ~ 10-2-3	2-1. 위의 교복우사업 프로그램을 알고 있다. 2-2. 위의 교복우사업 프로그램은 잘 운영되고 있다고 생각한다. 2-3. 위의 교복우사업 프로그램에 대해 만족한다.	5점 척도 (①전혀 그렇지 않다 ~⑤매우 그렇다)
8	프로그램3 명	10-3	3. 프로그램3 이름	5점 척도 (①전혀 그렇지 않다 ~⑤매우 그렇다)
9	프로그램3 이해 및 만족도	10-3-1 ~ 10-3-3	3-1. 위의 교복우사업 프로그램을 알고 있다. 3-2. 위의 교복우사업 프로그램은 잘 운영되고 있다고 생각한다. 3-3. 위의 교복우사업 프로그램에 대해 만족한다.	5점 척도 (①전혀 그렇지 않다 ~⑤매우 그렇다)

3) 학생 패널 모형 및 설문지

가) 패널 모형

표 Ⅳ-1-11 교복우사업에 대한 성과 - 학생 패널 모형

구분	내용
투입	1. 성별, 2. 가족 관계, 3. 교복우사업 프로그램 참여 여부
	↓
과정	4. 교복우사업 프로그램 만족도, 5. 선생님과 학생 간의 관계성, 6. 학교에 대한 생각, 7. 학교생활 및 규칙
	↓
성과 (산출)	8. 자존감, 9. 학업탄력성, 10-11. 학습몰입, 12. 학교생활적응, 13. 자신감

나) 설문지

표 Ⅳ-1-12 구인에 따른 설문지 문항 및 구성 내용 - 학생용 설문지

번호	구인 명칭	문항 번호	문항 내용	응답 방식
1	선생님과의 관계성	4-1 ~ 4-3	1. (담임) 선생님의 사랑과 보호 아래 있다는 느낌이 든다. 2. (담임) 선생님과 나 사이에 거리감이 있다고 자주 느낀다. 3. (담임) 선생님과 나 사이가 가깝고 따뜻하다고 느낀다.	5점 척도 (①전혀 그렇지 않다 ~ ⑤매우 그렇다)
2	학교에 대한 생각	5-1 ~ 5-3	1. 학교에서 사랑과 관심을 받고 있다는 느낌이 든다. 2. 학교는 내가 어떻게 되던지 별 관심이 없다고 느낀다. 3. 학교 가는 것을 좋아하고 학교를 따뜻하게 느낀다.	5점 척도 (①전혀 그렇지 않다 ~ ⑤매우 그렇다)
3	학교생활 및 규칙	6-1 ~ 6-10	1. 학교에서 친구들과 잘 어울려 생활한다. 2. 당번활동을 열심히 한다. 3. 휴지나 쓰레기를 함부로 버리지 않는다. 4. 학교에서 터놓고 이야기할 친구가 많다. 5. 학교의 시설물을 조심해서 사용한다. 6. 학교에서 친구들 사이에서 인기가 많다. 7. 화장실이나 수도를 사용할 때 질서를 잘 지킨다. 8. 내가 어려울 때 나를 도와 줄 친구가 많다. 9. 등교시간을 잘 지킨다. 10. 같은 반 친구들로부터 따돌림을 당하고 있다는 느낌을 받을 때가 있다.	5점 척도 (①전혀 그렇지 않다 ~ ⑤매우 그렇다)
4	자존감	7-1 ~ 7-10	1. 나는 나도 다른 사람들처럼 가치 있는 사람이라고 생각한다. 2. 나는 내가 좋은 성품(성격과 품성)을 가졌다고 생각한다. 3. 나는 대체로 실패한 사람이라는 생각이 든다. 4. 나는 내게 주어진 일을 대부분 잘 해낼 수 있다. 5. 나는 자랑할 게 별로 없다고 생각한다. 6. 나는 내 자신을 긍정적으로 생각한다. 7. 나는 내 자신에 대해 대체로 만족한다. 8. 나는 내 자신을 좀 더 존중했으면 좋겠다. 9. 나는 가끔 내 자신이 쓸모없는 사람이라고 생각한다. 10. 나는 때때로 내가 좋지 않은 사람이라는 생각이 든다.	5점 척도 (①전혀 그렇지 않다 ~ ⑤매우 그렇다)
5	학업 탄력성	8-1 ~ 8-6	1. 나는 시험에 대해 걱정보다는 여유를 가지려고 노력한다. 2. 나는 (공부할 때) 스트레스를 받아가며 공부하지 않는다. 3. 나는 성적이 나쁘게 나왔을 때에도 잘 극복해내는 편이다. 4. 나는 공부 스트레스를 잘 이겨낸다. 5. 나는 성적이 좋지 않을 때라도 자신감을 잃지 않는다. 6. 나는 공부할 대 겪는 좌절감(어려움)을 잘 이겨낸다.	5점 척도 (①전혀 그렇지 않다 ~ ⑤매우 그렇다)

번호	구인 명칭		문항 번호	문항 내용	응답 방식
6	학습 몰입	행동적	9-1 ~ 9-4	1. 선생님 말씀을 매우 주의 깊게 듣는다. 2. 딴 짓(딴 생각)을 안 하고 배우는 내용에 집중한다. 3. 할 수 있는 한 최선을 다해서 배운다. 4. 최대한 꼼꼼하게 잘 배우려고 노력한다.	5점 척도 (①전혀 그렇지 않다 ~ ⑤매우 그렇다)
		정서적	9-5 ~ 9-8	5. 학교 수업 시간이 재미있다. 6. 수업 활동에 흥미를 느낀다. 7. 수업 시간에 마음이 편하다(불안하지 않다). 8. 새로운 것을 배우는 게 즐겁다.	
		인지적	10-1 ~ 10-4	1. 배우는 내용과 어울리는 나의 실제 경험을 관련지어 생각해본다. 2. 배운 내용을 종합해 보고, 잘 이해할 수 있도록 노력 한다. 3. 이미 배운 내용과 새로 배우는 내용을 관련지어본다. 4. 핵심내용을 잘 이해하기 위해 예시를 만들어보거나 설명을 해본다.	
		주도적	10-5 ~ 10-8	5. 궁금한 점이 있으면 선생님께 질문해 본다. 6. 흥미롭고 관심이 가는 내용이 있으면 선생님께 말씀드린다. 7. 좋아하는 학습 활동 또는 의견이 있을 때 내 생각을 말한다. 8. 학습에 필요한 물품(예 : 사전, 활동지 등)이 있으면 선생님께 말씀드린다.	
7	학교생활 적응		11-1 ~ 11-18	1. 친구들과 사이좋게 잘 지내고 있다고 느낀다. 2. 어려운 과제나 활동을 해낼 때 성취감을 느낀다. 3. 내 방식대로 공부, 과제, 활동 등을 자유롭게 해 볼 수 있다고 느낀다. 4. 외롭다고 느낀다. 5. 왠지 실패할 것 같은 생각이 들고 자신감이 없다. 6. 매우 심한 압박감(심한 스트레스)을 느낀다. 7. 친구들과 서로 잘 알고 있으며 친하게 지낸다. 8. 어려운 일도 잘 받아들이고 도전하는 것도 좋아한다. 9. "솔직한 나 자신"일 수 있고 자유롭다는 기분이 든다. 10. 친구들은 나를 좋아하지 않는 것 같다는 느낌이다. 11. 내가 무능하다고(쓸모없다고) 느낀다. 12. 선생님들은 나에게 할 일을 명령하시고 시키신다. 13. 친구들과 아주 친하며 사이좋게 지내는 느낌이다. 14. 어려운 일이 생겨도 그 일을 잘 해낸다. 15. 흥미로운 학교 활동을 할 기회를 갖게 되곤 한다. 16. 주변 사람들과 잘 다투며(싸우며) 갈등을 많이 한다. 17. 잘 해야 하는 일도 실제로 잘 못해서 쩔쩔매곤 한다. 18. 내 생각과 반대되는 일도 억지로 해야만 한다.	5점 척도 (①전혀 그렇지 않다 ~ ⑤매우 그렇다)

번호	구인 명칭		문항 번호	문항 내용	응답 방식
8	자신감	국어	12-1	1. 아래 교과목에 대해 학생은 스스로 어느 정도의 자신감을 느끼고 있습니까? (국어)	5점 척도 (①전혀 그렇지 않다 ~ ⑤매우 그렇다)
		영어	12-2	2. 아래 교과목에 대해 학생은 스스로 어느 정도의 자신감을 느끼고 있습니까? (영어)	
		수학	12-3	3. 아래 교과목에 대해 학생은 스스로 어느 정도의 자신감을 느끼고 있습니까? (수학)	
		사회	12-4	4. 아래 교과목에 대해 학생은 스스로 어느 정도의 자신감을 느끼고 있습니까? (사회)	
		과학	12-5	5. 아래 교과목에 대해 학생은 스스로 어느 정도의 자신감을 느끼고 있습니까? (과학)	
9	프로그램1 참여여부		3-1	1. 학생은 학교에서 운영하는 아래의 프로그램에 참여한 적이 있습니까? (프로그램1 이름)	5점 척도 (①전혀 그렇지 않다 ~ ⑤매우 그렇다)
10	프로그램1 만족도		3-1-1 ~ 3-1-3	1-1. 위의 프로그램은 내게 도움이 되었다고 생각하십니까? 1-2. 위의 프로그램은 재미가 있었습니까? 1-3. 위의 프로그램에 다시 참여하고 싶습니까?	5점 척도 (①전혀 그렇지 않다 ~ ⑤매우 그렇다)
11	프로그램2 참여여부		3-2	2. 학생은 학교에서 운영하는 아래의 프로그램에 참여한 적이 있습니까? (프로그램2 이름)	5점 척도 (①전혀 그렇지 않다 ~ ⑤매우 그렇다)
12	프로그램2 만족도		3-2-1 ~ 3-2-3	2-1. 위의 프로그램은 내게 도움이 되었다고 생각하십니까? 2-2. 위의 프로그램은 재미가 있었습니까? 2-3. 위의 프로그램에 다시 참여하고 싶습니까?	5점 척도 (①전혀 그렇지 않다 ~ ⑤매우 그렇다)
13	프로그램3 참여여부		3-3	3. 학생은 학교에서 운영하는 아래의 프로그램에 참여한 적이 있습니까? (프로그램2 이름)	5점 척도 (①전혀 그렇지 않다 ~ ⑤매우 그렇다)
14	프로그램2 만족도		3-3-1 ~ 3-3-3	3-1. 위의 프로그램은 내게 도움이 되었다고 생각하십니까? 3-2. 위의 프로그램은 재미가 있었습니까? 3-3. 위의 프로그램에 다시 참여하고 싶습니까?	5점 척도 (①전혀 그렇지 않다 ~ ⑤매우 그렇다)

다. 교육복지지표

보고서명	[RR 2020-02] 교육복지 현황 분석
주제어	교육복지, 교육복지지표, 구성체제

- 교육복지지표의 구성체제는 교육복지에 대한 정책 프레임과 연계하여 개발될 필요가 있다. 교육복지지표는 연구진의 협의와 교육부 관계자 및 외부 전문가들과의 협의 및 검토를 통해서 교육복지지표의 틀과 구성체제, 그리고 해당 지표들과 산출단위를 구성, 설정하여 개발되었다.
- 교육복지지표의 큰 프레임은 기본적인 교육의 권리보장과 필요기반의 보장으로 구분된다. 기본적인 교육의 권리보장은 보편적으로 헌법에서 보장된 기회균등의 원칙에 따라서 국가가 국민에게 기본적으로 보장해야 할 질적으로 우수한 교육환경, 교육기회, 교육과정, 교육결과를 의미한다. 이러한 권리성 보장에 해당되는 영역의 정책 목표는 최소한의 교육수준 보장으로 볼 수 있다. 대한민국에 사는 모든 국민은 교육환경·기회, 그리고 교육과정 등에서 유초중등의 기초교육단계에서 누구나 차별받지 않고 우수한 여건과 내용을 제공받아야 한다. 기본적인 교육결과의 경우 학교교육을 통해서 누구나가 더 성취해야 할 기초적인 학업역량, 신체, 정서 및 사회성 발달 등을 의미한다. 이와 같은 최소한의 교육수준에 대한 국민의 기본적 권리보장의 정책목표를 도달하기 위해서 점검해야할 지표의 영역은 기본적 교육기회, 양질의 학교교육, 안전한 교육환경, 정서/건강, 기초학력 등 5개의 영역으로 설정되어 있다.
- 필요기반의 보장은 추가적인 교육에 대한 요구를 수렴하기 위한 영역이다. 가정의 사회경제적 요인 등에 의한 불평등을 최소화하기 위해서 추가적인 혹은 보상적인 학습여건 제공, 학생들의 다양한 수업참여 및 경험, 학업성취도의 향상 등의 세부영역이 설정되어 있다.
- 각 영역별 세부지표들은 교육부와 한국교육개발원 교육통계센터 등에서 수집하고 발표하고 있는 통계자료들을 조사하여 교육복지정책과 연관이 있는 영역의 세부지표들을 선정되어 있다. 앞에서 언급한 바대로 크게 권리성 보장, 필요기반 보

그림 Ⅳ-1-1 교육복지지표의 구성체계 및 주요 지표와 산출단위

구분	정책 목표	영역	주요지표	산출단위
권리성보장	1 최소한의 교육수준 보장	1 기본적 교육기회	• 취학률(유, 초, 중, 고) • 공립유치원 취원율 & 공립유치원 비율* • 다문화, 탈북학생 취학률 • 학업중단률(졸업률) • 다문화, 탈북학생 학업중단률	전체/지역별/소득수준별/신취약계층별
		2 양질의 학교교육	• 학생 1인당 공교육비 지출 • 학교당 외부 교육비 지원금(교육경비보조금/학교발전기금) • 취약계층에 대한 교육급여와 교육비 지원* • 적정규모의 학급 비율 • 교원 1인당 학생 수(초, 중, 고)	
		3 안전한 교육환경	• 학교시설 내진보강(내진설계적용 학교비율) • 안전등급 D, E 학교(건물) 비율 • 석면 학교 비율 • 학교폭력 비율/건수 • 취약계층 청소년 학교폭력*	
권리성보장	1 최소한의 교육수준 보장	4 정서, 건강	• 학생신체발달상황(평균 신장, 몸무게 등) • 교육취약계층 신체발달상황* • 학생정서행동특성검사결과 • 교육취약계층 정서행동특성 검사결과*	전체/지역별/소득수준별/신취약계층별
		5 기초학력	• 국가수준학업성취도 평가 : 기초학력미달 비율* • 취약계층 기초학습부진 아동의 기초학력평가*	
필요기반보장	2 실질적 교육기회 보장	6 학습여건	• 가계 교육비 지출 • 학생 1인당 사교육비 지출(초중고) • 무상교육 • 무상급식급식비율(학교비율)* • 방과후 학교 – 방과후학교 참여율(초중고) – 방과후학교 만족도(초중고) • 교육정보 – 학생 1인당 PC수 – 저소득층 교육정보화 지원률* – 저소득층, 취약계층 가정의 컴퓨터 보유율	
		7 수업참여 및 경험	• 학생의 수업집중도 • 학생-교사 상호작용 • 교사효능감(TALIS) • 교사 직무 만족도 • 학교생활 만족도(교육내용, 학교시설)	
		8 학업성취	• 고등학교 진학률 • TIMMS, PISA 성취도(평균, 하위레벨비율)* • 국제 컴퓨터 정보 소양 연구 : 가정 배경에 따른 격차* • 국가수준학업성취도평가 : 성별 보통 학력이상 비율 • 대입수학능력시험 설립유형별, 지역별 표준점수 및 등급 비율	

장의 큰 두 구분 하에 정책목표에 따른 영역에 근거하여 현재 가용한 자료들과 해당 지표들이 편성되어 있다. [그림 IV-1-1]은 앞에서 언급한 교육복지지표의 구성 체계를 종합한 것이다.

1) 기본적 교육기회

- 취학률은 공교육/학교교육이 보편적으로 폭넓게 모든 학생들에게 제공되고 있는지를 보여준다. 취학률 산출공식은 (취학연령대학생수/취학연령대 인구수)×100이다.
- 국공립유치원 교육비는 한 달 평균 1~2만 원만 부담하면 된다는 점에서 학부모의 부담 비용을 최소화할 수 있다. 국공립유치원 취원율은 보편적으로 더 많은 아동에게 유치원 교육이 제공되고 있는지를 보여준다.
- 다문화, 탈북학생 취학률은 미래의 변화 방향을 예측할 수 있는 지표라고 할 수 있다. 2020년 교육통계 서비스에 따르면 전국 초등학생 100명 중 3명 이상이 다문화 학생인 것으로 나타났다. 한국사회가 다문화사회로 빠르게 변모함에 따라 학교교육 현장의 여건도 크게 달라지고 있다. 체계적이고 효과적인 다문화교육의 방향을 제시하기 위한 중요한 지표이다. 또한, 탈북학생은 남북한 학제 차이로 인한 학년 배치의 문제, 연령 차이로 인한 부적응, 교과목 및 교과내용의 차이, 학교 풍토의 차이로 인해 다양한 부적응 문제를 경험하고 있다. 탈북학생의 취학률은 우리사회의 일원으로 성장하고 정착하고 있는지를 확인할 수 있는 지표이다.
- 학업중단율은 학업중단은 학생이 교육의 기회를 상실하고, 직업을 갖는데 상대적으로 불리한 위치에 처할 수 있으며, 학생이라는 신분과 소속감을 잃고, 일탈 가능성이 높아질 수 있다는 점에서 학업중단율은 기본적 교육기회를 가늠하는데 중요한 지표이다. 학업중단율 산출공식은 (학업중단자 수/재적 학생 수)×100이다.

2) 양질의 학교교육

- 학생 1인당 공교육비 지출은 전반적인 교육여건을 보여주는 지표로서 개별 학생에 대한 투자 정도를 평가할 수 있다.

- 학교당 외부 교육비 지원금은 국고보조금, 지자체로부터의 교육비 지원, 학교발전기금 등의 추가적인 교육재정 지원금을 학교당으로 산출한 금액이다. 학생 1인당 공교육비와 더불어 교육여건 개선을 보여주는 추가적인 지표이다.
- 취약계층에 대한 교육급여와 교육비 지원은 기능을 점검할 수 있는 지표이다. 계층이동의 사다리로서 교육이 제기능을 회복하기 위해 저소득층을 대상으로 유아교육부터 고등교육에 이르기까지 다양한 교육복지 프로그램이 지원되고 있다. 이러한 교육복지 프로그램이 학교교육 전 과정에 걸쳐 다양하게 마련되어 있으나 실제 교육급여나 교육비 등 교육복지 정책과 프로그램이 제 기능을 다하고 있는지를 확인할 수 있다.
- 학급규모는 수업의 질을 개선하는데 필요조건인 교육여건 지표로서 학급당 학생 수를 의미한다. OECD에서는 중요한 학습환경, 학습여건을 보여주는 국제교육비교지표로서 초등학교와 중학교의 학급규모 데이터를 제공해주고 있다.
- 교원 1인당 학생 수는 수업의 질을 개선하는데 필요조건인 교육여건 지표로서 교사가 학생들을 개별 지도할 수 있는 여건 등을 보여주는 중요한 교육지표이다. 교원 1인당 학생 수 지표는 초중등 교원배치를 위한 정책적 기준자료로도 활용되며 OECD에서 학습 환경에 대한 국제비교 지표로서도 활용이 되고 있다.

3) 안전한 교육환경

- 학교시설 내진보강은 지진으로부터 생명을 지키는 안전한 교육환경을 조성하기 위해 학교시설 내진설계가 필요하고, 학생의 안전과 학부모의 지진 피해에 대한 불안감을 해소하는 데 일조하는 지표이다.
- 안전등급 학교 비율은 안전 조치를 할 수 있는 지표이다. 안전등급 D, E 등급 시설은 위험 수준이 높아 재난위험시설로 지정하여 특별하게 관리하여야 하고 전면적 보수·보강, 개축 또는 건물폐쇄 등의 조치가 필요하다.
- 석면 건축물 학교 현황은 학생들의 안전한 물리적 교육환경을 보여주는 지표이다. 석면은 장기간 노출될 경우 폐암 등 호흡기질환을 유발하는 발암물질로 학교 석면건축물은 순차적으로 석면 해체 및 제거 공사를 진행하고 있다.
- 학교폭력은 학교라는 제한적인 환경에서 학생들 간 발생하는 폭력이라는 점에서

안전한 교육환경과 직결된다. 학교폭력의 범위를 신체적 폭행에 국한하지 않게 되면 학교폭력은 일상적이고 지속적으로 발생할 수 있는 위험성이 있고, 학생들의 성적 저하, 우울, 자살 등 부정적인 영향을 미칠 수 있는 사회문제기 때문에 측정이 필요하다.

- 취약계층 청소년 학교폭력은 학교폭력과 같이 사회문제로 다뤄야할 필요가 있다. 보건복지부의 '아동종합실태조사'에 따르면 취약계층 아동이 학교 내에서 또래 집단으로부터 놀림·무시·인종차별 등 다양한 형태의 차별과 학교폭력 피해경험이 다소 높았다. 학교폭력은 일상적이고 지속적으로 발생할 수 있는 위험성이 있고, 학생들의 성적 저하, 우울, 자살 등 부정적인 영향을 미칠 수 있는 사회문제다.

4) 정서 및 건강

- 학생신체발달상황은 학생들의 건강한 신체발달 상황을 확인하기 위해 키, 몸무게, 비만율, 체력에 대한 정보는 신체발달과 건강을 가늠할 수 있는 지표이다.
- 교육취약계층 신체발달은 건강행태(health behavior)를 통해 가늠해 볼 수 있으며, 건강행태에는 신체활동, 식생활 등이 포함되어 있다.
- 학생정서행동특성검사는 학생의 성격특성과 긍정적 자원을 파악하고, 정서행동 문제를 조기에 발견하는 데 활용될 수 있다.
- 교육취약계층 학생정서행동특성검사는 학생의 성격특성과 긍정적 자원을 파악하고, 정서행동 문제를 조기에 발견하는 데 활용될 수 있다.

5) 기초학력

- 기초학력미달 비율은 학생들이 교육과정을 이해하는지에 대한 전반적인 현황을 파악하기 위해서 국가수준학업성취도 평가 시행을 통해 확인되고 있다. 국가수준학업성취도 평가결과에서 기초학력미달의 경우 교육내용에 대해서 부분적으로도 이해를 하지 못한 수준으로 정의된다. 공교육이 기본적으로 국민들의 기초학업역량을 보장해야한다면 기초학력에 모두 도달하도록 노력할 필요가 있다.
- 취약계층 기초학력미달 비율(지역규모별)은 취약계층 학생들의 교육과정에 대한 현

황을 파악할 수 있는 지표이다. 교육부에 따르면, 취약계층 학생들의 학업성취는 저조한 것으로 나타나고, 지역 간의 학력격차가 심하게 나타난다. 취약계층 학생들이 기초학력에 모두 도달하도록 노력할 필요가 있다. 취약계층 기초학력미달 비율은 지역규모별로 차이가 있는지를 보여주는 지표로 의의가 있다.

6) 학습여건

- 가계 교육비 지출은 자녀의 미래에 대한 투자 개념으로 교육비가 높을수록 높은 교육열을 반영한다. 하지만, 가계 소득에 비해 지나치게 교육비를 많이 지출하는 에듀푸어의 문제, 교육비가 공교육비와 사교육비로 구분되는데 지나친 사교육비 지출은 사회적 문제로 볼 수 있다.
- 사교육비의 비율은 가계 소비에 영향을 주는 지표이다. 과도한 사교육비 지출은 가계 소비와 지출을 위축시키고, 선행교육 및 선행학습으로 교육 격차를 야기할 수 있다. 과도한 사교육비는 그러한 사교육비를 부담할 수 없는 소외계층의 가정에서는 교육기회 및 자녀에 대한 교육투자 기회를 박탈당할 수 있다.
- 고교 무상교육은 헌법이 보장하는 모든 국민의 교육 기본권을 실현하고, 가정환경·지역·계층과 관계없이 모든 학생들에게 고교 단계까지 공평한 교육기회를 보장하기 위한 것으로 입학금·수업료·학교운영지원비·교과서비를 지원한다.
- 무상급식은 보편적 복지의 일환으로 교육의 공공성을 높이고 가계 부담을 줄여 자녀를 키우기 좋은 환경을 만들며, 지역 내에서 생산한 안전한 식자재 활용으로 급식의 질을 향상시켜 학생 건강을 증진시킨다.
- 방과후학교는 학생들에게 다양한 형태의 학습기회를 제공하기 위한 공교육의 대안적 기능을 수행한다. 사교육비 절감 및 교육복지 차원에서 기여하고 있는 공교육 노력의 일환이다.
- 교육 정보화는 지식과 정보의 접근성에 대한 지표이다. 4차 산업혁명 시대에는 지식과 정보가 중요하고, 학생들이 그러한 지식과 정보에 접근할 수 있는 환경이 구축될 필요가 있다. 특히 국가정보화 기본계획에 따라 '사람 중심의 미래 지능형 교육환경 구현'을 위해 제6차('19~'23) 교육정보화 기본계획 수립하였으며, 저소득층 등 취약계층을 위한 컴퓨터 지원과 인터넷 통신비 지원 정책 등이 시행되면서 지

능형 교육정보화가 적극적으로 추진되고 있다.

7) 수업참여 및 경험

- 학생의 수업 집중도는 학생의 바람직한 수업 참여 및 태도를 보여주는 지표이다.
- 교사의 자기효능감은 교사와 학생의 수업 참여 및 태도에 영향을 미치는 지표이다. 교사의 높은 자기효능감은 교사의 직무만족과 교직에 전념, 교수 몰입에 긍정적인 영향을 주며, 학생들의 자기효능감 및 학업 성취도에도 긍정적인 영향을 주기 때문이다.
- 교사의 직무 만족도는 교사와 학생의 수업 참여 및 태도에 영향을 미치는 지표이다.
- 학생의 학교생활 만족도는 학생의 바람직한 수업 참여 및 태도를 간접적으로 보여주는 지표이다.

8) 학업성취

- 고등교육 진학률은 중등교육의 성과를 보여주는 지표이다. 고등학교 졸업자보다 대학졸업자의 평균임금이 더 높기 때문에 현재 많은 국가들에서 고등교육진학률, 이수율이 증가하는 추세다. 고등교육 진학률을 통해서 인문계 고등학교의 성과를 살펴볼 수 있으며 지역 간 고교 교육의 성과의 차이 등을 살펴볼 수가 있다.
- PISA(Program of International Student Assessment)는 OECD에서 2000년도 이후 3년마다 의무교육 단계를 이수한 만 15세 학생들을 대상으로 한 국제학업성취도 평가다. PISA는 학생들의 학업역량에 대한 신뢰성 있는 국제 비교 데이터이며 동시에 각 국가별로 학업격차, 그리고 가정의 경제사회문화 지위와 학업성취도와의 상관관계 등의 데이터를 제공한다. 본 보고서에서 제시되는 지표는 PISA 결과에서 가정의 경제사회문화 지위(PISA Index of Economic, Social and Cultural Status : ESCS, 이하 ESCS)와 학업성취도와의 상관관계와 격차를 보여준다.
- ESCS의 1단위 상승에 따른 읽기, 수학, 과학 성취도 점수의 변화는 말 그대로 ESCS가 1점(지수화된 점수) 상승하면 그에 따른 성취도 점수의 변화를 의미한다. 상승하는 값이 작을수록 가정 배경에 의한 성취도 격차가 작음을 의미하며 역으로

크면 가정 배경에 따른 성취도 격차가 커짐을 의미한다. ESCS에 의한 읽기, 수학, 과학 성취도 설명량은 ESCS 변수가 각 성취도의 변량을 설명하는 것을 의미한다. 설명량이 크면 ESCS의 영향력이 큰 것을 의미하기 때문에 이 값이 작을수록 ESCS 외의 변수들, 학교교육이나 개인의 노력과 능력 등을 통한 계층 이동의 가능성이 더 높아짐을 의미한다.

- 국제 컴퓨터 정보 소양 연구(International Computer and Information Literacy Study; ICILS) 분위 별 점수는 학생들의 컴퓨터, 정보 역량을 측정하는 국제평가 자료이다. 본 지표는 분위별 학생들의 점수를 보여주며, 학생들 간의 컴퓨터, 정보 소양 격차를 보여준다.
- 국제 컴퓨터 정보 소양 연구(International Computer and Information Literacy Study; ICILS) 가정 배경에 따른 격차는 학생들의 컴퓨터, 정보 역량을 측정하는 국제평가 자료로 가정 배경에 따른 격차를 파악하는 지표이다. 본 지표는 학생들의 가정배경(부모의 직업적 지위, 부모의 교육수준, 가정에서의 도서 보유 수량)에 따른 학생들간의 컴퓨터, 정보 소양 격차를 보여준다. 부모의 직업적 지위점수는 50점 미만과 이상의 학생들의 평균 점수를 비교하고 있으며, 부모의 교육수준은 대학교 이상과 대학교 미만(고졸이하)의 평균 점수를 비교하는 자료를 제공하고 있다. 가정에서의 도서 보유 수량은 26권 미만과 이상의 학생들의 평균 점수를 비교하여 보여주고 있다.
- 국가수준 학업성취도 평가는 학생들이 교육과정을 적절히 학습하고 이해하고 있는지 등에 대한 전반적인 현황을 파악하기 위해서 시행되고 있다. 최근에 표집 조사를 수행하고 있으며 성별, 지역규모별 보통학력 이상 비율, 기초학력도달, 기초학력미달 비율 등을 발표하고 있다. 보통학력은 평가 대상 학년급 학생들이 성취하기를 기대하는 기본 내용을 상당부분 이해한 수준을 의미한다. 따라서 보통학력에 도달해야 교육과정을 충실히 이해하고 학업의 기본적 역량이 성취되었음을 의미한다.
- 대입수학능력시험의 경우 대학진학에서 매우 중요한 정보로서 활용되고 있다. 동시에 고등학교까지의 학업역량에 대한 전국적 비교 정보로서의 의미도 갖고 있다. 설립유형별, 지역별(지역규모, 시도) 성취도 표준점수 및 등급 비율(특히 1, 2등급 등 상위등급)의 차이가 가급적 적게 나타나야 지역 간, 설립유형별 성취도 격차가 적은 것으로 볼 수 있다.

2

교육복지우선지원사업 및 교육복지안전망사업 성과와 발전 방안

가. 교육복지 프로그램 원형 적용과 평가

보고서명	[RR 2017-01] 교육복지 프로그램 원형(prototype) 학교현장 적용 및 평가
주제어	교육복지 프로그램, 원형(prototype), 학교현장

1) 교육복지 프로그램 원형 수정 과정

가) 수정된 교육복지 프로그램 원형과 방향성

- 2015-2016년 개발된 교육복지 프로그램 원형은 Dick, Carey, and Carey(2004)의 교수설계 ADDIE모형을 이론모형으로 하여 학교 현장의 전문가를 대상으로 FGI 조사와 델파이 조사를 통해 원형을 도출하였다. FGI와 델파이 조사 과정을 통해 ADDIE모형에서 제시되는 5단계 이외에 준비단계의 필요성이 제기되었다. 또한 교육복지사업에서 집중해야 할 개발단계에서는 학습과 정서(문화·체험, 심리·정시)로 구분하였다. 따라서 교육복지 프로그램 원형은 준비-분석, 판별-진단 및 설계-개발(정의 영역, 학습 영역)-실행-평가의 6단계로 구성된 개념적 모형을 도출하였다.
- 그러나 개발된 프로그램 원형은 교육복지우선지원 사업 프로그램으로서 가져야 할 전체적인 맥락적 흐름을 확인할 수 있으나, 프로그램을 기획하거나 운영하는 이행자의 교육활동에 관한 세부 활동을 파악하기에는 한계점이 있다. 이러한 한계점을 보완하기 위해 본 장에서는 학교 현장의 전문가 협의회(FGI 및 델파이 조사)를 통해 학교 현장에서 원형이 적용가능한지에 대한 적합성을 검증 받아 교육복지 프로그램 원형을 수정 보완하였다.
- 2016-2017년 수정된 교육복지 프로그램 원형은 다음 [그림 Ⅳ-2-1]과 같다.
- FGI와 델파이 조사를 분석하여 원형을 수정 및 보완한 주된 내용은 첫째, 학교 현장에 적합한 용어 수정과, 둘째, 각 단계의 교육활동의 구체적인 세부 활동을 제시 하는 것이다. 학교 현장에서 적합한 용어 수정과 관련하여 준비단계에서 평가단계에 이르기까지 학교 현장에서 사용되는 용어를 학교 현장의 전문가들이 제시한 용어로 수정하였다. 또한 각 단계에 제시된 구체적인 교육활동은 다음과 같이 수정 및 보완하였다. 준비단계에서는 대상 학생에 대한 기초 조사를 실시하고, 사

그림 Ⅳ-2-1 수정된 교육복지 프로그램 원형

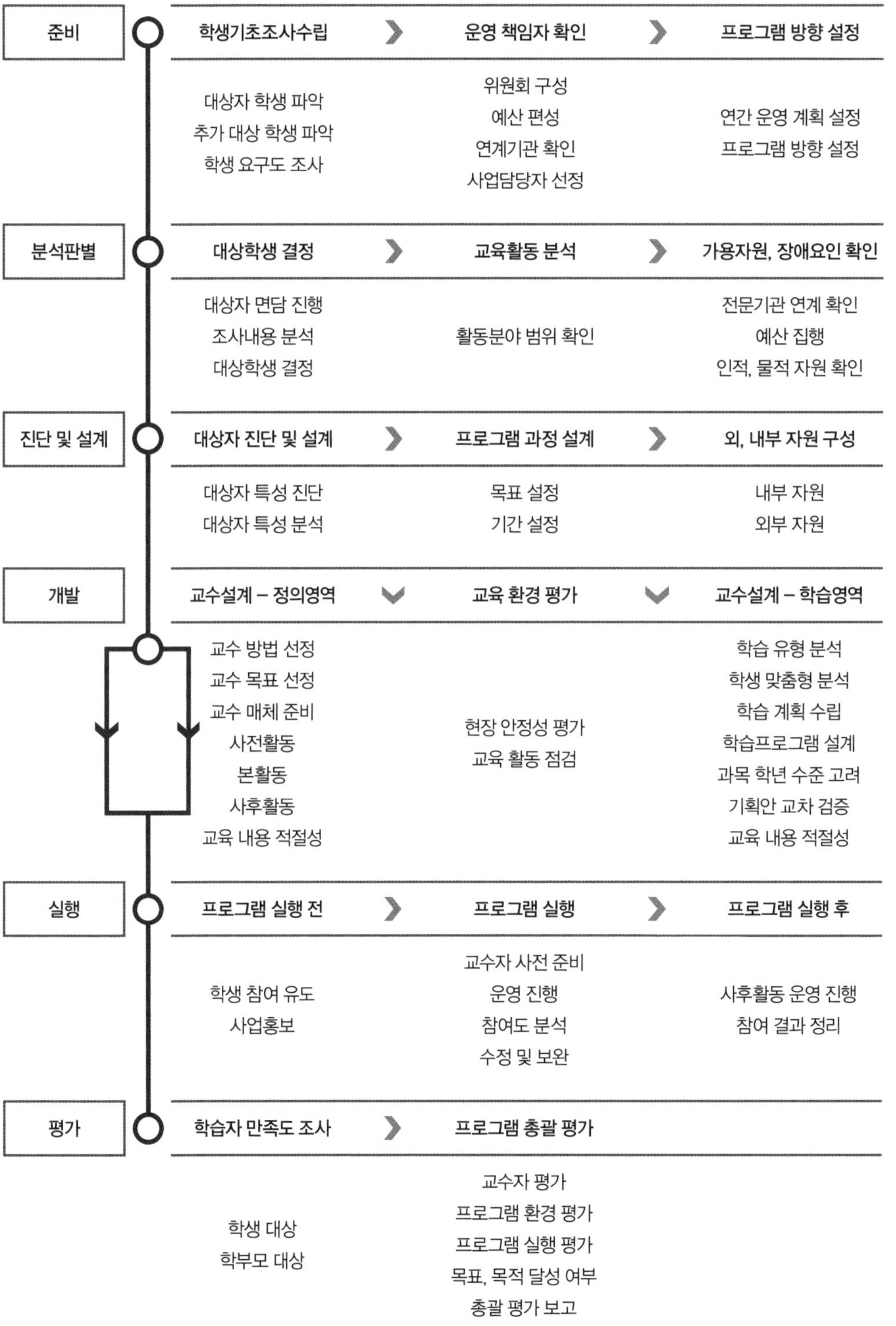

업의 운영 체계를 구성하여 사업의 방향성을 설정한다. 분석단계는 준비단계를 보다 구체적으로 실현시키기 위하여 대상 학생의 기초조사를 면밀히 분석하여 대상 학생을 확정하고 활동분야 범위를 확인하고 프로그램 운영을 위한 가용자원과 제약조건을 확인한다.

- 진단 및 설계단계에서는 대상 학생에 대한 특성을 진단·분석하고, 학생 특성에 맞는 프로그램 목표와 운영기간을 설정하며, 분석단계에서 확인한 학교 내·외 자원을 체계적으로 구성한다. 개발단계에서는 정의 영역과 학습영역에 따라 교육활동 내용을 구분하였다. 정의 영역은 문화·체험, 심리·정서와 관련된 프로그램이며, 학습은 교과 프로그램이다. 각 영역에 따라 교수설계와 교육환경 평가를 실시하여 구체적인 프로그램의 실행 방법을 구상한다. 실행단계에서는 실제 프로그램을 운영하는 단계로서 학생 및 학부모의 참여를 유도하여 프로그램 참여를 활성화시키고, 중도탈락을 예방하도록 한다. 또한 학습자가 프로그램 수행목표에 도달할 수 있도록 프로그램 운영 모니터링을 실시한다. 이를 위해 세부단계를 실행 전, 실행, 실행 후로 구분하여 제시하였다. 평가단계에서는 프로그램 목표달성 여부를 확인하기 위해 학습자의 만족도조사, 교수자의 만족도 조사를 실시하도록 구성하였다. 또한 개별 단위 프로그램에 대한 평가 이외에도 전체 사업수행에 대한 평가를 반영하고 그 결과는 피드백 하도록 하였다.
- 본 장에서 수정 및 보완된 교육복지 원형을 정확히 이해하고 실제 학교 현장에서 활용되기 위한 기본 방향은 다음과 같다. 첫 번째, 교육복지우선지원 사업 프로그램 이행자들이 이해하기 쉽고 현장에서 운영되는 사업 및 프로그램에 적용하기 쉽도록 간결한 원형을 지향한다. 대부분의 학교들은 지역적으로 서로 다른 문화를 형성하고 있으며 학생들이 요구하는 복지 프로그램은 상이하다. 또한 교육복지에 활용되는 예산 또한 학교마다 상이하며 행적인 지원도 다르다. 그럼에도 불구하고 학교의 특성 및 학생들의 요구에 맞는 프로그램이 개발되기보다는 타 학교에서 성공적으로 운영되는 교육복지우선지원 사업 프로그램을 그대로 벤치마킹하여 학교 현장에 적용할 수밖에 없는 한계점이 있다. 특히, 현재 학교 현장에서 제공되는 교육복지 프로그램은 표준화되지 않은 채 교육복지담당자 및 이행자의 전문성에 의존하여 운영되는 경우가 많았다(류방란 외, 2006). 그 결과 지역이나 학교에 따라 프로그램이 상이하고, 사업 담당자의 개인적인 역량에 따라 프로그램

이 상이하며 프로그램의 질에 대한 편차도 심하게 나타나는 상황이 전개되고 있다(박주호 외, 2016).

- 교육복지우선지원 사업은 학교나 학생들에 의해 일방적으로 진행되는 것이 아니라 제공자인 교육복지 담당자 및 이행자와 학생들 간의 상호작용에 의해 이루어지기 때문에 이행자의 프로그램에 대한 인식정도는 프로그램의 효과성 및 서비스 대상 학생들의 만족도에 많은 영향을 미칠 가능성이 크다(이성대 외, 2014). 한국교육개발원(2012)에 따르면 교육복지우선지원 사업의 특성상 사업의 담당자인 교육복지 담당자가 차지하는 비중은 크게 나타나고 있으며 일차적인 서비스 전달자로서 교육복지 담당자가 인식하는 프로그램의 중요도는 교육복지 프로그램의 질과 성과를 결정짓는 주요 요인이 될 수 있다고 한다. 그러나 이러한 프로그램의 인식이 높다 하더라도 프로그램을 실행할 수 있는 환경적·제도적 뒷받침이 없다면 학교현장에서 진행되고 있는 교육복지 프로그램은 그 고유의 목적을 달성할 수 없다(이성대 외, 2014). 이와 같은 문제를 보완하기 위해 본 장에서는 어떤 프로그램을 벤치마킹 하거나 교육복지 프로그램을 발굴하고 기획하는 경우 학교가 가지는 환경적 조건과 학생들의 요구에 최적화된 프로그램을 적용시킬 수 있는 길잡이 역할을 하는 원형의 기능성을 강조하는 것으로 프로그램의 운영 성과에 대한 향상과 프로그램의 질적인 차이를 감소하는데 기여 될 수 있는 원형을 개발하고자 하였다. 더 나아가, 개발된 원형이 교육복지우선지원 사업의 표준화된 길잡이로서 성공적인 운영 사례의 데이터로 구축되어 교내·외 기관을 연계하는 정보전달의 자료로 활용될 것으로 기대한다.
- 두 번째, 교육복지우선지원 사업에 참여하는 학생들의 변화와 요구에 기반 한 교육복지 프로그램 운영 성과를 높이기 위한 원형으로 기대한다. 우리나라 학생들은 경쟁 지향적 학교 환경 속에서 높은 불안 수준, 부정적인 자아상, 학습동기의 저하, 심리적 욕구의 불만족 등의 경험으로 인해 개인적으로 심리적 변인인 학교행복감에 영향을 미쳐 낮은 행복감을 나타내고 있으며(김아영, 이명희, 2008; 신유정, 2011), 학습능력의 부진으로 진로관련 변인인 목표지향성과 학습관련 변인인 학습동기의 문제를 동시에 갖고 있다(이태곤, 2015). 이러한 문제해결을 하기 위함과 동시에 특히 저소득층 학생의 교육의 기회를 넓히고 학생들이 행복감과 자존감 향상, 학업성취도 등을 높이기 위한 정책 중 하나가 교육복지우선지원 사업이다. 현재

실제로 교육복지 프로그램은 기본적으로 학습, 문화·체험, 심리·정서, 보건·복지, 지역교육복지공동체, 운영지원(서울특별시교육청, 2016)으로 여러 영역에 근거하여 학생들을 지원하기 위한 프로그램을 제공하고 있다. 류방란 외(2013)에 의하면 한국교육개발원에서 특정 영역에 프로그램이 편중되는 것을 막기 위해 영역을 제시하기는 하였지만 영역별 구분은 경직된 것이 아니라 현장에서 여러 영역에 대한 통합적 접근을 시도할 수 있도록 제시하였다. 그러나 최근 학습영역의 강화, 학부모들의 학습지원 선호 등을 이유로 문화·체험활동 및 심리·정서와 관련된 프로그램을 축소시키고자 하는 경향을 보이고 있다(김순양 외, 2013). 이러한 경향은 교육복지우선지원 사업의 원래 목적을 달성시키기 어렵기 때문에 적절한 대처가 필요하지만 프로그램이 적합한 것인지, 적합하지 않다면 어떠한 프로그램을 제공해야 하는지 등의 실행을 둘러싼 다양한 고민들이 해소되지 못한 채 일선 교육복지담당자 및 이행자에게 적지 않은 고민을 주고 있기 때문이다(김광혁, 2014). 이에 따라 본 장에서는 교육복지 프로그램이 집중해야 할 영역을 학습 영역과 정서적 영역으로 선정하고 정서적 영역에는 문화·체험을 통해 심리·정서를 완화시킬 수 있다고 정의함으로써 그 범위를 확장시켰으며(박주호 외, 2016), 개발된 원형의 세부 활동에서 제시한 바와 같이 충분히 학생들이 변화와 요구에 맞는 프로그램이 개발 될 수 있도록 길잡이 역할을 하는데 중점을 두어 보다 프로그램을 운영하는데 효과적으로 작용할 수 있도록 원형을 제시하였다.

- 세 번째, 학생들의 맞춤형 지원방식인 학생 중심의 운영 체제로 프로그램이 개선될 수 있도록 하는 원형으로 지향한다. 기존의 교육복지우선지원 사업은 프로그램 중심으로 운영되면서 교육복지 프로그램 기획의 한계, 프로그램 참여율 저조, 개별 학생들을 위한 프로그램 연계 미흡, 우선지원학생들에 대한 지원 미비, 프로그램의 단발성, 사후관리 부족 등의 문제들이 다수 발견되었다(조금주, 2014). 따라서 본 장의 원형에서는 학습 목표를 구체적으로 제시하였으며 대상 학생의 차별화된 프로그램을 개발을 위해 학생들의 의견과 요구를 반영하는 세부 활동을 제시하였다. 또한 대상학생 선발 시 낙인감을 주어 참여 동기를 감소시키거나 참여 거부 등을 방지하기 위해 사업의 내용을 효과적으로 대상 학생 및 학부모에게 전달하기 위한 홍보활동을 구체적으로 세부 활동에 제시하였다.
- 한편 아직은 교육복지우선지원 사업을 통해 학생 개개인의 성장 촉진을 위한 총

체적 지원을 이루지 못하고 있다(조금주, 2014). 그러나 학생 개인의 입장에서 볼 때, 대상 학생들이 학년을 진학하면서 프로그램을 연계하여 참여할 수 있도록 기획하는 것이 무엇보다도 필요하다. 즉 초등학생의 경우, 중학교 진학 시에도 연계될 수 있는 것이 바람직하며, 이를 원활하게 하기 위해서는 학생 개별 관리체제를 마련하는 것이 필요하다(조금주, 2014). 본 장에서는 실행단계에서 프로그램이 실행된 후에 사후활동으로 대상 학생의 진로와 직업과 연계가 될 수 있도록 점검해 볼 수 있는 활동 내용을 포함하여 원형을 제시하였다.

2) 교육복지 프로그램 원형 학교 현장 적용 – 초등학교 적용 사례

- 교육복지 프로그램 원형을 활용하여 학교 현장에 적용한 사례는 실제적으로 학교 현장에서 교육복지 프로그램이 어떻게 진행되고 있는지에 대한 과정을 설명하는 것이다. 개발된 교육복지 프로그램 원형 단계별 절차(준비-분석-진단 및 설계-개발-실행-평가)를 학교현 장에 적용한 사례는 다음과 같다.
- 초등학교 적용사례는 심리 정서영역에 관한 프로그램으로 '투게더 함께 자라는 아이들'에 관한 사례이며, 중학교 적용사례는 보건 복지영역 프로그램 사례와 대학생 멘토링 통합프로그램 사례이다.
- ○○초등학교에서 실행한 교육복지 프로그램 주제는 심리 정서 영역과 관련된 '투게더 함께 자라는 아이들'이며, 초등학교와 지역 아동센터, 구청과 연계하여 경계성 지능을 가진 신입생을 위한 프로그램을 운영하고 있다. '투게더 함께 자라는 아이들'프로그램에 참여하는 학생은 ○○초등학교 8명과 지역 중심 참가대상 아동은 12명으로 경계성 지능과 저소득층 자녀, 담임추천 학생을 대상으로 하고 있다. ○○초등학교에서는 최근 경계성 지능을 가진 신입생이 증가하는 경향이 있었으며 당 초등학교에 속해 있는 지역 아동센터에서도 경계성 지능을 가진 아이들을 위해 지원하는 프로그램을 구상하고 있었다. 이에 학교, 지역센터, 구청과 연계하는 프로그램을 기획하여 교육복지우선지원 사업을 운영하고 있다.
- 본 장에서 소개한 연구 과제에 참여한 ○○초등학교에서는 개발된 교육복지 프로그램 원형을 '투게더 함께 자라는 아이들'프로그램에 적용하여 각 단계별로 교육복지우선지원 사업이 어떻게 전개 되는지 일련의 과정을 〈표 IV-2-1〉과 같이 제시

하였다.

표 Ⅳ-2-1 투게더 함께 자라는 아이들 교육복지 프로그램 단계별 전개 과정

단계	절차	세부 내용
준비단계	대상학생 기초조사	• 대상자 선정 – (교육청 나이스, 교내 방과 후 교육부 교육비 지원 대상자 명단, 교육급여 대상자 명단, 주민센터 관련 공문, 지역사회 연계기관 확인 등을 통해 당연 대상자(국민기초생활수급권자, 법정 한부모모호가족, 법정 차상위계층 등) 발굴
	사업운영체계구성	• 위원회 구성 – 예산편성 연계기관 확인 – 지역 내 연계 사회복지 유관 기관들의 사업설명회 참석
	사업방향 설정	• 연간 운영 계획 – 서울시교육청의 해당년도 [기본계획서 및 운영매뉴얼]을 중심으로 본교 사업 방향성 설정
분석단계	대상학생 확정	• 대상자 요구도 조사 – 대상자 면담진행(학생, 학부모) – 대상자 결정 (지원 순위 고려)
	교육활동 분석	• 교육활동 분야 범위 확인 – 담임교사, 교과교사, 돌봄 전담사, 특수교육교사, 사서교사(실무사), 방과 후 코디맘 등 교내 타부서에서의 학생의 학교적응력과 학업능력 등 파악 – 기초학습부진 학생의 경우 기초부진 과목 및 우신 지도해야할 과목 등에 대한 논의 등
	가용자원 확인	• 지역기관 연계 협력 – 예산계획 – 인적, 물적 자원 확인 – 장애 요인 확인
진단 및 설계단계	대상자 진단 및 설계	• 대상자 특성 진단 – 대상자 특성 분석
	프로그램 과정 설계	• 프로그램 목표 설정 – 프로그램 기간 설정
	외·내부 자원 구성	• 내부자원 – 학교 교육복지우선지원 예산에서 학생 개별 맞춤형 1인당 상담비 지원액 30만 원 한도 내에서 지원 • 외부자원 – 구청 정신건강증진센터의 지원으로 심리 검사비 지원
개발단계 (심리정서영역)	교수설계	• 교수 목표 설정 – 교수 방법 설정 – 교수 매체 개발 – 사전 활동 – 본 활동 – 사후 활동 – 교육 내용 타당성 검토
	교육환경평가	• 현장 안정성 평가 – 위클래스실의 상담 환경 점검 • 교육활동성 점검 – 상담활동에 적합한 책상, 의자 배치 등

단계	절차	세부 내용
실행단계	프로그램 실행전	• 프로그램 홍보
	프로그램 실행	• 교수자 사전 준비 – 프로그램 운영 진행 – 학습자 참여도 분석 – 프로그램 수정 및 보완
	프로그램 실행 후	• 사후활동 진행 – 프로그램 참여 결과 정리
평가단계	학습자 만족도 조사	• 대상 학생 만족도 조사 – 대상 학부모 만족도 조사
	사업총괄 평가	• 교수자 평가 – 프로그램 환경 평가 – 프로그램 실행에 대한 평가 – 총괄 평가 보고

3) 교육복지 프로그램 원형 매뉴얼

가) 교육복지 프로그램 원형 매뉴얼 개발

- 매뉴얼(manual)은 '어떤 기계의 조작 방법을 설명해 놓은 사용 지침서'라는 의미로 사용서, 설명서, 편람, 안내서 등의 용어로 순화되어 사용되기도 한다(이수진, 2007). 또한 직무 매뉴얼은 '2인 이상이 같은 목표나 성과를 달성하기 위하여 공통의 방법이나 기술, 프로세스에 의하여 직무를 수행할 수 있도록 표준화한 직무 수행의 지침서'이다(이은희, 최희원, 문철우, 2015). 따라서 매뉴얼은 관련 분야에 대한 특별한 지식이 없는 사람들도 손쉽게 활용하고 이해 할 수 있다. 이를 교육복지 분야의 매뉴얼에 적용하여 보면 매뉴얼은 교육복지우선지원 사업 담당자의 업무와 관련된 수행 방법을 설명해 놓은 지침서라고 할 수 있다. 즉, 교육복지를 담당하는 일선 교사 및 지역사회교육전문가가 업무 또는 직무를 수행할 때 참고 할 수 있고 이해하고 활용할 수 있어야 함을 의미한다.
- 따라서 본 장에서는 이러한 매뉴얼의 개념을 바탕으로 교육복지 프로그램 이행자의 활용수준, 편의성, 업무이해 수준, 프로그램 서비스 질 향상에 길잡이가 될 수 있는 원형을 개발하였다. 교육복지를 담당하는 일선 교사 및 지역사회교육전문가의 편의성을 추구하고 사용자가 만족하여 직접 업무에 활용이 될 수 있도록 체크리스트 형식으로 매뉴얼을 제시하였다.

나) 체크리스트 개발

- 체크리스트는 평가항목들을 표(table) 또는 목록(list)으로 제시한 것으로, 이를 통해 의사결정에 중요한 영향을 미칠 수 있다. 체크리스트를 활용하는 것은 환경과 상황을 분석하고 평가하는 목적으로 많은 분야에서 사용되며, 본 체크리스트는 교육복지 프로그램 원형을 토대로 작성되었다. 체크리스트는 개발단계에서 주관적인 편향이 발생하기 쉬우나(박준호, 윤명환, 2006; 허정준, 2001), 본 장에서는 개발 과정에서의 연구자의 주관을 배제하고, 객관성, 신뢰성, 타당성을 확보하기 위해 1차 예비 조사(FGI), 2차 예비 조사(델파이분석)의 검증을 통해, 도출된 결과를 토대로 매뉴얼을 개발하였으며 사용자에게 편의성을 제공하기 위해 체크리스트를 작성하였다.

다) 체크리스트 활용 예시

- 교육복지 담당 교사와 지역사회교육전문가들의 실제 사례의 내용을 바탕으로 수정, 보완하여 개발한 체크리스트 중 준비단계의 활용을 가상으로 적용하였다([그림 Ⅳ-2-2] 참고).

그림 Ⅳ-2-2 체크리스트 활용 예시(준비단계)

준비단계 체크리스트					
1. 대상학생 기초조사		2. 사업 운영 체계구성		3. 사업 방향 설정	
[V]	대상자 선정	[V]	위원회 구성	[V]	연간 운영 계획
[V]	추가 대상자 선정	[V]	예산 편성	[ ]	각 학교 실정에 맞추어
[ ]		[V]	연계기관 확인	[ ]	추가로 계획하는 단계가
[ ]		[X]	사업담당자 선정	[ ]	있다면 자유롭게 적는다

NOTE
• 교육복지 프로그램을 기획할 때는 1. 대상자를 선정 후, 2. 편성된 예산에 맞춰 3. 위원회를 구성하고 4. 연계기관의 상황에 맞춰 5. 연간 운영 계획을 수립 및 보완한다. • 사업담당자는 이미 선정되어 있으므로 생략한다.

- 체크리스트는 해당 단계에서 수행해야 할 주요 목표와 상세 목표로 구성된다. 준비단계의 대상학생 기초조사 단계에서는 대상자와 추가 대상자를 구분하여 선정하는 것이 우선되며, 각 상세 목표 좌측에는 이를 달성하였을 시 표시할 수 있는 체크박스를 배치하였다. 각 학교의 실정에 맞게 수행하지 않아도 되는 상세 목표를 구분하며, 추가적인 목표 생성 시 작성할 수 있도록 한다.

라) 체크리스트 발전 방안

- 본 연장에서 개발된 체크리스트는 교육복지 프로그램 개발 및 운영 실무를 담당하는 교사와 지역사회교육전문가들의 실무 경험을 반영하여 실제적인 도움을 줄 수 있도록 설계되었다. 교육복지 프로그램에 대한 관심은 높으나 실제로 어떻게 설계해야 하는지에 대한 구체적이고 실질적인 안내를 제공하는 매뉴얼이 없는 상황에서 본 장에서 개발된 매뉴얼은 다양한 교육복지현장에서 복지 프로그램을 개발하고자 하는 이들에게 실질적인 가이드를 제공할 것으로 기대된다. 개발된 교육복지 프로그램 체크리스트가 현장에서 점차 사용되고 얼마나 유용한지 실질적으로 판명되어, 개선되어야 하는 부분은 여러 학교 교육복지 현장에서 활용한 사례연구들을 통해 밝혀져야 할 것이다. 교육복지 프로그램 원형이 개발 연구의 산출물로만 끝나는 것이 아니라, 현장에서 사용될 때 타당성을 높이기 위해서는 지속적인 개선이 필요할 것이다(정현미, 2009). 이 원형을 현장에서 사용하여 탐색적인 과정을 통해 타당도와 신뢰도가 높아지고, 나아가 교육복지 프로그램의 표준으로써 자리 잡을 수 있다는 점에서 의의가 있다고 할 수 있다.

4) 교육복지 프로그램 발전 방안

- 교육복지우선지원 사업은 학생들에게 교육·문화·복지 등 여러 차원을 고려한 통합적 프로그램 지원을 통하여 교육격차를 완화하고 교육적 성취를 제고하고자 하는 사업으로 그동안 학계에서도 사업의 효과성에 대한 연구가 꾸준히 이루어져 왔다. 그러나 구체적으로 어떠한 프로그램을 어떠한 절차에 따라 설계하고 운영하는 것이 효과적인지에 대한 해답은 충분히 제시되지 않았다. 이러한 문제점을 인식하고 개선하기 위한 연구도 일부 진행되었으나(임경선, 권세원, 전민경, 2014; 류지헌

외, 2015; 이신동 외, 2012) 구체적으로 프로그램을 기획하고 개발하고 평가하는 일련의 과정을 설명하는 절차에 대한 언급은 부족하였다. 이러한 문제점을 바탕으로 해당 프로그램을 기획 및 개발한 연구소에서는 2015-2016년도 학교 현장의 교육복지 프로그램 운영실태 분석과 ADDIE 이론 모형을 기반으로 '교육복지 프로그램 원형(prototype) 개발' 연구를 진행하였다. 연구결과 2015-2016년도에 개발된 교육복지 프로그램 원형은 '준비-분석·판별-진단 및 설계-개발-실행-평가'의 6단계로 개발되었다. 그러나 ADDIE모형의 이론적 배경으로 개발된 교육복지 프로그램 원형은 실제 학교 현장에서 활용 될 수 있는지에 대한 학교 현장의 적합성 검증의 과제를 남겼다. 따라서 본 장의 목적은 첫째, 2015-2016년도 개발된 교육복지 프로그램 원형을 수정 및 보완한다. 둘째, 취약계층 학생들의 교육복지 수요를 반영하고 프로그램을 통합적으로 운영할 수 있는 교육복지 프로그램 원형 매뉴얼을 제시하고 실제 학교 현장에 적용한 사례를 제시한다. 셋째, 연구를 통해 도출된 교육복지 프로그램 원형이 학교 현장에서 활성화될 수 있도록 정책적 방안을 제언한다.

- 교육복지 프로그램 원형에 대한 필요성은 다음과 같다. 교육복지우선지원 사업은 교육복지투자우선지역지원 사업이 실행되는 시행 초기부터 프로그램 형태로 운영되어 왔으며 현재는 문화·체험, 학습, 심리·정서, 복지, 지원의 5개의 영역별 프로그램을 집중하여 실행되는 것이 아니라 학생의 특성이나 문제점을 개선하기 위한 통합적 프로그램의 형태로 실행되고 있다. 따라서 학생중심의 맞춤형 지원을 하기 위해서 학교 현장에서는 교육복지 관련 프로그램을 설계하고 집행하는 과정에서 학생들의 관심과 요구를 면밀히 조사하고 파악하여야 한다. 즉, 학생 중심의 맞춤형 교육복지 프로그램을 기획하고 설계하는데 도움을 줄 수 있는 체계적인 교수설계모형이 필요하다. 교육복지 프로그램이 어떠한 과정을 통해 개발되어 실행되고 있는지 프로그램 운영의 가이드라인이 필요하다.
- 또한 교육복지 프로그램의 경우, 교장, 교감, 학부모, 일선교사, 지역사회교육전문가, 외부 강사 등 다양한 구성원이 참여하고 있으며 학교 현장에서는 교육복지 프로그램을 운영하는 이행자의 단순한 경험과 직관에 의해 프로그램이 기획되거나 운영되고 있다. 따라서 학교마다 교육복지 프로그램의 질적인 차이가 발생할 수 밖에 없으며 이러한 문제점을 해결하기 위한 프로그램 운영의 실제를 체계적으로

설명하는 모형에 대한 제시가 필요하다.

- 본 장에서는 교육복지 프로그램 원형을 수정 및 보완하기 위해 FGI 조사와 델파이 조사를 실시하였으며 그 결과 다음과 같은 시사점을 도출하였다. 첫째, 학교 현장에서 적합한 용어 수정과 관련하여 준비단계에서 평가 단계에 이르기 까지 학교 현장에서 사용되는 용어를 학교 현장의 전문가들이 제시한 용어로 수정하였다. 둘째, 각 단계의 교육활동의 구체적인 교육활동을 제시하였다. 준비단계에서는 대상 학생에 대한 기초조사를 실시하고, 사업의 운영 체계를 구성하여 사업의 방향성을 설정한다. 분석단계는 준비단계를 보다 구체적으로 실현시키기 위하여 대상 학생의 기초조사를 면밀히 분석하여 대상 학생을 확정하고, 활동분야 범위를 확인하고, 프로그램 운영을 위한 가용자원과 제약조건을 확인한다. 진단 및 설계단계에서는 대상 학생에 대한 특성을 진단·분석하고, 학생 특성에 맞는 프로그램 목표와 운영기간을 설정하며, 분석단계에서 확인한 학교 내·외 자원을 체계적으로 구성한다. 개발단계에서는 정의 영역과 학습영역에 따라 교육활동 내용을 구분하였다. 정의 영역은 문화·체험, 심리·정서와 관련된 프로그램이며, 학습은 교과 프로그램이다. 각 영역에 따라 교수설계와 교육환경 평가를 실시하여 구체적인 프로그램의 실행 방법을 구상한다. 실행단계에서는 실제 프로그램을 운영하는 단계로서 학생 및 학부모의 참여를 유도하여 프로그램 참여를 활성화시키고, 중도탈락을 예방하도록 한다. 또한 학습자가 프로그램 수행목표에 도달할 수 있도록 프로그램 운영 모니터링을 실시한다. 이를 위해 세부단계를 실행 전, 실행, 실행 후로 구분하여 제시하였다. 평가단계에서는 프로그램 목표달성 여부를 확인하기 위해 학습자의 만족도조사, 교수자의 만족도 조사를 실시하도록 구성하였다. 또한 개별 단위 프로그램에 대한 평가 이외에도 전체 사업수행에 대한 평가를 반영하고 그 결과는 피드백 되도록 하였다.
- 교육복지 프로그램 원형에 대한 매뉴얼은 다음과 같다. 매뉴얼은 '2인 이상이 같은 목표나 성과를 달성하기 위하여 공통의 방법이나 기술, 프로세스에 의하여 직무를 수행할 수 있도록 표준화한 직무 수행의 지침서'이다(이은희, 최희원, 문철우, 2015). 따라서 매뉴얼은 관련 분야에 대한 특별한 지식이 없는 사람들도 손쉽게 활용하고 이해할 수 있다. 이를 교육복지 분야의 매뉴얼에 적용하여 보면 매뉴얼은 교육복지우선지원 사업 담당자의 업무와 관련된 수행 방법을 설명해 놓은 지침서

라고 할 수 있다. 즉, 교육복지를 담당하는 일선 교사 및 지역사회교육전문가가 업무 또는 직무를 수행할 때 참고할 수 있고 이해하고 활용할 수 있어야 함을 의미한다. 따라서 본 장에서는 이러한 매뉴얼의 개념을 바탕으로 교육복지 프로그램 이행자의 활용수준, 편의성, 업무이해 수준, 프로그램 서비스 질 향상에 길잡이가 될 수 있는 원형을 개발하였다. 교육복지를 담당하는 일선 교사 및 지역사회교육전문가의 편의성을 추구하고 사용자가 만족하여 직접 업무에 활용이 될 수 있도록 체크리스트 형식으로 매뉴얼을 제시하였다.

- 본 장을 통해 개발된 교육복지 프로그램 원형의 정책적 확산 방안을 제시하기 위해 지역사회교육전문가 및 교사의 연계 중심으로서의 확산방안과 교육부 및 각 시도교육청의 연계 중심으로서의 확산 방안을 다음과 같이 제시하였다. 지역사회교육전문가 및 교사의 연계 중심으로서의 확산 방안은 첫째, 학교 현장에서 교육복지 프로그램 원형을 적극적으로 활용하기 위해서는 교육복지 프로그램을 담당하는 지역사회교육전문가 및 교사가 원형 대한 완전한 이해를 전제로 진행되었을 때 그 효과가 나타날 수 있다. 따라서 원형에 대한 개념, 원리, 설계 및 개발 방법의 적용 등에 대한 전반적인 이해를 돕기 위해서는 지역사회교육전문가 및 교사들을 대상으로 연수를 진행할 필요가 있다. 교육복지 프로그램 원형 연수를 위해서는 이의 기본원리와 특성을 잘 파악하여 현장에서 유연하게 활용할 수 있는 전문성을 지닌 지역사회교육전문가와 교사에 의해 진행되어야 한다.
- 둘째, 본 원형을 학교 현장에 확산시켜 올바르게 적용하기 위해서는 각 학교 현장에서 교육복지 프로그램을 담당하는 지역사회교육전문가 및 교사를 중심으로 개발된 원형을 적용시켜 그 효과를 다양한 측면에서 비교 분석하여 수정·보완 과정을 거치는 것이 중요하다. 이를 위해 담당자들 간의 네트워크를 형성하여 상호 간의 정보 교류를 통해 성과 공유 및 보완해야 할 요소를 도출하여 수정된 결과를 재적용해야 할 필요가 있다. 이를 위해 지역사회교육전문가 및 교사 중심의 학습공동체를 구축하고 운영하여 지속적이고 체계적인 연구 및 실천 개선활동을 유도하는 것이 바람직하다.
- 셋째, 지역사회교육전문가와 교사들을 중심으로 본 모형을 활용한 교육복지 프로그램을 개발하는 연구대회를 개최하여 교육복지 프로그램 모형의 효과와 필요성을 인식시킬 수 있다. 교육복지 프로그램 원형을 사용하기 위해 내용과 방법 및

절차를 이해하고, 협력을 통해 실질적인 아이디어 공유와 실천이 전제되었을 때 개발된 원형의 효과가 극대화될 수 있다. 따라서 현장 연구 대회를 통해 다양한 아이디어와 효과적인 방안을 스스로 모색하고, 자료집으로 제공하여 지속적인 개선을 통해 각 학교 현장에 적합한 교육복지 프로그램을 위한 효과적인 방안을 마련할 수 있을 것이다.

- 교육부 및 각 시도교육청의 연계 중심으로서 확산 방안은 첫째, 교육복지 프로그램 원형을 확산시키기 위해서는 지역사회교육전문가 및 교사의 적극적인 참여가 필수적이다. 때문에 교육부, 각 시·도 교육청과의 연계를 통해 지역사회교육전문가와 교사의 적극적인 참여를 이끌어낼 수 있는 제도적인 장치가 필요하다. 전문연수나 원격 연수, 혹은 현장 연구 대회에 참여한 지전가 및 교사들에게 교육복지 프로그램 전문가 이수증을 발급함으로써 동기를 유발할 수 있을 것이다. 또한 이수를 받은 전문가 풀을 구성하고, 각 학교별 학습공동체 및 지역사회를 위한 각종 지원 활동에도 효과적일 것이다.
- 둘째, 본 원형의 확산을 위해서는 교육부 및 시·도 교육청의 공문과 함께 핵심내용 위주의 교육복지 프로그램 개발 지침 및 해설서의 발송이 필요하다. 이를 통해 교육복지 프로그램 모형의 사용 매뉴얼 및 관련 자료를 제시하고, 교육복지 프로그램을 담당하는 각 학교 및 기관의 담당자들에게 쉽게 접근할 수 있도록 기반을 마련하도록 한다. 또한 공문을 통한 자료의 보급과 교육부 홈페이지를 통해 온/오프라인에서 확인할 수 있음은 물론, 홍보용 책자나 CD 파일을 제공하거나, 교육복지 프로그램들을 당하는 지전가 및 교사들이 각 학교 현장의 환경과 상황에 적합하게 활용할 수 있도록 PDF파일이 아닌 한글 파일도 함께 제공하는 것이 좋다.
- 셋째, 개발된 원형에 따라 프로그램을 개발하고 운영하는 작업에서 중요한 것은 이론적인 학습뿐만 아니라 교육복지 담당자가 실제로 직접 이를 사용해보는 것이다. 하지만 현장에서 이를 실제로 적용하는 데 적지 않은 어려움이나 문제점이 발생할 수 있다. 교육복지 담당자가 처해진 환경, 역할, 역량 등이 다를 수 있기 때문이다. 따라서 현장의 실정과 여러 가지 여건을 고려하여, 학교 현장에서의 적용에 어려움을 겪는 경우가 다분히 발생할 수 있다. 이러한 상황을 고려해볼 때 교육복지 프로그램 개발 전문가의 자문 컨설팅 서비스를 통해 맞춤형 현장 문제해결을 도모할 수 있다.

나. 교육복지우선지원사업 성과 및 발전 방안(2003~2017년)

보고서명	[CR 2018-1] 교육복지우선지원사업 성과 분석 및 사업 발전 방향 연구
주제어	교육복지우선지원사업, 해외동향, 성과 및 발전

1) 해외 주요 국가 동향 분석

가) 해외동향 – 프랑스

- 프랑스의 교육복지 정책 배경 및 변화는 다음과 같다. 프랑스의 교육복지 정책은 1990년, 1997년, 2006년, 2010년 4차례에 걸친 재활성화 정책을 통해 기본방침이 수정 및 보완되고 있다(이영란, 2013). 1990년 제1차 우선교육 재활성화정책은 모든 학생들의 학업성공, 특히 교육 낙후지역 학생들의 학업성공을 장려하기 위해 학교기관이 주도하는 교육 프로젝트와의 연계 속에서 재활성화를 모색하는데 주안점을 두고 있으며, 이 정책은 '우선교육정책 강화(Consolider la politique educative des ZEP)'와 '학업성공(reussite scolaire)'으로 요약되고 있다.
- 제1차 재활성화정책 이후 7년이 지난 1997년 제2차 우선교육 재활성화 정책이 수정·보완된다. 제2차 우선교육 재활성화정책은 공식적인 차원에서 처음으로 ZEP(Consolider la politique educative des ZEP)에 대한 중간평가가 실시되었다. 그 결과 지역적 차원의 방만한 운영에 따른 비효율성 문제가 제기되었으며, 학교단위의 교육협력이 주는 장점을 충분히 활용하지 못한 한계점이 발견되었다. 결국 학교단위의 지역연계망을 강조한 우선교육네트워크 (Reseaux d'Education Prioritaire REP) 정책이 수립된다. 이 연계망은 기존의 방만한 우선지역의 운영이 갖는 문제를 어느 정도 감소시키면서 지역 개념보다 학교단위의 교육연계망이 주는 긍정적인 교육 효과를 강화시키는 계기를 제공하였다.
- 2006년 제3차 우선교육 재활성화정책은 수정·보완된다. 이 정책은 지역 모든 학생들의 학업성공을 목표로 하며 나아가 초등학교에서 중학교로의 진급포기를 최소화시키고, 학업성공을 위한 학습개발 및 학업능력의 '공통토대'를 학생들에게 제공하는 목적이 있다. 제3차 우선교육재활성화 정책에 따라 기존 ZEP정책을 대

신하여 우선교육정책(EP정책)이 시행된다. 이 정책은 기존 우선교육지역을 학교단위인 우선교육 1, 2, 3 지역(EP1, 2, 3)으로 재편하였다. EP1 지역은 교육환경이 가장 열악한 곳으로서 학업성취도가 매우 낮고 학교 및 주변의 청소년폭력 및 범죄가 심각하며, 저소득층이 밀집된 곳이며, EP1 지역은 '성공야망네트워크(RAR)'라는 건설적인 명칭을 부여하여 집중적이고 차별적인 지원을 한다. EP2, 3 지역은 '학업성공네트워크(RRS)'로 EP1 지역에 비해 그 심각성은 상대적으로 낮으나 선별적인 우선교육지원은 지속적으로 필요한 학교의 집합을 의미한다.

- 프랑스 정책 운영 및 실태를 살펴보자면, 사회집단 이질화와 저소득층 학생 학업성공의 어려움에 대한 사회적 인식이 고조됨에 따라 정책이 변화되어 왔으나 정책의 목표는 '네트워크'와 개인의 발전을 위한 동반(accompagnement)의 양측 기제를 중심으로 운영되고 있다. 프랑스의 우선교육복지 정책은 주로 다음의 내용들이 중심이 되고 있다.
  - 개방학교(école ouver)
  - 수준잡기 보충학습(stages de remise à niveau)
  - 학습지원(accompagnement éducatif)
  - 성공기숙사(internats d'excellence)
  - 학부모 안내 가방(mallette des parents)
  - 성공의 동아줄(cordées de la réussite) 등
- 또한 프랑스의 교육부가 주체가 아니지만 교육부가 참여하는 정책은 다음과 같다.
  - CLAS (contrats locaux d'accompagnement à la scolarité)
  - REAAP (réseaux d'écoute d'appui et d'accompagnement des parents)
  - Ouvrir l'école aux parents.
- 도시 정책의 구역화(zonage)와 교육부의 우선교육정책은 전국 학군 지도가 약 84% 일치하며 이와 같은 정책의 특징은 학교단위 청소년복지정책의 관점과 입장보다는 지역단위 지역사회발전의 관점에서 청소년복지정책을 수립·하고 추진되고 있다는 것이다. 또한 추진체제는 중앙정부와 지방정부간의 관·관 협의구조를 구축한 후 이를 근간으로 민·관 협력 체제를 구축하는 전략을 취하고 있다. 또한 중장기 전략을 수립한 후 정권교체와 관계없이 지속적인 발전방향을 꾀하고 있다.
- 프랑스의 우선교육복지 정책의 성과는 다음과 같다. 첫째, 교실수업의 질적 개선,

둘째, 학업성취도 향상, 셋째, 학부모들과의 밀접한 관계를 맺는 기회의 제공, 넷째, 교육네트워킹은 양·질 모든 면에 있어서 구조적으로 기능, 다섯째, 학교 교원들을 비롯한 관련 인력들이 교육에 대한 인식, 즉 학습과 돌봄을 같은 선상에서 이해 교육주체는 학교에서 지역사회까지 확대, 여섯째, 학교와 지역사화 간 교육지원과 교육복지정책의 효율성과 수월성을 높여줌, 일곱째, 우선교육정책과 통합교육복지시스템 연계의 활용을 유의미하게 하였다.

- 특히, 교실수업의 질적 개선을 위해 교사의 직무연수를 강화하였다. 교사의 태도와 바른 언행이 아이의 가정적 맥락에도 불구하고 학업성취도 향상에 영향을 미치는 것을 발견하였으며, 교사는 위기상황을 통제하고 동시에 학습의 지속적 연계 통제 역할까지 수행할 수 있도록 우선교육정책에서 교사의 직무연수를 강화하였다.
- 또한 우선교육지대 내의 학교 간 학력격차 완화에 초점을 두고 치밀한 장학지도와 평가를 통한 '성공적인 학교들이 성공요인'을 발굴하고 있다.

나) 해외동향 – 영국

- 영국의 교육복지 정책 배경과 변화를 살펴보면 다음과 같다. 영국의 교육복지는 1944년 교육법 개정에서 교육복지서비스(Education Welfare Service)라는 개념이 도입한 후부터 시작되었다고 할 수 있다. 당시 산업화와 세계전쟁은 사회 빈부·소외·불평등을 더욱 야기하였고, 일터로 내몰리게 됨에 따라 기초교육 보장이 더욱 중요해졌다. 결과적으로 의무교육시스템이 구축되었고 이것이 오늘날의 영국 교육복지의 시발점이 되었다고 볼 수 있다. 지금은 학교교육은 물론 학교 밖 교육 및 활동, 복지및 보호, 양육 등 모든 어린이와 청소년의 삶 전체영역으로 확대되었다(박인섭, 2018).
- 영국은 산업혁명을 통해 근대사회의 산업화를 수반한 국가로 1970년대까지 국가주도의 교육과 복지를 고용부문과 조화시킨 통합정책으로 일관해 왔다. 하지만, 국영기업의 비효율성 증가와 70년대 중반의 오일쇼크는 영국의 심각한 경제위기를 가져왔으며 이러한 상황 하에 정권을 잡은 보수당의 대처 정부는 국영 기업의 민영화를 통해 경제 위기를 극복하려 하면서 신자유주의적 정책을 감행하게 된다. 신자유주의 정치경제 모델을 따른 대처정부는 복지정책과 관련된 예산을 축

소한다. 그러나 대신에 개인과 가족의 역할과 책임을 강조한다. 이후 블레어정부에서도 신자유주의노선은 유지된다. 그럼에도 불구하고 인적자본 투자를 통하여 고용을 꾀하는 방식으로 교육을 강조하였으며 교육복지 정책을 추구하게 되었다. '교육은 새로운 경제정책'이라고 간주한 블레어정부는 '…학습자를 가장 중시하며, 고용주·피고용자·사회가 학습의 책임을 분담해야한다'고 주장한다. 이와 같이 블레어 정부의 제3의 길에 의한 복지국가란 복지투자가 결국 사회적 투자로 긍정적으로 이어지는 생산적 의미를 내포하고, 보다 구체적으로는 소득의 지속성을 유지하기 위한 급여보다는 인간 자본에 투자하는 복지정책이 이루어져야 한다는 것을 강조하고 있다. 이러한 노선이 시사하는 대표적인 복지 분야가 바로 '교육우선지역사업(EAZ : Education Action Zone)'이다(한승준, 2003).

- EAZ 사업은 1994~2004년까지 추진되었으며 학교, 지역교육청, 학부모, 지역사회, 기업 등 지역공동체의 파트너십 형성을 통해 교육격차 문제를 해결하고자 추진된 사업이었다. 그러나, 1990년대 이후 영국은 PISA의 수학, 읽기, 과학에서 순위 20위권에도 들지 못하는 등의 학력저하의 침체적인 결과라 지속되어(2015.12.3., BBC방송) 이로 인해 저소득층 EAZ사업에서도 학업성취도를 강조하기 시작하였다. 이러한 결과 빈곤 아동청소년의 교육문제 해결과 학업성취도라는 상반된 목표를 동시에 추진하면서 사업이 폐지된다.
- 또한 2008년 유럽 재정 위기 악화로 다시 경기 침체가 심화되면서 국가 공급 중심 복지에 대한 개혁이 시작되어 복지서비스에 시장 원리가 도입되었고, 복지에도 시민참여가 강화되는 민영화 중심의 복지가 추진되기 시작하였다. 이러한 예로 교육제도의 사례에서 아카데미스쿨을 들 수 있으며, 최근 교육복지 정책과 관련해서는 지역 접근을 폐기하고 개별 학생에 집중하는 정책으로 전환되고 있는 것이 특징이다.
- 영국의 정책 운영 실태 및 성과를 살펴보면 다음과 같다. 영국의 교육복지 주요 정책은 다음의 내용들이 중심이 되고 있다.
  - 교육복지관 배치(Education Welfare Officer)
  - 영·유아 및 부모 기본보장 지원정책(Sure Start)
  - 교육우선지역사업(Education Action Zones), 도시빈민지역학교개선 지원정책(Excellence in Cities)

- 학생우대사업(Pupil Premiun)
- 방과전후학교(Extended Schools)
- 코넥시언즈(Connexions)

- 교육복지관의 역할은 보다 범영역적으로 확장되어 퇴학 관리, 아동 보호, 반사회적 행동 방지, 범죄 리뷰, 대안 교육 프로그램 또는 방과후 교육 프로그램 탐색 및 제공, 아동의 건강, 위험요소 평가, 이민 또는 난민 가정의 아동의 보육, 학교 폭력, 특수교육 필요성 판단, 홈스쿨링 등의 업무를 맡고 있다(Leese, 2014). 학생의 학습부진 및 학업중단 예방, 학업중단 이후 교육 지속, 학교생활 개선 등의 문제들은 여러 원인들이 복합적으로 작용하여 벌어지는 결과인 만큼 이를 해결하기 위해서는 복합적인 조치들이 취해져야 한다. 그런 점에서 한 명의 전문가가 필요한 자원과 서비스들을 인지하고 해당 학생에게 맞는 전략들을 하나로 정리하여 제공한다는 점에서 효과적이라고 할 수 있다. 교육복지관의 활동은 지역마다 차이가 존재하며 장학사처럼 학교장 또는 지역교육청 공무원과 함께 협업할 수 있는 권한을 가지고 있다. 특히 학생이 학교에 출석하지 않고 그 문제가 학부모에게 있다고 판단될 때에는 학부모에게 벌금 또는 법적 조치를 취할 수 있다.
- 초기에는 성공적이었던 영·유아 및 부모 기본보장 지원정책(Sure Start)은 최근 재정 위기로 위협 받고 있다. 영국정부는 사회복지에 투자할 예산을 줄이며 복지의 책임을 개인으로 돌리고 있으며 Sutton Trust의 자료를 인용한 영국 일간 가디언지에서는 점점 슈어 스타트 어린이 센터(Sure Start children's centres)가 문을 닫고 있다(유로저널, 2018)고 보고되고 있다. 도심취약지역 지원정책(Education Action Zones), 도시빈민지역학교개선 지원정책(Excellence in Cities)은 정부의 학업성취도와 출석률 제고 등의 성과목표가 사업의 취지(사회적 파트너십을 통한 빈곤지역 문제해결)와 상충되면서 2004년 말 모든 지원을 종료하게 되었다.
- 그러나 최근에 「개인고문 의무이행 보조금 확장 지원(S31 Extended Personal Adviser Duty Implementation Grant)」으로, 2018. 03. 19.일자 영국 교육부 결정서한에 따르면, 2017년 「아동 및 사회복지업무법(Children and Social Work Act)」은 지방정부에 25세까지 모든 돌봄 졸업자들을 지원하도록 '개인 고문(Personal Adviser)'을 붙여주는 새로운 의무지원 제도를 도입하여 2018년 4월 1일부터 시행하고 있다. 이를 위한 재정보조금은 21세부터 25세까지 청년들의 지방정부 지원 요청에 대응하

여, 이 의무를 이행하는데 필요한 요구사항을 충족시키는데 도움을 주기 위해 중앙정부가 잉글랜드 지방정부를 지원하는데 목적을 두고 있다.

- 교육우선지역사업(EAZ), 도시빈민지역학교개선 지원정책(EiC)은 1998년「학교 기준 및 프레임 워크법(School Standard and Framework Act)」에 따라 최장 5년 간의 교육복지 시범 사업을 규정하였다. 교육우선지역사업(EAZ)은 1개 EAZ에 약 20개 학교로 구성되어 학교에 교육과정, 교원 업무조건, 보수의 자율결정 권한을 부여하였다. 또한 학교는 빈곤층 학생에게 제2외국어, 체육, 예술, 문화, IT교육 활동을 제공하도록 하고, 지역 파트너십을 통해 지역학교의 교육수준을 높이는 것을 목적으로 1999년에 처음 실시되었다.
- 이후 도시빈민지역학교개선 지원정책(EiC) 또는 우수클러스터(Excellence Cluster)로 확대·개편하여 대도시에서 상대적으로 더 소외되거나 사각지역에 놓인 어린이와 청소년까지 정책대상을 확대하였다. 우수 클러스터는 EiC지역 중에서도 다소 작은 단위지역을 의미하고 이들은 특정취약집단의 요구를 충족시키기 위한 영재교육, 멘토링, 학습지원에 집중된 교육프로그램을 운영하고 있다.
- 그러나 정부의 학업성취도와 출석률 제고등의 성과목표가 사업의 취지(사회적 파트너십을 통한 빈곤지역 문제해결)과 상충되면서 2004년 말 모든 지원을 종료하게 되었다.
- 방과후학교(Extended Schools)는 학교를 평생학습기관으로서의 역할을 강조하며, 상대적으로 취약한 여건에 의해 불평등하거나 하위에 놓이게 되는 어린이와 청소년의 학업성취도와 삶의 질을 높이는 것을 도모하는 것이다.
- 코넥시언즈는「학습기술법(Learning and Skills Act)」에 따라 2000년 추진한 영국 정부의 정보, 가이드, 지원 서비스이다. 13세부터 19세까지의 학생 중 상급학교에 진학, 혹은 취업하지 않고 범죄나 위험에 노출되어 있는 청소년을 대상으로 학업 혹은 직업을 안정적으로 건강하게 진입할 수 있도록 지원하고 있다.
- 「학생 프리미엄(Pupil Premium)」은 영국 정부가 취약계층 아동을 위해 조성한 기금으로, 취약저소득층 아동의 학력 향상을 통해 비취약계층 아동과의 학업성취도 차이를 극복하고, 가능성을 최대한 열어주기 위한 목적으로 추진되고 있다.

다) 해외동향 – 일본

- 일본의 교육복지 정책 배경 및 변화를 살펴보면 다음과 같다. 2000년대 후반에 발간된 『아동 빈곤 백서』(2009)에 따르면 일본의 버블경제가 붕괴된 1990년대 중반부터 빈곤아동의 비율은 점차 증가되어 아동복지가 본격적인 사회적 문제로 대두되었다. 일본의 언론들도 동 기간 동안에 다양한 보도를 통해 각 지방자치 단체의 '무보험 아동문제'와 '취학지원'에 대한 격차를 보도함으로써 아동복지에 대한 열악한 상황을 지적하기도 하였다. 이러한 일련의 상황은 일본 정부로 하여금 아동 빈곤 실태를 조사하고 공표하도록 유도하였으며 정치권에 대한 관심을 환기시켰다.
- 빈곤아동이 사회적 이슈로 대두되자 후생노동성은 2009년 10월에 일본의 빈곤율을 공표하였다(厚生労働省, 2009). 후생노동성의 발표 자료에 의하면 2009년 일본의 빈곤율은 16%이며 이 가운데 17세 이하의 아동의 빈곤율이 15.7%로 나타났으며, 빈곤율과 아동 빈곤율이 함께 증가하였다고 발표하였다. 또한 문부과학성의 조사에 의하면 2012년에 취학원조지원을 받은 아동과 학생은 총 155만 명으로 공립 초중학교를 다니는 아동의 15.6%를 차지하고 있다.
- 이러한 조사 자료들은 2004년 '아동의 빈곤대책 추진에 관한 법률(이하 빈곤아동 대책 추진 법)'의 시행의 근거가 되었다. 새롭게 만들어진 법률이 그동안 추진되어왔던 아동복지법(1947년 제정), 엔젤플랜(1994년 시행), 신엔젤플랜(2000년 시행) 등과 차별되는 점은 모든 아동이 출생 가정의 경제적 형편에 영향을 받지 않고 건강하게 성장할 수 있는 환경을 보장하며 교육 평등의 기회를 보장하는 정책이라고 간주 할 수 있다는 것이다. 즉 교육과 복지의 관점을 아우르는 정책이라 할 수 있다.
- 한편 2009년 후생노동성이 발표한 일본의 아동 빈곤율은 16%로서 OECD 회원국 34개국 중 25위로서 하위권에 속해 있었으며, 문부과학성 조사(2013)에 의하면 생활보호 수급가정의 고등학교 진학률은 2012년 98.6%에서 2013년 90.8%로 감소하였고, 전국학력조사(国立教育政策研究所, 2013)에서도 생활보호 수급가정 아동은 일반 가정보다 낮은 수준의 학업성취도를 보이고 있다는 조사 결과를 발표하였다. 이러한 일련의 배경으로 인해 일본 정부는 아동성장의 가변 변수로 작용하는 환경을 재정비하고 학업의 기회를 공평하게 부여하기 위한 계획을 추진하게 되었다. 이른바, 일본의 빈곤아동에 대한 사회적 관심을 높이고 빈곤의 세습으로 인

한 교육격차 발생을 차단하기 위해 2014년 '아동 빈곤대책 추진에 관한 골자'를 재정하여 구체적인 지원방법을 모색하였다. 동 법률은 중앙정부 및 도도부현(都道府県)이 빈곤아동에 대한 대책 수립을 전제로 하며, 당해 대책들은 일본 내각부(内閣府) 정책총괄관을 중심으로 정책 비전과 목표, 정책의 방향 및 기본방침을 설정하여 정부와 지방의 개혁이 일체형이 되어 강력하게 추진되고 있다. 그 밖에도 각 도도부현에서 추진 중인 시책과 사례는 내각부 홈페이지에 공개되고 있다. 또한 내각부에서는 2015년 10월 '아동의 미래응원국민운동'을 실시하고 동 년 12월 '아동의 빈곤대책회의'를 개최하여 '모든 아동의 안심과 희망을 실현하는 프로젝트'를 추진하여 빈공아동에 대한 본격적인 정책이 전개되었다.

- 일본의 교육복지 정책 운영 및 실태를 살펴보면 다음과 같다. 2014년 빈곤아동 대책 추진법이 시행되어 동 법 8조 1항에 근거하여 아동 빈곤대책에 관한 골자가 추진되었다. 아동 빈곤에 관한 골자는 아동의 미래가 태어난 환경에 의해 좌우되지 않고 빈곤의 연쇄를 방지하고, 필요한 환경정비와 교육의 기회 균등을 지원하는 아동의 빈곤 대책을 종합적으로 지원하는 방침이다. 빈곤아동 대책 추진법에 관한 골자는 〈표 IV-2-2〉에서 제시된 바와 같이 아동의 교육 및 생활 지원뿐만 아니라 보호자에 대한 지원도 제시되었다.

표 IV-2-2 아동의 빈곤대책 추진에 관한 골자

① 교육지원	취학 지원, 학자금 지원, 학습의 지원 등
② 생활지원	빈곤 상황에 있는 아동 또는 그 보호자를 대상으로 생활에 관한 상담, 사회적 교류의 기회 제공 등
③ 보호자에 대한 취업지원	빈곤 상황에 있는 아동의 보호자를 대상으로 취업훈련 실시, 취업 알선 등
④ 경제적 지원	각종의 수당 등의 지급, 융자금 지원 등

* 출처 : 湯沢(2015) 재구성

- 빈곤아동에 대한 구체적인 교육지원은'아동의 빈곤 대책에 관한 골자'를 바탕으로 살펴보면 첫째, 학교기관을 기반으로 종합적인 아동의 빈곤대책을 시행하는 것이다. 학교기관을 창구로 복지관련 기관, NPO, 자치회 등과 네트워크를 구축하여 지역 내 학습 및 생활에 대해 지원한다. 당해 체계를 원활하게 추진하기 위해 '스

쿨소셜워커'를 학교에 배치하고 있다. 특히, 교토부(京都府, 2015)에서는 전 학교에 스쿨소셜워커를 배치하고 있다. 둘째, 빈곤의 연쇄를 방지하기 위해 유아교육 무상화를 추진하고 있다. 셋째, 취학지원을 하고 있다. 의무교육에 대한 충실한 취학지원을 위해 고등학생 장학제도 등을 통해 빈곤아동의 경제적 부담을 최소화하고 있다. 교토부에서는 빈곤아동에게 문부과학성에서 지원하는 '고등학교등취학지원금'외에 '고등학생수학지원금'을 활용하여 '사립 고등학교 안심 수학지원사업'을 실시하고 있다. 이 사업은 수업료 면제를 추진하여 고교 중퇴율 감소(2008년 4.0%에서 2013년 1.3%)의 성과를 이루었다. 넷째, 대학진학에 대한 교육기회를 제공하고 있다. 빈곤아동에게 고등교육의 기회를 보장하는 장학금을 지원하고, 국공사립 대학생과 전문학교 학생 등에 대한 경제적 지원을 하고 있다. 다섯째 생활궁핍세대 학습지원 사업을 하고 있다. 구마모토현(熊本県, 2015)에서는 한부모가정의 초·중학생을 대상으로 지역학습지원을 하고 있다. 지역학습지원은 민간단체, NPO, 사회복지법인 등에게 위탁하여 운영하며 퇴직한 교원 및 지역주민, 대학생의 자원봉사로 빈곤 가정 학생들에게 학습 지도를 하는 사업이다. 여섯째 그 외의 교육지원으로 학생의 네트워크 구축, 야간 중학교 설치 촉진, 아동의 식생활과 영양상태 관리, 다양한 체험활동의 기회를 제공한다.

- 일본의 빈곤아동 대책 추진 법은 아동의 장래가 태어난 환경에 의해 좌우되지 않도록 환경을 정비하고 교육의 기회균등을 제공하는 것을 목적으로 관계 각료가 대책회의를 하여 빈곤대책에 관한 골자를 의무화시켰다. 또한 구체적인 정책을 집행하도록 정부와 지방자치단체의 역할과 책임이 명시되어 있다. 정부는 '아동의 빈곤대책 회의'를 내각부에 설치하고, 후생노동성과 문부과학성은 성청간 적극적인 연계로 종합적인 대책을 원활하게 시행할 수 있도록 한다. 기본적 시책에 관해서는 교육비 지원, 사회보장 확충, 영유아기부터의 조기대응, 빈곤아동과 학부모에 대한 지원시스템의 구축, 학부모의 취업지원, 아동의 빈곤에 관한 실태조사 및 연구를 실시하는 등이다. 이와 같이 일본은 빈곤아동의 문제 해결을 위해 중앙정부와 지방자치단체의 책무를 명확히 하여 이에 대한 대책을 강구한 점에 대해 매우 큰 의미를 가진다.
- 일본의 교육복지 정책 성과를 살펴보면 다음과 같다. 빈곤아동에 대한 정책효과는 〈표 Ⅳ-2-3〉과 같다. 표에서 제시한 바와 같이 빈곤아동 대책 추진법 골자에 관

한 정책을 실시한 직후 대부분의 정책지표에서 효과가 나타나고 있음을 알 수 있다. 일본의 빈곤아동 대책 추진법이 시행되기 전 일본의 아동 빈곤율은 16.3%였으나 사업 시행 후의 아동 빈곤율은 16.1%로 다소 감소되었다. 학교를 중심으로 빈곤아동이 처한 어려움을 발굴하고 지원하는 역할을 하는 스쿨소셜워커 및 스쿨상담사의 배치 수는 본 사업 직후 증가하였음을 알 수 있다.

표 Ⅳ-2-3 아동의 빈곤대책 추진에 관한 성과

정책지표		빈곤아동		전 세대 수 (정책실시 후)
		정책실시 직전	정책실시 후	
생활보호 대상자 고등학교 진학률		90.8	92.8	98.8
생활보호 대상자 고등학교 중퇴율		5.3	4.5	1.5
생활보호 대상자 대학 등 진학률		32.9	33.4	73.2
한부모가정의 보호자 취업율	모자 가정	80.6	80.6	64.4
	부자 가정	91.3	91.3	81.6
스쿨소셜워커 배치 수		1,008명	1,399명	
스쿨상담사 배치율	초등학교	37.6	58.5	
	중학교	82.4	88.4	
아동의 빈곤율		16.3	16.3	16.1

* 출처 : 内閣府(2016)「2016년도 아동의 빈곤지표」

2) 국내 교육복지우선지원사업의 쟁점

- 프랑스, 영국, 일본의 사례를 통해 도출된 시사점은 아래와 같다. 첫째, 교육복지 정책은 범정부차원에서 일관성 있는 정책으로 수행되어져야 한다. 영국의 경우는 집권 정권에 따라 교육복지 사업이 정책이 변경되었으며, 개인에게 보상적 차원, 책임을 전가하는 방식으로 변화되어왔다. 그러나 프랑스의 경우 일관성 있고 장기적인 범정부 연계 정책은 우리나라에서도 반드시 반영되어야 한다. 특히, 학생의

생존권과 관련하여 맞춤형 통합지원하고 있는 교육복지우선지원사업의 경우, 프랑스와 마찬가지로 성숙·변화 발전시킬 필요가 있다. 교육복지우선지원사업에 대한 강력한 추진 방향 설정, 유사 사업을 교육복지우선사업과 연계하여 교육복지사업을 중점적으로 추진하는 것도 바람직하다. 또한 정책에 대한 연구와 개발이 병행되어야 하며, 특히 정부와 학계, 시민사회, 교육학자들의 지속적인 연구와 연합을 통해 일관성 있는 정책으로 발전시켜나가야 할 필요가 있다.

- 둘째, 지역사회개발정책, 민관협력 거버넌스는 교육복지정책과 함께 운영되어야 한다. 프랑스와 영국의 교육복지정책을 살펴보면서 단순히 학생들을 대상으로 이루어지는 정책이라기보다 지역단위의 수준의 범주 확대가 필요하다. 우리나라에서도 교육부와 보건복지부 등 저소득층 학생 지원 관련 부처 간에 정책적 협력이 필요한 부분은 적극 발굴하여 통합적인 관점에서 사업을 추진해야 할 필요가 있다. 현재 교육복지에서 지역공동체 파트너십은 매우 중요하나 부분으로 교육복지정책이 추구하는 것은 지역사회 수준의 확실한 발전과 삶의 질 제고임을 감안할 때 이에 대한 노력을 불가피하다.
- 셋째, 학생 발달 단계를 고려하여 사업 장기화에 따른 사회적 통합 방향을 제시할 필요가 있다. 프랑스에서는 저소득층 학생들의 학업 성공에 효율적인 결과를 낸 교육활동 및 교수법을 적극 도입하여 실행하고 있다. 학생들의 특성에 맞는 교수지도법 등 우리나라에서도 개발되어 적용되어야 한다. 또한 도시개발 정책 안에서 도청과의 협력 체계를 마련하여, 유아들의 취학이나 학업성적 및 학교적응력을 높이는 노력, 진로 및 직업교육과 관련된 취업과 노동에 대한 부분까지 지원하고 있다. 우리나라에서도 이러한 영역의 확장이 필요하다.
- 넷째, 교육복지 전담인력에 대한 역할과 권한 확대 필요하다. 영국과 일본의 사례와 같이 각 학교 현장에 파견을 나가 학교장과 교사, 학부모와의 조율을 통해 학생 맞춤형계획을 세우는 역할과 권한이 교육복지사(조정자)에게 부여됨으로써 교육복지 정책의 발전적 대안으로 인력에 대한 역할과 권한 확대에 대한 제도적인 노력이 수반되어야 한다.

3) 국내 교육복지우선지원사업 운영 현황 및 성과 분석 결과

가) 운영 현황 분석 결과

- 분석에는 2003-2017년의 17개 시, 도 교육청 기본계획 데이터가 포함되었다. [그림 Ⅳ-2-3]은 교복우 사업 총 예산의 연도별 변화와 교복우 사업 유치원, 학교 수를 나타내었다. 총 예산은 2012년도까지 증가 추세를 보이다가 2013년도 이후 감소됨을 볼 수 있다. 이와 비교하여, 교복우 사업 유치원 수는 예산 증가량과 비교하여 유사하게 증가하다가 2009년 이후 감소 추세를 보인다. 하지만 교복우 사업 학교 수는 꾸준한 증가 추세를 보이고 있으며 총 학교 수는 초등학교가 가장 많고 중학교, 고등학교 순으로 나타났다. 특히, 2017년도에는 전년도 대비 초등학교, 중학교, 고등학교 모두 급격하게 증가한 것으로 나타났다.

그림 Ⅳ-2-3 연도별 교육복지우선지원사업 학교 수 및 예산 증감 추이

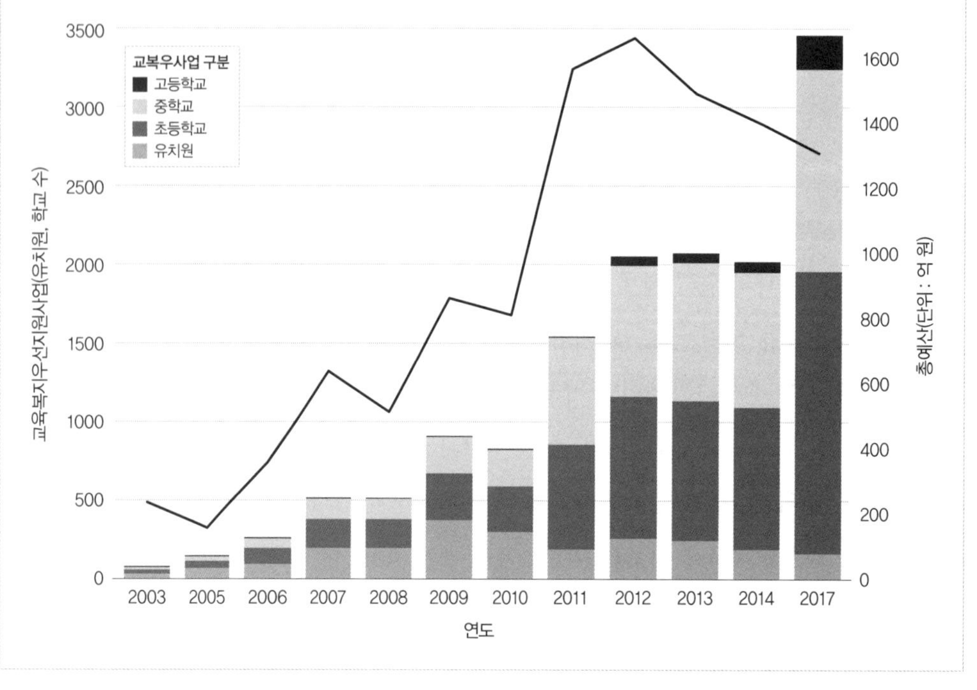

- 교복우 사업 전담인력을 보면 2010년 이후 2011년도 예산 증가와 비례하게 교육복지사 인력의 큰 변화가 있었음을 볼 수 있다. 이후 총 예산은 감소하였으나 전담

인력의 수는 크게 변화가 없으며 꾸준히 사업을 지원하고 있는 것으로 나타났다 ([그림 IV-2-4] 참고).

- [그림 IV-2-3]과 [그림 IV-2-4]를 보면 2011년을 기준으로 교복우 사업 전담인력 및 예산이 급증하는 반면, 교복우 사업 학교 수는 2014년도까지는 사업전담인력 및 예산과 비슷한 수준으로 증가하는 추이를 보이다가, 2017년에 들어서 2014년도 대비 1.71배 증가하였다. 이는, 교육부에서 각 시도교육청으로 교복우 사업 이관 이전에 존재했던 기존 교복우 사업 학교에 사업전담인력이 부족했다고 볼 수 있다. 2011년부터 2013년까지는 기존에 부족했던 사업 전담 인력이 각 학교로 추가 또는 보충 배치되었으며 그 이후 사업학교 수 및 예산대비 인력이 안정화를 거침에 따라, 2017년 교복우 사업 운영 규모의 대상학교수가 확대된 것으로 볼 수 있다.

그림 4-2-4 연도별 교육복지우선지원사업 전담인력 및 예산 증감추이

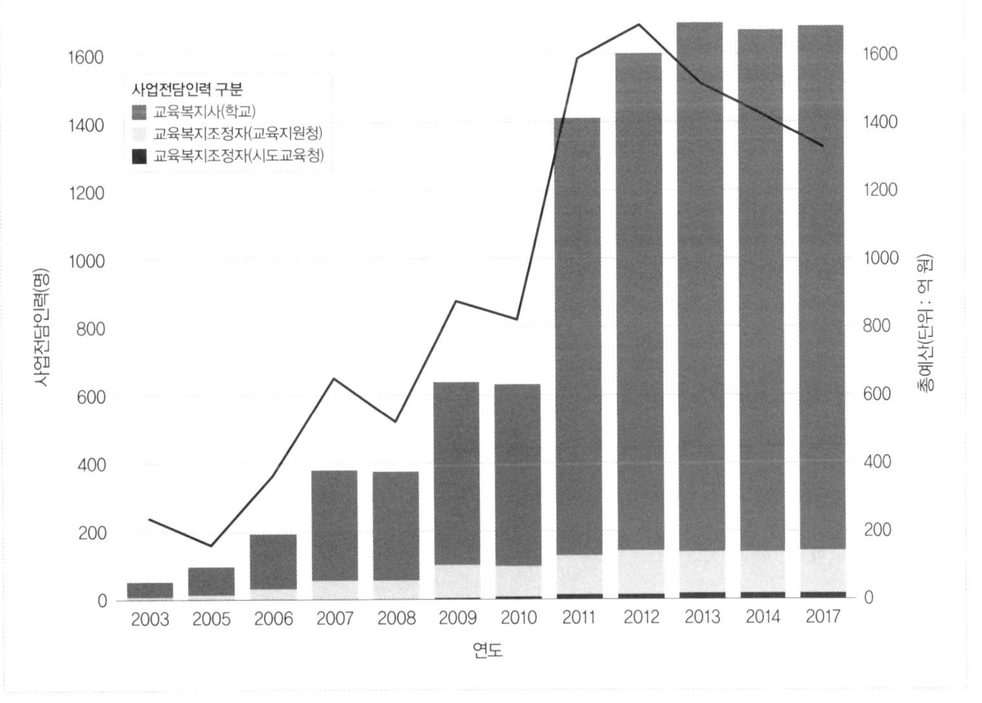

그림 Ⅳ-2-5 시도별 교복우 사업예산(교육복지 운영비, 학교지원비 포함)

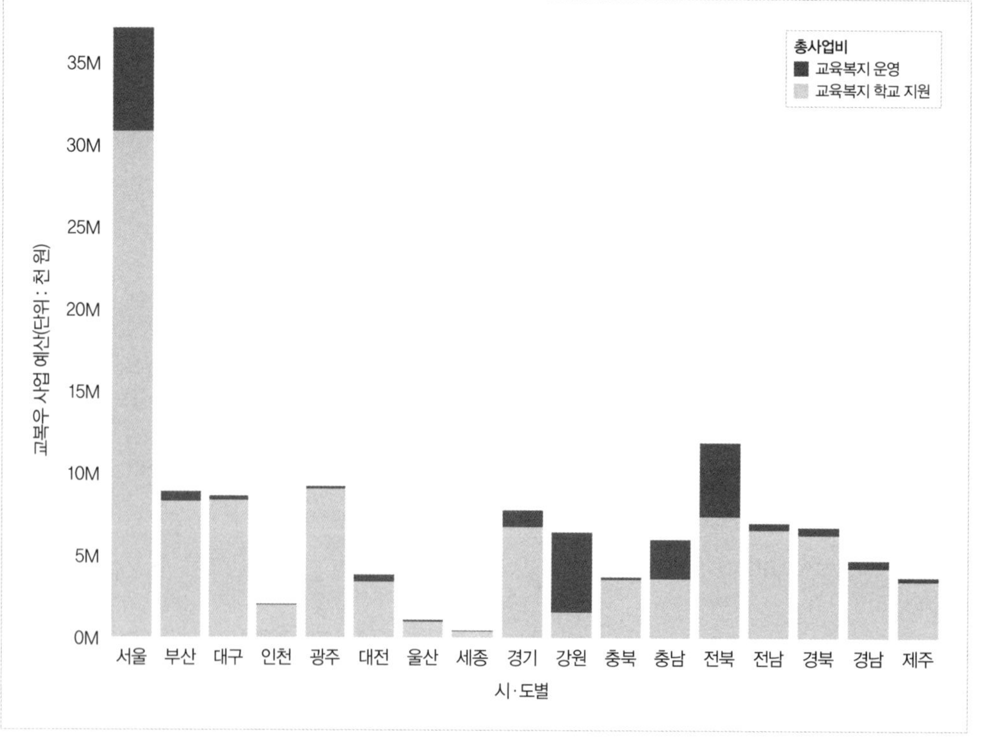

- [그림 Ⅳ-2-5]는 시도별 교복우 총 사업예산을 교육복지 운영비와 학교지원비의 비율로 나타내었다. 전체 시도별로는 총 사업비 130,894,200원을 교육복지 학교 지원비 107,537,597원(82.2%), 교육복지 운영비(17.2%), 기타(0.6%)로 사용되었으며, 기타는(부산, 대구만 해당) 희망학교, 비사업학교 예산이 따로 편성된 경우이다.
- 각 시도별 총 사업비 대비 교육복지 학교 지원비 할당 비율 현황을 살펴보면 서울 83.0%, 부산 85.1%, 대구 96.8%, 인천 98.9%, 광주 98.3%, 대전 88.2%, 울산 90.0%, 세종 90.4%, 경기 87.4%, 강원 24.5%, 충북 96.1%, 충남 60.0%, 전북 62.4%, 전남 94.2%, 경북 93.3%, 경남 90.6%, 제주 93.7%로 나타났다. 서울, 강원, 충남, 전북은 다른 시도에 비해 학교 지원비 비율보다 교육복지 운영비에 많은 예산을 편성하는 것으로 나타났으나, 서울은 지역교육복지센터, 충남은 시·군 교육복지지원센터 등 해당 시도의 거점 역할을 위한 센터를 운영하는 비용이 합산된 것으로 볼 수 있다.

나) 성과 분석 결과

- 성과 분석은 각 시도별 사업 운영 특성에 맞게 차별적으로 운영되고 있어 일괄적인 성과의 비교 분석은 어려우나, 초등학교, 중학교로 구분하여 동일한 척도 기준을 제시한 일부 시도에 대해 교복우사업에 대한 만족도를 살펴보면 다음 [그림 IV-2-6]과 같다.

그림 IV-2-6 연도별 교육복지우선지원사업 만족도(서울, 인천, 전북)

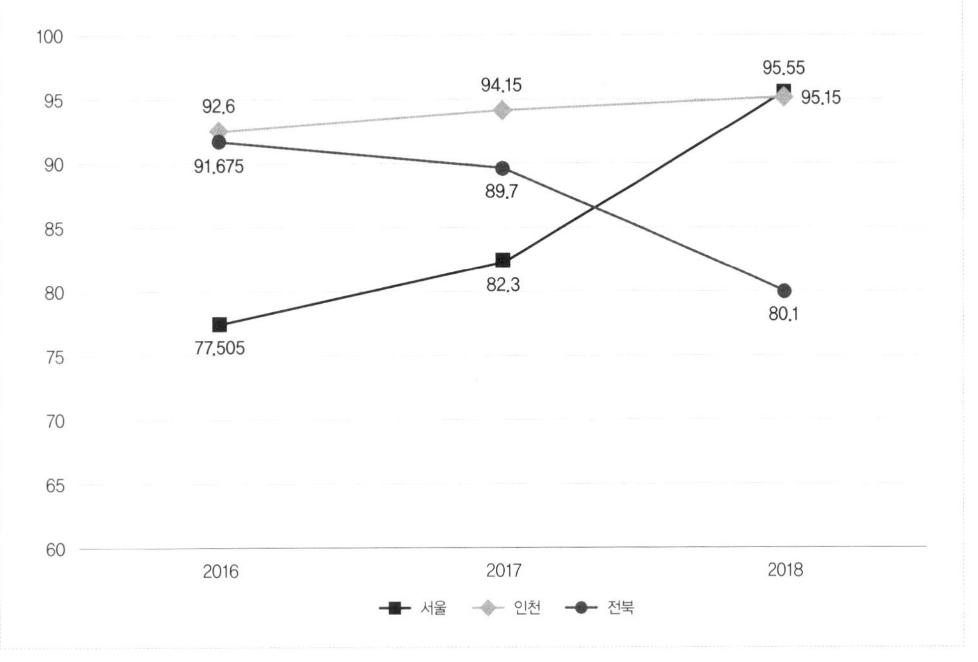

- 서울은 만족도 변화가 가장 큰 폭으로 상승하였으며, 77.5점(2016년)에서 95.6점(2018년)으로 증가하였다. 인천의 경우, 92.6점(2016년)에서 95.2점(2018년)으로 소폭 상승하였다. 반면, 전북의 경우에는 91.7점(2016년)에서 80.1점(2018년)으로 하락하였다. 이 결과를 토대로 각 시도별 사업 운영을 절대적으로 평가할 수는 없으나, 전북은 학생들의 교복우 사업에 대한 만족도를 관리할 필요가 있음을 볼 수 있다.
- 만족도 분석 대상을 학생과 학부모, 교사로 분류한 시도의 만족도 조사 결과를 살펴본 결과는 다음과 같다. [그림 IV-2-7]은 학생에 대한 만족도 조사 결과로서 서울은 감소하였다가 2016년부터 상승하였으며, 광주와 대전은 2017년까지 증가 추이

를 보이다가 2018년에 감소하였다. 인천과 울산은 꾸준한 증가 추이를 보였고, 부산은 높은 만족도를 유지하였다.

그림 Ⅳ-2-7 연도별 교육복지우선지원사업 만족도(학생)

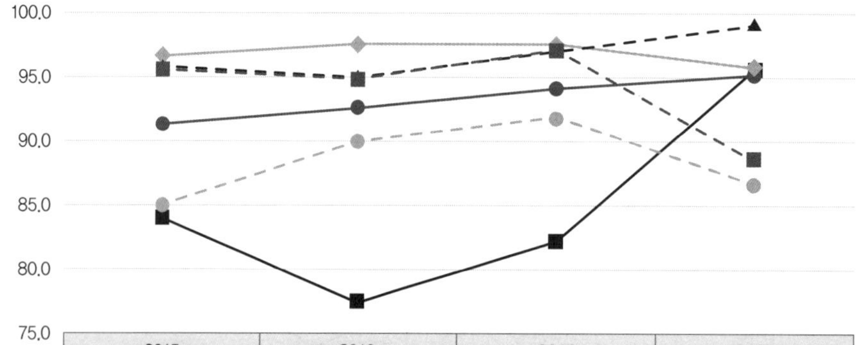

	2015	2016	2017	2018
서울	84.0	77.5	82.3	95.6
인천	91.4	92.6	94.2	95.2
부산	96.6	97.5	97.6	95.8
울산	95.8	95.0	96.7	99.1
광주	95.6	94.9	97.1	88.5
대전	85.1	90.0	91.8	86.8

- 학부모 대상의 만족도 분석 결과 학생의 결과와 유사하게 서울은 감소하였다가 2016년부터 상승하였으며, 광주와 대전은 2017년까지 증가 추이를 보이다가 2018년에 감소하였다. 인천과 울산은 꾸준한 증가 추이를 보였고, 부산은 높은 만족도를 유지하였다([그림 IV-2-8] 참조).
- 대전은 교사를 대상으로 만족도 조사를 실시하지 않아 분석 대상에서 제외하였다. 나머지 시도에 대한 교사의 만족도 분석 결과 서울과 인천은 감소하였다가 2016년부터 상승하였으며, 광주는 높은 만족도를 유지하다가 2018년에 만족도가 하락하였다. 부산과 울산은 높은 만족도를 유지하였다([그림 IV-2-9] 참조).

그림 Ⅳ-2-8 연도별 교육복지우선지원사업 만족도(학부모)

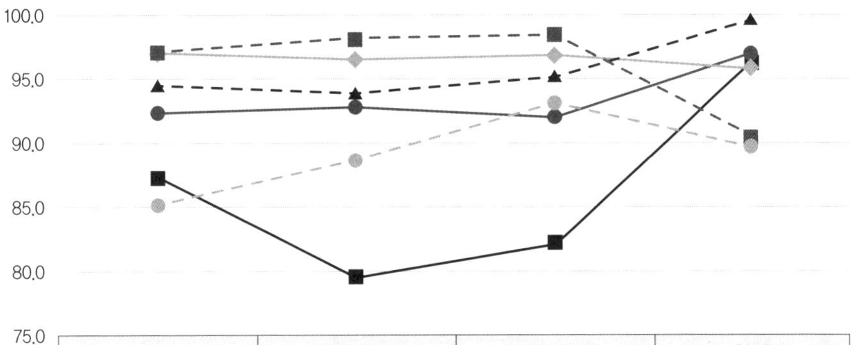

	2015	2016	2017	2018
서울	87.4	79.6	82.0	96.4
인천	92.4	92.9	91.9	97.0
부산	97.1	96.6	96.9	95.8
울산	94.6	93.9	95.2	99.7
광주	97.2	98.1	98.5	90.5
대전	85.2	88.8	93.1	89.7

서울 인천 부산 울산 광주 대전

그림 Ⅳ-2-9 연도별 교육복지우선지원사업 만족도(교사)

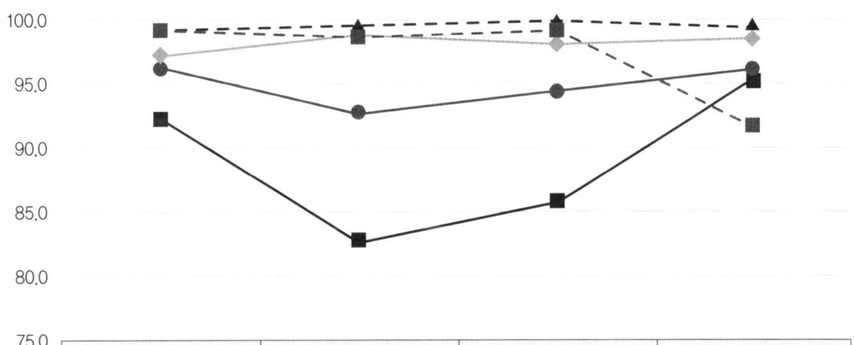

	2015	2016	2017	2018
서울	92.3	82.6	85.8	95.4
인천	96.3	92.7	94.5	96.2
부산	97.4	98.8	98.0	98.5
울산	99.1	99.4	99.8	99.4
광주	99.2	98.6	99.2	91.6

서울 인천 부산 울산 광주

- 학교 분류별 만족도 조사 결과와 동일하게 대상별 만족도 조사 결과로 시도별 사업 운영 평가의 절대적인 기준을 제시할 수는 없다. 그러나 시간의 흐름에 따라 학생, 학부모, 교사의 교복우사업에 대한 만족도 하락을 보인 광주와 대전은 전반적인 사업 운영 검토와 체계적으로 전략을 수립하여 차년도 운영을 계획해야 할 것이다.

4) 교육복지우선지원사업 발전 방향

- 본 장의 목적은 교육복지우선지원사업의 운영 실태 분석과 시도별 사업 담당자의 인식조사를 통해 사업의 성과와 한계를 파악함으로써 향후 동 사업이 중장기적으로 발전할 수 있도록 방향성을 제시하는데 있다.
- 첫째, 교육복지의 목표를 보다 분명히 제시할 필요가 있다. 담당자의 인식 결과에서 제시된 바와 같이 교육복지우선지원사업은 교육소외계층의 출발선 평등을 보장하고 학교 중심의 지역교육공동체를 구축하여 지속적인 맞춤형 지원을 통해 학생의 교육적 성장과 학교생활 적응을 돕는 것을 목표로 한다. 그러나 목표가 교육격차 해소인지, 아동이 당면한 문제의 해결에 있는지, 학교적응능력 향상에 있는지 등 정책의 목표가 분명해야 한다는 것이다. 목표가 분명할 때 이를 달성했는지 성과를 평가할 수 있을 것이다. 일본의 경우 아동빈곤 감소를 위한 분명한 정책 목표를 제시하고 있으며, 이에 대한 달성도 여부도 지속적으로 관리하고 있다.
- 둘째, 교육복지대상 학생들을 통합적으로 지원하기 위해 학생들의 교육적 경험을 체계적으로 관리하고 지원할 필요가 있다. 교육복지우선지원사업은 학생에게 긍정적 자아 인식의 형성, 자존감 향상, 자아효능감 증진, 정서적 안정, 대인관계 능력 향상 등을 통해 학교생활에서의 적응력을 향상시키는 등에 영향을 미치고 있는 것으로 나타났다. 그러나 학생들이 어느 프로그램에 몇 시간 참여하고 있으며, 서비스 지원 내용이나 예산지원 내용들이 체계적으로 관리되고 있지 못하다. 따라서 사업 대상 학생들에게서 나타난 인지적, 정의적, 신체적 변화들이 교육복지우선지원사업의 효과에 의한 것인지 타 사업에 의한 효과인 것인지 정확하게 알아내기 어렵다. 또한 각 프로그램에 대한 효과성을 구체적으로 확인하기 어렵기 때문에 객관적인 질 관리도 어렵다. 이러한 문제를 개선하기 위해 학생들의 교육적

경험들을 체계적으로 관리할 수 있는 시스템을 구축하고 지속적으로 질을 관리할 수 있는 질 관리 시스템을 도입할 필요가 있다.

- 셋째, 교육복지우선지원사업의 성과 확인을 위한 객관적인 성과지표 개발이 필요하다. 동 사업을 성과 분석한 결과 17개 시도에서는 사업 운영 특성에 맞게 차별적으로 운영되고 있으나 성과 산출물로 학생과 학부모, 교사의 만족도 조사만 이루어지고 있다. 그러나 동 사업은 학생의 통합적 지원을 통해 학교생활 적응력 및 가정생활에서 긍정적인 영향을 미치는 사업으로 평가되고 있다. 따라서 동 사업의 성과 산출물로 만족도 조사에 머무르지 않고 사업의 목표와 학생들의 변화를 확인할 수 있는 객관적인 성과지표 개발이 이루어질 필요가 있다.
- 넷째, 교육복지 서비스를 제공하는 인력을 충분히 확보하고 인력에 대한 전문성을 확보할 필요가 있다는 점이다. 영국과 일본의 경우 전 학교에 교육복지사(스쿨소셜워커)를 배치하고 있으며 이를 통해 체계적인 서비스를 제공하고 있다. 반면 우리나라의 경우 교육복지우선지원사업 대상학교로 지정되었으나 교육복지사 등이 배치되지 않은 학교가 상당수 존재한다. 이는 교육복지 서비스를 체계적으로 제공할 수 없음을 의미하는 것이다. 향후 전문성 높은 교육복지사를 단위학교에 충분히 배치할 수 있도록 정책적 지원이 필요하다.
- 마지막으로, 교육복지서비스가 필요한 학생에 대한 지원은 가정을 포함한 지역사회와 연계하는 통합적 지원이 필요하다. 교육복지우선지원사업을 통해 가정과 지역사회 변화에 미치는 영향을 살펴보면 동 사업은 지역 내 위치하고 있는 학교에 대해 긍정적으로 인식을 갖게 되고 신뢰감이 형성되는 계기를 갖은 것으로 나타났다. 이로 인해 지역사회는 학교와의 연계·협력을 통해 대상 학생 지원 활동에 적극적으로 참여하게 되며 이렇게 함으로써 교육복지의 문제는 학교, 가정, 지역사회가 함께 고민하고 통합적으로 접근해야 좋은 성과를 얻을 수 있다. 한편 일본의 경우 아동빈곤 문제를 해결하기 위해 학부모에 대한 지원도 아끼지 않고 있음을 발견할 수 있다. 하지만 우리나라의 경우 많은 현실적인 제약으로 인해 해당 아동에 대한 상담이나 프로그램 지원 서비스에 한정되는 경우가 많다. 향후 사례관리 기능을 강화하고 사례관리를 통해 가정을 포함한 지역사회를 연계하는 통합적 서비스가 제공될 수 있도록 노력할 필요가 있다.

다. 교육복지우선지원사업 성과 및 발전 방안(2003~2021년)

보고서명	[RR 2021-01] 교육복지우선지원사업 성과평가 및 발전방안 연구
주제어	교육복지우선지원사업, 성과평가, CIPP

- CIPP 모형을 기반으로 교육복지우선지원사업 성과평가분석틀을 도출하였다. '학교단위 교육복지 정책 성과지수 개발(기본연구 RR 2014-02)' 연구의 지표를 기반으로 시·도교육청 사업계획서 내 성과평가 지표와 최근 연구를 참고하여 성과평가 분석틀을 도출하였으며, CIPP 각 영역별 평가준거에 대한 구체적인 평가지표는 아래 〈표 Ⅳ-2-4〉와 같다.
- 자료수집 방법은 문헌 분석, 데이터 분석, 면담 조사로 나뉜다. 문헌 분석은 한국교육학술정보원, 누리미디어, 교보문고, 한국학술정보를 사용하여 선행연구를 수집하였다. 데이터 분석은 한국교육문제연구소와 한국교육개발원의 연구보고서, 시·도 관련 자료 및 선행연구 분석을 통해 가용 자료를 수집하였다. 면담 조사는 필요한 경우에 FGI를 수행하여 정량 분석을 보완하여 종합적 논의를 가능하게 하였다.

표 Ⅳ-2-4 평가영역별 평가준거 및 평가지표(성과평가 분석틀)

평가영역	평가준거		평가지표	
상황 (C)	1	지자체지원	1	조례 제정 여부 및 연도
	2	학교	2	전체학교 중 교복우사업 학교 수
	3	학생	3	전체학생 중 교복우사업 대상학생 수
			4	교복우사업 대상학생 중 법정저소득 대상학생 수
	4	홍보 전달체계	5	학교 내/외부 사업 안내 연수
			6	연계활동을 위한 담당 조직(교육복지위원회) 개최 횟수

평가영역	평가준거		평가지표	
투입 (I)	5	물적자원	7	사업 예산 및 세부 예산 현황
	6	인적자원	8	교육복지사 수
			9	교육복지사 전문교육 연수 횟수
과정 (P)	7	사업계획/운영	10	사업계획서 유무
	8	학교 내부	11	시·도교육청/교육지원청 교육복지사의 학교방문 및 협의 횟수
			12	학교 사업 담당자 직무연수 횟수
	9	학교 외부	13	시·도교육청/교육지원청 교육복지사의 지역사회 기관방문 및 협의 횟수
			14	지역사회 연계 횟수
	10	프로그램	15	프로그램 영역별 예산
			16	프로그램 개수
	11	사례관리	17	상담진행 횟수
산출 (P)	12	네트워크	18	교육복지 사업 관련 네트워크 현황
	13	학생 변화	19	학업효능감, 생활태도, 가정/학교에 대한 신뢰 등
	14	만족도	20	교육복지 사업 관련 만족도

1) 상황(Context) 평가

가) 지자체 지원

- 교육복지우선지원사업과 관련된 조례 현황은(2021년 1월 기준), 교복우사업 관련 조례를 제정하거나 교육청 자체 교복우사업 규정으로 운영하는 지역, 포괄적인 교육복지 관련 조례를 통해 교육복지 사업들을 운영하는 지역, 교육복지 규칙에 기반해 운영하는 지역으로 구분된다. 2020년 10월 이후, 학교와 지역사회가 소통하고 협력하는 지역교육공동체에 관한 혁신교육 지구관련 조례가 상당부분 추가되었다.
- 관련 문헌을 통한 정성적 분석의 경우, 지자체 지원과 관련하여 교육지원청 및 시·도교육청의 역할, 관련 사업 법안의 변화 등이 주요 키워드로 논의되었다(김민희, 2012; 김선숙 외, 2020; 송지훈, 정영모, 2017; 조금주, 2014).

나) 학교

- 교복우사업을 연도별로 비교하였을 때, 전체학교 수는 지속적으로 증가하여 2021년 기준 4,286개 학교로 확장되었다. 다만, 유치원의 경우 점차 감소하고 있으며, 서울에서만 실시하고 있다(〈표 IV-2-5〉 참고).

표 IV-2-5 교육복지우선지원사업 학교 현황(2003-2021년도, 단위 : 개)

연도	유	학교				계
		초	중	고	소계	
2021	77	2,425	1,488	296	4,209	4,286
2020	75	1,996	1,300	175	3,471	3,546
2019	65	1,990	1,314	205	3,509	3,574
2018	-	2,016	1,364	216	3,596	3,596
2017	160	1,799	1,290	212	3,301	3,461
2016	-	1,103	841	144	2,088	2,088
2015	-	922	751	76	1,749	1,749
2014	193	903	860	65	1,828	2,021
2013	244	894	876	63	1,833	2,077
2012	257	906	831	64	1,801	2,058
2011	188	670	681	5	1,356	1,544
2010	297	296	234	4	534	831
2009	375	300	234	4	538	913
2008	196	187	132	3	322	518
2007	195	187	132	3	322	517
2006	97	103	61	3	167	264
2005	66	50	32	-	82	148
2003	34	29	16	-	45	79

다) 학생

- 교복우사업학교 전체 학생 수는 2003년도부터 2021년까지 순증하며 참여학생 범위가 확장되었다. 최근 3년 기준으로 2019년에서 2020년 사이에 소폭 감소하였으나, 이후 다시 증가하는 추이를 보이고 있다(〈표 IV-2-6〉 참고).

표 IV-2-6 교육복지우선지원사업 사업학교 학생 현황황(2003-2021년도, 단위 : 명)

연도	대상학교 전체 학생수	대상학생 수	국민기초생활보장 수 급권자 수	우선지원 학생 수
2021	2,002,043	310,430	-	-
2020	1,817,596	301,442	-	-
2019	1,888,679	333,290	-	-
2018	-	312,369	-	-
2017	1,733,502	-	-	-
2014	1,256,387	-	60,056	283,680
2013	1,247,836	-	65,291	290,422
2012	1,302,250	-	72,881	292,989
2011	1,086,434	-	71,853	250,652
2010	452,467	-	35,725	111,095
2009	490,081	-	40,174	109,758
2008	304,464	-	27,904	61,821
2007	326,826	-	35,110	60,897
2006	153,178	-	16,719	0
2005	75,189	-	9,765	0
2003	40,707	-	4,758	0

- 관련 문헌을 통한 정성적 분석의 경우, 학생과 관련하여 사업대상 확대 필요성, 필요 학생 지원, 대상 학생의 지속적 참여 독려 필요성, 교육복지특별지원학교 선정

기준, 일반학생 포함 문제 등이 주요 키워드로 논의되었다(이수정, 2016; 정규석 외, 2019; 조금주, 2014).

라) 홍보 및 네트워크

- 홍보 및 네트워크와 관련된 평가자료는 사업초기 혹은 교복투사업 기간에 한정된 자료로 구성되었다(〈표 IV-2-7, 8, 9〉 참고).

표 IV-2-7 1개 학교 단위 사업홍보 활동(2006-2008년도, 단위 : 회)

연도	교사연수	학부모 설명회
2008	4.8	3.7
2007	4.9	4
2006	4.5	1.9

표 IV-2-8 교육복지위원회 및 연계협력 기관 현황(2003-2008년도, 단위 : %, 회)

연도	교육복지위원회		지역사회 연계기관	
	설치 비율	개최 횟수	학교	지역사회기관
2009	99.1	7.4	6.2	21.4
2008	100	6.4	5.7	19.7
2007	100	6.8	4.5	16.9
2006	100	6.1	6	22.2
2005	100	7.5	5.4	21.9
2003	100	4.8	9	23.2

표 Ⅳ-2-9 1개 학교 단위 사업 홍보 활동(2003-2008년도, 단위 : 회)

연도	사업 관련 홈페이지 구축 및 활용	지역 미디어 활용	브로슈어 제작	동영상 제작	가정 통신문 발송	학교신문 및 학교 게시판 게재	학교 홈페이지 활용 및 기타 홍보
2008	52.8	4.4	0.7	1.6	28.7	11.7	75.3
2007	8.6	3.2	2.2	1.3	21.4	11.3	63.8
2006	68.5	7.4	0.8	1.7	52.6	10.9	96.8
2005	41.2	5.6	0.6	3.1	19.3	15.9	112.1
2003	8.6	2.4	1.1	1	19.3	11.1	47

- 관련 문헌을 통한 정성적 분석의 경우, 홍보 및 네트워크와 관련하여 학습멘토링 프로그램 홍보, 사례관리형/공동사업형/자원공유형 네트워크, 교육복지네트워크의 시스템화 등이 주요 키워드로 논의되었다(손병덕 외, 2018; 최혜정, 2019).

2) 투입(Input) 평가

가) 물적 자원

- 교복우사업에 투입된 총예산은 2003년도부터 2012년까지 순증하다가 2013년도부터 감소하고 있다(〈표 IV-2-10〉 참고).

표 Ⅳ-2-10 교육복지우선지원사업 예산 현황(2003-2021년도, 단위 : 억 원)

연도	총예산	연도	총예산
2021	1,258	2011	1,566
2020	1,377	2010	810
2019	1,391	2009	866
2018	1,427	2008	514
2017	1,309	2007	642

연도	총예산	연도	총예산
2014	1,404	2006	359
2013	1,493	2005	160
2012	1,663	2003	238

※ 2021.12월 기준

- 최근 3년(2021년 기준) 예산 현황의 경우, 총 예산은 지속적으로 감소하고 있으나 전담인력에 따른 인건비 비율은 증가하였다. 교육청 예산은 보통교부금 중 교육복지우선지원사업 예산으로 편성된 것이다. 기타 예산은 시·도교육청, 지자체, 민간 기관 등에서 자체적으로 유치한 대응투자 예산이다(〈표 IV-2-11〉 참고).

표 Ⅳ-2-11 세부 예산 현황(2019–2021년도, 단위 : 억 원)

연도	교육청	인건비	기타예산	합계
2021	666	543	48	1,258
2020	784	538	53	1,377
2019	709	628	53	1,391

- 교복투사업의 예산은 특별교부금으로 출발하여 2010년까지 점차적으로 시·도차원의 대응투자 규모가 확대되었다. 2011년도에 사업비 재원이 특별교부금에서 보통교부금으로 전환되었다(〈표 IV-2-12〉 참고).

표 Ⅳ-2-12 세부 예산 현황(2003–2011년도, 단위 : 억 원)

연도	특별교부금	보통교부금	대응투자	기타예산	총계
2011	–	1,188	367	11	1,566
2010	310	–	417	83	810
2009	504	–	282	80	866

연도	특별교부금	보통교부금	대응투자	기타예산	총계
2008	248	–	266	–	514
2007	374	–	268	–	642
2006	209	–	150	–	359
2005	110	–	50	–	160
2003	238	–	–	–	238

- 관련 문헌을 통한 정성적 분석의 경우, 물적 자원과 관련하여 COVID-19로 인한 행적적/예산적 한계, 예산 사용의 비효율성, 예산 및 재정 확보 절차, 예산 편성 및 집행의 자율성 등이 주요 키워드로 논의되었다(손병덕, 김민선, 2021; 정해철, 김인희, 2012; 조금주, 2014).

나) 인적 자원

- 교복우사업 전담인력은 학교에 소속된 교육복지사와 교육지원청 및 시·도교육청의 교육복지조정자 등 사업 참여 인력으로 구분할 수 있으며, 2003년도 이후 꾸준한 증가를 보이고 있다(〈표 IV-2-13〉 참고).

표 IV-2-13 사업전담인력 배치 현황(2003-2021년도, 단위 : 명)

연도	학교	교육지원청	시·도교육청	사업학교 소계
	교육복지사	교육복지조정자 등	교육복지조정자 등	
2021	1,539	128	20	1,687
2020	1,537	124	21	1,682
2019	1,514	125	19	1,658
2018	1,337	122	16	1,475
2017	1,542	126	16	1,684
2014	1,538	121	16	1,675

연도	학교	교육지원청	시·도교육청	사업학교 소계
	교육복지사	교육복지조정자 등	교육복지조정자 등	
2013	1,558	122	16	1,696
2012	1,463	126	15	1,604
2011	1,285	116	13	1,414
2010	534	91	6	631
2009	538	95	5	638
2008	322	53	1	376
2007	322	56	–	378
2006	163	30	–	193
2005	82	13	–	95
2003	45	6	–	51

* 2021.12월 기준

- 최근 3년간 수행된 교육복지사 연수 운영 현황의 경우, 전문교육 연수 운영 횟수의 증가 추이에 반해 참여 인원의 증감폭이 큰 것으로 나타났다. 이는 COVID-19 상황에 따른 운영상 어려움으로 나타났으며, 향후 안정적인 연수 운영 방안이 확립될 필요가 있음을 시사한다(〈표 IV-2-14〉 참고).

표 IV-2-14 교육복지사 연수운영(2018-2020년도, 단위: 회, 명)

연도	교사연수	학부모 설명회
2020	543	4,921
2019	505	7,042
2018	327	4,387

- 관련 문헌을 통한 정성적 분석의 경우, 인적 자원과 관련하여 교육복지사(지역사회교육전문가), 교사와 교육복지사간 역할 분담, 교육복지사 전문 교육, 슈퍼비전 등이 주요 키워드로 논의되었다(김민희, 2012; 김선숙 외, 2020; 김정숙, 2011; 정기섭 외, 2017; 조금주, 2014).

3) 과정(Process) 평가

가) 사업계획/운영

- 관련 문헌을 통한 정성적 분석의 경우, 사업 계획 및 운영과 관련하여 사업의 정체성 혼란 문제, 유사 사업 간의 중복 문제, 교육부/시·도교육청의 사업 운영 관련, 정책적 방향성 문제 등이 주요 키워드로 논의되었다(김선숙 외, 2020; 송지훈, 정영모, 2017; 정기섭 외, 2017; 조금주, 2014).

나) 학교 내/외부 협력수행 여건

- 관련 문헌을 통한 정성적 분석의 경우, 학교 내/외부 협력 수행 여건과 관련하여 상호 연계 협력과 통합 지원 인식의 공유, 교내 유관사업 조정 인력의 부족, 개별 학생들에 대한 종합적 관리 필요, 기관 간 역할 분담에 따른 협력적 체제 구축 필요 등이 주요 키워드로 논의되었다(김민희, 2012; 박명신, 임선희, 2013; 윤철수, 좌동훈, 2012; 조금주, 2014).
- 최근 3년간 시·도교육청 및 교육지원청이 주관한 교육복지사 협의회 활동은 지속적으로 확대되었다. 2020년의 경우 COVID-19의 영향으로 협의회 및 회의 개최 수가 감소한 것을 볼 수 있다(〈표 IV-2-15, 16〉 참고).

표 IV-2-15 시·도교육청 및 교육지원청 교육복지사 협의회 활동(2018-2020년도, 단위 : 회)

연도	학교방문 및 협의	지역사회 기관 방문 및 협의	학교 관계자 협의회	교육지원청 관계자 협의회	교육복지 담당자 회의 참석	기타 협의회
2020	5,652	3,166	-	815	786	1,006
2019	3,665	3,572	1,144	893	907	1,231
2018	3,572	3,647	1,269	746	988	1,268

표 Ⅳ-2-16 시·도교육청, 지역교육청 사업 관계자 연수 실시 현황(2003-2019년도, 단위 : 회)

연도	사업관계자 연수 실시 현황		사업관계자 연수 참여 인원	
	전체	시·도 평균	전체	시·도 평균
2019	969	-	19,615	-
2018	596	-	13,505	-
2009	-	14.2	-	546.3
2008	-	22.5	-	-
2007	-	10.2	-	-
2006	-	13.7	-	-
2005	-	4.5	-	-
2003	-	0.0	-	-

- 지역사회교육전문가(교육복지사)의 활동에 대한 평가는 사업 초기(2003~2008년도)에 1개 학교 단위 지역사회교육전문가를 기준으로 교무회의 참석횟수, 학교 방문 협의 횟수 등으로 활동정도가 평가되었다. 정량적 기준의 평가로 한계가 존재하며, 다면적인 성과평가가 필요하다(〈표 IV-2-17〉 참고).

표 Ⅳ-2-17 1개 학교 단위 지역사회교육전문가 활동 현황(2003-2008년도, 단위 : %, 회)

연도	교무회의 참석률	교육복지관련 교내 위원회 참여율	학교(초중고) 방문협의 횟수	유치원 방문협의 횟수	지역사회기관 방문협의 횟수	지역사회 교육전문가 회의 횟수	기타 지역사회 내 협의회 횟수
2008	52.2	58.1	7.3	1.2	15.9	9.9	6.2
2007	48.4	55.4	7.0	11.0	13.6	10.3	5.1
2006	59.3	60.5	7.2	1.7	15.1	10.1	6.5
2005	40.5	56.8	7.3	1.0	16.0	9.7	5.6
2003	62.2	64.4	8.6	0.8	25.7	8.7	10.0

다) 프로그램

- 관련 문헌을 통한 정성적 분석의 경우, 프로그램과 관련하여 COVID-19 이후 프로그램 및 멘토링 운영 문제, 진로지도 프로그램의 변화 필요성, 서비스 영역 확대의 필요성, 맞춤형 교육복지 프로그램 개발 필요성, 프로그램 중심 운영체제의 문제 등이 주요 키워드로 논의되었다(김민희, 2012; 김명숙, 최인덕, 2021; 손병덕, 김민선, 2021; 정규석 외, 2019; 최혜정, 2016).
- 학교단위 프로그램 운영비 또는 운영 현황과 관련하여 사업 초기(2003~2008년) 이후 기간에 대해서도 지속적인 자료 수집 및 평가가 필요하다(<표 IV-2-18, 19, 20, 21> 참고).

표 IV-2-18 1개 학교 단위 프로그램 운영비 비율(2003-2008년도, 단위 : 천 원, %)

연도	사업비	사업비 중 프로그램 운영비	사업비 중 프로그램 운영비 비율
2008	138,667	87,976	63.4
2007	155,899	102,147	65.5
2006	139,281	87,000	62.5
2005	120,869	74,233	61.4
2003	91,311	50,958	55.8

- 학습영역의 프로그램 수 및 예산은 2011년까지 가장 높은 비율을 차지했으나 이후 비율이 점차 감소하고 있다. 복지영역의 프로그램 수 및 예산 비율 역시 점차 감소하는 것을 볼 수 있다. 반면에 문화·체험영역의 프로그램 수 및 예산은 비율이 증가하는 것을 확인할 수 있다(<표 IV-2-19> 참고).

표 IV-2-19 프로그램 영역별 프로그램 수 및 예산 비율(2003-2013년도, 단위 : %)

연도	학습		문화 체험		심리 정서		복지		기타 지원	
	수	예산	수	예산	수	예산	수	예산	수	예산
2013	15.1	18.4	54.0	46.2	17.7	16.2	9.4	7.7	3.8	11.5
2012	18.1	21.3	54.3	47.6	8.1	7.7	15.7	14.0	3.8	9.3

연도	학습		문화 체험		심리 정서		복지		기타 지원	
	수	예산	수	예산	수	예산	수	예산	수	예산
2011	27.4	40.5	24.5	24.0	21.9	14.8	18.1	16.1	8.1	4.6
2010	29.5	43.3	22.3	21.5	21.9	14.2	17.0	16.3	9.3	4.6
2009	29.2	43.6	22.6	21.2	20.8	12.8	17.3	16.9	10.2	5.4
2008	32.5	39.2	22.3	21.3	20.4	13.6	17.4	19.1	7.4	6.8
2007	35.9	38.0	21.6	24.3	17.5	10.9	17.9	21.2	7.1	5.6
2006	30.2	34.0	22.2	15.3	18.7	8.9	17.6	22.7	11.2	19.2
2005	36.2	43.6	20.7	22.1	23.6	14.8	15.5	18.8	4.0	0.7
2003	33.0	33.7	23.6	19.0	20.6	11.2	17.2	21.5	5.6	14.6

- 사업 초기인 2003년부터 2008년까지 1개 학교 당 장기 프로그램은 매년 약 20여 개 내외로 운영되었으며 전체 프로그램 중 50% 이상의 비율을 차지하였다. 대상 학생의 장기적 지원을 위해 향후 프로그램의 개설 및 운영에 있어 지속적 모니터링이 필요하다(〈표 IV-2-20〉 참고).

표 IV-2-20 1개 학교 단위 장기 프로그램 운영 현황(2003-2008년도, 단위 : 개)

연도	3개월 이상 진행 프로그램 수	3개월 이상 진행 프로그램 비율
2008	20.0	55.2
2007	17.7	52.6
2006	19.3	53.3
2005	17.7	51.0
2003	30.8	65.8

- 사업 초기인 2003년부터 2008년까지 심리·정서 프로그램의 참여율이 전체학생, 집중지원학생 모두 가장 높게 나타났다. 그 다음으로 학습, 문화·체험, 기타, 복지 순으로 나타났다(〈표 IV-2-21〉 참고).

표 Ⅳ-2-21 프로그램 영역별 계획대비 참여 비율(2003-2008년도, 단위 : %)

연도	학습		문화 체험		심리 정서		복지		기타 지원		전체	
	A	B	A	B	A	B	A	B	A	B	A	B
2008	92.1	92.9	88.4	88.5	95.3	93.8	73.8	83.4	87.9	85.1	90.0	89.8
2007	89.9	90.4	85.5	86.4	91.7	84.2	66.5	84.6	85.0	71.2	85.4	86.1
2006	90.1	87.8	86.3	89.7	100.1	96.8	84.8	67.4	85.2	96.4	91.0	86.3
2005	102.4	98.3	104.6	93.9	104.6	101.1	95.6	102.5	100.0	104.1	102.5	98.8
2003	96.1	100.7	92.6	36.1	97.2	80.6	83.8	106.9	168.9	77.2	95.4	102.2

Note. A : 전체학생, B : 집중 지원 학생

라) 사례관리

- 관련 문헌을 통한 정성적 분석의 경우, 사례관리와 관련하여 사례관리 및 전문인력의 체계적 활동과 관련된 전문성이 주요 키워드로 논의되었다(윤철수, 유기웅, 2013; 정규석 외, 2019).
- 사례관리 대상 학생의 면담은 사업 초기에 비해 최근 3년간 큰 폭으로 증가한 것을 확인할 수 있다(〈표 Ⅳ-2-22〉 참고).

표 Ⅳ-2-22 사례관리-면담현황(2003-2020년도, 단위 : 회)

연도	1개 학교 단위 학생면담		1개 학교 단위 학부모면담		교육복지사 배치교 상담 진행횟수
	전체학생	집중지원학생	전체학생	집중지원학생	
2020	-	-	-	-	256,426
2019	-	-	-	-	210,887
2018	-	-	-	-	169,072
2008	409.5	174.1	869.2	502.2	-
2007	307.9	135.7	601.3	230.9	-
2006	644.9	224.6	1,244.2	781.1	-

연도	1개 학교 단위 학생면담		1개 학교 단위 학부모면담		교육복지사 배치교 상담 진행횟수
	전체학생	집중지원학생	전체학생	집중지원학생	
2005	381.7	155.6	1,030.9	534.4	–
2003	359.7	231.8	974.0	919.6	–

4) 산출(Product) 평가

가) 네트워크

- 관련 문헌을 통한 정성적 분석의 경우, 네트워크와 관련하여 관련 기관의 유기적 연계를 통한 업무 협조, 지역사회와의 네트워크 등이 주요 키워드로 논의되었다(손병덕 외, 2018; 윤철수, 유기웅, 2013; 정규석 외, 2019; 최혜정, 2019).

나) 학생 변화

- 관련 문헌을 통한 정성적 분석의 경우, 학생변화와 관련하여 안전한 보호, 다양한 체험 기회, 자신감 증가, 재능과 꿈 발견 등이 주요 키워드로 논의되었다(박명신, 임선희, 2013; 손병덕 외, 2018; 정규석 외, 2019).

다) 만족도

- 관련 문헌을 통한 정성적 분석의 경우, 만족도와 관련하여 학생/교사/학부모의 변화, 학교의 역할 확대 등이 주요 키워드로 논의되었다(손병덕 외, 2018; 정규석 외, 2019; 정해철, 김인희, 2012; 조금주, 2014).
- 만족도와 관련해서, 전국 교육복지 사업에 대한 연도별 학생, 학부모, 교사의 만족도는 〈표 IV-2-23〉과 같다.

표 Ⅳ-2-23 연도별 교육복지우선지원사업 만족도

	2014	2015	2016	2017	2018	2019	2020
학생	93.2	91.1	90.8	91.2	92.4	93.6	93.4
학부모	93.9	91.4	92.5	93.2	93.8	96.5	95.7
교사	94.9	91.6	94.3	94.2	95.2	98.1	97.2

- 사업 초창기에 비해, 2014년도 이후 학생과 학부모의 만족도는 각각 4.4점, 15.7점 향상되었다. 교사의 만족도는 대체로 학생과 학부모의 만족도보다 높게 나타났으며, 2014년 이후 2.3점이 향상되었다(〈표 IV-2-24〉 참고).

표 Ⅳ-2-24 전체 교육복지 사업 만족도 평균(2003-2020년도, 단위 : %, 점)

연도	학생 만족도 평균		학부모 만족도 평균		교사 만족도 평균	
	비율	점수	비율	점수	비율	점수
2020	93.4	-	95.7	-	97.2	-
2019	93.6	-	96.5	-	98.1	-
2018	92.4	-	93.8	-	95.2	-
2017	91.2	-	93.2	-	94.2	-
2016	90.8	-	92.5	-	94.3	-
2015	91.1	-	91.4	-	91.6	-
2014	93.2	-	93.9	-	94.9	-
2006	89.9	3.04	-	3.33	-	4.14
2005	89.7	3.02	-	3.33	-	3.93
2003	89.0	2.8	80.0	3.1	-	3.75

- 사업 초기인 2003~2008년도의 경우, 영역별 프로그램 도움정도에 대하여, 문화·체험 영역과 복지영역이 대체로 높게 나타났다. 또한 모든 영역에서 전체학생보다

집중지원학생의 도움 비율이 높게 나타났다(〈표 IV-2-25〉 참고).

표 IV-2-25 학생의 영역별 프로그램의 도움 정도(2003-2008년도, 단위 : %)

연도	학습		문화 체험		심리 정서		복지	
	전체 학생	집중지원 학생	전체 학생	집중지원 학생	전체 학생	집중지원 학생	전체 학생	집중지원 학생
2008	88.5	92	90.6	93.6	87.6	91.8	90.7	95.7
2007	87.3	91.5	89.4	92.4	86.0	91.7	89.7	95.2
2006	88.4	91.4	90.9	94.6	87.2	90.4	90.7	95.1
2005	89.4	91.4	93.2	95.1	89.7	93.6	93.9	96.5
2003	91.7	94.6	92.4	94.9	91.0	93.5	91.8	97.8

- 사업 초기인 2003~2008년도의 경우, 학습자는 학습 영역보다는 문화·체험 영역에 대한 흥미도가 높았다. 또한 모든 영역에서 전체학생보다 집중지원학생의 흥미도가 높게 나타났다(〈표 IV-2-26〉 참고).

표 IV-2-26 학생의 영역별 프로그램 흥미도(2003-2008년도, 단위 : %)

연도	학습		문화 체험	
	전체학생	집중지원학생	전체학생	집중지원학생
2008	85.2	87.5	91.9	94.0
2007	83.7	87.2	90.9	93.6
2006	84.0	86.2	92.0	93.3
2005	87.4	87.5	93.4	95.1
2003	90.7	90.0	94.0	95.4

- 교복투에서 교복우로 사업이 전환된 2009~2011년도의 초등학교 및 중학교 학생의 학습능력, 생활태도 및 적응, 가정에 대한 만족도는 〈표 IV-2-27, 28〉과 같다. 전

체 영역에서 초등학생보다 중학생의 만족도가 낮게 나타났으며, 특히 자기주도학습능력에 대한 만족도가 낮은 것으로 나타났다.

표 Ⅳ-2-27 초등학생의 학습능력, 생활태도 및 적응, 가정(2009-2011년도, 단위 : 점)

연도	학습능력		생활태도 및 적응			가정		
	자기주도 학습능력	자기 효능감	사회성	자존감	학교생활 적응	부모-자녀 관계	가정에 대한 만족도	부모 지원
2011	3.15	3.48	3.75	3.74	3.63	3.84	3.89	4.14
2010	3.33	3.55	3.84	3.79	3.73	3.02	4.07	4.31
2009	3.31	3.30	3.74	–	3.61	4.06	4.05	4.19

표 Ⅳ-2-28 중학생의 학습능력, 생활태도 및 적응, 가정(2009-2011년도, 단위 : 점)

연도	학습능력		생활태도 및 적응			가정		
	자기주도 학습능력	자기 효능감	사회성	자존감	학교생활 적응	부모-자녀 관계	가정에 대한 만족도	부모 지원
2011	2.89	3.32	3.57	3.45	3.53	3.62	3.64	3.87
2010	2.87	3.31	3.60	3.57	3.52	3.66	3.69	3.96
2009	2.99	3.28	3.66	3.55	3.41	3.80	3.81	3.91

- 교복투에서 교복우로 사업이 전환된 2009년~2011년도의 경우, 학교에 대한 신뢰, 취약계층에 대한 학교장의 리더십 및 교사효능감에 대한 만족도는 〈표 IV-2-29, 30〉과 같다. 2009년도에 비해 전반적으로 만족도가 향상되었으나, 전체 영역에서 초등학생보다 중학생의 만족도가 낮게 나타났다.

표 Ⅳ-2-29 학교에 대한 신뢰(2009-2011년도, 단위 : 점)

연도	초등		중등	
	학생	학부모	학생	학부모
2011	3.54	3.60	3.24	3.38
2010	3.67	3.65	3.24	3.41
2009	3.63	-	3.31	-

표 Ⅳ-2-30 취약계층에 대한 학교장의 리더십 및 교사효능감(2009-2011년도, 단위 : 점)

연도	초등		중등	
	취약계층에 대한 학교장의 리더십	교사효능감	취약계층에 대한 학교장의 리더십	교사효능감
2011	4.17	3.91	3.77	3.69
2010	4.08	3.86	3.83	3.72
2009	4.00	3.80	3.75	3.73

5) 종합평가

- 앞서 실시한 CIPP 각 영역별 교육복지우선지원사업의 성과평가 결과를 기준으로 추가적인 분석을 실시하였다. 2003-2021년의 17개 시·도 교육청 기본 계획 데이터를 포함하여 분석하였다.
- [그림 Ⅳ-2-10]은 교복우사업 총 예산의 연도별 변화와 교복우사업 유치원, 학교 수를 나타낸다. 총 예산은 2012년도까지 증가 추세를 보이다가 2013년도 이후 감소됨을 볼 수 있다. 이와 비교하여 교복우사업 유치원 수는 예산 증가량과 비교하여 유사하게 증가하다가 2009년 이후 감소 추세를 보인다(현재 교복우사업에서 유치원을 지원하는 경우는 서울지역만 해당하고 있다).

그림 Ⅳ-2-10 연도별 교육복지우선지원사업 학교 수 및 예산 증감 추이

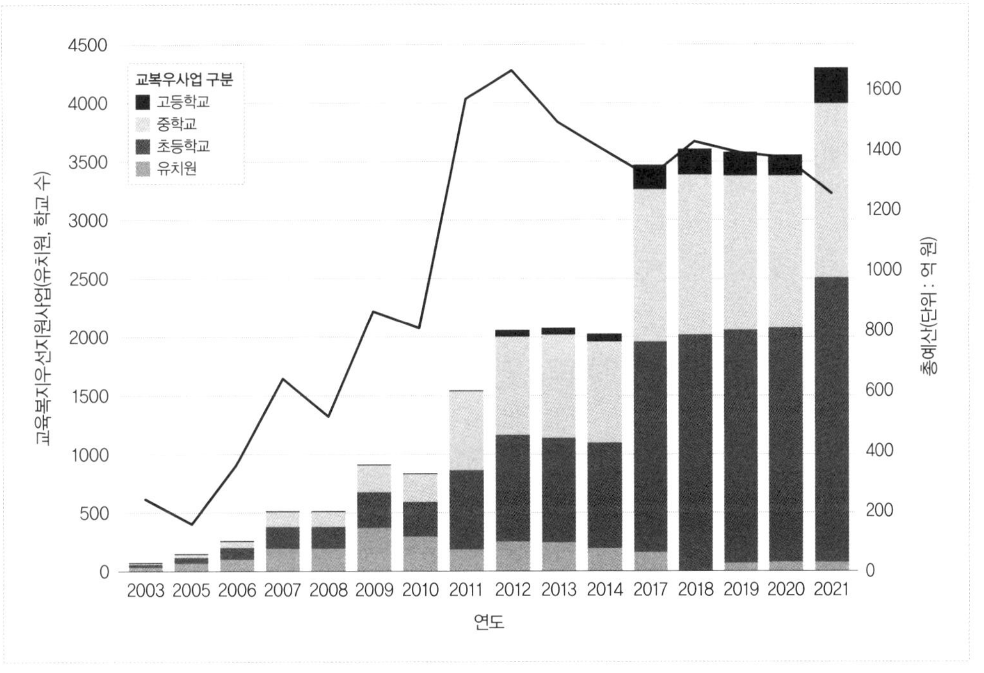

- 교복우사업 학교 수는 꾸준한 증가 추세를 보이고 있으며 총 학교 수는 초등학교가 가장 많고 중학교, 고등학교 순으로 모두 점진적으로 증가하고 있다.
- 교복우사업 전담인력의 경우 2010년 이후 2011년도 예산 증가와 비례하여 교복투 사업 시점(2003~2010)에 비해 교육복지사 인력의 큰 변화가 있었다([그림 Ⅳ-2-11] 참고). 이후 총 예산은 감소하였으나 전담인력의 수는 비교적 일정하게 유지되며 꾸준히 사업을 지원하고 있는 것으로 나타났다.
- 2012년 이후 총예산의 감소에도 불구하고, 사업학교수와 전담인력은 비교적 일정하게 유지되었으나, COVID-19 시점(2020~2021)에 총예산의 감소에 비해 사업 학교 수가 크게 증가하고, 전담인력은 전년도에 비교해 소폭 증가하여 전담인력이 비대면 환경에서 사업을 진행하는데 어려움이 지적되었다(손병덕, 김민선, 2021). 또한, 교복우사업 대상학교는 초등학교, 중학교, 고등학교 순으로 초등학교에 상대적으로 집중되어 있어, 고등학교의 교육취약계층을 선제적으로 지원하는데 있어 한계가 존재한다(김근주, 2021).
- 만족도 평가를 비롯한 정량적 성과평가에 있어, 전체 참여자에게 적용 가능한 통

그림 Ⅳ-2-11 연도별 교육복지우선지원사업 전담인력 및 예산 증감추이

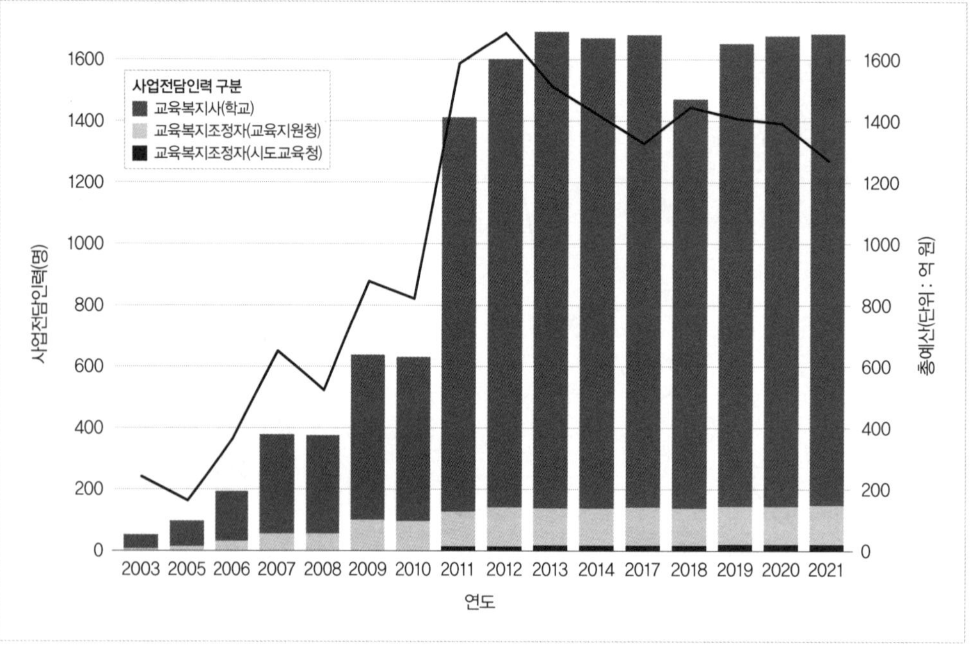

합적인 측정도구를 개발해 종단적으로 데이터를 수집 및 관리할 필요가 있다. 사각지대 교육취약계층을 찾고 선제적 대응을 위해서는 데이터 기반 의사결정이 필요하며, 교복우사업 성과평가에 대한 패널데이터를 구축하고 체계적인 시스템으로 데이터를 관리하여 변화의 추이를 시계열적으로 확인해야 할 것이다.

- 학부모 및 교사와 비교해 학생의 만족도가 상대적으로 낮게 나타나 개별학생에 대한 지원이 강화될 필요가 있다. 낙인감 해소와 연계지원을 통한 지속적 참여, 진로관련 프로그램의 개설 등 심리·정서적 측면을 포함한 관점에서의 통합적 지원이 필요하다.

그림 Ⅳ-2-12 연도별 학생, 학부모, 교사 만족도 비교

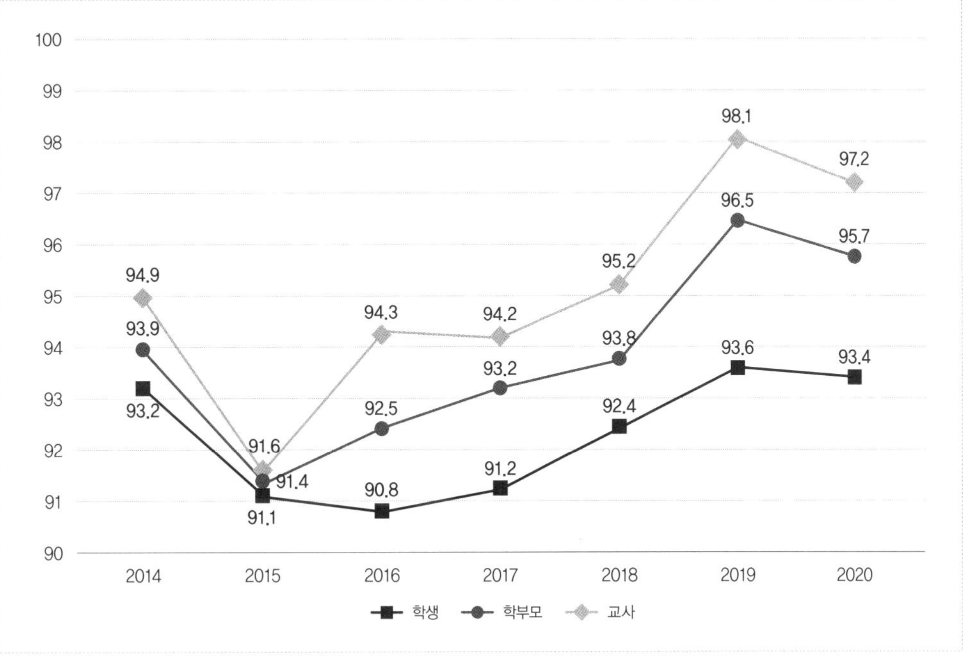

• 교복우사업 전담인력의 경우 2010년 이후 교육복지사 인력이 크게 증가하며 교복투사업 시점(2003~2010)에 비해 교육복지사 인력이 안정적으로 지원되고 있다. 사업대상학교 학생 수 대비 교육복지사의 비율은 2008년 이후 지속적으로 감소하여 교육복지사 인원대비 담당학생 수의 비중이 감소하는 추세를 보였으나, 2017년 이후 큰폭으로 증가하는 추이를 보였다. 이는 교육복지사 인력이 2013년부터 증가가 둔화된 것으로 나타남과 동시에, 교육복지 사업이 확장됨에 따라 대상학교 학생 수가 증가하여 실질적으로 교육복지사 1명이 담당해야 하는 학생 수는 오히려 증가하였음을 알 수 있다. 특히 위드코로나 시점인 2020년, 2021년도에 교육복지사 1인당 대상학생 수가 가장 높게 나타나며, 전담인력의 부담이 있었을 것으로 해석할 수 있다.

그림 Ⅳ-2-13 연도별 대상학교 학생수 및 전담인력 증감 추이

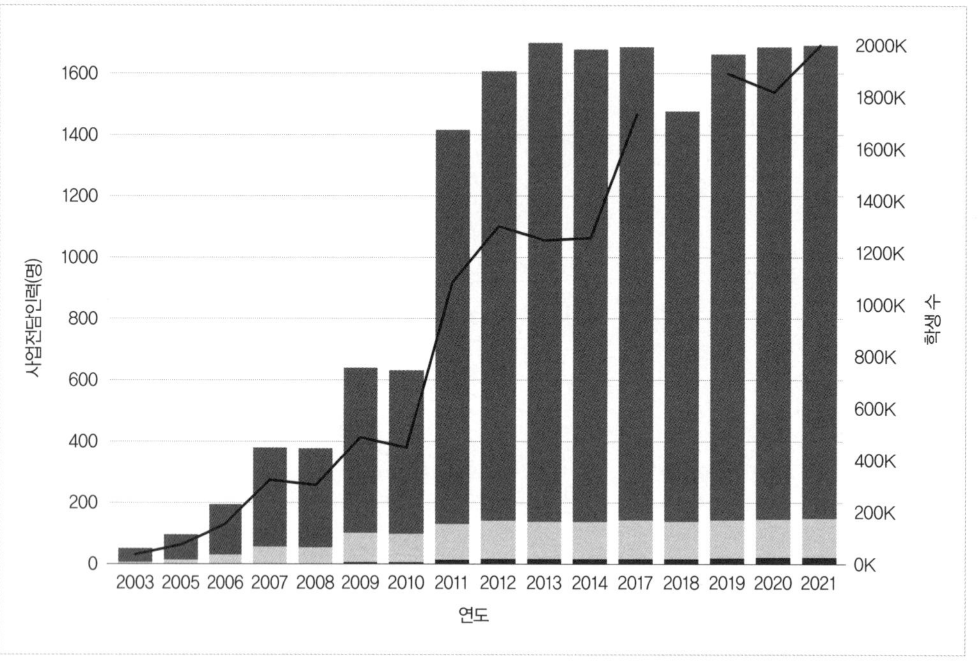

6) 발전방안

- 첫째, COVID-19를 계기로 학생들의 결손된 사회성(관계성)을 보충하고 교육격차를 해소할 수 있는 '중앙'에서 견인하는 교육복지 '일반화'의 필요성에 대한 정책성 이슈화가 필요하다.
- 둘째, 적정 예산의 확보를 통한 시·도교육청, 단위학교 단위에서의 교육복지의 정책적 위상의 제고를 도모하여야 한다.
- 셋째, 교육복지의 목표를 학생결핍모형이 아닌 학생성장모형으로 재수립하고, 이에 따른 대상학교와 학생 선정 기준이 교육에서 소외된 학생이라면 누구든지 교육복지에 참여할 수 있도록 보다 유연하고 폭넓게 수정되어야 한다.
- 넷째, 교육복지의 법제화가 필요하다.
- 다섯째, 지난 20여년 간 변화된 정책 환경을 섬세하게 반영한 교육복지 정책만의 차별화된 새로운 비전과 방향의 제시가 요청된다. 이는 정규과정 속에서, 교육복지가 필요한 학생들을 '교육현장에서 선제적으로 발굴'하고 '지속적으로' 학생의

관계적 맥락을 변화시켜주고 신뢰로운 '관계'를 맺을 수 있도록 '통합지원 팀체제'를 단위학교, 교육지원청, 시·도교육청, 교육부의 주체별 수준, 주체 간 수준으로 관계망의 형태로 구축하여 학생에게 가정, 학교, 지역사회에서 유의미한 교육과 성장이 일어나도록 돕는 것이다. 요약하면 교육복지 정책의 궁극적 지향점은 "학생 성장을 지향하는 교육적 관계맺음"이 되어야 할 것이다(이성회 외, 2021).

라. 교육복지우선지원사업 효과성 평가(2022년)

보고서명	[RR 2022-4] 교육복지우선지원사업 효과성 종단 연구
주제어	교육복지우선지원사업, 종단 연구, 효과성, 측정 도구

- 교육복지우선지원사업에 참여하는 다양한 지역 학생들의 변화를 장기적으로 추적 관찰하여 본 사업의 효과를 종합적으로 파악하고, 이에 근거하여 교육복지우선지원사업의 향후 방향성을 논하기 위하여 종단 연구를 수행하였다. 교육복지우선지원사업 효과성 종단 연구의 근본적인 목적은 학생들의 변화를 다양한 측면에서 객관적이고 장기적으로 추적 관찰하는 것이다.
- 조사 대상의 모집단은 2022년 기준 교육복지우선지원사업 대상 학생으로 설정하였다(〈표 IV-2-31〉 참고). 목표 표본은 2,000명(초등학생 1,000명, 중학생 1,000명)으로 정하였다. 이는 결측치나 불성실한 응답이 발생할 가능성, 중도 이탈률 등을 종합적으로 고려하기 위해 최소 표본 크기를 충족시키면서 3년간 중도 이탈율을 10%로 계산한 것이다.

표 IV-2-31 지역별 교육복지우선지원사업 학교 및 학생 수

시도	교육복지사 배치교		교육복지사 미배치교		합계	
	학교 수	학생 수	학교 수	학생 수	학교 수	학생 수
서울	304	24,279	847	37,780	1,151	62,059
부산	141	15,430	308	17,072	449	32,502
대구	130	63,197	223	117,204	353	180,401
인천	143	20,605	91	8,009	234	28,614
광주	90	11,142	24	2,280	114	13,422
대전	61	6,512	15	618	76	7,130
울산	1030	3,255	396	8,369	426	11,624
세종	8	573	7	473	15	1,046
경기	111	15,696	162	16,577	273	32,273
강원	82	7,684	100	3,574	182	11,258
충북	33	4,177	58	4,673	91	8,850
충남	69	6,310	776	15,532	845	21,842
전북	120	9,462	259	6,450	379	15,912
전남	86	7,804	0	0	86	7,804
경북	102	12,413	1,546	243,802	1,648	256,215
경남	46	8,586	50	4,627	96	13,213
제주	16	1,787	186	0	202	1,787
합계	1,572	208,539	5,048	487,836	6,626	696,375

* 출처: 안해정, 박경호, 2023

- 조사도구의 문항 구성은 〈표 IV-2-32〉와 같다.

표 Ⅳ-2-32 영역별 문항 구성

<table>
<tr><th>영역</th><th>척도</th><th>하위 요인</th><th>문항 수</th></tr>
<tr><td rowspan="5">인지·언어</td><td rowspan="4">학교생활</td><td>학교 소속감</td><td>4</td></tr>
<tr><td>배움의 즐거움</td><td>4</td></tr>
<tr><td>학업 목적</td><td>4</td></tr>
<tr><td>학업 효능감</td><td>4</td></tr>
<tr><td colspan="2">자기표현</td><td>5</td></tr>
<tr><td rowspan="9">사회·정서</td><td colspan="2">교사 관계</td><td>9</td></tr>
<tr><td rowspan="4">또래 관계</td><td>도움</td><td>3</td></tr>
<tr><td>수용감</td><td>4</td></tr>
<tr><td>친밀감</td><td>6</td></tr>
<tr><td>안전함</td><td>8</td></tr>
<tr><td rowspan="4">긍정심리자본</td><td>효능감</td><td>4</td></tr>
<tr><td>희망</td><td>4</td></tr>
<tr><td>낙관주의</td><td>4</td></tr>
<tr><td>회복 탄력성</td><td>4</td></tr>
<tr><td>가정</td><td colspan="2">정서적 가용성</td><td>15</td></tr>
<tr><td>건강</td><td colspan="2">신체적 건강</td><td>6</td></tr>
<tr><td colspan="3">합계</td><td>88</td></tr>
</table>

1) 교육복지우선지원사업 효과성 측정 도구 검증

- 본 장은 1차년도 교육복지우선지원사업 효과성 측정에 사용된 이윤수 등(2021)의 도구를 동일하게 활용하여 문항들의 신뢰도, 타당도, 적합도를 재검증하였다.
- 사용된 측정 도구는 2021년 교육복지우선지원사업 성과지표를 활용한 것으로, 기존의 교육복지우선지원사업 효과성 측정에 사용된 측정도구를 검토한 뒤 내용타당도 검증 및 FGI를 통해 문항을 선별하고 개선한 도구로 국제 비교가 용이할

뿐만 아니라 신뢰도와 타당도가 확보되었다는 특징이 있다.

가) 인지·언어 영역

- 인지·언어 영역은 학교생활과 자기표현으로 구성된다. 학교생활은 학교에서 소속감을 느끼는지, 배우는 것에 즐거움을 느끼는지, 학업 목적이 분명한지, 학업 효능감이 높은지로 측정되었으며, 자기표현은 자신의 생각을 잘 드러내고 있는지로 측정한다.
- 학교생활은 두 문항을 제외하고 타당도, 신뢰도, 적합도에 문제가 없는 것으로 확인되었다. 그 중 한 문항은 1차 년도 검증에서도 타당도 문제가 있었던 문항이 동일하게 문제가 되는 것으로 나타났고, 다른 한 문항은 1차 년도 적합도 검증에서 임계값에 매우 가까웠던 문항인 것으로 나타났다.
- 자기표현은 타당도와 신뢰도에 문제가 없는 것으로 나타났다. 적합도 분석에서는 1차 년도 적합도 검증에서 임계값에 매우 가까웠던 문항이 2차 년도 적합도 검증에서 문제인 것으로 나타났다.

나) 사회·정서 영역

- 사회·정서 영역은 교사 관계, 또래 관계, 긍정 심리 자본으로 구성된다. 교사 관계는 담임 선생님과의 관계가 원만한 정도로 측정되며, 또래 관계는 친구들이 도움을 잘 주는지, 수용해 주는지, 친밀한지, 친구와의 관계에서 심리적으로 안전하다고 느끼는지를 물어 친구와의 관계가 원만한 정도를 측정한다. 긍정 심리 자본은 공부하는 데 있어 성공적으로 수행할 수 있다는 효능감이 있는지, 희망이 있는지, 낙관적인지, 어려운 상황이 와도 재기할 수 있는 회복 탄력성이 있는지로 측정한다.
- 교사 관계의 문항은 4개 문항이 1차 년도와 동일하게 문항 타당도 및 적합도 검증과정에서 문제가 있었으며, 이유는 다음과 같다. 화가 나는 것은 교사와 원만하게 지내는 관계여도 나타날 수 있는 자연스러운 감정이며, 관계의 질은 부정적인 감정을 느꼈는가에 따라 결정되기보다는 그러한 감정을 어떻게 표현하고 관리하는지에 따라 달라질 수 있다. 이러한 점에서 담임 선생님이 학생에게 화를 내고, 학생이 담임 선생님에게 화가 난 적이 있다는 문항은 교사 관계를 타당하게 측정하

지 못하고 있는 것으로 판단된다. 학생이 무언가를 잘했을 때 담임 선생님이 가족에게 알려준다는 문항은 교사와 관계가 원만한 것과는 별개로 교사의 개인적 성향이나 학부모와의 친밀도와 같은 요인에 의해 기인할 수 있는 부분이다. 또한 교사의 책무 중 하나는 교사가 학생의 자아를 존중하고 적응할 수 있도록 돕는 것이므로 교사와 학생 간 관계와는 별개로 책무 이행을 위해 부모와의 소통을 수행할 수 있을 것으로 판단된다. 담임 선생님은 학생이 좋아하는 것을 알고 있다는 문항은 적합도 분석에서 다른 문항과 이질성이 강한 것으로 나타났는데 이는 교사의 개인적 성향 또는 관심과 같은 개인차 때문인 것으로 보인다.

- 또래 관계 문항은 1차 년도 결과와 동일하게 타당도와 신뢰도에 문제가 없는 것으로 나타났다. 적합도 분석에서는 1차 년도와 마찬가지로 친구들 앞에서 웃긴 행동을 해도 창피하지 않다는 문항이 적합하지 않은 것으로 분석되었다. 창피함이라는 감정은 사회적 지위나 자신의 이미지에 대한 위협을 인지하면서 발생하는 정서적 반응으로 볼 수 있는데, 그러한 점에서 또래와 관계가 가까운 것과 관련되었다기보다는 학생 개개인이 가진 사회적 맥락과 성향에서 비롯된 것으로 보인다.
- 긍정심리자본은 1차 년도 결과와 동일하게 타당도, 신뢰도, 적합도에 문제가 없었다.

다) 가정 영역

- 가정 영역은 정서적 가용성으로 측정되며, 부모가 자녀의 감정에 대해 지원하고 수용하는 정도를 의미한다.
- 정서적 가용성 문항은 신뢰도, 타당도가 모두 적절했으며 이는 1차 년도 결과와 일치한다. 적합도를 분석한 결과, 1차 년도에 문제가 되었던 나의 보호자는 나를 지지해준다는 문항이 2차 년도에는 기준을 충족하였으나, 임계값에 근접한 수준으로 나타나 3차 년도 최종 분석 결과까지 검토할 필요가 있을 것으로 보인다. 그 외 '나의 보호자와 나는 언제든 이야기를 할 수 있다', '나의 보호자는 보호자가 원해서 나와 많은 시간을 함께 한다', '나의 보호자는 나와 나의 문제에 대해 대화하고자 한다', '나의 보호자는 나의 관심사에 대해 이야기 나누기를 원한다' 문항은 1차 년도와 동일하게 적합도 문제가 발생했는데, 이는 문항 대부분이 보호자와 학생이 대화를 나누는 내용으로 지나치게 중복되어 묻고 있는 것에서 기인한 것으

로 판단된다. 또한 교육복지우선지원사업 지원 학생들이 일반 학생과 달리 편부모, 조부모 등 보호자가 다양하고 보호자의 특성에 따라 학생과 함께 보낼 절대적인 시간이 부족하여 상대적으로 가정에서 정서적 지지를 받기 어려운 상황에 있기 때문에 나타난 결과일 가능성을 배제할 수 없다.

라) 건강 영역

- 건강 영역은 신체적 건강으로 구성되며 건강하다고 인지하는 정도를 측정한다.
- 신체적 건강 문항은 신뢰도, 타당도는 기준을 충족하였으며 이는 1차 년도 결과와 동일하다. 적합도 분석에서 나는 대체로 에너지가 넘친다는 문항은 전년도와 동일하게 문제 있는 것으로 나타났다. 이는 신체적 건강보다는 활력에 대한 주관적 느낌을 묻고 있어 전반적인 웰빙과 더 관련이 있다는 점에서 나타난 결과로 보인다.

2) 교육복지우선지원사업 효과성 비교 및 평가

가) 기술통계 및 상관관계

- 1차 년도와 2차 년도 기술통계를 분석한 결과, 전체 영역은 평균 3.00을 상회해 인지·언어, 사회·정서, 가정, 건강 영역 모두 평균 이상의 효과성을 보이는 것으로 나타났다. 그러나 영역별로 변화되는 방향에 차이가 있다.
- 인지·언어 영역에서 학교 소속감, 자기 표현은 2차 년도에 평균이 높았으나, 배움의 즐거움, 학업 목적, 학업 효능감은 평균이 감소하였다.
- 사회·정서 영역에서 도움, 수용감, 친밀감, 긍정심리자본의 희망은 평균이 증가했고, 교사 관계, 안전함, 효능감, 낙관주의, 회복 탄력성은 2차 년도에 평균이 감소하였다.
- 가정 영역에서 정서적 가용성은 2차 년도가 1차 년도에 비해 평균이 낮았다.
- 건강 영역에서 신체적 건강은 2차 년도가 1차 년도에 비해 평균이 낮았다.
- 1차 년도에 비해 2차 년도는 또래 관계의 친밀감이 가장 증가폭이 크고 신체적 건강이 평균 상 가장 많이 감소하였다. 그러나 연도별 평균 차는 -0.08~0.16 정도여서 이러한 평균 차가 통계적으로 유의한지는 집단별 효과성 차이 분석을 통해 보다 구체적으로 파악할 필요가 있다. 또한 3차 년도 최종 점수까지 변화되는 양상

을 확인할 필요가 있다.

- 상관관계 분석 결과, 모든 영역의 효과성 지표 간 정(+)적인 상관관계가 확인되었다. 이러한 결과는 각 효과성 지표는 서로 관련이 있음을 의미하며, 교육복지우선지원사업 효과성을 평가하는 데 다양한 요소가 복합적으로 관련될 수 있음을 보여주는 결과이다.

나) 교육복지우선지원사업 효과성 성별 차이

- 인지·언어 영역에서 자기 표현은 남학생이 여학생보다 높았고 이는 1차 년도 결과와 동일하다. 학교 소속감, 배움의 즐거움, 학업 목적, 학업 효능감은 통계적으로 성별 차이가 발견되지 않았다.
- 사회·정서 영역에서 또래 관계의 모든 영역인 도움, 수용감, 친밀감, 안전함은 여학생이 남학생보다 높았고, 긍정심리자본의 효능감, 회복 탄력성은 남학생이 여학생보다 높았다. 교사 관계, 희망, 낙관주의는 성별 차이가 발견되지 않았다. 교사 관계와 효능감을 제외하고 전년도 결과와 유사한 양상을 보였는데, 교사 관계는 1차 년도에 통계적으로 유의한 차이를 보였으나 2차 년도에는 그렇지 않았고, 효능감은 2차 년도에만 유의한 성별 차이를 나타냄. 효능감은 여학생이 남학생보다 높았다.
- 가정 영역에서 정서적 가용성은 통계적으로 유의한 성별 차이가 발견되지 않았다.
- 건강 영역에서 신체적 건강은 통계적 차이가 발견되지 않았던 1차 년도와 달리, 통계적으로 유의한 성별 차이가 발견되었고 남학생이 여학생보다 평균이 더 높았다.
- 성별에 따른 연도별 평균 차이를 검증한 결과, 남학생은 학교 소속감, 학업 효능감, 수용감, 친밀감에서 통계적으로 유의한 연도별 차이를 보였으며 2차 년도가 1차 년도보다 평균이 더 높은 것으로 나타났다. 여학생은 학교 소속감, 도움, 친밀감이 1차 년도에 비해 2차 년도에 증가했고, 배움의 즐거움, 학업 목적, 낙관주의, 정서적 가용성, 신체적 건강은 1차 년도보다 2차 년도에 감소했다.
- 성별 차이가 발생한 영역에 대해 원인을 파악하고 맞춤형 프로그램을 제공할 수 있다. 종단 연구에서는 그러한 프로그램을 통해 개선 변화가 발생했는지 제공된 프로그램의 효과성을 평가할 수 있다. 그러나 개인차, 지역 차이, 학교급 차이 등

다른 요인이 개입될 수 있는 여지가 있으므로 프로그램이 성 고정관념에 기인하지 않도록 면밀한 검토를 거쳐 프로그램이 설계될 필요가 있다.

다) 교육복지우선지원사업 효과성 학교급 차이

- 인지·언어 영역에서 배움의 즐거움, 학업 목적, 학업 효능감은 초등학생이 중학생보다 높았고, 학교 소속감과 자기 표현은 통계적으로 학교급 차이가 발견되지 않았다. 학교 소속감과 자기 표현은 학교급 차이가 유의했던 1차 년도와 달리 2차 년도에는 차이가 유의하지 않았으며, 학업 목적은 2차 년도에만 통계적으로 유의한 차이가 나타났고 초등학생이 중학생보다 더 높았다.
- 사회·정서 영역에서 친밀감은 중학교 평균값이 더 높은 것으로 나타났고, 효능감, 희망, 낙관주의, 회복 탄력성은 중학교보다 초등학교가 더 높은 것으로 분석되었다. 교사관계, 도움, 수용감, 안전함은 통계적으로 유의한 차이가 없었다. 1차 년도에 또래 관계의 모든 영역에서 학교급별 유의한 효과성 차이가 보였던 것과 달리, 2차 년도에는 친밀감의 경우에만 통계적으로 유의한 평균 차이를 보였다. 긍정심리자본은 1차 년도에 유의하지 않았던 희망, 회복 탄력성을 포함하여 모든 영역이 학교급별 유의한 차이를 보이고 있다. 긍정심리자본은 초등학교가 중학교보다 더 높은 것으로 확인된다.
- 가정 영역에서 정서적 가용성은 초등학생이 중학생보다 높았다.
- 건강 영역에서 신체적 건강은 초등학생이 중학생보다 높았다.
- 학교급에 따른 연도별 평균 차이를 분석한 결과, 초등학교는 학교 소속감, 도움, 친밀감이 통계적으로 유의하게 2차 년도에 보다 증가했고, 신체적 건강은 1차 년도 대비 2차 년도에 평균값이 낮아진 것으로 나타났다. 중학교는 친밀감은 1차 년도보다 2차 년도에 평균이 더 높았고, 배움의 즐거움, 학업 목적, 교사 관계, 낙관주의, 정서적 가용성, 신체적 건강은 1차 년도에 비해 2차 년도가 평균이 더 낮은 것으로 나타났다.

라) 교육복지우선지원사업 효과성 시·도별 차이

- 인지·언어 영역에서 배움의 즐거움은 전남 지역이 가장 높았고, 대전, 광주, 충남, 인천, 경기, 울산, 전북 순서로 높았다. 학업 목적은 대전 지역이 가장 높았으며 광

주, 경기, 전북, 전남, 충남, 인천, 울산 순서로 높았다. 학교 소속감, 학업 효능감, 자기 표현은 시·도별 차이에 통계적 유의성이 나타나지 않았다.

- 사회·정서 영역에서 교사 관계는 대전 지역이 가장 높았으며, 인천, 경기, 광주, 전남, 울산, 충남, 전북 순으로 높았다. 도움, 수용감, 친밀감, 안전함, 효능감, 희망, 낙관주의, 회복 탄력성은 통계적으로 유의한 시·도별 차이가 발견되지 않았다.
- 가정 영역에서 정서적 가용성은 통계적으로 유의한 시·도별 차이가 나타나지 않았다.
- 건강 영역에서 신체적 건강은 통계적으로 유의한 시·도별 차이가 나타나지 않았다.
- 지역에 따른 연도별 평균 차이를 분석한 결과, 인천은 학업 효능감, 도움, 수용감, 친밀감, 효능감, 희망이 2차 년도에 더 높았고 다른 영역은 1차 년도와 2차 년도 간 차이가 통계적으로 유의하게 나타나지 않았다. 광주는 친밀감이 2차 년도에 더 증가한다. 대전 역시 친밀감이 2차 년도에 더 증가하였으나, 효능감, 낙관주의, 회복 탄력성, 정서적 가용성, 신체적 건강은 반대로 감소하였다. 울산은 학교 소속감, 친밀감 영역은 2차 년도 평균이 더 높았던 반면, 배움의 즐거움, 학업 목적, 신체적 건강 영역은 1차 년도 평균이 더 높았다. 경기도는 자기 표현, 도움, 수용감, 친밀감이 전년도보다 높게 나타났다. 충남은 학업 효능감, 친밀감이 2차 년도에 더 높았다. 전북과 전남은 모든 영역에서 연도별 차이가 통계적으로 유의하지 않다.
- 교육복지우선지원사업 효과성의 시·도별 차이를 분석한 결과, 모든 영역에서 지역 간 차이가 유의했던 1차 년도와 달리 2차 년도에는 배움의 즐거움, 학업 목적, 교사 관계에서만 지역 간 차이가 통계적으로 유의한 것으로 나타나고 있다. 이는 교육복지우선지원사업의 효과성이 전국 단위에서 유사하게 드러나는 방향으로 진행되고 있음을 암시하며, 사업의 주요 목적 중 하나인 교육 격차를 일부 완화하여 시·도별 차이의 유의성이 감소한 것으로 판단할 수 있다. 그러나 배움의 즐거움, 학업 목적, 교사 관계와 같이 학교 차원의 지원이 요구되는 영역에서 여전히 지역 간 차이가 두드러지므로 추후 3차 년도 결과까지 경과를 지켜보아야 할 것으로 보인다.

3) 교육복지우선지원사업 대상 학생의 기초선

가) 교육복지우선지원사업 참여 학생의 평균 키와 몸무게

- 2020년 전국 초등학교 4학년과 중학교 1학년의 평균 키와 몸무게 대비 시·도별 참여 학생의 평균 키와 몸무게를 비교했을 때, 대부분의 지역에서 평균 이상의 수치로 확인되었다. 그에 비해 2021년 시·도별 참여 학생의 평균 키와 몸무게는 특히 중학교 2학년 대상에서 다수의 지역에서 평균보다 낮은 몸무게와 BMI 지수를 보이고 있다. 이러한 결과는 높은 백신 접종률과 위드코로나 정책이 시작되면서 단계적으로 일상을 회복하려는 시점의 결과로 짐작되나, 정확한 파악은 마지막 3차 년도 결과까지 고려하여 응답자의 주관적 건강 상태 및 BMI를 비교함으로써 보다 정확한 평가가 가능할 것으로 보인다.

나) 교육복지우선지원사업 참여 학생이 희망하는 최종 교육 수준

- 1차 년도 당시, 응답자의 41%가 대학 졸업을 최종 교육 수준으로 희망한다고 응답하였고, 진로를 아직 결정하지 않았다는 응답이 35%를 차지했다. 2차 년도 응답 결과, 대학 졸업을 희망 최종 교육 수준으로 응답한 비율이 44%로 증가했으며, 진로 미정이라고 응답한 비율은 30.5%로 감소하였다.
- 대학 졸업을 희망하는 응답자가 가장 많은 비율을 차지하고 있었으나, 2022년 기준 우리나라 대학 진학률이 73.8%(통계청, 2022)인 것을 감안할 때 상대적으로 매우 낮은 수치임을 알 수 있다. 교육복지우선지원사업을 통해 지원을 받으면서 진로에 대해 1년간 고민한 결과, 진로를 보다 뚜렷하게 결정해가는 과정에서 나타난 결과일 수 있으나, 다양한 요인이 개입되었을 수 있으므로 정확한 파악은 3차 년도 분석 결과까지 고려하여 종합적으로 접근하는 것이 필요할 것으로 보인다. 또한 종단 연구 참여 학교를 대상으로 진로·진학 교육이 이루어진다면 대상 학생들의 희망하는 최종 교육 수준에 변화가 있는지 판단할 수 있을 것으로 기대된다.

다) 교육복지우선지원사업 사례관리 대상 학생

- 교육복지우선지원사업에서는 대상 학생 중에서도 복합적인 문제를 가진 학생을 대상으로 사례관리 대상자를 선정하여 어려움 해결을 위해 교육복지사의 집중 지

원 및 지역사회와의 연계를 통한 서비스를 진행하고 있다.

- 종단 연구 1차 년도에 참여한 학생 중 사례관리 대상자는 초등학교의 경우 249명(전체 초등학교 응답자 중 약 24%), 중학생의 경우 204명(전체 중학교 응답자 중 약 23%)이다. 종단 연구 2차 년도에 참여한 학생 중 사례관리 대상자는 초등학교 182명(전체 초등학교 응답자 중 약 21%), 중학생의 경우 176명(전체 중학교 응답자 중 약 25%)이다. 초등학교와 중학교 사례관리 대상자 비율에 큰 차이가 있는 것은 아니나, 초등학생은 1차 년도 대비 다소 사례관리 대상 비율이 감소하였고, 중학생은 증가하였다. 이는 초등학생보다 중학생이 학생들이 성장함에 따라 보유하게 되는 복합적인 문제 양상이 보다 고도화될 수 있음을 암시한다. 사례관리 대상 학생의 변화를 3차 년도까지 추적 연구하여 교육복지우선지원사업의 효과성을 평가할 것으로 기대된다.

마. 교육복지안전망사업 성과 및 발전 방안(2021~2022년)

보고서명	[RR 2022-2] 교육복지안전망사업의 성과 및 발전방안
주제어	교육복지안전망사업, 성과평가, CIPP, FGI

1) CIPP 기반 사업 운영 효과성 및 한계점 분석

- 교육복지안전망사업의 현황 진단을 위해 관련 문헌을 수집 및 분석한 후, 개발된 CIPP 평가영역별 평가준거와 지표에 따라 정성조사를 실시하여 시도별 교육복지안전망의 현황과 성과를 분석하였다.
- CIPP 평가 모형 분석은 2023년 1월 9일(월) ~ 1월 20일(금)까지 2주간 17개 시·도 교육청 및 교육지원청 사업담당자, 교육복지사 및 교사 19명을 대상으로 하였으며, 12개 시·도에서 응답자는 112명이다.

표 Ⅳ-2-33 CIPP 평가 모형 기반 평가영역 및 지표

영역	평가준거		평가지표	
상황 (C)	1	대상학교 선정	1-1	안전망사업 대상
			1-2	안전망사업 대상 중 교복우 비사업
			1-3	안전망사업 대상 중 교복우, 교육복지사 미배치
	2	대상학생 선정	2-1	안전망사업 대상
			2-2	안전망사업 대상 중 교복우 비사업
			2-3	안전망사업 대상 중 교복우, 교육복지사 미배치
	3	홍보 전달체계	3-1	사업 안내 및 홍보 방식
투입 (I)	4	물적 자원	4-1	사업예산 편성 기준
	5	인적 자원	5-1	교육복지사 역할
			5-2	운영인력 역할(교육복지조정자, 교사 등)
	6	기관 자원	6-1	지역사회기관 역할(지자체, 민간 등)
			6-2	내부협력기관 역할(학습클리닉센터, Wee센터 등)
과정 (P)	7	사업 추진 과정	7-1	사업계획 준수
	8	협력수행 과정	8-1	학교
			8-2	지역사회기관
			8-3	내부협력기관
	9	담당자 전문성 강화	9-1	전문교육연수(교육복지사/운영인력/단위학교교사)
	10	학생 맞춤형 지원 과정	10-1	교육프로그램(진로특강, 학습멘토링 등)
			10-2	사례관리(상담, 치료 등)
			10-3	현물 및 물품(장학금, 생필품 등)
			10-4	환경개선(주거지, 공부방 등)
산출 (P)	11	성과평가	11-1	성과평가 체계(지표), 만족도 조사
			11-2	성과평가 결과 및 환류
산출 (P)	12	대상별 영향평가	12-1	학생 : 학업효능감, 생활태도, 가정/학교에 대한 신뢰 등
			12-2	학교 : 교육복지인식, 책무성제고 등
			12-3	지역사회기관 : 지역자원순환, 연계협력강화 등
	13	지속성	13-1	교육복지안전망 지속가능성

가) 상황(Context) 평가 결과

- 상황 영역은 사업 관련 요구, 문제, 자산, 기회 등에 대한 정보를 제공하였는지를 중심으로 응답을 수집하였으며, 교육복지안전망사업을 운영하는 시·도의 현황에 따라 차이가 존재한다.
- 대상학교 선정과 관련하여 선정기준이 모호하고, 대상학교와 소통이 어려우며, 공모학교 선정이 번거롭다는 의견이 제시되었다.
- 대상학생 선정과 관련하여 선정기준에 차이가 있고, 학생선정절차가 복잡하며, 학생들의 어려움이 다양하고 학생 발굴 및 발굴주체에 대한 지원이 필요하다는 의견이 제시되었다.
- 홍보 전달체계와 관련하여 단위학교에서의 홍보 강화가 필요하다는 의견이 제시되었다.

나) 투입(Input) 평가 결과

- 인적 자원과 관련하여 전담인력 인건비 증액과 직원 처우 개선 및 고용안정성 확보가 필요하다는 의견이 제시되었다.
- 물적 자원과 관련하여 사업 예산 규모 확대와 학생 1인당 가용 예산범위 조정이 필요하다는 의견이 제시되었다.
- 기관 자원과 관련하여 내부협력기관과 지역사회기관의 역할에 대한 의견이 제시되었다.

다) 과정(Process) 평가 결과

- 협력수행 과정과 관련하여 협의체 구축과 역할, 협력수행 강화를 위한 시스템이 필요하다는 의견이 제시되었다.
- 학생 맞춤형 지원 과정과 관련하여 사례관리 인력 확충과 유관기관 및 지역단체와의 협력이 필요하다는 의견이 제시되었다.
- 담당자 전문성 강화와 관련하여 연수 확대, 연수 내용의 다양화와 대상자별 연수 내용의 차별화가 필요하다는 의견이 제시되었다.

라) 산출(Product) 평가 결과

- 성과평가와 관련하여 성과평가를 위한 지표 부재, 항목 및 절차에 대한 매뉴얼과 성과평가 항목의 다양화 및 성과 공유 활성화가 필요하다는 의견이 제시되었다.
- 대상별 영향평가와 관련하여 학생, 단위학교 및 교사의 긍정적인 변화를 기대할 수 있다는 점과 지역사회기관 협력 강화를 기대할 수 있다는 의견이 제시되었다.
- 지속성과 관련하여 담당자의 사업 이해 및 복지감수성 향상, 사업 담당 인력 확보와 근무환경 개선, 사업 안내 및 홍보 활성화와 더불어 사업 관리를 위한 시스템 및 전문협의체 마련이 필요하다는 의견이 제시되었다.

2) FGI 기반 주요 현안별 개선과제 분석

- 교육복지안전망의 현황 분석과 성과평가 결과를 통해 도출된 문제점과 당면과제에 대한 내용들을 중심으로 개선 방향성을 수립하기 위해 학계 및 현장 전문가들을 대상으로 초점집단면접(Focus Group Interview : FGI)을 실시한 후, 그 결과를 분석하였다.
- 대상자는 총 22명으로 시·도 교육지원청 소속의 교육복지사(교육복지조정자)와 학교 현장 교사로 구분되며, 2023년 3월 20일(월)부터 23일(목)까지 4일간 7개 조로 구분하여 진행하였다. 인터뷰 일정에 맞춰 FGI 대상자에게 FGI 참석을 위한 공문을 통해 참석 일정, CIPP 주요 결과, 질문지를 사전에 배포하였다.

가) FGI 조사도구

- 조사도구는 교육복지안전망 현황 및 성과 분석을 통해 제도적, 행정적, 단위학교 측면에서 확인된 애로사항과 문제점들을 중심으로 개발되었다.

표 Ⅳ-2-34 FGI 주요 조사 문항

영역	주요 질문
[가. 주요 성과 및 이유] 수혜 학생 및 기관별 변화 측면	교육복지안전망사업의 주요 성과는 무엇이고, 성과를 창출한 가장 중요한 이유는 무엇입니까? – 학생 성장의 관점에서 사업 참여 학생들의 변화는 어떤 것입니까? – 사업을 통해 발생한 기관별(학교, 교육청, 교육지원청, 지역사회)의 긍정적 변화는 무엇입니까?
[나. 지역사회 연계 강화 및 거버넌스 확립 방안] 지역사회 연계 방식, 한계, 구조적 원인, 개선방안, 기대효과	학생 통합 지원을 위해 지역사회 기관과의 연계는 어떻게 이루어졌습니까? 그 과정에서 어려움이 있었다면 무엇이었습니까? 지역사회 연계 강화 및 거버넌스 확립을 어렵게 만드는 구조적 원인은 무엇이고, 어떤 방식으로 해결하는 것이 좋겠습니까? – 법·제도·행정적 측면에서 개선이 필요한 부분이 있다면 무엇입니까? 지역사회 연계 강화 및 거버넌스 확립을 위해 어떤 기관들이, 어떠한 방식으로 연계하는 것이 필요합니까? 지역사회 연계 강화 및 거버넌스 확립을 통해 기대되는 긍정적 효과 또는 우려사항이 있다면 무엇입니까?
[다. 사례관리 강화 방안] 사례관리 운영 방식, 한계, 구조적 원인, 개선방안, 기대효과	사례관리는 어떻게 운영되었습니까? 그 과정에서 어려움이 있었다면 무엇이었습니까? 사례관리를 어렵게 만드는 구조적 원인은 무엇이고, 어떤 방식으로 해결하는 것이 좋겠습니까? – 법·제도·행정적 측면에서 개선이 필요한 부분이 있다면 무엇입니까? 사례관리 강화를 위해 담당기관 및 담당자들에게 어떤 지원이 필요하다고 생각하십니까? 또한 어떤 기관이 주도적인 역할을 해야 합니까? 사례관리 강화를 통해 기대되는 긍정적 효과 또는 우려사항이 있다면 무엇입니까?
[라. 교사 및 교육복지사 역할 강화 방안] 협조 요청 방식, 한계, 구조적 원인, 개선방안, 기대효과	단위학교에 사업홍보 및 안내, 학생 발굴을 위한 협조 요청은 어떻게 이루어졌습니까? 그 과정에서 어려움이 있었다면 무엇입니까? 교사의 인식개선 및 역량강화를 어렵게 만드는 구조적 원인은 무엇이고, 어떤 방식으로 해결하는 것이 좋겠습니까? – 법·제도·행정적 측면에서 개선이 필요한 부분이 있다면 무엇입니까? 안전망사업 및 학교 현장에서의 교육복지에 있어 이상적인 교사의 역할은 무엇이라고 생각하십니까? 학교의 역할과 기능은 무엇이라고 생각하십니까? 교사의 역할 강화를 통해 기대되는 긍정적 효과 또는 우려사항이 있다면 무엇입니까?

나) 교육복지안전망사업의 주요 성과

- 현장전문가들은 교육복지안전망사업을 통해 발생한 긍정적인 현상으로 학생 및 학부모 등 사업 대상자의 변화, 유관 기관과의 협조 체제 강화, 교육복지사 미배치교를 지원하기 위한 공식적 지원체제 구축 등을 언급하였다.
  - (위기학생 조기발굴 성과) 현장전문가들이 지각하는 교육복지안전망사업의 주요한 성과는 소외 및 취약계층 학생들의 조기 발굴 및 개입이 이루어질 수 있는 환경

을 마련한 것이다.

- (잠재적 위기학생 발굴 및 확인) 위기학생 조기 발굴 및 개입 과정에서 실제 대상자로 선정되지 않더라도 잠재적인 위기를 가지고 있는 학생들을 파악하는 데 긍정적으로 작용한 것으로 나타났다.
- (실제적인 지원 여부에 대한 한계점) 첫째, 선정 과정에서 신청자가 많은 경우 담당자 및 이해관계자의 시간과 노력이 상당 부분 투입되어야 한다. 둘째, 대상자에게 제공되었던 지원 내용 또한 학생 성장 지원이라는 관점에서 이루어지기보다 긴급지원의 형태나 단발적으로 이루어지는 프로그램 지원이 많다. 셋째, 단순히 대상자 규모를 양적으로 확대하는 것이 아니라 교육복지안전망사업의 궁극적인 목적을 달성했는지에 대한 아쉬움이 존재한다.
- (참여대상 만족도 향상) 사업을 통해 제공된 프로그램 성격에 따라 학생들의 학습, 정서, 문화적 결손을 지원할 수 있으며, 프로그램 이후 학생들이 만족하는 긍정적인 경험이 되었다는 것이 고무적이다. 현물 지원으로 이루어지는 경우에도 학생들에게 즉시 필요한 의복, 안경 등이 지원되어 기본적인 생활 환경을 개선하는 데 긍정적으로 작용하였다.
- (대상학생 및 가족의 긍정적 변화) 교육복지안전망사업은 대상학생에게 필요한 물품, 프로그램 등을 직접적으로 지원하도록 되어 있으나, 운영되는 프로그램의 성격에 따라 수혜 학생뿐만 아니라 학부모에게도 긍정적인 영향을 미치는 것으로 나타났다. 구체적으로 가족의 결속력을 강화하는 유형의 프로그램이 운영된 사례에서 대상학생과 가족 구성원의 만족도가 높게 나타난 것을 확인할 수 있다.
- (관련기관의 공감대 형성에 기여) 교육복지안전망사업은 단위학교, 교육지원청 및 교육청, 지역사회의 기관들이 유기적으로 연계하여 학생을 연계하고, 지역 내 인프라를 활용하였다는 점에서 기관과 이해관계자들의 긍정적인 변화가 나타났다.
- (교육복지안전망사업에 대한 이해 및 인식 제고를 위한 홍보 강화) 단위학교 교사 및 담당자들의 협조적인 태도와 학생 발굴 및 지원에 참여하는 것에 대한 공감대를 형성할 수 있었다는 점에서 긍정적인 성과가 있었던 것으로 나타났다. 또한, 교육지원청 담당자 및 교육복지사를 중심으로 단위학교 수준에서 홍보가 적극적으로 이루어졌다.

- (단위학교 차원의 변화 및 학생발굴 지원) 교육복지안전망사업을 통해 교사 및 단위학교 이해관계자들이 학교 현장에서 이루어지는 교육복지에 대한 인식을 제고하고 학생 발굴에 적극적으로 참여할 수 있었다.
- (제도 마련 필요) 사업이 안정적으로 유지하고, 대상학생들의 변화를 지속적으로 관찰하기 위해 단위학교 교사 및 이해관계자들의 역할에 지나치게 의존하는 것은 바람직하지 않다. 단위학교 내에서 교육복지 담당자가 변경되는 경우에도 교육복지안전망사업 대상학생에 대한 연계와 지원이 이루어지기 위한 제도적 장치도 필요하다고 판단된다. 또한 단위학교 교사 및 이해관계자의 민감도에 따라 학생 발굴과 지원의 편차가 지역마다 크게 나타나고 있다는 점에서 개인의 역량에 따라 발생할 수 있는 학생 지원 영역의 편차나 결손을 예방할 수 있는 방안을 모색할 필요가 있다.
- (교육청 및 교육지원청의 변화) 지역마다 교육복지안전망사업 운영을 위해 투입되는 예산을 활용하는 범위와 규모에는 차이가 있었으나, 교육지원청 수준에서 사업의 목적이나 방침을 설정하고 있었으며, 사업을 수행하는 과정에서 교육청 및 교육지원청이 교육복지안전망사업의 추진 및 성과 확대를 위해 노력하는 긍정적 변화도 있었다.
- (지역 사회 네트워크 기관의 변화) 지역 내에 존재하는 네트워크 기관에 교육복지안전망사업을 홍보하여 협조 체계를 마련하는 과정에서 지역사회에 갖추어진 복지체계와 학교를 연결할 수 있었다는 점에서 긍정적이었다.

다) 지역사회 연계 강화 및 거버넌스 확립 방안

- 지역사회 연계 강화 및 거버넌스 확립과 관련하여 교육복지안전망사업의 홍보, 네트워크 협의체 구축 및 운영, 거버넌스 확립을 위한 개선방안 측면에서 살펴보았다.
  - (교육복지안전망사업 홍보를 통한 공감대 형성) 교육복지안전망사업의 홍보는 단위학교 및 지역사회 민간기관을 중심으로 이루어 진 것을 알 수 있다. 지역마다 차이가 있으나, 민간 기관과의 네트워크는 어느 정도 연계되어 있어 발굴된 학생의 위기 정도와 특징에 따라 연계할 수 있는 인프라를 갖추고 있는 것으로 나타났다.

- (네트워크 협의체 구축 및 운영) 현장 전문가들이 학생 지원을 위해 지역의 네트워크 중요성을 인지하고 있는 것으로 나타났다. 구체적으로 지역과 연계한 교육복지 안전망은 운영에 있어 해당 지역 내의 교육복지 자원을 발굴하고, 부족한 자원이 있다면 이를 개발하며, 지역사회 내 교육복지 지원기관 간 협력체계를 구축하는 형태로 사업이 수행되었음을 알 수 있다.
- (지역사회 자원 연계 및 네트워크 구축의 어려움) 지역사회 자원을 연계하는 데에 있어 실무자들은 활용할 수 있는 인프라가 부족한 경우 기관 연계에 어려움을 겪거나, 유관기관에서 이미 지원이 이루어지는 경우 중복지원에 대한 우려 등의 어려움을 겪는 것으로 나타났다.
- (지역사회 거버넌스 확립 방안) 지역사회 거버넌스 확립을 통해 지역의 다양한 인적·물적 자원을 활용하여 학교 안팎에서 학생들의 학습과 생활을 지원하는 촘촘한 교육복지 체계를 구축할 수 있다. 현장 전문가들은 지역사회 거버넌스를 확립하는 과정 속에서 교육청 및 교육지원청의 적극적인 참여를 통해 사업의 공신력을 확보하는 것이 중요하다고 응답하였다.

라) 사례관리 강화 방안

- 사례관리는 교육복지의 대표적인 사업인 교복우사업에서도 중요한 업무로 다루어졌다. 실제로 교육복지안전망사업과 관련된 교육복지사 및 교육복지조정자는 구체적인 업무 수행 과정을 이야기하면서 사례관리를 통해 학생들의 변화 관찰이 가능하다고 하였다. 교복우사업을 포함해서 아동·청소년 지원 사업은 다양한 부처에서 주관하면서 사업 영역의 중복성과 함께 교육복지안전망사업의 사례관리가 어떻게 이루어져야 하는지에 대한 의견들이 제시되었다.
  - (교육복지안전망사업의 사례관리 특성 강화) 유사사업에서 이루어지고 있는 사례관리와 구분되는 특징은 무엇인지, 단위학교, 교육(지원청), 교육부 등 담당기관의 역할을 통해 학생들이 경험하는 학업, 심리, 정서, 대인관계 측면에서의 문제를 해결하기 위해 사례관리가 개입될 수 있는 영역이 어디까지인지에 대한 명확한 기준과 방침을 제시할 필요가 있다.
  - (지속적인 사례관리를 위한 인력 및 업무 분장 필요) 사례관리를 통해 교육복지안전망 대상학생을 지원하고 변화를 지속적으로 관찰함으로써 학생을 다각적이고 총

체적으로 파악하여 필요한 자원을 연계할 수 있다. 교육복지안전망사업 규모 확대와 양적 성장이 이루어지고 있는 시점에서 사례관리 본연의 기능에 충실하고, 대상학생에게 필요한 실제적 지원이 이루어지기 위해서는 무엇보다 사례관리 전담인력 확보와 업무 분장이 필요하다는 것이 현장의 주요 의견으로 도출되었다.

– (사례관리의 질적 향상을 위한 매뉴얼 필요) 정기적인 사례회의를 통해 대상학생에 대한 지원을 체계화하고, 대상학생의 상황을 수시로 점검하고 관리하는 데 필요한 매뉴얼을 제작하여 현장에서 활용할 수 있도록 지원할 필요가 있다.

마) 교사 및 교육복지사 역할 강화 방안

- (대상학생 발굴을 위한 교사 및 학교의 역할) 현장전문가들은 대상학생 발굴에 있어 단위학교 교사의 역할이 중요함을 실감하고 있으며, 적극적인 협조를 통해 발굴이 이루어지길 희망하였다. 교사의 역할과 교육복지사의 역할 범위를 분명히 하고, 학교의 협조가 필요한 부분을 명확히 전달하는 것이 중요하다.
- (교육복지에 대한 교사 역할 인식 부재) 교육복지안전망사업은 기본적으로 교육지원청을 중심으로 이루어지는 사업이므로 단위학교와 교사의 역할을 불분명하게 제시하였을 경우 오히려 협조가 잘 이루어지지 않는다. 따라서 교사와 단위학교 이해관계자들의 인식 개선이 선행되어야 한다.
- (교육복지안전망사업에 대한 이해 및 공감대 형성 부족) 교육지원청을 중심으로 교육복지사가 단위학교에 사업을 홍보하고, 협조를 지속적으로 요청하고 있으나 학생 발굴 단계에서 소극적으로 참여하는 등 교육복지 측면의 학생 지원에 교사 역할을 인식하지 못하는 것이 문제로 제기되고 있다. 사업에 대한 이해와 교사들의 공감대 형성이 시급하다.
- (단위학교와 교사의 역할 인식 개선) 교육복지안전망사업 대상자의 발굴, 지원, 사후관리 등 모든 영역에서 교사 및 단위학교가 적극적으로 참여하는 것이 이상적이다. 하지만 교사의 업무 부담과 교육복지 실천에 있어서의 전문성을 고려하였을 때 교사와 단위학교의 협조가 반드시 필요한 부분을 명확히 안내하여 제시하는 것이 현실적인 방안으로 고려될 수 있다. 교육지원청 수준에서 수행하는 업무 영역에 대한 안내도 필요하다. 교사 및 단위학교에서의 역할이 전체 사업 수행 과정에

서 어디에 필요한지, 학생 발굴 이후 지원 및 사후관리가 교육지원청 수준에서 어떻게 이루어지는지에 대한 정보를 제공함으로써 교육복지안전망사업이 학교-교육지원청-지역사회와 긴밀하게 연결되고 있다는 것에 대한 이해를 제고할 수 있을 것이다.

3) 발전 방안

가) 교육청 및 교육지원청의 역할 규정

- 교육지원청마다 교육복지안전망의 추진 배경과 목표는 동일하나 교육복지안전망사업의 운영 방향과 운영 조직 체계는 지역의 현황과 실정을 반영하여 차이가 존재한다. 개별 시·도교육지원청마다 제한된 예산과 인력으로 지역의 실정에 맞는 교육복지안전망 운영 주체를 다양하게 모색하고 있으나, 현장 실무자들은 관련 업무에 대한 범위 구분이 모호하고, 업무 분배 및 조정, 담당 인력, 업무 공간 확보 등이 충분히 이루어지지 않아 사업 초기에 어려움을 겪은 것으로 나타났다. 이에 향후 사업 운영을 위해 교육청 및 교육지원청의 역할과 업무 범위에 대한 보다 명확한 기준을 제시하고, 관련 업무의 연계와 통합적 운영을 위한 유관 기관의 협조 체제를 마련할 필요가 있다.
- 교육청의 역할은 (1) 사업의 목적과 방향 설정 및 전체적인 사업 운영 계획 수립, (2) 대상학생 선정 기준 마련 사례관리 매뉴얼 개발, (3) 교육복지안전망사업 성과분석 틀 마련 및 질 관리, (4) 교육복지안전망사업에 대한 홍보 체계 마련 및 강화, (5) 예산 편성, (6) 지역사회 유관 기관과의 연계 협력 강화 등이 있다.
- 교육지원청의 역할은 (1) 단위학교 대상 교육복지안전망사업 홍보 실시, (2) 대상학생 발굴 지원, (3) 사례관리, (4) 대학학생 및 학부모 만족도 평가 및 환류 실시 등이 있다.

나) 단위학교 및 교사 역할 정립 및 연수 강화

- 교육복지안전망사업의 긍정적인 성과를 확산하기 위해서 단위학교와 교사들의 역할이 중요하다. 특히 사업의 대상학생 선정 과정에서 학생들의 위기상황을 면밀히 파악하고 교육복지안전망사업에서 제공하는 서비스와 연계시키기 위해 교사

의 관심과 지원이 필요하므로 구체적인 교사와 단위학교의 역할을 명시할 필요가 있다.

- 먼저 단위학교의 교사들은 사업 운영 전반에 개입하기보다 사업 초기 대상학생을 선정하고 위기 및 취약계층 학생을 발굴하는 데에 주도적인 역할을 수행할 필요가 있다. 학생들의 요구와 위기상황을 파악하기 위하여 필요한 학생들의 정보를 교사가 확보하고, 교육복지안전망사업을 담당하는 담당자에게 연계하는 가교 역할을 수행할 수 있다. 다만 교사는 교육복지안전망사업 운영 방침과 교육복지 실천에 대한 전문성이 상대적으로 부족할 수 있기 때문에 정기적으로 교사 대상의 연수를 실시하여 교사의 역할을 강화하기 위한 지원이 수반되어야 한다.
- 다음으로 단위학교에서는 교육복지안전망사업 담당자와 유기적인 관계를 형성하고, 사업 운영 담당자가 학교에 방문할 때 협조할 필요가 있다. 단위학교 차원에서 교장 및 교감, 교육복지담당 교사들을 주체로 한 교내 교육복지협의체를 구성하고 정기적으로 교육복지안전망 대상학생들의 지원 현황을 논의함으로써 단위학교 관계자들의 이해를 증진시킬 수 있을 것이다. 교사 대상의 연수와 마찬가지로 교장 및 교감, 학교 내 교육복지 관련 담당자 대상의 연수가 제공되어야 하며, 교육복지안전망사업의 운영을 지원하기 위한 행정적, 제도적 절차에 대한 연수로 그 내용에 차별화가 필요하다.

다) 사업 운영 가이드라인 개발 및 보급

- 학생들이 경험하는 어려움은 경제적 어려움에서 발생하기도 하지만, 그 밖에 학습부진, 학교적응, 가족 및 교우 관계, 사회·문화적 경험 등 다양해짐에 따라 교육복지 사업 대상학생을 선정하는 관점에도 변화가 필요하다는 의견이 도출되었다. 구체적으로 '학생성장통합지원 체계; 구축 및 학업 중단 예방 강화를 위하여 대상학생 기준을 '학생' 전체로 확대하고 교육복지안전망사업을 통해 학생에게 맞춤형 지원이 이루어질 수 있도록 사업 선정 기준을 안내할 필요가 있다.
- 시·도 교육지원청 수준에서 사업이 운영되는 특성을 고려하여 지역별 특성과 현황에 맞춰 실제 사업 운영과 관련된 담당자들이 현장에서 참고할 수 있는 구체적인 사업 운영 가이드라인이 제공될 필요가 있다.

- 교육복지안전망 운영모델 수립 연구에 기반하여 3가지 전략인 (1) 기존사업과의 통합 및 연계적 접근, (2) 지역사회 복지 네트워크 강화, (3) 사례관리 강화를 중심으로 사업 운영 가이드라인을 제시하고, 각 시·도마다 강조하고 있는 사업 영역을 수행할 수 있도록 지원할 수 있다.
- 또한 사업 운영 가이드라인을 적용하되, 시도별 특성이 반영된 우수사례가 있다면 이를 발굴하고 지속적으로 공유할 필요가 있다. 현재 잘 운영하고 있는 지역이 있는가 하면 아직 벤치마킹이 필요한 지역도 있기 때문에 함께 성장할 수 있는 장을 마련할 필요가 있다.

라) 대상학교 및 학생 선정의 객관성 제고

- 교육복지안전망사업의 가장 중요한 정책 목표는 개별 학교에 교육복지사를 전면 배치하기 어려운 상황에서 지역 교육지원청의 역할 강화를 통해 복지 사각지대에 놓인 학생들을 발굴하고 지원하는 것이다. 한정된 자원을 필요한 학생에게 충분히 지원하기 위해서는 대상을 면밀히 분석하여 선별적으로 지원하는 것이 필요하다. 다만 대상학생 선정 과정에 다소의 시간이 소요될 수 있으나 재산 등의 자료를 체계적으로 수집하고 활용한다면 충분히 가능한 일이다. 학생맞춤통합지원에서도 지원 학생 발굴을 위한 기준을 마련하고 관련 자료 수집을 위한 방안을 추진하고 있다. 따라서 대상학생을 선정하는 데 필요한 기준을 보다 객관적으로 제시함으로써 학생 선정 과정을 명료하게 강화할 수 있을 것이다.
- 교육복지안전망의 기본 취지인 교육취약계층학생과 복지사각지대에 있는 학생 발굴에 초점을 둔다면 법정 저소득층 기준은 유지하되, 복지사각지대의 기준을 좀 더 상세화하고 그에 따른 선발 방식을 확대할 필요가 있다.
  - 예를 들어 현재 학교와 지역사회기관에서 교육복지안전망사업 지원 대상을 추천하는 방식에서 학생 혹은 학부모도 신청이 가능하도록 하는 방식과 같이 신청 경로 확대 등을 고려할 수 있다. 학교에서도 학교장 및 담임 추천을 확대하여 지원 사각지대가 발생하지 않도록 관심을 기울여야 한다.
  - 대상학교 및 학생 선정의 자율성을 높이고, 선정 기준의 객관성을 제고하기 위해 지역별, 학교별 대상학교 및 학생선정의 다양성을 확보하기 위한 노력이 필요하다. 아울러 대상학생을 선정하는 과정에서 경제적 지원 기준 이외에 교사 및

학교장 추천을 통해 선정되는 학생 수의 비율 등을 조정하여 선정의 융통성 및 자율성을 확보할 수 있을 것이다. 추가적으로 우수사례를 발굴, 확산하는 과정을 통해 대상학생 선정 및 발굴을 위한 시사점을 공유하여 학생발굴의 전문성을 강화하기 위한 노력이 필요하다.

마) 예산 항목의 탄력적인 운영 및 규모 확대 필요

- 교육복지안전망사업은 교육부 특별교부금으로 운영되며, 각 시도교육청 사업계획서 상의 사업 세부 운영 내용을 토대로 시·도별 중점사업에 맞춰 조금씩 상이하게 구성되고 있다. 교육복지안전망사업 담당자들은 예산 항목의 비율과 집행 기준이 물가와 현실 상황을 제대로 반영하지 못한다고 지적하며, 예산 항목의 경직성으로 인해 학생들을 지원하는 데 어려움을 겪는 것으로 나타났다. 예를 들어 문화체험이나 심리·정서적 검사와 치료를 위한 예산이 제한되어 있거나, 항목이 없어 예산을 집행하지 못하는 경우, 물가상승률을 반영하지 못해 프로그램 운영에 필수적인 식대, 간식 지원에 한계를 경험하고 있었다.
- 교육복지 관련 사업의 예산 편성 및 운영 기준은 시·도교육청 및 교육지원청이 지향하는 방향에 따라 달라질 수 있으나, 예산 항목의 경직성과 사용 금액 제한으로 인해 사업담당자들은 지역사회의 민간자원을 다시 찾아 연계하는 등 어려움을 겪고 있는 것으로 나타났다.
  - 대부분의 교육지원청에서 학생맞춤형지원(심리·정서, 학업, 다문화 등 복합적 교육복지) 및 사례관리를 주요 사업으로 하며, 세부적으로 의료, 생계, 교육에 대한 긴급지원은 현물로 지급하는 경우도 많다.
  - 교육지원청 및 학교안에서 해결하기 어려운 지원 문제의 경우 지역 자원과 네트워크를 구축하고 사업을 연계하여 지역 기관 공동프로그램 및 위탁 프로그램을 계획하였다.
- 따라서 학생성장지원의 성과를 극대화하기 위하여 교육지원청 및 학교 예산 운영의 자율성이 확보될 필요가 있다. 이러한 요구는 교육복지정책과 관련된 선행연구에서도 일관되게 나타났다. 예산 구조 등을 교육복지사업 총액의 범위 내에서 단위학교의 특성 및 필요에 따라 직접 결정할 수 있도록 하고, 예산 운용에 있어서도 자율적으로 기획 및 진행할 수 있도록 하여 학교의 특수한 여건과 필요에 따

라 자원을 최우선적으로 배분하여 사용하도록 지원할 필요가 있다(이희현, 2019; 하봉운 외, 2018).

바) 학생통합관리시스템 구축 및 개인정보 관련 제도 완화

- 교육복지안전망사업과 관련된 담당자들이 활용할 수 있는 시스템 개발이 필요하다. 관련하여 개인정보 보호에 대한 구체적인 활용 지침이 요구되며, 관련 법령 개정 또는 제도적 보완이 함께 이루어질 필요가 있다. 시·도 교육청-현장 간 정보 공유범위·활용방식·절차 등 구체적 정보 활용방안에 대한 협의가 이루어짐에 따라 교육복지안전망에서 어떻게 이를 활용할 것인지에 대한 대책 및 매뉴얼을 마련하여 현장에서 활용할 수 있도록 지원할 필요가 있다.
- 학생 개인정보 관련 제도는 범부처 차원에서 대처해야 할 부분이다. 영유아, 초·중등학생 및 고등교육으로 이어지는 생애주기별 맞춤형 지원을 위해 학생통합관리시스템 구축이 요구되고 있다. 이를 위해서 현재 전체 부처로 분산된 개인정보를 통합 관리할 수 있는 체계가 마련되어야 한다. 이 과정에서 개인정보 보호와 관련된 이슈를 범부처가 공동으로 대응해야 할 것이다.

사) 교육복지안전망사업의 고유 역할 강화를 위한 우수사례 전파

- 교육복지 영역에서의 사례관리는 일반 복지에서 이루어지는 사례관리와 달리 학교 현장에서 이루어진다는 점에 고유한 특성을 가짐을 확인할 수 있다. 사례관리는 긴급지원을 위한 장치로서 매우 효과적이지만, 교육복지안전망사업이 자칫 사례관리와 긴급지원으로 협소화하게 될 수 있다는 점에서 우려가 존재하므로(성열관 외, 2021), 교육복지안전망사업을 통해 개별 학생들의 위기상황 파악 및 지원을 위해 사례관리 영역과 방향성이 명확하게 갖추어질 필요가 있다.
- 단, 유사사업과의 유기적 연계 및 협력 토대 위에 차별성을 강화하는 방안을 마련해야 할 것이다. 예를 들어, 긴급한 돌봄이 필요한 위기학생에게는 청소년안전망사업과의 협력을 통해 집중적인 사례관리와 긴급지원을 연계하고, 위기 요인이 적은 학생에게는 성장과 연계하는 중장기적 지원이 이루어질 수 있도록 하는 방안이 제안될 수 있다.
- 시·도교육청별 우수 사례관리 성과를 공유하고 확산하기 위한 기회가 주기적으

로 진행되며 확대되어야 한다. 각 시·도교육청은 지역적 여건, 학생구성 및 특성이 모두 다르므로 사례관리의 과정과 결과가 상이할 수 있다. 우수 사례관리 성과를 공유하고 상호 컨설팅을 강화하여 교육복지안전망사업을 효율적으로 운영할 수 있는 체계를 마련해야 한다.

아) 사업 안정성 확보

- 시·도교육청의 교육복지사 및 교육복지조정자 등 실무 담당자들은 앞서 언급한 업무 범위와 역할에 대한 내용 이외에 실제로 업무를 수행할 수 있는 물리적인 공간과 담당자의 고용안정을 위한 안정된 예산이 필요하다고 지적하고 있다. 기존의 업무 공간에서 학생 상담이나 사례관리 회의 등을 해야 하는 어려움이 있으며, 프로그램을 운영하기 위한 물리적인 공간도 부족한 실정이다. 마지막으로 지속적인 사업 운영과 담당자의 전문성 강화 및 우수인력 유지를 위하여 장기적인 예산 지원 방안이 마련되어야 할 것이다.
- 실제로 교육복지안전망사업 담당자들은 전담인력 충원에 대한 필요성을 일관되게 요구하고 있다. 교육복지안전망사업을 통해 대상학생이 양적으로 많이 발굴되면서 이를 담당하는 인력 부족은 더욱 심해지고 있는 실정이다. 모든 학교에 교육복지사 배치가 어렵다면 2~3개의 학교를 전담할 수 있는 수준에서 교육복지사 확보가 필요하다는 의견을 제시하고 있었다.
- 추가적으로 교육복지안전망사업이 안정성을 확보하기 위해서는 단위학교 교사와 학교의 역할도 중요하다. 대상학생 발굴과 위기상황을 파악하기 위해 교사가 학기 초부터 개별학생들에 대한 교육(지원)청의 사업운영 담당자 사업운영 담당자의 역량개발과 담당 업무를 수행하는 데 필요한 지식과 기술을 습득할 수 있도록 지속적인 연수를 지원할 필요가 있다.

자) 사업 지속성 강화 및 성과 확산

- 사업의 지속성 여부를 결정하고 논리를 개발하기 위해서는 사업의 효과성과 효율성, 중요성 등을 평가할 필요가 있다. 다만, 평가를 위한 평가항목이나 복잡하고 현실적합성이 떨어지는 항목들은 최대한 배제하고 수요자들의 만족도 중심으로

평가지표를 개발하는 것이 필요하다.

- 사업 평가에 대한 지표 개발이 필요하다. 교육복지안전망사업의 환류를 위해서도 각 학교단위, 교육청 단위, 교육부 단위에서의 정량적 평가 지표가 있어야 할 것이다. 또한 교육복지안전망사업의 목적 중 하나인 '맞춤형 개인 성장지원으로 전인적 성장, 발달 지원'에 부합하도록 학생 지원 유형별로 정성평가가 개발된다면 교육복지안전망사업이 지향하는 성과를 달성하기 위한 근거로 유용할 것이다.
- 교육복지안전망사업의 목적, 기대효과에 대한 명확한 정의를 통해 사업에 대한 담당자들의 이해를 제고하고, 사업 운영 방식에 대한 공감대 형성이 선행되어야 할 필요가 있다. 교육복지안전망사업이 양적으로 확대되고 있는 상황에서, 사업이 지속적으로 유지되고, 학생성장지원이라는 궁극적인 목적을 달성하기 위한 양질의 서비스가 제공되기 위해서 교육부차원에서 환류 체계를 구축하는 것이 중요하다. 이를 위해서 구체적인 대상학생들의 정량 및 정성 성과 지표를 마련하고, 매년 성과지표를 추적하여 관리할 필요가 있다.

참고문헌

Ⅰ. 교육복지의 기초

[연구보고서 원문]

김민희, 송지훈, 이윤수, 이지혜, 명준희, 박민정, 신동진(2021). 위드코로나19에 대응하는 교육복지 요구분석 연구.

김성식, 곽현석, 이정민(2017). 교육복지 서비스 기준 설정을 위한 정책 연구.

송지훈, 이광현, 임현정, 정영모, 신병진, 유수인, 권삼수(2018). 교육격차 실태에 관한 실증적 자료조사.

송지훈, 김소아, 김승혜, 전인식, 손요한, 김민정, 신동진(2021). 아동·청소년 생활 시설의 교육복지 개선방안 연구.

송지훈, 하정희, 최영균, 최예슬, 홍승애, 이은교, 함광성, 강유연, 김수정(2019). 교육복지 실천 수준 실태 조사.

신태섭, 이경희, 김성훈, 무다사르 아자즈, 문지윤, 라은종(2013). 교육복지 대상자로서의 교육소외계층 학생 특성 분석 연구.

장형심, 김명희, 신태섭, 이은경, 이지연, 안유진, 최경준, 라은종(2013). 중등단계 학생의 교육복지 요구 관련 지표 및 진단도구 개발.

[인용 문헌]

강경수(2007). 학교장의 변혁적 리더십, 교사 임파워먼트, 팔로워십 및 학교장 신뢰 학교 조직 효과성에 미치는 영향. 박사학위논문, 인하대학교 대학원.

강영혜, 윤종혁, 이혜숙, 김남걸(2005). 고교 평준화 정책의 적합성 연구(III) -실태분석, 정책효과의 검증 및 개선

방안 모색-(OR2013-01). 한국교육개발원. https://www.kedi.re.kr/khome/main/research/selectPubForm.do?plNum0=9510
강영혜, 박재윤, 황준성(2008). 「사립학교법」 체제개편 방향 탐색을 위한 예비연구(CR2008-44). 한국교육개발원. https://www.kedi.re.kr/khome/main/research/selectPubForm.do
강영혜, 엄문영, 이선호, 김병주, 배정현(2013). 고교 무상교육 실행방안 연구(OR2013-01). 한국교육개발원. https://www.kedi.re.kr/khome/main/research/selectPubForm.do?plNum0=9510
강영혜(2010). 교육복지의 이론적 토대 : 교육적 정의와 교육복지의 개념. 한국교육개발원.
교육부(2017). 경제·사회 양극화에 대응한 교육복지 정책의 방향과 과제. https://www.moe.go.kr/boardCnts/viewRenew.do?boardID=294&lev=0&statusYN=C&s=moe&m=020402&opType=N&boardSeq=70667
교육부(2020). 제2차 국민기초생활보장 교육급여 기본계획(안). https://www.moe.go.kr/boardCnts/viewRenew.do?boardID=294&lev=0&statusYN=W&s=moe&m=020402&opType=N&boardSeq=81539
구인회, 박현선, 정익중, 김광혁(2009). 빈곤과 아동발달의 관계에 대한 종단 분석. 한국사회복지학, 61(1), 57-79. https://doi.org/10.20970/kasw.2009.61.1.003
국승오(2009). 학교장의 변혁적 리더십과 서번트 리더십이 교사의 효능감과 조직몰입에 미치는 영향. 박사학위논문. 공주대학교 대학원.
김경식, 권민석(2007). 교육소외 계층 실태 분석 및 지원모형 탐색. 교육학논총, 28(1), 27-47.
김경식(2006). 교사기대 형성과 변화가 학업성취에 미치는 영향. 경북대학교 중등교육연구소, 54(2), 95-121.
김미송, 하재룡(2012). 학교장의 변혁적 리더십이 소속 교사의 자질에 미치는 영향 연구. 한국인사행정학회보, 11(3), 119-144.
김미숙, 배화옥(2007). 한국 아동빈곤율 수준과 아동빈곤에 영향을 미치는 요인 연구. 보건사회연구, 27(1), 3-26. https://doi.org/10.15709/hswr.2007.27.1.3
김민희(2018). 정권교체에 따른 교육복지 정책변동 분석. 교육정치학연구, 25(3). 129-158. https://doi.org/10.52183/KSPE.2018.25.3.129
김민희(2020). 취약계층 우수인재 육성사업(꿈사다리 장학제도) 장학생 성장기록 분석 연구. 교육부.
김선숙, 김진숙, 최웅(2020). 교육복지우선지원사업의 전달체계 개편에 관한 연구. 교육부와 교육청의 역할을 중심으로. 학교사회복지, 50. 151-172. https://doi.org/10.20993/jSSW.50.7
김성수, 신두철, 유평준, 정하윤(2015). 학교 내 민주시민교육 활성화 방안. 한양대학교 국가전략연구소.
김성식, 송지훈, 유기웅, 장덕호, 하봉운(2020). 교육복지 내실화 방안연구(RR 2020-3). 교육복지정책중점연구소. http://biz.hanyang.ac.kr/surl/kZHB
김영철(2011). 고등교육 진학단계에서의 기회형평성 제고 방안(정책연구시리즈 2011-06). 한국개발연구원. https://www.kdi.re.kr/research/reportView?pub_no=12362
김인희(2010). 교육소외와 격차 해소를 위한 교육복지정책의 과제. 한국사회정책, 17(1), 129-175. https://doi.org/10.17000/kspr.17.1.201004.129
김정덕, 장연진(2015). 교육복지 개념에 대한 종사자의 인식 차이에 관한 연구. 청소년학연구, 22(1). 235-265.
김정원, 김성식, 김원경 김홍원, 김홍주, 문무경(2008). 교육복지 마스터플랜 수립 연구(CR2008-43). 한국교육개발원. http://kedi.re.kr/khome/main/research/selectPubForm.do?plNum0=6648
김진이(2009). 경제적 압박감이 빈곤아동의 학교생활과 문제행동에 미치는 영향 : 가족 위험변인과 부정적 부모역할의 매개효과 검증을 중심으로. 한국아동복지학, 28, 7-43.
김홍주(2013). 고교 무상교육 실현-이해와 접근. 한국교육개발원.
나민주, 이차영, 박상완, 김민희, 박수정, 선영규, 허홍화, 김창원(2008). 교장공모제 학교의 효과 분석(RI2008-1). 충북대학교 한국지방교육연구소. https://www.dbpia.co.kr/journal/articleDetail?nodeId=NODE01821849
노기호(2012). 교육기본권 실현을 위한 전제로서의 교육복지. 헌법학연구, 18(3). 83-113.
민하영, 권기남(2004). 저소득층 아동의 학교 적응 : 아동이 지각한 부모의 양육행동과 아동의 자아정체감을 중심으로. 아동학회지, 25(2), 81-92.
박남기(2013). 초·중등교육 책무성 개념 및 시스템 도입의 배경과 맥락. 교육행정학연구, 31(2), 347-376.
박랑규, 강우선(2006). 저소득층 아동의 정서, 행동 특성. 한국아동심리치료학회지, 1(1), 1-23.
박선형(2012). 교육책무성 : 개념과 원리 및 쟁점. 한국교육행정학회 제 30차 연차학술대회 자료집, 1-33.
박소영, 김지연, 오은빛, 정단비, 김상희(2014). 단위 학교장의 책무성 기제가 학교 성과에 미치는 영향-TIMSS 2011을 중심으로. 교육행정학연구, 32, 159-185.
박주호, 김태완(2015). 교육급여 적정성 방안 연구(CR2015-05). 교육복지정책중점연구소. http://aml.hanyang.ac.kr/surl/tyAB
박주호, 오헌석, 변기용, 배상훈, 장환영, 장덕호, 정제영, 윤혜준(2012). 교육복지 강화를 위한 교육행정체제 편성 방향 연구(CR2013-06). 한양대학교 교육복지정책중점연구소. http://aml.hanyang.ac.kr/surl/6yAB
배옥현, 이영석(2012). 취약가족과 비취약가족 아동의 인지 및 언어발달 비교. 부모교육연구, 9(1), 5-25.
보건복지부, 한국보건사회연구원(2020). 2020년 기초생활보장 실태조사 및 평가연구. https://repository.kihasa.re.kr/handle/201002/36936
서울대학교 교육연구소(1998). 교육학 대백과사전Ⅰ. 하우동설.
성기선(1997). 고등학생들의 학업성취도에 미치는 학교효과 탐색. 교육사회학연구, 7(4), 189-204.
송지훈, 우명숙, 김민희, 이선호, 이혜진(2020). 교육급여 적정성 평가 및 개편방향 연구(CR2020-01). 교육복지정책중점연구소. http://aml.hanyang.ac.kr/surl/5tAB
신태섭, 김성식, 박용한(2015). 교육복지 서비스 기준 마련 기초 연구. 교육부.
안병영, 김인희(2009). 교육복지정책론. 다산출판사.
안우환(2007). 교육소외 계층의 교육격차 극복을 위한 교육복지 정책의 발전방안 모색. 교육학논총, 28(1), 67-84.
양승실, 김왕준, 김종민, 김현정(2012). 고등학교 의무교육 실시의 적합성 연구(RR2012-02). 한국교육개발원. http://kedi.re.kr/khome/main/research/selectPubForm.do?plNum0=8725
유문조(2005). 변혁적 리더십과 신뢰유형이 조직 유효성에 미치는 영향. 박사학위논문. 대전대학교 대학원.
윤명희, 김진화, 서희정, 임현성, 고영화, 이혜진, 장아름, 이향(2007). 청소년의 생활역량 진단척도 개발과 프로그램 설계를 통한 효과분석(2005-042-B00174). 한국학술진흥재단.
이병환(2012). 학생자치활동 활성화 방안(OR 2012-02-06). 한국교육개발원. http://kedi.re.kr/khome/main/

research/selectPubForm.do?plNum0=8545
이선호, 김효정, 김혜자, 김용남, 김민희, 오범호, 송기창(2018). 교육복지지원비 개선 방안 연구(CR2018-05). 한국교육개발원. http://kedi.re.kr/khome/main/research/selectPubForm.do?plNum0=11824
이순주(2012). 초등학교 수학 학업성적에서의 성별 거주지역별 차이. 초등수학교육, 15(3), 177-187.
이인자, 한세희, 이희선(2011). 사회자본이 교육성과 미치는 영향에 관한 연구 : 사교육의 매개효과를 중심으로. 한국정책학회보, 20(1), 179-212.
이혜연, 박영균, 유성렬, 정선욱(2012). 취약계층 아동・청소년 종단조사 III(12-R09). 한국청소년정책연구원. https://lib.nypi.re.kr/pdfs/2012/09.pdf
이화용(2004). 변혁적 리더십이 조직의 유효성에 미치는 영향에 관한 연구. 박사학위논문. 경희대학교대학원.
이희현, 김경애, 김효정, 유경훈, 이성회, 정동철, 황준성, 성열관(2020). 교육복지 지원 기준 개발 및 활용 방안 연구(RR2020-24). 한국교육개발원. http://kedi.re.kr/khome/main/research/selectPubForm.do?plNum0=14115
이희현, 황준성, 유경훈, 정동철, 이주하, 김성기(2019). 교육복지정책 평가 및 개선과제(RR2019-12). 한국교육개발원. http://kedi.re.kr/khome/main/research/selectPubForm.do?plNum0=12780
장덕호, 김성기, 이덕난, 김혜정, 전하람, 김효선, 배희분(2019). Wee 프로젝트 운영 내실화를 위한 중장기 발전 방안 연구. 경상북도교육청.
정필운(2015). 교육영역에서 복지국가원리의 구현 -쟁점과 과제-. 헌법학연구, 21(4). 71-100.
이종재, 최상근, 박효정(2004). 교육소외계층을 위한 교육복지 정책의 방향과 과제(KP2004-23). 한국교육개발원. http://kedi.re.kr/khome/main/research/selectPubForm.do?plNum0=4242
최준렬(2013). 고교 무상교육 실시 방안과 그 가능성. (월간) 교육정책포럼.
하정민(2008). 빈곤아동의 학습동기에 영향을 미치는 요인에 관한 연구 - 지역아동센터 요인을 중심으로 -. 상황과 복지, 25, 99-141.
권진숙, 김상곤, 김성천, 김혜성, 민소영, 박선영, 박지영, 백은령, 유명이, 유서구(2012). 사례관리론. 학지사.
Bensen, P. (2008). Teachers' and learners' perspectives on autonomy. In T. Lamb, & H. Reinders. (Eds). Learner and teacher autonomy : Concepts, realities, and response (pp. 21-32). John Benjamins Publishing Company.
Benson, P. & Voller, P.(1997). Autonomy and Independence in Language Learning. Longman.
Binkley, M., Erstad, O., Herman, J., Raizen, S., Ripley, M., Miller-Ricci, M., & Rumble, M. (2012). In : Griffin, P., McGaw, B., Care, E. (eds) Assessment and Teaching of 21st Century Skills. Springer, Dordrecht. https://doi.org/10.1007/978-94-007-2324-5_2
Byun, S., Meece, J. L., & Irvin, M. J. (2012). Rural-nonrural disparities in postsecondary educational attainment revisited. American Educational Research Journal, 49(3), 412-437. https://doi.org/10.3102/0002831211416344
Byun, S., Meece, J. L., Irvin, M. J., & Hutchins, B. C. (2012). The role of social capital in educational aspirations of rural youth. Rural Sociology, 77(3), 355-379. https://doi.org/10.1111/j.1549-0831.2012.00086.x
Deci, E. L., & Ryan, R. M. (1991). A motivational approach to self : Integration inpersonality. Nebraska

symposium on motivation, 38(1), 237-288.
Deligiorgi, K. (2010). Doing Without Agency : Hegel's Social Theory of Action, In Arto Laitinen and Constantine Sandis (eds.), Hegel and Action Palgrave, 97-118.
Figlio, D. N., & Ladd, H. F. (2008). School accountability and student achievement. Handbook of research in education finance and policy, 166-182.
Hill, Jr. T. E. (2013). Kantian autonomy and contemporary ideas of autonomy in Sensen, O. (Ed) Kant on moral autonomy (pp. 15-31). Cambridge University Press.
Illich, I. (1971). Deschooling society. Harper & Row.
Irwin, T. (2004). Kantian Autonomy. In j. Hayman & H. Steward (Eds). Agency and action (pp. 137-164). Cambridge University Press.
Lee, V. E.,, Croninger, R. G. (1996). Social capital and children's development : The case of education. Office of Educational Research and Improvement. 412-629.
Louis, K. S., & Marks, H. M. (1998). Does professional community affect the classroom? Teachers'work and student experiences in restructuring schools. American Journal of Education, 106(4), 532-575.
Organization for Economic Co-operation and Devlopment. (2016). PISA 2015 results (vol. Ⅰ) : Excellence and equity in education. OECD.
Schütz, G., West, M. R., & Wöbmann, L. (2007). School accountability, autonomy, choice, and the level of student achievement : International evidence from PISA 2003. OECD.
Trilling, B., & Fadel, C. (2009). 21st century skills : Learning for life in our times. Jossey-Bass.

Ⅱ. 교육복지의 추진 체계

[연구보고서 원문]

김성식, 송지훈, 이덕난, 이선호, 신동진(2021). 교육복지 네트워크 추진 방안 연구.
송지훈, 김민희, 명준희, 박상완, 이현주, 이진주, 홍소정, 박지애(2022). 학생성장지원 포괄적 교육복지를 위한 교사의 역할.
송지훈, 김민희, 임현정, 구요한, 유명현(2018). 교육복지기본법 초안 수립.
송지훈, 박상욱, 박성철, 최명지, 김정원(2019). 고교 무상교육 시행에 따른 관련 법령·조례 개정 방안 연구.
송지훈, 이건남, 오현석, 이기용, 김철, 안주란(2017). 교육복지기본법 제정을 위한 기초연구.
송지훈, 임현정, 정영모, 구요한, 김재현, 유명현, 권삼수(2018). 교육복지 정책의 발전 방향.
송지훈, 최병관, 정진주, 정영모, 문종덕, 김용민(2018). 학교시설 복합화 법률안 마련을 위한 쟁점과 대안.
신태섭, 박용한, 김주경, 김성훈, 라은종(2013). 교육복지 현황 분석과 향후 중점 추진 정책 제언 연구.
장형심, 염철현, 이시우, 고전, 이덕난, 이은경, 유지현, 최경준, 라은종(2014). 해외 선진국의 교육복지 및 학생안전 입법사례 조사 연구.

하봉운, 송지훈, 장덕호, 김남숙, 명준희, 김다정, 신동진(2021). 단위학교 교육복지 지원강화를 위한 정책 연구.

[인용 문헌]

강석주(2004). 중등학교 담임교사 역량 탐구 : 일반계 고등학교 담임교사 역량을 중심으로. 교육학연구, 42(4), 237-264.

경기도교육청(2020). 경제를 넘어 학교와 마을이 함께하는 혁신교육실현 혁신교육지구 시즌Ⅲ기본계획(안). https://www.goe.go.kr/home/bbs/bbsDetail.do?menuId=100000000000249&menuInit=13%2C1%2C1%2C0%2C0&searchTab=data&searchCategory=&reservYn=N&bbsId=1003009&bbsMasterId=BBSMSTR_000000000126&pageIndex=1&schKey=TITLE&schVal=%ED%98%81%EC%8B%A0%EA%B5%90%EC%9C%A1%EC%A7%80%EA%B5%AC

고재천(2001). 초등교사의 전문성 탐색. 초등교육연구, 14(2), 159-179.

교육부(2022). 초.중등학교 교육과정 총론. 행정예고본. https://www.moe.go.kr/boardCnts/viewRenew.do?boardID=141&boardSeq=93458&lev=0&searchType=null&statusYN=W&page=1&s=moe&m=040401&opType=N

교육인적자원부(2004). 참여정부 교육복지 종합계획-참여복지 5개년 계획(교육복지부문)-.

권혁운(2010). 초등학교 교사의 직무 기준 설정에 관한 연구. 한국교원교육연구, 27(3), 191-214. http://doi.org/10.24211/tjkte.2010.27.3.191

김갑성(2021). 교원양성체제 개편 관련 연구 동향 검토. 교원교육, 37(1), 49-67. http://doi.org/10.14333/KJTE.2020.37.1.03

김경애, 김정원. (2007). 교육지원체제로서 지역 네트워크 형성과정에 대한 사례연구 : 노원지역의 교육복지투자우선지역 지원사업 사례를 중심으로. 평생교육학연구, 13(3), 117-142.

김경애(2015). EPP모델을 활용한 초등 교사들의 핵심역량 분석에 관한 연구. 한국교원교육연구, 32(2), 1-32. http://doi.org/10.24211/tjkte.2015.32.2.1

김미숙, 최수진, 나종민, 어윤선 (2016). OECD ESP 역량 역동성 종단연구(Ⅲ) : OECD 본조사 한국 실행가능성 연구 및 3개년 종단자료 분석 (RR2016-22). 한국교육개발원. https://www.kedi.re.kr/khome/main/research/selectPubForm.do?plNum0=11290

김승환, 김민규(2021). 중학교 초임체육교사의 생활지도 경험에 대한 현상학적 연구. 교육문화연구, 27(4), 401-424. http://doi.org/10.24159/joec.2021.27.4.401

김은정. (2009). 저학년 초등학생의 학교적응력과 인지적 정의적 학습양식 구성요소의 관계 연구. 한국초등교육학회. 22(1), 439-457.

김인희, 양병찬, 박철희(2011). 교육복지 전문역량 강화 방안 연구 : 학교기반 교육복지를 중심으로(CR2011-06). 한국교육개발원. https://www.kedi.re.kr/khome/main/research/selectPubForm.do?plNum0=8060

김인희(2014). 교육복지정책의 과제. 교육비평. (34), 43-73.

김정렬, 정유진(2010). 초등영어 학습부진학생 지도를 위한 온·오프라인 혼합형 교수-학습 모형 개발. 초등영어교육, 16(1), 7-30.

김정숙(2011). 교육복지투자우선지역 지원 사업 관계자간의 갈등 : 그 현상과 본질. 교육사회학연구, 21(1), 25-

54. http://doi.org/10.32465/ksocio.2011.21.1.002
김현수, 오인수(2018). 생활지도의 내용과 방법 탐색 : 중학교 교사를 대상으로. 아시아교육연구, 19(2), 375-402. http://doi.org/10.15753/aje.2018.06.19.2.375
류방란(2007). 교육안전망 구축방안 탐색을 위한 기초연구 [발표자료]. 한국교원대학교 교육정책대학원. 제5회 교육정책세미나 발표논문
류방란, 김경애, 김성식, 이윤미, 정연순(2013). 교육공동체를 지향하는 교육복지의 발전 과제. 서울 : 한국교육개발원.
박경묵(1990). 초등교사의 기능적 역할 범주화에 관한 연구. 초등교육연구, 4(0), 99-114.
박상완(2016). 미국 중학교 제도의 발달과 중학교 교육의 성격 고찰. 한국교육, 43(1), 155-183. http://doi.org/10.22804/jke.2016.43.1.006
박상현(2020). 서울 교육복지정책의 효율성 제고를 위한 개선 방안. 서울교육, 이슈페이퍼, 2020 겨울호(241호). https://www.serii.re.kr/fus/MI000000000000000493/board/BO00000222/CD010/view0010v.do?board_seq=4016
박재윤, 황준성(2008). 교육복지에 관한 법리 및 관련 법제의 현황과 과제. 교육법학연구, 20(1), 49-81. http://doi.org/10.17317/tjle.20.1.200806.49
박지영(2018). 온종일돌봄체계 구축운영현황 및 계획, 육아정책포럼, 제58호 32-38. https://repo.kicce.re.kr/handle/2019.oak/3880
백병부(2019). 한국형 지방교육자치 구현을 위한 시흥행복교육지원센터 정책 모델 개발 및 브랜드화 연구. 경기도교육연구원.
보건복지부(2017). 지역사회보장협의체 운영 안내. https://www.mohw.go.kr/react/jb/sjb030301vw.jsp
보건복지부(2019). 보도자료 '민관 협력으로 포용적 복지를 꽃 피우다!'. https://www.mohw.go.kr/react/al/sal0301vw.jsp?PAR_MENU_ID=04&MENU_ID=0403&CONT_SEQ=349927
부은주(2020). 고등학교 교사의 개인변인과 학교 환경변인이 생활지도 효능감에 미치는 영향. 제주대학교 교육과학연구, 22(4), 143-163. http://doi.org/10.15564/jeju.2020.11.22.4.143
신희정(2013). 교육복지정책 및 법제화 논의 분석을 통한 교육복지의 발전 방향. 교육법학연구, 25(2), 81-107. http://doi.org/10.17317/tjle.25.2.201308.81
양병찬(2000). 평생학습지원시스템 구축을 위한 행정의 과제. 평생교육학연구, 6(1), 39-63.
양병찬(2018). 한국 마을교육공동체 운동과 정책의 상호작용 : 학교와 지역의 관계 재구축. 2018춘계학술대회, 마을교육공동체 운동의 세계적 동향과 과제, 서울시교육청, 2018.4.28
유은주(2001). 중등학교 교사들의 학생지도현황과 학교사회사업에 대한 인식에 관한 연구. 학교사회복지, 4, 81-109
이병환(2007). 중학생이 선호하는 학급담임교사의 역할. 중등교육연구, 55(3), 345-375. http://doi.org/10.25152/ser.2007.55.3.345
이시우, 박기병, 노기호(2005). 교육복지체제 구축을 위한 법제정비방안. 국회사무처 법제실.
이혜영, 류방란, 김경애, 김경희, 김민희(2011). 교육복지 통합적 지원체제 구축 방안 연구 (RR2011-03). 한국교육개발원. https://www.kedi.re.kr/khome/main/research/selectPubForm.do?plNum0=8095
이혜영, 류방란, 김경애, 김경희, 김민희(2011). 교육복지 통합적 지원체제 구축 방안 연구(RR2011-03). 교육인적

자원부. https://www.kedi.re.kr/khome/main/research/selectPubForm.do?plNum0=8095
이혜영, 박재윤, 황준성, 류방란, 장명림, 이봉주(2005). 교육복지에 관한 법제 연구 (CR2006-19). 한국교육개발원. https://www.kedi.re.kr/khome/main/research/selectPubForm.do?plNum0=5640
이혜영, 양병찬, 김민, 김정원(2006). 교육복지투자우선지역 지원사업 활성화를 위한 가정. 학교. 지역사회 연계 협력 강화 방안 연구 (CR2006-10). 한국교육개발원. https://www.kedi.re.kr/khome/main/research/selectPubForm.do?plNum0=5604
이효선(2018). 학교사회복지사업을 실시하고 있는 중학교 내 교사와 사회복지사 간의 협력 의미에 관한 재구성 연구. 비판사회정책, 61, 163-213. http://doi.org/10.47042/ACSW.2018.11.61.163
이희현, 황준성, 정동철, 이주하, 김성기(2019). 교육복지정책 평가 및 개선과제(RR2019-12). 한국교육개발원. https://www.kedi.re.kr/khome/main/research/selectPubForm.do?plNum0=12780
장덕호, 김성기, 박경호, 손병덕, 유기웅, 윤철수, 이덕난, 하봉운, 박은솔, 윤나리(2012). 미래 지향적 교육복지 정책의 방향과 과제. 한국교육개발원.
장원섭, 장지현, 유지은(2006). 관계를 통한 학습이 조직성과에 미치는 영향 분석. 인적자본기업패널조사 학술대회논문집, 161-199.
지봉환. (2009). 고등학교 학생들의 교사인식 분석. 교원교육, 25(3), 130-146.
하봉운, 이현국, 양영식(2018). 서울형혁신교육지구 예산 분석을 통한 실태조사 및 개선방안 연구. 서울특별시교육청교육연구정보원.
허주, 김갑성. (2021). 역량교육 실천에 있어서의 고등학교 교사 역할 탐색. 학습자중심교과교육연구, 21(19), 251-264.
홍봉선(2004). 우리나라 교육복지의 방향과 과제. 한국사회복지학, 56(1), 253-282.
홍석기, 이규미(2011). 초등학교 교사의 생활지도 효능감 척도 개발 및 타당화. 초등교육연구, 24(4), 121-142.
황준성, 이희현, 유경훈, 양희준, 김성기, 유기웅, 오상아(2018). 교육복지 거버넌스 혁신 방안 연구 (RR2018-11). 한국교육개발원. https://www.kedi.re.kr/khome/main/research/selectPubForm.do?plNum0=12439
Epstein, Joyce L., & Sanders, Mavis G. (2000). Connecting Home, School, and Community. In M. T. Hallinan (Ed.), Handbook of the Sociology of Education (pp. 285-306). New York : Kluwer Academic/Plenum Publishers.
Henry, G. T., & Mark, M. M. (2003). Beyond use : Understanding evaluation's influence on attitudes and actions. American Journal of Evaluation, 24(3), 293-314. http://doi.org/10.1016/S1098-2140(03)00056-0
Hopkins, D. (2003). Understanding networks for innovation in policy and practice. In OECD(2003), Networks of Innovation : Towards New Models for Managing Schools and Systems, Schooling for Tomorrow. OECD publishing. Paris, https://doi.org/10.1787/9789264100350-en.
Jones, K., & Bird, K. (2000). 'Partnership'as Strategy : Public-private relations in Education Action Zones. British educational research journal, 26(4), 491-506. https://doi.org/10.1080/713651572
Mark, M. M., & Henry, G. T. (2004). The Mechanisms and Outcomes of Evaluation Influence. Evaluation, 10(1), 35-57. https://doi.org/10.1177/1356389004042326

Monahan, T. P. (1957). Family Status and the Delinquent Child : A Reappraisal and Some New Findings. Social Forces, 35(3), 250-258. https://doi.org/10.2307/2573509

Oakes, J., Quartz, K. H., Gong, J., Guiton, G., & Lipton, M. (1993). Creating Middle Schools : Technical, Normative, and Political Considerations. The Elementary School Journal, 93(5), 461-480. http://www.jstor.org/stable/1001823

Wells, L. E., & Rankin, J. H. (1986). The broken homes model of delinquency : Analytic issues. Journal of Research in Crime and Delinquency, 23(1), 68-93. https://doi.org/10.1177/0022427886023001005

Ⅲ. 교육복지의 실천 및 현황

[연구보고서 원문]

김봉제, 김영옥, 김영인, 박샛별, 장유민(2019). 초등학교 학습준비물 지원 정책성과 및 활성화 방안 연구.

김성식, 송지훈, 유기웅, 장덕호, 하봉운, 명준희, 이혜정, 구요한, 신동진(2021). 교육복지 내실화 방안 연구.

김성식, 송지훈, 이광현, 이덕난, 이봉주, 유기웅, 정익중, 홍승애, 이진주, 김수정(2019). 교육복지 마스터 플랜 개발 연구.

송지훈, 김민희, 이지혜, 김성기, 이진주, 이현주, 주라헬, 박지애(2022). 교육복지안전망사업의 성과 및 발전방안.

송지훈, 김민희, 이지혜, 김주영, 황규태, 권리안(2019). 초·중등 국가 장학사업의 발전 방향 모색.

송지훈, 김민희, 이지혜, 이경남, 오지언, 김진주, 박지민, 신동진(2020). 코로나19 대응 취약계층 학생 지원 현황 분석.

송지훈, 송기창, 임현정, 구요한, 이현우, 김수정(2019). 고등학교 무상교육 실현 방안.

송지훈, 엄문영, 오범호, 이호준, 전주현, 신동진(2021). 고교 무상교육제도 개선 방안.

송지훈, 오희정, 주라헬, 고금숙(2021). 아동·청소년 지원정책 사각지대 해소를 위한 향후과제.

송지훈, 우명숙, 김문길, 이혜진, 이경영, 유희진(2017). 맞춤형 교육급여 평가 연구.

송지훈, 우명숙, 김민희, 이선호, 이혜진, 권초아, 김수정(2020). 교육급여 적정성 평가 및 개편방향 연구.

송지훈, 임현정, 구요한, 김재현, 유명현, 김진희, 권삼수(2018). 고교 무상교육 정책의 쟁점과 추진 방향.

신태섭, 김성기, 이덕난, 박해빈, 라은종(2014). 학령기 연령 대상 대안교육 관리·지원 방안 연구.

신태섭, 김주경, 김태훈(2014). 고교 무상교육의 경제적 효과.

신태섭, 유기웅, 이은경, 이상범(2014). 교육복지우선지원사업 고등학교 운영 사례 및 성과 분석.

임연기, 김용, 이진철, 정현용, 곽효정, 신정은, 김운정(2016). 도서벽지 교육진흥 및 안전관리를 위한 정책연구.

함승환, 김왕준, 오춘식, 한지원, 라은종(2013). 국제 교육복지 정책 동향파악 및 현황조사 연구.

함승환, 김왕준, 이현주, 이은지, 최수빈, 신정선(2016). 다문화학생 밀집지역 다문화교육지원 실태조사.

[인용 문헌]

강영혜, 엄문영, 이선호, 김병주 (2013). 고교 무상교육 실행방안 연구(OR2013-01). 한국교육개발원. https://www.kedi.re.kr/khome/main/research/selectPubForm.do?plNum0=9510

계보경, 김혜숙, 이용상, 김상운, 손정은, 백송이(2020). COVID-19에 따른 초·중등학교 원격교육 경험 및 인식 분석 : 기초 통계 결과를 중심으로(GM2020-11). 한국교육학술정보원. https://www.keris.or.kr/main/ad/pblcte/selectPblcteETCInfo.do?mi=1142&pblcteSeq=13356

관계부처 합동(2018). 온종일 돌봄체계 구축 운영 실행계획.

교육부, 한국교육개발원(각년도). 1980~2017 교육통계연보.

교육부(1998). 지방교육재정편람.

교육부(2015). 교육급여 개편에 따른 사업추진 계획(안). 교육부.

교육부(2017). 2017 다문화교육 지원 계획. 교육부. https://www.moe.go.kr/boardCnts/viewRenew.do?boardID=316&lev=0&statusYN=C&s=moe&m=0302&opType=N&boardSeq=73451

교육부(2020). 2020 다문화교육 지원 계획. 교육부. https://www.moe.go.kr/boardCnts/viewRenew.do?boardID=316&lev=0&statusYN=W&s=moe&m=0302&opType=N&boardSeq=79898

교육부(2020). 2020년 교육기본통계 결과 발표. 교육부. https://www.moe.go.kr/boardCnts/viewRenew.do?boardID=294&lev=0&statusYN=W&s=moe&m=020402&opType=N&boardSeq=81682

교육부(2020). 혁신교육지구 우수모델 개발·확산을 위한 미래형 교육자치 협력지구(미래교육지구) 운영 방안(안). 교육부.

교육부(2021). '21.3월 기준 대안학교 및 대안교육 특성화 중고등학교 현황. https://www.moe.go.kr/boardCnts/view.do?boardID=316&lev=0&statusYN=W&s=moe&m=0302&opType=N&boardSeq=84557.

권영성(2003). 헌법학 원론. 법문사.

김경애, 류방란, 정바울, 정연순, 송혜정, 조은주(2014). 학교 밖 청소년을 위한 교육복지 방안 연구 : 생애지론개발을 중심으로 (RR2014-05). 한국교육개발원. https://www.kedi.re.kr/khome/main/research/selectPubForm.do?plNum0=10180

김경은(2013). 아동복지 체험을 통해 바라본 포용의 원리로서의 보편성-보육원 아동들의 '다름' 현상에 대한 문화기술지 쓰기. 한국행정학보, 47(2), 339-366.

김동일, 이명경(2006). 주의력결핍 및 과잉행동 장애(ADHD) 원인론의 경향과 전망 : 애착이론에 의한 대안적 접근. 상담학연구, 7(2), 523-540.

김상규(2019). 고등학교 무상교육에 관한 국제적 동향. 한국교육재정경제학회 학술대회 자료집. 2019(3), 60-79.

김왕준(2013). 고등학교 무상교육의 법적 쟁점 분석. 교육행정학연구, 31(4), 105-121.

김지연, 정소연(2014). 가출청소년 보호지원 실태 및 정책과제 연구(14-R10). 한국청소년정책연구원. https://www.nypi.re.kr/brdrr/boardrrView.do?brd_id=BDIDX_PJk7xvf7L096m1g7Phd3YC&menu_nix=d35o34AE&cont_idx=475&edomweivgp=R

남양주저널(2020.07.28.).강민정국회의원, "코로나 수능, "학력 중산층"의 붕괴? " http://www.nyjjn.com/news/articleView.html?idxno=9813

노혜련, 조소연(2016). 원가정 지원 원칙 : 우리나라 대안양육 서비스에서의 실현 현황과 개선방안. 아동과 권리, 20(2), 223-255. http://doi.org/10.21459/kccr.2016.20.2.223

박윤희(2014). 아동청소년 그룹홈 종사자의 직무소진 및 직무만족에 미치는 영향요인 : 직무환경과 감정노동 중심으로. 백석대학교 석사학위논문.

박주호 김태완 김문길(2015). 교육급여 적정성 방안 연구(CR 2015-05). 교육복지정책중점연구소. http://aml.hanyang.ac.kr/surl/tyAB

백혜정, 임희진, 송미경, 김양희(2020). 청소년의 건강권 보장을 위한 정책방안 연구 II : 위기 청소년(20-R16). 한국청소년정책연구원. https://www.nypi.re.kr/brdrr/boardrrView.do?menu_nix=4o9771b7&brd_id=BDIDX_PJk7xvf7L096m1g7Phd3YC&cont_idx=717&seltab_idx=0&edomweivgp=R

보건복지부, 한국건강증진개발원(2021). 제5차 국민건강증진종합계획. https://www.khepi.or.kr/board;jsessionid=sBBXUkEOF8owvjp3PFFwzqA29OubdeyRWdiFCyURQPjlaW48n8nV3O2qTQ3dH3Rg.khealth-was_servlet_khealth2018?menuId=MENU01215&siteId=null-

보건복지부, 한국사회보장정보원(2022). 2022 나에게 힘이 되는 복지서비스 통합본. https://www.mohw.go.kr/react/jb/sjb030301vw.jsp

보건복지부(2012). 2012년 국민기초생활보장사업 안내(11-1352000-000173-10). https://www.mohw.go.kr/react/jb/sjb030301vw.jsp?PAR_MENU_ID=03&MENU_ID=032901&CONT_SEQ=336924

보건복지부. (2020). 2021 공동생활가정(그룹홈) 현황(2020. 12. 31. 기준). http://www.mohw.go.kr/react/jb/sjb030301vw.jsp?PAR_MENU_ID=03&MENU_ID=0321&CONT_SEQ=367903.

성두원(2009). 다문화 가정 자녀의 어휘 이해 능력 실태 연구. 진주교육대학교 석사학위논문.

성열관, 임동희, 김종희, 송지훈(2021). 교육복지안전망 운영모델 수립 연구(정책연구 2021-01). 중앙교육복지연구지원센터.

송기창(2011). 교육재정학적 관점에서 본 무상급식의 문제와 해법. 사학. 2011년 봄호. 42-49.

송기창(2013). 박근혜정부의 교육복지공약 이행을 위한 지방교육재정 소요전망 및 확 보방안. 교육재정경제연구, 22(4), 85-119.

송기창(2019). 고등학교 무상교육 실현 방안. 한국교육재정경제학회 학술대회 자료집, 2019(3), 3-47.

송지훈, 하정희, 최영균, 최예슬, 홍승애, 이은교, 함광성, 강유연, 김수정(2019). 교육복지 실천 수준 실태 조사(RR2019-02). 한양대학교 교육복지정책중점연구소. http://aml.hanyang.ac.kr/surl/H58

신현정(2012). 유치원에 다니는 보육원 유아들의 사회적 관계 형성. 한국교육문제연구, 30(2), 165-188.

여성가족부(2022). 2022년 청소년사업 안내. http://www.mogef.go.kr/mp/pcd/mp_pcd_s001d.do?mid=plc502&bbtSn=704803

여성가족부(2021). 2021년 청소년 사업안내(II). 여성가족부 청소년정책과. http://www.mogef.go.kr/mp/pcd/mp_pcd_s001d.do?mid=plc502

유해미, 박은정, 정은희, 엄지원(2019). 사회적 격차 해소를 위한 빈곤가정 영유아 양육지원 방안 연구(I): 빈곤가정 영유아 양육실태 분석. 서울: 육아정책연구소. https://repo.kicce.re.kr/handle/2019.oak/1762

윤정일, 송기창, 조동섭, 김병주, 류명혜(1991). 한국의 교육정책. 교육과학사

이선호, 김용남, 김민희, 우명숙(2018). 교육급여 개편방안(OR2018-06). 한국교육개발원. https://www.kedi.re.kr/khome/main/research/selectPubForm.do?plNum0=12355

이슬기, 양성은(2020). 그룹홈 거주 청소년의 진로 결정에 대한 연구. 한국생활과학회지, 29(3), 285-296, http://doi.org/10.5934/kjhe.2020.29.3.285

이완정(1992). 교육법의 이론과 실상. 서울: 문음사.

이정림, 구자연, 최윤경, 정정호(2020). 사회적 격차 해소를 위한 빈곤가정 영유아 양육 지원 방안 연구(II): 빈

곤가정 특성별 영유아 양육 요구 분석. 서울 : 육아정책연구소. https://repo.kicce.re.kr/handle/2019.oak/5091
정문진, 김수정(2016). 쉼터 청소년 자립준비 경험 연구. 사회과학연구, 42(1), 177-207. https://kiss.kstudy.com/Detail/Ar?key=3429751
정선욱(2002). 시설호청소년의 원가족 관계 경험이 심리사회적 적응에 미치는 영향, 한국아동복지학, 14(12). 145-168.
조규필(2011). 취약청소년 자립준비요인 탐색 및 시사점. 청소년복지연구, 13(2), 97-120.
최진욱(2019). 고등학교 무상교육의 필요성. 한국교육재정경제학회 학술대회 자료집, 2019(3), 51-54.
최희선, 김미영(1991). 의무교육 발전방안. 대통령 교육정책자문회의.
하봉운(2010). 학교급식 무상성 논쟁의 쟁점과 과제. 교육정치학연구, 17(3), 137-157.
한국교육개발원(2023). 2022 교육복지우선지원사업 및 교육복지안전망 운영 현황 조사 결과 (CTR 2023-08). 한국교육개발원.

Ⅳ. 교육복지의 성과 및 발전 방안

[연구보고서 원문]

송지훈, 김민희, 이지혜, 김성기, 이진주, 이현주, 주라헬, 박지애(2022). 교육복지안전망사업의 성과 및 발전방안.
송지훈, 안해정, 이성희, 이선영, 유명현, 명준희, 박민정, 임세민, 박지애(2021). 교육복지우선지원사업 성과평가 및 발전방안 연구.
송지훈, 유기웅, 임현정, 구요한, 김재현, 강현, 권삼수(2018). 교육복지우선지원사업 성과 분석 및 사업 발전 방향 연구.
송지훈, 유기웅, 임현정, 구요한, 김재현, 강현, 안주란(2017). 교육복지 프로그램 원형(prototype) 학교현장 적용 및 평가.
송지훈, 이윤수, 이진주, 박혜연, 박지애(2022). 교육복지우선지원사업 효과성 종단 연구.
이광현, 송지훈, 이윤수, 이혜정, 명준희, 이진주, 신동진(2020). 교육복지 현황 분석.
장형심, 김성훈, 이지연, 민선홍, 강병구, 박민영(2015). 교육복지우선지원사업의 시행 효과 분석을 위한 한국형 교육복지 종단 연구 모형 개발.
함승환, 김정덕, 김종민, 차윤경, 최경준, 최두열, 이상범(2014). 학교단위 교육복지 정책 성과지수 개발.

[인용 문헌]

김광혁(2012). 빈곤아동을 위한 사회복지서비스의 성과분석 : 교육복지투자우선지역 지원 사업을 중심으로 [발표자료]. 한국정책학회 춘계학술 발표 논문집. 2012, 143-165.
김근주(2021). 코로나19 시대 학교교육의 변화 및 교육격차 실태. 한국의 사회동향 2021. https://kostat.go.kr/sri/srikor/srikor_pbl/3/index.board?bmode=read&aSeq=415891
김명숙, 최인덕(2021). 중학생의 진로결정수준에 관한 연구 : 교육복지우선지원사업 운영학교 중심으로. 한국케

어매니지먼트 연구, 39, 91-119. http://doi.org/10.22589/kaocm.2021.39.91
김민희(2012). 단위학교 교육복지우선지원사업 운영 과정 사례 분석. 열린교육연구, 20(3), 169-194.
김선숙, 김진숙, 최웅(2020). 교육복지우선지원사업의 전달체계 개편에 관한 연구-교육부와 교육청의 역할을 중심으로. 학교사회복지, 50, 151-172. http://doi.org/10.20993/jSSW.50.7
김순양, 고수정, 권은영(2013). 교육복지우선지원사업의 만족도 및 영향요인 분석 —학교급별 차이를 중심으로—. 대한정치학회보, 20(3), 25-51.
김아영, 이명희(2008). 청소년의 심리적 욕구만족, 우울경향, 학교생활적응 간의 관계구조와 학교급간 차이. 교육심리연구, 22(2), 423-441.
김정숙(2011). 교육복지투자우선지역 지원 사업 관계자간의 갈등 : 그 현상과 본질. 교육사회학연구, 21(1), 25-54. http://doi.org/10.32465/ksocio.2011.21.1.002
김정원, 김성식, 박인심, 김도희, 김기범, 김경애, 이은미(2009). 교육복지투자우선지역지원사업 종단적 효과 분석 연구 : 1차년도. 한국교육개발원.
김정원, 박인심, 김주아, 이봉주(2007). 교육복지투자우선지역 지원사업 만족도와 성과분석. 한국교육개발원.
김정원, 박현정, 이경희, 김태은, 배성우(2008). 교육복지투자우선지역 지원사업 종단적 효과분석을 위한 기초연구(CR2008-26). 한국교육개발원.
류방란, 김준엽, 송혜정, 김진경(2013). 자존감 향상, 우울 불안 감소에 미치는 교육복지우선지원사업의 효과 분석. 아시아교육연구, 14(3), 59-83. http://doi.org/10.15753/aje.2013.14.3.003
류방란, 이광현, 이기준, 이은미, 현대호(2010). 교육복지지수 개발 및 DB 구축 방안 연구(CR2010-24). 한국교육개발원.
류방란, 이혜영, 김미란, 김성식(2006). 한국 사회 교육 복지 지표 개발 및 교육 격차 분석(RR2006-07-01). 한국교육개발원. https://www.kedi.re.kr/khome/main/research/selectPubForm.do?plNum0=5903
류방란(2006). 한국 사회 교육복지지표 개발 및 교육격차분석(RR2006-07-01). 한국교육개발원. https://www.kedi.re.kr/khome/main/research/selectPubForm.do?plNum0=5903
류지헌, 김민정, 김소영, 김혜원, 손찬희, 이영민, 임걸(2015). 교육방법 및 교육공학. 학지사.
박명신, 임선희(2013). 교육복지대상 중학생을 위한 학습멘토링 프로그램의 효과분석 및 개선방안 연구. 청소년복지연구, 15(2), 197-225.
박인섭(2018). 영국의 교육복지 정책 동향. 온라인 뉴스레터 제3호, 중앙교육복지연구지원센터.
박주호, 송지훈, 유기웅, 이지영(2016). 교육복지 프로그램 운영실태 분석 및 프로그램 원형(prototype) 개발(RR2016-01). 교육복지정책중점연구소. http://aml.hanyang.ac.kr/surl/lyAB
박준호, 윤명환(2006). 휴대폰 UI 개발자를 위한 사용편의성 체크리스트의 개발. 대한산업공학회지, 32(2), 111-119.
성열관, 임동희, 김종희, 송지훈(2021). 교육복지안전망 운영모델 수립 연구(정책연구 2021-01). 중앙교육복지연구지원센터.
손병덕, 구철회, 김민선, 김정민(2018). 교육복지우선지원사업 효과성 연구. 청소년학연구, 25(12), 389-410. http://doi.org/10.21509/KJYS.2018.12.25.12.389
손병덕, 김민선(2021). 코로나19(COVID-19)시대 비대면 교육복지우선지원사업의 방향성 모색. 청소년학연구, 28(4), 411-445. http://doi.org/10.21509/KJYS.2021.04.28.4.411

송지훈, 정영모(2017). 교육복지우선지원사업 정책 개선을 위한 실태조사 연구. 예술인문사회 융합 멀티미디어 논문지, 7(11), 305-314. http://doi.org/10.35873/ajmahs.2017.7.11.029

안해정, 박경호(2023). 2022 교육복지우선지원사업 및 교육복지안전망 운영 현황 조사 결과(CTR 2023-08).. 한국교육개발원.

유로저널(2018년 4월 18일). 1천 곳에 달하는 '슈어 스타트 센터' 문닫아. http://www.eknews.net/xe/UK/517340

윤철수, 유기웅(2013). 교육복지 네트워크의 어려움과 개선에 관한 연구:지역사회교육전문가와 프로젝트 조정자를 중심으로. 한국지역사회복지학, 47, 1-27.

이봉주, 김예성, 김광혁(2008). 교육복지투자우선지역 지원사업 효과분석 : 참여 학교와 비참여 학교 아동의 발달에 대한 종단적 비교. 한국청소년연구, 50, 169-195. https://repository.nypi.re.kr/handle/2022.oak/1797

이성대, 강경화, 염동문(2015). 교육복지우선지원사업 프로그램의 중요도와 실행도 차이에 대한 탐색적 연구 : 경상남도지역 교육복지사를 중심으로. 청소년문화포럼, 41, 133-158. http://doi.org/10.17854/ffyc.2015.01.41.133

이성회(2021). 관계재(relational goods) 창출을 위한 교육의 기능 개념모형 탐색 : 비판적 실재론에 기반한 '관계적 교사행위자성'을 중심으로(RR2021-19). 한국교육개발원. https://www.kedi.re.kr/khome/main/research/selectPubForm.do?plNum0=14546

이수정(2016). 교육복지 사업의 실태와 성과에 관한 연구 - '교육복지특별지원사업'을 중심으로 -. 학습자중심교과교육연구, 16(2), 1141-1159.

이수진(2007). 매뉴얼이 사회복지사의 직무성과에 미치는 여향에 관한 연구. 석사학위 논문. 서울시립대학교 대학원.

이신동, 조형정(2012). 알기쉬운 교육방볍 및 교육공학. 양서원.

이영란(2016). 프랑스 우선교육네트워크 데스노스 REP+ 질적 사례연구. 청소년복지연구, 18(3), 25-50. http://doi.org/10.19034/KAYW.2016.18.3.02

이윤수, 송지훈, 김종희, 김수정, 박민지, 홍소정, 박대선(2021). 교육복지우선지원사업 효과성 종단 연구(정책연구 2021-03). 중앙교육복지연구지원센터.

이은희, 최희원, 문철우(2015). 직무 매뉴얼화가 조직학습역량에 미치는 영향 연구 : 조직문화의 조절효과를 중심으로. 한국인사관리학회 및 한국인사조직학회 추계학술대회 발표논문집, 307-332.

이태곤(2015). 진로역량강화 프로그램이 교육복지우선지원 사업학교 초등학생의 자기효능감과 진로성숙도 및 학습동기에 미치는 효과. 박사학위논문. 동아대학교 대학원.

이혜영, 류방란, 김정원, 장명림(2005). 교육복지투자우선지역 지원 사업 효과 분석과 발전 방안(RR2005-04). 한국교육개발원. https://www.kedi.re.kr/khome/main/research/selectPubForm.do?plNum0=5529

이희현(2019). 교육복지정책 평가 및 개선과제(RR2019-12). 한국교육개발원. https://www.kedi.re.kr/khome/main/research/selectPubForm.do?plNum0=12780

임경선, 권세원, 전민경(2014). 학교사회복지 프로그램 기획과정의단계별 특징에 관한 탐색적 연구.

정규석, 황영애, 김미정(2019). 교사의 시각에서 본 교육복지우선지원사업의 의미. 사회복지실천과 연구, 16(2),

5-41.

정기섭, 손미란, 윤혜성(2017). 교육복지사의 경험에서 본 교육소외계층 지원사업의 개선과제 - 교육복지우선지원사업을 중심으로-. 교육문화연구, 23(4), 87-112. http://doi.org/10.24159/joec.2017.23.4.87

정해철, 김인희(2012). 교육복지우선지원사업의 교사효능감 변화 효과에 관한 탐색적 연구. 교육행정학연구, 30(3), 205-234.

정현미(2009). 문제중심학습 설계모형 및 체크리스트 개발. 교육정보미디어연구, 15(1), 155-185.

조금주(2014). 교육복지우선지원사업의 문제점 및재구조화를 위한 개선 과제. 청소년학연구, 21(2), 491-513.

최혜정(2019). 교육복지사가 인식한 교육복지네트워크 의미 탐색에 대한 질적연구 : 네트워크의 현재와 나아갈 방향 중심으로. 복지상담교육연구, 8(1), 283-308.

하봉운, 이현국, 양영식(2018). 서울형혁신교육지구 예산 분석을 통한 실태조사 및 개선방안 연구. 서울특별시교육청교육연구정보원.

허정준(2001). 품질경영시스템 평가를 위한 체크리스트의 개발. 대한설비관리학회지, 6(4), 57-68.

京都府(2015).『子どもの貧困対策の推進について』

熊本県(2015).『くまもと子ども,子育てプランの策定について』http://www.pref.kumamoto.jp/kiji_10297.html (2018年6月7日検索)

子どもの貧困白書編集委員会(2009).『子どもの貧困白書』明石書店

厚生労働省(2009).『貧困率の状況』http://www.mhlw.go.jp/toukei/saikin/hw/k-tyosa/k-tyosa10/2-7.html ((2018年6月7日検索)

国立教育政策研究所(2013).『平成25年度全国学力学習状況調査の結果について』http://www.nier.go.jp/13chousakekkahoukoku/ (2018年6月7日検索)

Dick, W., Carey, L., & Carey, J. O. (2004). The systematic design of instruction (6th ed.). Boston, MA : Allyn & Bacon.

Leese, J. (2014). Croydon Education Welfare Service : A staged intervention approach to school attendance. Croydon Education Welfare Service.

Stufflebeam, D. L. (1983). The CIPP model for program evaluation. In Evaluation models (pp. 117-141). Springer Netherlands.

한양대학교 한국교육문제연구소 집필팀

송지훈
한양대학교 교육공학과장
한양대학교 한국교육문제연구소장
디지털 인텔리전스 에듀테크 센터장

유명현
한양대학교 한국교육문제연구소 전임연구원, 연구조교수
진로 및 경력개발 연구, 교육분야 정책연구, 성과평가

이현주
한양대학교 한국교육문제연구소 전임연구원, 연구조교수
이주배경 청소년 학교생태계 적응, 구조적 교육격차 완화, 교육사각지대 학습자

장창성
한양대학교 한국교육문제연구소 전임연구원, Post-Doc.
고등·평생교육 정책, 성인학습 참여 및 불평등, 교육훈련 및 일관련(work-related) 학습

하선민
한양대학교 교육공학과 박사 수료
인적자원개발, 조직심리, 직업 정체성

주라헬
한양대학교 교육공학과 박사 수료
교수학습, 교수설계, 동기

박민정
한양대학교 교육공학과 석사 졸업
기업교육, 조직문화, 조직개발

HANYANG UNIVERSITY PRESS

교육복지의 이해

: 교육복지우선지원사업, 교육복지안전망사업의 이론과 실제

펴낸날 2024년 8월 30일 초판 1쇄
지은이 한양대학교 한국교육문제연구소 · **펴낸이** 이기정
펴낸곳 한양대학교출판부 · **출판등록** 제4-7호(1972.2.29)
주소 서울 성동구 왕십리로 222 · **전화** 02.2220.1432-4 · **팩스** 02.2220.1435
홈페이지 press.hanyang.ac.kr · **이메일** presshy@hanyang.ac.kr
본문디자인·편집 김민지 · **표지** 안광일 · **인쇄** 네오프린텍

본 저서는 2021년 대한민국 교육부와
한국연구재단의 지원을 받아 수행된 연구임. (NRF-2021S1A5C2A03088191)
This work was supported by the Ministry of Education of the Republic of Korea
and the National Research Foundation of Korea. (NRF-2021S1A5C2A03088191)

ISBN 978.89.7218.811.7 (93370)